Klaus Schilling

Analysis – Einführungs- und Qualifikationsphase

Ein Lehr-/Lernbuch für die Fachgymnasien, die Beruflichen Gymnasien, die gymnasiale Oberstufe, die Abendgymnasien und das Kolleg

7. Auflage

Bestellnummer 32300

Bildungsverlag EINS

Die in diesem Produkt gemachten Angaben zu Unternehmen (Namen, Internet- und E-Mail-Adressen, Handelsregistereintragungen, Bankverbindungen, Steuer-, Telefon- und Faxnummern und alle weiteren Angaben) sind i. d. R. fiktiv, d. h., sie stehen in keinem Zusammenhang mit einem real existierenden Unternehmen in der dargestellten oder einer ähnlichen Form. Dies gilt auch für alle Kunden, Lieferanten und sonstigen Geschäftspartner der Unternehmen wie z. B. Kreditinstitute, Versicherungsunternehmen und andere Dienstleistungsunternehmen. Ausschließlich zum Zwecke der Authentizität werden die Namen real existierender Unternehmen und z. B. im Fall von Kreditinstituten auch deren IBANs und BICs verwendet.

Die in diesem Werk aufgeführten Internetadressen sind auf dem Stand zum Zeitpunkt der Drucklegung. Die ständige Aktualität der Adressen kann vonseiten des Verlages nicht gewährleistet werden. Darüber hinaus übernimmt der Verlag keine Verantwortung für die Inhalte dieser Seiten.

Ein **Lösungsbuch** mit ausführlichen Lösungshinweisen ist **auch für Schüler** erhältlich unter der **Bestellnummer 32399**.

service@bv-1.de
www.bildungsverlag1.de

Bildungsverlag EINS GmbH
Ettore-Bugatti-Straße 6-14, 51149 Köln

ISBN 978-3-441-**32300**-6

Vorwort

Bei der Erstellung dieses Schulbuches wurde besonderer Wert auf eine für Schülerinnen und Schüler **anschauliche und verständliche Darstellung** der mathematischen Inhalte und Verfahren gelegt, damit die Schülerinnen und Schüler mit diesem Schulbuch **eigenständig** im Unterricht und zu Hause arbeiten können. Zahlreiche durchgerechnete Aufgabenbeispiele mit ausführlichen Erklärungen unterstützen diese Intention.

Die **Aufgaben mit Lösungen** sind mit dem nebenstehenden Symbol und einem blauen Streifen markiert.

Die zahlreichen **Übungsaufgaben** zur Verfestigung des Stoffes werden durch das nebenstehende Symbol in einem grünen Streifen gekennzeichnet.

Im Abschnitt „Finanzmathematik“ sind zahlreiche Aufgaben praxisnah mit einem Tabellenkalkulationsprogramm zu lösen. Das EXCEL-Symbol am Rand soll die Verwendung eines Tabellenkalkulationsprogramms anzeigen.

Ich wünsche allen Schülerinnen und Schülern, die mit diesem Buch arbeiten, viel Erfolg und Freude an der Mathematik.

Der Verfasser

Inhaltsverzeichnis

Mathematische Zeichen und Symbole

Zeichen, Symbol	Sprechweise/Bedeutung	Beispiel
$=$	gleich	$4 = 4$
$\neq$	ungleich	$3 \neq 4$
$\approx$	ist ungefähr gleich	$\sqrt{2} \approx 1{,}41$
$<$	kleiner als	$3 < 4$
$>$	größer als	$5 > 4$
$\leq$	kleiner gleich	$x \leq 3$
$\geq$	größer gleich	$x \geq 4$
$\lvert\ \rvert$	Betrag von	$\lvert -3 \rvert = 3$
∞	unendlich	
$\Rightarrow$	daraus folgt	$\mathbb{N} = \{0; 1; 2; 3; \ldots\} \Rightarrow \{1\} \in \mathbb{N}$
$\Leftrightarrow$	gilt genau dann, wenn; ist äquivalent mit	$2x = 4 \Leftrightarrow x = 2$
$\wedge$	und	
$\vee$	oder	
$\mathbb{N}$	Menge der natürlichen Zahlen **einschließlich** der Zahl **0**	$\mathbb{N} = \{0; 1; 2; 3; \ldots\}$
$\mathbb{Z}$	Menge der ganzen Zahlen **einschließlich** der Zahl **0**	$\mathbb{Z} = \{\ldots; -3; -2; -1;0;1;2;3; \ldots\}$
$\mathbb{Q}$	Menge der rationalen Zahlen **einschließlich** der Zahl **0**	$\mathbb{Q} = \{\frac{a}{b} \mid a \in \mathbb{Z}; b \in \mathbb{Z}^*\}$
$\mathbb{R}$	Menge der reellen Zahlen **einschließlich** der Zahl **0**	
$\mathbb{N}^*, \mathbb{Z}^*, \mathbb{Q}^*, \mathbb{R}^*$	Zahlen der Mengen $\mathbb{N}$, $\mathbb{Z}$, $\mathbb{Q}$, $\mathbb{R}$ **ohne** die Zahl **0**	$\mathbb{Z}^* = \{\ldots; -3; -2; -1;1;2;3;\ldots\}$
$\mathbb{Z}_+, \mathbb{Q}_+, \mathbb{R}_+$	positive Zahlen der Mengen $\mathbb{Z}$, $\mathbb{Q}$, $\mathbb{R}$ **einschließlich** der Zahl **0**	$\mathbb{Z}_+ = \{0; 1; 2; 3; \ldots\}$
$\mathbb{Z}_+^*, \mathbb{Q}_+^*, \mathbb{R}_+^*$	positive Zahlen der Mengen $\mathbb{Z}$, $\mathbb{Q}$, $\mathbb{R}$ **ohne** die Zahl **0**	$\mathbb{Z}_+^* = \{1; 2; 3; \ldots\}$
$\mathbb{Z}_-, \mathbb{Q}_-, \mathbb{R}_-$	negative Zahlen der Mengen $\mathbb{Z}$, $\mathbb{Q}$, $\mathbb{R}$ **einschließlich** der Zahl **0**	$\mathbb{Z}_- = \{\ldots; -3; -2; -1; 0\}$
$\mathbb{Z}_-^*, \mathbb{Q}_-^*, \mathbb{R}_-^*$	negative Zahlen der Mengen $\mathbb{Z}$, $\mathbb{Q}$, $\mathbb{R}$ **ohne** die Zahl **0**	$\mathbb{Z}_-^* = \{\ldots; -3; -2; -1\}$
$\{1; 2; 3\}$	Menge mit den Elementen 1, 2, 3	$A = \{1; 2; 3\}$
$\{x \mid \ldots\}$	Menge aller x für die gilt …	$D = \{x \mid 0 < x < 3\}_{\mathbb{R}}$
$\{(x; y) \mid \ldots\}$	Menge aller Zahlenpaare $(x; y)$ für die gilt …	$\{(x; y) \mid y = 3x\}$
$\emptyset = \{\ \}$	leere Menge	$\mathbb{Z}_- \cap \mathbb{N}^* = \emptyset = \{\ \}$
$\in$	Element von	$\{1\} \in \mathbb{N}$
$\notin$	nicht Element von	$\{-1\} \notin \mathbb{N}$

Zeichen, Symbol	Sprechweise/Bedeutung	Beispiel
$\cup$	vereinigt mit	$\mathbb{N}^* \cup \{0\} = \mathbb{N}$
$\cap$	geschnitten mit	$\mathbb{N} \cap \mathbb{N}^* = \mathbb{N}^*$
$\subset$	ist echte Teilmenge von	$\mathbb{N} \subset \mathbb{R}$
$\setminus$	ohne	$\mathbb{N}\setminus\{0\} = \mathbb{N}^*$
$[a; b]$	geschlossenes Intervall (von einschließlich *a* bis einschließlich *b*)	$\{x \mid a \leq x \leq b\}$
$(a; b)$	offenes Intervall (von ausschließlich *a* bis ausschließlich *b*)	$\{x \mid a < x < b\}$
$[a; b)$	halb offenes Intervall (von einschließlich *a* bis ausschließlich *b*)	$\{x \mid a \leq x < b\}$
$(a; b]$	halb offenes Intervall (von ausschließlich *a* bis einschließlich *b*)	$\{x \mid a < x \leq b\}$
$P(x/y)$	Punkt *P* mit den Koordinaten (x/y)	$P(1/3)$
$f\colon f(x) = \ldots$	eine Funktion *f* mit der Funktionsgleichung $f(x) = \ldots$	$f\colon f(x) = 3x$
$\langle a_n \rangle$	Folge a_n	$\langle a_n \rangle$: 1; 4; 9; 16; …
f	reelle Funktion	$f\colon f(x) = x^2$
$\mapsto$	wird zugeordnet	$x \mapsto f(x)$
f^{-1}	Umkehrfunktion	$f\colon f(x) = 2x \Rightarrow f^{-1} : f^{-1}(x) = \frac{x}{2}$
f^*	Asymptotenfunktion	für $f\colon f(x) = \frac{1}{x}$ ist $f^*\colon f^*(x) = 0$
$g \circ h$	*g* verkettet mit *h* (verkettete Funktion)	$f = g \circ h : f(x) = g[h(x)]$
$D(f)$	Definitionsbereich, Definitionsmenge einer Funktion *f*	$D(f) = \mathbb{R}^*_+$
$W(f)$	Wertebereich, Wertemenge einer Funktion *f*	$W(f) = [1; \infty)$
L	Lösungsmenge	$L = \{3\}$
$\rightarrow$	gegen; nähert sich	$x \rightarrow \infty$
lim	Grenzwert (Limes)	$\lim\limits_{x \to \infty} f(x) = a$
Δy	Delta *y*	$\Delta y = y_2 - y_1$
$f'(x)$	*f* Strich von *x*	(1.) Ableitung von $f(x)$
$f''(x)$	*f* zwei Strich von *x*	2. Ableitung von $f(x)$
$\frac{\mathrm{d}f}{\mathrm{d}x}$	d*f* nach d*x*	$\frac{\mathrm{d}f}{\mathrm{d}x} = f'$ ist die Ableitung von *f*
Σ	Summe	
$\sum\limits_{i=1}^{n} x_i$	Summe aller x_i von $i = 1$ bis $i = n$	$\sum\limits_{i=1}^{3} x_i^2 = 1^2 + 2^2 + 3^2 = 14$
$\int$	unbestimmtes Integral	$\int f(x)\,\mathrm{d}x = F(x) + C$
$\int_a^b f(x)\,\mathrm{d}x$	(bestimmtes) Integral $f(x)$ d*x* von *a* bis *b*	$\int_a^b f(x)\,\mathrm{d}x = F(b) - F(a)$

Aufbau des Zahlensystems

Zum einfachen Abzählen von Gegenständen gebraucht der Mensch seit jeher Zahlen. Die Zusammenfassung dieser Zahlen ist die **Menge $\mathbb{N}^*$ der natürlichen Zahlen ausschließlich der Zahl 0:**

$$\mathbb{N}^* = \{1, 2, 3, \ldots\}$$

Wird dieser Menge $\mathbb{N}^*$ die Zahl 0 hinzugefügt, erhält man die **Menge der natürlichen Zahlen einschließlich der Zahl 0**:

$$\mathbb{N} = \{0, 1, 2, 3, \ldots\}$$

Mit schwieriger werdenden Rechenoperationen (z. B. $4 - 6 = ?$) erwies sich diese Zahlenmenge als nicht mehr ausreichend. Sie musste um die negativen Zahlen erweitert werden, sodass die **Menge der ganzen Zahlen** entstand:

$$\mathbb{Z} = \{\ldots, -3, -2, -1, 0, 1, 2, 3, \ldots\}$$

Doch auch diese Zahlenmenge war irgendwann nicht mehr ausreichend. Aus Divisionsaufgaben (z. B. $7 : 8 = \frac{7}{8} = 0{,}875$) ergab sich die **Menge der rationalen Zahlen**:

$$\mathbb{Q} = \left\{\frac{a}{b} \,\middle|\, a, b \in \mathbb{Z} \text{ und } b \neq 0\right\}$$

$\mathbb{Q}$: Menge aller Brüche mit ganzzahligen Zählern und Nennern.

Um auf einer Zahlengeraden alle Lücken zu schließen, reicht die Menge der rationalen Zahlen jedoch noch nicht aus. Es gibt nämlich Zahlen, wie z. B. $\sqrt{2}$ oder π, die sich nicht als Brüche mit ganzzahligen Zählern und Nennern darstellen lassen. Diese Zahlen, deren Dezimalzahlen unendlich nicht periodisch sind, heißen **irrationale Zahlen**. Erweitert man die Menge $\mathbb{Q}$ um die Menge der irrationalen Zahlen, entsteht die **Menge $\mathbb{R}$ der reellen Zahlen**:

$\mathbb{R}$: alle endlichen und unendlichen Dezimalzahlen

Eine weitere Vergrößerung des Zahlensystems ist möglich (dann wären z. B. Rechenoperationen wie $\sqrt{-4}$ möglich), soll aber hier nicht vorgenommen werden[1)].

Die oben beschriebenen Zahlenmengen können für bestimmte Fragestellungen eingegrenzt werden:

z. B.:

$\mathbb{R}^*_+$ = Menge der positiven reellen Zahlen (ohne die Zahl 0)
$\mathbb{Q}_-$ = Menge der negativen rationalen Zahlen einschließlich der Zahl 0

etc.

[1)] Die in diesem Lehrbuch durchgeführten Rechenoperationen beschränken sich auf die Menge der reellen Zahlen.

Aufbau des Zahlensystems

Natürliche Zahlen ohne 0
$\mathbb{N}^* = \{1; 2; 3; \ldots\}$

0

Natürliche Zahlen einschließlich 0
$\mathbb{N} = \{0; 1; 2; 3; \ldots\}$

Negative ganze Zahlen
$\mathbb{Z}^*_- = \{\ldots; -3; -2; -1\}$

Ganze Zahlen
$\mathbb{Z} = \mathbb{N} \cup \mathbb{Z}^*_- = \{\ldots; -3; -2; -1; 0; 1; 2; 3; \ldots\}$

Echte Bruchzahlen, z. B. $\frac{3}{4}$ oder $\frac{1}{3}$

Rationale Zahlen
$\mathbb{Q} = \{\frac{a}{b} \mid a, b \in \mathbb{Z} \text{ und } b \neq 0\}$

Irrationale Zahlen I: alle unendlichen nicht periodischen Zahlen, z. B. $\sqrt{2}$ oder π

Reelle Zahlen
$\mathbb{R} = \mathbb{Q} \cup I$: alle Zahlen auf dem Zahlenstrahl

Übungsaufgaben

1 Durch welche Zahlenmengen unterscheiden sich die Mengen
a) $\mathbb{R}$ und $\mathbb{Q}$
b) $\mathbb{Z}$ und $\mathbb{N}^*$?

2 Wodurch unterscheidet sich eine rationale von einer irrationalen Zahl?

3 a) $\mathbb{N}^* \cup \{0\} =$
b) $\mathbb{Z}^*_- \cup \mathbb{N}^* =$
c) $\mathbb{Z} \setminus \mathbb{N} =$

1 Funktionenlehre

1.1 Funktionen

1.1.1 Definition und Begriffe

Funktionen bilden das zentrale Thema der sog. höheren Mathematik in der Sekundarstufe II. Aus diesem Grund ist es notwendig, den Begriff „Funktion“ zu definieren:

> Eine **Funktion** ist eine **eindeutige Zuordnung** in der Weise, dass jeder Zahl x aus einer Definitionsmenge genau eine Zahl y aus der Wertemenge zugeordnet wird.

Eine Funktion lässt sich auf unterschiedliche Arten darstellen:

Darstellungsmöglichkeiten einer Funktion

Funktionsgleichung

$y = 2x$
oder auch
$f(x) = 2x$

Wertetabelle

x	y
0	0
1	2
2	4
3	6
4	8

Graph der Funktion

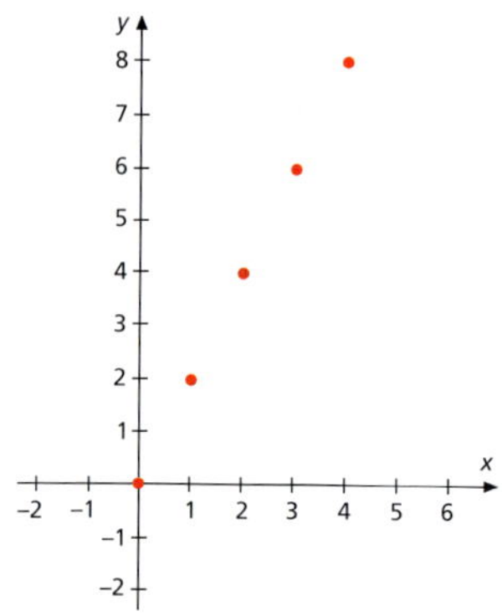

Bild 1.1.1.1

Gewöhnlich wird eine Funktion in der Weise angegeben, dass man zunächst die Funktion benennt. Als Kurzbezeichnung, als **Name für eine Funktion,** verwendet man in der Mathematik häufig kleine Buchstaben wie f, g, oder h.[1)]

Um eine funktionale Zuordnung[2)] vornehmen zu können, muss dann zusätzlich noch die Gleichung der Funktion angegeben werden. In diesem Lehrbuch schreiben wir im Folgenden:

---

1) In der Wirtschaftslehre werden auch häufig Großbuchstaben als Namen für Funktionen vergeben wie K für Kostenfunktion, E für Erlösfunktion, G für Gewinnfunktion etc.

2) Die früher häufig verwendete Pfeilschreibweise für Funktionen f: $x \mapsto f(x)$ macht den Zuordnungscharakter einer Funktion deutlich. Wegen des höheren Grades an Formalismus und der geringeren Aussagekraft wird diese Schreibweise heute in mathematischer Software und auch in diesem Buch nicht mehr verwendet.

$f\colon f(x) = 2x$ (gelesen: Eine Funktion f mit der Funktionsgleichung f von x gleich $2x$ oder kürzer: f mit f von x gleich $2x$) bzw.
$f\colon y = 2x$ (kurz gelesen: f mit y gleich $2x$).

Dabei ist ***f* der Name der Funktion** und $f(x) = 2x$ bzw. $y = 2x$ ist **die Gleichung der Funktion**[1].

Mithilfe der Funktionsgleichung lässt sich für jede Zahl x des Definitionsbereiches die zuzuordnende Zahl y des Wertebereiches berechnen, indem man in die Funktionsgleichung Zahlen aus dem Definitionsbereich für x einsetzt und dann y berechnet.

$f(x)$ ist der allgemein ausgedrückte **Funktionswert** an einer beliebigen Stelle x. „$2x$" ist in diesem Fall der **Funktionsterm**.

Die Zuordnungen, die sich aus der Funktionsgleichung ergeben, werden in einer sog. **Wertetabelle** (auch **Wertetafel**) angegeben. Der **Funktionsgraph** als **Schaubild der Funktion** verdeutlicht diese Zuordnung grafisch. Der x-Wert einer Funktion wird **Stelle** genannt, der dazugehörige y-Wert heißt **Funktionswert**. Im Schaubild der Funktion wird die x-Achse auch als **Abszissenachse**, die y-Achse als **Ordinatenachse** bezeichnet.

Die Definitionsmenge wird auch **Definitionsbereich einer Funktion *f*** genannt und mit ***D*(*f*)** abgekürzt. Der Definitionsbereich besteht aus den x-Werten, die die Funktion annehmen soll. Grafisch veranschaulicht sind das die Zahlen auf der x-Achse. Wenn der Graph einer Funktion als durchgehende Kurve ohne Unterbrechung gezeichnet werden soll, ist der maximale Definitionsbereich $\mathbb{R}$.

Die Wertemenge wird auch **Wertebereich einer Funktion *f*** genannt und mit ***W*(*f*)** abgekürzt. Der Wertebereich besteht aus den y-Werten, die die Funktion annehmen kann. Im Schaubild finden wir diese Zahlen auf der y-Achse.

Das nebenstehende Schaubild verdeutlicht noch einmal alle bisher aufgetretenen Begriffe grafisch am Beispiel der Funktion $f\colon f(x) = 2x$ für x-Werte von 0 bis 5.

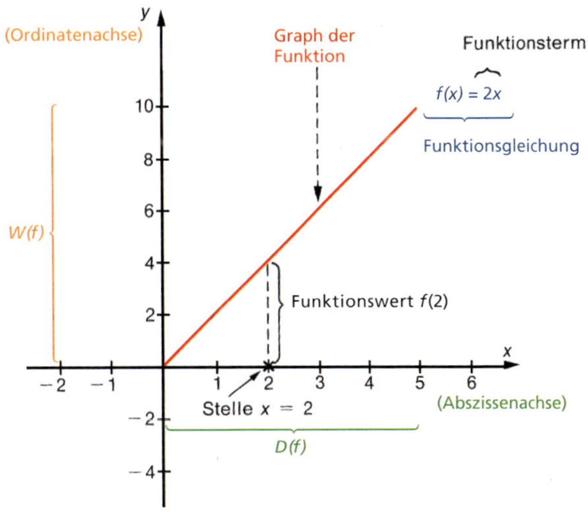

Bild 1.1.1.2

[1] Die etwas komplizierter erscheinende Schreibweise ($f(x) = 2x$ bietet gegenüber der Schreibweise $y = 2x$ den Vorteil, dass erkennbar ist, zu welchem x-Wert ein berechneter Funktionswert gehört. $f(3) = 6$ (gelesen: f von 3 gleich 6) bedeutet: An der Stelle 3 ist der Funktionswert 6.

Der **Definitionsbereich** einer Funktion f heißt $D(f)$. Er enthält die Zahlen, die für x in die Funktionsgleichung eingesetzt werden sollen. Anschaulich: der auf der x-Achse zu betrachtende Zahlenbereich.

Je nach Funktion und Problemstellung kann der Definitionsbereich unterschiedlich sein. Für die im obigen Koordinatensystem dargestellte Funktion ist

$D(f) = \{x \mid \leq x \leq 5\}_{\mathbb{R}}$ (**gelesen**: der Definitionsbereich $D(f)$ ist die Menge aller x-Werte, für die gilt: x ist größer oder gleich 0 und kleiner oder gleich 5 aus der Menge der reellen Zahlen;
bedeutet: Bei der Betrachtung der Funktion ist nur der x-Achsenabschnitt von Interesse, der die reellen Zahlen von 0 bis 5 umfasst.)

Der **Wertebereich** einer Funktion f heißt $W(f)$. Er umfasst alle Funktionswerte, die die Funktion annehmen kann.

Die oben abgebildete Funktion f: $f(x) = 2x$ nimmt z. B. bei vorgegebenen Definitionsbereich $D(f) = \{x \mid 0 \leq x \leq 5\}_{\mathbb{R}}$ Funktionswerte von 0 bis 10 aus der Menge der reellen Zahlen an (s. Bild 1.1.1.2). Demnach ist

$W(f) = \{y \mid 0 \leq y \leq 10\}_{\mathbb{R}}$

Häufig werden Definitions- und Wertebereich nicht wie oben in **Mengenschreibweise**, sondern in **Intervallschreibweise** angegeben. Ein **Intervall** ist ein bestimmter Abschnitt auf einer Zahlengeraden, z. B. der x-Achse. Der Abszissenabschnitt von 0 bis 5 bzw. der Ordinatenabschnitt von 0 bis 10 kann also angegeben werden durch

$D(f) = \{x \mid 0 \leq x \leq 5\}_{\mathbb{R}}$; $W(f) = \{y \mid 0 \leq y \leq 10\}_{\mathbb{R}}$

oder einfacher in Intervallschreibweise

$D(f) = [0; 5]$ $W(f) = [0; 10]$

Hier handelt es sich um ein **geschlossenes Intervall**, weil die Zahlen 0 und 5 am Rande des betrachteten Ausschnitts noch mit zum Intervall gehören.

Sollen beide „Randzahlen" ausgeschlossen werden (**offenes Intervall**), schreibt man:

$D(f) = (0; 5)$ bzw.

$D(f) = \{x \mid 0 < x < 5\}_{\mathbb{R}}$

Entsprechend kann ein Intervall auch **halboffen** sein:

$D(f) = (0; 5]$ bedeutet $D(f) = \{x \mid 0 < x \leq 5\}_{\mathbb{R}}$

oder

$D(f) = [0; 5)$ bedeutet $D(f) = \{x \mid 0 \leq x < 5\}_{\mathbb{R}}$

Eine **Einschränkung des Definitionsbereiches** ergibt sich häufig

- **aus dem Anwendungsbezug:**
  Eine Kostenfunktion ordnet die in einem Betrieb entstehenden Kosten der jeweiligen Ausbringungsmenge zu.

  Da die Ausbringungsmenge nur positiv sein kann und zudem die Produktionskapazität des Betriebes auf maximal 150 Stück begrenzt ist, ergibt sich der ökonomische Definitionsbereich:

  $D_{\text{ök}}(f) = \{x \mid 0 \leq x \leq 150\}_{\mathbb{R}}$ bzw.
  $D_{\text{ök}}(f) = [0; 150]$

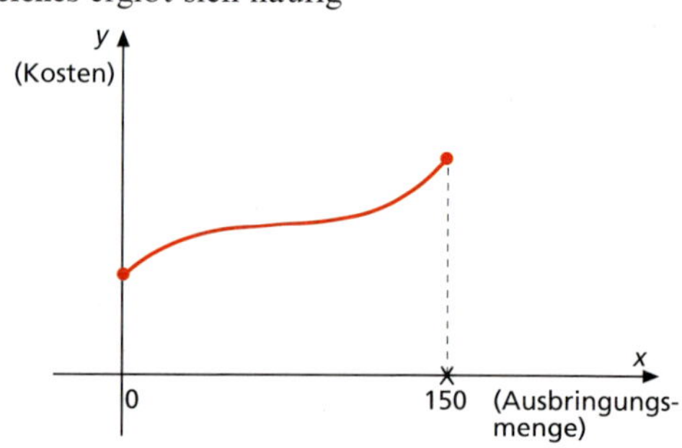

Bild 1.1.1.3

- **aus mathematischen Notwendigkeiten:**
  In die Funktion f mit $f(x) = \frac{1}{x}$ darf die Zahl 0 nicht für x eingesetzt werden, weil dann durch 0 dividiert werden müsste. Dies ist aber nicht erlaubt. Daraus folgt: $f(0)$ ist nicht definierbar = n. d.
  Für die Funktion f mit $f(x) = \frac{1}{x}$ ist deshalb

  $D(f) = \mathbb{R}^*$ (gelesen: Der Definitionsbereich von f ist die Menge der reellen Zahlen ohne 0; bedeutet: Der Zahl $x = 0$ kann kein Funktionswert zugeordnet werden.)

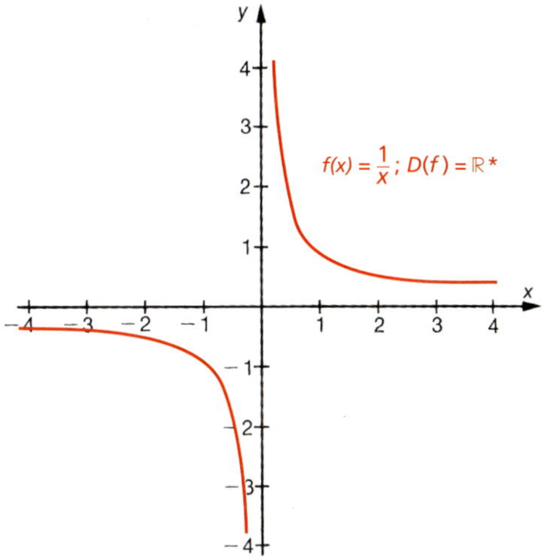

Bild 1.1.1.4

> Eine **Relation** ist eine Zuordnung in der Weise, dass jeder Zahl x des Definitionsbereiches eine oder mehrere Zahlen y des Wertebereiches zugeordnet werden.

Beispiel für eine Relation

Gleichung | Wertetabelle | Graph der Funktion

$y = \pm\sqrt{x}$

x	y
0	0
1	± 1
2	$\approx \pm 1{,}41$
3	$\approx \pm 1{,}73$
4	± 2

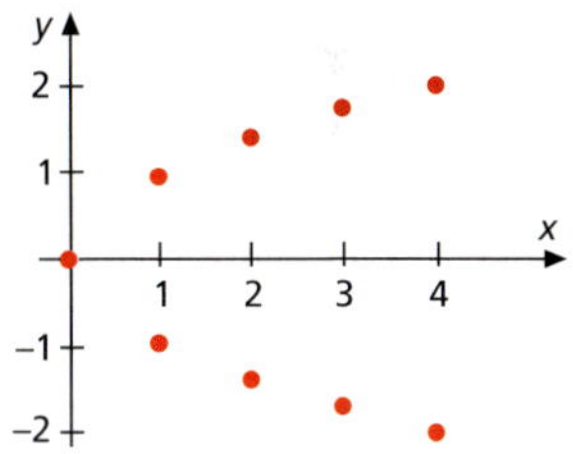

Bild 1.1.1.5

Beim Vergleich der Definitionen von Funktion und Relation fällt auf, dass **die Funktion ein Sonderfall der Relation** ist. Bei einer **Funktion** wird jedem x-Wert genau ein Funktionswert zugeordnet. Bei einer **Relation** können einem x-Wert (oder auch mehreren x-Werten) auch jeweils **mehrere y-Werte** zugeordnet werden.

Übungsaufgaben

1 Handelt es sich bei den folgenden Schaubildern um Graphen von Funktionen oder Relationen? Begründen Sie Ihre Meinung.

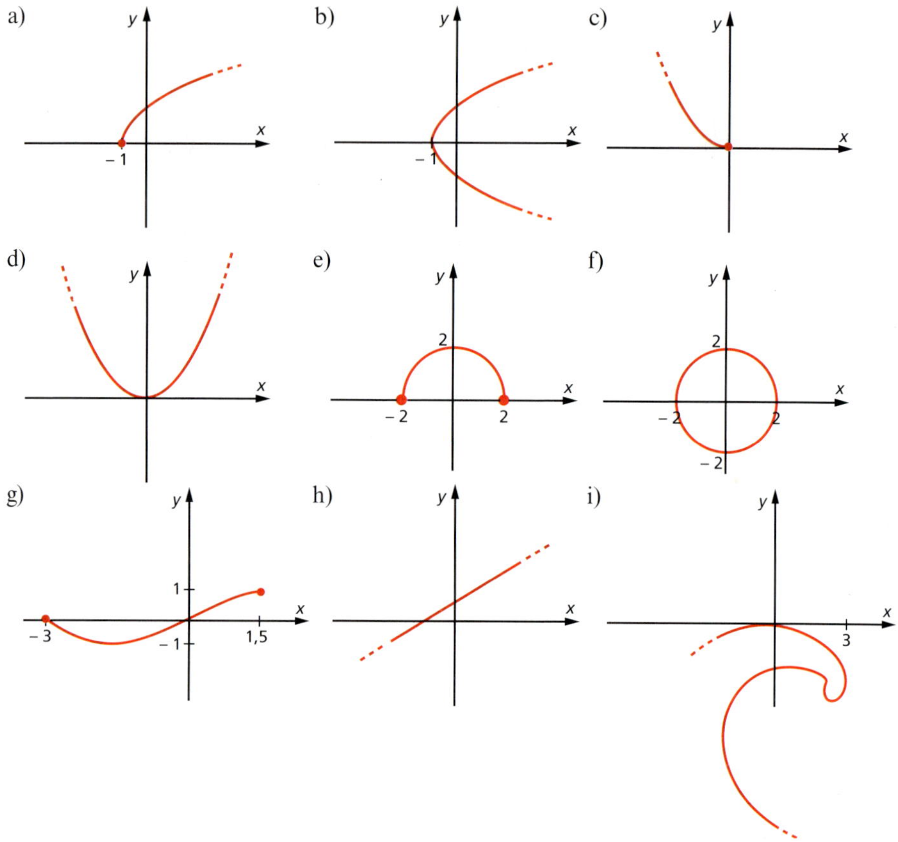

2 Bestimmen Sie den Definitions- und Wertebereich der Relationen und Funktionen aus Übungsaufgabe 1[1].

3 Geben Sie die Funktionsgleichungen an.

a) Jedem x-Wert ist ein Funktionswert zuzuordnen, der viermal so groß wie der x-Wert ist. Davon ist die Zahl 4 zu subtrahieren.

b) Der Funktionswert entsteht durch Quadratur des x-Wertes abzüglich des dreifachen x-Wertes.

c) Der Funktionswert ist identisch mit dem jeweiligen x-Wert.

4 Wie lauten die Funktionsterme zu Übungsaufgabe 3?

5 Legen Sie für die Funktionen aus Übungsaufgabe 3 Wertetafeln an, wobei $D(f) = \{x \mid -3 \leq x \leq 3\}_{\mathbb{Z}}$ und zeichnen Sie die Graphen.

6 Geben Sie für die Funktionsgleichungen aus Übungsaufgabe 3 in mathematisch verkürzter Schreibweise für den Abszissenwert 3 die jeweiligen Funktionswerte an.

7 Wie lauten die Wertebereiche für die Funktionen aus Übungsaufgabe 3, wenn $D(f) = \{x \mid -3 \leq x \leq 3\}_{\mathbb{R}}$ ist?

[1] Die Strichelung der Funktionsgraphen in Übungsaufgabe 1 soll andeuten, dass der Graph der Funktion noch weiter verläuft. Auf den Achsen ist jeweils $\mathbb{R}$ zugrunde zu legen.

8 Geben Sie in Intervallschreibweise an.

a) $D(f) = \{x \mid -4 < x < 0\}_{\mathbb{R}}$ b) $D(f) = \{x \mid -1 \leq x < 6\}_{\mathbb{R}}$
c) $D(f) = \{x \mid 0 < x \leq 4\}_{\mathbb{R}}$ d) $D(f) = \mathbb{R}_+$

9 Geben Sie in Mengenschreibweise an.

a) $D(f) = (-\infty; 0)$ b) $D(f) = (-1; 4)$ c) $D(f) = (3; \infty)$

10 Bestimmen Sie den maximalen Definitionsbereich.

a) $f\colon f(x) = 2x^2$ b) $f\colon f(x) = \frac{1}{x^2}$ c) $f\colon f(x) = \frac{1}{x(x-2)}$ d) $f\colon f(x) = \sqrt{x}$

11 Berechnen Sie.

a) $f(3)$ für $f(x) = -2x^2 - 6$ b) $f(0)$ für $f(x) = \frac{3x-6}{x^2}$ c) $f(-1)$ für $f(x) = x^3 - 2x^2 - x$

1.1.2 Bedeutung von Funktionen

Viele Probleme in Wirtschaft, Technik und anderen Wissensgebieten lassen sich durch Funktionen beschreiben, z. B.:

- Der Gewinn eines Betriebes in Abhängigkeit von der Produktionsmenge (siehe Bild 1.1.2.1)
- Die Dehnung eines Materialstückes in Abhängigkeit von der Temperatur
- Die Erträge eines Landwirtes in Abhängigkeit vom Düngereinsatz
- Die Arbeitslosenzahlen im Jahresablauf
- Der Materialverbrauch in Abhängigkeit von bestimmten Formen des Produktionsstückes.

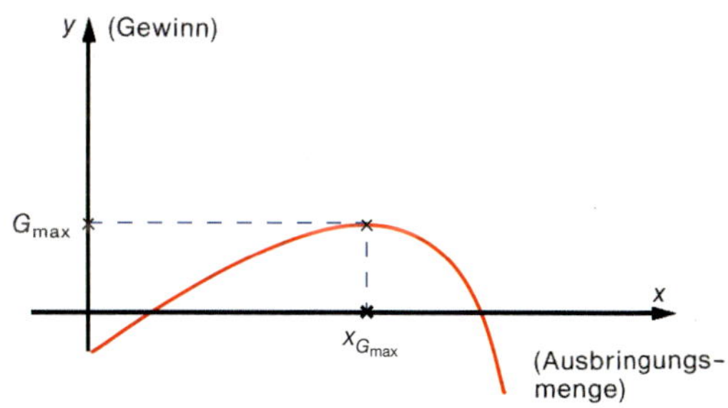

Bild 1.1.2.1

Wenn die Beschreibung derartiger Abhängigkeiten in Form von Funktionen gelingt, kann eine Vielzahl von Problemen (zumindest theoretisch) untersucht und rechnerisch gelöst werden. So wäre es beispielsweise für das Schaubild in Bild 1.1.2.1 interessant, die Ausbringungsmenge zu berechnen, bei der der Unternehmer seinen Gewinn maximiert.

In den folgenden Kapiteln werden verschiedenartige Funkionsklassen vorgestellt. Eine der Hauptaufgabenstellungen wird dabei durchgängig sein, aus jeweils einer Darstellungsform einer Funktion (s. Bild 1.1.2.2) in die jeweils andere zu übersetzen.

Darstellungsmöglichkeiten einer Funktion

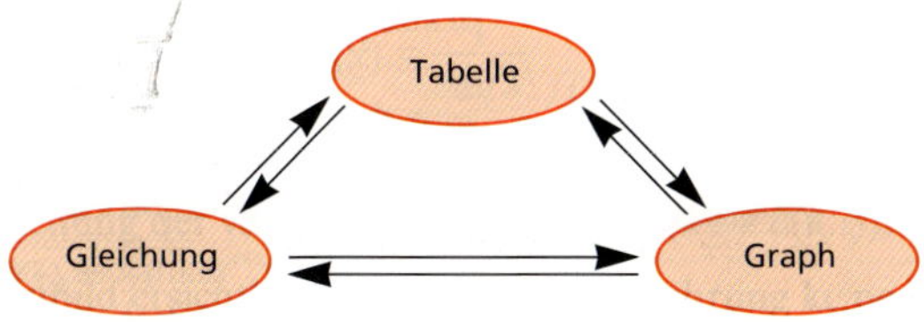

Bild 1.1.2.2

1.2 Lineare Funktionen

1.2.1 Bedeutung der Variablen *m* und *b* in *f*(*x*) = *mx* + *b*

Eine Funktion *f* mit der Gleichung $f(x) = mx + b$ heißt **lineare Funktion.**

Beispiel

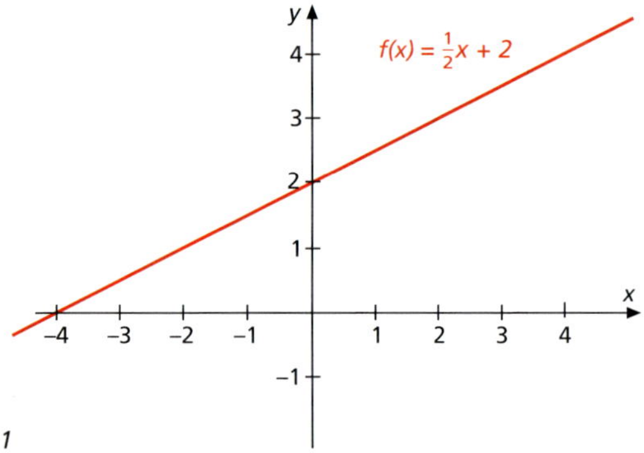

Bild 1.2.1.1

Der **Graph einer linearen Funktion** ist eine **Gerade**.

Der Graph der Funktion *f* mit $f(x) = \frac{1}{2}x + 2$ könnte natürlich mithilfe einer Wertefafel gezeichnet werden. Dieses Verfahren ist jedoch mit zunehmendem Schwierigkeitsgrad der Funktionsgleichungen sehr zeitaufwendig.

Deshalb geht es im Folgenden darum zu erkennen, wie sich einzelne Teile des Funktionsterms (hier *m* und *b*) auf den Verlauf des Graphen der Funktion auswirken:

1. ***Wie wirkt m?***

   Zur Beantwortung wird in die Funktionsgleichung für *b* die Zahl 0 eingesetzt und für *m* unterschiedliche Zahlen. Dann werden die Graphen (vorerst noch mithilfe von Wertetafeln) gezeichnet.

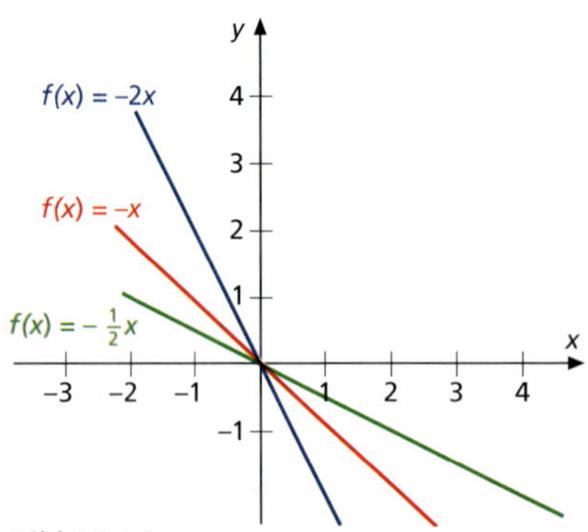

Bild 1.2.1.2

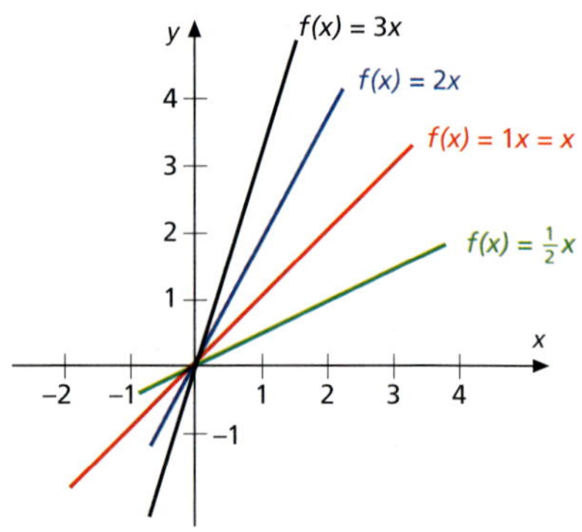

Bild 1.2.1.3

m gibt die **Steigung** der Geraden an.

Je größer *m*, desto steiler verläuft die Gerade. Ist m negativ, verläuft die Gerade von links nach rechts fallend.

2. *Wie wirkt b?*

Zur Beantwortung wird jetzt m konstant gehalten ($m = 1$) und b variiert.

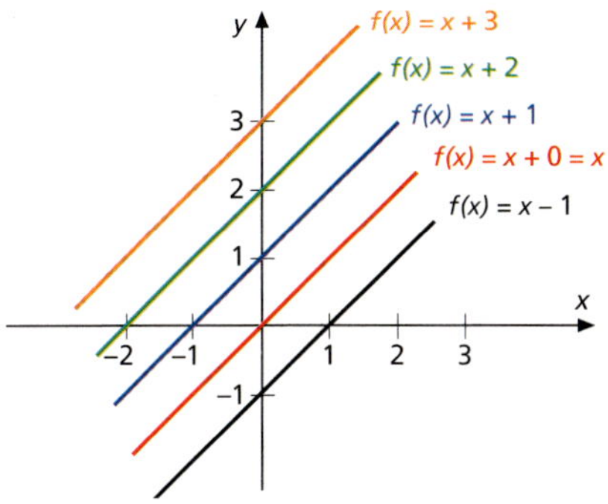

Bild 1.2.1.3

> b gibt an, wo die y-Achse geschnitten wird[1], das ist der Ordinatenabschnitt.

D. h., b verschiebt den Graphen in y-Richtung.

Zusammenfassung

Der Graph der Funktion f: $f(x) = mx + b$ ist eine Gerade mit der Steigung m, die y-Achse wird bei b geschnitten.

Übungsaufgaben

1 Beschreiben Sie verbal den Verlauf des Graphen der Funktion.

a) f: $f(x) = -\frac{1}{2}x + 3$ b) f: $f(x) = 1{,}5x - 1$

c) f: $f(x) = -\frac{3}{4}x - 2$ d) f: $f(x) = 2x + 2$

2 Wie erkennt man, dass eine Funktion linear ist

a) am Schaubild der Funktion?

b) an der Funktionsgleichung?

3 Wie stellen sich die Graphen der Funktion f: $f(x) = mx + 1$ im Koordinatensystem dar, wenn für m alle Zahlen

a) aus $\mathbb{N}^*$

b) aus $\mathbb{Z}$

eingesetzt werden?

4 Wie stellen sich die Graphen der Funktion f: $f(x) = 2x + b$ im Koordinatensystem dar, wenn für b alle Zahlen aus $\mathbb{Z}$ eingesetzt werden?

---

[1] Da b unabhängig von Veränderungen des x-Wertes ist, wird b **konstantes Glied** der Funktion oder auch **Absolutglied** genannt.

1.2.2 Konstruktion des Funktionsgraphen

Die Steigung m ist definiert als $\dfrac{\text{Höhenunterschied}}{\text{Horizontalunterschied}}$ zwischen zwei Punkten der Geraden.

$$m = \frac{\text{Höhenunterschied}}{\text{Horizontalunterschied}}$$ [1)]

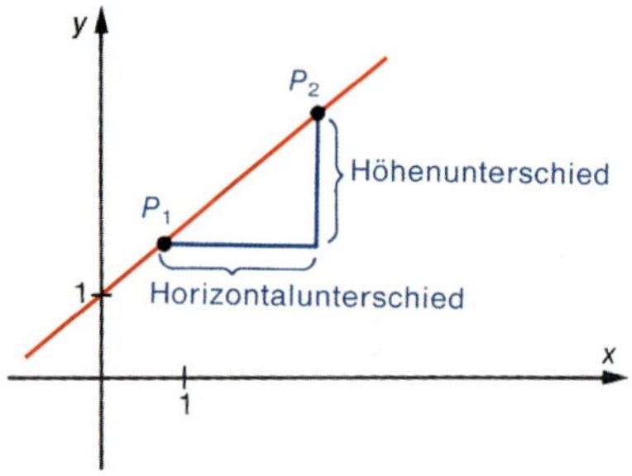

Bild 1.2.2.1

Wenn der Höhen- und Horizontalunterschied zwischen den Punkten mithilfe der Koordinatendifferenzen angegeben wird, ist

$$m = \frac{y_2 - y_1}{x_2 - x_1} = \frac{\Delta y}{\Delta x} \quad \text{(gelesen: Delta } y \text{ durch Delta } x\text{)}$$

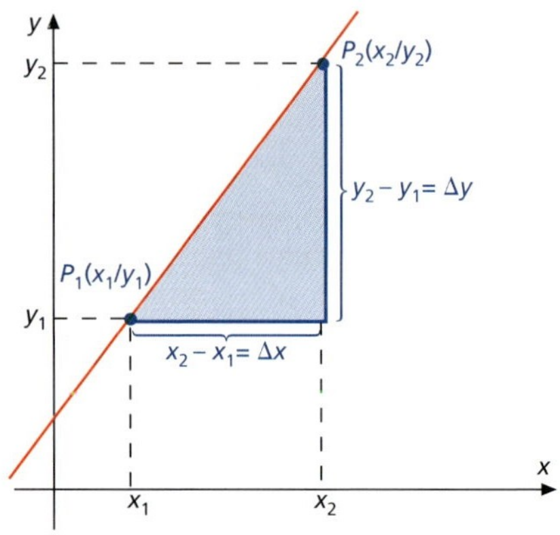

Bild 1.2.2.2

Das blau unterlegte Dreieck in der Abbildung heißt **Steigungsdreieck**.

Aufgabe 1

Zeichnen Sie den Graphen der Funktion f mit $f(x) = \frac{3}{4}x + 2$ ohne Wertetafel.

Lösung

Zur Konstruktion einer Geraden benötigt man 2 Punkte. Durch $b = 2$ ist der Schnittpunkt mit der y-Achse (0/2) gegeben. Den zweiten Punkt der Geraden findet man mithilfe der Steigung:

1) m entspricht dem Tangens des Winkels α, der die Steigung der Geraden bestimmt.
$m = \tan \alpha = \dfrac{\text{Gegenkathete}}{\text{Ankathete}}$.

Wenn $m = \dfrac{\text{Höhenunterschied}}{\text{Horizontalunterschied}}$ ist,

bedeutet $m = \frac{3}{4}$:

Höhenunterschied = 3,

Horizontalunterschied = 4.

Demnach muss vom Punkt (0/2) 3 Einheiten in die Höhe und 4 Einheiten horizontal gegangen werden, um den zweiten Punkt der Geraden zu finden. (Welcher Weg zuerst in welche Richtung gegangen wird, spielt keine Rolle, solange die Steigung wie gefordert positiv ist.) Siehe Bild 1.2.2.3.

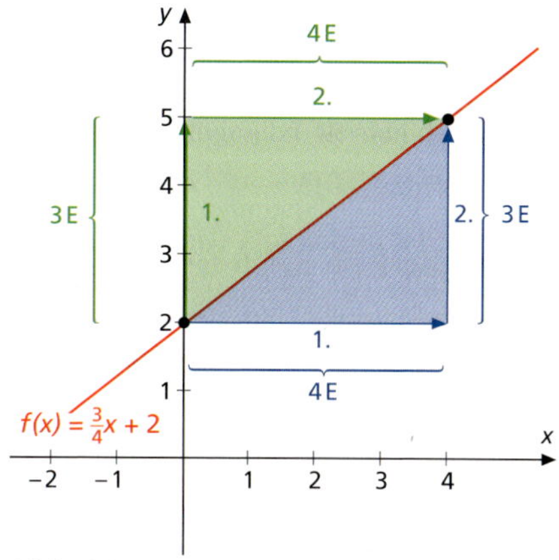

Bild 1.2.2.3

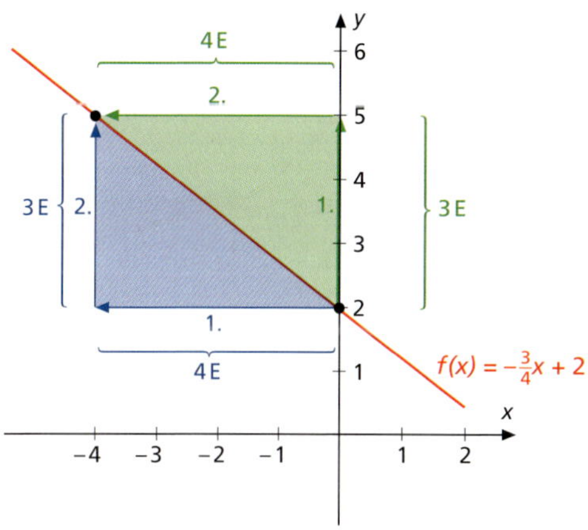

Bild 1.2.2.4

Ist m negativ, sind Höhen- und Horizontalunterschied entsprechend so abzutragen, dass die Steigung der Geraden negativ ist (von links oben nach rechts unten fallend).

Ist m ganzzahlig (z. B. $m = 3$), so wird die ganze Zahl in einen Bruch umgewandelt (z. B. $m = \frac{3}{1}$), damit Höhen- und Horizontalunterschied direkt ablesbar sind.

Übungsaufgaben

1 Zeichnen Sie den Graphen der Funktion mithilfe des Steigungsdreiecks (ohne Wertetafel).

a) $f: f(x) = -\frac{2}{3}x - 2$
b) $f: f(x) = x$
c) $f: f(x) = 2x - 1$
d) $f: f(x) = 2{,}5x + 0{,}5$
e) $f: f(x) = 1{,}\overline{3}x - 0{,}5$
f) $f: f(x) = 3 - 0{,}2x$
g) $f: f(x) = 1 + x$
h) $f: f(x) = -1 + 0{,}\overline{6}x + 2$

2 Zeichnen Sie den Graphen der Funktion ohne Wertetafel.

a) $f: x - y + 1 = 0$
b) $f: 3x + 6y = 3$
c) $f: 4 - 2y = 6x$
d) $f: 6 - 3y = 2x$

3 Im Gebirge findet man am Straßenrand häufig folgendes Verkehrsschild:

a) Interpretieren Sie den mathematischen Aussagegehalt dieses Verkehrszeichens möglichst anschaulich.

b) Welchem Steigungswinkel entspricht das angegebene Steigungsmaß?

c) Wie würde eine Straße mit 100 % Steigung verlaufen?

4 Mit jeder zusätzlichen Produktionseinheit steigen die Kosten eines Betriebes um 120 Geldeinheiten. Die Fixkosten des Betriebes betragen 3000 Geldeinheiten.

a) Wie lautet die Gleichung der Kostenfunktion?

b) Zeichnen Sie den Graphen der Kostenfunktion.

1.2.3 Bestimmung der Funktionsgleichung

Aufgabe 1

Wie lautet die Gleichung des Funktionsgraphen in Bild 1.2.3.1?

Lösung

Da es sich bei dem Graphen um eine Gerade handelt, hat die Funktionsgleichung die allgemeine Form $f(x) = mx + b$, in der m und b bestimmt werden müssen.

$$m = \frac{\text{Höhenunterschied}}{\text{Horizontalunterschied}} = \frac{\Delta y}{\Delta x}$$

$$m = -\frac{1}{4} = -0{,}25$$

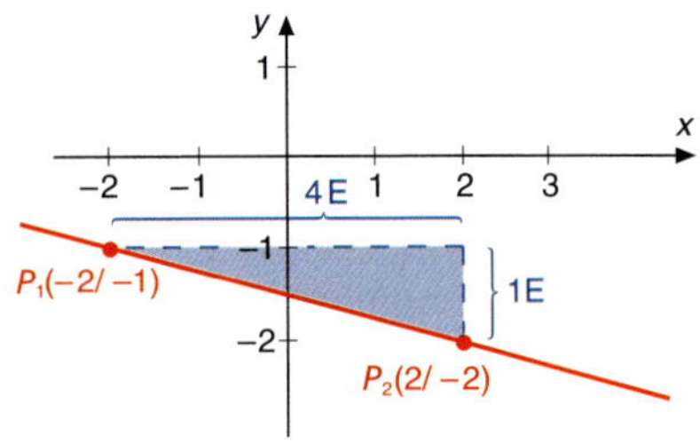

Bild 1.2.3.1

Somit lautet die Funktionsgleichung vorerst $f(x) = -0{,}25x + b$. Wenn in diese Gleichung für x und für $f(x)$ die Koordinaten eines beliebigen Punktes der Geraden – z. B. die Koordinaten von $P_2(\mathbf{2}/\mathbf{-2})$ – eingesetzt werden, lässt sich b berechnen:

$$\mathbf{-2} = -\frac{1}{4} \cdot \mathbf{2} + b$$

$$-2 = -\frac{1}{2} + b$$

$$b = -1{,}5$$

Die gesuchte Funktionsgleichung lautet demnach:

$$f(x) = -0{,}25x - 1{,}5$$

Übungsaufgaben

Wie lauten die Funktionsgleichungen der Graphen?

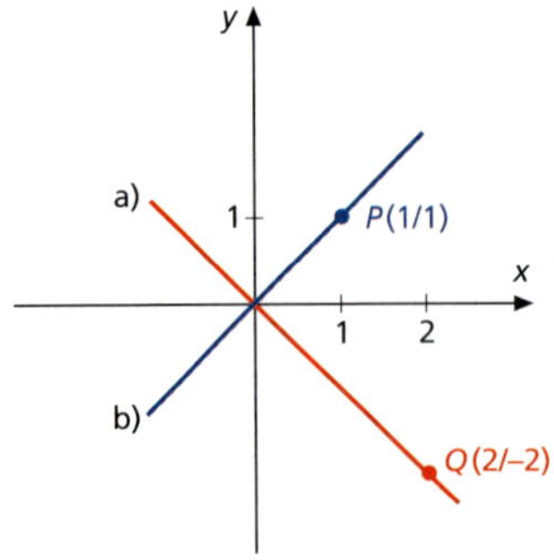

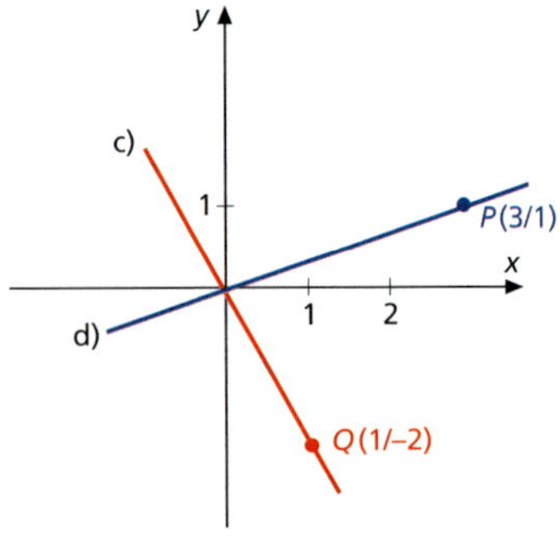

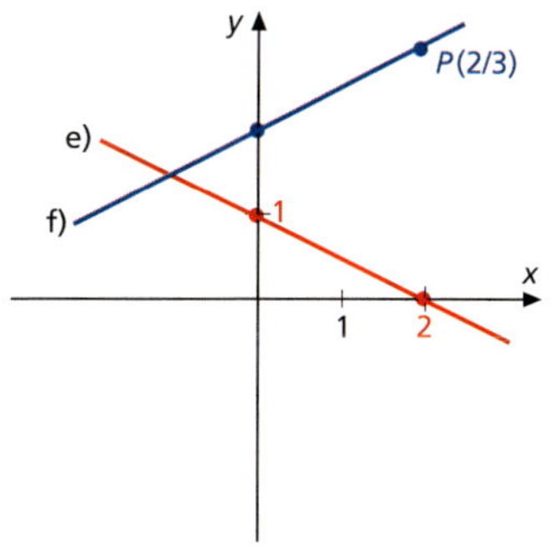

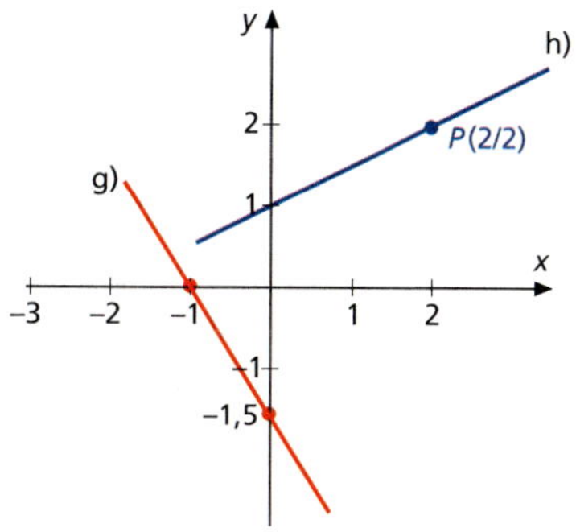

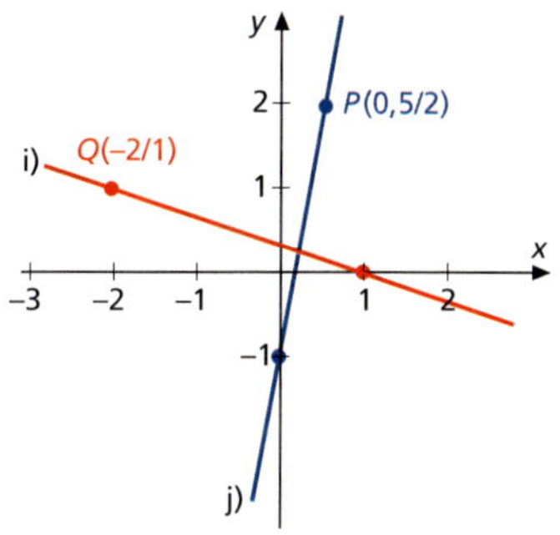

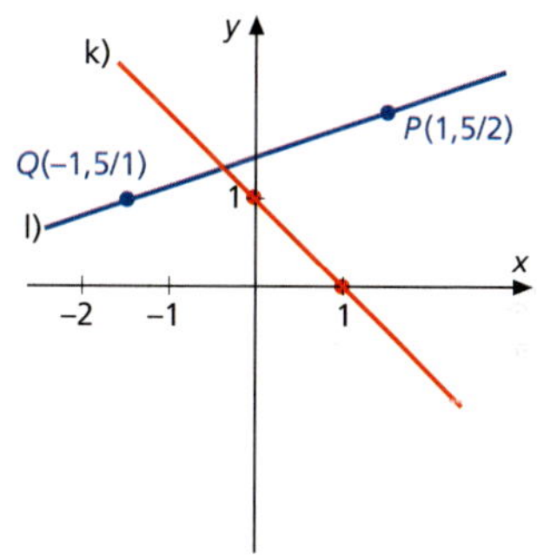

1.2.4 Sonderfälle

Eine Gerade parallel zur x-Achse hat offensichtlich die Steigung 0. Wenn 0 für m in die Funktionsgleichung eingesetzt wird, ergibt sich

$$f(x) = 0 \cdot x + b \Leftrightarrow f(x) = b$$

Eine **Gerade parallel zur x-Achse** hat die Form $\boldsymbol{f(x) = b}$, wobei b angibt, wo die y-Achse geschnitten wird.

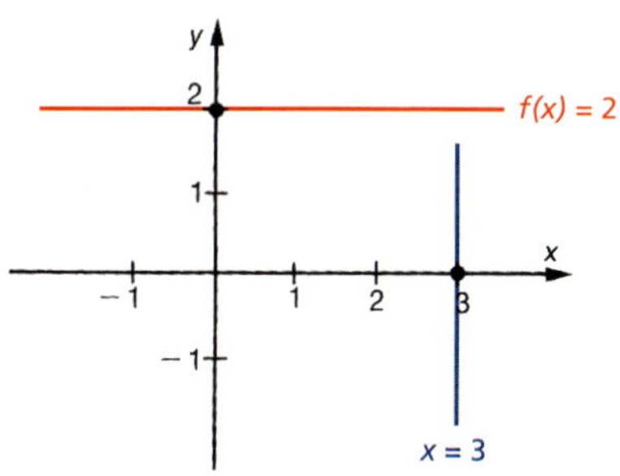

Bild 1.2.4.1

Die x-Achse selbst hat demnach die Funktionsgleichung $f(x) = 0$.

Eine Gerade parallel zur y-Achse hat eine unendlich große Steigung, die sich nicht als Zahl ausdrücken lässt. Die Gerade ist im Übrigen auch nicht das Bild einer Funktion, sondern einer Relation, da einem x-Wert unendlich viele y-Werte zugeordnet werden. Wenn eine solche Parallele zur y-Achse die x-Achse z. B. bei $x = 3$ schneiden soll, lautet die Gleichung der Relation: $x = 3$ (siehe Bild 1.2.4.1). Die Gleichung der y-Achse lautet demnach $x = 0$.

Übungsaufgaben

1 Geben Sie die Gleichung der

a) Parallele zur y-Achse an, die die x-Achse bei –2,5 schneidet.

b) Parallele zur x-Achse an, die die y-Achse bei –1,5 schneidet.

c) Winkelhalbierenden des 1. Quadranten an.

2 Erklären Sie mithilfe von $m = \frac{\text{Höhenunterschied}}{\text{Horizontalunterschied}}$, warum eine Parallele

a) zur y-Achse die Steigung ∞

b) zur x-Achse die Steigung 0

hat.

1.2.5 Anwendungsbeispiele

1. Mithilfe der Funktionsgleichung lässt sich zu jedem x-Wert der dazugehörige Funktionswert und umgekehrt bestimmen.

Aufgabe 1

Die Kostenfunktion K mit $K(x) = 200x + 100$ eines Betriebes zeigt die Abhängigkeit der Kosten K von der Ausbringungsmenge (x).

a) Wie hoch sind die Kosten bei einer Ausbringungsmenge von 300?

b) Bei welcher Ausbringungsmenge betragen die Kosten 1 100?

Lösung

a) $K(300) = 200 \cdot 300 + 100 = \underline{\underline{60\,100}}$

b) $1\,100 = 200x + 100$

$1\,000 = 200x$

$\underline{\underline{x = 5}}$

2. Mithilfe der Funktionsgleichung kann geprüft werden, ob bestimmte Punkte Elemente einer Geraden sind ($P \in g$?).

Aufgabe 2

Sind $A(-3/2{,}5)$ und $B(4/1)$ Punkte der Geraden g: $g(x) = -\frac{1}{2}x + 1$?

Lösung

Wenn man den x-Wert eines Punktes in die Funktionsgleichung einsetzt und sich dann der Funktionswert des Punktes errechnet, ist der Punkt Element der Geraden, andernfalls nicht.

$$\text{Punkt } A\text{: } f(-3) = -\tfrac{1}{2} \cdot (-3) + 1 = \underline{2{,}5} \Rightarrow \underline{\underline{A \in g}}$$

$$\text{Punkt } B\text{: } f(4) = -\tfrac{1}{2} \cdot (4) + 1 = \underline{-1} \Rightarrow \underline{\underline{B \notin g}}$$

3. Wenn 2 Punkte einer Geraden gegeben sind, lässt sich die Funktionsgleichung der Geraden aufstellen.

Aufgabe 3

Eine Gerade g verläuft durch die Punkte $A(-2/-1)$ und $B(3/4)$. Wie lautet die Funktionsgleichung?

Lösung

Die Gleichung hat die allgemeine Form $f(x) = mx + b$.
m ist definiert als der Quotient aus Höhen- und Horizontalunterschied zwischen zwei Punkten. Mithilfe der Koordinaten der Punkte A und B lässt sich dieser Quotient berechnen:

$$m = \frac{\Delta y}{\Delta x} = \frac{y_2 - y_1}{x_2 - x_1} = \frac{4 - (-1)}{3 - (-2)} = \frac{5}{5} = 1$$

Die Funktionsgleichung lautet demnach vorerst:

$$f(x) = 1x + b = x + b$$

Setzt man die Koordinaten eines beliebigen Punktes der Geraden in die Funktionsgleichung für x und für $f(x)$ ein, so lässt sich b berechnen (hier werden die Koordinaten von A eingesetzt).

$$-1 = -2 + b \Leftrightarrow \underline{b = 1}$$

Die gesuchte Funktionsgleichung lautet:

$$\underline{\underline{f(x) = x + 1}}$$

4. Die Funktionsgleichung einer Geraden lässt sich bestimmen, wenn die Steigung und ein Punkt der Geraden gegeben ist.

Die Lösung entspricht dann dem 2. Teil der Lösung von Aufgabe 3.

5. Mithilfe der Funktionsgleichung lässt sich berechnen, wo die Gerade die Achsen schneidet.

Aufgabe 4

Berechnen Sie die Schnittpunkte der Geraden $g: g(x) = -\frac{1}{2}x + 3$ mit den Achsen.

Lösung

Jeder Punkt auf der x-Achse ist dadurch gekennzeichnet, dass der Funktionswert dieses Punktes 0 ist. Dies gilt auch für den Schnittpunkt einer Geraden mit der x-Achse (siehe Bild 1.2.5.1).

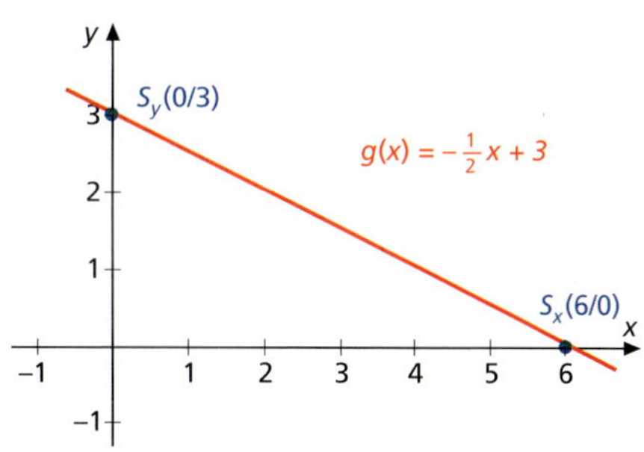

Bild 1.2.5.1

Aus diesem Grund wird in die Funktionsgleichung für $f(x)$ die Zahl 0 eingesetzt, um so den dazugehörigen x-Wert zu berechnen:

$$f(x) = 0$$
$$0 = -\frac{1}{2}x + 3$$
$$\frac{1}{2}x = 3$$
$$\underline{x = 6}$$

Der Schnittpunkt der Geraden g: $g(x) = -\frac{1}{2}x + 3$ mit der x-Achse hat die Koordinaten (6/0)

$$\underline{\underline{S_x(6/0)}}$$

Der Schnittpunkt mit der y-Achse ist dementsprechend dadurch gekennzeichnet, dass der x-Wert 0 ist. Aus diesem Grund wird in die Funktionsgleichung für x die Zahl 0 eingesetzt und der dazugehörige Funktionswert berechnet:

$$f(0) = -\frac{1}{2} \cdot 0 + 3$$
$$\underline{f(0) = 3} \quad \Rightarrow \underline{\underline{S_y(0/3)}}$$

Stehen **2 Geraden senkrecht zueinander**, so ist das Produkt ihrer Steigungen –1.[1)]

$$\boldsymbol{m_1 \cdot m_2 = -1}$$

oder umgeformt: $$\boldsymbol{m_1 = -\frac{1}{m_2}}$$

D. h., eine Gerade steht dann senkrecht zu einer zw eiten Geraden, wenn das Steigungsmaß $\boldsymbol{m_1}$ der Geraden g_1 **der negative Kehrwert von $\boldsymbol{m_2}$** der Geraden g_2 ist.

Aufgabe 5

Wie lautet die Funktionsgleichung der Geraden g_2, die senkrecht zu g_1: $g_1(x) = 3x - 1$ und durch $S_y(0/-1)$ verläuft?

Lösung

Da g_1 die Steigung $m_1 = 3$ hat, muss g_2 die Steigung $m_2 = -\frac{1}{3}$ haben (negativer Kehrwert).

Die vorläufige Funktionsgleichung lautet also:

$$g_2(x) = -\frac{1}{3}x + b$$

Da die Gerade g_2 durch den Punkt $S_y(0/-1)$ verläuft, lassen sich diese Koordinaten entsprechend dem Vorgehen in der Lösung zu Aufgabe 3 in die vorläufige Funktionsgleichung einsetzen:

$$\Rightarrow \underline{b = -1}$$

$$\underline{\underline{g_2\text{: } g_2(x) = -\frac{1}{3}x - 1}}$$

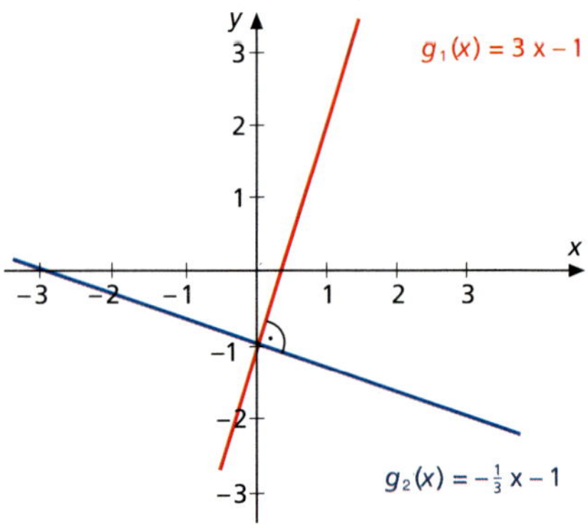

Bild 1.2.5.2

1) Diese Aussage gilt nicht für achsenparallele Geraden, da eine senkrecht verlaufende Gerade keine definierte Steigung hat.

Übungsaufgaben

1 Wie lautet die Funktionsgleichung der Geraden durch $A(-3/-4)$ und $B(1/4)$?

2 Zeichnen Sie das Dreieck ABC mit $A(3/4)$, $B(-2/0)$ und $C(0/-3)$.
a) Wie lauten die Funktionsgleichungen der Geraden, auf der die Dreiecksseiten liegen?
b) Wie lautet die Gleichung der Geraden, die durch den Ursprung und A verläuft?

3 Gegeben ist die Gerade g: $7{,}5x + 3 \cdot f(x) + 9 = 0$
a) Welche Steigung hat die Gerade?
b) Wo wird die y-Achse geschnitten?
c) Berechnen Sie den Schnittpunkt mit der x-Achse.
d) Prüfen Sie, ob $R(-2/2)$ und $S(2/-8)$ auf der Geraden liegen.
e) Zeichnen Sie die Gerade mithilfe des Steigungsdreiecks.

4 Bestimmen Sie die Gleichung der Geraden, die
a) parallel zu f: $f(x) = 3x - 2$ durch $P(1/-2)$ verläuft.
b) senkrecht zu f: $f(x) = -2x + 3$ durch $Q(-2/3)$ verläuft.

5 $Q(2/5)$ und $P(3/7)$ sind Punkte einer linearen Kostenkurve.
a) Wie lautet die Funktionsgleichung?
b) Berechnen Sie die Achsenschnittpunkte.
c) Wie hoch sind die Kosten bei der Ausbringungsmenge 4?
d) Bei welcher Ausbringungsmenge betragen die Kosten 3?

6 $A(-4/3)$, $B(1/2)$ und $C(-2/-3)$. Zeichnen Sie das Dreieck ABC.
a) Bestimmen Sie die Gleichungen der Dreiecksseiten mit Definitions- und Wertebereich.
b) Berechnen Sie die Schnittpunkte der Dreiecksseiten mit den Achsen.
c) Wie lautet die Funktionsgleichung der Höhe auf $\overline{BC}$?
d) Geben Sie den Definitions- und Wertebereich des Dreiecks insgesamt an.

7 Berechnen Sie die Achsenschnittpunkte der Geraden aus den Übungsaufgaben
I.) S. 19, Nr. 1
II.) S. 21, Nr. 1.

1.3 Lineare Gleichungssysteme

1.3.1 Lösungsmengen

Durch die Funktionsgleichung $y = m_1x + b_1$ wird eine unendlich große Menge von Zahlenpaaren beschrieben. Jedes Zahlenpaar, welches die Gleichung erfüllt (d. h. zu einer wahren Aussage führt), ist Lösungsmenge L der Gleichung.

Geometrisch betrachtet: Durch $y = m_1x + b_1$ wird eine unendlich große Menge von Punkten beschrieben, die insgesamt eine Gerade bilden. Jeder Punkt, der auf der Geraden liegt, ist Lösung der Funktionsgleichung.

Ist eine zweite Funktion mit $y = m_2 x + b_2$ gegeben, so bilden beide Gleichungen zusammen ein sog. **lineares Gleichungssystem:**

$$y = m_1 x + b_1$$
$$\wedge\ y = m_2 x + b_2$$

Beispiel: $y = -\frac{1}{2}x + 2$

$$\wedge y = 2{,}5x - 4$$

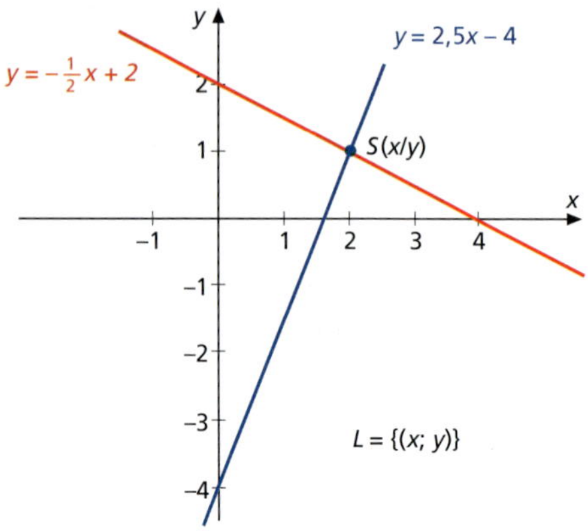

Bild 1.3.1.1

Das Schaubild eines linearen Gleichungssystems mit zwei Variablen (x und y) sind zwei Geraden im Koordinatensystem.

Die **Lösungsmenge *L*** eines linearen Gleichungssystems sind die Zahlenpaare, die *beide* Gleichungen erfüllen.

Die **grafische Darstellung der Lösungsmenge** sind die **Punkte**, die gleichzeitig Elemente beider Geraden sind.

Aus der geometrischen Betrachtung der Lagebeziehung zweier Geraden zueinander ergeben sich **3 mögliche Lösungsmengen**:

1. **Die Geraden schneiden sich.**
   Lösungsmenge L ist dann ein Zahlenpaar $\{(x; y)\}$. Dieses Zahlenpaar gibt dann die Koordinaten des Schnittpunktes der beiden Geraden an (siehe Bild 1.3.1.1).
2. **Die Geraden liegen parallel.**
   Lösungsmenge L ist dann die leere Menge (siehe Bild 1.3.1.2).
3. **Die Geraden liegen aufeinander.**
   Lösungsmenge L sind dann alle Zahlenpaare (Punkte), die die Gerade bilden (siehe Bild 1.3.1.3).

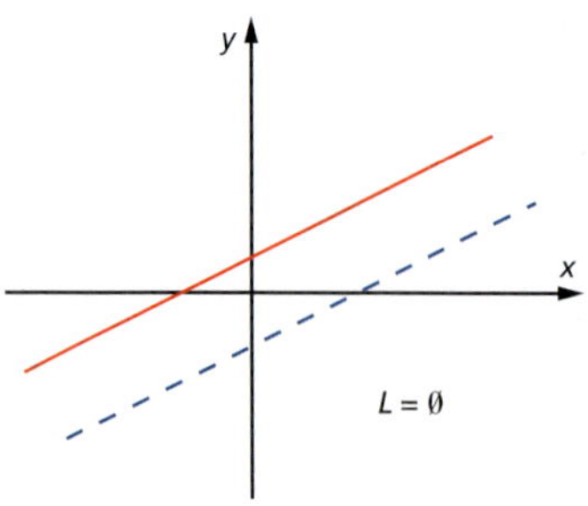

Bild 1.3.1.2

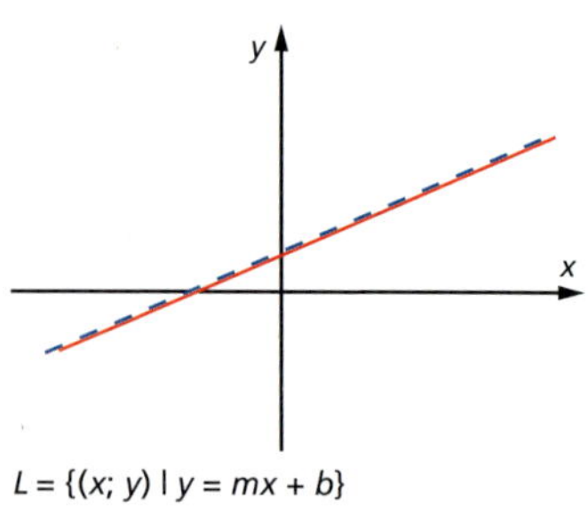

Bild 1.3.1.3

Übungsaufgaben

1 Gegeben sind zwei Geraden

a) g_1: $y = -\frac{3}{4}x + 6$
$\wedge\ g_2$: $4y + 3x = 24$

b) g_1: $\frac{2}{3}x = y - 2$
$\wedge\ g_2$: $3y = 2x + 9$

c) g_1: $y = \frac{3}{2}x + 1$
$\wedge\ g_2$: $3y = 2x + 3$

Untersuchen Sie durch Umformung auf $y = mx + \mathrm{b}$ die Lagebeziehung der Geraden zueinander und geben Sie allgemein gültig die jeweilige Lösungsmenge L des Gleichungssystems an.

2 Wie lässt sich überprüfen, ob das Zahlenpaar

a) $\{(3; -2)\}$

b) $\{(0; 19)\}$

Lösungsmenge L des Gleichungssystems $\quad y = -7x + 19$
$\wedge\ 3x - 4y = 17$

ist?
Führen Sie die Prüfung durch.

1.3.2 Lösungsverfahren

Zur **rechnerischen Bestimmung der Lösungsmenge** sind drei verschiedene Verfahren möglich, die im Folgenden beispielhaft erklärt werden.

Allen drei Verfahren ist folgendes Grundprinzip gemein: **Zwei Gleichungen mit zwei Variablen** (x und y) werden in **eine Gleichung mit einer Variablen** umgeformt, d. h., eine Variable wird eliminiert.

1. Gleichsetzungsverfahren

Aufgabe 1

$y = -\frac{1}{2}x + 2$
$\wedge\ y = 2x - 3$

Lösung

Ausgehend von der anschaulicheren geometrischen Betrachtung (siehe Bild 1.3.2.1) bedeutet die Lösung des Gleichungssystems, den Schnittpunkt S der beiden Geraden zu bestimmen.

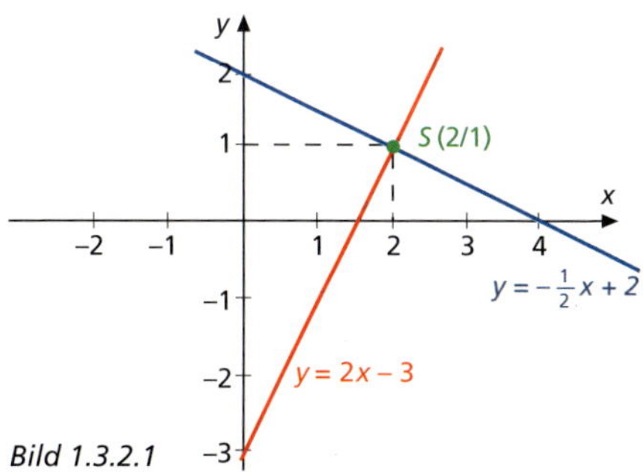

Bild 1.3.2.1

Der Schnittpunkt der beiden Geraden ist dadurch gekennzeichnet, dass bei einer bestimmten Stelle die y-Werte beider Geraden gleich sind (siehe Bild 1.3.2.1).

Da in jeder Funktionsgleichung der Funktionsterm den y-Wert allgemeingültig angibt, können die beiden Funktionsterme gleichgesetzt werden:

$$\begin{aligned} y &= y \\ -\tfrac{1}{2}x + 2 &= 2x - 3 \end{aligned}$$

Die Variable y ist dadurch eliminiert.
Durch entsprechende Äquivalenzumformungen kann die Gleichung gelöst werden:

$$\begin{aligned} 5 &= 2{,}5x \\ \underline{x = 2} \end{aligned}$$

Damit ist die x-Koordinate des Schnittpunktes berechnet. Der dazugehörige y-Wert ergibt sich, indem man den berechneten x-Wert in eine der beiden Funktionsgleichungen einsetzt:

$$y = 2 \cdot \mathbf{x} - 3 \Rightarrow y = 2 \cdot \mathbf{2} - 3 = 4 - 3 = \underline{1}$$

Welche Funktionsgleichung zur Berechnung des y-Wertes gewählt wird, ist natürlich unerheblich, da ja – wie vorausgesetzt – die y-Werte im Schnittpunkt für beide Geraden identisch sind.

Lösung des o. g. Gleichungssystems ist also

$$\underline{\underline{L = \{(2; 1)\}}}$$

oder **geometrisch betrachtet der Schnittpunkt $S(2/1)$**.

2. Einsetzungsverfahren

Aufgabe 2

$$\begin{aligned} y &= -\tfrac{3}{4}x + 1 \\ \wedge\ x &= -2y \end{aligned}$$

Lösung

Da auch die x-Werte beider Funktionen im Schnittpunkt gleich sind, kann der allgemein ausgedrückte x-Wert der 2. Gleichung für x in die 1. Gleichung eingesetzt werden:

$$\begin{aligned} y &= -\tfrac{3}{4}\mathbf{x} + 1 \\ &\quad\uparrow \\ x &= \mathbf{-2y} \end{aligned}$$

Daraus ergibt sich folgende lösbare Gleichung mit einer Variablen:

$$\begin{aligned} y &= -\tfrac{3}{4} \cdot (\mathbf{-2y}) + 1 \\ y &= \tfrac{3}{2}y + 1 \\ -\tfrac{1}{2}y &= 1 \\ \underline{y} &\underline{= -2} \end{aligned}$$

Der x-Wert des Schnittpunktes ergibt sich wiederum, indem man den berechneten y-Wert in eine der Gleichungen einsetzt (hier der Einfachheit halber in $x = -2y$):

$$\underline{x = 4}$$

Daraus folgt:

$$\underline{\underline{L = \{(4; -2)\}}} \text{ bzw. } \underline{\underline{S(4/-2)}}$$

3. Additionsverfahren

Aufgabe 3

$$\begin{aligned} x + 2y &= 4 \\ \wedge\ 2x - 2y &= 2 \end{aligned}$$

Lösung

Durch die Addition der beiden Gleichungen wird eine Variable (hier y) eliminiert:

$$\left.\begin{aligned} x + 2y &= 4 \\ 2x - 2y &= 2 \end{aligned}\right\}+$$
$$3x \quad = 6$$

Die sich aus der Addition ergebende Gleichung mit einer Variablen kann leicht gelöst werden:

$$\underline{x = 2}$$

Der y-Wert wird wiederum bestimmt, indem man den berechneten x-Wert **2** in eine der beiden Gleichungen einsetzt:

$$\begin{aligned} x + 2y &= 4 \\ 2 + 2y &= 4 \\ 2y &= 2 \\ \underline{y} &\underline{= 1} \end{aligned}$$

Daraus folgt:

$$\underline{\underline{L = \{(2;\ 1)\}}} \text{ bzw. } \underline{\underline{S(2/1)}}$$

Beim Additionsverfahren soll durch Addition der beiden Gleichungen eine Variable eliminiert werden. Ist dies nicht unmittelbar möglich, werden zuvor die Gleichungen des Systems mit geeigneten Zahlen multipliziert (siehe **Aufgabe 4**).

Aufgabe 4

$$\begin{aligned} -3x + 2y &= 1 \\ \wedge\ 4x + 5y &= -9 \end{aligned}$$

Lösung

Damit y eliminiert werden kann:

$$\begin{aligned} -3x + 2y &= 1 & &|\cdot(-5) \\ \wedge\ 4x + 5y &= -9 & &|\cdot 2 \end{aligned}$$

$$\left.\begin{aligned} 15x - 10y &= -5 \\ 8x + 10y &= -18 \end{aligned}\right\}+$$
$$\begin{aligned} 23x \quad &= -23 \\ \underline{x} &\underline{= -1} \end{aligned}$$

$x = -1$ in die 1. Gleichung eingesetzt führt zu:

$$\begin{aligned} -3x + 2y &= 1 \\ 3 + 2y &= 1 \\ 2y &= -2 \\ \underline{y} &\underline{= -1} \end{aligned}$$

Daraus folgt:

$$\underline{\underline{L = \{(-1;\ -1)\}}} \text{ bzw. } \underline{\underline{S(-1/-1)}}$$

Welches der vorgestellten drei Verfahren jeweils angewendet wird, ist lediglich eine Frage der Zeitökonomie.

Aufgabe 5

$$2x + 3y = 18$$
$$\wedge\ 4x + 6y = 24$$

Lösung

Die Anwendung des Additionsverfahrens erfordert hier die Multiplikation der 1. Gleichung mit (–2):

$$-4x - 6y = -36$$
$$4x + 6y = 24$$
$$\underline{0 = -12}$$

Eine rechnerisch ermittelte **unwahre Aussage** bedeutet, dass es kein Zahlenpaar gibt, das beide Gleichungen erfüllt.

$$\underline{\underline{\text{Lösungsmenge } L = \emptyset}}$$

Geometrisch interpretiert bedeutet dies, dass die Geraden parallel liegen: $g_1 \parallel g_2$.

Aufgabe 6

$$y = -\tfrac{3}{2}x + 3$$
$$\wedge\ x = -\tfrac{2}{3}y + 2$$

Lösung

Das Einsetzungsverfahren führt zu:

$$y = -\tfrac{3}{2}\left(-\tfrac{2}{3}y + 2\right) + 3$$
$$y = y - 3 + 3$$
$$\underline{y = y}$$

Eine rechnerisch ermittelte **wahre Aussage** bedeutet, dass jedes Zahlenpaar, welches die 1. Gleichung erfüllt, auch die 2. Gleichung erfüllt.
Die Lösungsmenge L besteht demnach aus unendlich vielen Zahlenpaaren.

Hier: $L = \{(x; y) \mid y = -\tfrac{3}{2}x + 3\}$

Das Schaubild der unendlich vielen Zahlenpaare ist eine der beiden (identischen) Geraden.

Geometrisch interpretiert bedeutet eine derartige wahre Aussage, dass die beiden Geraden aufeinander liegen ($g_1 = g_2$).

Die Lagebeziehungen der Geraden in den Aufgaben 5 und 6 hätte man übrigens auch sofort erkennen können, wenn die Geraden in der Form $y = mx + b$ angegeben worden wären:

- **für Aufgabe 5:**

  $y = -\tfrac{2}{3}x + 6$

  $y = -\tfrac{2}{3}x + 4$

  Gleiche Steigung und unterschiedlicher y-Achsenschnittpunkt bedeutet: $g_1 \parallel g_2$.

- **für Aufgabe 6:**

  $y = -\frac{3}{2}x + 3$

  $y = -\frac{3}{2}x + 3$

  Die beiden Gleichungen sind offensichtlich identisch.

Übungsaufgaben

1 Bestimmen Sie die Lösungsmenge und geben Sie die Lagebeziehung der Geraden zueinander an.

a) $g_1\colon y = 0{,}5x + 3$
$\wedge\, g_2\colon y = -1{,}5 + 0{,}5x$

b) $g_1\colon y = \frac{1}{2}x - 1$
$\wedge\, g_2\colon y = \frac{2}{3}x + 6$

c) $g_1\colon 2x + 3y = 9$
$\wedge\, g_2\colon x = 2 + y$

d) $g_1\colon 2x + 3y - 7 = 0$
$\wedge\, g_2\colon 3x - 2y - 4 = 0$

e) $g_1\colon 2x - 5y = 9$
$\wedge\, g_2\colon -7x + 2y = 15$

f) $g_1\colon \frac{3}{4}x + \frac{1}{2}y = -\frac{3}{4}$
$\wedge\, g_2\colon y = \frac{1}{2}x - \frac{1}{2}$

g) $g_1\colon 3{,}6x + 5y = 18$
$\wedge\, g_2\colon 2{,}4x + 3{,}5y = 12$

h) $g_1\colon \frac{y}{4} + \frac{x}{5} = \frac{3}{20}$
$\wedge\, g_2\colon \frac{4x}{10} + \frac{y}{2} = \frac{3}{10}$

i) $g_1\colon 3(x - 6) + 2(y - 7) = 0$
$\wedge\, g_2\colon 20(x + 1) - 3(y + 7) = 0$

j) $g_1\colon \frac{x}{3} + \frac{y}{2} = 3$
$\wedge\, g_2\colon \frac{x}{6} + \frac{y}{4} = 1$

k) $g_1\colon x = 3{,}5y + 2{,}5$
$\wedge\, g_2\colon x = -2{,}6y - 3{,}6$

l) $g_1\colon y = -7x + 19$
$\wedge\, g_2\colon 3x - 4y = 17$

m) $g_1\colon y = -\frac{2}{3}x + 36$
$\wedge\, g_2\colon 4x + 6y = 24$

n) $g_1\colon \frac{1}{4}x = -y - \frac{2}{3}$
$\wedge\, g_2\colon 4y = -x - \frac{8}{3}$

2 Gegeben sind die Geraden
$g_1\colon -y + 3x = 1$; $g_2\colon 5x = 9y + 11$; $g_3\colon 7y + x = -26$
Die drei Geraden schneiden ein Dreieck ABC aus. Bestimmen Sie die Koordinaten der Eckpunkte.

3 Suchen Sie zwei Zahlen, deren Summe 45 und deren Quotient $\frac{2}{3}$ ist.

4 Vermehrt man den Zähler und den Nenner eines Bruches um 5, so nimmt der Bruch den Wert $\frac{3}{4}$ an. Vermindert man aber Zähler und Nenner um 1, so wird der Wert des Bruches $\frac{2}{3}$. Wie heißt der Bruch $\frac{x}{y}$?

5 Die Erlöse eines Betriebes werden in Abhängigkeit von der stündlichen Ausbringungsmenge durch die Funktion $g_1\colon y = \frac{3\,000}{4}x$ beschrieben, die Kosten des Betriebes durch die Funktion $g_2\colon y = 250x + 1\,000$.

Die maximale Ausbringungsmenge beträgt 4 Liter/Std.

a) Bestimmen Sie den Definitions- und Wertebereich für die Funktionen.

b) Zeichnen Sie die Graphen der Funktionen in ein Koordinatensystem.

c) Untersuchen Sie anhand der Grafik die Gewinnsituation des Betriebes bei steigender Ausbringungsmenge (Hinweis: Gewinn = Erlöse – Kosten).

d) Berechnen Sie die stündliche Produktionsmenge, von der ab der Betrieb mit Gewinn arbeitet.

e) Wie hoch sind bei der in Teilaufgabe d) berechneten Produktionsmenge die Erlöse und wie hoch die Kosten?

f) Bei welcher Produktionsmenge ist der erwirtschaftete Gewinn maximal?

g) Wie groß ist der maximale Gewinn?

6 Im Dreieck ABC ist a: $y = -\frac{13}{5}x + \frac{17}{10}$

b: $y = \frac{7}{4}x + \frac{31}{8}$

$A(-2{,}5/-0{,}5)$

$B(0{,}75/-0{,}25)$

a) Zeichnen Sie das Dreieck im Koordinatensystem.

b) Berechnen Sie die Koordinaten des Punktes C.

c) Bestimmen Sie die Funktionsgleichung der Dreiecksseite c.

d) Welches ist der Definitionsbereich des Dreiecks?

e) Welches ist der Wertebereich des Dreiecks?

f) Wie lautet die Funktionsgleichung der Höhe auf b?

g) Wie lautet die Funktionsgleichung der Mittelsenkrechten auf a?

h) Berechnen Sie die Schnittpunkte von a mit den Achsen.

i) Berechnen Sie die Schnittpunkte von b mit den Achsen.

7 Im Dreieck ABC ist a: $y = -\frac{5}{2}x + 13$

c: $y = \frac{3}{2}x + 5$

$A(-2/2)$

$C(6/-2)$

a) Bestimmen Sie die Funktionsgleichung der Dreiecksseite b.

b) Berechnen Sie B.

c) Wie lautet die Funktionsgleichung der Höhe auf c?

d) Berechnen Sie die Schnittpunkte von a mit den Achsen.

1.4 Quadratische Funktionen

Eine Funktion f mit $f(x) = ax^2 + bx + c$, wobei $a \neq 0$, heißt **quadratische Funktion**[1].

Z. B. f: $f(x) = 2x^2 - 4x - 1$

Der Graph einer quadratischen Funktion heißt **Parabel**.

Der höchste bzw. tiefste Punkt einer Parabel heißt **Scheitelpunkt**.

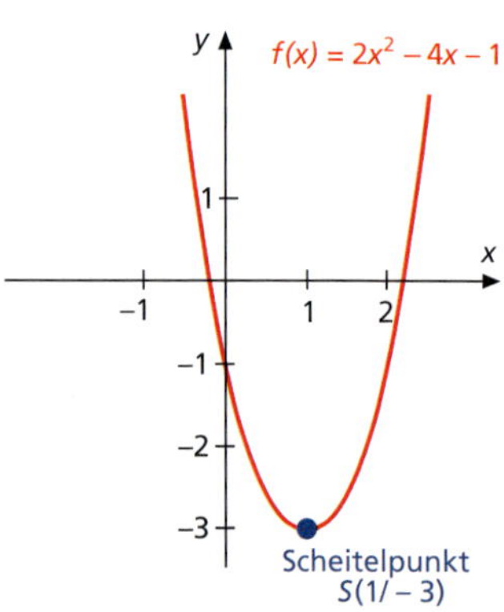

Bild 1.4.1

[1] $f(x) = ax^2 + bx + c$ ist die sogenannte **Polynomdarstellung einer quadratischen Funktion**. Im weiteren Verlauf dieses Abschnitts werden noch andere Darstellungsformen aufgezeigt.

Wie sich die Koeffizienten a, b und c auf den Verlauf des Graphen der Funktion auswirken, soll in den folgenden Abschnitten untersucht werden.

Übungsaufgaben

1 a) Welches ist der wesentliche Unterschied in der Funktionsgleichung zwischen einer linearen und einer quadratischen Funktion?

b) Inwiefern unterscheiden sich die Schaubilder einer linearen und einer quadratischen Funktion?

c) Warum muss in der Funktionsgleichung $f(x) = ax^2 + bx + c$ einer quadratischen Funktion $a \neq 0$ sein?

2 Zeichnen Sie mithilfe einer Wertetafel den Graphen von f.

a) $f\colon f(x) = -2x^2 + x - 1$

b) $f\colon f(x) = \frac{1}{2}x^2 + 3x$

c) $f\colon f(x) = -x^2 - x + 2$

d) $f\colon f(x) = \frac{1}{4}x^2 - 1$

3 In der Funktionsgleichung einer quadratischen Funktion mit $f(x) = ax^2 + bx + c$ wird
ax^2 das Quadratglied,
bx das Linearglied und
c das Absolutglied genannt.

Bestimmen Sie für die Funktionen in Übungsaufgabe 2 das Quadrat-, Linear- und Absolutglied.
Bestimmen Sie ferner die Koeffizienten a, b und c.

1.4.1 Normalparabel (Öffnung – Dehnung/Stauchung)

Die einfachste quadratische Funktion hat die Gleichung $f(x) = x^2$. Der Graph dieser Funktion heißt **Normalparabel**. Der Scheitelpunkt liegt im Ursprung (siehe Bild 1.4.1.1).

In $f(x) = \boldsymbol{a}x^2$ bewirkt die Hinzufügung des Koeffizienten a folgendes:

- $\boldsymbol{a > 0}$: Parabel ist **nach oben geöffnet**, weil alle Funktionswerte positiv bleiben. Z. B. $f(x) = 1x^2 = x^2$
- $\boldsymbol{a < 0}$: Parabel ist **nach unten geöffnet**, weil alle Funktionswerte negativ werden. Z. B. $f(x) = -1x^2 = -x^2$
- $\boldsymbol{|a| < 1}$: Parabel ist gegenüber der Normalparabel in $f(x)$-Richtung **gestaucht**, weil alle Funktionswerte verkleinert werden. Z. B. $f(x) = \frac{1}{2}x^2$
- $\boldsymbol{|a| > 1}$: Parabel ist gegenüber der Normalparabel in $f(x)$-Richtung **gedehnt**, weil alle Funktionswerte vom Betrag her vergrößert werden. Z. B. $f(x) = -2x^2$

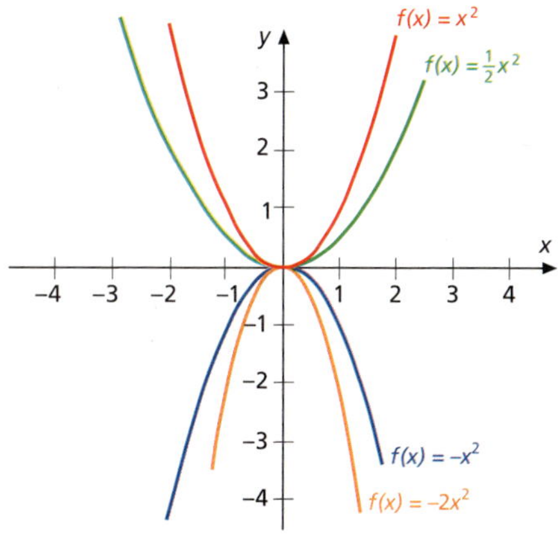

Bild 1.4.1.1

> Der Koeffizient a verändert die Form der Parabel und heißt deswegen **Formfaktor**.

Aufgabe 1

Beschreiben Sie den Verlauf des Graphen von f: $f(x) = -\frac{3}{4}x^2$ gegenüber der Normalparabel f: $f(x) = x^2$.

Lösung

Weil $a < 0$ ist, ist die Parabel nach unten geöffnet.
Weil $|a| < 1$ ist, ist die Parabel in y-Richtung gestaucht. Der Scheitelpunkt ist im Ursprung.

Übungsaufgaben

1 Vergleichen Sie den Verlauf des Graphen der Funktion f mit der Normalparabel.

a) f: $f(x) = -\frac{3}{2}x^2$
b) f: $f(x) = 0{,}7x^2$
c) f: $f(x) = -\frac{7}{8}x^2$
d) f: $f(x) = \frac{4}{3}x^2$
e) f: $f(x) = -x^2$

2 Wie lautet die Funktionsgleichung einer durch den Ursprung verlaufenden Parabel, die

a) nach unten geöffnet und mit dem Faktor 2 gedehnt ist
b) nach oben geöffnet und mit dem Faktor 0,2 gestaucht ist
c) nach unten geöffnet ist, aber die Form der Normalparabel hat
d) nach unten geöffnet und in y-Richtung gestaucht ist?

3 Erklären Sie verbal, warum der Graph von f: $f(x) = ax^2$ eine

a) Dehnung gegenüber dem Graphen von f: $f(x) = x^2$ aufweist, wenn $|a| > 1$ ist.
b) Stauchung gegenüber dem Graphen von f: $f(x) = x^2$ aufweist, wenn $|a| < 1$ ist.

1.4.2 Verschiebung

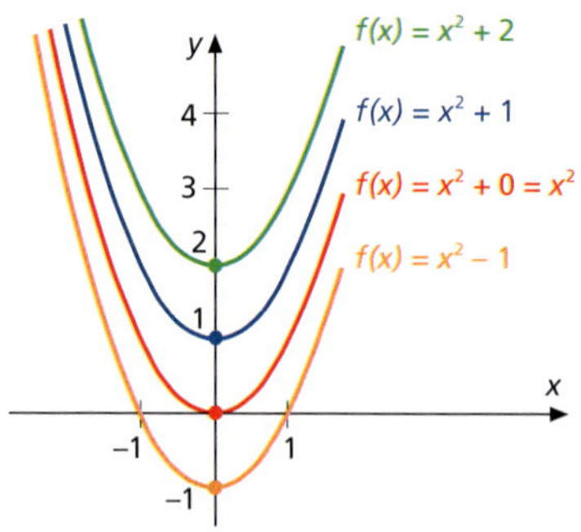

Bild 1.4.2.1

Die Addition eines Absolutgliedes zum Funktionsterm, z. B. $f(x) = ax^2 + v$, verschiebt (ebenso wie bei linearen Funktionen) den Graphen der Funktion **um v in y-Richtung.**

> In der Funktion f: $f(x) = ax^2 + v$ gibt v an, wo der Graph der Funktion die y-Achse schneidet, den Ordinatenabschnitt. Der Schnittpunkt mit der y-Achse hat die Koordinaten $S_y(0/v)$. Gleichzeitig liegt hier der Scheitelpunkt.

Eine Verschiebung der Normalparabel in ***x*-Richtung** ergibt sich durch folgende Veränderung des Funktionsterms:

$$f(x) = (x - u)^2$$

- $u < 0$: Verschiebung in **negative *x*-Richtung**
  z. B. $f(x) = (x + 3)^2$
  (siehe Bild 1.4.2.2)
- $u < 0$: Verschiebung in **positive *x*-Richtung**
  z. B. $f(x) = (x - 2)^2$
  (siehe Bild 1.4.2.2)

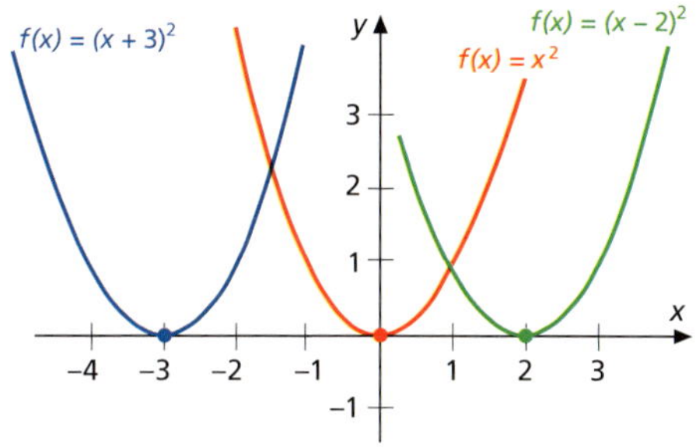

Bild 1.4.2.2

> Der Scheitelpunkt des Graphen von $f(x) = (x - u)^2$ ist $S(u/0)$.

Übungsaufgaben

1 Vergleichen Sie den Verlauf des Graphen der Funktion f mit der Normalparabel und geben Sie den Scheitelpunkt an.

a) f: $f(x) = \frac{2}{3}x^2 - 2$
b) f: $f(x) = 0{,}\overline{6}x^2 + 1$
c) f: $f(x) = -\frac{1}{2}\left(x - \frac{1}{2}\right)^2$
d) f: $f(x) = 1{,}5\,(x - 2)^2$
e) f: $f(x) = -\frac{5}{4}(x + 0)^2$
f) f: $f(x) = \frac{1}{2}(x + 1)^2$

2 Wie lautet die Gleichung der

a) Normalparabel, die um 1 in positive x-Richtung verschoben ist?
b) Normalparabel, die um 1 in negative y-Richtung verschoben und nach unten geöffnet ist?
c) mit 0,4 in y-Richtung gestauchten, nach oben geöffneten Parabel, die um 2 in negative x-Richtung verschoben ist?

1.4.3 Scheitelpunktform

In der Funktionsgleichung $f(x) = \boldsymbol{a}(x - \boldsymbol{u})^2 + \boldsymbol{v}$ lässt sich durch

- den Faktor ***a*** die **Öffnung und die Dehnung/Stauchung**
- ***u*** und ***v*** die **Verschiebung in *x*- und *y*-Richtung**

der Parabel bestimmen.

Durch die Verschiebung der Parabel insgesamt verschiebt sich auch der Scheitelpunkt der Parabel entsprechend. Somit lassen sich aus o. g. Form der Funktionsgleichung die Koordinaten des Scheitelpunktes bestimmen.

> $\boldsymbol{f(x) = a(x - u)^2 + v}$ ist die **Scheitelpunktform** einer quadratischen Funktion.
> Der Scheitelpunkt S hat die Koordinaten $\boldsymbol{(u/v)}$.

Aufgabe 1

Welche Aussagen können anhand der Funktionsgleichung $f(x) = -\frac{1}{2}(x-3)^2 + 2$ über den Verlauf des Graphen der Funktion gemacht werden?

Lösung

Weil es sich um eine quadratische Funktion handelt, ist der Graph eine Parabel. Wegen $a < 0$ ist die Parabel nach unten geöffnet. Wegen $|a| < 1$ ist die Parabel in y-Richtung mit dem Faktor $\frac{1}{2}$ gestaucht. Der Scheitelpunkt ist $S(3/2)$.

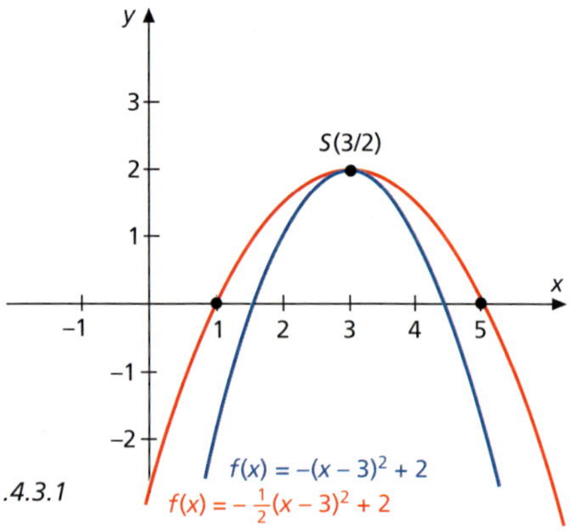

Bild 1.4.3.1

Übungsaufgaben

1 Bestimmen Sie die Funktionsgleichungen.

a) 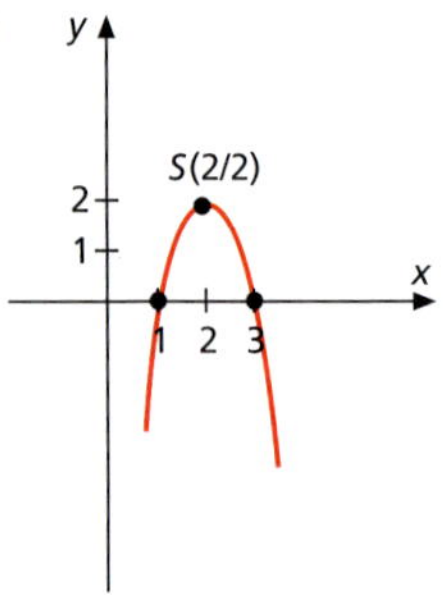

b) 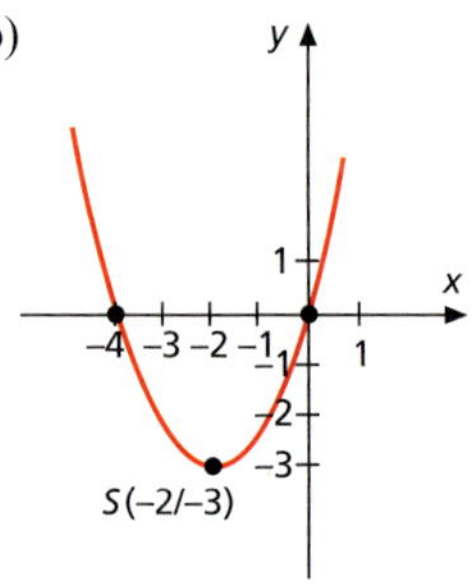

c) 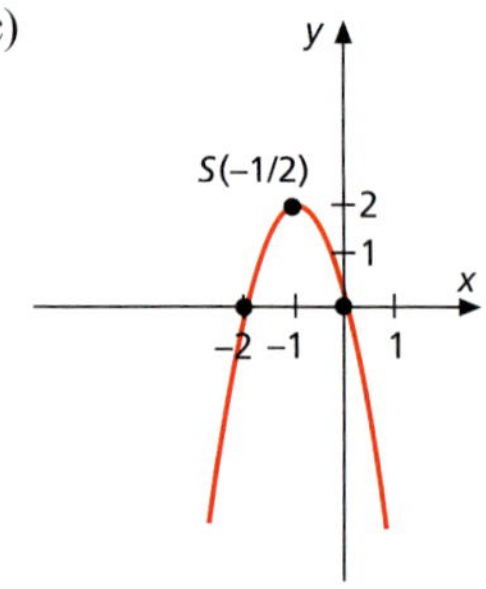

d) 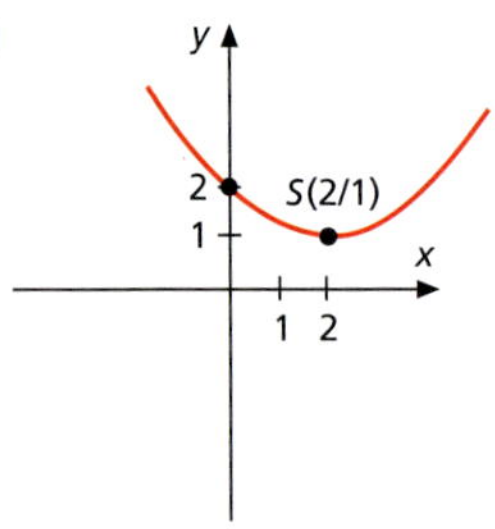

e) 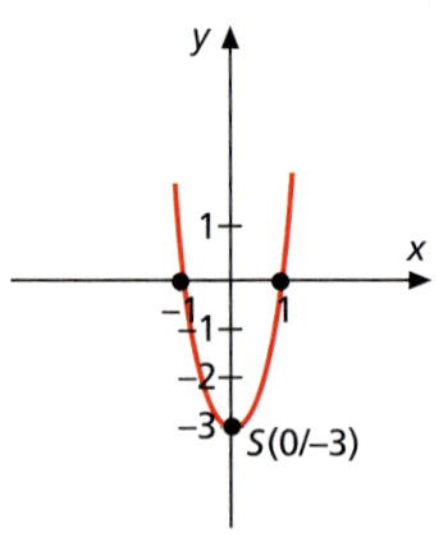

f) 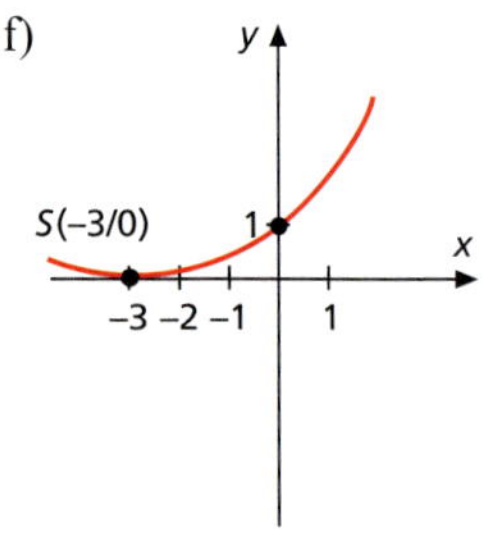

2 Beschreiben Sie verbal den Verlauf des Graphen der Funktion und zeichnen Sie ihn.

a) $f\colon f(x) = -(x-1)^2 - 1$

b) $f\colon f(x) = -0{,}5(x+2)^2 - 3$

c) $f\colon f(x) = \frac{5}{4}(x-2)^2$

d) $f\colon f(x) = 3 + 0{,}2(x+1)^2 - 4$

3 Wie lautet die Funktionsgleichung folgender Parabel in Scheitelpunktform?

a) Scheitelpunkt $S(2/1)$, mit dem Faktor 0,5 in y-Richtung gestaucht, nach oben geöffnet.

b) Scheitelpunkt $S(1/0)$, mit dem Faktor 3 in y-Richtung gedehnt, nach unten geöffnet.

4 Bestimmen Sie den Scheitelpunkt S, die Öffnung und die Dehnung/Stauchung in y-Richtung.

a) $f\colon f(x) = (x + 7)^2 - 4$

b) $f\colon f(x) = -(x + 3)^2 - 2$

c) $f\colon f(x) = \frac{3}{4}(x - 2)^2 + 1$

d) $f\colon f(x) = -\frac{1}{2}x^2$

e) $f\colon f(x) = -0{,}6(x + 4)^2$

f) $f\colon f(x) = 7x^2 + 6$

g) $f\colon f(x) = -5(x - 2)^2$

h) $f\colon f(x) = -0{,}01x^2 - 1$

i) $f\colon f(x) = -(x + 3)^2 - 7$

j) $f\colon f(x) = -\frac{1}{3}(x - 1)^2 + 2$

1.4.4 Polynomdarstellung – Scheitelpunktform

Die **Scheitelpunktform einer quadratischen Funktion f mit $f(x) = a(x - u)^2 + v$** lässt sich durch Auflösen des Binoms leicht in die sog. **Polynomdarstellung $f(x) = ax^2 + bx + c$** umformen.

Aufgabe 1

Formen Sie die Scheitelpunktform der quadratischen Funktion f mit $f(x) = -\frac{1}{2}(x - 3)^2 + 2$ in die Polynomdarstellung um.

Lösung

Scheitelpunktdarstellung: $f(x) = -\frac{1}{2}(x - 3)^2 + 2$

$= -\frac{1}{2}(x^2 - 6x + 9) + 2$

Polynomdarstellung: $\underline{\underline{f(x) = -\frac{1}{2}x^2 + 3x - \frac{5}{2}}}$

Auch in dieser Darstellungsform ist die Öffnung bzw. die Dehnung/Stauchung der Parabel sofort erkennbar, da der Faktor a $\left(\text{hier } -\frac{1}{2}\right)$ erhalten geblieben ist.

Zusätzlich kann der Polynomdarstellung die Information entnommen werden, so der Graph die y-Achse schneidet. Diese Information ist – wie bei linearen Funktionen – dem Absolutglied der Funktion $\left(\text{hier } -\frac{5}{2}\right)$ zu entnehmen.

Meistens sind quadratische Funktionen in der Polynomdarstellung vorgegeben. Um den Scheitelpunkt bestimmen zu können, muss die Polynomdarstellung dann in die Scheitelpunktform umgewandelt werden.

Aufgabe 2

Formen Sie die Polynomdarstellung der quadratischen Funktion f mit $f(x) = -\frac{1}{2}x^2 + 3x - \frac{5}{2}$ in die Scheitelpunktform um.

Lösung

Polynomform: $f(x) = -\frac{1}{2}x^2 + 3x - \frac{5}{2}$ $\quad | \cdot (-2)$

$-2f(x) = x^2 - 6x + 5$ $\quad | \pm 3^2$ (= Addition und Subtraktion der **quadratischen Ergänzung**[1]), damit ein Binom gebildet werden kann)

$-2f(x) = \underbrace{x^2 - 6x + 3^2}\underbrace{- 3^2 + 5}$

$-2f(x) = (x - 3)^2 - 4$ $\quad / :(-2)$

Scheitelpunktform: $f(x) = -\frac{1}{2}(x - 3)^2 + 2$

Übungsaufgaben

1 Formen Sie in die Scheitelpunktform um und bestimmen Sie den Scheitelpunkt.

a) $f: f(x) = -\frac{1}{2}x^2 + 4x - 5$

b) $f: f(x) = 3x^2 + 12x + 18$

c) $f: f(x) = 2x^2 - 4x$

d) $f: f(x) = 3x^2 - 12x + 6$

e) $f: f(x) = \frac{1}{2}x^2 + 3x + 2{,}5$

f) $f: f(x) = -x^2 + 8x - 17$

g) $f: f(x) = \frac{1}{3}x^2 - 2x + 4$

h) $f: f(x) = \frac{2}{3}x^2 - \frac{4}{3} + \frac{8}{3}$

1.4.5 Nullstellenberechnung

Um den Graphen einer quadratischen Funktion exakt zeichnen zu können, ist es notwendig zu wissen, wo der Graph die x-Achse schneidet.

Die Stelle, an der der Graph einer Funktion die x-Achse schneidet, heißt **Nullstelle**.
Es gilt $\boldsymbol{f(x) = 0}$.

Aufgabe 1

Berechnen Sie die Nullstellen der Funktion f mit $f(x) = -\frac{1}{2}x^2 + 3x - \frac{5}{2}$.

Lösung 1 (mithilfe der quadratischen Ergänzung)

Der Schnittpunkt eines Funktionsgraphen mit der x-Achse ist dadurch gekennzeichnet, dass der Funktionswert dieses Punktes 0 ist ($f(x) = 0$).

$0 = -\frac{1}{2}x^2 + 3x - \frac{5}{2}$ $\quad | \cdot (-2)$. Dadurch wird die Gleichung auf die sog. **„Normalform"** gebracht, d. h., der Koeffizient des Quadratgliedes wird 1.

$0 = x^2 - 6x + 5$

$0 = \underbrace{x^2 - 6x + 3^2}\underbrace{- 3^2 + 5}$ $\quad | \pm 3^2$. Addition und Subtraktion der quadratischen Ergänzung[1], damit ein Binom geformt werden kann.

$0 = (x - 3)^2 - 4$ $\quad | +4$

$(x - 3)^2 = 4$ $\quad | \sqrt{\ }$

$x_{1/2} - 3 = \pm\sqrt{4}$ $\quad |$ ($x_{1/2}$, weil es beim Ziehen einer Quadratwurzel 2 Lösungen gibt.)

[1] Die quadratische Ergänzung ist immer das Quadrat des halben Vorfaktors des Lineargliedes.

$x_{1/2} - 3 = \pm 2 \qquad /+3$

$\underline{\underline{x_1 = \ \ 2 + 3 = 5}}$

$\underline{\underline{x_2 = -2 + 3 = 1}}$

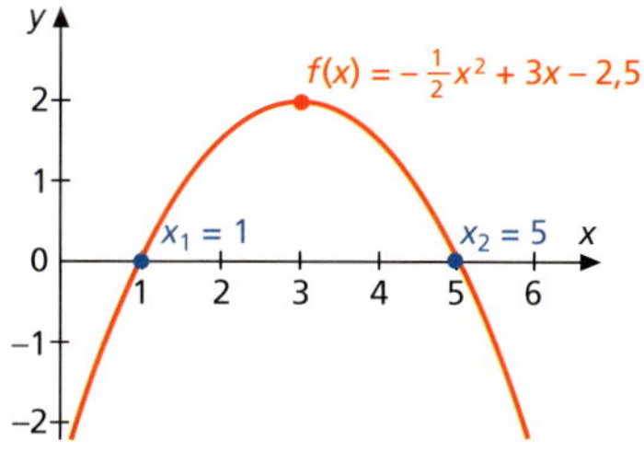

Bild 1.4.5.1

Lösung 2 (mithilfe der *p*-*q*-Formel)

Es soll zur Lösung der Normalform einer quadratischen Gleichung (siehe 2. Zeile oben: $0 = x^2 - 6x + 5$) eine Formel entwickelt werden, die zur Vereinfachung der Rechnung zukünftig Verwendung finden kann.

Die Lösung einer quadratischen Gleichung wird deshalb **allgemeingültig** durchgeführt, d. h., die Zahlen der Gleichung werden durch Variablen ersetzt.

$0 = x^2 + \boldsymbol{p}x + \boldsymbol{q} \qquad | \pm\left(\frac{p}{2}\right)^2$. (= **quadratische Ergänzung** addieren und subtrahieren)

$0 = x^2 + px + \left(\frac{p}{2}\right)^2 - \left(\frac{p}{2}\right)^2 + q$

$0 = \underline{\left(x + \frac{p}{2}\right)^2} - \left(\frac{p}{2}\right)^2 + q \qquad | +\left(\frac{p}{2}\right)^2 - q$

$\left(x + \frac{p}{2}\right)^2 = \left(\frac{p}{2}\right)^2 - q \qquad | \sqrt{}$

$x_{1/2} + \frac{p}{2} = \pm\sqrt{\left(\frac{p}{2}\right)^2 - q} \qquad | -\frac{p}{2}$

$$\boldsymbol{x^2 + px + q = 0 \quad \Rightarrow \quad x_{1/2} = -\frac{p}{2} \pm \sqrt{\left(\frac{p}{2}\right)^2 - q}}$$

Lösung einer auf Normalform gebrachten quadratischen Gleichung

Für die Gleichung $0 = x^2 - \mathbf{6}x + \mathbf{5}$ ist $\boldsymbol{p = -6}$ und $\boldsymbol{q = 5}$.
In die Formel eingesetzt:

$x_{1/2} = +3 \pm \sqrt{(-3)^2 - 5} = 3 \pm \sqrt{4} = 3 \pm 2$

$\underline{\underline{x_1 = 5}}$

$\underline{\underline{x_2 = 1}}$

Zukünftig kann also bei der Nullstellenberechnung wie folgt vorgegangen werden:

Aufgabe 2

Berechnen Sie die Schnittpunkte mit der x-Achse des Graphen der Funktion f mit $f(x) = 2x^2 - 6x - 8$.

Lösung

1. $f(x) = 0$: $\quad 0 = 2x^2 - 6x - 8$
2. Normalform: $\quad 0 = x^2 - 3x - 4$
3. p und q bestimmen: $\quad p = -3;\ q = -4$
4. p-q-Formel:

$x_{1/2} = \frac{3}{2} \pm \sqrt{\frac{9}{4} + 4}$

$= \frac{3}{2} \pm \sqrt{\frac{9}{4} + \frac{16}{4}}$

$= \frac{3}{2} \pm \sqrt{\frac{25}{4}}$

$= \frac{3}{2} \pm \frac{5}{2}$

$\underline{x_1 = -1}$

$\underline{x_2 = 4}$

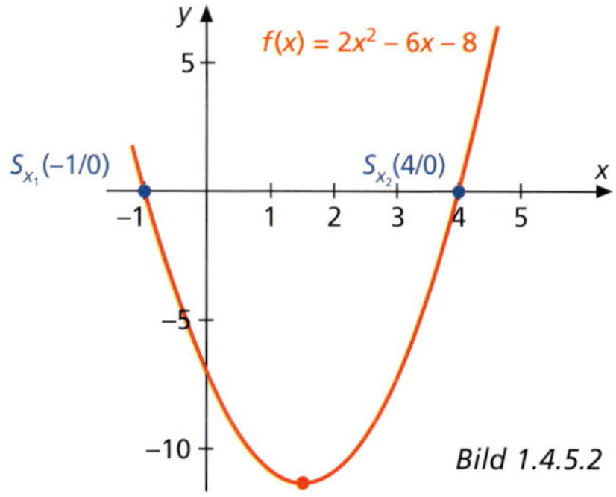

Bild 1.4.5.2

Daraus ergeben sich dann die Schnittpunkte mit der x-Achse: $\underline{\underline{S_{x_1}(-1/0)}}$; $\underline{\underline{S_{x_2}(4/0)}}$

Aufgabe 3

Berechnen Sie die Nullstellen des Graphen der Funktion f mit $f(x) = -x^2 + 4x - 4$.

Lösung

$f(x) = 0$

$0 = x^2 - 4x + 4;\ p = -4;\ q = 4$

$x_{1/2} = 2 \pm \sqrt{4 - 4}$

$= 2 \pm 0$

$\underline{\underline{x_{1/2} = 2}}$

Der Funktionsgraph mit $f(x) = x^2 - 4x + 4$ hat bei $x = 2$ eine sog. **doppelte Nullstelle**[1) (siehe Bild 1.4.5.1).

Ergibt die Nullstellenberechnung eine „**doppelte Nullstelle**“ (siehe Aufg. 3), bedeutet dies, dass der Graph der Funktion die x-Achse an dieser Stelle **berührt** (siehe Bild 1.4.5.1).

Für die Konstruktion von Funktionsgraphen ist diese Feststellung von erheblicher Bedeutung.

Der Graph einer quadratischen Funktion hat maximal zwei Nullstellen (siehe Bild 1.4.5.1).

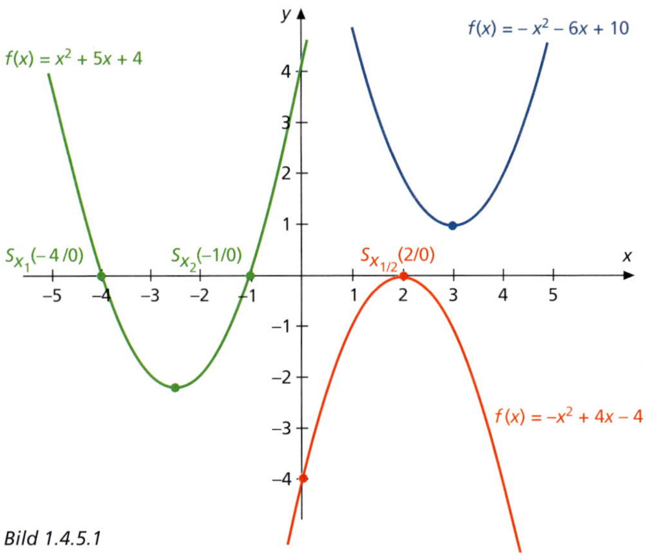

Bild 1.4.5.1

Übungsaufgaben

1 Berechnen Sie die Nullstellen der Funktionsgraphen aus Übungsaufgabe 1, Seite 40.

2 Bestimmen Sie Scheitelpunkt, Öffnung, Dehnung/Stauchung und die Schnittpunkte mit den Achsen. Zeichnen Sie den Graphen.

a) $f\colon f(x) = \frac{1}{2}x^2 + 2x + 3$ b) $f\colon f(x) = \frac{1}{3}x^2 + 2x + 5$

c) $f\colon f(x) = -2x^2 + 12x - 16$ d) $f\colon f(x) = -2x^2 - 2x$

e) $f\colon f(x) = -0{,}4x^2 + 3$ f) $f\colon f(x) = 0{,}2x^2 + x$

g) $f\colon f(x) = x^2 + 2x - 3$ h) $f\colon f(x) = \frac{1}{3}x^2 - 2x + 3$

1) $f(x) = x^2 - 4x + 4$ lässt sich auch schreiben als $f(x) = (x - 2) \cdot (x - 2)$. Weil die Zahl 2 in den Funktionsterm eingesetzt zweimal zu 0 führt, spricht man von einer doppelten Nullstelle.

1.4.6 Linearfaktordarstellung

Aufgabe 1

Berechnen Sie die Nullstellen des Graphen von f: $f(x) = x^2 + 2x$.

Lösung

Die Funktion f mit $f(x) = x^2 + 2x$ lässt sich durch Ausklammern umformen in $f(x) = x(x + 2)$. Aus der Summe im ursprünglichen Funktionsterm ist ein Produkt mit zwei Faktoren geworden.

Die Faktoren sind jeweils linear, d. h., der größte auftretende Exponent bei x ist 1.

Der Vorteil dieser Linearfaktordarstellung liegt darin, dass die Nullstellen der Funktion unmittelbar abgelesen werden können:

$$0 = x(x + 2)$$

Der Term $x(x+2)$ wird nämlich genau dann 0, wenn einer der beiden Faktoren oder beide 0 werden. Dies ist der Fall, wenn man für x die Zahl 0 oder –2 einsetzt. Folglich sind $\underline{\underline{x_1 = 0}}$ oder $\underline{\underline{x_2 = -2}}$ Nullstellen der Funktion.

Umgekehrt kann die Funktionsgleichung einer quadratischen Funktion bestimmt werden, wenn ihre Nullstellen bekannt sind:

Aufgabe 2

Wie lautet die Funktionsgleichung der Normalparabel, die die x-Achse bei $x = -4$ und bei $x = -1$ schneidet?

Lösung

Eine quadratische Gleichung mit den Lösungen $x = -4$ und $x = -1$ muss aus folgenden Linearfaktoren bestehen:

$$0 = (x + 4)\,(x + 1)$$

Wenn nämlich die Zahlen – 4 oder –1 für x eingesetzt werden, wird einer der Faktoren oder beide und damit die ganze Gleichung 0.
Die Linearfaktordarstellung dieser quadratischen Funktion lautet demnach:

$$\underline{\underline{f(x) = (x + 4) \cdot (x + 1)}}$$

Die entsprechende Polynomdarstellung ergibt sich durch Ausmultiplizieren der Klammern:

$$f(x) = x^2 + 4x + x + 4$$
$$\underline{\underline{f(x) = x^2 + 5x + 4}}$$

Durch die Anwendung der p-q-Formel ließe sich leicht überprüfen, dass $x = -4$ und $x = -1$ tatsächlich Nullstellen der Funktion $f(x) = x^2 + 5x + 4$ sind (siehe Bild 1.4.5.1).

$f(x) = (x + 4) \cdot (x + 1)$ heißt **Linearfaktordarstellung** der Funktion f mit $f(x) = x^2 + 5x + 4$ (Polynomdarstellung).

Aus der Linearfaktordarstellung lassen sich die Nullstellen einer Funktion direkt ablesen.

Eine quadratische Funktion kann also in dreierlei Form angegeben werden. Jeder Darstellungsform können jeweils bestimmte Informationen über den Verlauf des Graphen direkt entnommen werden.

Zusammenfassung

1. **Scheitelpunktform: $f(x) = a(x-u)^2 + v$:**
   a bestimmt die **Öffnung** und die **Dehnung/Stauchung** der Parabel **(Formfaktor)**,
   u und v bestimmen die **Koordinaten des Scheitelpunktes**.
2. **Polynomdarstellung: $f(x) = ax^2 + bx + c$**
   aus a ist die **Öffnung** und die **Dehnung/Stauchung** ersichtlich **(Formfaktor)**,
   c gibt an, wo die **y-Achse geschnitten** wird.
3. **Linearfaktordarstellung: $f(x) = a(x - x_{01}) \cdot (x - x_{02})$**
   a gibt wiederum die **Öffnung** und die **Dehnung/Stauchung** der Parabel an **(Formfaktor)**,
   x_{01} und x_{02} sind die **Nullstellen** der Funktion.

Jede Darstellung einer quadratischen Funktion kann in die jeweils anderen umgeformt werden[1]).

Übungsaufgaben

1 Wie lautet die Polynomdarstellung der Parabel, die

a) die x-Achse in den Punkten $S_{x1}(-1/0)$ und $S_{x2}(2/0)$ schneidet, nach unten geöffnet und mit dem Faktor 3 in y-Richtung gedehnt ist?

b) die x-Achse bei $x = -1$ berührt, nach oben geöffnet und in y-Richtung mit dem Faktor 2 gedehnt ist?

c) die x-Achse bei $x = 0$ und bei $x = 3$ schneidet, nicht gedehnt oder gestaucht ist, aber nach unten geöffnet ist?

2 Formen Sie die Funktionen aus Übungsaufgabe 1 in die Scheitelpunktform um und zeichnen Sie die Graphen.

3 Eine nach unten geöffnete Normalparabel schneidet die x-Achse bei $x = 1$ und bei $x = 4$. Wie lautet die

a) Linearfaktordarstellung?
b) Polynomdarstellung?
c) Scheitelpunktform?

1.4.7 Schnittprobleme

Aufgabe 1

Berechnen Sie die Schnittpunkte der Funktionsgraphen von g mit $g(x) = 2x + 8$ und f mit $f(x) = 3x^2 - x - 10$ miteinander.

Lösung

Da in den Schnittpunkten der Funktionsgraphen miteinander die jeweiligen x- und $f(x)$-Werte identisch sind (siehe Bild 1.4.7.1), können die Funktionsterme gleichgesetzt werden:

$f(x) = g(x)$

$3x^2 - x - 10 = 2x + 8$ | $-2x - 8$

$3x^2 - 3x - 18 = 0$ | :3 (auf Normalform bringen)

$x^2 - x - 6 = 0$ | in die p-q-Formel einsetzen, wobei $p = -1$ und $q = -6$.

[1]) Wie die Polynomdarstellung in die Linearfaktordarstellung umgeformt wird, ist dem Abschnitt 1.6.3.(3) zu entnehmen.

$$x_{1/2} = \frac{1}{2} \pm \sqrt{\frac{1}{4} + 6}$$
$$= \frac{1}{2} \pm \sqrt{\frac{1}{4} + \frac{24}{4}}$$
$$= \frac{1}{2} \pm \sqrt{\frac{25}{4}}$$
$$= \frac{1}{2} \pm \frac{5}{2}$$
$$\underline{x_1 = -2}$$
$$\underline{x_2 = 3}$$

Dies sind die x-Werte der Schnittpunkte der Funktionsgraphen miteinander. Die dazugehörigen y-Werte ergeben sich durch Einsetzen der berechneten x-Werte in eine der Funktionsgleichungen (der Einfachheit halber hier in $g(x) = 2x + 8$).

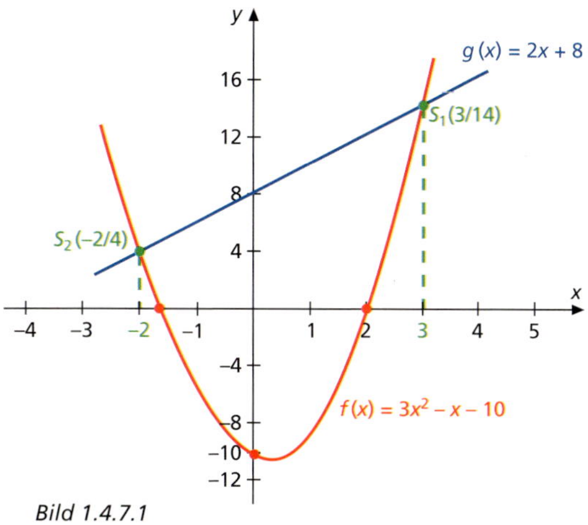

Bild 1.4.7.1

$$g(3) = 2 \cdot 3 + 8 = \underline{14} \text{ und } g(-2) = 2 \cdot (-2) + 8 = \underline{4}$$

Die Schnittpunkte der Graphen miteinander haben also die Koordinaten $\underline{\underline{S_1(-2/4)}}$ und $\underline{\underline{S_2(3/14)}}$.

Aufgabe 2

Berechnen Sie die Schnittpunkte der Graphen der Funktionen $f(x) = -2x^2 + 2x + 28$ und $g(x) = 2x^2 + 4x - 2$ miteinander.

Lösung

$f(x) = g(x)$
$-2x^2 + 2x + 28 = 2x^2 + 4x - 2$
$-4x^2 - 2x + 30 = 0$
$x^2 + \frac{1}{2}x - \frac{15}{2} = 0 \qquad p = \frac{1}{2};\ q = -\frac{15}{2}$

$$x_{1/2} = -\frac{1}{4} \pm \sqrt{\frac{1}{16} + \frac{15}{2}}$$
$$= -\frac{1}{4} \pm \sqrt{\frac{121}{16}}$$
$$= -\frac{1}{4} \pm \frac{11}{4}$$
$$\underline{x_1 = -3}$$
$$\underline{x_2 = \frac{5}{2}}$$

$\underline{f(-3) = 4}$ und $\underline{f\left(\frac{5}{2}\right) = 20{,}5}$

$\Rightarrow \underline{\underline{S_1(-3/4)}}$ und $\underline{\underline{S_2(2{,}5/20{,}5)}}$

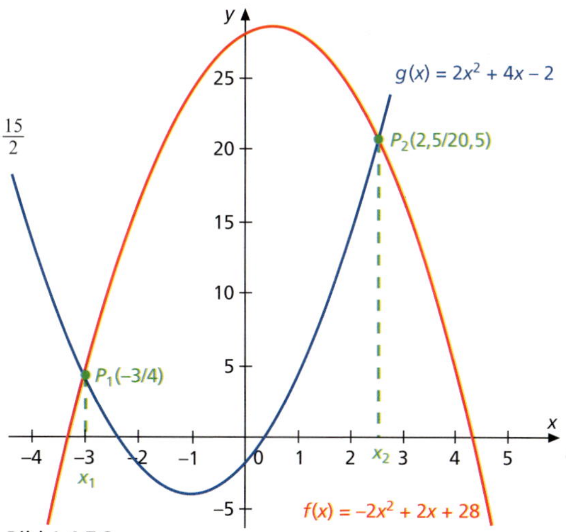

Bild 1.4.7.2

Übungsaufgaben

1 $f\colon f(x) = -\frac{1}{2}x^2 + 4x - 5$

a) Scheitelpunktform?

b) Schnittpunkte mit den Achsen?

c) Schnittpunkte mit dem Graphen von $g(x) = -1{,}5x + 9$?

d) Zeichnung.

2 $f\colon f(x) = x^2 - 6x + 11$

a) Achsenschnittpunkte?

b) Scheitelpunktform?

c) Schnittpunkte mit dem Graphen von $g\colon g(x) = 4x - 10$?

d) Zeichnung.

3 Berechnen Sie die Schnittpunkte der Funktionsgraphen miteinander.

a) $f\colon f(x) = 3x^2 - x - 2$
$g\colon g(x) = -x^2 + 6x$

b) $f\colon f(x) = \frac{1}{3}x^2 + 2x + 3$
$g\colon g(x) = -2x - 9$

4 Ein Betrieb stellt eine Flüssigkeit her, die für 50,00 EUR je Liter verkauft wird. Bei einer Produktion von x Litern täglich entstehen Kosten in Höhe von $K(x) = 0{,}15625x^2 + 12{,}5x + 2000$. Untersuchen Sie grafisch und rechnerisch die Situation der Erlöse und Kosten des Betriebes.

5 Eine parabelförmige Bogenbrücke wird beschrieben durch die Funktionsgleichung

$$f(x) = -\frac{1}{200}x^2 + x - 20.$$

Die unter Straßenniveau liegenden Auflagepunkte der Brücke sind C und D.

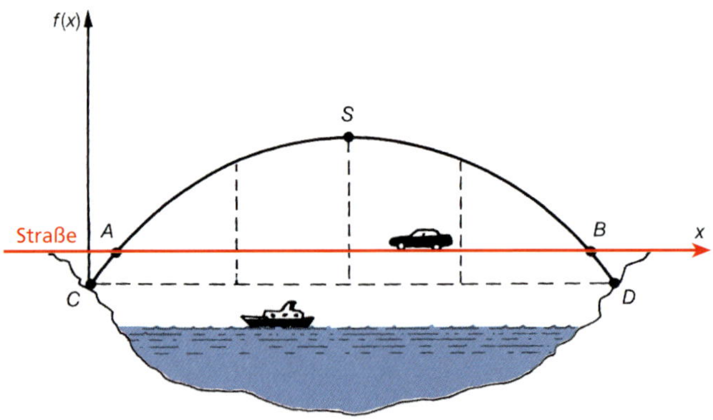

a) Bestimmen Sie die Höhe der Brücke vom Straßenniveau (x-Achse) aus.

b) Berechnen Sie die Länge der Straße auf dieser Brücke ($\overline{AB}$).

c) Wie lautet die Funktionsgleichung des Trägerbalkens durch C und S?

6 Wie lautet die Gleichung der parabelförmigen Stahlkonstruktion der Hängebrücke, wenn der Ursprung des Koordinatensystems in der linken unteren Ecke der Brücke (auf Straßenniveau) liegt (roter Punkt)?

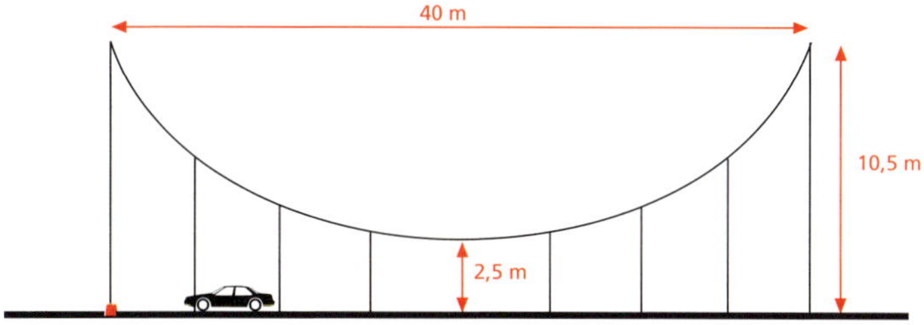

7 Wie lautet die Gleichung der parabelförmigen Mantellinie des Fasses, wenn der Ursprung in der Fassmitte liegt?

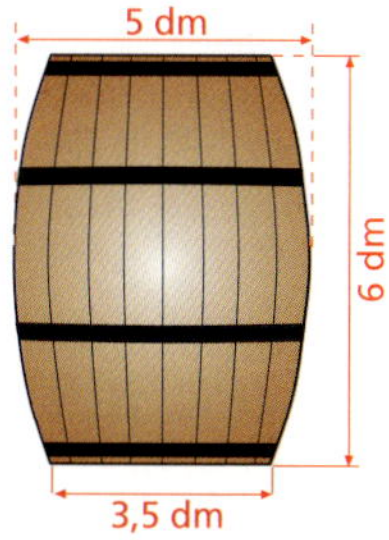

8 Die Deutsche Bahn plant eine Hochgeschwindigkeitstrasse von A nach B über Land und von B nach C über einen Fluss. Wegen des landschaftlichen Profils und aus ökologischen Gründen soll die Streckenführung zwischen A und B parabelförmig erfolgen. Die Projektierung der Strecke von B nach C sieht aus Kostengründen einen linearen Verlauf vor.

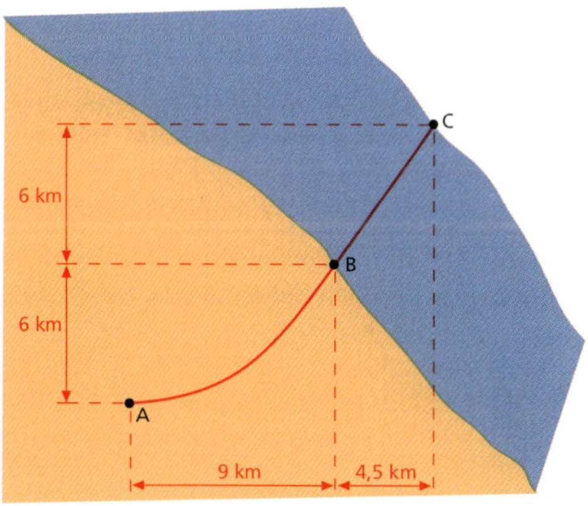

a) Definieren Sie ein geeignetes Koordinatensystem und nähern Sie die Trasse von A nach B durch eine quadratische Funktion an (A ist Scheitelpunkt).

b) Wie lautet die Gleichung, der linearen Trasse von B nach C?

9 Eine ehemalige Stallung soll zu einem Atelier mit Dachgalerie umgebaut werden. Damit genügend Licht in die Galerie im Dachgeschoss einfällt, soll ein rechteckiges Fenster mit maximaler Fläche in die Giebelseite eingebaut werden, wobei eine Fensterseite mit dem Fußboden der Galerie abschließen soll.
Welche Maße hat das Fenster mit maximaler Fläche? Wie groß ist die maximale Fläche dieses Fensters?

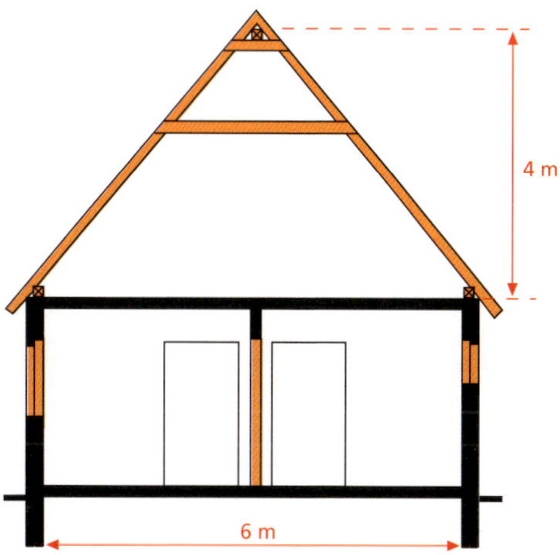

10 Ein Lastkahn wird über eine Förderbandanlage mit Sand beladen. Der Kahn wurde so festgemacht, dass der Sandstrahl genau durch die Mitte der 4 m breiten Öffnung in den Laderaum fällt. Wegen eines Motordefektes fällt das Förderband einige Stunden aus. Nach Wiederinbetriebnahme nach einigen Stunden ist der Wasserspiegel wegen der eingetretenen Ebbe um 6 m gefallen. Trifft der Sandstrahl jetzt noch die Ladeöffnung?

Analysieren Sie die Situation. Berücksichtigen Sie, dass der Tiefgang des Lastkahns während des Beladens um 2 m zugenommen hat.

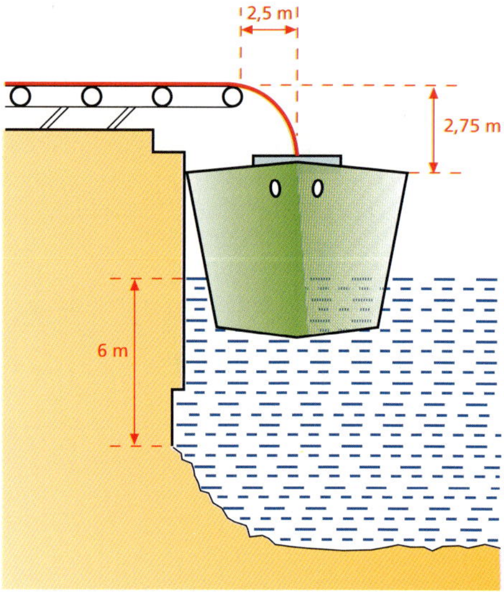

11 Eine 400-kV-Hochspannungsleitung des ehemaligen Kernkraftwerkes Stade kreuzt dort die Elbe. Direkt am Elbufer sind die Masten 1 200 m voneinander entfernt, ihre Höhe beträgt 227 m. Für die Schiffe wird eine Durchfahrtshöhe von 80 m garantiert. Die Befestigung der 400-kV-Hochspannungsleitung an den Masten erfolgt an einem Querträger, der sich auf 172 m Höhe befindet.

Bestimmen Sie die Gleichung der Parabel, die den Verlauf der durchhängenden Hochspannungsleitung beschreibt. Fertigen Sie dazu eine Skizze an.

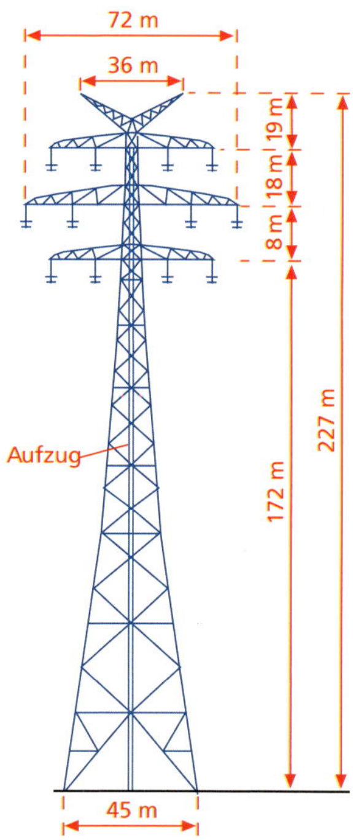

1.5 Potenzfunktionen

> Eine Funktion f der Form $f(x) = x^n$, $n \in \mathbb{N}^*$, heißt **Potenzfunktion**[1].

Z. B. $f: f(x) = x^3$

> Der Graph der Potenzfunktion f mit $f(x) = x^n$ wird als Parabel n-ten Grades bezeichnet.

Es gibt demnach nicht nur die quadratische, sondern auch eine kubische Parabel mit $f(x) = x^3$, eine Parabel 4. Grades mit $f(x) = x^4$ usw.

1.5.1 $f(x) = x^n$ mit geraden Exponenten

Potenzfunktionen mit geraden Exponenten können nur positive Funktionswerte haben. Ihre Graphen verlaufen in x-Richtung betrachtet von + ∞ wieder nach + ∞.

Eigenschaften:

- alle Parabeln verlaufen durch die Punkte (–1/1), (0/0) und (1/1)
- alle Parabeln sind **achsensymmetrisch zur y-Achse**
- $D = \mathbb{R}$, $W = \mathbb{R}_+$
- je größer n, desto „schlanker" verlaufen die Parabeln für $|x| > 1$, bzw. desto „breiter" verlaufen sie für $|x| < 1$ (siehe Bild 1.5.1.1).

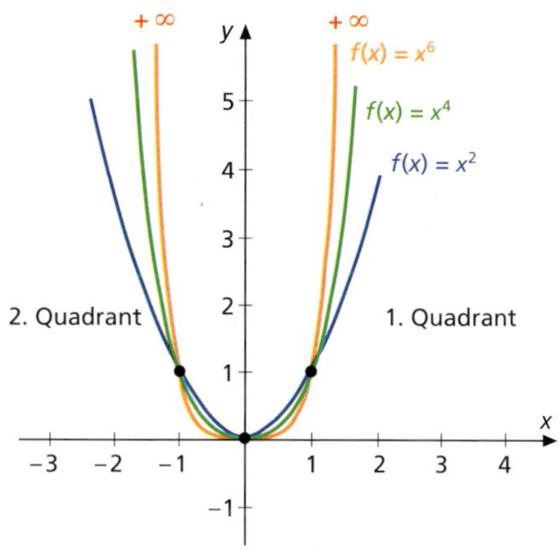

Bild 1.5.1.1

1.5.2 $f(x) = x^n$ mit ungeraden Exponenten

Potenzfunktionen mit ungeraden Exponenten

In diesem Fall richtet sich das Vorzeichen des Funktionswertes nach dem Vorzeichen des entsprechenden x-Wertes. Die Graphen verlaufen deshalb von – ∞ nach + ∞

(siehe Bild 1.5.1.2).

Eigenschaften:

- alle Parabeln verlaufen durch die Punkte (–1/–1), (0/0) und (1/1)
- alle Parabeln sind **punktsymmetrisch zum Ursprung**
- $D = \mathbb{R}$, $W = \mathbb{R}$
- Je größer n, desto „schlanker" verlaufen die Parabeln für $|x| > 1$, bzw. desto „breiter" verlaufen sie für $|x| < 1$ (siehe Bild 1.5.2.1).

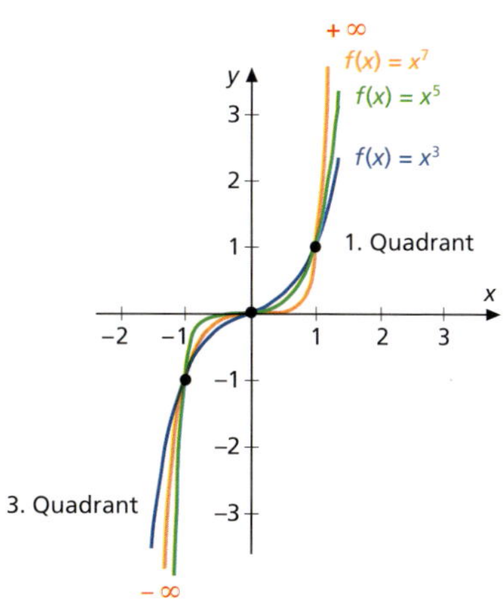

Bild 1.5.2.1

[1] Ein Sonderfall besteht bei $n = 1$. Dann ist nämlich der Graph der Funktion eine Gerade: $f(x) = x$.

1.5.3 $f(x) = ax^n + b$

Im Folgenden soll untersucht werden, wie die Parameter a und b in $f(x) = ax^n + b$ mit $n \in \mathbb{N}^*$, $a \in \mathbb{R}^*$ und $b \in \mathbb{R}$ den Verlauf des Funktionsgraphen beeinflussen.

Zunächst wird die Auswirkung des Parameters a in $f(x) = ax^n$ gegenüber $f(x) = x^n$ dargestellt.

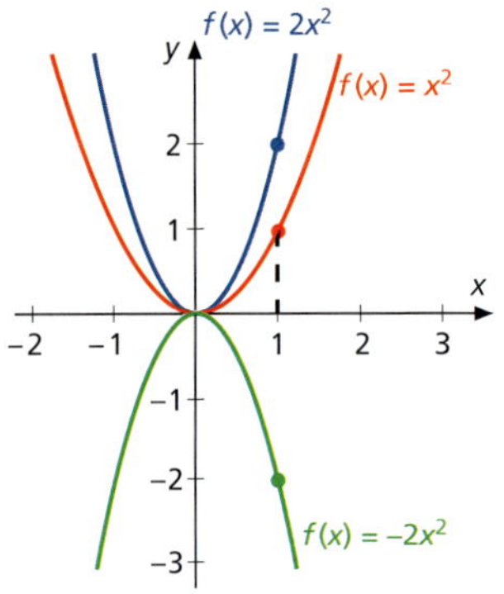

Bild 1.5.3.1

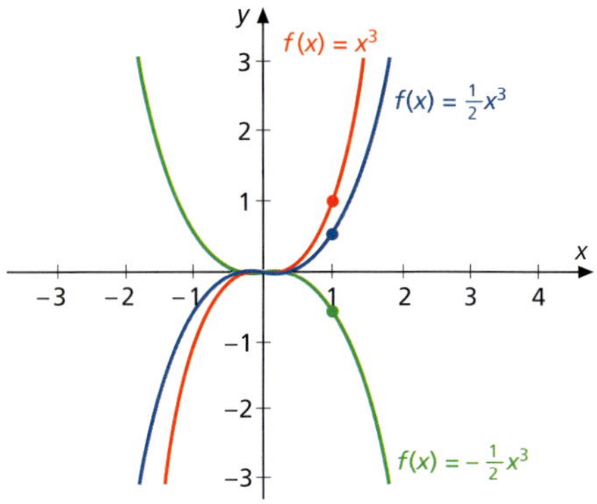

Bild 1.5.3.2

Die beiden folgenden Bilder zeigen die Auswirkung von b in $f(x) = x^n + b$.

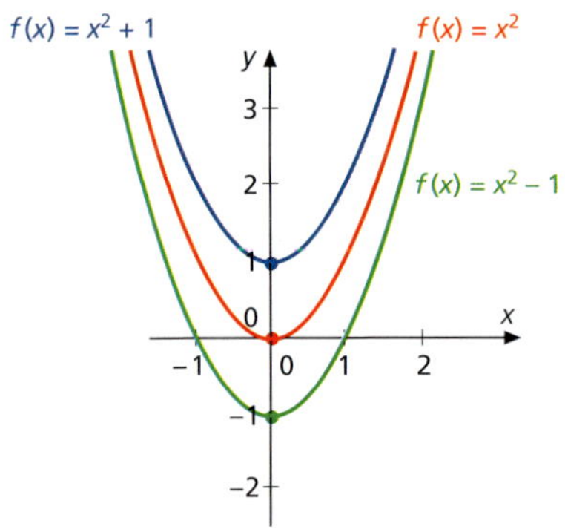

Bild 1.5.3.3

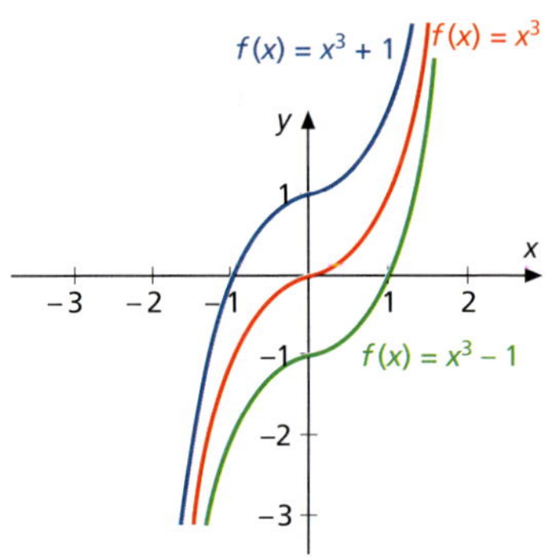

Bild 1.5.3.4

- **$a > 0$:** Der Graph der Potenzfunktion verläuft, je nachdem ob n gerade oder ungerade ist, von $+\infty$ nach $+\infty$ bzw. von $-\infty$ nach $+\infty$.
- **$a < 0$:** Der Graph ist gegenüber dem Fall $a > 0$ an der x-Achse gespiegelt.
- **$|a| > 1$:** Dehnung in y-Richtung.
- **$|a| < 1$:** Stauchung in y-Richtung.

Der Faktor a verändert die Form der Graphen und heißt deswegen **Formfaktor**.

- **b:** Bewirkt eine Verschiebung des Funktionsgraphen in y-Richtung.

Aufgabe 1

Wie verläuft der Graph der Funktion f mit

a) $f(x) = -2x^5 + \frac{1}{2}$

b) $f(x) = -\frac{1}{2}x^4 - 1$?

Lösung

a) Es handelt sich um eine Potenzfunktion der Form $f(x) = ax^n + b$. Der Graph ist eine Parabel (hier 5. Grades), die wegen n ungerade und $a < 0$ von $+\infty$ nach $-\infty$ verläuft. Weil $|a| > 1$, ist die Parabel in y-Richtung gedehnt. Die y-Achse wird bei $\frac{1}{2}$ geschnitten.

b) Der Graph ist eine Parabel 4. Grades.
Wegen $a < 0$ verläuft der Graph von $-\infty$ wieder nach $-\infty$. Wegen $|a| < 1$ ist der Graph in y-Richtung gestaucht. Wegen $b = -1$ ist der Graph um -1 in y-Richtung verschoben.

Übungsaufgaben

1 Geben Sie für folgende Funktionen an,
- wie der Graph der Funktion im Unendlichen verläuft
- Definitionsbereich $D(f)$
- Wertebereich $W(f)$
- Symmetrieverhalten
- Dehnung/Stauchung
- Verschiebung in y-Richtung und
- fertigen Sie eine Skizze (ohne Wertetafel) an.

a) $f\colon f(x) = x^6$

b) $f\colon f(x) = -3x^3$

c) $f\colon f(x) = -\frac{1}{3}x^4$

d) $f\colon f(x) = 2x^2$

e) $f\colon f(x) = \frac{1}{2}x^3$

f) $f\colon f(x) = -x^4 + 1$

g) $f\colon f(x) = -0{,}5x^5 + 2$

h) $f\colon f(x) = 0{,}7x^0 + 1{,}3$

2 Skizzieren Sie grob den Verlauf der Potenzfunktion.

a) $n = 3,\ a \in \mathbb{Z}^*_-,\ b = -1$

b) $n = 4,\ a < 0,\ b = 0$

c) $n = 7,\ a \in \mathbb{N}^*,\ b = 2$

d) $n = 1;\ a = -1,\ b = 1$

1.6 Ganzrationale Funktionen

Eine **ganzrationale Funktion** entsteht durch **Addition mehrerer Potenzfunktionen**[1)].

So entsteht z. B. die ganzrationale Funktion f mit $f(x) = x^3 - 3x^2 - x + 3$, indem man die Funktionswerte der Einzelfunktionen $f_1\colon f_1(x) = x^3$, $f_2\colon f_2(x) = -3x^2$, $f_3\colon f_3(x) = -x$ und $f_4\colon f_4(x) = 3$ addiert.

Ganzrationale Funktionen stellen somit die logische Fortsetzung der in den vorausgegangenen Kapiteln behandelten Funktionsklassen dar.

1) Hier darf der Exponent einer Potenzfunktion auch 0 sein, damit die ganzrationale Funktion ein Absolutglied erhält.

Eine Funktion f der Form $f(x) = a_n x^n + a_{n-1} x^{n-1} + \ldots + a_2 x^2 + a_1 x + a_0$, $n \in \mathbb{N}^*$, heißt **ganzrationale Funktion**[1].

Der Exponent der höchsten Potenz heißt **Grad der Funktion**.

$f(x) = 2x^5 - 3x^2 - x + 3$ ist z. B. die Funktionsgleichung einer **ganzrationalen Funktion 5. Grades**.

Übungsaufgaben

1 Welche ganzrationale Funktion entsteht durch Addition der Einzelfunktionen?

a) f_1: $f_1(x) = 3x + 2$
f_2: $f_2(x) = 4x^2 - x - 1$
f_3: $f_3(x) = -2x^3$

b) f_1: $f_1(x) = 3x^3 - 2$
f_2: $f_2(x) = -3$
f_3: $f_3(x) = -4x^2 + x$

c) f_1: $f_1(x) = -x^4 + 2$
f_2: $f_2(x) = -x - 1$
f_3: $f_3(x) = 1$

d) f_1: $f_1(x) = -3x^5$
f_2: $f_2(x) = x^3 + x - 2$
f_3: $f_3(x) = -x - 2$

2 Bestimmen Sie für die ganzrationalen Funktionen aus Übungsaufgabe 1 a_n, a_{n-1}, …, a_1, a_0 und geben Sie den Grad der Funktion an.

1.6.1 Verlauf der Graphen für $x \to \pm\infty$

Im Folgenden soll versucht werden, den Verlauf des Graphen einer ganzrationalen Funktion zu bestimmen. Hierbei interessiert zunächst nicht der Verlauf des Graphen in der Nähe des Koordinatenursprungs, sondern vielmehr der Verlauf des Graphen für beliebig große bzw. kleine x-Werte.

Beim Aufstellen einer Wertetafel für die Funktion f mit $f(x) = x^3 - 3x^2 - x + 3$ stellt man fest:

Für x-Werte mit großem Betrag, d. h., für sehr große oder sehr kleine x-Werte (man schreibt dafür: $x \to \pm\infty$) ist **das Glied des Funktionsterms mit dem größten Exponenten ausschlaggebend für den Verlauf** des Funktionsgraphen einer ganzrationalen Funktion.

Alle anderen Summanden des Funktionsterms verlieren für $x \to \pm\infty$ an Bedeutung, weil eben das Glied mit dem größten Exponenten den überragenden Anteil am Funktionswert insgesamt ausmacht.

Der Graph der Funktion f mit $f(x) = x^3 - 3x^2 - x + 3$ verläuft also für $x \to \pm\infty$ wie der Graph der Potenzfunktion $f(x) = x^3$.

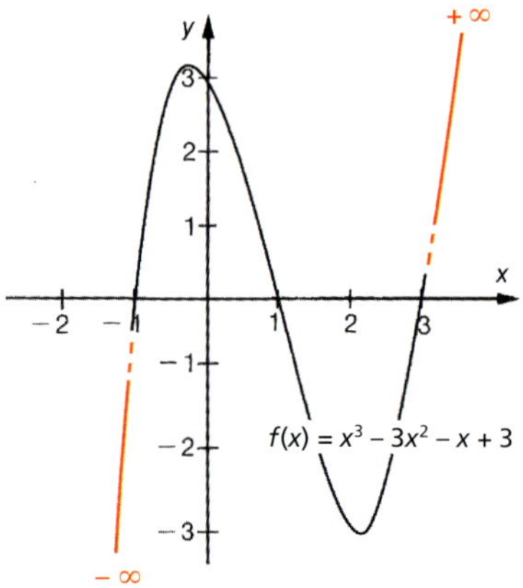

Bild 1.6.1.1

---

[1] Hier handelt es sich um die sog. **Polynomdarstellung** einer ganzrationalen Funktion.
a_n, $a_n - 1$, … werden **Koeffizienten** (= Beizahlen) genannt.
a_0 ist das sog. **Absolutglied**.

Aufgabe 1

Untersuchen Sie den Verlauf des Graphen der ganzrationalen Funktion für $x \to \pm\infty$.

a) $f(x) = x^2 - \frac{1}{3}x^3$

b) $f(x) = -x^4 + 2x^3$

Lösung

a) Das Glied des Funktionsterms mit dem größten Exponenten ist $-\frac{1}{3}x^3$. Für $x \to \pm\infty$ verhalten sich die Funktionswerte der ganzrationalen Funktion wie die der Potenzfunktion f mit $f(x) = -\frac{1}{3}x^3$. Weil n = ungerade und $a < 0$ verläuft der Graph von $-\infty$ nach $+\infty$ (siehe Bild 1.6.1.2).

b) Ausschlaggebend für den Verlauf des Graphen der ganzrationalen Funktion ist das Glied $-x^4$. Wegen n = gerade und $a < 0$ verläuft der Graph aus dem negativ Unendlichen ins negativ Unendliche (siehe Bild 1.6.1.3).

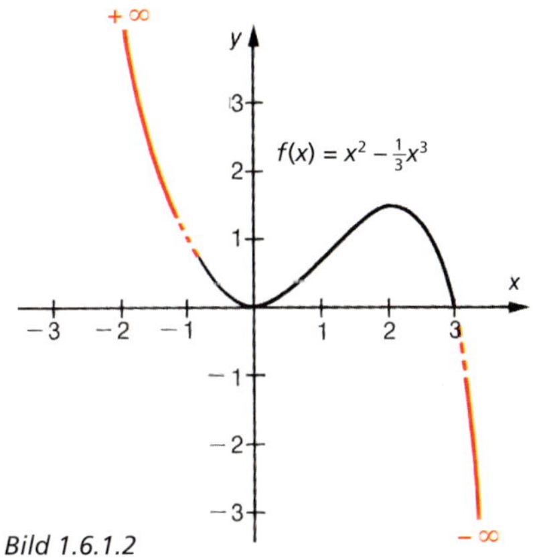

Bild 1.6.1.2

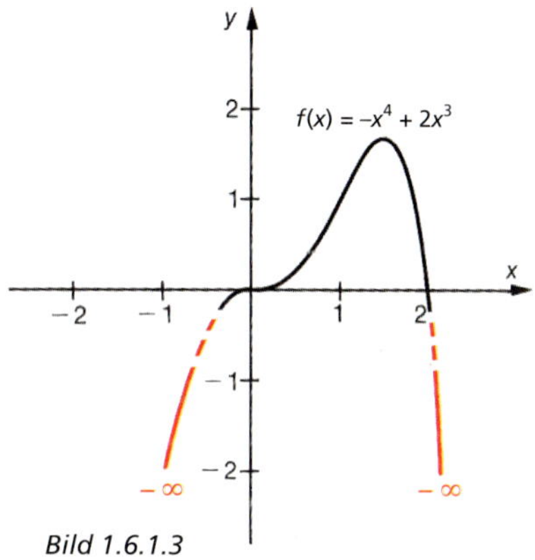

Bild 1.6.1.3

Übungsaufgaben

Geben Sie den Verlauf des Graphen für x $\pm\infty$ an.

1 a) f: $f(x) = -x^4 + x^2 - 2$
b) f: $f(x) = 3x^3 + x$
c) f: $f(x) = 0{,}5x^5 + 3x^4 - 6$
d) f: $f(x) = 2x^3 - 0{,}25x^4 - x$
e) f: $f(x) = -x^2 - 2x^5 + x^3 - 1$
f) f: $f(x) = 0{,}05x^2 - 0{,}5x^3 + x$

2 a) f: $f(x) = 3x^2 - 0{,}5x^3 + x$
b) f: $f(x) = -x + 2x^4 - 3x^2$
c) f: $f(x) = -3x^3 + 2 - 2x + 4x^3$
d) f: $f(x) = -x^2 + 3x + 3x^2$
e) f: $f(x) = x^4 + 2x^2 - x - x^4$
f) f: $f(x) = -2x^3 + 2x^2 - x^3 + 1$

1.6.2 Linearfaktordarstellung

Wenn die Nullstellen des Graphen einer ganzrationalen Funktion bekannt sind, lässt sich der Verlauf des Funktionsgraphen auch in der Nähe des Koordinatenursprungs konkretisieren (siehe Bild 1.6.2.1).

Aufgabe 1

Der Graph einer ganzrationalen Funktion 4. Grades, nicht gedehnt oder gestaucht, ist nach oben geöffnet und schneidet die x-Achse bei $x = -1$, $x = 0$, $x = 2$ und $x = 3$. Skizzieren Sie den Verlauf des Graphen und stellen Sie seine Funktionsgleichung auf.

Lösung

Da die Funktion 4. Grades und nach oben geöffnet ist (d.h. $a_n > 0$), muss der Funktionsgraph bei Einhaltung der vorgegebenen Nullstellen aus dem positiv Unendlichen kommen und ins positiv Unendliche verlaufen (siehe Bild 1.6.2.1).

(Die genaue Lage der sog. Extrempunkte (E_1, E_2 und E_3) kann vorläufig noch nicht bestimmt werden. Hierzu ist die später zu behandelnde „Differenzialrechnung" notwendig.)

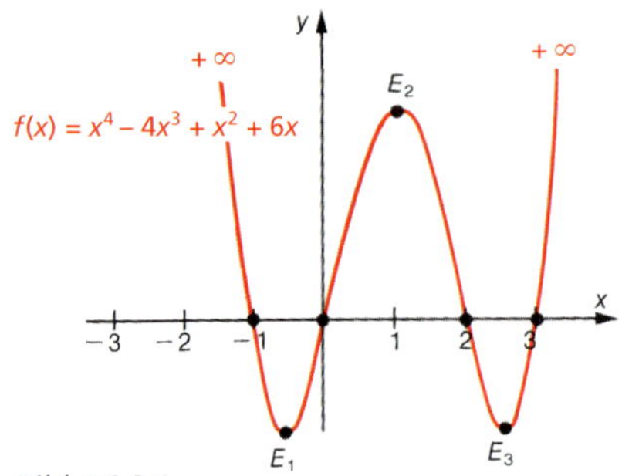

Bild 1.6.2.1

Die **Funktionsgleichung** des Graphen ergibt sich aus folgender Überlegung:

Zur Berechnung der Nullstellen einer Funktion wird der Funktionsterm gleich 0 gesetzt ($f(x) = 0$). Die Gleichung 0 =... muss dann die Lösungen $x_1 = -1$, $x_2 = 0$, $x_3 = 2$ und $x_4 = 3$ haben. Die entsprechende Gleichung lautet:

$$0 = (x + 1) \cdot x \cdot (x - 2) \cdot (x - 3)$$

Wenn man nämlich für x die Zahlen -1, 0, 2 oder 3 einsetzt, ergibt die Gleichung eine wahre Aussage. Die gesuchte Funktionsgleichung lautet demnach:

$\underline{\underline{f(x) = x \cdot (x + 1) \cdot (x - 2) \cdot (x - 3)}}$: **Linearfaktordarstellung**[1)]

oder ausmultipliziert:

$\underline{\underline{f(x) = x^4 - 4x^3 + x^2 + 6x}}$: **Polynomdarstellung**

Wäre in der Aufgabenstellung gefordert gewesen, dass der Graph nach unten geöffnet ist, so hätte der ganze Funktionsterm mit einer negativen Zahl multipliziert werden müssen. Dann wäre nämlich auch a_n negativ geworden.

Aus der Linearfaktordarstellung ergibt sich:

Anzahl der Nullstellen einer ganzrationalen Funktion:
Eine ganzrationale Funktion n-ten Grades hat höchstens n Nullstellen.

Eine ganzrationale Funktion ungeraden Grades hat mindestens eine Nullstelle, da sie ja vom negativ Unendlichen ins positiv Unendliche verläuft (oder umgekehrt).

Eine ganzrationale Funktion geraden Grades kann auch keine Nullstelle haben.

Die Aussagen über die Anzahl der Nullstellen treffen im Übrigen auch für lineare, quadratische und Potenzfunktionen zu, da diese ja im weiteren Sinne auch ganzrationale Funktionen sind.

---

1) Linearfaktordarstellung deswegen, weil der Funktionsterm nicht aus Summanden, sondern aus linearen (größter Exponent: 1) Faktoren besteht.

Aufgabe 2

Skizzieren Sie den Graphen einer ganzrationalen Funktion

a) 5. Grades, mit negativem a_n, doppelten Nullstellen bei $x = -2$ und $x = 0$ und einer einfachen Nullstelle bei $x = 2$. Wie lautet die Funktionsgleichung?

b) 4. Grades mit einer doppelten Nullstelle bei $x = -1$ und einfachen Nullstellen bei $x = 2$ und $x = 3$, $a_n > 0$. Wie lautet seine Funktionsgleichung?

Lösung

a) $f(x) = (x + 2)(x + 2)(x^2)(x - 2)$: **Linearfaktordarstellung**

$= (x + 2)^2\, x^2(x - 2)$

$= (x^2 + 4x + 4)\, x^2(x - 2)$

$f(x) = x^5 + 2x^4 - 4x^3 - 8x^2$: **Polynomdarstellung**

Weil a_n negativ sein soll, wird der Funktionsterm – der Einfachheit halber – mit –1 multipliziert[1]:

$f(x) = -x^5 - 2x^4 + 4x^3 + 8x^2$

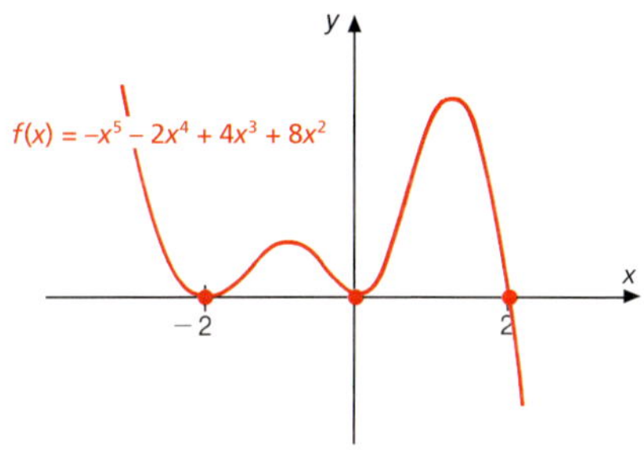

Bild 1.6.2.2

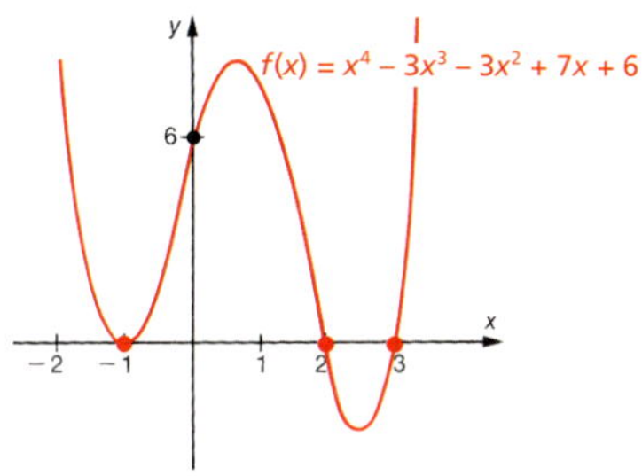

Bild 1.6.2.3

Lösung

b) $f(x) = (x + 1)^2 \cdot (x - 2) \cdot (x - 3)$

$\underline{\underline{f(x) = x^4 - 3x^3 - 3x^2 + 7x + 6}}$

Beim Zeichnen des Funktionsgraphen sollte nicht übersehen werden, dass das Absolutglied angibt, wo die y-Achse geschnitten wird (siehe Bild 1.6.2.3).

Übungsaufgaben

1 Skizzieren Sie den Graphen der Funktion mit den angegebenen Nullstellen und bestimmen Sie die Funktionsgleichung in Linearfaktor- und Polynomdarstellung. Achten Sie auch auf den Schnittpunkt mit der y-Achse.

a) $x_{1/2} = 0$; $x_3 = 2$; $n = 3$, $a_n > 0$

b) $x_1 = -2$; $x_{2/3} = 0$; $x_4 = 1$; $n = 4$, $a_n < 0$

c) $x_1 = 0$; $x_2 = 1$; $x_{3/4} = 3$; $n = 4$, $a_n < 0$

d) $x_1 = -3$; $x_2 = -1$; $x_3 = 2$; $n = 3$, $a_n > 0$

---

[1] Je nach Größe des Betrages der Koeffizienten sind die „Wölbungen“ des Graphen stärker oder weniger stark ausgeprägt. Der Faktor, mit dem der Funktionswert multipliziert wird, dehnt/staucht den Graphen (vgl. Abschnitt 1.4.6).

e) $x_1 = -2;\ x_2 = 0;\ x_3 = 2;\ x_4 = 3;\ n = 4;\ a_n > 0$
f) $x_1 = -1;\ x_{2/3} = 0;\ x_4 = 1;\ x_5 = 2;\ n = 5;\ a_n = 2$
g) $x_1 = -3;\ x_{2/3} = 1;\ x_{4/5} = 3;\ n = 5;\ a_n = -3$
h) $x_{1/2} = -2;\ x_{3/4} = 0;\ x_{5/6} = 2;\ n = 6;\ a_n = -1$

2 Belegen Sie, dass der in diesem Abschnitt aufgeführte Satz über die Anzahl der Nullstellen ganzrationaler Funktionen auch auf lineare und quadratische Funktionen zutrifft.

3 Wie lautet die Funktionsgleichung des Graphen in Linearfaktor- und Polynomdarstellung ($|a_n| = 1$)?

a)

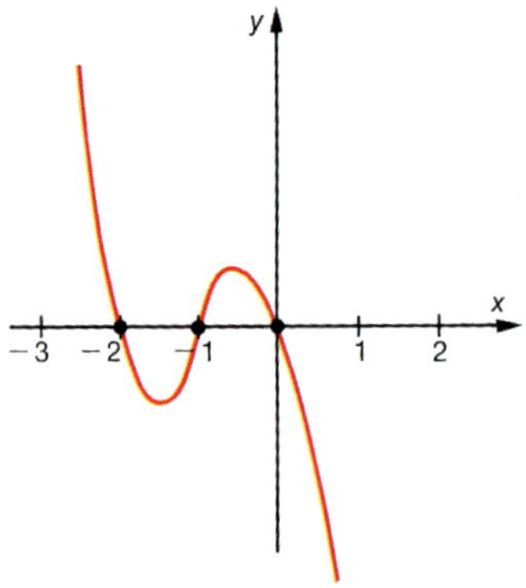

b)

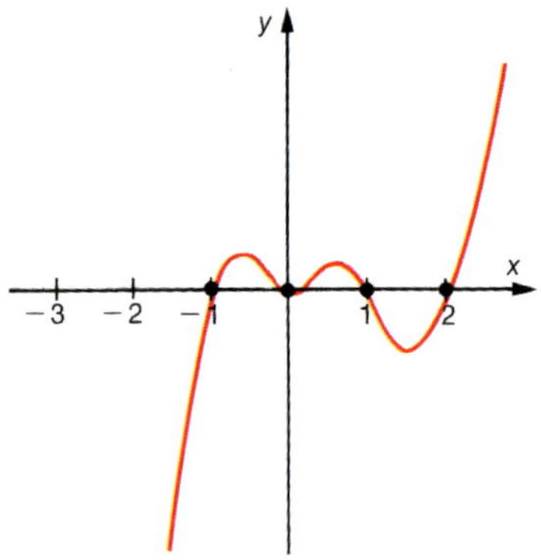

c)

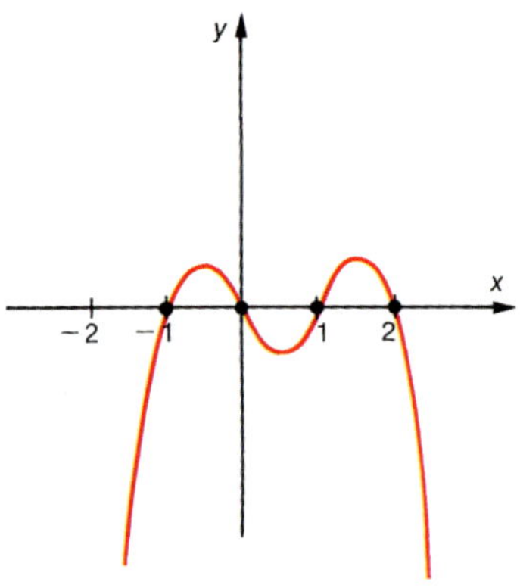

d)

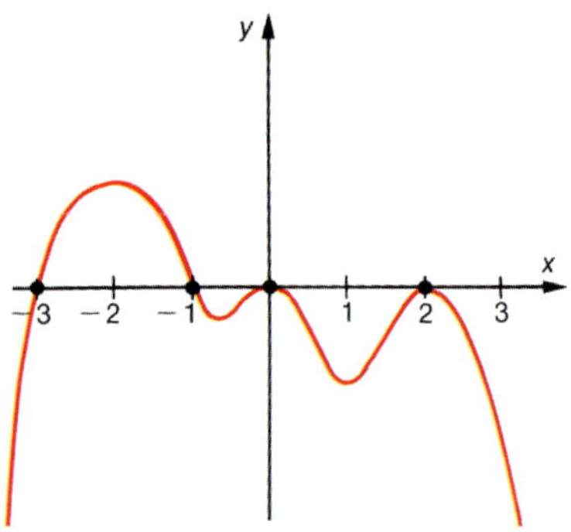

1.6.3 Nullstellenberechnung

In Abschnitt 1.6.2 konnte der Graph einer ganzrationalen Funktion (abgesehen von den Extremstellen) dadurch konstruiert werden, dass die Schnittpunkte mit der x-Achse vorgegeben waren und das Verhalten für $x \to \pm\infty$ aus der Funktionsgleichung bestimmt werden konnte.

Leider sind ganzrationale Funktionen i. d. R. in der Polynomdarstellung vorgegeben. Die Nullstellen kann man nicht direkt ablesen, sie müssen vielmehr berechnet werden.

Zur **Nullstellenberechnung ganzrationaler Funktionen** sollen hier drei gängige Verfahren vorgestellt werden:

1. Ausklammern

Aufgabe 1

Berechnen Sie die Nullstellen der Funktion f mit $f(x) = x^3 + x^2 - 2x$. Skizzieren Sie den Graphen (ohne Wertetafel) und geben Sie die Linearfaktordarstellung der Funktion an.

Lösung

Zur Nullstellenberechnung wird der Funktionsterm immer gleich 0 gesetzt: $f(x) = 0$

$$0 = x^3 + x^2 - 2x$$

Die Zahlen, die diese Gleichung erfüllen, führen gleichzeitig dazu, dass der Funktionswert 0 ist und sind somit Nullstellen der Funktion.

Durch Ausklammern von x ergibt sich:

$$0 = x \cdot (x^2 + x - 2)$$

Der Term $x \cdot (\ldots)$ wird 0, wenn

- der 1. Faktor x 0 wird. Das ist der Fall, wenn man für x die Zahl 0 einsetzt. Daraus folgt, dass $\underline{\underline{x_1 = 0}}$ die erste Nullstelle ist.
- die Klammer den Wert 0 annimmt. Um diese Zahlen zu errechnen, wird die Klammer gleich 0 gesetzt:

$$0 = x^2 + x - 2$$

Mithilfe der p-q-Formel lässt sich dann leicht die 2. und 3. Nullstelle berechnen:

$$x_{2/3} = -\frac{1}{2} \pm \sqrt{\frac{1}{4} + \frac{8}{4}}$$

$$= -\frac{1}{2} \pm \sqrt{\frac{9}{4}}$$

$$= -\frac{1}{2} \pm \frac{3}{2}$$

$$\underline{\underline{x_2 = 1}}$$

$$\underline{\underline{x_3 = -2}}$$

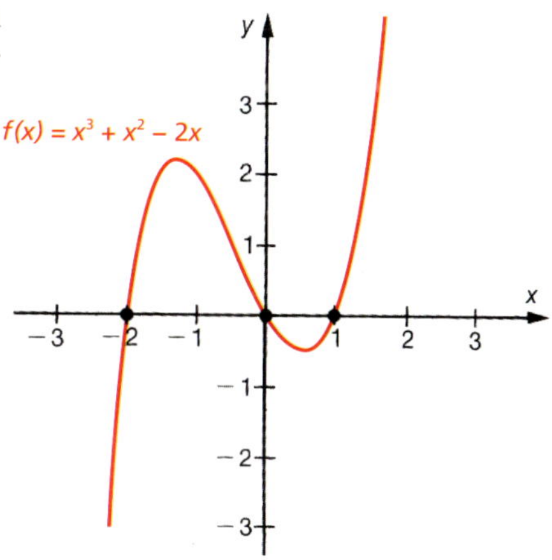

Bild 1.6.3.1

Die **Linearfaktordarstellung** der Funktion f mit $f(x) = x^3 + x^2 - 2x$ ergibt sich aus den berechneten Nullstellen:

$$\underline{\underline{f(x) = x(x-1)(x+2)}}$$

Das **Ausklammerungsverfahren** kann zur Nullstellenberechnung stets angewendet werden, wenn kein Absolutglied im Funktionsterm enthalten ist.

2. Substitutionsverfahren (Ersetzungsverfahren)

Aufgabe 2

Berechnen Sie die Nullstellen der Funktion f mit $f(x) = x^4 - 10x^2 + 9$. Skizzieren Sie den Graphen und geben Sie die Linearfaktordarstellung der Funktion an.

Lösung

$f(x) = 0$

Es sind dann die Zahlen zu bestimmen, die in der Gleichung

$$0 = x^4 - 10x^2 + 9$$

zu einer wahren Aussage führen.

Diese Gleichung 4. Grades lässt sich durch Ersetzen von x^2 durch u in eine quadratische Gleichung umformen: $\mathbf{x^2 = u}$

$$\Rightarrow 0 = u^2 - 10u + 9,$$

die dann mithilfe der p-q-Formel leicht lösbar ist:

$$u_{1/2} = 5 \pm \sqrt{25 - 9}$$
$$= 5 \pm \sqrt{16}$$
$$= 5 \pm 4$$
$$\underline{u_1 = 9}$$
$$\underline{u_2 = 1}$$

Da aber nicht u, sondern x berechnet werden soll, und $x^2 = u$ ist folgt daraus

$x_{1/2} = \pm \sqrt{u}$.

Daraus folgt:

$\underline{x_{1/2} = \pm \sqrt{9} = \pm 3}$

$\underline{x_{3/4} = \pm \sqrt{1} = \pm 1}$

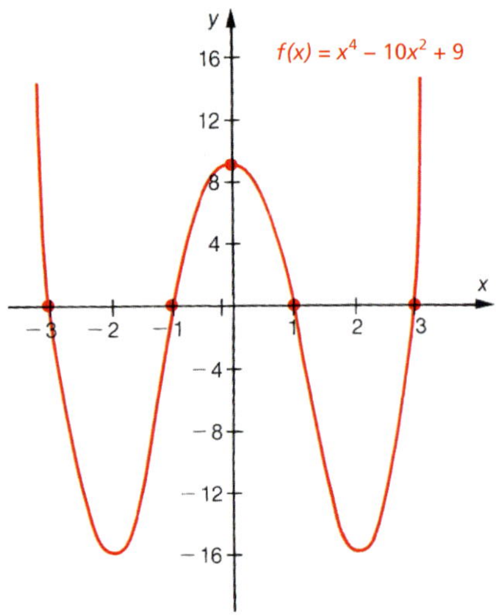

Bild 1.6.3.2

Die Linearfaktordarstellung der Funktion f: $f(x) = x^4 - 10x^2 + 9$ lautet:

$$\underline{\underline{f(x) = (x + 3)(x - 3)(x + 1)(x - 1)}}$$

Das **Substitutionsverfahren** lässt sich immer dann anwenden, wenn eine Gleichung höheren Grades durch die Substitution einer Potenz auf eine quadratische Gleichung reduzierbar ist.

3. Polynomdivision (lineare Abspaltung)

Aufgabe 3

Berechnen Sie die Nullstellen der Funktion f mit $f(x) = x^3 - 2x^2 - 5x + 6$. Skizzieren Sie den Graphen und geben Sie die Linearfaktordarstellung der Funktion an.

Lösung

Wenn es gelingt, die Polynomdarstellung der Funktion umzuformen in die Linearfaktordarstellung, dann können die Nullstellen der Funktion direkt abgelesen werden.

Um diese Umstellung verständlich zu machen, wird erst einmal in umgekehrter Reihenfolge vorgegangen:

Die zu berechnenden Nullstellen der o. a. Funktion sind $x_1 = -2$, $x_2 = 3$ und $x_3 = 1$.

Die Linearfaktordarstellung lautet demnach:

$$f(x) = (x + 2)(x - 3)(x - 1)$$

Schrittweise Ausmultiplizieren führt zu:

$$f(x) = (x^2 - x - 6)(x - 1)$$

und dann

$$f(x) = x^3 - 2x^2 - 5x + 6$$

Wenn also der Funktionsterm durch Multiplikation von $(x^2 - x - 6)$ mit $(x - 1)$ entstanden ist, dann muss umgekehrt die Division von $(x^3 - 2x^2 - 5x + 6)$ durch $(x - 1)$ den Ausdruck $(x^2 - x - 6)$ ergeben.

Den Linearfaktor, durch den dividiert werden soll (hier: $(x - 1)$), erhält man, indem man die erste Nullstelle der Funktion $f(x) = x^3 - 2x^2 - 5x + 6$ **durch Probieren mit ganzzahligen Teilern des Absolutgliedes** (hier: ± 1, ± 2, ± 3, ± 6) herausfindet. Es wird also für x z. B. $+1$ eingesetzt und festgestellt, dass der entsprechende Funktionswert $f(1)$ gleich 0 ist. Somit ist $\underline{\underline{x_1 = 1}}$ eine Nullstelle der Funktion, und ein Linearfaktor lautet demnach: $(x - 1)$.

Jetzt kann also das Polynom $(x^3 - 2x^2 - 5x + 6)$ durch den Linearfaktor $(x - 1)$ dividiert werden (Polynomdivision oder lineare Abspaltung):

$$(x^3 - 2x^2 - 5x + 6) : (x - 1) \quad = \quad \ldots$$
$$(= \textbf{Dividend}) \quad : \quad (= \textbf{Divisor}) \quad (= \textbf{Quotient})$$

Ähnlich wie bei der schriftlichen Division von Zahlen wird dabei schrittweise vorgegangen: 1. Glied des Dividenden geteilt durch 1. Glied des Divisors ergibt das 1. Glied des Quotienten:

$$\mathbf{(x^3 - 2x^2 - 5x + 6) : (x - 1) = x^2}$$

Dann wird rückwärts das ermittelte 1. Glied des Quotienten mit dem ganzen Divisor multipliziert, unter den Dividenden geschrieben und subtrahiert:

$$\begin{aligned} (x^3 - 2x^2 - 5x + 6) &: (x - 1) = x^2 \\ \underline{-(x^3 - x^2)} \quad & \\ -x^2 - 5x + 6 \quad & \end{aligned}$$

Für die noch verbleibenden Glieder des Dividenden wird jetzt die Division wieder wie oben beschrieben durchgeführt: 1. Glied des „vereinfachten" Dividenden geteilt durch 1. Glied des Divisors, anschließend Ausmultiplikation rückwärts des ermittelten 2. Gliedes des Quotienten mit dem ganzen Divisor und Subtraktion vom „vereinfachten" Dividenden. Dann wieder wie oben:

$$(x^3 - 2x^2 - 5x + 6) : (x - 1) = x^2 - x - 6$$
$$\underline{-(x^3 - x^2)}$$
$$-x^2 - 5x + 6)$$
$$\underline{-(-x^2 + x)}$$
$$-6x + 6$$
$$\underline{-(-6x + 6)}$$
$$0$$

Die Polynomdivision hat also genau zu dem erwarteten Ergebnis geführt.

Die Funktion f mit $f(x) = x^3 - 2x^2 - 5x + 6$ lässt sich also auch schreiben als:

$$f(x) = (x^2 - x - 6)(x - 1)$$

Der Funktionsterm wird 0, wenn einer der beiden Faktoren (eine der beiden Klammern) 0 wird. Dies ist für die zweite Klammer der Fall bei $x = 1$ (diese Feststellung wurde bereits oben getroffen). Es muss also noch errechnet werden, für welche Zahlen die erste Klammer 0 wird:

$0 = x^2 - x - 6$

Mithilfe der p-q-Formel kann diese Gleichung gelöst werden:

$$x_{2/3} = \frac{1}{2} \pm \sqrt{\frac{1}{4} + \frac{24}{4}}$$
$$= \frac{1}{2} \pm \frac{5}{2}$$
$$\underline{x_2 = 3}$$
$$\underline{x_3 = -2}$$

Die Nullstellen der Funktion sind demnach:

$\underline{\underline{x_1 = 1}}, \underline{\underline{x_2 = 3}}, \underline{\underline{x_3 = -2}}$

Die Linearfaktordarstellung lautet:

$\underline{\underline{f(x) = (x - 1)(x - 3)(x + 2).}}$

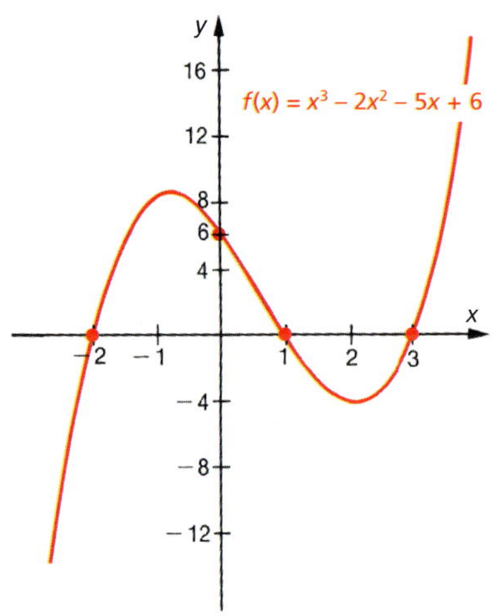

Bild 1.6.3.3

Die Polynomdivision in Aufgabe 3 hat dazu geführt, dass der Funktionsterm in Form einer Summe durch einen linearen und einen quadratischen Faktor $(x^2 - x - 6)$ ausgedrückt werden konnte. Aus den daraus resultierenden Gleichungen konnten dann die Nullstellen berechnet werden.

Wenn eine vorgegebene Funktion 4. oder höheren Grades ist, so muss die Polynomdivision so oft durchgeführt werden, bis ein Faktor maximal 2. Grades vorhanden ist.

Aufgabe 4

Berechnen Sie die Nullstellen der Funktion f mit $f(x) = x^4 + 5x^3 + 5x^2 - 5x - 6$.

Lösung

Probieren mit ganzzahligen Teilern des Absolutgliedes führt zur ersten Nullstelle:

$\underline{\underline{x_1 = 1}}$

Polynomdivision:

$$
\begin{array}{l}
(x^4 + 5x^3 + 5x^2 - 5x - 6):(x - 1) = x^3 + 6x^2 + 11x + 6 \\
\underline{-(x^4 - x^3)} \\
\quad + 6x^3 + 5x^2 - 5x - 6 \\
\quad \underline{-(+ 6x^3 - 6x^2)} \\
\qquad 11x^2 - 5x - 6 \\
\qquad \underline{-(11x^2 - 11x)} \\
\qquad\qquad 6x - 6 \\
\qquad\qquad \underline{-(6x - 6)} \\
\qquad\qquad\qquad 0
\end{array}
$$

Die in der Aufgabenstellung gegebene Funktion lässt sich also auch ausdrücken durch:

$$f(x) = (x^3 + 6x^2 + 11x + 6)(x - 1)$$

Da für die erste Klammer immer noch nicht die Nullstellen zu bestimmen sind, muss erneut durch Polynomdivision ein Linearfaktor abgespalten werden (was den Grad der ersten Klammer wiederum um 1 verringert).
Eine neue Nullstelle wird durch Probieren im Term $x^3 + 6x^2 + 11x + 6$ herausgefunden:

$$\underline{\underline{x_2 = -1}}$$

Erneute Polynomdivision:

$$
\begin{array}{l}
(x^3 + 6x^2 + 11x + 6):(x + 1) = x^2 + 5x + 6 \\
\underline{-(x^3 + \ x^2)} \\
\quad 5x^2 + 11x + 6 \\
\quad \underline{-(5x^2 + \ 5x)} \\
\qquad 6x + 6 \\
\qquad \underline{-(6x + 6)} \\
\qquad\qquad 0
\end{array}
$$

Die Funktion lässt sich also schreiben:
$f(x) = (x^2 + 5x + 6)(x + 1)(x - 1)$
Neben den bereits durch Probieren herausgefundenen Nullstellen können die restlichen Nullstellen mithilfe der ersten Klammer berechnet werden:

$$0 = x^2 + 5x + 6$$

$$x_{3/4} = -\frac{5}{2} \pm \sqrt{\frac{25}{4} - \frac{24}{4}}$$

$$= -\frac{5}{2} \pm \frac{1}{2}$$

$$\underline{\underline{x_3 = -2}}$$

$$\underline{\underline{x_4 = -3}}$$

Die Linearfaktordarstellung lautet dann:
$\underline{\underline{f(x) = (x + 2)(x + 3)(x - 1)(x + 1)}}$

Die noch fehlenden Linearfaktoren $(x + 2)$ und $(x + 3)$ hätten übrigens auch durch weitere lineare Abspaltung des Polynoms $x^2 + 5x + 6$ herausgefunden werden können.

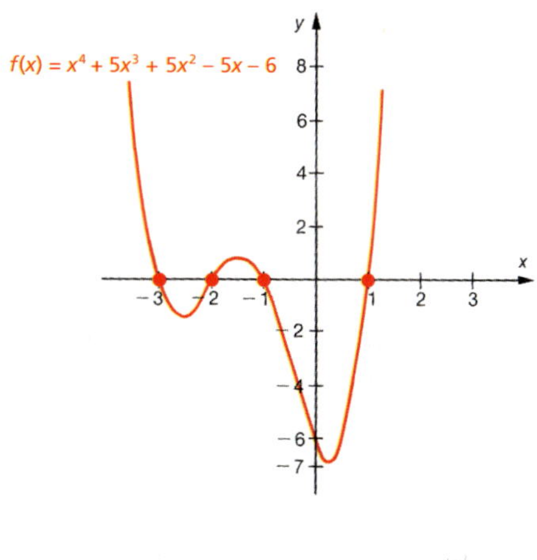

Bild 1.6.3.4

Die **Polynomdivision** ist von den dargestellten Verfahren das rechenaufwendigste. Sie sollte daher nur angewendet werden, wenn sowohl das **Ausklammerungs-** als auch das **Substitutionsverfahren** nicht anwendbar ist.

Führt keines der vorgestellten Verfahren zur Bestimmung der Nullstellen, müssen diese im **Näherungsverfahren** mithilfe einer Wertetafel berechnet werden.

Aufgabe 5

Berechnen Sie die Nullstellen von $f(x) = 3x^3 + 6x^2 + 6x + 11$.

Lösung

Wegen des vorhandenen Absolutgliedes entfällt das Ausklammerungsverfahren. Das Substitutionsverfahren ist ebenso nicht anwendbar. Ganzzahlige Teiler des Absolutgliedes führen nicht zu $f(x) = 0$, sodass die Polynomdivision auch nicht durchzuführen ist.

Deshalb wird eine Wertetafel angelegt:

x	$f(x)$
–3	– 34
–2	– 1
–1	+ 8
0	+ 11

Da von $x = -2$ bis $x = -1$ das **Vorzeichen der Funktionswerte wechselt**, muss die gesuchte Nullstelle dazwischen liegen. Man versucht sich jetzt der Nullstelle in der Weise zu nähern, dass man den x-Wert sucht, für den der Funktionswert möglichst nahe bei 0 liegt.

x	$f(x)$
–1,8	2,144
–1,9	0,683
–1,95	–0,13
–1,94	0,038

Die Nullstelle liegt also bei $\underline{\underline{x_1 \approx -1{,}94}}$.

Übungsaufgaben

1 Berechnen Sie die Nullstellen und skizzieren Sie den Graphen der Funktion (ohne Wertetafel).

a) $f\colon f(x) = x^4 - 8x^2 + 15$
b) $f\colon f(x) = x^3 - 2x^2 + x$
c) $f\colon f(x) = x^4 + 6x^3 + 8x^2$
d) $f\colon f(x) = x^3 - 9x^2 + 26x - 24$
e) $f\colon f(x) = x^3 + 4x^2 + x - 6$
f) $f\colon f(x) = x^3 + 7x^2 + 2x - 40$
g) $f\colon f(x) = x^3 - x$
h) $f\colon f(x) = x^4 - 5x^2 + 4$
i) $f\colon f(x) = x^3 - x^2 - 1{,}25x + 0{,}75$
j) $f\colon f(x) = x^4 - 2x^3 - 13x^2 + 14x + 24$
k) $f\colon f(x) = \frac{1}{10}x^3 - \frac{9}{10}x$
l) $f\colon f(x) = x^4 - 6x^3 + 11x^2 - 6x$
m) $f\colon f(x) = \frac{1}{12}x^4 - \frac{1}{6}x^3 - x^2$
n) $f\colon f(x) = x^4 + 3x^3 - 3x^2 - 7x + 6$

1.7 Gebrochenrationale Funktionen

Eine Funktion f mit $\boldsymbol{f(x)} = \frac{Z(x)}{N(x)}$ heißt **gebrochenrationale Funktion**, wenn der Funktionsterm ein **Quotient zweier ganzrationaler Funktionsterme** ist.

Z. B. $f\colon f(x) = \frac{3x^2 + 1}{4x^3 - x}$, wobei dann
die **Zählerfunktion** $Z(x) = 3x^2 + 1$ und die **Nennerfunktion** $N(x) = 4x^3 - x$ ist.

Die einfachsten gebrochenrationalen Funktionen haben die Form $f(x) = \frac{1}{x^n}$; $n \in \mathbb{Z}_+^*$.

Ihre Graphen heißen **Hyperbeln**.

$f(x) = \frac{1}{x}$: Hyperbel, $f(x) = \frac{1}{x^2}$: Hyperbel 2. Grades, $f(x) = \frac{1}{x^3}$: Hyperbel 3. Grades etc.

Je nachdem, ob die Exponenten gerade oder ungerade sind, können zwei unterschiedliche Arten von Hyperbeln unterschieden werden:

$f(x) = \frac{1}{x^n}$ mit n ungerade

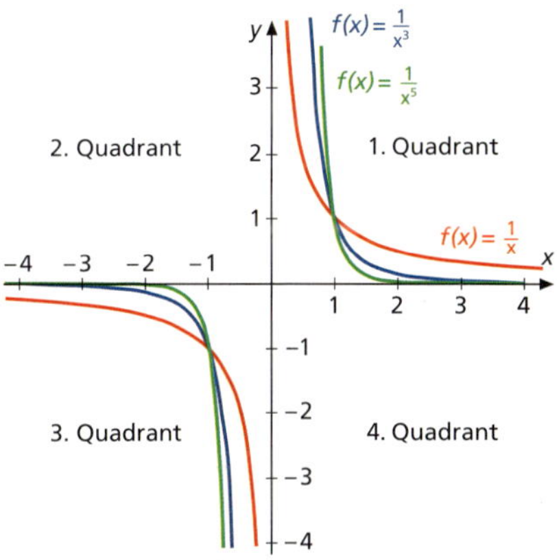

Bild 1.7.1

Die Hyperbeln verlaufen

- punktsymmetrisch zum Ursprung
- im 3. und 1. Quadranten,
- durch die Punkte (–1/–1) und (1/1).
- je größer der Exponent, desto weiter entfernt von der Ordinatenachse und desto dichter an der Abszissenachse verläuft die Hyperbel

$f(x) = \frac{1}{x^n}$ mit n gerade

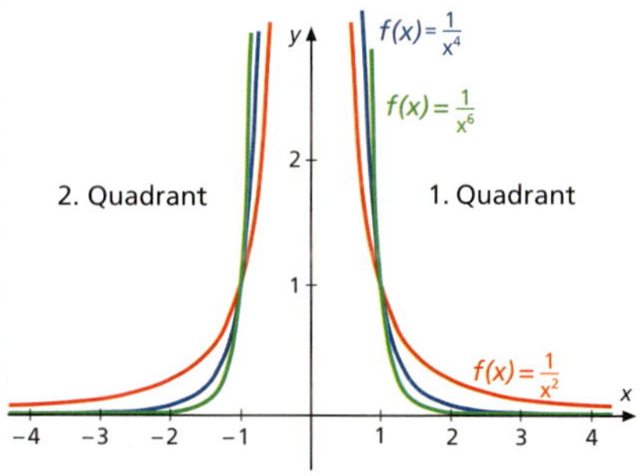

Bild 1.7.2

Die Hyperbeln verlaufen

- achsensymmetrisch zur y-Achse
- im 2. und 1. Quadranten,
- durch die Punkte (–1/1) und (1/1).
- je größer der Exponent, desto weiter entfernt von der Ordinatenachse und desto dichter an der Abszissenachse verläuft die Hyperbel

Alle Funktionen der Form $f(x) = \frac{1}{x^n}$ sind **an der Stelle $x = 0$ nicht definiert** (weil sonst durch 0 dividiert würde).

Die Zählerfunktion und/oder die Nennerfunktion einer gebrochenrationalen Funktion können jedoch auch höheren Grades sein.

In Anlehnung an die Terminologie der Bruchrechnung[1] **heißt eine gebrochenrationale Funktion echt gebrochen, wenn der Grad des Zählers kleiner als der Grad des Nenners ist.**

Z. B. $f(x) = \dfrac{2x^2 + 3x - 5}{5x^3 - x - 9}$; Grad des Zählers: 2; Grad des Nenners: 3

Ist der Grad des Zählers größer oder gleich dem Grad des Nenners, heißt die Funktion unecht gebrochen.

Z. B. $f(x) = \dfrac{2x^2 - 4x + 3}{x - 3}$; Grad des Zählers: 2; Grad des Nenners: 1

oder

$f(x) = \dfrac{x^2 - 1}{x^2 + 1}$; Grad des Zählers: 2; Grad des Nenners: 2

Eine unecht gebrochenrationale Funktion lässt sich durch Division der Zählerfunktion durch die Nennerfunktion in einen ganzrationalen und einen echt gebrochenrationalen Teil aufgliedern[2]:

Aufgabe 1

Spalten Sie den Funktionsterm von f mit $f(x) = \dfrac{x^2 + 4x - 3}{x - 2}$ in einen ganzrationalen und einen echt gebrochenrationalen Teil auf.

Lösung

Der Zähler wird durch den Nenner dividiert[3]:

$$\begin{array}{l} (x^2 + 4x - 3) : (x - 2) = \underbrace{x + 6}_{\text{ganzrationaler Teil}} + \underbrace{\dfrac{9}{x - 2}}_{\text{echt gebrochenrationaler Teil}} \\ \underline{-(x^2 - 2x)} \\ \qquad 6x - 3) \\ \qquad \underline{-(6x - 12)} \\ \qquad\qquad 9 \end{array}$$

Der ganzrationale Teil des Funktionsterms lautet: $x + 6$, der echt gebrochenrationale Teil lautet: $\dfrac{9}{x - 2}$.

Im Unterschied zu den ganzrationalen Funktionen erscheint bei gebrochenrationalen Funktionen die Variable x immer im Nenner des Funktionsterms. Damit dies der Fall ist, muss die Nennerfunktion $N(x)$ mindestens 1. Grades sein.[4]

---

1) $\frac{a}{b}$ heißt echter Bruch, wenn $a < b$; wenn $a \geq b$, ist der Bruch unecht. Z. B. echter Bruch $\frac{3}{4}$, unechter Bruch $\frac{4}{3}$ bzw. $\frac{3}{3}$.

2) Genauso lässt sich ein unechter Bruch in eine gemischte Zahl umwandeln: z. B. $\frac{4}{3}$ in $1\frac{1}{3}$.

3) Zur Durchführung der Rechnung siehe Abschnitt 1.6.3 (→ 3. Polynomdivision).

4) In der Funktion f mit $f(x) = \frac{x^2 - 1}{1} = \frac{x^2 - 1}{1\,x^0}$ ist die Nennerfunktion 0. Grades. Es liegt also eine ganzrationale Funktion f mit $f(x) = x^2 - 1$ vor.

Von der Polynomform einer gebrochenrationalen Funktion spricht man, wenn Zähler- und Nennerfunktion Summen bzw. Differenzen sind.

Z. B. $f(x) = \dfrac{x^2 - 2x}{x^2 - 1}$

Häufig ist es sinnvoll, diese Polynomform einer gebrochenrationalen Funktion in eine faktorisierte Darstellung (= Linearfaktordarstellung) umzuwandeln.

Aufgabe 2

Formen Sie $f(x) = \dfrac{x^2 - 2x}{x^2 - 1}$ in eine faktorisierte Darstellung um.

Lösung

1. Möglichkeit:

Man erkennt, dass im Zähler ausgeklammert werden kann und dass im Nenner die 3. binomische Formel enthalten ist.

$$f(x) = \frac{x(x-2)}{(x+1)(x-1)}.$$

2. Möglichkeit:

Zähler und Nenner werden gleich 0 gesetzt um die Nullstellen der Zähler- und Nennerfunktion zu bestimmen. Daraus können dann die entsprechenden Linearfaktoren hergeleitet werden:

Zähler:

$Z(x) = x^2 - 2x$

$\mathbf{Z(x) = 0}$

$0 = x^2 - 2x$

Ausklammern führt zu

$0 = x(x - 2)$

Also Zählernullstellen bei

$x_1 = 0 \vee x_2 = 2.$

Die Zählerfunktion kann also faktorisiert auch dargestellt werden durch

$Z(x) = x(x - 2).$

Nenner:

$N(x) = x^2 - 1$

$\mathbf{N(x) = 0}$

$0 = x^2 - 1 \quad /+1$

$x^2 = 1$

$x_{1/2} = \pm 1$

Also Nennernullstellen bei

$x_1 = -1 \vee x_2 = 1.$

Die Nennerfunktion kann also faktorisiert auch dargestellt werden durch

$N(x) = (x + 1)(x - 1).$

Übungsaufgabe

1 Stellen Sie fest und begründen Sie, ob es sich bei den folgenden Funktionen f

- um gebrochenrationale Funktionen handelt,
- ob sie echt oder unecht gebrochen sind?
- Zerlegen Sie die Funktionen ggf. in einen ganz- und einen echt gebrochenrationalen Teil.
- Geben Sie – sofern möglich – die fehlende Linearfaktordarstellung bzw. Polynomform an.

a) $f\colon f(x) = \dfrac{2x}{x^2 + 1}$

b) $f\colon f(x) = \dfrac{1}{x^2 - 4}$

c) $f\colon f(x) = \dfrac{x^2 - 4}{1}$

d) $f\colon f(x) = \dfrac{x^2 + 3x - 4}{x^2 - 2x - 8}$

e) $f\colon f(x) = \dfrac{x^2 - 16}{x - 4}$

f) $f\colon f(x) = \dfrac{2x^3 - 6x^2 + 4x - 6}{x^2 + 1}$

g) $f\colon f(x) = \dfrac{x^2 - 1}{x^2 - 1}$

h) $f\colon f(x) = \dfrac{x + 1}{x - 3}$

i) $f\colon f(x) = \frac{3x + 2}{2x + 3}$ j) $f\colon f(x) = \frac{1}{x - 4}$

k) $f\colon f(x) = \frac{2(x + 2)(x - 1)}{(x - 1)(x + 3)}$ l) $f\colon f(x) = \frac{(x - 1)(x - 1)}{x - 1}$

1.7.1 Definitionsbereich/Definitionslücken

Da durch die Zahl 0 nicht dividiert werden kann, darf der Nenner einer gebrochenrationalen Funktion nicht 0 sein. Alle x-Werte, die dazu führen, dass der Nenner 0 wird, müssen folglich aus dem Definitionsbereich ausgeschlossen werden.

Z. B. ist für die Funktion f mit $f(x) = \frac{1}{x}$: $D(f) = \mathbb{R}^*$ oder für f mit $f(x) = \frac{1}{x + 2}$; $D(f) = \mathbb{R}\setminus\{-2\}$.

Da sich also für die x-Werte, bei denen der Nenner 0 wird, keine Funktionswerte berechnen lassen, ist die Funktion dort nicht definiert (siehe Bild 1.7.1.1 und 1.7.1.2).

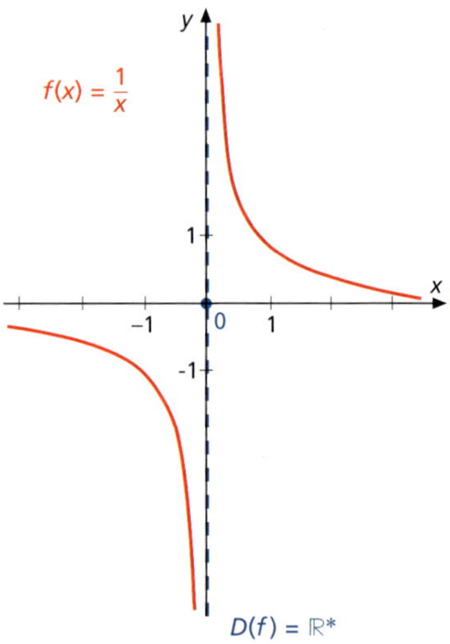

Bild 1.7.1.1

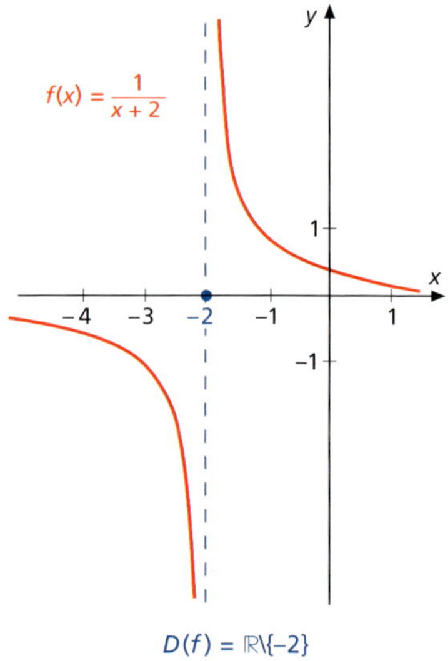

Bild 1.7.1.2

Sind diese Definitionslücken einer gebrochenrationalen Funktion nicht sofort erkennbar, so werden sie durch Nullsetzen der Nennerfunktion ($N(x) = 0$) berechnet. Man bestimmt also dann die Zahlen, die für x in die Nennerfunktion eingesetzt dazu führen, dass der Nenner der gebrochenrationalen Funktion 0 wird. Diese Definitionslücken sind dann aus dem Definitionsbereich auszuschließen.

Die **Nennernullstellen** ($N(x) = 0$) sind die **Definitionslücken** einer gebrochenrationalen Funktion.

Definitionslücken (= Nennernullstellen) müssen aus dem Definitionsbereich ausgeschlossen werden.

Aufgabe 1

Bestimmen Sie die Definitionslücken und den Definitionsbereich.

a) $f(x) = \dfrac{x(x-1)}{(x+2)x}$

b) $f(x) = \dfrac{x^2}{x^2-4}$

c) $f(x) = \dfrac{x-3}{x^2-x-2}$

Lösung

$N(x) = 0$

a) Die Nennernullstellen $x_1 = -2$ und $x_2 = 0$ sind in der vorliegenden Linearfaktordarstellung direkt ablesbar. Es liegen also Definitionslücken bei $x_1 = -2$ und $x_2 = 0$ vor. Der Definitionsbereich ist folglich $D(f) = \mathbb{R}^*\backslash\{-2\}$.

b) Mithilfe der 3. binomischen Formel kann der vorliegende Nennerterm in Polynomform umgeformt werden in die Linearfaktordarstellung: $x^2 - 4 = (x+2)(x-2)$. Hier können dann die Nennernullstellen $x_1 = -2$ und $x_2 = 2$ abgelesen werden. Der Definitionsbereich ist dann $D(f) = \mathbb{R}\backslash\{\pm 2\}$.

c) In der vorliegenden Polynomform sind die Nennernullstellen nicht ohne weiteres zu erkennen. Wir müssen die Nennerfunktion gleich 0 setzen um die Nennernullstellen zu berechnen.

$N(x) = 0$

$0 = x^2 - x - 2$

Mithilfe der p-q-Formel:

$$x_{1/2} = \frac{1}{2} \pm \sqrt{\frac{1}{4} + \frac{8}{4}}$$

$$= \frac{1}{2} \pm \frac{3}{2}$$

$x_1 = -1$ $x_2 = 2$

$\Rightarrow D(f) = \mathbb{R}\backslash\{-1; 2\}$

Wie in den folgenden Bildern erkennbar, können sich gebrochenrationale Funktionen in der Nähe von Definitionslücken unterschiedlich verhalten.

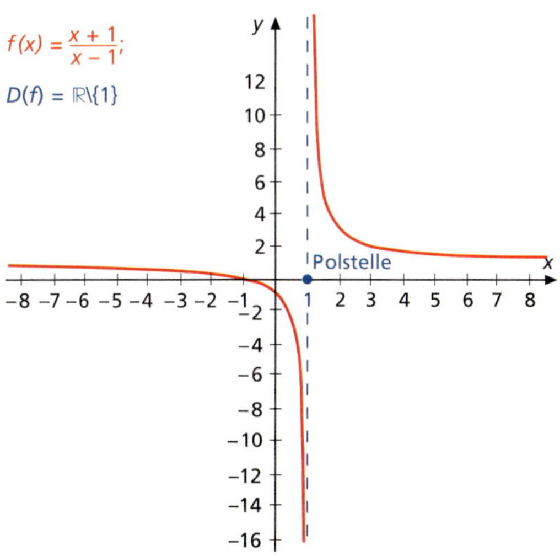

Bild 1.7.1.4

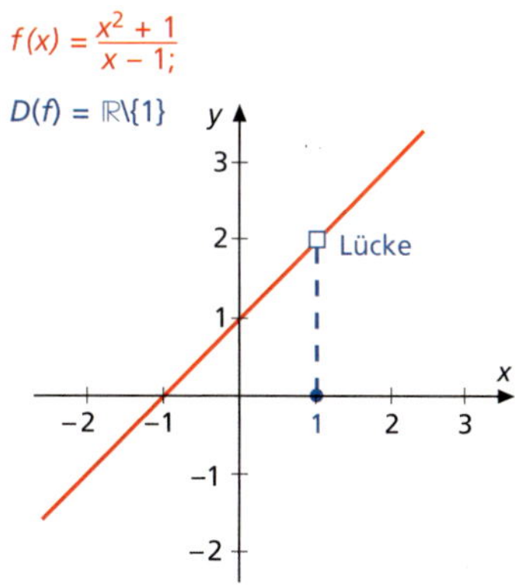

Bild 1.7.1.5

In Bild 1.7.1.4 liegt bei $x = 1$ eine sog. **Polstelle** – oder auch kürzer – ein **Pol** vor. Die senkrechte Gerade durch die Polstelle heißt **Polgerade**.
Wenn die x-Werte gegen eine Polstelle streben, werden die Funktionswerte unendlich groß oder unendlich klein.

In Bild 1.7.1.5 hat der Graph der Funktion bei $x = 1$ ein „Loch". Dieses Loch könnte durch einen einzigen Funktionswert behoben werden. Eine solche Definitionslücke heißt **(be-)hebbare Lücke**.

Um rechnerisch zu prüfen, ob ein Pol oder eine hebbare Lücke vorliegt, wird die zuvor durch Nullsetzen des Nenners ermittelte Definitionslücke $x_{n.d.}$ in die Zählerfunktion eingesetzt.

Prüfung der Definitionslücken auf ihre Art:

1. $N(x) = 0$
2. $Z(x_{n.d.})$ berechnen

- $Z(x_{n.d.}) \neq 0 \Rightarrow$ **Pol**
- $Z(x_{n.d.}) = 0 \Rightarrow$ **Hebbare Lücke**[1)]

Aufgabe 2

Bestimmen Sie die Art der Definitionslücken.

a) $f(x) = \dfrac{(x-1)(x+2)}{(x-1)(x-2)}$

b) $f(x) = \dfrac{x^2 + x - 2}{2x^2 + 6x + 4}$

Lösung

$N(x) = 0$

a) In dieser Linearfaktordarstellung können die Definitionslücken bei $x_1 = 1$ und $x_2 = 2$ direkt abgelesen werden.
Da der Linearfaktor $(x - 1)$ im Nenner *und* im Zähler erscheint, wird für $x_1 = 1$ der Nenner *und* der Zähler 0. Folglich liegt bei $x_1 = 1$ eine hebbare Lücke vor.
Der Linearfaktor $(x - 2)$ erscheint nur im Nenner. Also kann $x_2 = 2$ in den Zähler eingesetzt werden, ohne dass dieser 0 wird. Bei $x_2 = 2$ befindet sich also eine Polstelle.

b) Die vorliegende Polynomform wird zunächst durch Nullsetzen der Zähler- und Nennerfunktion in die Linearfaktordarstellung umgeformt.

$f(x) = \dfrac{(x-1)(x+2)}{2(x+1)(x+2)}$

Bei $x_1 = -1$ und bei $x_2 = -2$ befinden sich Definitionslücken.

$x_1 = -1$ ↓
Der Linearfaktor $(x + 1)$ befindet sich nur im Nenner, also ist $N(-1) = 0$ und $Z(-1) \neq 0$
$\Rightarrow$ **Polstelle bei $x_1 = -1$**

$x_2 = -2$ ↓
Der Linearfaktor $(x + 2)$ befindet sich im Nenner und im Zähler, also ist $N(-2) = 0$ und $Z(-2) = 0$.
$\Rightarrow$ **hebbare Lücke bei $x_2 = -2$**

[1)] Diese Regel gilt nur, wenn der Funktionsterm in gekürzter Form vorliegt.

Z. B.: Für $f(x) = \dfrac{x-2}{(x-2)^2}$ ist $N(2) = 0$ und $Z(2) = 0$. Es liegt trotzdem keine hebbare Lücke vor. Nach dem Kürzen ergibt sich: $f(x) = \dfrac{1}{x-2}$ mit $N(2)$ und $Z(2) \neq 0$. $\Rightarrow$ Polstelle bei $x = 2$.

Pol(-stellen)

In Bild 1.7.1.6 sieht man den Graphen von $f(x) = \frac{1}{x-1}$. Linksseitig der Polstelle streben die Funktionswerte gegen $-\infty$, rechtsseitig gegen $+\infty$. Man sagt in diesem Fall, es liegt eine **Polstelle mit Vorzeichenwechsel** vor.

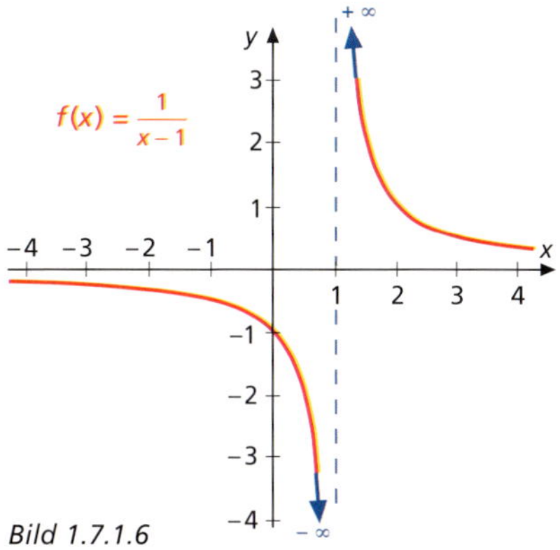

Bild 1.7.1.6

Es gibt aber auch **Polstellen ohne Vorzeichenwechsel**. Z. B. bei $f\colon f(x) = \frac{1}{(x-1)^2}$. In Bild 1.7.1.7 sieht man, dass rechts- *und* linksseitig der Polstelle die Funktionswerte gegen $+\infty$ streben.

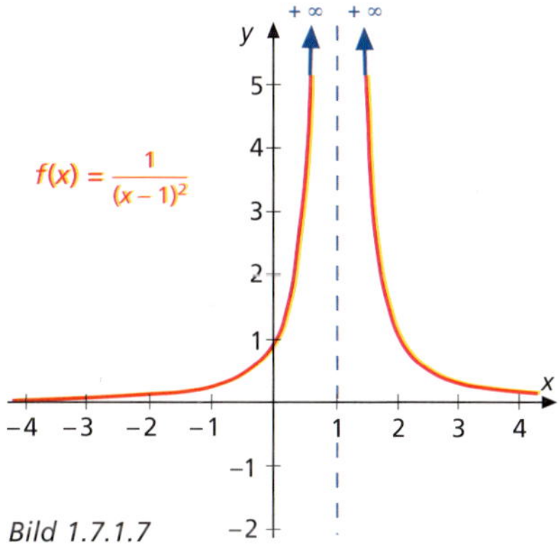

Bild 1.7.1.7

Wie erkennt man nun am Funktionsterm, ob eine Polstelle mit oder ohne VZW vorliegt? Man braucht sich nur die Nennerfunktion bzw. die Nennernullstellen genauer anzuschauen:

> Weisen die **Nennernullstellen einen VZW** auf, so liegen **Polstellen mit VZW** vor.
> Weisen die **Nennernullstellen keinen VZW** auf, so liegen **Polstellen ohne VZW** vor.

Aufgabe 3

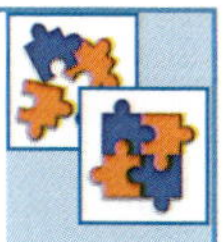

Ermitteln Sie die Definitionslücken und prüfen Sie, ob die gegebenen Funktionsgraphen Polstellen mit oder ohne VZW aufweisen. Streben die Funktionswerte bei den Polstellen jeweils gegen $+\infty$ oder gegen $-\infty$?

a) $f\colon f(x) = \frac{x^2}{x-2}$

b) $f\colon f(x) = \frac{x}{(x-1)^2}$

Lösung

a) Wir betrachten **Zählerfunktion** und die **Nennerfunktion** getrennt (s. nebenstehende Abb.). Für $x = 2$ ist der Nenner 0 und der Zähler ungleich 0. Es liegt also eine Polstelle bei $x = 2$ vor.

Die Nennerfunktion hat bei der **Polstelle einen VZW von „–“ nach „+“**. Also hat der Graph der Funktion f bei $x = 2$ eine **Polstelle mit VZW**.

Die Grafik gibt noch weitere interessante Hinweise auf den Verlauf des **Graphen von f**:

Linksseitig der Polstelle ist die Nennerfunktion negativ und die Zählerfunktion positiv. Linksseitig der Polstelle gilt also für die Funktion f also: $\frac{„+“}{„-“} = „-“$.

⇒ Die Funktionswerte streben linksseitig der Polstelle gegen $-\infty$.

Rechtsseitig der Polstelle ist sowohl die Nenner- als auch die Zählerfunktion positiv:

$\frac{„+“}{„+“} = „+“$.

⇒ Die Funktionswerte streben rechtsseitig der Polstelle gegen $+\infty$.

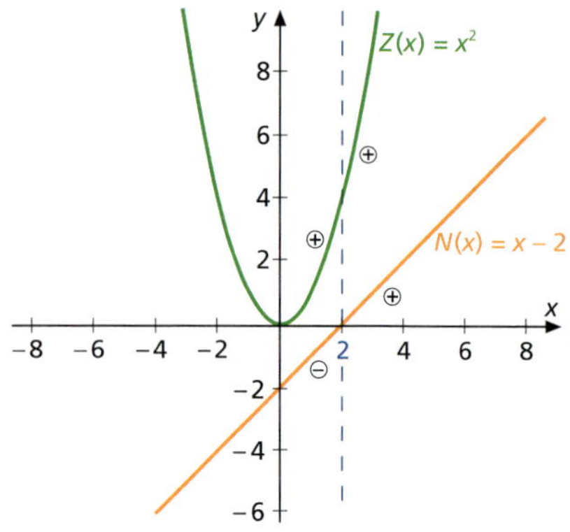

Bild 1.7.1.8

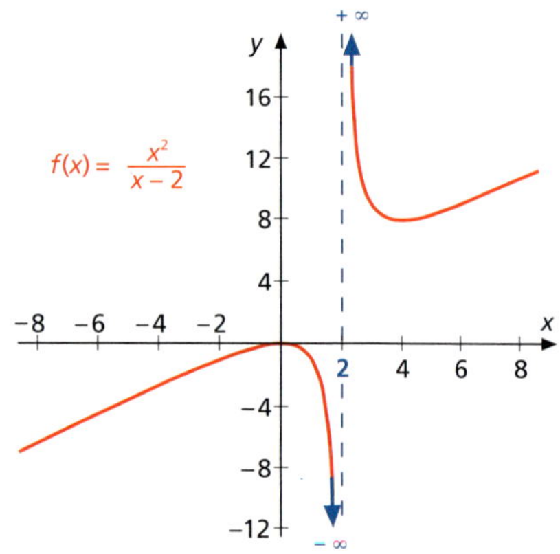

Bild 1.7.1.9

b) Wir veranschaulichen uns wieder die **Nennerfunktion** und **Zählerfunktion** grafisch: Für $x = 1$ ist der Nenner 0 und der Zähler ungleich 0. Es liegt also eine Polstelle bei $x = 1$ vor.

Die **Nennerfunktion** hat bei der Polstelle **keinen VZW**.

Also hat der Graph der Funktion f bei $x = 2$ eine **Polstelle ohne VZW**.

Linksseitig der Polstelle ist die Nennerfunktion positiv und die Zählerfunktion positiv. Linksseitig der Polstelle gilt also für die Funktion f also: $\frac{„+“}{„+“} = „+“$.

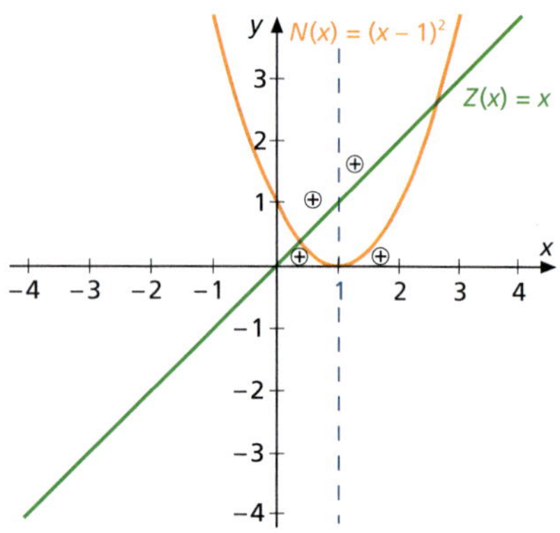

Bild 1.7.1.10

⇒ Die Funktionswerte von f streben linksseitig der Polstelle gegen $+\infty$.

Rechtsseitig der Polstelle sind sowohl die Nenner- als auch die Zählerfunktion ebenfalls positiv: $\frac{„+“}{„+“}$ = „+“.

⇒ Die Funktionswerte von f streben also auch rechtsseitig der Polstelle gegen $+\infty$.

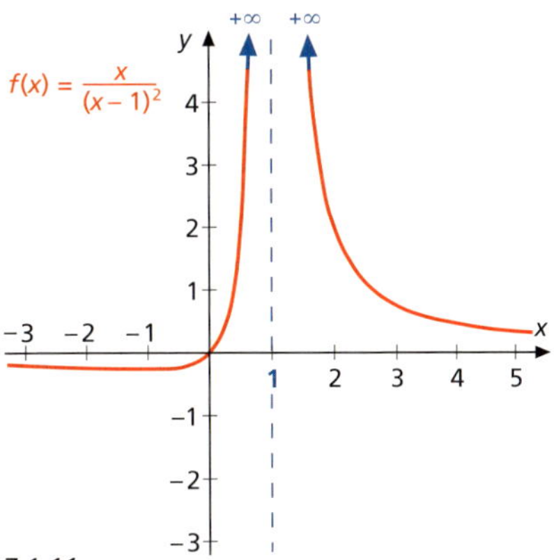

Bild 1.7.1.11

Hebbare Lücken

Aufgabe 4

$f: f(x) = \frac{x(x+1)}{x(x-2)};\ x \in D(f)$.

a) Welches ist der Definitionsbereich der Funktion?

b) Welcher Art sind die Definitionslücken?

c) Durch welchen Funktionswert könnte die hebbare Lücke geschlossen werden?

Lösung

a) Der Nenner wird 0 für $x_{\text{n. d.}_1} = 0$ oder für $x_{\text{n. d.}_2} = 2 \Rightarrow D(f) = \mathbb{R}^*\backslash\{2\}$

b) $Z(0) = 0$ ⇒ hebbare Lücke bei $x = 0$

$Z(2) = 6 \neq 0$ ⇒ Polstelle (mit VZW) bei $x = 2$

c) Der Funktionsterm von $f: f(x) = \frac{x(x+1)}{x(x-2)}$; $D(f) = \mathbb{R}^*\backslash\{2\}$ kann gekürzt werden zu $f(x) = \frac{x+1}{x-2}$. Der rein rechnerische Definitionsbereich dieser Funktion wäre allerdings nur $D(f) = \mathbb{R}\backslash\{2\}$. In diesen Funktionsterm könnte somit die Zahl 0 eingesetzt werden, sodass die Lücke verschwunden wäre. Um aber die Lücke und damit die Identität der Graphen zu erhalten, muss man den Definitionsbereich $D(f) = \mathbb{R}^*\backslash\{2\}$ erhalten. Der Graph von $f(x) = \frac{x(x+1)}{x(x-2)}$; $D(f) = \mathbb{R}^*\backslash\{2\}$ ist absolut identisch mit dem Graphen von $f(x) = \frac{x+1}{x-2}$; $D(f) = \mathbb{R}^*\backslash\{2\}$. Mithilfe des zweiten Terms kann allerdings der (eigentlich nicht vorhandene) Funktionswert an der Stelle $x = 0$ berechnet werden: $f(2) = \frac{0+1}{0-2} = -\frac{1}{2}$. Durch den Funktionswert $-\frac{1}{2}$ könnte die Lücke im Funktionsgraphen bei $x = 0$ behoben werden.

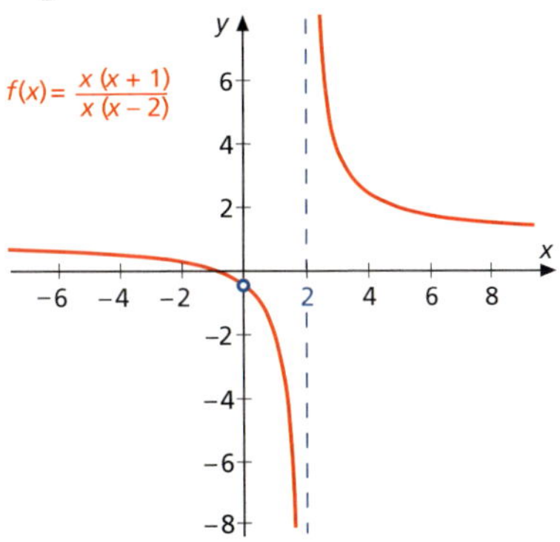

Bild 1.7.1.12

Übungsaufgaben

1 Berechnen Sie für die Funktionen aus Übungsaufgabe 1, S. 65/66 die Definitionslücken und geben Sie den Definitionsbereich an.
Prüfen Sie, welche Art von Definitionslücke vorliegt.
Untersuchen Sie bei einer Polstelle, wie sich die Funktion in unmittelbarer Nähe der Polstelle verhält (VZW? Funktionswerte gegen + ∞ oder – ∞?)
Durch welchen Funktionswert könnte die ggf. vorhandene hebbare Lücke behoben werden?

2 Geben Sie zunächst in faktorisierter und dann in Polynomform die Gleichung einer möglichst einfachen gebrochenrationalen Funktion mit folgenden Eigenschaften an:
a) Lücke bei $x = 1$, Polstelle mit VZW bei $x = -2$
b) Lücke bei $x = 0$, Polstelle ohne VZW bei $x = -2$
c) Lücke bei $x = 2$, Polstellen mit VZW bei $x = -2$ und bei $x = -1$
d) Lücke bei $x = -1$, Polstellen ohne VZW bei $x = 0$ und mit VZW bei $x = 1$

1.7.2 Nullstellen

Die Nullstellen einer beliebigen Funktion werden berechnet, indem $f(x) = 0$ gesetzt wird. Wie die folgende Rechnung zeigt, bedeutet dies bei gebrochenrationalen Funktionen, dass nur der Zähler 0 gesetzt werden braucht:

$$f(x) = \frac{Z(x)}{N(x)}$$
$$0 = \frac{Z(x)}{N(x)} \quad | \cdot N(x)$$
$$\underline{0 = Z(x)}$$

Ein Bruchterm kann nämlich nur dann 0 sein, wenn der Zähler 0 ist.

Aufgabe 1

Berechnen Sie die Nullstellen der Funktion f mit $f(x) = \frac{x^2 - 9}{x - 2}$. Bestimmen Sie den Schnittpunkt mit der y-Achse.

Lösung

1. Nullstellenberechnung

$f(x) = 0$

$0 = \frac{x^2 - 9}{x - 2} \quad | \cdot (x - 2)$ (ausführliche Rechnung)

$0 = x^2 - 9$ (bei verkürzter Rechnung Beginn hier)

$x^2 = 9$

$\underline{\underline{x_{1/2} = \pm 3}}$

2. Um den **Schnittpunkt mit der y-Achse** zu berechnen, wird $f(0)$ bestimmt:

$f(0) = \frac{0 - 9}{0 - 2} = \frac{9}{2} = 4{,}5 \Rightarrow S_y(0/4{,}5)$

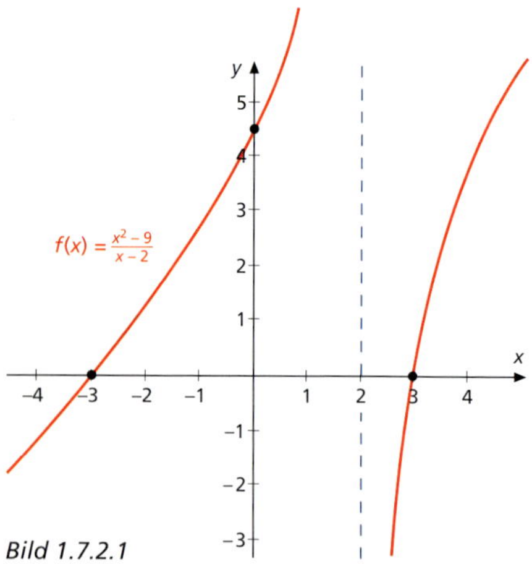

Bild 1.7.2.1

Aufgabe 2

Berechnen Sie die Nullstellen der Funktion f mit $f(x) = \frac{1}{x^2 - 8}$.

Lösung

$Z(x) = 0$

$1 = 0$

Da diese Aussage falsch ist, existieren <u>keine Nullstellen</u>.

Aufgabe 3

Berechnen Sie die Nullstellen der Funktion f mit $f(x) = \frac{x^2 - 4}{x - 2}$.

Lösung

$Z(x) = 0$

$0 = x^2 - 4$

$x^2 = 4$

$x_{1/2} = \pm 2$

Obwohl sich rechnerisch Nullstellen bei $x_{1/2} = \pm 2$ ergeben, hat die Funktion tatsächlich nur <u>eine Nullstelle bei $x = -2$</u>.

Der Definitionsbereich der Funktion ist nämlich $D(f) = \mathbb{R}\backslash\{2\}$. D. h., bei $x = 2$ ist die Funktion nicht definiert, kann also folglich dort auch keine Nullstelle haben.

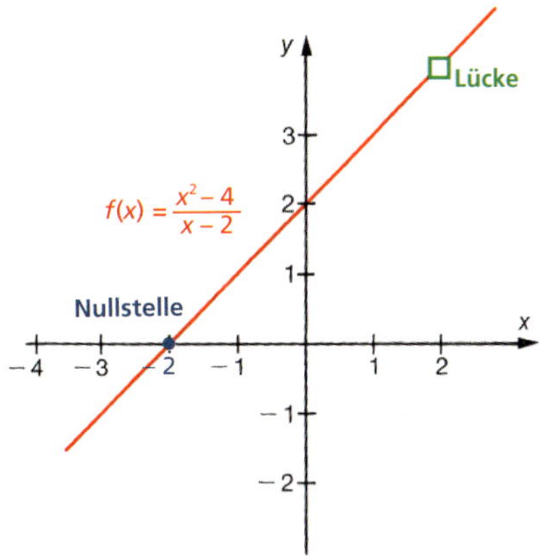

Bild 1.7.2.2

Bevor die Nullstellen einer Funktion endgültig angegeben werden, ist zu prüfen, ob sie im Definitionsbereich der Funktion liegen.

Übungsaufgabe

1 Berechnen Sie für die Funktionen aus Übungsaufgabe 1, S. 65/66, die Schnittpunkte mit den Achsen.

1.7.3 Asymptoten

Im Bild 1.7.3.1 ist zu erkennen, dass der Graph der Funktion f mit $f(x) = \frac{1}{x - 2}$ für vom Betrag große x-Werte sich immer mehr der x-Achse annähert, ohne sie je zu erreichen. Dies ist damit zu erklären, dass der Bruch $\frac{1}{x - 2}$ (und damit die Funktionswerte) für dem Betrag nach größer werdende x-Werte sich immer mehr der Zahl 0 nähert.

Kurz: Für $x \to \pm\infty$ strebt $f(x) \to 0$

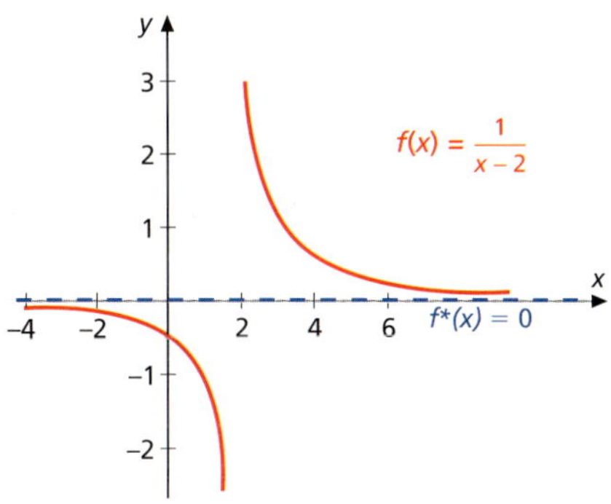

Bild 1.7.3.1

Dies ist der Fall bei allen echt gebrochenrationalen Funktionen, da bei diesen die größte Potenz im Nenner steht. Für wachsende x wird der Nenner dann nämlich sehr groß und damit der Wert des Bruches insgesamt sehr klein.

Der Graph echt **gebrochenrationaler Funktionen** kommt also für große $|x|$ der x-Achse sehr nahe, d. h., die **Funktionswerte streben gegen 0**.

> Eine Funktion f^*, der sich die Funktionswerte $f(x)$ einer Funktion f für große $|x|$ beliebig nähern, heißt **Asymptote**[1]. Der Graph der Funktion f schmiegt sich für große $|x|$ an den Graphen der Asymptote an.

Im obigen Beispiel nähert sich der Graph der Funktion f mit $f(x) = \frac{1}{x-2}$ der x-Achse an. Diese ist also Asymptote f^* und hat die Funktionsgleichung $f^*(x) = 0$.

> Für alle **echt gebrochenrationalen Funktionen** ist die x-Achse mit $f^*(x) = 0$ (waagerechte) Asymptote.

Mithilfe der folgenden Aufgabe wird erklärt, wie die **Asymptotenfunktion** einer **unecht gebrochenrationalen Funktion** bestimmt werden kann.

Aufgabe 1

Bestimmen Sie die Gleichung der Asymptote für die Funktion f mit $f(x) = \frac{x+2}{x+1}$.

Lösung

Der Funktionsterm der unecht gebrochenrationalen Funktion wird in einen ganzrationalen und einen echt gebrochenrationalen Teil zerlegt (vgl. S. 63, Aufgabe 1):

$$\begin{array}{l} (x+2):(x+1) = \underbrace{1}_{\text{ganzrat. Teil}} + \underbrace{\frac{1}{x+1}}_{\text{echt gebrochenrat. Teil}} \\ \underline{-(x+1)} \\ \quad 1 \end{array}$$

Da der echt gebrochenrationale Teil des Funktionsterms für vom Betrag große x gegen 0 strebt, verhält sich die unecht gebrochenrationale Funktion für $|x| \to \infty$ so wie der ganzrationale Teil. Die Funktionswerte streben also in diesem Fall für $|x| \to \infty$ der Zahl 1 entgegen.

Die Asymptote hat also die Funktionsgleichung $\underline{\underline{f^*(x) = 1}}$.

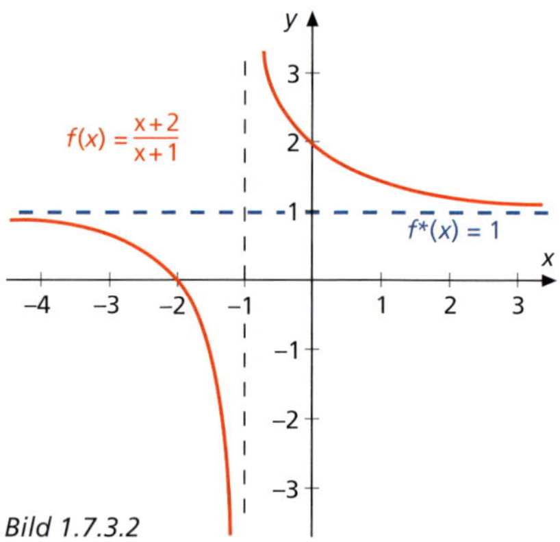

Bild 1.7.3.2

> Der ganzrationale Teil einer aufgespaltenen unecht gebrochenrationalen Funktion ist Funktionsterm der Asymptotengleichung.

[1] **Asymptote** = Näherungskurve. Der Begriff Näherungs**kurve** wird vor allem dann gebraucht, wenn der Grad von $f^* > 1$ ist.

Aufgabe 2

Bestimmen Sie die Gleichung der Asymptote der Funktion f mit $f(x) = \frac{x^4 - 1}{x}$.

Lösung

$$(x^4 - 1) : x = x^3 - \frac{1}{x}$$
$$\underline{-x^4}$$
$$-1$$

Die Gleichung der Asymptote lautet
$\underline{\underline{f^*(x) = x^3.}}$

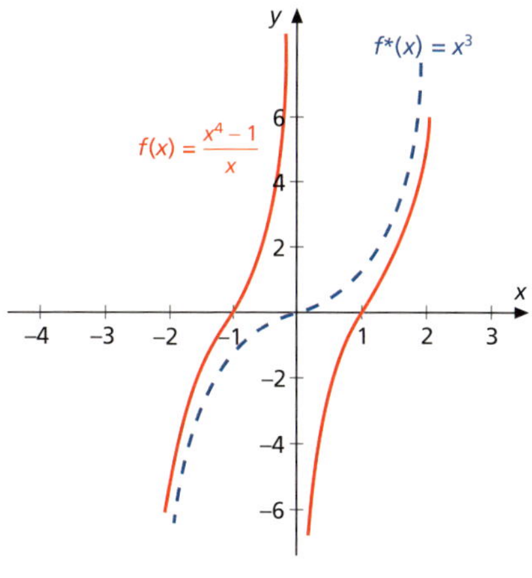

Bild 1.7.3.3

Der **Grad der Asymptotenfunktion** f^* ergibt sich aus der Graddifferenz der Zähler- und Nennerfunktion einer unecht gebrochenrationalen Funktion f.

Mithilfe der Definitionslücken, der Schnittpunkte mit den Achsen und der Asymptote kann man sich schon einen guten Überblick über den Verlauf des Graphen einer gebrochenrationalen Funktion verschaffen und eine grobe Skizze anfertigen:

Aufgabe 3

Untersuchen Sie den Graphen der Funktion f mit $f(x) = \frac{x}{x^2 - 1}$ auf Definitionslücken, bestimmen Sie die Schnittpunkte mit den Achsen, berechnen Sie die Gleichung der Asymptote und skizzieren Sie den Graphen der Funktion.

Lösung

Faktorisierte Darstellung: $f(x) = \frac{x}{(x + 1)(x - 1)}$

1. Definitionslücken:

$N(x) = 0$

$0 = x^2 - 1$

$\underline{\underline{x_{1/2} = \pm 1}}$

2. Prüfung auf Pol/Lücke:

$Z(1) = 1 \neq 0 \Rightarrow$ $\underline{\underline{\text{Polstelle bei } x = 1}}$ mit VZW von – nach +

$Z(-1) = -1 \neq 0 \Rightarrow$ $\underline{\underline{\text{Polstelle bei x} = -1}}$ mit VZW von – nach +

3. Schnittpunkte mit den Achsen:

$Z(x) = 0$

$0 = x \quad \Rightarrow \underline{\underline{S_x(0/0)}}$

$f(0) = \frac{0}{-1} = 0 \Rightarrow \underline{\underline{S_y(0/0)}}$

4. Asymptote:

Da die Funktion echt gebrochen ist, nähert sich der Graph für $|x| \to \infty$ der x-Achse an. Die Gleichung der Asymptote lautet demnach: $\underline{\underline{f^*(x) = 0}}$.

5. Graph der Funktion:

Die Überlegungen zum Verlauf des Graphen werden intervallweise in x-Richtung durchgeführt:

Im Intervall I_1: $(-\infty; -1)$ schmiegt sich der Graph der Funktion für $x \to -\infty$ an die Asymptote $f^*(x) = 0$ und für $x \to -1$ an die Polgerade an, wobei die Funktionswerte bei Annäherung an die Polgerade gegen $-\infty$ streben (siehe Bild 1.7.3.4).

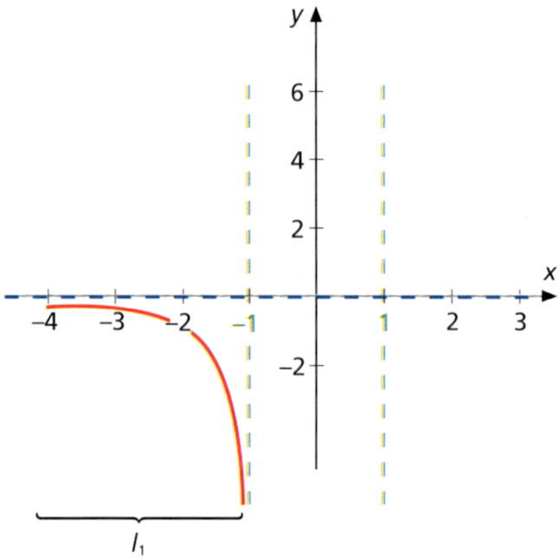

Bild 1.7.3.4

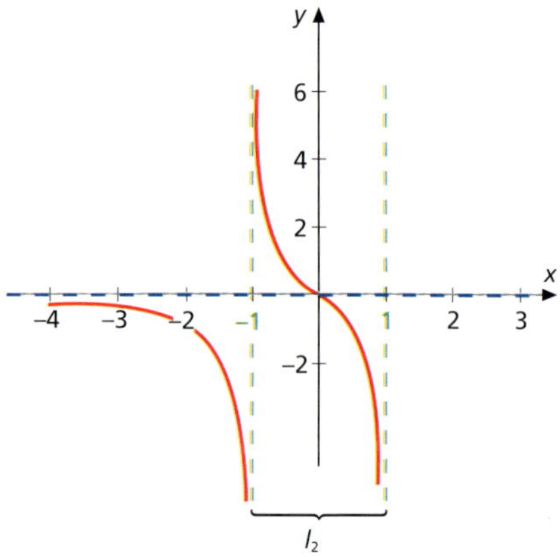

Bild 1.7.3.5

Im Intervall I_2: $(-1; 1)$ kommt der Graph bei der Polgeraden $x = -1$ aus dem positiv Unendlichen und verläuft dann bei der Polgeraden $x = 1$ ins negativ Unendliche. Dazwischen wird im Ursprung die x-Achse und y-Achse geschnitten (s. Bild 1.7.3.5).

Im Intervall I_3: $(1; \infty)$ kommt der Graph bei der Polstelle $x = 1$ aus dem positiv Unendlichen und nähert sich dann für $x \to \infty$ der Asymptote $f^*(x) = 0$ an (siehe Bild 1.7.3.6).

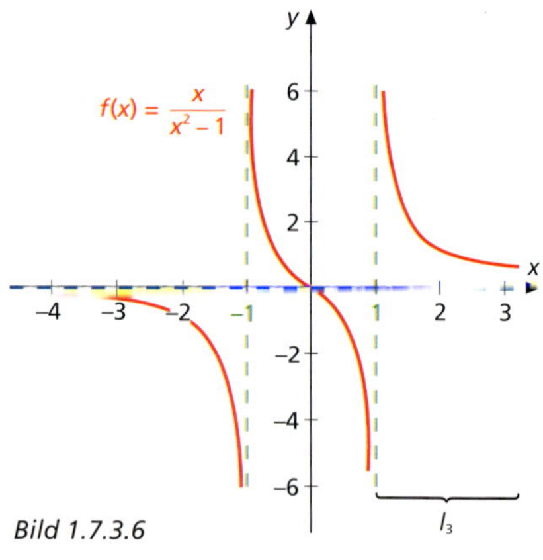

Bild 1.7.3.6

Übungsaufgaben

1 Geben Sie für die Funktionen aus Übungsaufgabe 5 unten die Funktionsgleichungen der Asymptoten an.

2 Begründen Sie, warum für jede echt gebrochenrationale Funktion die Gleichung der Asymptote $f(x) = 0$ lautet.

3 Warum ist für gebrochenrationale Funktionen, deren Zählergrad gleich dem Nennergrad ist, die Asymptote eine waagerechte Gerade parallel zur x-Achse?

4 Welcher Zähler- und welcher Nennergrad muss vorliegen, damit die Gleichung der Asymptote einer gebrochenrationalen Funktion eine Gerade mit der Steigung $m \neq 0$ ist?

5 Führen Sie alle notwendigen Untersuchungen durch und skizzieren Sie die Graphen der Funktionen.

a) $f\colon f(x) = \dfrac{2x}{x^2 + 1}$

b) $f\colon f(x) = \dfrac{1}{x^2 - 4}$

c) $f\colon f(x) = \dfrac{x^2 - 4}{1}$

d) $f\colon f(x) = \dfrac{x^2 + 3x - 4}{x^2 - 2x - 8}$

e) $f\colon f(x) = \dfrac{x^2 - 16}{x - 4}$

f) $f\colon f(x) = \dfrac{2x^3 - 6x^2 + 4x - 6}{x^2 + 1}$

g) $f\colon f(x) = \dfrac{x^2 - 1}{x^2 - 1}$

h) $f\colon f(x) = \dfrac{x + 1}{x - 3}$

i) $f\colon f(x) = \dfrac{3x + 2}{2x + 3}$

j) $f\colon f(x) = \dfrac{1}{x - 4}$

k) $f\colon f(x) = \dfrac{2(x + 2)(x - 1)}{(x - 1)(x + 3)}$

l) $f\colon f(x) = \dfrac{(x - 1)(x - 1)}{x - 1}$

6 Stellen Sie eine möglichst einfache Funktionsgleichung einer gebrochenrationalen Funktion in Linearfaktor- und Polynomdarstellung auf.

a) Eine gebrochenrationale Funktion hat eine Asymptote mit der Gleichung $y = 2$, außerdem Polstellen mit VZW bei $x = 3$ und $x = -1$. Der Graph berührt bei $x = 1$ die x-Achse.

b) Eine gebrochenrationale Funktion hat eine Polstelle ohne VZW bei $x = 3$ und eine hebbare Lücke bei $x = 1$. Eine Nullstelle liegt bei $x = 0$.

c) Eine gebrochenrationale Funktion hat Nullstellen bei $x = -1$ und bei $x = 2$, eine hebbare Lücke bei $x = -2$ und eine Polstelle mit VZW bei $x = 1$.

1.8 Weitere Funktionen

1.8.1 Betragsfunktionen

Eine Funktion heißt **Betragsfunktion,** wenn in ihrem Funktionsterm die Variable x zwischen den Betragszeichen erscheint.

So ist z. B. die Funktion f mit $f(x) = |x|$, $D(f)_{max} = \mathbb{R}$ eine Betragsfunktion. Da der Betrag einer Zahl nur der reine Zahlenwert ohne Berücksichtigung des Vorzeichens ist[1], wird durch die Betragsfunktion f mit $f(x) = |x|$ jedem x-Wert sein (nichtnegativer) Betrag zugeordnet.

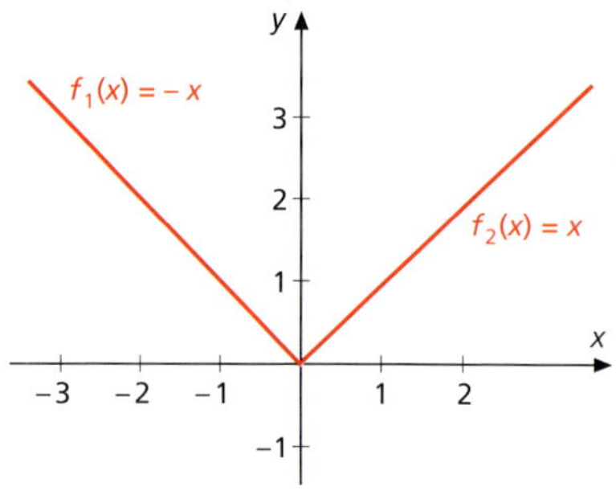

Bild 1.8.1.1
f: $f(x) = |x|$

Betragsfunktionen können in **Teilfunktionen** ohne Betragszeichen zerlegt werden, indem diese **abschnittweise definiert** werden.

Der Graph der Betragsfunktion f mit $f(x) = |x|$ kann in folgende Teilgraphen ohne Betragszeichen zerlegt werden:

$f_1(x) = -x$ für $x < 0$ und $f_2(x) = x$ für $x \geq 0$ (siehe Bild 1.8.1.1)

Anders geschrieben: $f(x) = \begin{cases} -x & \text{für } x < 0 \\ x & \text{für } x \geq 0 \end{cases}$.

Aufgabe 1

Zerlegen Sie die Funktion f mit $f(x) = |x - 2| + 3$ mit $D(f) = \mathbb{R}$ in abschnittweise definierte Teilfunktionen ohne Betragszeichen und zeichnen Sie den Graphen der Funktion.

Lösung

Zunächst ist der Definitionsbereich zu zerlegen, indem der Term zwischen den Betragsstrichen daraufhin untersucht wird, für welche x-Werte er positiv bzw. negativ ist[2]. Für o. g. Funktion ist der Term zwischen den Betragsstrichen negativ für x-Werte, die kleiner als 2 sind, und positiv für x-Werte, die größer als 2 sind.

Dann erfolgt die Aufstellung der Teilfunktionen:)

- **die Betragsstriche des Funktionsterms werden durch Klammern ersetzt, wenn ihr Inhalt positiv ist:**

  $f_1(x) = (x - 2) + 3$ für $x \geq 2$

[1] z. B. ist $|-7| = 7$

[2] Die Nullstelle desTermsinnerhalb der Betragszeichen wird berechnet. Dies ist die sog. **„Knickstelle“**. Hier: $x - 2 = 0 \Rightarrow x_K = 2$

- **die Betragsstriche werden durch Klammern mit vorgesetztem Minuszeichen ersetzt, wenn ihr Inhalt negativ ist:**

  $f_2(x) = -(x-2) + 3$ für $x < 2$.
  Daraus folgt:

$$f(x) = \begin{cases} -(x-2)+3 & \text{für } x < 2 \\ (x-2)+3 & \text{für } x \geq 2 \end{cases}$$

bzw.

$$f(x) = \begin{cases} -x+5 & \text{für } x < 2 \\ x+1 & \text{für } x \geq 2 \end{cases}$$

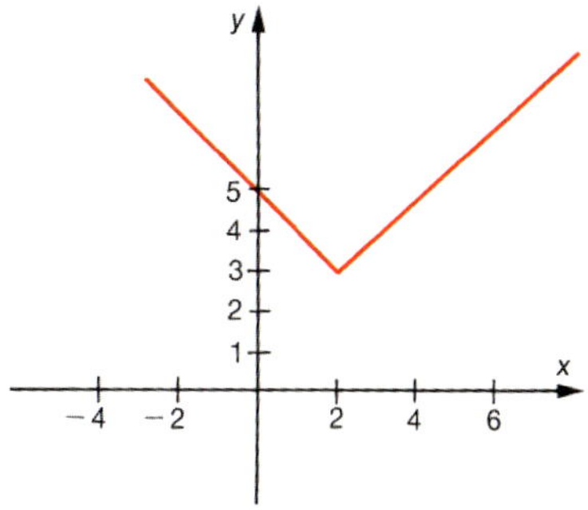

Bild 1.8.1.2
f: *f*(*x*) = |*x* − 2| + 3

Aufgabe 2

Zerlegen Sie die Funktion f mit $f(x) = |x^2 - 4|$, $D(f) = [-4;\ 4]$ in abschnittweise definierte Teilfunktionen und zeichnen Sie den Graphen der Funktion.

Lösung

1. **Zerlegen des Definitionsbereiches:**
   - Für x-Werte von -4 bis -2 ist der Term zwischen den Betragsstrichen positiv.
   - Für x-Werte von -2 bis $+2$ ist der Term zwischen den Betragsstrichen negativ.
   - Für x-Werte von 2 bis 4 ist der Term zwischen den Betragsstrichen wiederum positiv.
2. **Bestimmung der Teilfunktionen:**

$$f_1(x) = (x^2-4) \text{ für } -4 \leq x < -2$$
$$f_2(x) = -(x^2-4) \text{ für } -2 \leq x \leq 2$$
$$f_3(x) = (x^2-4) \text{ für } 2 < x \leq 4$$

$$f(x) = \begin{cases} x^2-4 & \text{für } -4 \leq x -2 \\ -x^2+4 & \text{für } -2 \leq x \leq 2 \\ x^2-4 & \text{für } 2 < x \leq 4 \end{cases}$$

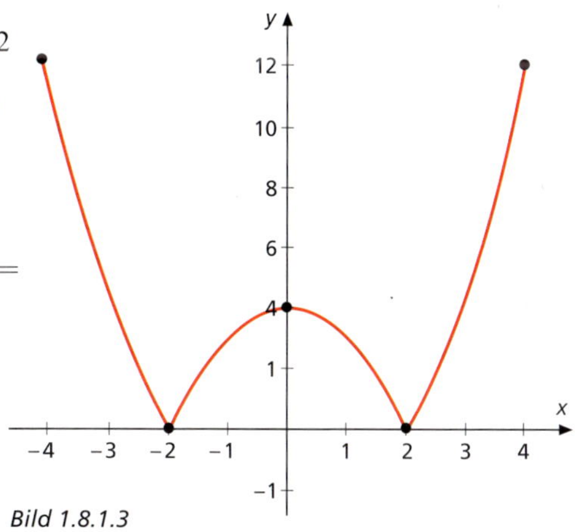

Bild 1.8.1.3
f: *f*(*x*) = |*x*² − 4|; *D*(*f*) = [−4; 4]

Übungsaufgaben

Zerlegen Sie die Funktion f in abschnittweise definierte Teilfunktionen und zeichnen Sie den Graphen der Funktion.

1 f: $f(x) = 1 - |\frac{1}{2}x + 1|$, $D(f) = \mathbb{R}$

2 f: $f(x) = -\frac{1}{2}|x|$, $D(f) = \mathbb{R}$

3 f: $f(x) = |x + 3|$, $D(f) = [-4;\ 2]$

4 f: $f(x) = \frac{1}{2}|x| + 1$, $D(f) = [-3;\ 3]$

5 f: $f(x) = x \cdot |x|$, $D(f) = [-2; 3]$

6 f: $f(x) = |-x| - 2$, $D(f) = \mathbb{R}$

7 f: $f(x) = |3x + 3| - 2$, $D(f) = [-3; 0]$

8 f: $f(x) = |x - 1| - |x|$, $D(f) = \mathbb{R}$

9 f: $f(x) = |-x^2| + 1$, $D(f) = [-5; 2]$

10 f: $f(x) = |-x^2 + 1|$, $D(f) = \mathbb{R}$

1.8.2 Umkehrfunktionen

Bild 1.8.2.1 zeigt, wie die Kosten eines Betriebes von der produzierten Stückzahl abhängen.

Entsprechend der Definition einer Funktion ist jeder Stückzahl genau ein Kostenbetrag zugeordnet. Die zu einer bestimmten Stückzahl gehörenden Kosten lassen sich mithilfe der Funktionsgleichung $y = \frac{1}{2}x + 2000$ berechnen.

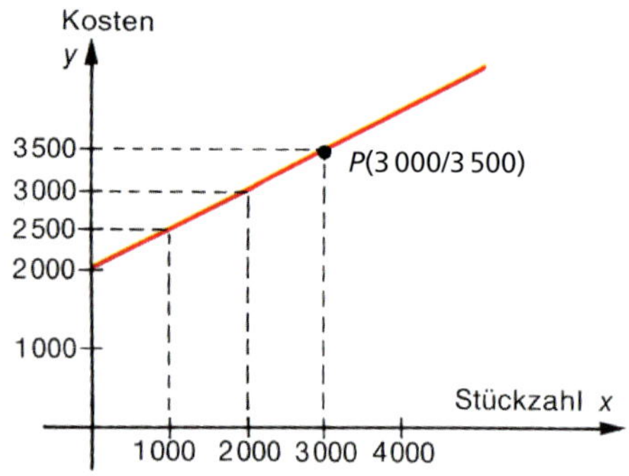

Bild 1.8.2.1
f: $y = \frac{1}{2}x + 2000$

Soll die Zuordnung umgekehrt werden, ist jedem Kostenbetrag eine bestimmte Stückzahl zugeordnet (siehe Bild 1.8.2.2). Diese Funktion heißt dann **Umkehrfunktion f^{-1} der Funktion f.**

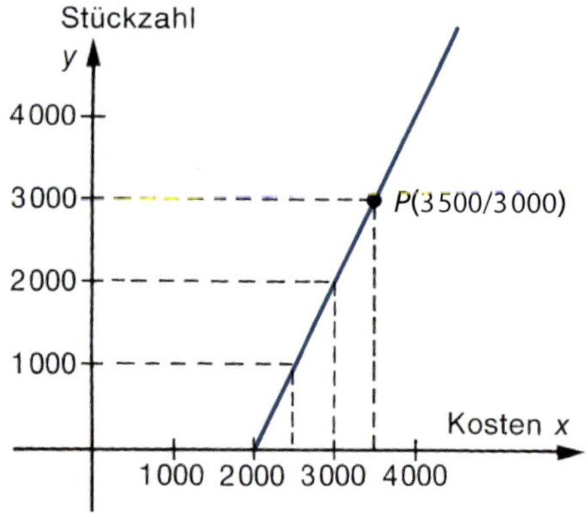

Bild 1.8.2.2
f^{-1}: $y = 2x - 4000$

Umkehrung im Schaubild

> Der Graph der Umkehrfunktion f^{-1} ergibt sich durch **Spiegelung des Graphen von f an der Geraden $y = x$** (Winkelhalbierende des 1. und 3. Quadranten).

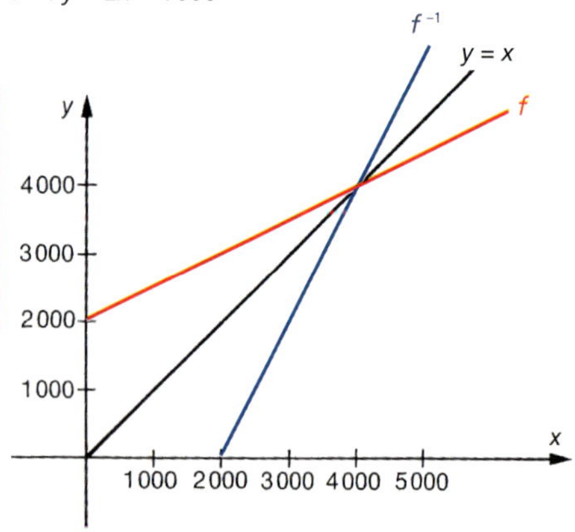

Bild 1.8.2.3

Bestimmung der Funktionsgleichung der Umkehrfunktion

Die Funktionsgleichung einer Umkehrfunktion f^{-1} erhält man, indem in der Funktionsgleichung von f die **Variablen x und y miteinander vertauscht** werden, und dann nach y aufgelöst wird.

Beispiel

$$f\colon y = \tfrac{1}{2}x + 2000$$
$$f^{-1}\colon x = \tfrac{1}{2}y + 2000$$
$$2x = y + 4000$$
$$\underline{\underline{f^{-1}\colon y = 2x - 4000}}$$

(siehe Bild 1.8.2.2)

Umkehrbarkeit

Eine Funktion f heißt **umkehrbar,** wenn durch die Umkehrung wieder eine Funktion entsteht.

Beispiel für eine umkehrbare Funktion

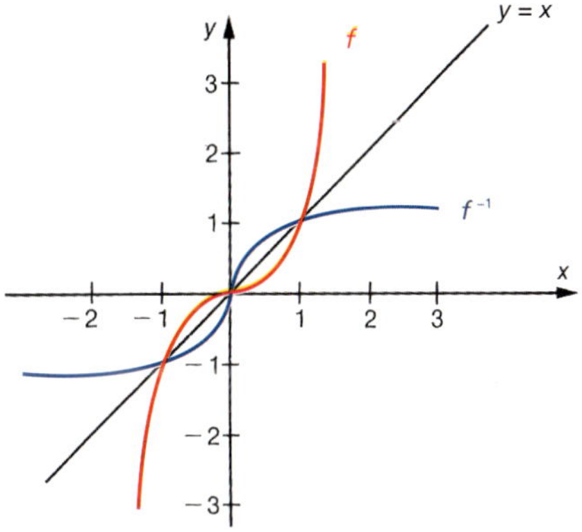

Bild 1.8.2.4
$f\colon y = x^3$ und
$f^{-1}\colon y = \sqrt[3]{x}$

Beispiel für eine nicht umkehrbare Funktion

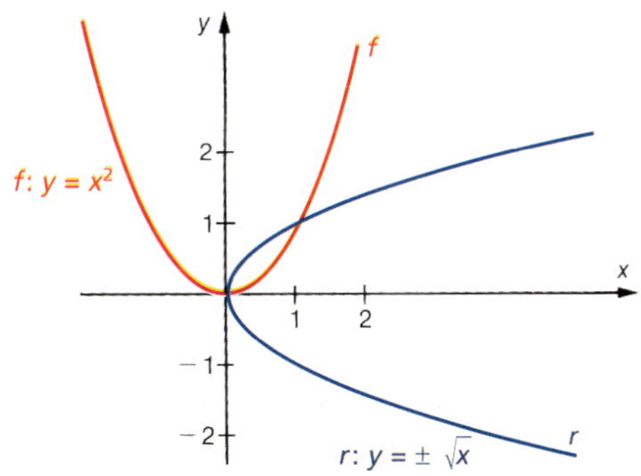

Bild 1.8.2.5
$f\colon y = x^2$ und
$r\colon y = \pm\sqrt{x}$

Wie aus dem Schaubild ersichtlich, ist durch die Umkehrung keine Funktion entstanden, da jedem x-Wert zwei y-Werte zugeordnet werden.

Eine Funktion f ist nur dann umkehrbar, wenn ein beliebiger Funktionswert von f höchstens einmal auftritt.

Grafisch bedeutet dies, dass eine Funktion nur dann umkehrbar ist, wenn eine beliebige Parallele zur x-Achse den Graphen von f maximal einmal schneidet.

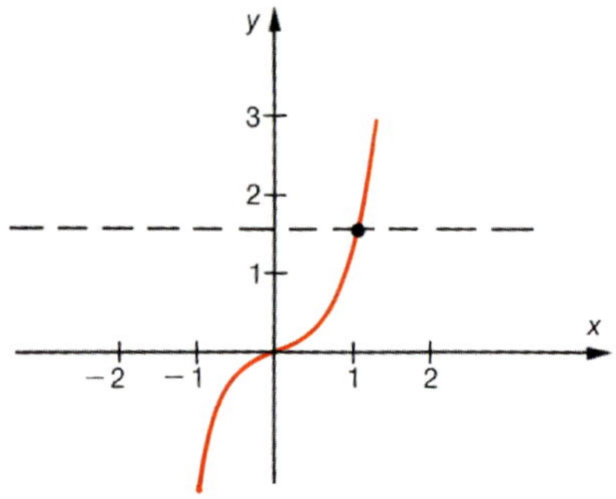

Bild 1.8.2.6

Nur dann entsteht nämlich durch die Umkehrung eine **Funktion**, und nicht eine **Relation** wie in Bild 1.8.2.5.

Damit die Funktion f mit $y = x^2$ umkehrbar ist, muss der Definitionsbereich so eingeschränkt werden, dass jeder Funktionswert von f nur einmal auftritt (oder anders ausgedrückt: Eine Parallele zur x-Achse darf den Graph nur einmal schneiden). Nur dann entsteht durch die Umkehrung wieder eine Funktion.

Beispiel

f: $y = x^2$; $D(f) = \mathbb{R}_+$

f^{-1}: $y = +\sqrt{x}$

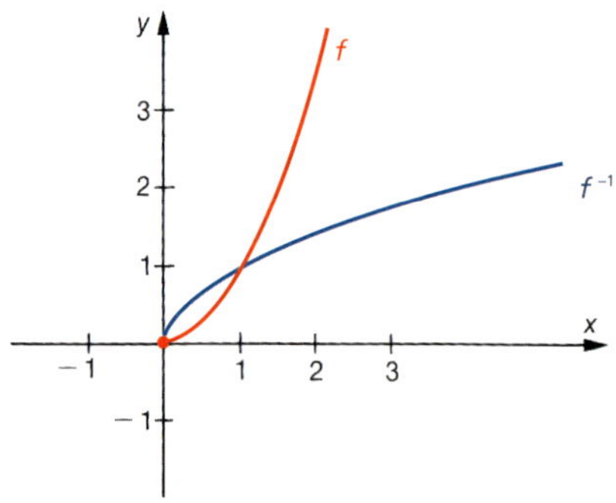

Bild 1.8.2.7

f: $y = x^2$; $D(f) = \mathbb{R}_+$ und f^{-1}: $y = +\sqrt{x}$

Aufgabe 1

Gegeben ist die Funktion f mit $y = 2(x-1)^2 + 3$.

1. Schränken Sie den Definitionsbereich von f so ein, dass die Funktion umkehrbar ist.
2. Zeichnen Sie den Graphen von f und dann durch Spiegelung den Graphen von f^{-1}.
3. Wie lautet die Funktionsgleichung der Umkehrfunktion?
4. Bestimmen Sie den Definitions- und Wertebereich von f und f^{-1}.

Lösung

1. Der Graph der Funktion f ist eine nach oben geöffnete Parabel mit dem Scheitelpunkt $S(1/3)$. Damit jeder Funktionswert nur einmal auftritt, wird der Definitionsbereich eingeschränkt auf $D(f) = [1; \infty)$.
2. Graphen der Funktionen: s. Bild 1.8.2.8

3. $f: y = 2(x-1)^2 + 3$
$f^{-1}: x = 2(y-1)^2 + 3$
$\frac{x-3}{2} = (y-1)^2$
$y - 1 = \sqrt{\frac{x-3}{2}}$
$\underline{\underline{f^{-1}: y = 1 + \sqrt{\frac{x-3}{2}}}}$

4. $D(f) = [1; \infty)$, $W(f) = [3; \infty)$
$D(f^{-1}) = [3; \infty)$, $W(f^{-1}) = [1; \infty)$

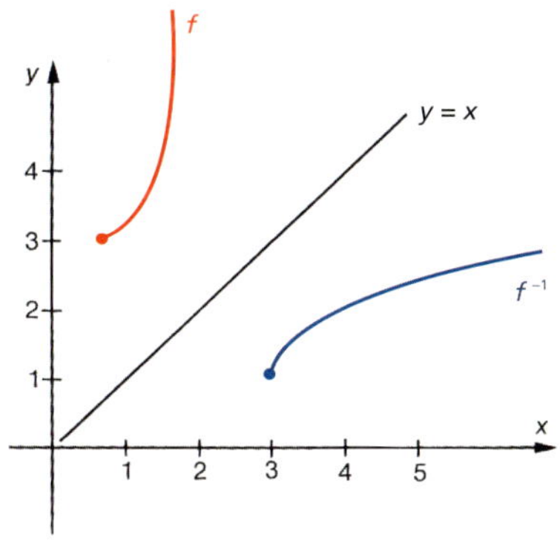

Bild 1.8.2.8
$f: y = 2(x-1)^2 + 3$ und f^{-1}

Durch die Umkehrung einer Funktion wird
- der Definitionsbereich von f der Wertebereich von f^{-1},
- der Wertebereich von f der Definitionsbereich von f^{-1}.

Aufgabe 1

Gegeben ist die Funktion f mit $y = 2x^2 - 8x + 8$.

1. Schränken Sie den Definitionsbereich von f so ein, dass die Funktion umkehrbar ist.
2. Zeichnen Sie die Graphen von f und f^{-1}.
3. Berechnen Sie die Funktionsgleichung der Umkehrfunktion.
4. Bestimmen Sie den Definitions- und Wertebereich von f und f^{-1}.

Lösung

1. Bestimmung des Scheitelpunktes durch Umformung auf die Scheitelpunktform:
$$y = a(x-u)^2 + v,$$
wobei dann der Scheitelpunkt die Koordinaten (u/v) hat.
$y = 2x^2 - 8x + 8$
$\frac{y}{2} = x^2 - 4x + 4$
$\frac{y}{2} = (x-2)^2$
$\underline{y = 2(x-2)^2} \Rightarrow \underline{S(2/0)}$
Der Definitionsbereich ist folglich einzuschränken auf $\underline{\underline{D(f) = [2; \infty)}}$.

2.

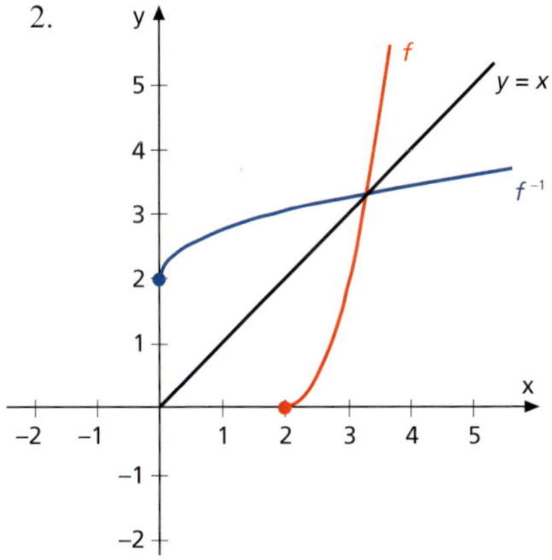

Bild 1.8.2.9
$f: y = 2x^2 - 8x + 8$ und f^{-1}

3. $f\colon y = 2x^2 - 8x + 8 \Leftrightarrow y = 2(x-2)^2$ (s. o.)

$$f^{-1}\colon x = 2(y-2)^2$$
$$\frac{x}{2} = (y-2)^2 \quad |\sqrt{\ }$$
$$\sqrt{\frac{x}{2}} = y - 2$$
$$y = 2 + \sqrt{\frac{x}{2}}$$
$$\underline{\underline{f^{-1}\colon y = 2 + \sqrt{\frac{x}{2}}}}$$

4. $\underline{\underline{D(f) = [2; \infty) \text{ und } W(f) = \mathbb{R}_+}}$

$\underline{\underline{D(f^{-1}) = \mathbb{R}_+ \text{ und } W(f^{-1}) = [2; \infty)}}$

Übungsaufgaben

(1) Prüfen Sie, ob die Funktionen in den folgenden Aufgaben umkehrbar sind.

(2) Schränken Sie den Definitionsbereich ggf. so ein, dass eine umkehrbare Funktion entsteht.

(3) Bestimmen Sie die Funktionsgleichung der Umkehrfunktion.

(4) Zeichnen Sie den Graphen der Umkehrfunktion durch Spiegelung.

(5) Geben Sie den Definitions- und Wertebereich der Umkehrfunktion an.

1 a) $f\colon y = 3(x-2)$, $D(f) = \mathbb{R}$
b) $f\colon y = -\frac{1}{4}x + 2$, $D(f) = \mathbb{R}$
c) $f\colon y = 3x$, $D(f) = \mathbb{R}$
d) $f\colon y = 3(x+1)^2$, $D(f) = \mathbb{R}$
e) $f\colon y = (x-2)^2 + 1$, $D(f) = \mathbb{R}$
f) $f\colon y = \frac{1}{2}(x+1)^2 - 2$, $D(f) = \mathbb{R}$

2 a) $f\colon y = 2x^2 - 4x - 1$, $D(f) = \mathbb{R}$
b) $f\colon y = -\frac{1}{2}x^2 + 3x - \frac{5}{2}$, $D(f) = \mathbb{R}$
c) $f\colon y = 0{,}25x^2 - 2x + 6$, $D(f) = \mathbb{R}$
d) $f\colon y = -\frac{2}{10}x^2 + x - 1$, $D(f) = \mathbb{R}$
e) $f\colon y = \frac{3}{4}x^2 - 6x + 20$, $D(f) = \mathbb{R}$
f) $f\colon y = x^2 + 6x - 7$, $D(f) = \mathbb{R}$

3 a) $f\colon y = \frac{2x-5}{x-3}$, $D(f) = \mathbb{R}\setminus\{3\}$
b) $f\colon y = \frac{1}{x}$, $D(f) = \mathbb{R}^*$
c) $f\colon y = \frac{2}{x-1}$, $D(f) = \mathbb{R}\setminus\{1\}$
d) $f\colon y = \sqrt{2x+1}$, $D(f) = <-0{,}5; \infty)$
e) $f\colon y = \sqrt{x-3}$, $D(f) = [3; \infty)$
f) $f\colon y = 3\sqrt{x+1}$, $D(f) = [-1; \infty)$

1.8.3 Wurzelfunktionen

Eine Funktion heißt **Wurzelfunktion**, wenn die **Variable *x* unter einem Wurzelzeichen** im Funktionsterm steht.

Die einfachste Wurzelfunktion hat die Gleichung:
$f(x) = +\sqrt{x}$

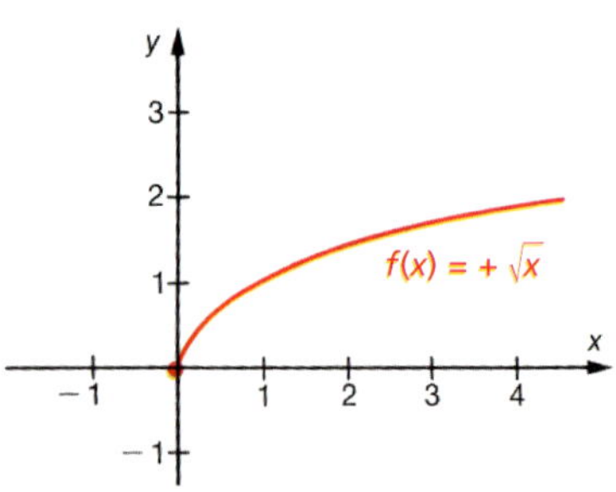

Bild 1.8.3.1

Der maximale Definitionsbereich der Funktion f mit $f(x) = +\sqrt{x}$ ist die Menge der positiven reellen Zahlen einschließlich der Zahl 0:

$D_{\max}(f) = \mathbb{R}_+$,

weil keine negativen Zahlen für x in den Funktionsterm eingesetzt werden dürfen[1].
Der Wertebereich der Funktion ist
$W(f) = \mathbb{R}_+$.

Der Graph der Funktion f mit $f(x) = -\sqrt{x}$ liegt – bedingt durch die Negation der Funktionswerte – unterhalb der x-Achse (an der x-Achse gespiegelt).

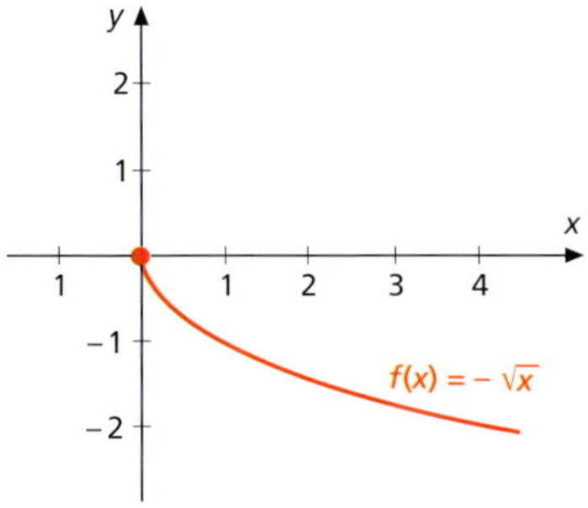

Bild 1.8.3.2

Beide Graphen zusammen ergeben das Bild einer liegenden Parabel.

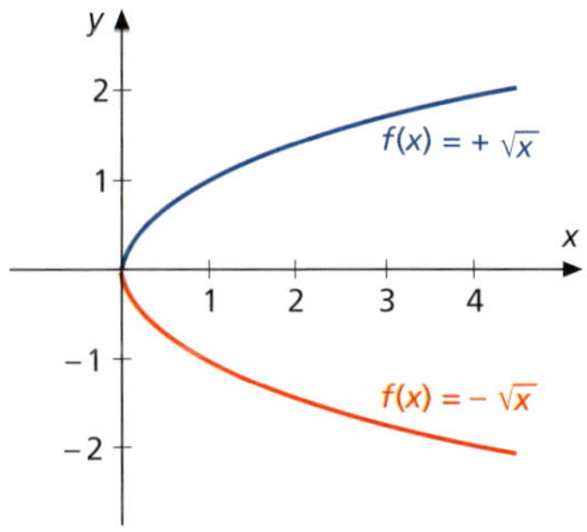

Bild 1.8.3.3

Es handelt sich hier um eine Relation, da nicht jedem x-Wert eindeutig ein Funktionswert zugeordnet ist. Es sind vielmehr allen x-Werten je zwei Funktionswerte zugeordnet, ausgenommen der Stelle $x = 0$.

Eine Erhöhung des Wurzelexponenten in der Wurzelfunktion f mit $f(x) = \sqrt[n]{x}$ verändert weder den Definitions- noch den Wertebereich, solange der Wurzelexponent eine gerade Zahl bleibt.

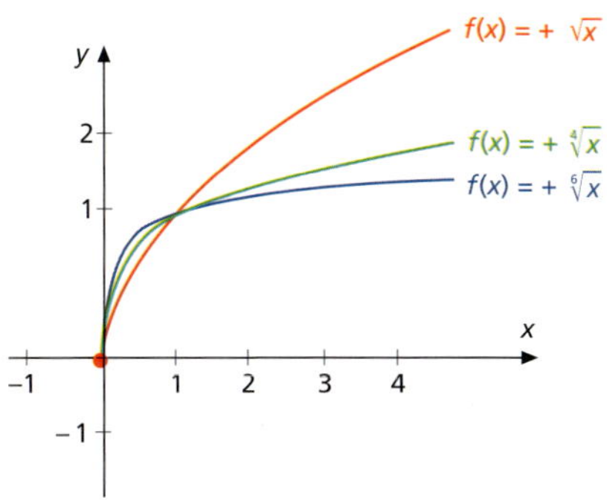

Bild 1.8.3.4

[1] Das Ziehen der Quadratwurzel aus einer negativen Zahl ist in der Menge der reellen Zahlen nicht möglich.

Bei ungeraden Zahlen als Wurzelexponent, z. B. $f(x) = \sqrt[3]{x}$, ist $D(f) = \mathbb{R}$, weil sowohl aus positiven wie auch aus negativen Zahlen die 3. Wurzel gezogen werden kann. Der Wertebereich ist $W(f) = \mathbb{R}$.

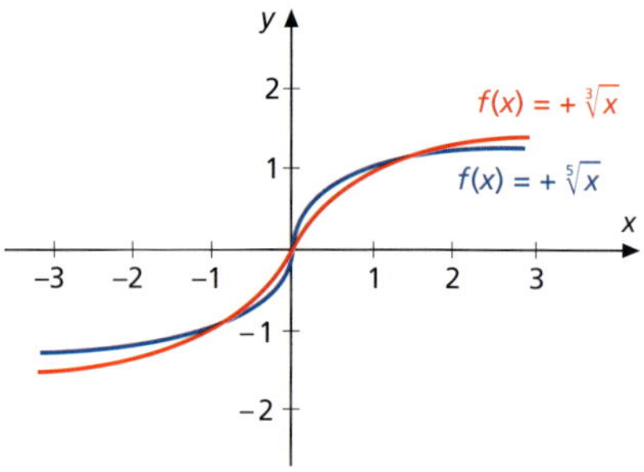

Bild 1.8.3.5

Im Folgenden wollen wir untersuchen, wie sich der Graph der Funktion verändert, wenn der Term einer Wurzelfunktion komplexer wird.

Aufgabe 1

Überlegen Sie, wie sich in f: $f(x) = a \cdot \sqrt{x} + b$ die Parameter a und b auf den Verlauf des Graphen auswirken.

Lösung

- $f(x) = a \cdot \sqrt{x}$.

  Wie bei allen Funktionstermen bewirkt das Voranstellen eines Faktors a vor den Funktionsterm, dass sich jeder Funktionswert je nach Größe von a vergrößert oder verkleinert. Entsprechend wird der Graph für $|a| > 1$ in y-Richtung gedehnt bzw. für $|a| < 1$ in y-Richtung gestaucht.

  Für $a < 0$ werden alle Funktionswerte negativ und der Graph somit gegenüber $a > 0$ an der x-Achse gespiegelt.

- $f(x) = \sqrt{x} + b$

  Das Hinzufügen des Absolutgliedes b bewirkt immer, dass sich jeder Funktionswert um b vergrößert. Damit wird der Graph um b in y-Richtung verschoben.

Aufgabe 2

Skizzieren Sie die Graphen der Funktionen ohne Anlegen einer Wertetafel, indem Sie vom Graphen der Funktion $f: f(x) = \sqrt{x}$ ausgehen.

a) $f: f(x) = 2\sqrt{x}$

b) $f: f(x) = -\frac{1}{2}\sqrt{x}$

c) $f: f(x) = \sqrt{x} - 1$

d) $f: f(x) = -3\sqrt{x} + 2$

Lösung

a)

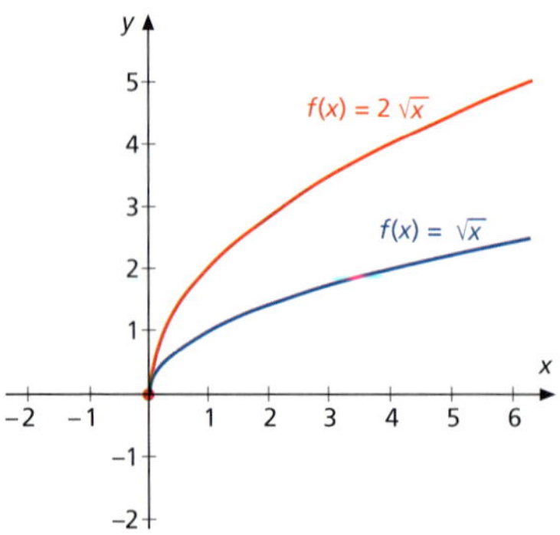

Bild 1.8.3.6

b)

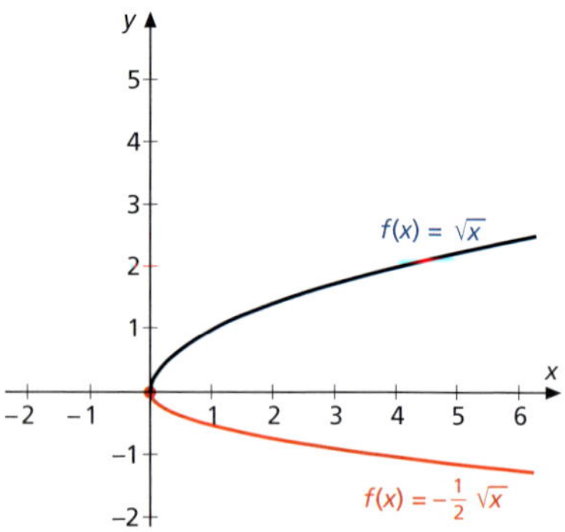

Bild 1.8.3.7

c)

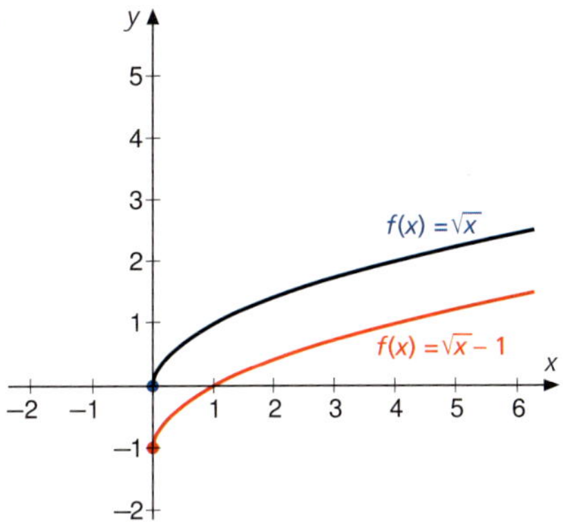

Bild 1.8.3.8

d)

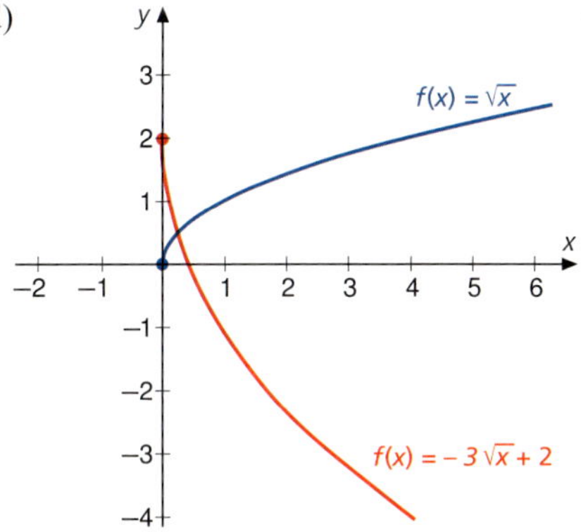

Bild 1.8.3.9

Etwas schwieriger werden die Überlegungen, wenn der Wurzelterm komplizierter wird. Wir wollen untersuchen, wie sich der Graph verändert, wenn der Wurzelterm eine lineare Funktion ist, die Wurzelfunktion insgesamt also die Form $f: f(x) = \sqrt{mx + v}$ hat.

Zunächst untersuchen wir, wie v in $f: f(x) = \sqrt{x + v}$ wirkt.

Aufgabe 3

Bestimmen Sie den Definitionsbereich von

a) $f: f(x) = \sqrt{x + 1}$

b) $f: f(x) = \sqrt{x - 1}$

und zeichnen Sie dann den Graphen.

Lösung

Da die Quadratwurzel nicht aus negativen Zahlen gezogen werden darf, muss der Wurzelterm größer oder gleich 0 sein.

a) $x + 1 \geq 0$
$\Leftrightarrow x \geq -1$

Die Funktion ist also nur für x-Werte größer oder gleich -1 definiert.
$D(f) = [-1; \infty)$

b) $x - 1 \geq 0$
$\Leftrightarrow x \geq 1$

Die Funktion ist also nur für x-Werte größer oder gleich 1 definiert.
$D(f) = [1; \infty)$

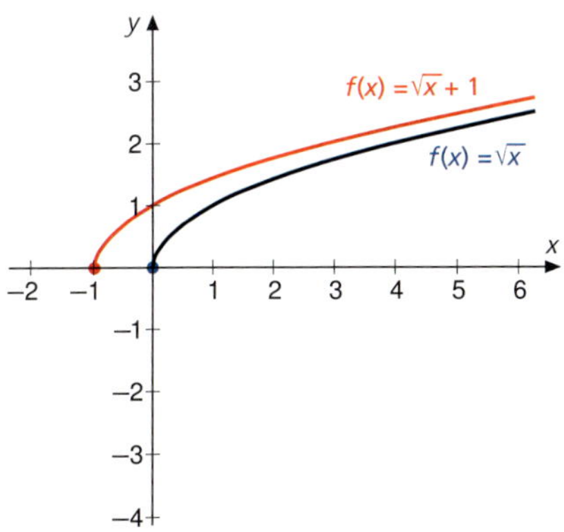

Bild 1.8.3.10

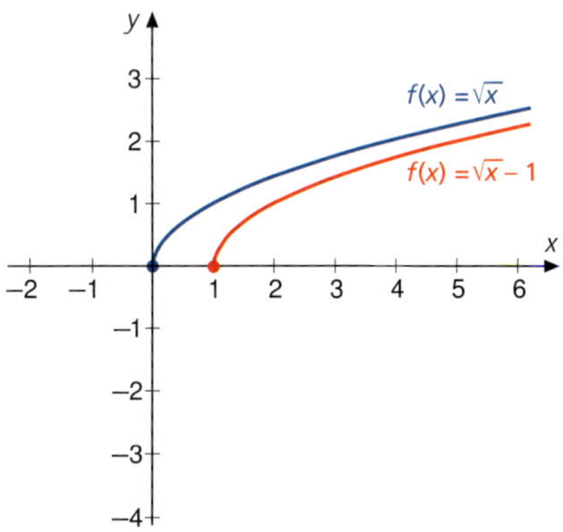

Bild 1.8.3.11

Nun wollen wir untersuchen, wie m in $f: f(x) = \sqrt{mx}$ wirkt.

Aufgabe 4

Bestimmen Sie den Definitionsbereich von

a) $f\colon f(x) = \sqrt{2x}$ b) $f\colon f(x) = \sqrt{-\frac{1}{2}x}$

c) $f\colon f(x) = \sqrt{-2x + 1}$ d) $f\colon f(x) = \sqrt{-\frac{1}{2}x + 1}$

und zeichnen Sie dann die Graphen.

Lösung

a) $2x \geq 0$
$\Leftrightarrow x \geq 0$
$\Rightarrow D(f) = \mathbb{R}_+$

b) $-\frac{1}{2}x \geq 0$
$\Leftrightarrow x \leq 0$[1]
$D(f) = \mathbb{R}_-$

Zudem bewirkt m eine Dehnung/Stauchung des Graphen, weil sich die Funktionswerte vergrößern/verkleinern, allerdings nicht so stark wie der Faktor a vor der Wurzel.

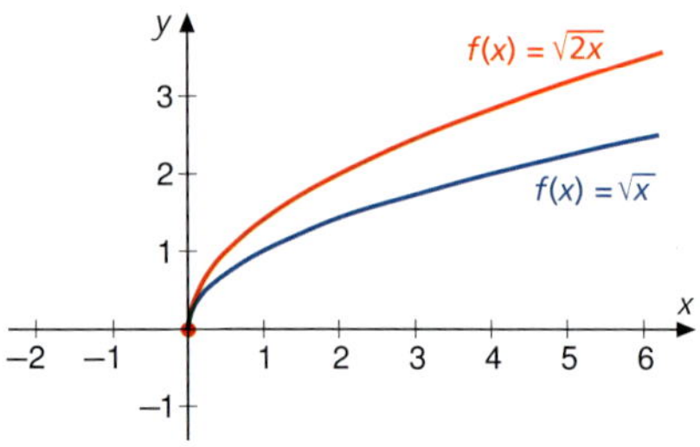

Bild 1.8.3.12

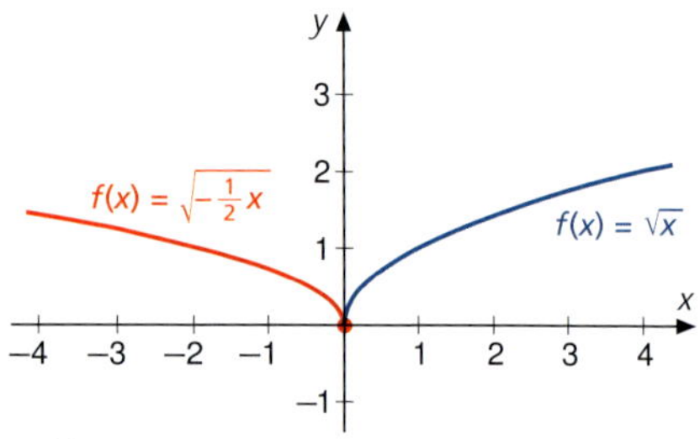

Bild 1.8.3.13

c) $-2x + 1 \geq 0$
$\Leftrightarrow x \leq \frac{1}{2}$
$\Rightarrow D(f) = (-\infty; \frac{1}{2}]$

d) $-\frac{1}{2}x + 1 \geq 0$
$\Leftrightarrow x \leq 2$
$D(f) = (-\infty; 2]$

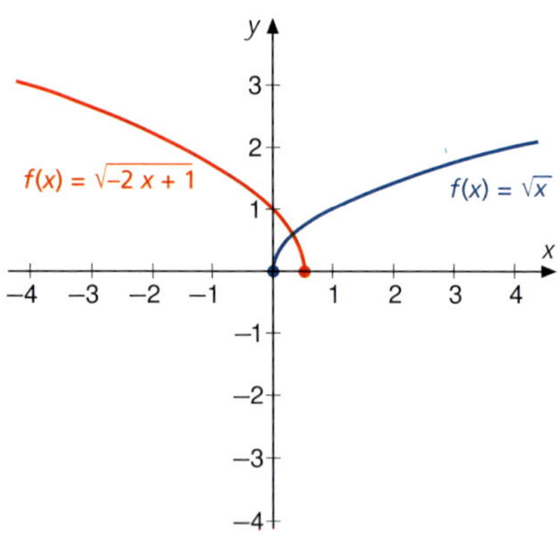

Bild 1.8.3.14

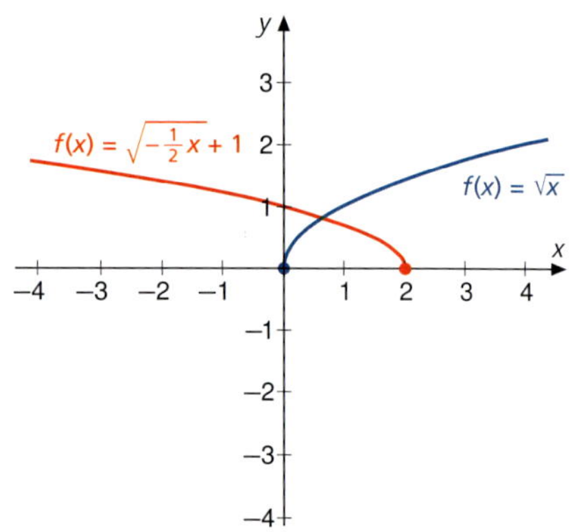

Bild 1.8.3.15

[1] Wird bei einer Äquivalenzumformung einer Ungleichung mit einer negativen Zahl multipliziert oder durch eine negative Zahl dividiert, wird das Ungleichheitszeichen umgekehrt.

Aufgabe 5

f: $f(x) = -\sqrt{2x-1}$. Bestimmen Sie den Definitions- und Wertebereich der Funktion, die Achsenschnittpunkte und zeichnen Sie den Graphen.

Lösung

- Definitionsbereich:

  $2x - 1 \geq 0 \Leftrightarrow x \geq \frac{1}{2}$ $\quad\Rightarrow \underline{\underline{D(f) = [\frac{1}{2}; \infty)}}$

- Wertebereich:

  Wegen des Faktors –1 vor der Wurzel: $\underline{\underline{W(f) = \mathbb{R}_-}}$

- Schnittpunkt mit der x-Achse:

  $f(x) = 0$

  $0 = 2x - 1$

  $x = \frac{1}{2}$ $\quad\Rightarrow \underline{\underline{S_x(\frac{1}{2}|0)}}$

- Schnittpunkt mit der y-Achse:

  $f(0) = -\sqrt{-1} = \text{n.d.}$ $\quad\Rightarrow$ Die y-Achse wird nicht geschnitten.

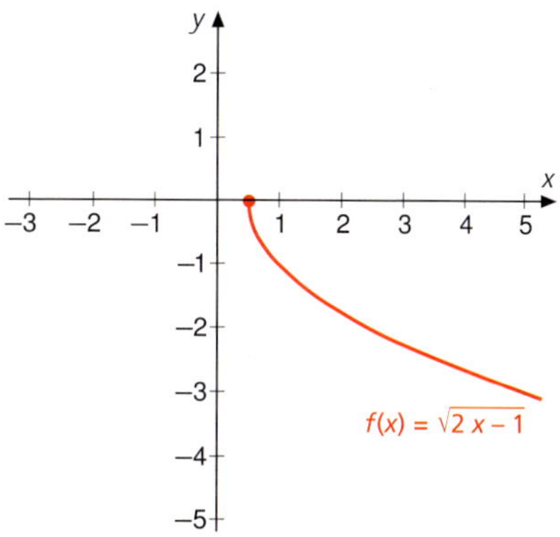

Bild 1.8.3.16

Übungsaufgaben

Bestimmen Sie den Definitions- und Wertebereich. Berechnen Sie die Schnittpunkte mit den Achsen! Zeichnen Sie den Graphen der Funktion.

1 a) f: $f(x) = -\sqrt{x+3}$ b) f: $f(x) = \sqrt{-x-3}$
c) f: $f(x) = \sqrt{3-x}$ d) f: $f(x) = -\sqrt{3-x}$
e) f: $f(x) = \sqrt{x-3}$ f) f: $f(x) = -\sqrt{x-3}$

2 a) f: $f(x) = \sqrt{x+1}$ b) f: $f(x) = -\sqrt[3]{-x}$
c) f: $f(x) = \sqrt[3]{x-1}$ d) f: $f(x) = \sqrt{4-2x}$
e) f: $f(x) = -\sqrt[3]{9x}$ f) f: $f(x) = \sqrt[3]{-x}$

3 a) f: $f(x) = \sqrt{-3x+6}$ b) f: $f(x) = \sqrt{2x+4}$
c) f: $f(x) = -\sqrt[3]{6x-1}$ d) f: $f(x) = -\sqrt{-8x-4}$
e) f: $f(x) = \sqrt[3]{2x+1}$ f) f: $f(x) = \sqrt{-4x-2}$

4 Wie wirken sich in $f(x) = a\sqrt{c(x-b)} + d$ die Parameter a, b, c und d auf den Verlauf des Graphen der Wurzelfunktion aus? Untersuchen Sie die Wirkung der Parameter zunächst einzeln.

5 Skizzieren Sie den Verlauf des Graphen mit $f(x) = a\sqrt{c(x-b)} + d$, indem Sie unter Berücksichtigung der Parameter a, b, c und d (in dieser Reihenfolge) schrittweise aus $f(x) = \sqrt{x}$ herleiten.

a) $f(x) = \frac{1}{2}\sqrt{-2(x+1)} + 1$ b) $f(x) = -\sqrt{3x-6} - 1$
c) $f(x) = 2 - \sqrt{\frac{1}{2}(x+1)}$ d) $f(x) = \sqrt{-4x+8} - 2$

1.8.4 Trigonometrische Funktionen

Trigonometrische Funktionen (Winkelfunktionen) haben bedeutende Anwendungsmöglichkeiten in der Technik und in den Naturwissenschaften, z. B. in der Elektrotechnik, in der Optik, in der Akustik oder auch in der Medizin.

Viele Erscheinungen in der Natur sind sich periodisch wiederholende Vorgänge (z. B. der Schall, die Bewegung des Herzmuskels oder der Wechselstrom), die mithilfe von trigonometrischen Funktionen erfasst und untersucht werden können.
Trigonometrische Funktionen sind Zuordnungen in der Weise, dass jedem Winkel (auf der x-Achse) eine reelle Zahl ($= f(x)$-Wert) zugeordnet wird. Der zuzuordnende Funktionswert ergibt sich aus dem Seitenverhältnis im rechtwinkligen Dreieck, das zu einem bestimmten Winkel gehört, und im Sinus, Kosinus, Tangens oder Kotangens zum Ausdruck kommt.

$$\sin \alpha = \frac{\text{Gegenkathete}}{\text{Hypotenuse}}$$

$$\cos \alpha = \frac{\text{Ankathete}}{\text{Hypotenuse}}$$

$$\tan \alpha = \frac{\text{Gegenkathete}}{\text{Ankathete}}$$

$$\cot \alpha = \frac{\text{Ankathete}}{\text{Gegenkathete}}$$

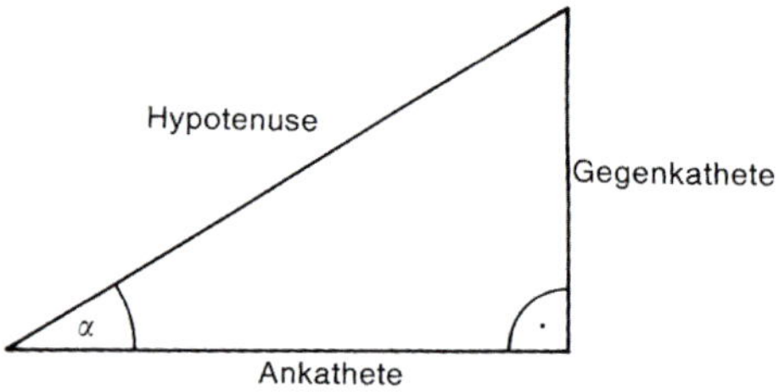

Bild 1.8.4.1

Beispiel
In einem rechtwinkligen Dreieck ist die Gegenkathete 3 LE und die Hypotenuse 5 LE lang. Sinus a ist dann $\frac{3}{5}$. Daraus folgt, dass $\alpha \approx 36{,}87°$ ist[1].

1.8.4.1 Die Sinusfunktion

Die Sinusfunktion ordnet jedem Winkel α den entsprechenden Sinuswert (d. h. das Seitenverhältnis von Gegenkathete und Hypotenuse) zu.
Das Schaubild der Sinusfunktion wird mithilfe des rechtwinkligen Dreiecks im Einheitskreis[2] hergeleitet (siehe Bild 1.8.4.2).

Bewegt sich P auf dem Einheitskreis, so verändert sich der Winkel α. Der zum jeweiligen Winkel gehörende Sinuswert ergibt sich aus dem Quotienten $\frac{\overline{PP'}}{\overline{OP}}$ $\left(= \frac{\text{Gegenkathete}}{\text{Hypotenuse}}\right)$. Da $\overline{OP}$ im Einheitskreis immer 1 LE lang ist, entspricht der Sinus immer der Länge der Gegenkathete $\overline{PP'}$.

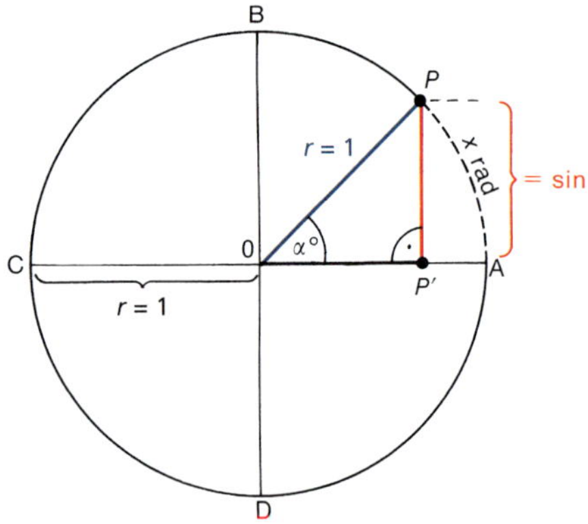

Bild 1.8.4.2

[1] Berechnung mithilfe des Taschenrechners.
[2] Der Einheitskreis ist ein Kreis mit dem Radius $r = 1$.

Im Folgenden soll festgestellt werden, wie sich der Sinus bei größer werdendem Winkel[1] verändert. Den Zusammenhang zwischen Winkel und Sinuswert zeigt dann das Schaubild der

$$\text{Sinusfunktion } f \text{ mit } f(\alpha) = \sin\alpha,$$

die sog. **Sinuskurve** (siehe Bild 1.8.4.3).

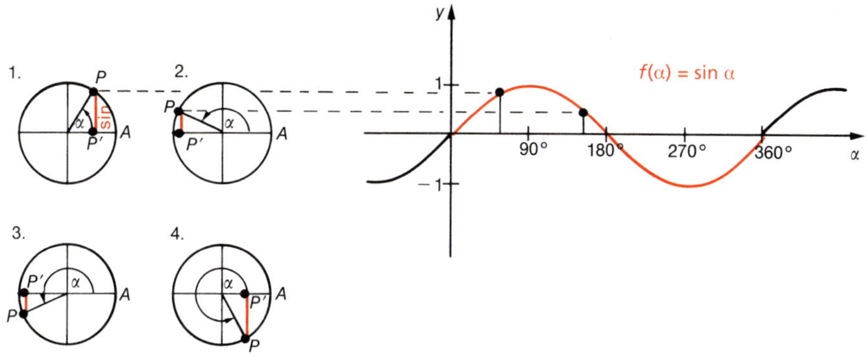

Bild 1.8.4.3

Wenn P sich von A ausgehend gegen den Uhrzeigersinn auf dem Einheitskreis bewegt, so wird der Winkel α von 0° ausgehend beständig größer. Der Sinus (abgelesen an $\overline{PP'}$) ändert sich dabei mit dem Winkel von 0 bei 0° über 1 bei 90° wieder nach 0 bei 180°, dann –1 bei 270° und wieder 0 bei 360°.

Weil P auch eine erneute Drehung durchführen bzw. sich auch mit dem Uhrzeigersinn bewegen kann, ist die Sinuskurve nach links und rechts mit sich periodisch wiederholenden Funktionswerten unbegrenzt.

Um die Gradzahlen auf der x-Achse zu vermeiden, wird das Gradmaß des Winkels a häufig durch das **Bogenmaß** ersetzt.

> Das **Bogenmaß eines Winkels** α ist die Maßzahl der Länge des Bogens, der im Einheitskreis zum Winkel α gehört.

In Bild 1.8.4.2 gehört zum Winkel a der Bogen $\overset{\frown}{AP}$. Das Bogenmaß wird in rad (Radiant) angegeben.

Umrechnung von Grad- in Bogenmaß

Der Umfang eines Kreises ist $U = 2\pi r$. Der Umfang des Einheitskreises ist demnach 2π. Der Vollwinkel 360° entspricht somit der reellen Zahl 2π. Das Bogenmaß des Halbkreises ist π, des Viertelkreises $\frac{\pi}{2}$ etc.

[1] P wandert also auf dem Einheitskreis von A ausgehend gegen den Uhrzeigersinn.

Mithilfe des Dreisatzes kann jedes Gradmaß ins Bogenmaß umgerechnet werden:

Aufgabe 1

Berechnen Sie das Bogenmaß des Winkels $\alpha = 30°$.

Lösung

$360° \triangleq 2\pi$

$30° \triangleq x$

$$x = \frac{2\pi \cdot 30}{360} \approx \underline{\underline{0{,}5236 \text{ rad}}}$$

Die Funktion, die jedem Winkel x seinen Sinus zuordnet, heißt **Sinusfunktion** f mit

$$f(x) = \sin x.$$

Das Schaubild der so definierten Sinusfunktion unterscheidet sich von Bild 1.8.4.3 nur dadurch, dass auf der x-Achse keine Gradzahlen, sondern einfache reelle Zahlen aufgeführt sind.

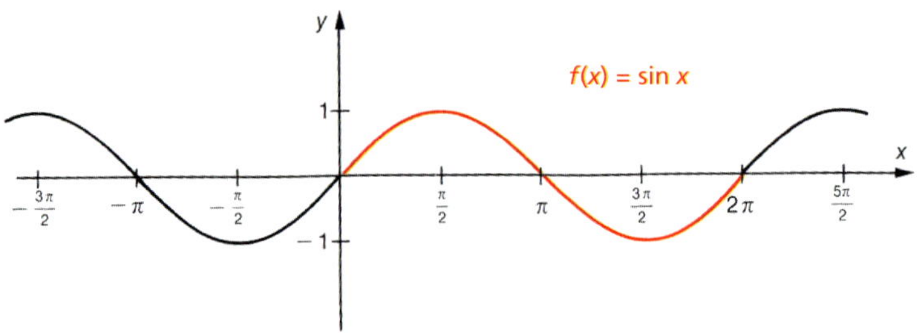

Bild 1.8.4.4

Eigenschaften des Graphen der Sinusfunktion

Der Graph der Sinusfunktion ist eine periodische Kurve mit der Periode 2π. Er ist punktsymmetrisch zum Ursprung. Der Definitionsbereich ist $D(f) = \mathbb{R}$, der Wertebereich ist $W(f) = [-1;\ 1]$. Nullstellen des Graphen der Sinusfunktion sind bei $x = k \cdot \pi;\ k \in \mathbb{Z}$.

1.8.4.2 Die Kosinusfunktion

Die **Kosinusfunktion** f mit

$$f(x) = \cos x$$

ordnet jedem Winkel x seinen Kosinus zu.

Entsprechend dem Vorgehen bei der Herleitung der Sinuskurve lässt sich auch die Kosinuskurve aus dem rechtwinkligen Dreieck im Einheitskreis herleiten (siehe Bild 1.8.4.5). Da die Hypotenuse $\overline{OP}$ im Einheitskreis immer 1 ist, lässt sich der Kosinus als Verhältnis von $\frac{\overline{OP'}}{\overline{OP}} \left(= \frac{\text{Ankathete}}{\text{Hypotenuse}}\right)$ direkt an $\overline{OP'}$ ablesen.

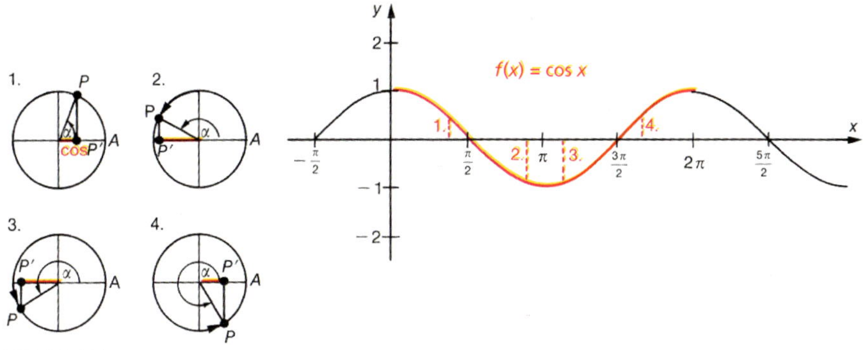

Bild 1.8.4.5

Eigenschaften des Graphen der Kosinusfunktion

Der Graph der Kosinusfunktion ist eine periodische Kurve mit der Periode 2π. Er ist achsensymmetrisch zur y-Achse. Der Definitionsbereich ist $D(f) = \mathbb{R}$, der Wertebereich ist $W(f) = [-1; 1]$. Die Nullstellen des Graphen der Kosinusfunktion sind bei $x = \frac{2k-1}{2} \cdot \pi;\ k \in \mathbb{Z}$.

Das Schaubild der Kosinusfunktion ergibt sich durch Verschiebung der Sinusfunktion um $\frac{\pi}{2}$ ($\triangleq 90°$) nach links.

1.8.4.3 Die Tangensfunktion

> Die **Tangensfunktion** f mit
>
> $$f(x) = \tan x$$
>
> ordnet jedem Winkel x seinen Tangens zu.

Um den Graphen der Tangensfunktion zu zeichnen, wird wieder von einem rechtwinkligen Dreieck im Einheitskreis ausgegangen, dessen Winkel vergrößert wird. Der Tangens des zu betrachtenden Winkels und damit der Funktionswert der Tangensfunktion ist im 1. Quadranten die Strecke $\overline{P^*A}$[1], im 2. Quadranten $\overline{P^*C}$ etc. (siehe Bild 1.8.4.6).

Eigenschaften des Graphen der Tangensfunktion

Der Graph der Tangensfunktion ist eine periodische Kurve mit der Periode π. Er ist punktsymmetrisch zum Ursprung. Da bei $x = \frac{\pi}{2}, \frac{3\pi}{2}$ etc. (bzw. $\alpha = 90°, 180°$ etc.) die den Tangens repräsentierenden Strecken unendlich lang werden, ist die Funktion an diesen Stellen nicht definiert. Wie in Bild 1.8.4.6 erkennbar, sind die Definitionslücken Polstellen. Der Definitionsbereich der Tangensfunktion ist $D(f) = \mathbb{R}\backslash\{\frac{2k-1}{2} \cdot \pi;\ k \in \mathbb{Z}\}$. Der Wertebereich ist $W(f) = \mathbb{R}$. Die Nullstellen des Graphen der Tangensfunktion sind bei $x = k \cdot \pi;\ k \in \mathbb{Z}$.

---

[1] Der Tangens eines Winkels ist definiert als $\frac{\text{Gegenkathete}}{\text{Ankathete}}$, also hier $\frac{\overline{PP'}}{\overline{OP'}}$. Damit der Nenner des Bruches 1 wird, und der Zähler dann direkt den Tangens angibt, wird das Dreieck bei gleichbleibendem Winkel auf OAP^* vergrößert. Nach dem Strahlensatz verhält sich $\frac{\overline{PP'}}{\overline{OP}}$ wie $\frac{\overline{P^*A}}{\overline{OA}}$, sodass der Tangens durch diese Hilfskonstruktion nicht verändert wird.

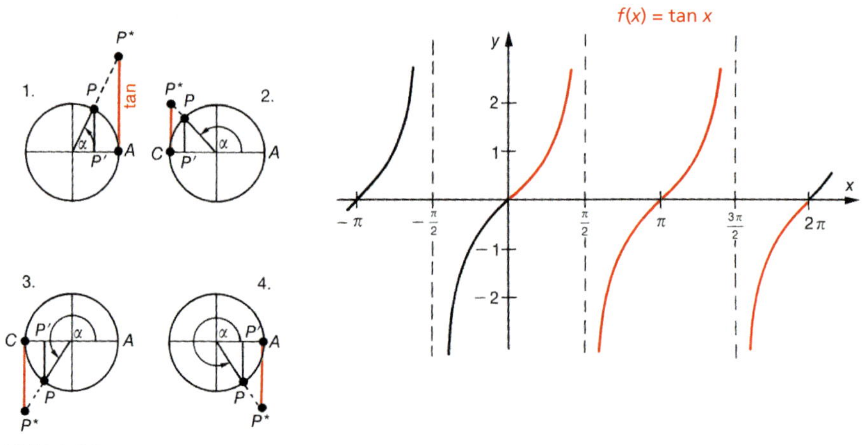

Bild 1.8.4.6

1.8.4.4 Die Kotangensfunktion

> Die **Kosinusfunktion** *f* mit
>
> $$f(x) = \cot x$$
>
> ordnet jedem Winkel *x* seinen Kosinus zu.

Die grafische Herleitung der Kotangenskurve aus dem Einheitskreis erfordert wieder eine Hilfskonstruktion, damit der Kotangens direkt ablesbar wird.

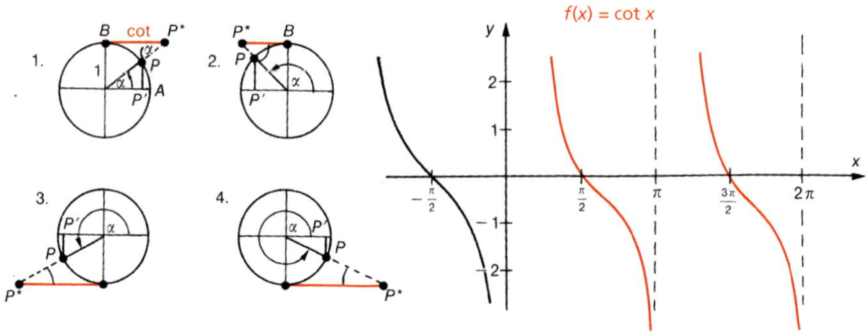

Bild 1.8.4.7

Im Dreieck OPP' ist der Kotangens $\frac{\overline{OP'}}{\overline{P'P}}$ $\left(= \frac{\text{Ankathete}}{\text{Gegenkathete}}\right)$. Da der Winkel bei P^* mit α identisch ist, kann der gleiche Kotangenswert auch im Dreieck OP^*B durch $\frac{\overline{BP^*}}{\overline{BO}}$ abgelesen werden. Da $\overline{BO}$ im Einheitskreis immer 1 ist, entspricht die Strecke $\overline{BP^*}$ dem Kotangens und damit dem jeweiligen Funktionswert der Kotangensfunktion. Entsprechende Überlegungen gelten für die weiteren Quadranten des Einheitskreises (siehe Bild 1.8.4.7).

Eigenschaften des Graphen der Kotangensfunktion

Der Graph der Kotangensfunktion ist eine periodische Kurve mit der Periode π. Er ist punktsymmetrisch zum Ursprung. Definitionslücken in Form von Polstellen sind bei $x = \pi, 2\pi, 3\pi$ etc., sodass der Definitionsbereich der Funktion lautet:
$D(f) = \mathbb{R}\backslash\{k \cdot \pi;\ k \in \mathbb{Z}\}$.

Der Wertebereich ist $W(f) = \mathbb{R}$. Die Nullstellen des Graphen der Kotangensfunktion liegen bei $x = \frac{2k-1}{2} \cdot \pi;\ k \in \mathbb{Z}$.

Übungsaufgaben

1 Berechnen Sie den Funktionswert von $f(\alpha) = \sin\alpha$, $f(\alpha) = \cos\alpha$, $f(\alpha) = \tan\alpha$ und $f(\alpha) = \cot\alpha$ für α =

a) 47° b) 110°
c) 200° d) 345°

2 Rechnen Sie das Bogenmaß um in Gradmaß bzw. umgekehrt.

a) $x = 1$ b) $x = -1{,}57$ c) $x = 0{,}75$ d) $x = 4{,}71$
e) $\alpha = 30°$ f) $\alpha = 100°$ g) $\alpha = 200°$ h) $\alpha = 310°$

3 Berechnen Sie den Funktionswert der Sinus-, Kosinus-, Tangens- und Kotangensfunktion für folgende Radiantwerte.

a) $x = 3$ b) $x = \frac{\pi}{6}$
c) $x = \frac{\pi}{4}$ d) $x = 4\pi$

4 Gegeben ist die Sinusfunktion f mit $f(x) = \sin x$; $D(f) = [0;\ 2\pi]$. Berechnen Sie x_a, wenn

a) $f(x_a) = 0{,}8660254$ b) $f(x_a) = 0$
c) $f(x_a) = 0{,}7071068$ d) $f(x_a) = 0{,}5877853$

ist. Veranschaulichen Sie sich den erfragten Sachverhalt auf der Sinuskurve.

5 Gegeben ist die Kosinusfunktion mit $f(x) = \cos x$; $D(f) = [0;\ 2\pi]$. Bei welchen Stellen ist der Funktionswert

a) 0,4226 b) 0,86602
c) −0,5 d) −0,86602?

6 Beschreiben Sie verbal den Verlauf des Graphen der

a) Sinusfunktion b) Kosinusfunktion
c) Tangensfunktion d) Kotangensfunktion

über dem Intervall $[0;\ 2\pi]$.

7 Fassen Sie wichtige Eigenschaften der trigonometrischen Funktionen in folgender Tabelle zusammen.

$f(x)$ =	$D(f)$ =	$W(f)$ =	Nullstellen	Def.-lücken	Symmetrie	Periode
$\sin x$						
$\cos x$						
$\tan x$						
$\cos x$						

1.8.4.5 Veränderungen des Graphen der Sinusfunktion

Die in diesem Kapitel bisher vorgestellten einfachen trigonometrischen Funktionen können je nach Problemstellung verändert werden, sodass der Graph der Funktion den jeweiligen Anforderungen entspricht. Am Beispiel der Sinusfunktion f mit $f(x) = \sin x$ soll dies im Folgenden veranschaulicht werden.

Die **Amplitude (Schwingungsweite)** der Sinuskurve kann verändert werden, indem die Funktionswerte mit einem Faktor a multipliziert werden. Die Gleichung der Funktion lautet dann: $\boldsymbol{f(x) = a \sin x}$ (s. Bild 1.8.4.8).

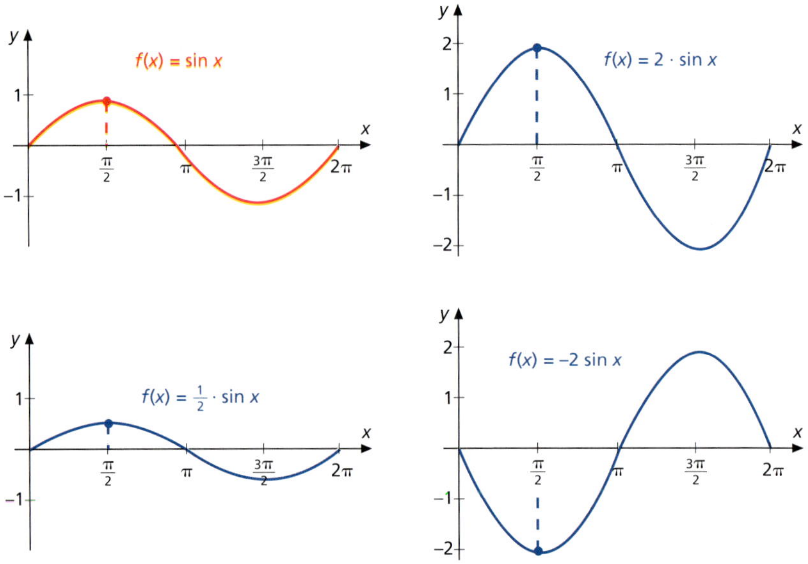

Bild 1.8.4.8

- Für $|a| > 1$ vergrößern sich die Funktionswerte und damit die Amplitude der Sinuskurve.
- Für $|a| < 1$ verkleinert sich die Amplitude.
- Für $a < 0$ wird die Sinuskurve zusätzlich an der x-Achse gespiegelt (das Vorzeichen wechselt).

Der Faktor a verändert die Form der Sinuskurve und wird deswegen **Formfaktor** genannt.

In f mit $\boldsymbol{f(x) = \sin(x + b)}$ bewirkt die Hinzufügung des Summanden b eine **Phasenverschiebung** (Verschiebung der Sinuskurve in x-Richtung) entgegen dem Vorzeichen von b (s. Bild 1.8.4.9).

- Für $\boldsymbol{b > 0}$ wird der Graph um b in negative x-Richtung verschoben.
- Für $\boldsymbol{b < 0}$ wird der Graph um b in positive x-Richtung verschoben (siehe Bild 1.8.4.9).

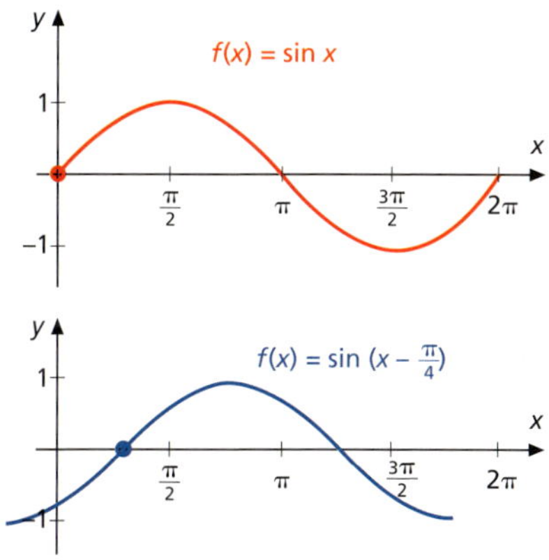

Bild 1.8.4.9

In f mit $\boldsymbol{f(x) = \sin cx}$ verändert der Faktor c die **Periodenlänge (Frequenz)** vom ursprünglichen Wert 2π auf die **neue Periode** $\boldsymbol{\frac{2\pi}{c}}$ (siehe Bild 1.8.4.10).

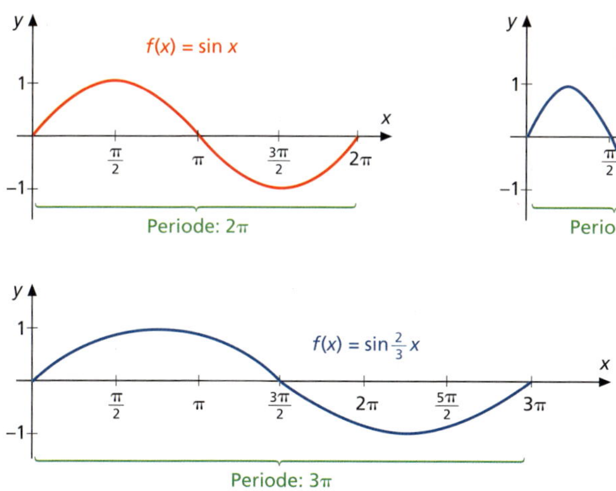

Bild 1.8.4.10

In f mit $\boldsymbol{f(x) = \sin x + d}$[1] bewirkt d eine **Verschiebung** der Sinuskurve um d **in y-Richtung** entsprechend dem Vorzeichen von d (siehe Bild 1.8.4.11).

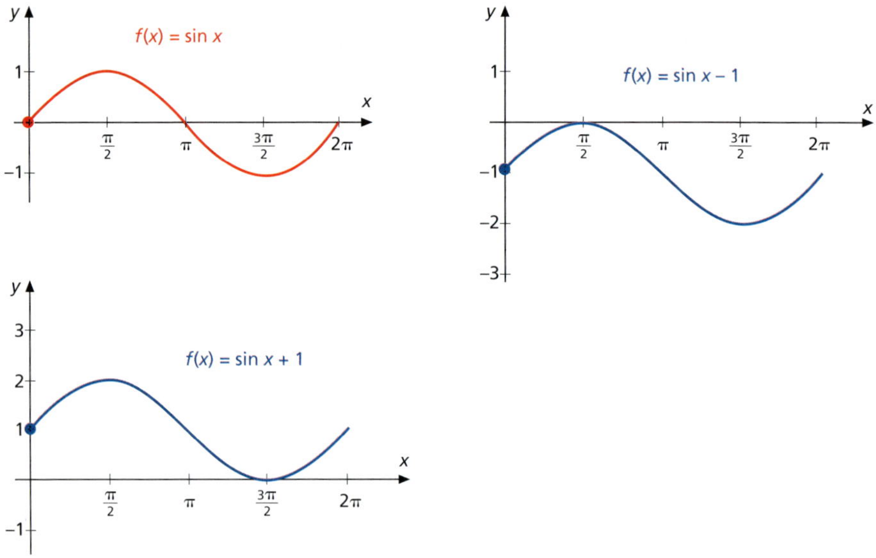

Bild 1.8.4.11

Sämtliche oben besprochenen Veränderungen finden Eingang in der **verallgemeinerten Sinusfunktion** f mit

$$f(x) = a \sin c\,(x + b) + d.$$

Aufgabe 2

Gegeben ist eine Funktion f mit $f(x) = 2 \sin \frac{1}{2}(x - \frac{\pi}{2})\ 2) - 1$.

Erklären Sie die Veränderungen des Funktionsgraphen gegenüber f mit $f(x) = \sin x$ und zeichnen Sie den Graphen der Funktion.

Lösung

Die auf den Funktionsgraphen einwirkenden Größen werden in alphabetischer Reihenfolge entsprechend der verallgemeinerten Sinusfunktion untersucht:

1. Die Multiplikation mit 2 verdoppelt die Amplitude.
2. Die Subtraktion von $\frac{\pi}{2}$ bewirkt eine Phasenverschiebung um $\frac{\pi}{2}$ in positive x-Richtung.
3. Die Multiplikation mit $\frac{1}{2}$ vergrößert die Periode (Frequenz) um den Faktor 2 auf 4π.
4. Die Addition des Summanden –1 verschiebt die Kurve um 1 nach unten (in Bild 1.8.4.12 sind die einzelnen Schritte dargestellt).

[1] Es wird zuerst ($\sin x$) berechnet und dann d addiert.

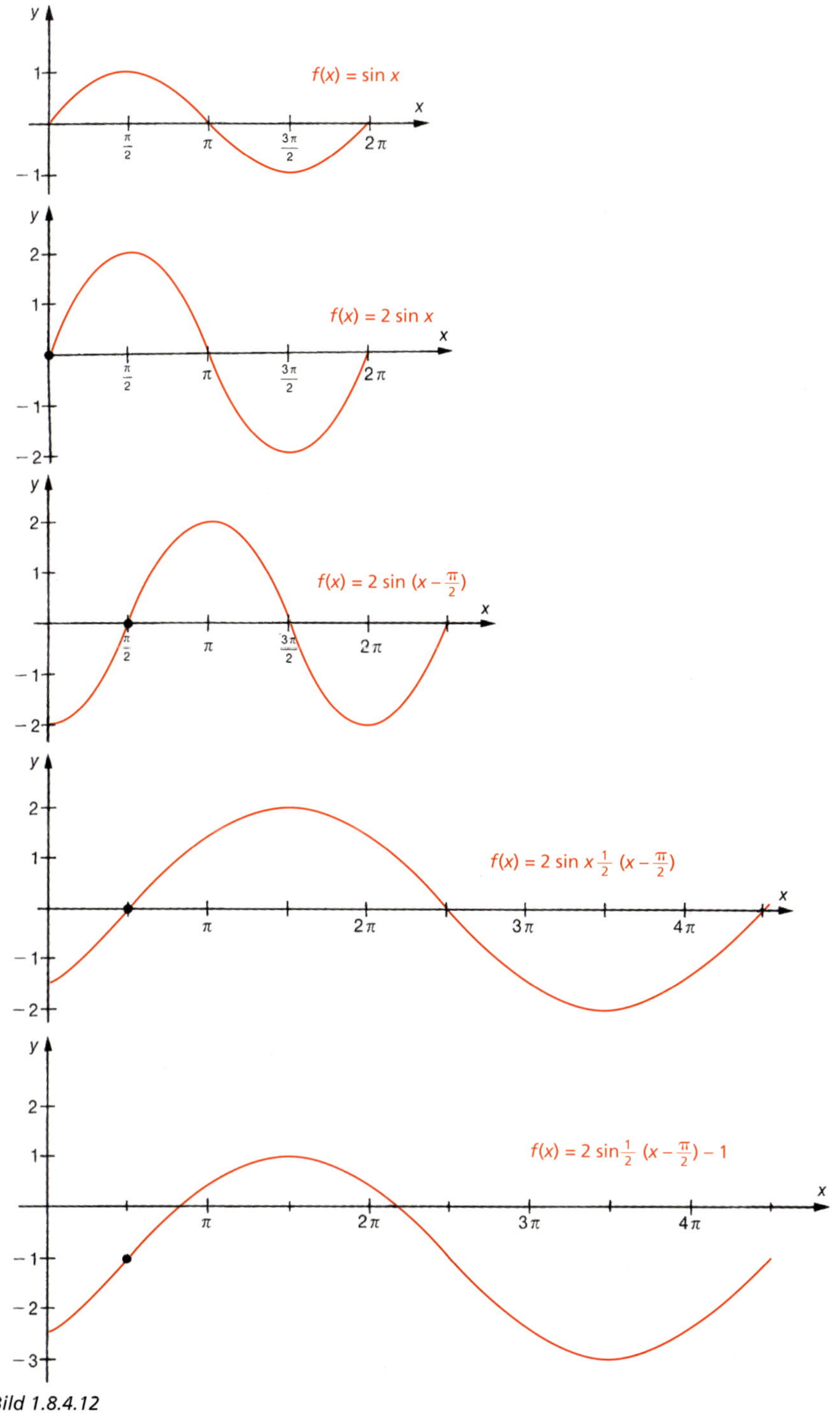
$f(x) = \sin x$
$f(x) = 2 \sin x$
$f(x) = 2 \sin (x - \frac{\pi}{2})$
$f(x) = 2 \sin x \frac{1}{2} (x - \frac{\pi}{2})$
$f(x) = 2 \sin \frac{1}{2} (x - \frac{\pi}{2}) - 1$

Bild 1.8.4.12

Übungsaufgaben

1 Beschreiben Sie die Veränderungen gegenüber dem Funktionsgraphen von f mit $f(x) = \sin x$ und zeichnen Sie den Graphen.

a) $f\colon f(x) = 2 \sin\left(x - \frac{\pi}{4}\right)$
b) $f\colon f(x) = -\sin\left(x - \frac{\pi}{4}\right)$
c) $f\colon f(x) = 0{,}5 \sin 0{,}5\, x$
d) $f\colon f(x) = \sin 2x + 1$

2 Beschreiben Sie die Veränderungen gegenüber dem Funktionsgraphen von f mit $f(x) = \cos x$ und zeichnen Sie den Graphen.

a) $f\colon f(x) = 3 \cos \frac{x}{3} - 1$
b) $f\colon f(x) = -\cos x - 1$
c) $f\colon f(x) = -2 \cos 2\left(x + \frac{\pi}{8}\right)$
d) $f\colon f(x) = 0{,}5 \cos\left(x + \frac{\pi}{2}\right) + 0{,}5$

3 Zeichen Sie den Graphen der Funktion durch schrittweises Herleiten aus $f(x) = \sin x$ bzw. aus $f(x) = \cos x$.

a) $f\colon f(x) = 0{,}8 \sin 2\left(x - \frac{\pi}{4}\right)$
b) $f\colon f(x) = -1{,}5 \cos 2\left(x + \frac{\pi}{8}\right)$

4 Gegenüber der Sinusschwingung mit $f(x) = \sin x$ hat eine veränderte Sinuskurve folgende Eigenschaften:

a) doppelte Amplitude, doppelte Periode, Phasenverzögerung um π.
b) halbe Amplitude, gleiche Periode, Phasenvorlauf um $\frac{\pi}{2}$. Wie lautet die Funktionsgleichung?

5 Das Einschalten eines Widerstandes in einen Wechselstromkreis bewirkt eine Phasenverzögerung um $\frac{\pi}{4}$. Die maximale Stromstärke wird um $\frac{1}{3}$ verringert.

Wie lautet die Funktionsgleichung des neuen Wechselstromes, wenn für den alten die Gleichung $f(x) = \sin x$ galt?

1.8.5 Exponentialfunktionen

Dem statistischen Jahrbuch für die Bundesrepublik Deutschland können Zahlen über die Entwicklung der Bevölkerung in dem Gebiet der Bundesrepublik entnommen werden. Bild 1.8.5.1 zeigt diese Bevölkerungsentwicklung im Zeitraum von 1816 bis 1974.

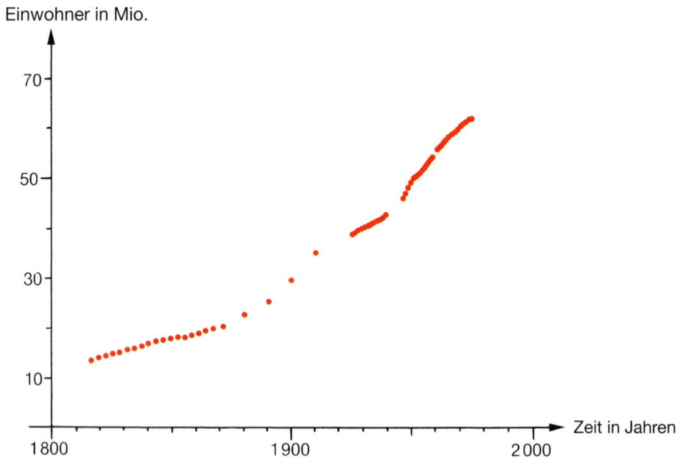

Bild 1.8.5.1

In Bild 1.8.5.2 auf der folgenden Seite ist ein Funktionsgraph eingezeichnet, der die Bevölkerungsentwicklung im betrachteten Zeitraum von 1816 bis 1974 und darüber hinaus für die nicht erfasste Vergangenheit und die vermutete zukünftige Entwicklung (ohne die fünf neuen Bundesländer) möglichst gut wiedergibt.

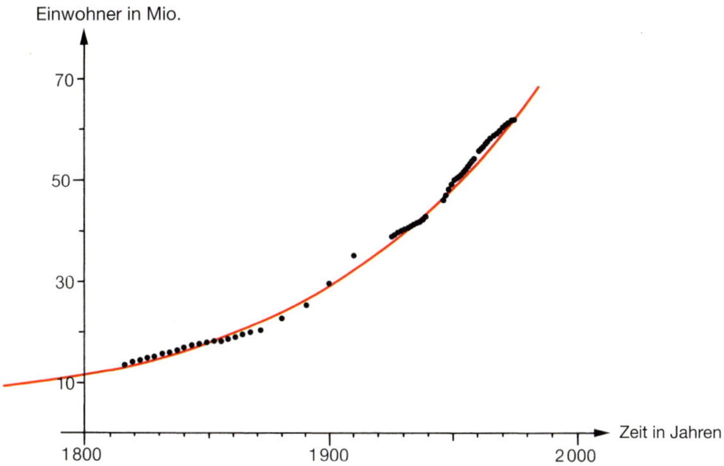

Bild 1.8.5.2

Zur Beschreibung derartiger Wachstumsvorgänge, aber auch für Zerfallsprozesse, sind **Exponentialfunktionen** besonders geeignet.

> Eine Funktion f mit $\boldsymbol{f(x) = b^x}$; $\boldsymbol{b} \in \mathbb{R}^*_+\setminus\{1\}$ heißt **Exponentialfunktion.**[1)]

Während bei den ganzrationalen Funktionen die Variable x als Basis einer Potenz erschien, wird bei den Exponentialfunktionen die Basis als Zahl festgelegt und die **Variable x als Exponent** gesetzt.

Eine Exponentialfunktion beschreibt dann die Zuordnung, dass jedem x-Wert die Potenz b^x zugeordnet wird.

Im Folgenden wollen wir untersuchen, wie sich unterschiedliche Basen b auf den Verlauf des Graphen der Exponentialfunktion auswirken.

Aufgabe 1

Eine Pilzkultur bedeckt auf einer Nährlösung zu Beginn der Beobachtung eine Fläche von 1 cm². Jeden Tag
a) verdoppelt,
b) verdreifacht

sich die Fläche, die von der Pilzkultur bedeckt wird.

Erstellen Sie eine Wertetafel der Funktion, die die von der Pilzkultur bedeckte Fläche in Abhängigkeit von der Zeit beschreibt.

Wie lautet die Gleichung der Funktion?
Zeichnen Sie die Graphen zu a) und b) in ein gemeinsames Koordinatensystem.

---

1) Die Basis einer Potenz muss definitionsgemäß positiv sein, da sich sonst Widersprüche bei der Anwendung der Potenzgesetze ergeben.
Die Basis $b = 1$ wird ausgeschlossen, da sich sonst ein untypischer Verlauf einer Exponentialkurve, nämlich einer Gerade mit $f(x) = 1$, ergeben würde

Lösung

a)

x [Tage]	0	1	2	3	4	...
$f(x)$ [cm²]	1	2	4	8	16	...

·2 ·2 ·2 ·2

$f: f(x) = 2^x$

b)

x [Tage]	0	1	2	3	4	...
$f(x)$ [cm²]	1	3	9	27	81	...

·3 ·3 ·3 ·3

$f: f(x) = 3^x$

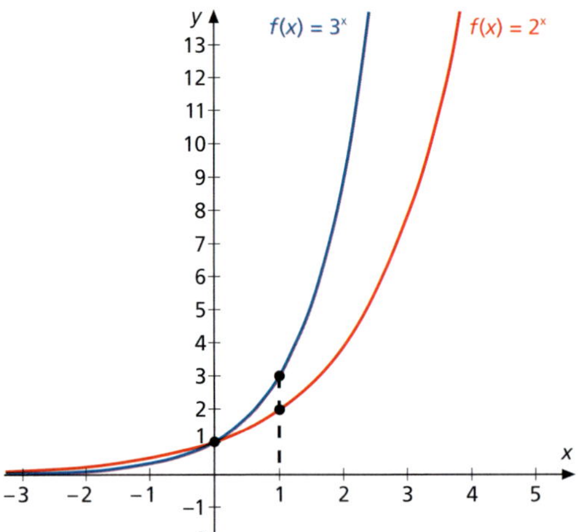

Bild 1.8.5.3

Die **Basis *b*** gibt die **Vervielfachung der Funktionswerte** an, wenn x um eine Einheit vergrößert wird.

Das Wachstum ist offensichtlich im Fall b) schneller, der Graph der Funktion mit $f(x) = 3^x$ verläuft somit steiler als der Graph mit $f(x) = 2^x$, die Steigung ist größer.

Je größer b, desto stärker das Wachstum.

Die Größe von b kann in der Grafik an der Stelle $x = 1$ abgelesen werden, weil $f(1) = b^1 = b$ (vgl. Bild 1.8.5.3).

Nimmt die Basis b Werte zwischen 0 und 1 an, erhalten wir eine **fallende Exponentialkurve.**

Z. B.: $f: f(x) = \left(\frac{1}{2}\right)^x$

x	0	1	2	3	4	...
$f(x)$	1	$\frac{1}{2}$	$\frac{1}{4}$	$\frac{1}{8}$	$\frac{1}{16}$	...

$\cdot\frac{1}{2}$ $\cdot\frac{1}{2}$ $\cdot\frac{1}{2}$ $\cdot\frac{1}{2}$

$f(x) = \left(\frac{1}{2}\right)^x$ kann auch geschrieben werden als $f(x) = 2^{-x}$, weil $\left(\frac{1}{2}\right)^x = \frac{1^x}{2^x} = \frac{1}{2^x} = 2^{-x}$.

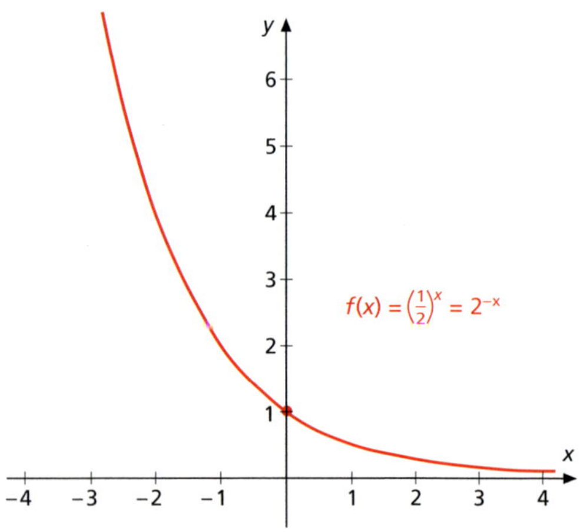

Bild 1.8.5.4

Eigenschaften der Exponentialkurven der Form $f(x) = b^x$

- $D_{max}(f) = \mathbb{R}$, weil für x jede reelle Zahl eingesetzt werden darf, ohne dass eine unerlaubte Rechenoperation durchgeführt wird.
- $W(f) = \mathbb{R}_+^*$, weil die Funktionswerte einer Potenz nur positiv sein können.
- Alle Exponentialkurven verlaufen durch $S_y(0/1)$, weil immer gilt:
  $f(0) = b^0 = 1$
- Die Graphen der Exponentialfunktionen mit $f(x) = b^x$ und $f(x) = (\frac{1}{b})^x$ sind achsensymmetrisch zur y-Achse zueinander (s. Bild 1.8.5.5).
- In f: $f(x) = b^x$ gibt b die Vervielfachung der Funktionswerte an:
  – **für $b > 1$: Wachstum, steigende Exponentialkurve**
  – **für $0 < b < 1$: Zerfall, fallende Exponentialkurve**

  Der Verlauf der Exponentialkurve kann durch Hinzufügung eines Faktors a geändert werden.

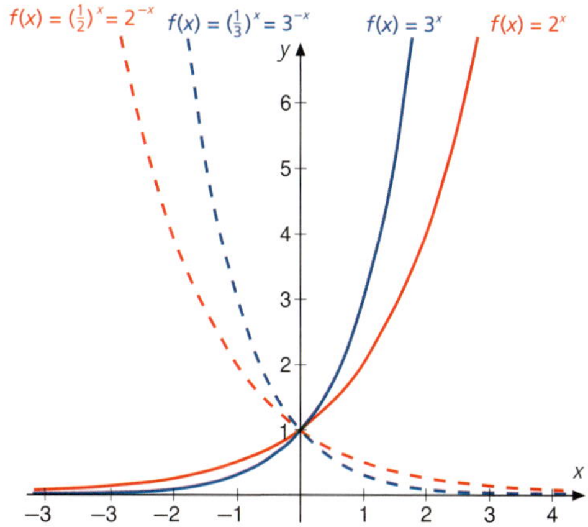

Bild 1.8.5.5

Aufgabe 2

Überlegen Sie, wie sich in $f(x) = a \cdot 2^x$ der Vorfaktor a auf den Verlauf des Graphen auswirkt. Geben Sie Beispiele an.

Lösung

- $|a| > 1$: Dehnung in y-Richtung, weil jeder Funktionswert durch die Multiplikation mit a vergrößert wird.
  Am deutlichsten ist die Dehnung auf der y-Achse zu erkennen. Für $a = 3$ wird die y-Achse statt bei 1 jetzt bei 3 geschnitten.

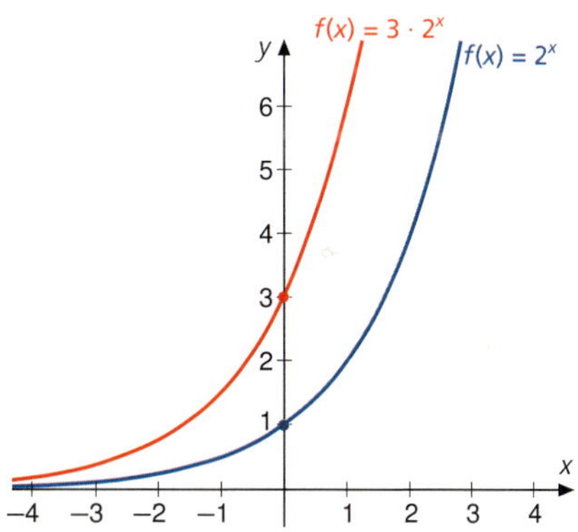

Bild 1.8.5.6

- $|a| < 1$: Stauchung in y-Richtung, weil jeder Funktionswert durch die Multiplikation mit a verkleinert wird.
  Auch hier kann man den Dehnungs-/Stauchungsfaktor a wieder am deutlichsten auf der y-Achse identifizieren. Für $a = \frac{1}{2}$ wird die y-Achse statt bei 1 nun bei $\frac{1}{2}$ geschnitten.

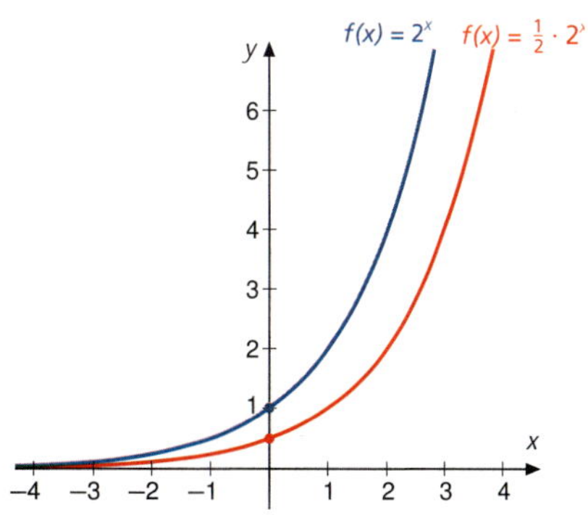

Bild 1.8.5.7

- $a < 0$: Spiegelung an der x-Achse, weil jeder ursprünglich positive Funktionswert durch die Multiplikation mit einer negativen Zahl negativ wird. Der Funktionsgraph verläuft somit unterhalb der x-Achse.

  Für $a = -3$ wird die y-Achse bei -3 geschnitten.

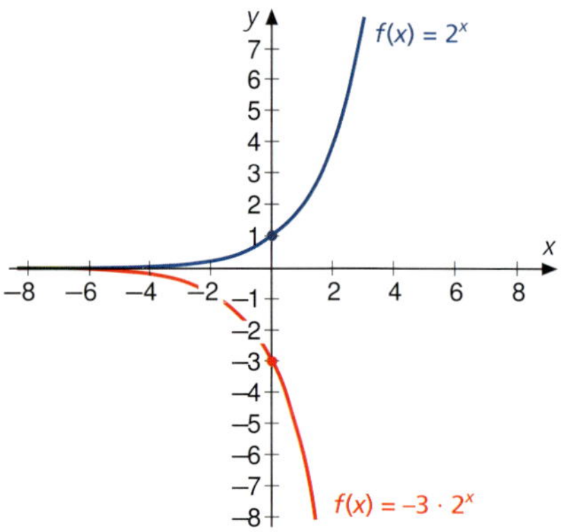

Bild 1.8.5.8

In f mit $f(x) = \boldsymbol{a} \cdot b^x$ ist a der bekannte **Dehnung-/Stauchungsfaktor** und gibt gleichzeitig den **Funktionswert für $x = 0$** an.

Aufgabe 3

Ein Algenteppich vergrößert die täglich von ihm bedeckte Wasserfläche um 12%. Zu Beobachtungsbeginn bedeckte er eine Fläche von 50 m^2.

Wie lautet die Gleichung der Exponentialfunktion, die das Wachstum des Algenteppichs beschreibt?

Wie groß ist die bedeckte Fläche nach 10 Tagen?

Lösung

1. In $f(x) = a \cdot b^x$ ist $a = 50$ und $b = 1{,}12$.
   Demnach lautet die Funktionsgleichung $\underline{\underline{f(x) = 50 \cdot 1{,}12^x}}$
2. $\underline{\underline{f(10) = 50 \cdot 1{,}12^{10} \approx 155{,}29}}$

   Nach 10 Tagen bedeckt der Algenteppich eine Fläche von $\approx$155,29 m^2.

Eine besondere Bedeutung in den Naturwissenschaften hat die Exponentialfunktion zur Basis e. Sie wird verkürzt auch **e-Funktion** genannt.

e-Funktion: f: $f(x) = e^x$

Die Basis e heißt nach dem deutschen Mathematiker Leonhard Euler (1707–1783) **Euler'sche Zahl.**

Euler'sche Zahl e = 2,718281828...

Sie ist interessanterweise das Ergebnis folgender Grenzwertbetrachtung:

$$\lim_{x \to \infty} \left(1 + \frac{1}{x}\right)^x = e$$

Der Graph der e-Funktion hat folgenden Verlauf:

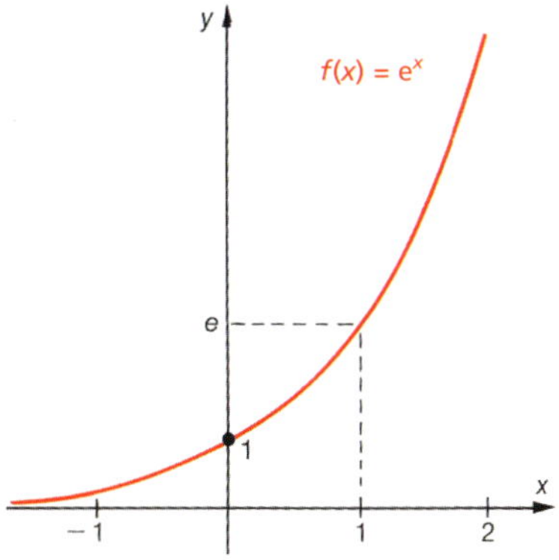

Bild 1.8.5.9

Übungsaufgaben

1 Zeichnen Sie möglichst genau (Wertetafel!) den Graphen der Funktion f mit

a) $f(x) = 3x$
b) $f(x) = \left(\frac{1}{4}\right)^x$
c) $f(x) = 4 \cdot 2^x$
d) $f(x) = 50 \cdot \left(\frac{2}{3}\right)^x$

$D(f) = [-2; 2]$

2 Bestimmen Sie x mithilfe der Graphen aus Übungsaufgabe 1.

a) $3^x = \frac{1}{3}$
b) $4 \cdot 2^x = 2$
c) $\left(\frac{1}{4}\right)^x = \frac{1}{8}$
d) $50 \cdot \left(\frac{2}{3}\right)^x = 22{,}\overline{2}$

3 Ein radioaktives Präparat zerfällt in der Weise, dass nach einem Jahr noch $\frac{1}{3}$ der Ausgangsmenge (1 g) vorhanden ist. Wie lautet die Gleichung der Funktion, die den Zerfall beschreibt? Wieviel radioaktives Material ist nach 5 Jahren noch vorhanden?

4 Eine Wasserpumpe fördert 60l/min. Wie lautet die Gleichung der Funktion, die die Fördermenge in Abhängigkeit von der Zeit beschreibt?

5 Ein Waldbestand mit 100000 m^3 Holz wächst gleichmäßig um 6 % je Jahr. Wie lautet die Funktionsgleichung, die diesen Sachverhalt beschreibt? Wie viel m^3 Holz steht nach 8 Jahren zur Verfügung?

6 Von einem radioaktiven Material zerfällt in 10 Jahren ein Anteil von 16 %. 1990 betrug die Masse des radioaktiven Materials 100 g.

a) Wie lautet die Funktionsgleichung, die den radioaktiven Zerfall beschreibt (10 Jahre ≙ 1 E.)?

b) Zeichnen Sie den Graphen der Funktion von 1990 bis 2090.

c) Ermitteln Sie mithilfe des Graphen die Halbwertzeit[1].

1) Die Halbwertzeit gibt an, nach welchem Zeitraum sich die Masse des strahlenden Materials halbiert hat.

7 Skizzieren Sie die Graphen (ohne Anlegen einer Wertetafel).

a) $f(x) = e^{-x}$

b) $f(x) = -e^{x}$

c) $f(x) = -3 \cdot 2^{x}$

d) $f(x) = -\frac{1}{2} \cdot 2x$

e) $f(x) = -2 \cdot \left(\frac{1}{4}\right)^{x}$

f) $f(x) = -\left(\frac{1}{2}\right)^{-x}$

g) $f(x) = -\frac{1}{2} \cdot 2^{x} + 1$

h) $f(x) = 2^{x} - 1$

8 Wie lauten die Gleichungen der Funktionsgraphen?

a)

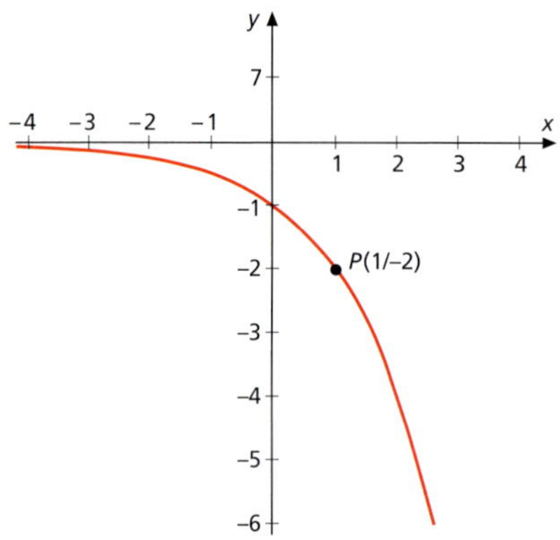

b)

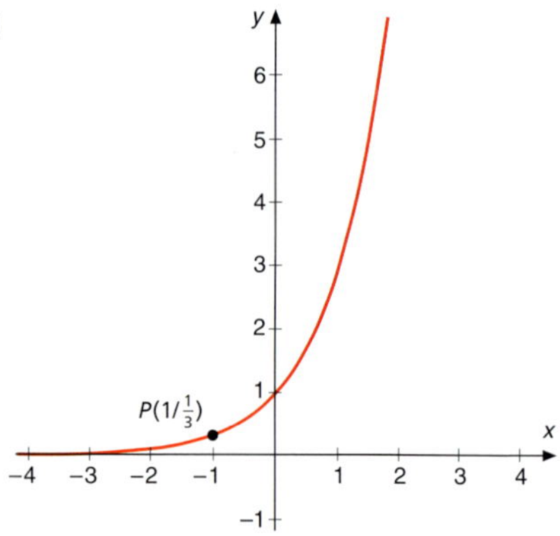

c)

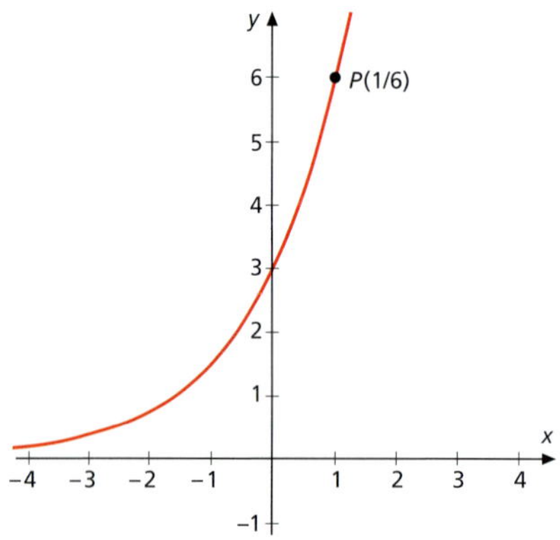

d)

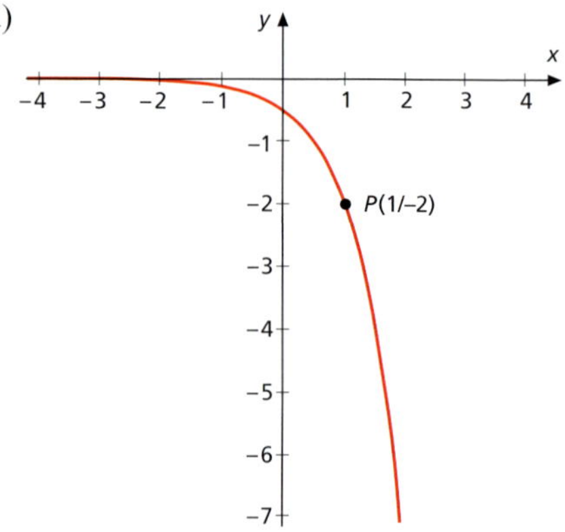

e)

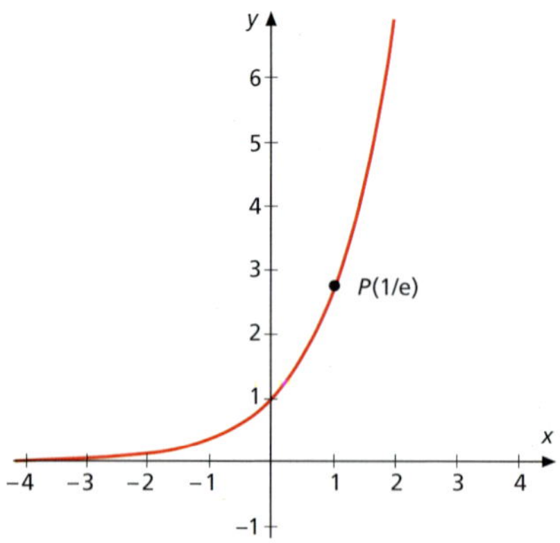

f)

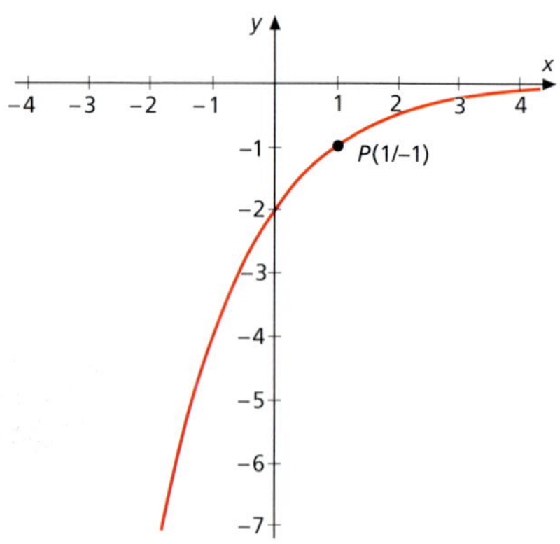

1.8.6 Logarithmusfunktionen

Logarithmieren

Eine Gleichung der Form $8 = 2^x$ soll gelöst werden. Die zu bestimmende Variable x erscheint im Exponenten.

Die **Berechnung des Exponenten** (der auch Logarithmus genannt wird) wird als **Logarithmieren** bezeichnet.

Bei einfachen Aufgaben (s. o.) kann die Lösungsvariable x im Exponenten unmittelbar angegeben werden:

$$8 = 2^x \Leftrightarrow \underline{\underline{x = 3}}$$

Für kompliziertere Aufgaben wird eine neue Rechenart, das Logarithmieren eingeführt:

$$\mathbf{b^x = a \Leftrightarrow x = \log_b a}^{1)}$$

Logarithmus (x) | **Basis** (b) | **Numerus** (a)

z. B.: $2^x = 8 \Leftrightarrow x = \log_2 8 \Leftrightarrow \underline{\underline{x = 3}}$

Logarithmen mit der Basis 2 werden mit lb abgekürzt.

$\log_2 a = \text{lb}\, a$
binärer Logarithmus

Logarithmen mit der Basis 10 werden mit lg abgekürzt.

$\log_{10} a = \lg a$
Brigg'scher Logarithmus, dekadischer Logarithmus, Zehnerlogarithmus

Logarithmen mit der Euler'schen Zahl e als Basis werden mit ln abgekürzt.

$\log_e a = \ln a$
natürlicher Logarithmus

Während der natürliche und der Zehnerlogarithmus direkt mithilfe des Taschenrechners bestimmt werden können, müssen Logarithmen mit anderen Basen indirekt ausgerechnet werden:

$$\log_b a = \frac{\lg a}{\lg b}^{2)} \quad \text{oder auch: } \log_b a = \frac{\ln a}{\ln b}$$

---

1) gelesen: Logarithmus von a zur Basis b. Es gilt für $x = \log_b a : b \in \mathbb{R}_+^* \setminus \{1\},\ a \in \mathbb{R}_+^*$.

2) $\log_b a = x \Leftrightarrow b^x = a$. Beidseitiges Logarithmieren der Gleichung führt zu $\lg b^x = \lg a$.
Weil $\lg b^x = x \cdot \lg b$, kann die Gleichung umgeformt werden zu: $x \cdot \lg b = \lg a \Leftrightarrow x = \frac{\lg a}{\lg b}$.

Beispiel

$\log_3 81 \Leftrightarrow 3^x = 81 \Rightarrow \underline{\underline{x = 4}}$

oder mit o. g. Formel: $\log_3 81 = \frac{\lg 81}{\lg 3} = \frac{1{,}908485019}{0{,}477121254} = \underline{\underline{4}}$

oder auch: $\log_3 81 = \frac{\ln 81}{\ln 3} = \frac{4{,}394449155}{1{,}098612289} = \underline{\underline{4}}$

Um mit Exponential- und Logarithmengleichungen rechnen zu können, ist es notwendig, noch einige weitere Logarithmengesetze zu kennen.

- $\log (u \cdot v) = \log u + \log v$
- $\log \frac{u}{v} = \log u - \log v$
- $\log b^u = u \log b$
- $\log \sqrt[v]{b^u} = \log b^{\frac{u}{v}} = \frac{u}{v} \log b$
- $b^u = e^{u \cdot \ln b}$ z. B. $b^x = e^{x \cdot \ln b}$

Logarithmengesetze

Aufgabe 1

Weisen Sie die Richtigkeit der Logarithmengesetze an einfachen Zahlenbeispielen nach.

Lösung

- $\log (u \cdot v) = \log u + \log v$ — z. B.: $\ln (3 \cdot 4) = \ln 12 = \ln 3 + \ln 4$
  $2{,}48490665 = 1{,}098612289 + 1{,}386294361$
- $\log \frac{u}{v} = \log u - \log v$ — z. B.: $\ln \frac{12}{4} = \ln 3 = \ln 12 - \ln 4$
  $1{,}098612289 = 2{,}48490665 - 1{,}386294361$
- $\log b^u = u \log b$ — z. B.: $\ln 3^2 = \ln 9 = 2 \ln 3$
  $2{,}197224577 = 2 \cdot 1{,}098612289$
- $\log \sqrt[v]{b^u} = \log b^{\frac{u}{v}} = \frac{u}{v} \log b$ — z. B.: $\ln \sqrt[2]{9} = \ln 3 = \ln 9^{\frac{1}{2}} = \frac{1}{2} \ln 9$
  $1{,}098612289 = 0{,}5 \cdot 2{,}197224577$
- $b^u = e^{u \ln b}$ — z. B.: $3^2 = 9 = e^{2 \ln 3}$
- $e^{\ln x} = x$ — z. B.: $e^{\ln 3} = 3$

Ferner gilt:

$\log_b 1 = 0$, weil b^0 immer 1 ist.

$\log_b b = 1$, weil b^1 immer b ist.

Graphen der Logarithmusfunktionen

Eine Funktion der Form $f(x) = \log_b x$ heißt **Logarithmusfunktion** zur Basis b[1].

Der Funktionswert einer Logarithmusfunktion gibt also jeweils an, welcher Exponent der Basis zugeordnet werden muss, damit ein bestimmter x-Wert (der Numerus) entsteht.

In Bild 1.8.6.1 sind die Graphen der Logarithmusfunktionen mit den Basen 2, e, 5, 10 und 0,5 dargestellt:

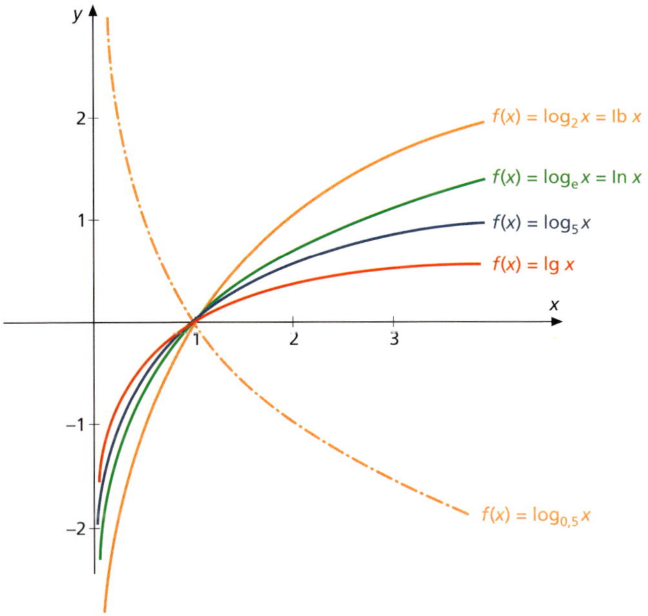

Bild 1.8.6.1

Für alle Logarithmusfunktionen gilt:

$D(f) = \mathbb{R}_+^*$
$W(f) = \mathbb{R}$
Alle Funktionsgraphen verlaufen durch $P(1/0)$.

Der Graph der Funktion f: $f(x) = \log_{\frac{1}{b}} x$ entsteht durch Spiegelung des Graphen von f: $f(x) = \log_b x$ an der x-Achse.

Für $b > 1$ steigt der Graph der Funktion, d.h., die Funktionswerte werden immer größer. Für $0 < \mathbf{b} < 1$ fällt der Graph der Funktion.

Die Logarithmusfunktion mit $f(x) = \log_b x$ ist die Umkehrfunktion der Exponentialfunktion mit $f(x) = b^x$.

[1] für f: $f(x) = \log_b x$ gilt: $b \in \mathbb{R}_+^* \setminus \{1\}$, $x \in \mathbb{R}_+^*$

Rechnerisch lässt sich dies durch Vertauschen der Variablen und Auflösung nach y zeigen:

$f\colon y = b^x$
$f^{-1}\colon x = b^y$
$f^{-1}\colon \underline{\underline{y = \log_b x}}$

Grafisch ergibt sich der Graph der Logarithmusfunktion aus dem Graphen der Exponentialfunktion mit der gleichen Basis durch Spiegelung am Graphen von $f\colon f(x) = x$.

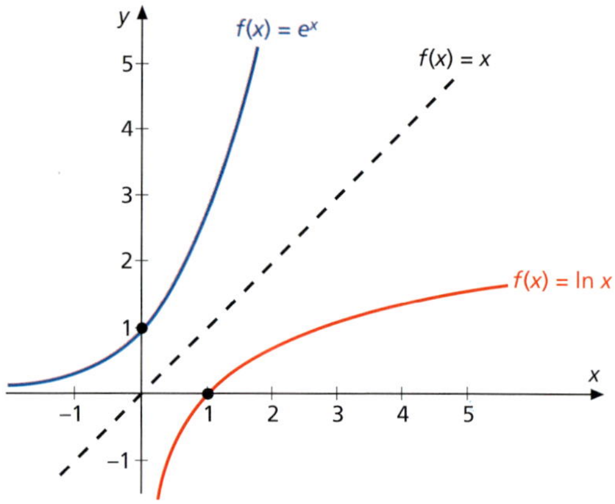

Bild 1.8.6.2

Übungsaufgaben

1 Berechnen Sie ohne Taschenrechner. Nutzen Sie ggf. die Logarithmengesetze.

a) $x = \text{lb } 32$ b) $x = \lg 0{,}01$ c) $x = \log_3 27$ d) $x = \log_4 4$ e) $x = \log_5 1$
f) $x = \log_{0,2} 25$ g) $x = \log_3 \sqrt[3]{1}$ h) $x = \ln \mathrm{e}$ i) $x = \ln 1$ j) $x = \ln 0$
k) $x = \ln \mathrm{e}^2$ l) $x = \ln \frac{1}{\mathrm{e}^3}$ m) $x = \text{lb } \frac{1}{2}$ n) $\text{lb } 2$ o) $\frac{1}{4} \ln \mathrm{e}^4$

2 Lösen Sie zunächst ohne Taschenrechner (und kontrollieren Sie Ihr Ergebnis anschließend mit dem Taschenrechner).

a) $10^x = 1\,000$ b) $\mathrm{e}^x = \frac{1}{\mathrm{e}}$ c) $3x = 3$
d) $2 \cdot 2^x = 16$ e) $1{,}5^x = 1$ f) $2 \cdot \mathrm{e}^x = 2$
g) $x = \log_3 81$ h) $x = \log_a 1$ i) $x = \log_4 64$
j) $x = \log_{0,5} 16$ k) $x = \log_{1,4} 1$ l) $x = \log_3 9$
m) $x = \ln \mathrm{e}$ n) $x = \ln 0$ o) $x = \ln 1$
p) $x = \lg 10$ q) $x = \lg \frac{1}{10}$ r) $x = \text{lb } 2$

3 Formen Sie mithilfe der Logarithmengesetze um und vereinfachen Sie soweit wie möglich.

a) $\frac{1}{3} \ln 5$ b) $\text{lb } 3 - \text{lb } 4$ c) $\lg \frac{1}{2}$ d) $\lg 100$
e) $\log_8 24$ f) $e^{\ln x}$ g) $a^b = c$ h) $\log_b a = c$
i) $\ln \frac{x^2 y}{z^3}$ j) $\lg \frac{1}{1+x}$ k) $\lg 1 + \lg 5$ l) $\ln 0$

4 Berechnen Sie mithilfe des Taschenrechners.

a) $x = \lg 150$ b) $x = \ln 10$ c) $x = \text{lb } 20$
d) $x = \lg 4$ e) $x = \text{lb } \frac{1}{8}$ f) $x = \ln 0{,}25$
g) $x = \log_3 4$ h) $x = \log_5 3$ i) $x = \log_{0,25} 2$

5 Zeichnen Sie den Graphen der Funktion.

a) $f\colon f(x) = \log_3 x$ b) $f\colon f(x) = \log_4 x$ c) $f\colon f(x) = \ln(2x)$
d) $f\colon f(x) = 2 \lg x$ e) $f\colon f(x) = -\ln x$ f) $f\colon f(x) = -\frac{1}{2} \ln x$

6 Die barometrische Höhenformel lautet: $p(h) = p_0 \cdot e^{-\frac{h}{7991}}$

wobei p: Luftdruck

h: Höhe (in Meter)

p_0: 1013 hPa[1)] (Normaldruck auf der Erde bei 0 °C).

a) Welchen funktionalen Zusammenhang beschreibt die barometrische Höhenformel?

b) Wie verläuft der Graph der Funktion?

c) Wie ist der Verlauf des Graphen praktisch zu interpretieren?

d) Wie hoch ist der Luftdruck in 1000 m Höhe?

e) Wie hoch ist die Zugspitze, wenn in der dortigen Wetterstation ein Luftdruck von 699,159 mbar gemessen wurde?

7 Der Mond umrundet die Erde in einem mittleren Abstand von 384403 Kilometern mit einer Durchschnittsgeschwindigkeit von 3700 Kilometern pro Stunde.
Schätzen Sie, wie oft man ein Blatt Papier der Dicke 0,1 mm falten muss, bis es so dick ist, dass es bis zum Mond reicht? Führen Sie anschließend die entsprechenden Berechnungen durch.

8 a) Zeichnen Sie den Graphen von f: $f(x) = e^{2x}$ mithilfe einer Wertetafel.

b) Ermitteln Sie grafisch die Umkehrfunktion.

c) Wie lautet die Funktionsgleichung der Umkehrfunktion?

d) Wie lautet die Funktionsgleichung der Umkehrfunktion von f: $f(x) = a^{nx}$?

1.8.7 Verkettete Funktionen

Gegeben seien die Funktionen a: $a(x) = 2x^2$ und i: $i(x) = x - 1$.

Man kann diese beiden Funktionen zu einer neuen Funktion f zusammensetzen, indem die beiden Funktionen a und i miteinander **verkettet** werden. Die Schreibweise dafür ist

$f = a \circ i$ (gelesen: f ist die Verkettung von a mit i)

Die Funktionsgleichung der verketteten Funktion lautet dann allgemein:

$$f(x) = a(i(x)).$$

Dabei wird a: $a(x)$ die **äußere Funktion** und i: $i(x)$ die **innere Funktion** genannt.

Den Funktionsterm der verketteten Funktion f erhält man, indem der Funktionsterm der inneren Funktion $i(x) = x - 1$ für die Variable x der äußeren Funktion $a(x) = 2x^2$ eingesetzt wird:

$$\left.\begin{aligned} a(x) &= 2x^2 \\ &\uparrow \\ i(x) &= \underbrace{x - 1} \end{aligned}\right\} \quad f = a \circ i: \begin{aligned} f(x) &= a(i(x)) \\ &= 2(i(x))^2 \\ &= 2(x - 1)^2 \\ &= \underline{\underline{2x^2 - 4x + 2}} \end{aligned}$$

1) hPa = Hektopascal

Bei $f = a \circ i$ ist unbedingt die **Reihenfolge der Verkettung** zu beachten:

> Die an zweiter Stelle stehende innere Funktion wird in die an erster Stelle stehende äußere Funktion eingesetzt.

Wenn die o. g. Funktionen in umgekehrter Reihenfolge verkettet werden, ist die verkettete Funktion f eine andere:

$$\left.\begin{array}{l} a(x) = x - 1 \\ \qquad\quad\uparrow \\ i(x) = \mathbf{2x^2} \end{array}\right\} \; f(x) = a(i(x)) = \mathbf{2x^2} - 1$$

Allgemein gilt:

> $g \circ h \neq h \circ g$

Aufgabe 1

Gegeben sind die Funktionen g: $g(x) = 2x^2 - 3$ und h: $h(x) = \frac{1}{2}x^2$.

Wie lautet die Gleichung der Funktion f, die sich aus folgenden Verkettungen ergibt
a) $g \circ h$
b) $h \circ g$?

Lösung

a) $g \circ h$ heißt, die innere Funktion h wird in die äußere Funktion g eingesetzt.

$$\left.\begin{array}{l} g(x) = 2x^2 - 3 \\ \qquad\qquad\uparrow \\ h(x) = \mathbf{\tfrac{1}{2}x^2} \end{array}\right\} \; \begin{array}{l} f(x) = g(h(x)) = 2\left(\mathbf{\tfrac{1}{2}x^2}\right)^2 - 3 \\ \qquad\qquad\qquad = \tfrac{1}{2}x^4 - 3 \end{array}$$

b) $h \circ g$ heißt, die innere Funktion g wird in die äußere Funktion h eingesetzt.

$$\left.\begin{array}{l} h(x) = \tfrac{1}{2}x^2 \\ \qquad\qquad\uparrow \\ g(x) = \mathbf{2x^2 - 3} \end{array}\right\} \; \begin{array}{l} f(x) = h(g(x)) = \tfrac{1}{2}(\mathbf{2x^2 - 3})^2 \\ \qquad\qquad\qquad = 2x^4 - 6x^2 + 4{,}5 \end{array}$$

Zukünftig wird es erforderlich sein, eine verkettete Funktion in einfache Funktionen zu zerlegen:

Aufgabe 2

Zerlegen Sie die verkettete Funktion f: $f(x) = (\mathbf{3x^3 - x^2})^3$ in einfache Funktionen.

Lösung

Der Funktionsterm der **inneren Funktion** ist $\mathbf{i(x) = 3x^3 - x^2}$.

Der Funktionsterm der äußeren Funktion ist $a(x) = x^3$.

Die in der Aufgabenstellung gegebene Funktion ist demnach eine Verkettung von a mit i ($f = a \circ i$: $f(x) = a(i(x))$).

Manchmal ist eine Verkettung von Funktionen nicht sinnvoll:

Aufgabe 3

a: $a(x) = \sqrt{x}$, i: $i(x) = -x^2 - 1$.

Wie lautet die Funktionsgleichung von $f = a \circ i$?

Lösung

$$\left.\begin{array}{l} a(x) = \sqrt{x} \\ \qquad\quad \uparrow \\ i(x) = \overbrace{\mathbf{-x^2 - 1}} \end{array}\right\} f(x) = a(i(x)) = \sqrt{\mathbf{-x^2 - 1}}$$

Diese Verkettung ist nicht sinnvoll, da die entstandene Funktion für kein $x \in \mathbb{R}$ definiert ist.

Übungsaufgaben

1 Bilden Sie die Verkettung $a \circ i$.

a) a: $a(x) = x^2 + 1$; i: $i(x) = 2x - 3$

b) a: $a(x) = -\frac{1}{4}x^2 - 1$; i: $i(x) = 3x$

c) a: $a(x) = 0{,}5x^3$; i: $i(x) = -\frac{1}{4}x$

d) a: $a(x) = 3x + 2$; i: $i(x) = 4x^2$

e) a: $a(x) = -\frac{1}{2}x$; i: $i(x) = x^2 + 1$

f) a: $a(x) = -x^2$; i: $i(x) = 3x - 4$

2 Wie lautet die Funktionsgleichung von f mit $f(x) = a(i(x))$? Welches ist der maximale Definitionsbereich von f?

a) $a(x) = \sqrt[3]{x}$; $i(x) = 2x + 1$

b) $i(x) = x^2 - 4$ $a(x) = \sqrt{x} + 2$

c) $a(x) = 0{,}5\sqrt{x}$; $i(x) = 2x - 2$

d) $i(x) = -3x + 2$; $a(x) = \frac{1}{x}$

e) $a(x) = \frac{1}{x^2}$; $i(x) = 2x - 2$

f) $a(x) = \frac{-3}{x^2 + 2}$; $i(x) = 3x$

3 Bilden Sie $f = \mathrm{a} \circ i$.

a) a: $a(x) = 2\sin x$; i: $i(x) = -x + 1$

b) i: $i(x) = \cos x^2$; a: $a(x) = 4x + 2$

c) i: $i(x) = 3x^2$; a: $a(x) = -0{,}5\sin x + 4$

d) a: $a(x) = \tan 3x$; i: $i(x) = \frac{1}{x}$

e) i: $i(x) = 2x^2 + 1$; a: $a(x) = \frac{1}{\sin^2 x}$

f) a: $a(x) = 3\cot(2x - \pi)$; i: $i(x) = 4x$

4 Wie lautet die Gleichung der verketteten Funktion f: $f(x) = a(i(x))$?

a) $a(x) = a^x$; $i(x) = 3x$

b) $i(x) = x^2 - 1$; $a(x) = 3a^{x-1}$

c) $i(x) = -1$; $a(x) = \frac{1}{a^x}$
d) $a(x) = a^{x^2}$; $i(x) = 2x + 1$
e) $a(x) = 0{,}5\, a^{2x-1}$; $i(x) = 4x^2 - 2$
f) $i(x) = x^3 + x^2$; $a(x) = x \cdot 5^2$

5 Bilden Sie die geforderte Verkettung.
a) g: $g(x) = x^2 - 1$; h: $h(x) = 3x - 1$; $g \circ h$
b) h: $h(x) = 3x + 4$; g: $g(x) = x^2 + 2$; $h \circ g$
c) h: $h(x) = \sqrt{x}$; g: $g(x) = 4x^2 + 1$; $h \circ g$
d) g: $g(x) = \sin x$; h: $h(x) = 6x - x^2$; $g \circ h$
e) h: $h(x) = a^x$; g: $g(x) = x^2 + 1$; $h \circ g$
f) g: $g(x) = \frac{1}{x}$; h: $h(x) = 3x - 4$; $g \circ h$

6 Zerlegen Sie die verkettete Funktion in einfache Funktionen (dabei soll $a(x)$ die äußere und $i(x)$ die innere Funktion sein).
a) $f(x) = \sqrt[3]{(2x-1)^2}$
b) $f(x) = 3\cos(x^2 - 1)^2$
c) $f(x) = -\cos(2x - 4)$
d) $f(x) = -2a^{(x+1)^2}$
e) $f(x) = \frac{1}{\sqrt{3x+4}}$
f) $f(x) = (x^2 + 7x - 6)^3$
g) $f(x) = \frac{1}{(3x^2 - x)}$
h) $f(x) = -\sin(0{,}5x + 1)$

1.9 Allgemeine Eigenschaften von Funktionen und ihren Graphen

1.9.1 Monotonie

Eine Funktion f heißt **streng monoton steigend,** wenn mit wachsendem x auch $f(x)$ wächst.

$$x_1 < x_2 \Rightarrow f(x_1) < f(x_2)$$

Eine Funktion f heißt **monoton steigend,** wenn mit wachsendem x auch $f(x)$ wächst oder gleich bleibt.

$$x_1 < x_2 \Rightarrow f(x_1) \leq f(x_2)$$

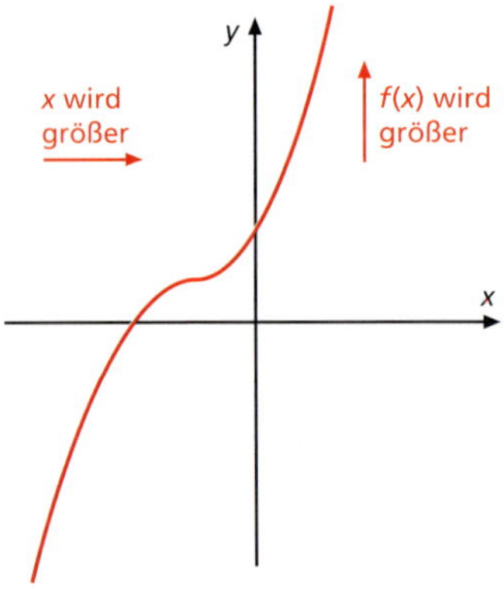

Bild 1.9.1.1

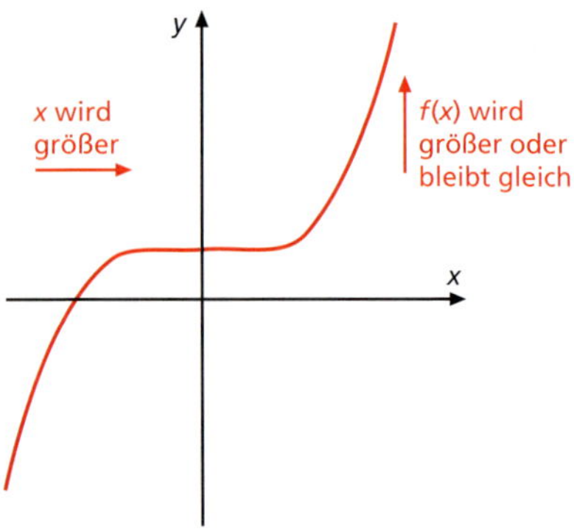

Bild 1.9.1.2

Der Graph in Bild 1.9.1.1 ist **streng monoton steigend,** weil von zwei beliebigen Punkten der rechte stets höher liegt. In Bild 1.9.1.2 gibt es auch Punkte, die sich auf gleicher Höhe mit einem unmittelbar links davon liegenden Punkt befinden. Die Funktion heißt deshalb **monoton steigend.**

Die Definitionen für streng monotones und monotones Steigen können auch auf fallende Funktionsgraphen sinngemäß übertragen werden:

Eine Funktion f heißt **streng monoton fallend,** wenn $f(x)$ bei wachsendem x fällt.

$$x_1 < x_2 \Rightarrow f(x_1) > f(x_2)$$

Eine Funktion f heißt **monoton fallend,** wenn mit wachsendem x $f(x)$ fällt oder gleich bleibt.

$$x_1 < x_2 \Rightarrow f(x_1) \geq f(x_2)$$

Wenn sich das Monotonieverhalten einer Funktion im Definitionsbereich ändert, sind zur Beschreibung des Monotonieverhaltens Intervalle zu bilden:

Aufgabe 1

Beschreiben Sie das Monotonieverhalten des abgebildeten Funktionsgraphen.

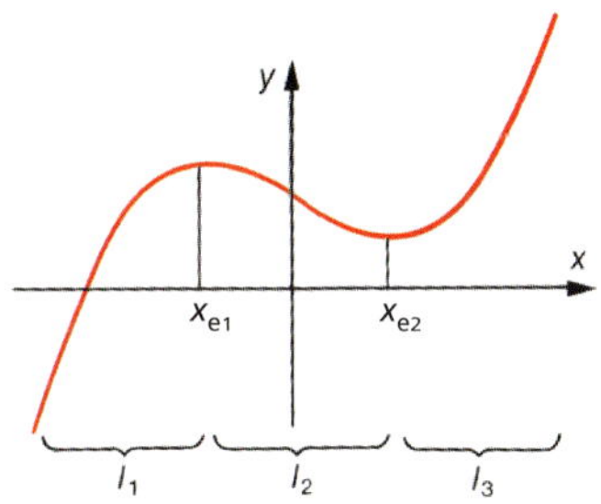

Lösung

Da sich das Monotonieverhalten des Graphen an den Extremstellen x_{e1} und x_{e2} ändert, bilden diese die Intervallgrenzen:

I_1: $(-\infty;\ x_{e1})$: f ist streng monoton steigend
I_2: $(x_{e1};\ x_{e2})$: f ist streng monoton fallend
I_3: $(x_2;\ \infty)$: f ist streng monoton steigend.

Übungsaufgaben

1 Untersuchen Sie das Monotonieverhalten der Funktionsgraphen.

a)

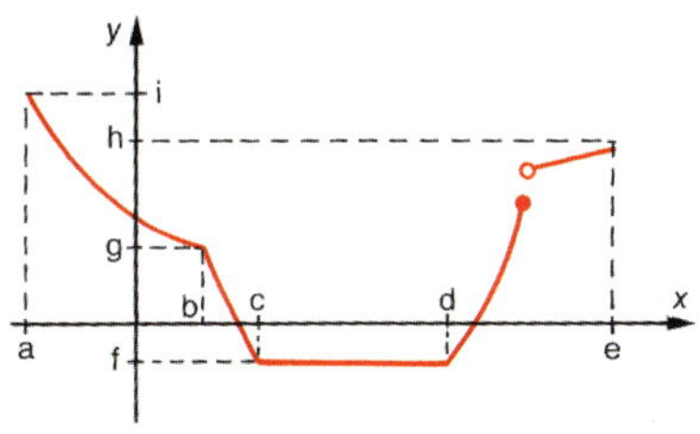

b)

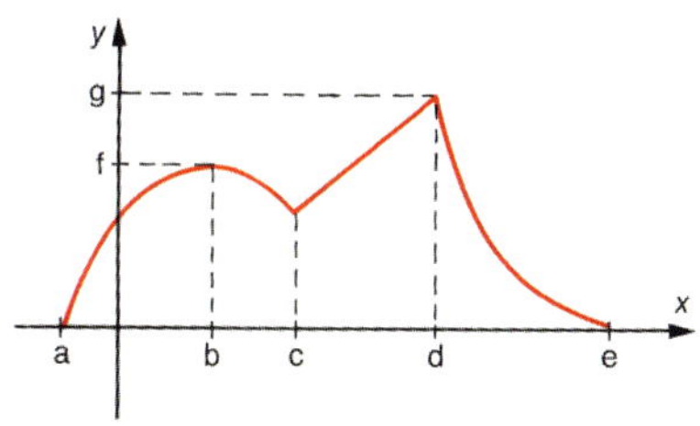

2 Skizzieren Sie den Verlauf des Funktionsgraphen und beschreiben Sie das Monotonieverhalten.

a) $f\colon f(x) = -x + 1$ b) $f\colon f(x) = -x^2$
c) $f\colon f(x) = -x^3$ d) $f\colon f(x) = \frac{1}{x}$
e) $f\colon f(x) = \sin x;\ D(f) = [0;\ 2\pi]$ f) $f\colon f(x) = \cos x;\ D(f) = [0;\ 2\pi]$
g) $f\colon f(x) = \tan x;\ D(f) = [0;\ 2\pi]$ h) $f\colon f(x) = \cot x;\ D(f) = [0;\ 2\pi]$

1.9.2 Beschränktheit

Der kleinste Funktionswert der Funktion f mit $f(x) = x^2 - 1$ (siehe Bild 1.9.2.1) ist -1. Kein Funktionswert ist kleiner als -1.

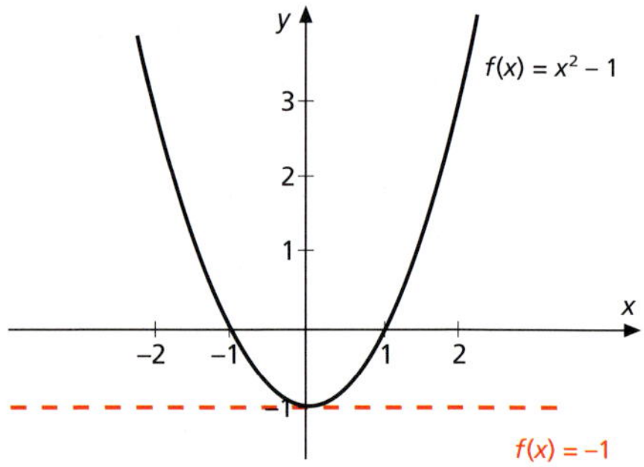

Bild 1.9.2.1

Man sagt:

> Die Zahl -1 ist **untere Schranke** der Funktion f: $f(x) = x^2 - 1$[1].
> Die Funktion ist **nach unten beschränkt.**

Entsprechende Überlegungen gelten für nach oben beschränkte Funktionen:
Für $f(x) = -x^2 + 2$ ist die Zahl 2 obere Schranke[2].

> Eine Funktion, die sowohl nach oben als auch nach unten beschränkt ist, heißt **beschränkte Funktion.**

Ein Beispiel für eine beschränkte Funktion ist die Sinusfunktion f mit $f(x) = \sin x$. Obere Schranke ist die Zahl $+1$, untere Schranke die Zahl -1.

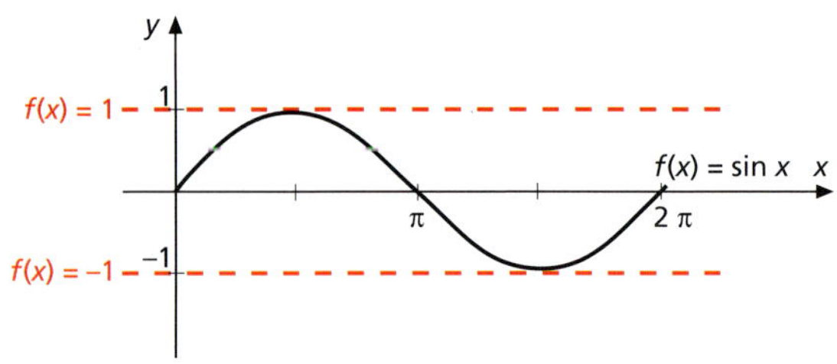

Bild 1.9.2.2

Übungsaufgaben

1 Untersuchen Sie die Funktionen aus Übungsaufgabe 1 S. 114 auf Beschränktheit, wenn gilt $D(f) = [a; e]$.

2 Welche generelle Aussage über gerade bzw. ungerade ganzrationale Funktionen ist bezüglich ihrer Beschränkung zulässig?

3 Untersuchen Sie die trigonometrischen Funktionen auf ihre Beschränktheit.

4 Untersuchen Sie auf Beschränktheit.

a) f: $f(x) = x^2 + 2$; $D(f) = [-1; 3]$
b) f: $f(x) = -x^3$; $D(f) = [-2; 2]$
c) f: $f(x) = -0{,}5\,x + 2$; $D(f) = [-4; 5]$
d) f: $f(x) = 3x - 2$; $D(f) = [-5; 0]$

---

[1] Untere Schranken sind auch die Zahlen -2, -3, -4 etc., weil kein Funktionswert kleiner als eine dieser Zahlen ist. Die größte untere Schranke, das sog. **Infimum,** ist jedoch die Zahl -1.

[2] Die kleinste obere Schranke wird **Supremum** genannt.

1.9.3 Symmetrie

Überlegungen zum Verlauf des Graphen einer Funktion werden vereinfacht, wenn man ein evtl. vorhandenes Symmetrieverhalten anhand des Funktionsterms erkennen kann.

In Bild 1.9.3.1 ist zu erkennen, dass für einen zur y-Achse symmetrischen Funktionsgraphen immer gilt, dass der Funktionswert an der Stelle x identisch ist mit dem Funktionswert an der Stelle $-x$:

$f(x) = f(-x)$
Achsensymmetrie zur y-Achse

Ist also die Gleichung einer Funktion bekannt, kann durch Einsetzen von $(-x)$ für x in die Funktionsgleichung geprüft werden, ob $f(x) = f(-x)$ ist.

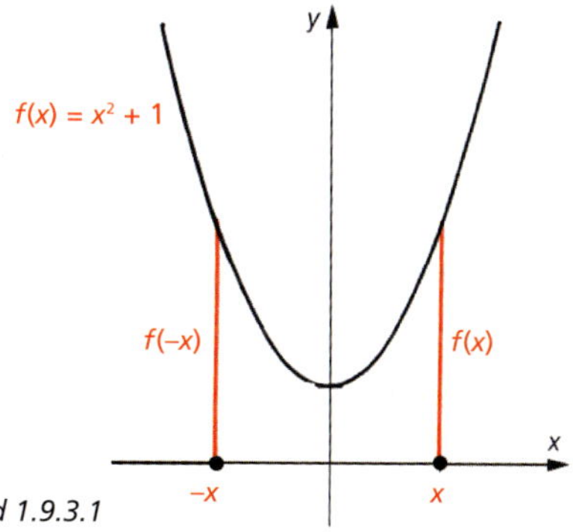

Bild 1.9.3.1

Aufgabe 1

Ist der Graph der Funktion f achsensymmetrisch zur y-Achse?

a) $f\colon f(x) = -x^4 + 2x^2 + 4$ b) $f\colon f(x) = -x^4 + 2x$

Lösung

Achsensymmetrie liegt vor, wenn $f(x) = f(-x)$ ist. Also wird $f(-x)$ berechnet und mit $f(x)$ verglichen:

a) $f(-x) = -(-x)^4 + 2(-x)^2 + 4 = \underline{-x^4 + 2x^2 + 4}$ ist identisch mit $f(x)$, also verläuft der Graph der Funktion **achsensymmetrisch zur y**-Achse.

b) $f(-x) = -(-x)^4 + 2(-x) = \underline{-x^4 - 2x}$ ist offensichtlich nicht identisch mit $f(x)$, also verläuft der Graph der Funktion **nicht achsensymmetrisch zur y-Achse.**

Bild 1.9.3.2 zeigt, dass für den Graphen einer zum Ursprung punktsymmetrisehen Funktion immer gilt, dass der Funktionswert an der Stelle x identisch ist mit dem *negativen* Funktionswert an der Stelle $-x$:

$f(x) = -f(-x)$
Punktsymmetrie zum Ursprung

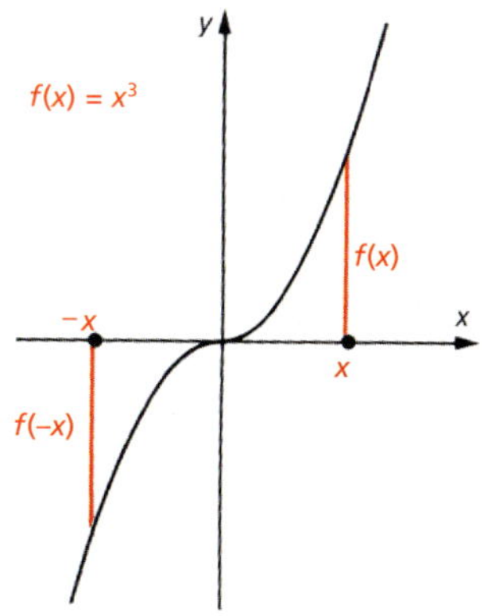

Bild 1.9.3.2

Aufgabe 2

Verläuft der Graph der Funktion f punktsymmetrisch zum Ursprung?

a) f: $f(x) = 3x^5 - x$
b) f: $f(x) = 3x^4 - x^2$

Lösung

Punktsymmetrie liegt vor, wenn $f(x) = -f(-x)$ ist. Also wird $-f(-x)$ berechnet und mit $f(x)$ verglichen:

a) $-f(-x) = -[3(-x)^5 - (-x)] = -(-3x^5 + x) = 3x^5 - x$ ist identisch mit $f(x)$, also verläuft der Graph der Funktion **punktsymmetrisch zum Ursprung.**

b) $-f(-x) = -[3(-x)^4 - (-x)^2] = -(3x^4 - x^2) = -3x^4 + x^2$ ist offensichtlich nicht identisch mit $f(x)$, also verläuft der Graph der Funktion **nicht punktsymmetrisch zum Ursprung.**

Aufgabe 3

Untersuchen Sie den Graphen von f: $f(x) = -x^3 + 1$ auf Symmetrie.

Lösung

$f(-x) = -(-x)^3 + 1 = x^3 + 1$ ist nicht identisch mit $f(x)$, also liegt **keine Achsensymmetrie zur y-Achse** vor.

$-f(-x) = -[-(-x)^3 + 1] = -(x^3 + 1) = -x^3 - 1$ ist nicht identisch mit $f(x)$, also liegt **keine Punktsymmetrie zum Ursprung** vor.

Gilt für eine Funktion weder $f(x) = f(-x)$ noch $f(x) = -f(-x)$, so ist ein **Symmetrieverhalten nicht erkennbar.**

Es darf nicht behauptet werden, der Graph von f: $f(x) = -x^3 + 1$ aus Aufgabe 3 sei nicht symmetrisch.

Bild 1.9.3.3 zeigt, dass der Graph sehr wohl punktsymmetrisch zu $S_y(0/1)$ verläuft. Dieses Symmetrieverhalten ist jedoch durch die Überprüfung $f(x) = f(-x)$ bzw. $f(x) = -f(-x)$ nicht erkennbar. Man kann also durch o.g. Überprüfungen lediglich Achsensymmetrie zur y-Achse bzw. Punktsymmetrie zum Ursprung feststellen.

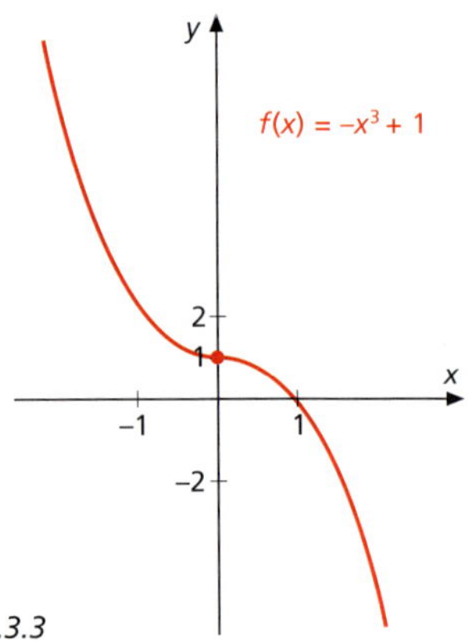

Bild 1.9.3.3

Für ganzrationale Funktionen gilt folgende Vereinfachung:

Eine **ganzrationale Funktion** heißt **gerade Funktion,** wenn der Funktionsterm **nur gerade Exponenten**[1)] enthält. Es gilt dann $f(x) = f(-x)$.
Der Graph einer geraden Funktion verläuft dann **achsensymmetrisch zur y-Achse.**

[1)] einschließlich 0

Eine **ganzrationale Funktion** heißt **ungerade Funktion,** wenn der Funktionsterm **nur ungerade Exponenten** enthält. Es gilt dann $f(x) = -f(-x)$.
Der Graph einer ungeraden Funktion verläuft **punktsymmetrisch zum Ursprung.**

Für gebrochenrationale Funktionen gilt folgende Vereinfachung:

Eine **gebrochenrationale Funktion** heißt **gerade,** wenn
a) Zähler *und* Nenner **nur gerade Exponenten** enthalten oder wenn
b) Zähler *und* Nenner **nur ungerade Exponenten** enthalten.
Es gilt dann $f(x) = f(-x)$.

Der Graph einer geraden Funktion verläuft **achsensymmetrisch zur y-Achse.**

Beispiel 1 (Zähler und Nenner gerade)

$f(x) = \frac{x^4 - 2x^2}{x^2 - 3}$ ist identisch mit $f(-x) = \frac{(-x)^4 - 2(-x)^2}{(-x)^2 - 3} = \underline{\underline{\frac{x^4 - 2x^2}{x^2 - 3}}}$

Eine **gebrochenrationale Funktion** heißt **ungerade,** wenn
a) der **Zähler nur gerade und der Nenner nur ungerade Exponenten** enthält oder
b) umgekehrt.
Es gilt dann $f(x) = -f(-x)$.
Der Graph einer ungeraden Funktion verläuft **punktsymmetrisch zum Ursprung.**

Beispiel 2 (Zähler gerade, Nenner ungerade)

$f(x) = \frac{x^4 - 2x^2}{x}$ ist identisch mit $-f(-x) = -\frac{(-x)^4 - 2(-x)^2}{-x} = -\frac{x^4 - 2x^2}{-x} = \underline{\underline{\frac{x^4 - 2x^2}{-x}}}$

Übungsaufgaben

1 Untersuchen Sie die Graphen der folgenden ganzrationalen Funktionen auf ihr Symmetrieverhalten.

a) $f\colon f(x) = 1$
b) $f\colon f(x) = -2x + 3$
c) $f\colon f(x) = (x + 2)^2$
d) $f\colon f(x) = -\frac{1}{2}x^2 - 2$
e) $f\colon f(x) = (x + 2)^2$
f) $f\colon f(x) = -x^4$
g) $f\colon f(x) = -x^5 + x^2 - 2$
h) $f\colon f(x) = x^5 + 2x^3 - x$
i) $f\colon f(x) = 3x^3 - 1$
j) $f\colon f(x) = -2x^3 + 2x$
k) $f\colon f(x) = 2x^4 - 0{,}5$
l) $f\colon f(x) = 0{,}5x^6 - 2x^2$
m) $f\colon f(x) = -3x^4 - x$
n) $f\colon f(x) = -x^4 + 3x^2 - 2$

2 Untersuchen Sie die Graphen der folgenden gebrochenrationalen Funktionen auf ihr Symmetrieverhalten.

a) $f\colon f(x) = \frac{x^2 + 1}{x}$
b) $f\colon f(x) = \frac{x^3 - 1}{2x}$
c) $f\colon f(x) = \frac{x^3 + 2x}{x^5}$
d) $f\colon f(x) = \frac{x - 1}{x + 1}$
e) $f\colon f(x) = \frac{x^2 + 2}{x^2}$
f) $f\colon f(x) = \frac{x^3 + 2x}{x^2 + 1}$

2 Differenzialrechnung

Gottfried W. Leibniz

In vielen Wissenschaftsbereichen können Probleme durch Funktionen dargestellt und gelöst werden. Dabei ist jedoch häufig die Kenntnis allein, welcher Funktionswert zu einem bestimmten x-Wert gehört, nicht ausreichend. Für den Wissenschaftler ist oft vielmehr von Bedeutung, auf welche Weise sich die Funktionswerte **verändern,** ob sie noch steigen oder bereits fallen, wie stark sie steigen, wann sie am größten oder kleinsten sind etc.
Wenn Sie beispielsweise einen Raum betreten, in dem die Temperatur 55 °C beträgt, dann ist die Kenntnis der Raumtemperatur allein für Sie sicherlich von Bedeutung: Viel interessanter wäre aber sicherlich zu wissen, ob die Raumtemperatur noch steigen oder vielleicht fallen wird, wann sie am höchsten bzw. tiefsten ist, und wie hoch die Raumtemperatur dann sein wird.

Mithilfe der Differenzialrechnung, die von Leibniz und Newton Ende des 17. Jahrhunderts fast gleichzeitig aber unabhängig voneinander entwickelt wurde, können derartige Fragestellungen beantwortet werden.

Weitreichende Fortschritte in vielen Wissenschaftsbereichen und in der Technik wurden durch die Differenzialrechnung ermöglicht.

Um das **zentrale Problem der Differenzialrechnung** – die **Bestimmung der Steigung eines Funktionsgraphen** – zu lösen, ist die Berechnung von „Grenzwerten" erforderlich. Das folgende Kapitel befasst sich daher mit diesem Thema.

Sir Isaac Newton

2.1 Grenzwerte von Funktionen

Grenzwertbetrachtungen von Funktionen werden in der Weise durchgeführt, dass die Variable x in eine gewisse Richtung verändert wird (z. B. $x \to \infty$ oder $x \to 0$), und gleichzeitig untersucht wird, wie sich die Funktionswerte dabei verhalten.

Wenn es eine Zahl gibt, der die Funktionswerte bei sich änderndem x entgegenstreben, so heißt diese Zahl Grenzwert.

Der **Grenzwert** einer Funktion ist die Zahl, der die Funktionswerte bei sich änderndem x beliebig nahekommen.

2.1.1 Verhalten von Funktionen bei Annäherung an eine Stelle x_a

Es soll untersucht werden, wie sich die Funktionswerte der Funktion f: $f(x) = 1 + x^2$ verhalten, wenn x gegen 0 strebt.

Die mathematisch verkürzte Schreibweise für diese Aufgabenstellung lautet:

$\lim\limits_{x \to 0} (1 + x^2)$ *(gelesen: limes*[1] *von* $(1 + x^2)$ *für x gegen* 0*)*

Eine Wertetafel zeigt, dass sich die Funktionswerte immer mehr der Zahl 1 annähern, je dichter man an $x = 0$ gelangt:

x	4	3	2	1	0,5	0,1	0,01	0,001
$f(x)$	17	10	5	2	1,25	1.01	1,0001	1,000001

Der Graph der Funktion verdeutlicht dies ebenfalls.

Es ist also :

$\lim\limits_{x \to 0} (1 + x^2) = \underline{\underline{1}}$

Bei diesem einfachen Beispiel hätte man den Grenzwert dadurch berechnen können, dass man 0 für x in den Funktionsterm einsetzt, oder einfacher gesagt, $f(0)$ berechnet. Denn $x \to 0$ bedeutet im Extremfall $x = 0$, und der Funktionswert ist dann $f(0) = 1$.

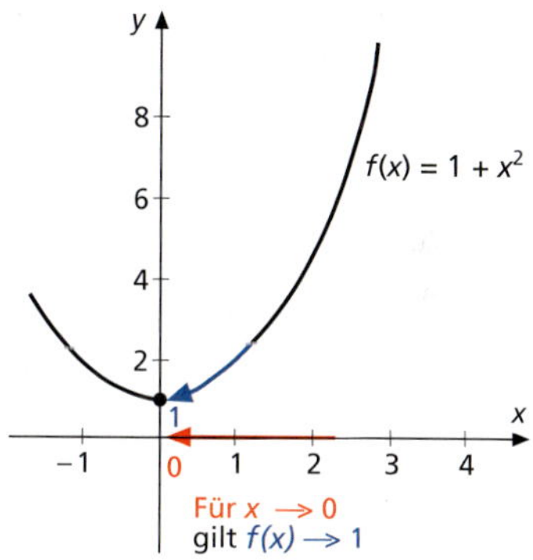

Bild 2.1.1.1

Grenzwert und Funktionswert stimmen in diesem Fall überein.

Aufgabe 1

Welches ist der Grenzwert der Funktion f mit $f(x) = \frac{x^2 + 2}{x - 1}$, wenn x gegen 2 strebt?

Schreiben Sie die Aufgabenstellung mathematisch verkürzt.

Lösung

$\lim\limits_{x \to 2} \frac{x^2 + 2}{x - 1}$

Der Grenzwert wird gefunden, indem $f(2)$ berechnet wird. Dieser Zahl streben die Funktionswerte für $x \to 2$ entgegen.

$\lim\limits_{x \to 2} \frac{x^2 + 2}{x - 1} = \underline{\underline{6}}$

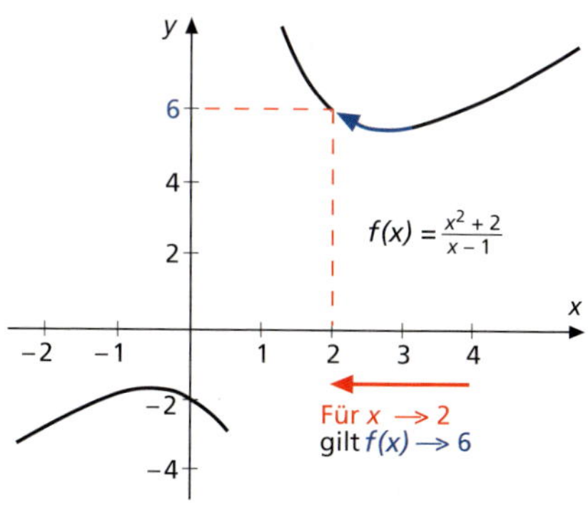

Bild 2.1.1.2

[1] limes (lat.): Grenze

Das Finden des Grenzwertes wird schwieriger, wenn x gegen eine Stelle x_a strebt, für die der Funktionswert $f(x_a)$ nicht berechnet werden kann:

Aufgabe 2

Untersuchen Sie das Verhalten der Funktion f: $f(x) = \frac{1}{x}$ in der Umgebung ihrer Definitionslücke.

Lösung

Bei dieser Funktion darf die Zahl 0 nicht in den Funktionsterm für x eingesetzt werden, weil dann durch 0 dividiert würde. Also muss die Funktion daraufhin untersucht werden, wie sie sich in der Nähe von $x = 0$ verhält.

$$\lim_{x \to 0} \frac{1}{x}$$

Da die Zahl 0 nicht direkt eingesetzt werden darf, setzt man für x Zahlen ein, die sich immer mehr der Zahl 0 nähern, und untersucht dabei, wie sich die Funktionswerte verhalten.

x	2	1	$\frac{1}{10}$	$\frac{1}{100}$	$\frac{1}{1\,000}$	$\frac{1}{10\,000}$	$\frac{1}{100\,000}$
$f(x)$	$\frac{1}{2}$	1	10	100	1 000	10 000	100 000

Die Wertetafel zeigt, dass für $x \to 0$ die Funktionswerte gegen ∞ streben.

Der Graph der Funktion (siehe Bild 2.1.1.3) zeigt jedoch, dass das Verhalten von f: $f(x) = \frac{1}{x}$ differenzierter betrachtet werden muss. Je nachdem, von welcher Seite sich die x-Werte dem Ursprung nähern, streben die Funktionswerte einmal gegen ∞ und zum anderen gegen $-\infty$.

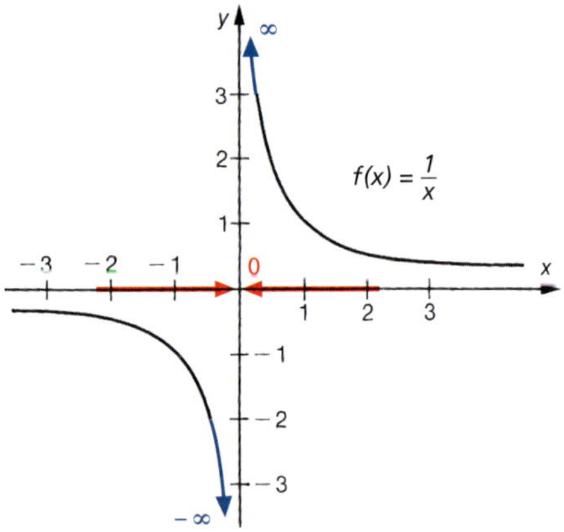

Bild 2.1.1.3

Schreibweise für Annäherung aus positiver Richtung:

$$\lim_{\substack{x \to 0 \\ x > 0}} \frac{1}{x} = \text{„}\infty\text{“}$$ [1]

Schreibweise für Annäherung aus negativer Richtung:

$$\lim_{\substack{x \to 0 \\ x < 0}} \frac{1}{x} = \text{„}\infty\text{“}$$

(Die Funktion strebt in diesem Fall gegen $-\infty$, weil für x negative Zahlen eingesetzt werden.)

[1] „Unendlich“ wird in Anführungszeichen gesetzt, weil „unendlich“ keine Zahl ist und somit laut Definition auch kein Grenzwert sein kann.

Aufgabe 3

Untersuchen Sie die Funktion f: $f(x) = 3 - \frac{1}{x^2}$ beidseitig in der Umgebung ihrer Definitionslücke.

Lösung

a) $\lim\limits_{\substack{x \to 0 \\ x > 0}} \left(3 - \frac{1}{x^2}\right) = \underline{\underline{„-\infty“}}$

Begründung

Das Einsetzen von Zahlen für x, die immer kleiner werden, aber positiv bleiben, führt dazu, dass von 3 ein immer größer werdender Betrag subtrahiert wird.

x	2	1	$\frac{1}{10}$	$\frac{1}{100}$	$\frac{1}{1\,000}$
$f(x)$	2,75	2	–97	–9 997	–999 997

b) $\lim\limits_{\substack{x \to 0 \\ x > 0}} \left(3 - \frac{1}{x^2}\right) = \underline{\underline{„-\infty“}}$

Begründung

Das Einsetzen von Zahlen für x, die negativ sind und sich immer mehr $x = 0$ nähern, führt dazu, dass von 3 ein immer größer werdender Betrag subtrahiert wird.

x	–2	–1	$-\frac{1}{10}$	$-\frac{1}{100}$	$-\frac{1}{1\,000}$
$f(x)$	2,75	2	–97	–9 997	–999 997

Das Schaubild der Funktion in Bild 2.1.1.4 verdeutlicht die durchgeführten Grenzwertbetrachtungen.

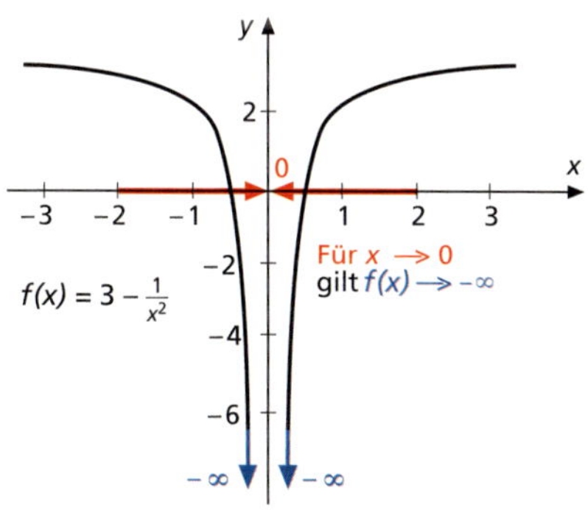

Bild 2.1.1.4

Aufgabe 4

Untersuchen Sie die Funktion f: $f(x) = \frac{(x+1)(x-1)}{(x-1)}$ in der Umgebung ihrer Definitionslücke.

Lösung

Die Funktion f ist an der Stelle $x = 1$ nicht definiert ($D(f) = \mathbb{R}\backslash\{1\}$). Da nicht nur die Nennerfunktion, sondern auch die Zählerfunktion 0 ist für $x = 1$, liegt eine hebbare

Lücke vor. Die Grenzwertbetrachtung für $x \to 1$ führt zu einem Funktionswert, der die hebbare Lücke bei $x = 1$ schließen könnte.

$$\lim_{x \to 1} \frac{(x+1)(x-1)}{(x-1)}$$

Da die Zahl 1 nicht in den Funktionsterm eingesetzt werden darf, wird der Funktionsterm durch Kürzen vereinfacht:

$$\lim_{x \to 1} \frac{(x+1)\cancel{(x-1)}}{\cancel{(x-1)}} = \lim_{x \to 1} (x+1)$$ [1]

Jetzt kann $x = 1$ in den Funktionsterm eingesetzt und der Grenzwert berechnet werden.

$$\lim_{x \to 1} (x+1) = 1 + 1 = \underline{\underline{2}}, \text{ also auch: } \lim_{x \to 1} \frac{(x+1)(x-1)}{(x-1)} = \underline{\underline{2}}$$

Der Grenzwert der Funktion $f{:}\ f(x) = \frac{(x+1)(x-1)}{(x-1)}$ ist die Zahl 2. Die Lücke bei $x = 1$ könnte also durch den Funktionswert 2 behoben werden.

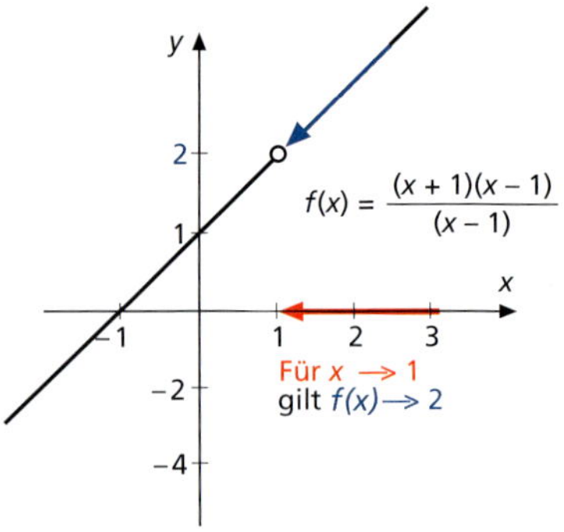

Bild 2.1.1.5

Aufgabe 5

Durch welchen Funktionswert kann die hebbare Lücke der Funktion $f{:}\ f(x) = \frac{x^2 - 9}{x + 3}$ geschlossen werden?

Lösung

$$\lim_{x \to -3} \frac{x^2 - 9}{x + 3} = \lim_{x \to -3} \frac{(x+3)(x-3)}{(x+3)}$$

$$\lim_{x \to -3} (x - 3) = \underline{\underline{-6}}, \text{ also auch:}$$

$$\lim_{x \to -3} \frac{x^2 - 9}{x + 3} = \underline{\underline{-6}}$$

Die Definitionslücke bei $x = -3$ der Funktion $f{:}\ f(x) = \frac{x^2 - 9}{x + 3}$ ist behebbar durch den Funktionswert -6.

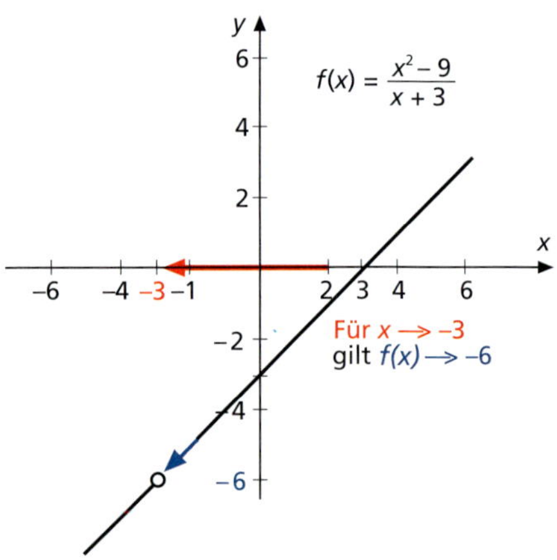

Bild 2.1.1.6

---

[1] Die Funktion mit $f(x) = x + 1$ ist bis auf die Lücke identisch mit $f(x) = \frac{(x+1)(x-1)}{(x-1)}$. Dieses Vorgehen, durch Kürzen den Funktionsterm zu vereinfachen, ist immer dann möglich, wenn eine hebbare Lücke bei $x = x_0$ vorliegt, also $N(x_0) = 0 \wedge Z(x_0) = 0$.

Übungsaufgaben

1 a) $\lim\limits_{\substack{x \to 0 \\ x > 0}} \frac{3}{x}$ b) $\lim\limits_{x \to 0} (3x^2 + 2x - 1)$

c) $\lim\limits_{x \to 0} x$ d) $\lim\limits_{x \to -1} \frac{1 + x}{1 - x}$

e) $\lim\limits_{x \to -1} \frac{x^2}{1 + x^2}$ f) $\lim\limits_{x \to -2} \frac{x^3}{2 - x}$

2 a) $\lim\limits_{x \to -1} (5x^3 - x)$ b) $\lim\limits_{x \to 0} 3x$

c) $\lim\limits_{x \to 2} (x + 1)$ d) $\lim\limits_{\substack{x \to 0 \\ x < 0}} \frac{3}{x}$

e) $\lim\limits_{\substack{x \to -1 \\ x > -1}} \frac{-2}{x + 1}$ f) $\lim\limits_{\substack{x \to 1 \\ x > 1}} \frac{1}{x^2 - 1}$

3 a) $\lim\limits_{x \to -2} \frac{x^2 - 4}{x + 2}$ b) $\lim\limits_{x \to 1} \frac{x^2 - 1}{x - 1}$

c) $\lim\limits_{x \to 0} \frac{(x + 2)(x - 2)}{x + 2}$ d) $\lim\limits_{x \to 1} \frac{(x + 2)(x - 1)}{x - 1}$

e) $\lim\limits_{x \to -1} \frac{x^2 + 2x + 1}{x + 1}$ f) $\lim\limits_{x \to 2} \frac{x^2 + 4x + 4}{x + 2}$

4 a) $\lim\limits_{x \to -1} \frac{x^2 - 1}{x + 1}$ b) $\lim\limits_{x \to -2} \frac{3(x + 2)}{x + 2}$

c) $\lim\limits_{x \to 0} \frac{3x^2}{x}$ d) $\lim\limits_{x \to 1} \frac{2x^3}{x}$

e) $\lim\limits_{x \to 3} \frac{x^2 - 6x + 9}{(x + 3)}$ f) $\lim\limits_{x \to -2} \frac{x^2 + 4x + 4}{(x + 2)}$

5 a) $\lim\limits_{x \to 0} \frac{1}{x + 1}$ b) $\lim\limits_{x \to 1} 3$

c) $\lim\limits_{h \to 0} (12 + h)$ d) $\lim\limits_{a \to 4} \frac{1}{a + 3}$

e) $\lim\limits_{b \to 0} \left(2 - \frac{4}{b}\right)$ f) $\lim\limits_{h \to 7} \left(6 + \frac{7}{h}\right)$

2.1.2 Verhalten von Funktionen im „Unendlichen"

Von besonderem Interesse ist häufig die Beantwortung der Frage, wie sich Funktionen im „Unendlichen" verhalten, d. h., wenn x gegen $\pm\infty$ strebt.

Dazu wird z. B. für die Funktion f: $f(x) = \frac{1}{x^2}$ folgende Grenzwertbetrachtung durchgeführt:

$$\lim_{x \to \infty} \frac{1}{x^2}$$ [1]

Die Grenzwertbetrachtung wird in diesem Fall dadurch kompliziert, dass ∞ keine Zahl ist und somit auch nicht für x eingesetzt werden kann.

Es muss also zur Findung des Grenzwertes folgende Überlegung durchgeführt werden: Wie verhalten sich die Funktionswerte, wenn für x immer größer werdende Zahlen eingesetzt werden?

Die Wertetafel zeigt, dass sich mit wachsendem x die Funktionswerte immer mehr der Zahl 0 nähern.

x	1	10	100	1 000	10 000
$f(x)$	1	$\frac{1}{100}$	$\frac{1}{10\,000}$	$\frac{1}{1\,000\,000}$	$\frac{1}{100\,000\,000}$

$\lim\limits_{x \to \infty} \frac{1}{x^2} = 0$ *(gelesen: limes von* $\frac{1}{x^2}$ *für x gegen unendlich ist die Zahl* 0.*)*

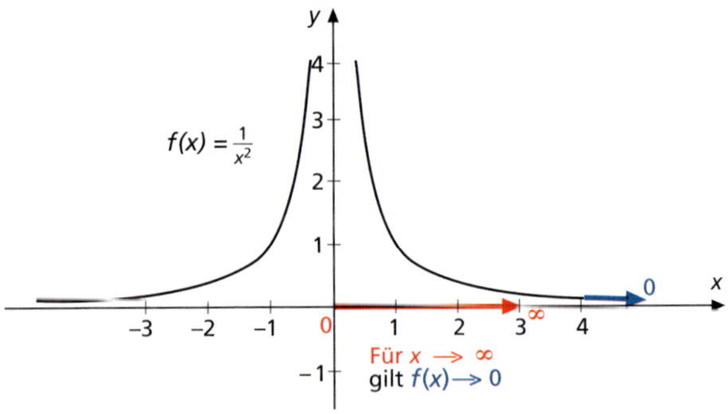

Bild 2.1.2.1

> Wenn die Funktionswerte einer Funktion bei wachsendem x einer Zahl a (dem Grenzwert) entgegenstreben, heißt die Funktion **konvergent.**

Mathematisch verkürzt geschrieben ist dann

$$\lim_{x \to \infty} f(x) = a$$

> Wenn die Funktionswerte einer Funktion bei wachsendem x gegen unendlich streben, heißt die Funktion **divergent.**[2]

Mathematisch verkürzt geschrieben ist dann

$$\lim_{x \to \infty} f(x) = „\infty“$$

---

[1] Man hätte auch $\lim\limits_{x \to -\infty} \frac{1}{x^2}$ untersuchen können.

[2] Die Funktion hat dann keinen Grenzwert für $x \to \infty$.

Für alle Funktionen der Form $f(x) = \frac{a}{x^n}$ gilt:

$$\lim_{x \to \infty} \frac{a}{x^n} = 0$$

Begründung:
Für wachsende x wird der Nenner des Funktionsterms immer größer; der Wert des Bruches insgesamt strebt damit aber gegen die Zahl 0.

Aufgabe 1

Untersuchen Sie, ob die angegebenen Funktionen konvergent sind. Bestimmen Sie ggf. den Grenzwert.

a) $f\colon f(x) = \frac{3}{x^3}$

b) $f\colon f(x) = -\frac{1}{x^2}$

c) $f\colon f(x) = 1 + \frac{3}{x}$

d) $f\colon f(x) = 4 - \frac{1}{x}$

e) $f\colon f(x) = 3 + \frac{2}{x^2}$

f) $f\colon f(x) = 4 + x^2$

Lösung

a) $\lim_{x \to \infty} \frac{3}{x^3} = \underline{\underline{0}}$

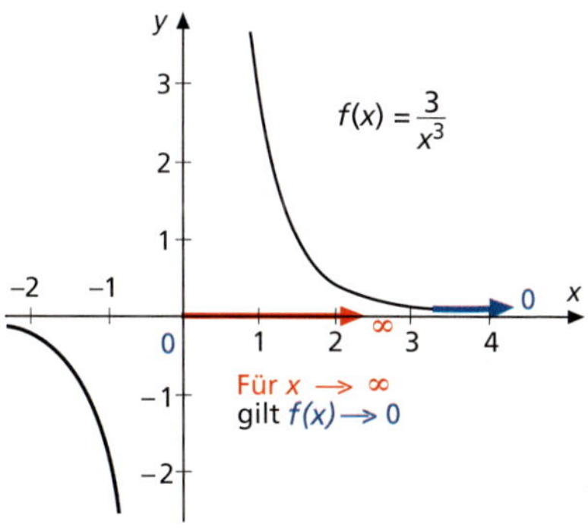

Bild 2.1.2.2

b) $\lim_{x \to \infty} -\frac{1}{x^2} = \underline{\underline{0}}$

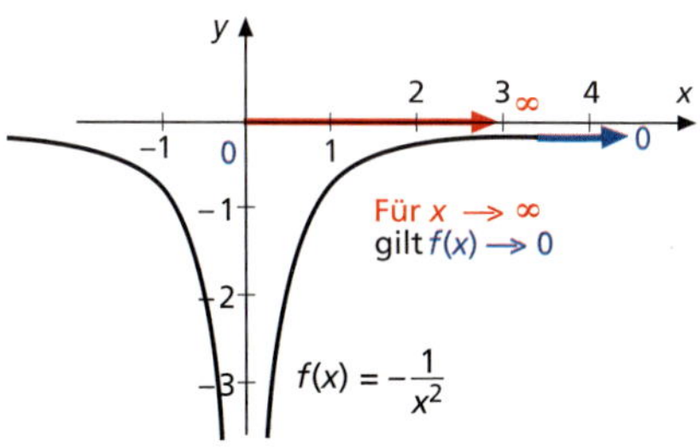

Bild 2.1.2.3

c) $\lim_{x \to \infty} \left(1 + \frac{3}{x}\right) = \underline{\underline{1}}$

Begründung:
Für $x \to \infty$ strebt der Bruch $\frac{3}{x}$ gegen 0. Somit werden zur Zahl 1 immer kleiner werdende Zahlen addiert.

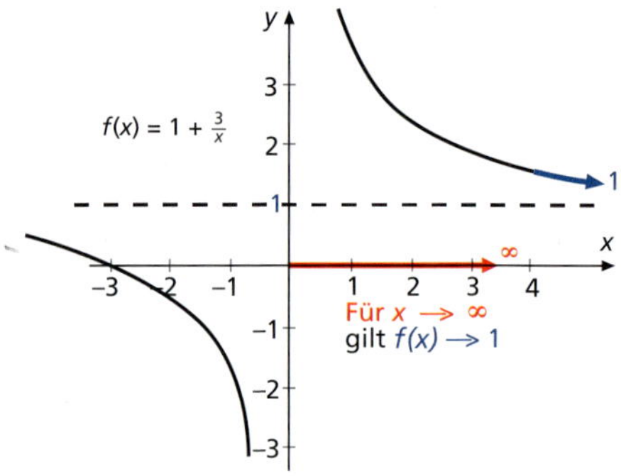

Bild 2.1.2.4

d) $\lim_{x \to \infty} \left(4 + \frac{1}{x}\right) = \underline{\underline{4}}$

Begründung:
ähnlich wie Teilaufgabe c)

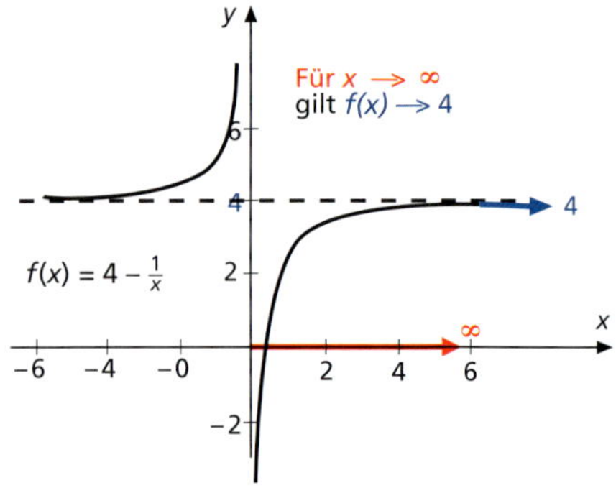

Bild 2.1.2.5

e) $\lim_{x \to \infty} \left(3 + \frac{2}{x^2}\right) = \underline{\underline{3}}$

Begründung:
ähnlich wie Teilaufgabe c)

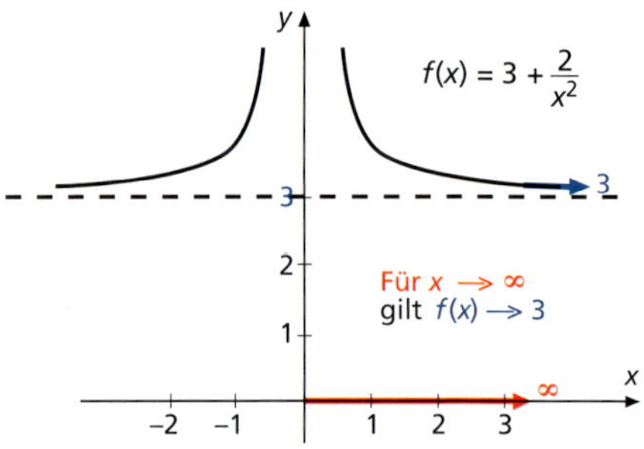

Bild 2.1.2.6

f) $\lim_{x \to \infty} (4 + x^2) = \underline{\underline{\text{„}\infty\text{“}}}$

Begründung:
Für $x \to \infty$ werden zur Zahl 4 immer größer werdende Zahlen addiert.

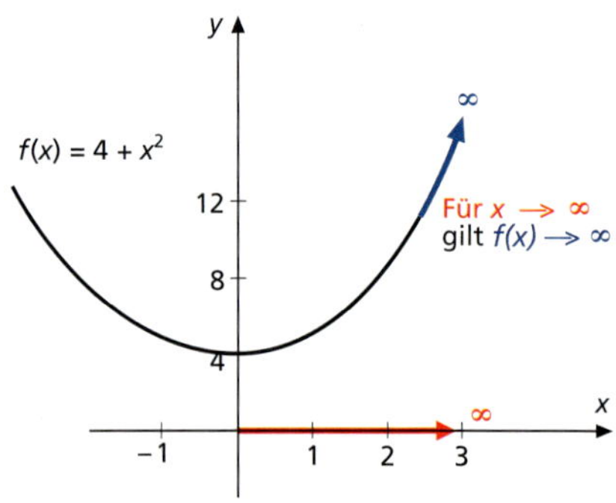

Bild 2.1.2.7

Die Funktionen in den Teilaufgaben a) bis e) sind konvergent, weil sie für $x \to \infty$ einen Grenzwert aufweisen. Die Funktion in Teilaufgabe f) ist divergent, weil sie (für $x \to \infty$) gegen unendlich strebt.

Übungsaufgaben

1
a) $\lim\limits_{x \to \infty} \left(\frac{1}{2}x^2 + 1\right)$
b) $\lim\limits_{x \to \infty} (-3x^2 - 1)$
c) $\lim\limits_{x \to \infty} (6x + 1)$
d) $\lim\limits_{x \to \infty} \frac{3}{x}$
e) $\lim\limits_{x \to \infty} \frac{2}{x + 1}$
f) $\lim\limits_{x \to \infty} \frac{3}{x^2}$

2
a) $\lim\limits_{x \to \infty} \left(\frac{1}{x^2} + 4\right)$
b) $\lim\limits_{x \to \infty} \left(\frac{3}{x} - 2\right)$
c) $\lim\limits_{x \to \infty} \left(\frac{2}{x^3} + 1\right)$
d) $\lim\limits_{x \to \infty} \left(1 - \frac{3}{x}\right)$
e) $\lim\limits_{x \to \infty} (-1 + x^2)$
f) $\lim\limits_{x \to \infty} \left(-4 - \frac{6}{x + 1}\right)$

3
a) $\lim\limits_{x \to \infty} + \sqrt{x}$
b) $\lim\limits_{x \to \infty} 3\sqrt{x + 1}$
c) $\lim\limits_{x \to \infty} - |x|$
d) $\lim\limits_{x \to \infty} 2^x$
e) $\lim\limits_{x \to \infty} - \sqrt{x^2}$
f) $\lim\limits_{x \to \infty} 4$

4
a) $\lim\limits_{a \to \infty} (a^2 + 3a)$
b) $\lim\limits_{n \to \infty} - \frac{1}{n^2}$
c) $\lim\limits_{p \to \infty} - \left(3 - \frac{4}{p}\right)$
d) $\lim\limits_{b \to \infty} \left(\frac{b^2}{4} + 1\right)$
e) $\lim\limits_{c \to \infty} \left(\frac{4}{c^2} - 1\right)$
f) $\lim\limits_{a \to \infty} - a + 1$

5 Welche der Funktionen, für die in
a) Übungsaufgabe 1
b) Übungsaufgabe 2
c) Übungsaufgabe 3
d) Übungsaufgabe 4

dieser Seite Grenzwertbetrachtungen durchgeführt wurden, sind divergent (Begründung)?

2.1.3 Berechnung von Grenzwerten

Im Folgenden soll ein Verfahren vorgestellt werden, wie bei umfangreicheren Funktionstermen der Grenzwert berechnet werden kann.

Aufgabe 1

Wie verhält sich die Funktion f: $f(x) = \frac{x^3 - 2x^2}{2x^3 - x}$ im „Unendlichen"?

Lösung

$$\lim_{x \to \infty} \frac{x^3 - 2x^2}{2x^3 - x}$$

Die Bestimmung des Grenzwertes ist nicht – wie bisher – auf den ersten Blick möglich. Einerseits kann „∞" nicht für x eingesetzt werden. Andererseits ist das Erstellen einer Wertetafel für immer größer werdende x relativ umständlich.

Folgendes Verfahren vereinfacht das Finden des Grenzwertes:

Ausklammern der höchsten vorkommenden Potenz von x **und anschließendes Kürzen** des Bruches.

$$\lim_{x \to \infty} \frac{\cancel{x^3}\left(1 - \frac{2}{x}\right)}{\cancel{x^3}\left(2 - \frac{1}{x^2}\right)} = \frac{1-0}{2-0} = \underline{\underline{\frac{1}{2}}}$$

Bei dieser Rechnung wurden stillschweigend folgende **Grenzwertregeln** vorausgesetzt, die im Folgenden ohne Beweis aufgeführt werden.

Grenzwertregeln:

(1) Der Grenzwert der Summe (Differenz) zweier Funktionen ist gleich der Summe (Differenz) der Grenzwerte der einzelnen Funktionen.

$$\lim_{x \to \infty} [f(x) \pm g(x)] = \lim_{x \to \infty} f(x) \pm \lim_{x \to \infty} g(x)$$

z. B.: $\lim_{x \to \infty} \left(4x + \frac{1}{x^2}\right) = \lim_{x \to \infty} 4x + \lim_{x \to \infty} \frac{1}{x^2} = „\infty\text{“} + 0 = \underline{\underline{„\infty\text{“}}}$

(2) Der Grenzwert des Produktes zweier Funktionen ist gleich dem Produkt der Grenzwerte der einzelnen Funktionen.

$$\lim_{x \to \infty} [f(x) \cdot g(x)] = \lim_{x \to \infty} f(x) \cdot \lim_{x \to \infty} g(x)$$

z. B.: $\lim_{x \to \infty} \left[\left(2 + \frac{2}{x^2}\right) \cdot \left(3 - \frac{1}{x}\right)\right] = \lim_{x \to \infty} \left(2 + \frac{2}{x^2}\right) \cdot \lim_{x \to \infty} \left(3 - \frac{1}{x}\right) = 2 \cdot 3 = \underline{\underline{6}}$

(3) Der Grenzwert des Quotienten zweier Funktionen ist gleich dem Quotienten der Grenzwerte der einzelnen Funktionen.

$$\lim_{x \to \infty} \frac{f(x)}{g(x)} = \frac{\lim\limits_{x \to \infty} f(x)}{\lim\limits_{x \to \infty} g(x)}; \text{ wobei } \lim_{x \to \infty} g(x) \neq 0$$

z. B.: $\lim_{x \to \infty} \frac{\frac{1}{x^2}}{3} = \frac{\lim\limits_{x \to \infty} \frac{1}{x^2}}{\lim\limits_{x \to \infty} 3} = \frac{0}{3} = \underline{\underline{0}}$

(4) Der Grenzwert einer konstanten Funktion ist die Konstante selbst.

$$\lim_{x \to \infty} a = \underline{\underline{a}}$$

z. B.: $\lim_{x \to \infty} 3 = \underline{\underline{3}}$

Aufgabe 2

Berechnen Sie den Grenzwert für $x \to \infty$ von f: $f(x) = \frac{x^2 - 5x}{1 - 3x^2}$. Wenden Sie bei der Lösung die o. g. Grenzwertregeln an und schreiben Sie die einzelnen Lösungsschritte ausführlich.

Lösung

$$\lim_{x \to \infty} \frac{x^2 - 5x}{1 - 3x^2} = \lim_{x \to \infty} \frac{\cancel{x^2}\left(1 - \frac{5}{x}\right)}{\cancel{x^2}\left(\frac{1}{x^2} - 3\right)} = \frac{\lim\limits_{x \to \infty}\left(1 - \frac{5}{x}\right)}{\lim\limits_{x \to \infty}\left(\frac{1}{x^2} - 3\right)} = \frac{\lim\limits_{x \to \infty} 1 - \lim\limits_{x \to \infty} \frac{5}{x}}{\lim\limits_{x \to \infty} \frac{1}{x^2} - \lim\limits_{x \to \infty} 3} = \frac{1 - 0}{0 - 3} = \underline{\underline{-\frac{1}{3}}}$$

Aufgabe 3

Berechnen Sie die Grenzwerte für $x \to \infty$.

a) f: $f(x) = \frac{2x^2 + 3x - 7}{3x^2}$

b) f: $f(x) = \frac{x^5 - x^2}{x^3 + 2x}$

c) f: $f(x) = \frac{3x^3 - x}{4x^4 - x^2}$

Lösung

a) $$\lim_{x \to \infty} \frac{2x^2 + 3x - 7}{3x^2} = \lim_{x \to \infty} \frac{\cancel{x^2}\left(2 + \frac{3}{x} - \frac{7}{x^2}\right)}{\cancel{x^2} \cdot 3} = \frac{2 + 0 - 0}{3} = \underline{\underline{\frac{2}{3}}}$$

b) $$\lim_{x \to \infty} \frac{x^5 - x^2}{x^3 + 2x} = \lim_{x \to \infty} \frac{\cancel{x^5}\left(1 - \frac{1}{x^3}\right)}{\cancel{x^5}\left(\frac{1}{x^2} + \frac{2}{x^4}\right)} = \frac{1 - 0^{1)}}{0 + 0} = \underline{\underline{\text{„}\infty\text{“}}}$$

c) $$\lim_{x \to \infty} \frac{3x^3 - x}{4x^4 - x^2} = \lim_{x \to \infty} \frac{\cancel{x^4}\left(\frac{3}{x} - \frac{1}{x^3}\right)}{\cancel{x^4}\left(4 - \frac{1}{x^2}\right)} = \frac{0 - 0}{4 - 0} = \underline{\underline{0}}$$

[1] Da durch die Zahl 0 dividiert werden müsste, gibt es keinen Grenzwert. Folglich strebt die Funktion gegen ∞.

Übungsaufgaben

1 a) $\lim\limits_{x \to \infty} \frac{x^2 + x}{x^2 - 1}$ b) $\lim\limits_{x \to \infty} \frac{2x}{1 + x^2}$

c) $\lim\limits_{x \to \infty} (3x^3 + x)$ d) $\lim\limits_{x \to \infty} \frac{3}{4x}$

e) $\lim\limits_{x \to \infty} \frac{9 + x}{x^2}$ f) $\lim\limits_{x \to \infty} \frac{2x - 1}{x^2}$

2 a) $\lim\limits_{x \to \infty} \frac{-3x^2 + 3}{x^2 + 7x}$ b) $\lim\limits_{x \to \infty} \frac{9x^2 - x}{4x^2 - 2}$

c) $\lim\limits_{x \to \infty} \frac{9x^3 - 6}{6x^3 - 6x^2}$ d) $\lim\limits_{x \to \infty} \frac{6x}{3x - 1}$

e) $\lim\limits_{x \to \infty} \frac{7x + 5}{x - 1}$ f) $\lim\limits_{x \to \infty} \frac{x^3 - 16}{x^2 - x}$

3 a) $\lim\limits_{x \to \infty} \left[\frac{x^2}{1 + x} \cdot \frac{1}{x}\right]$ b) $\lim\limits_{x \to \infty} \left[\frac{4}{x^3} \cdot \frac{x^2 - 2}{x}\right]$

c) $\lim\limits_{x \to \infty} \frac{x^4 - 3}{x^5}$ d) $\lim\limits_{x \to \infty} \frac{6x^2 - 5x + 3}{3x^2 - 4x + 1}$

e) $\lim\limits_{x \to \infty} \frac{8x^4 - 6x^3 + 2x}{2x^3 - 3}$ f) $\lim\limits_{x \to \infty} \frac{x^5}{2x^5 - 3}$

4 a) $\lim\limits_{x \to \infty} \frac{1}{\sqrt{x}}$ b) $\lim\limits_{x \to \infty} \frac{\sqrt{x} + 1}{1 - \sqrt{x}}$

c) $\lim\limits_{x \to \infty} \frac{1}{\sqrt{x + 1}}$ d) $\lim\limits_{x \to \infty} \frac{ax + b}{cx}$

e) $\lim\limits_{x \to \infty} \frac{x + y}{x}$ f) $\lim\limits_{x \to \infty} \frac{1}{a^x}$

5 Geben Sie eine Funktion an, die die angegebene „Zahl“ als Grenzwert für $x \to \infty$ hat.

a) 1 b) 0

c) „∞“ d) 3

e) $\frac{1}{2}$ f) $\frac{7}{4}$

g) 0,75 h) $1,\overline{3}$

2.2 Ableitung

2.2.1 Steigung eines Funktionsgraphen

Während einer Bergwanderung werden Aufzeichnungen über die zurückgelegte Strecke und die jeweilige Höhe über Normalnull (NN) gemacht. Aufgrund dieser Messungen kann der Graph einer Funktion gezeichnet werden, die jeder zurückgelegten Wegstrecke eine bestimmte Höhe zuordnet. Der Graph dieser Funktion ist in Bild 2.2.1.1 dargestellt.

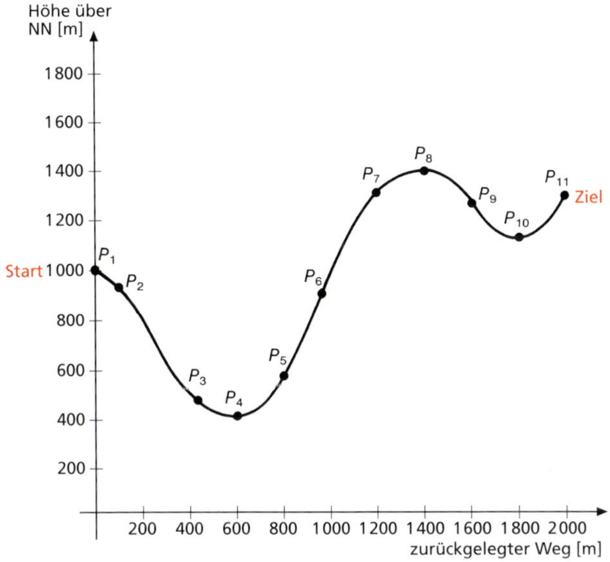

Bild 2.2.1.1

Dem Schaubild ist zu entnehmen, dass die Steigung eines krummlinigen Graphen – anders als bei einer Geraden – nicht überall gleich ist. Der Leser kann sich dies leicht verdeutlichen, indem er sich in die Lage eines Wanderers in den Bergen versetzt.

Wenn also Aussagen über die Steigung der Kurve gemacht werden sollen, muss ein Punkt des Funktionsgraphen angegeben werden, in dem die Steigung betrachtet wird.

So ist leicht einsehbar, dass z. B. in P_3 die Steigung negativ ist (der Wanderer geht bergab), während sie in P_6 positiv ist (der Wanderer geht bergauf). In P_4 und P_8 ist die Steigung 0; der Wanderer befindet sich in Punkten, wo es weder bergauf noch bergab geht.

Genauere Aussagen über die Steigung in einem bestimmten Punkt können dadurch gemacht werden, dass das Steigungsproblem der Kurve auf die schon bekannte Steigung einer Geraden zurückgeführt wird. Dies geschieht dadurch, dass an den krummlinigen Funktionsgraphen Tangenten gelegt werden (siehe Bild 2.2.1.2).

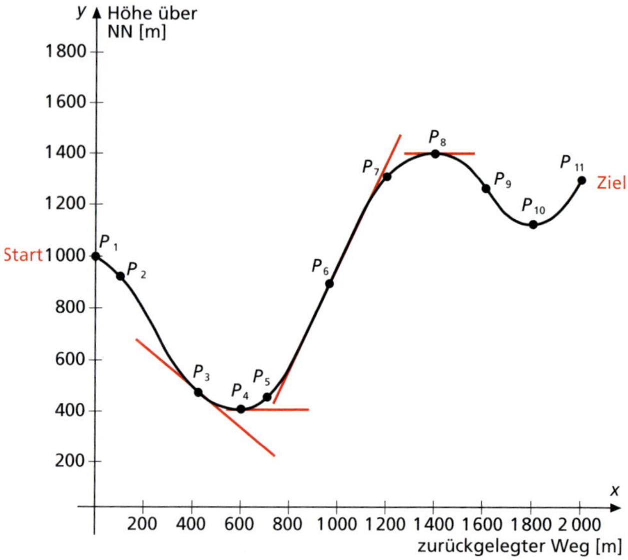

Bild 2.2.1.2

Tangente an den Funktionsgraphen in einem bestimmten Punkt P soll dabei die Gerade sein, die sich in P an den Graphen möglichst gut „anschmiegt".[1]

Die Steigung des Funktionsgraphen in einem Punkt P ist dann repräsentiert durch die Steigung der Tangente an den Graphen in diesem Punkt P.

Wir definieren:

Die **Steigung eines Funktionsgraphen** in einem Punkt P ist **gleich der Steigung der Tangente** an den Graphen in diesem Punkt P.

Mithilfe des Steigungsdreiecks kann man die Steigung der Tangente und damit die Steigung des Funktionsgraphen bestimmen.

Aufgabe 1

Bestimmen Sie die Steigung des Funktionsgraphen in Bild 2.2.1.2 im Punkt P_3.

Lösung

1. Tangente anlegen
2. Steigungsdreieck einzeichnen

[1] Hier handelt es sich um eine vorläufige, wenig exakte Definition. Eine genaue Definition wird in Abschnitt 2.2.3 gegeben.

3. Höhen- und Horizontalunterschied im Steigungsdreieck ablesen und daraus die Steigung $m \left(= \frac{\text{Höhenunterschied}}{\text{Horizontalunterschied}}\right)$ bestimmen:

$m \approx -\frac{800}{1\,000} \approx \underline{\underline{-0{,}8}}$

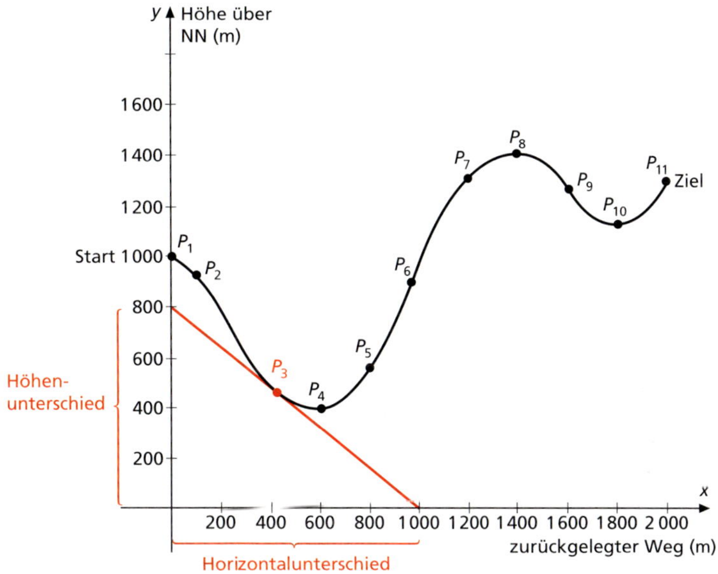

Bild 2.2.1.3

Dieses Verfahren der Steigungsbestimmung einer Kurve wird **zeichnerisches Differenzieren oder Ableiten**[1] genannt. Das Verfahren ist allerdings recht ungenau, weil man nicht weiß, wie die Tangente genau liegt. Im Abschnitt 2.2.3 wird dann eine exakte Berechnung der Tangentensteigung erfolgen.

Übungsaufgaben

1 Bestimmen Sie die Steigung des Graphen der Funktion (Bild rechts) in den Punkten P_1, P_3 und P_5. Erläutern Sie Ihr Vorgehen verbal.

2 In welchen Punkten des Graphen im Schaubild rechts ist die Steigung

a) 0,

b) am größten,

c) am kleinsten?

In welchen Intervallen ist die Steigung

d) positiv,

e) negativ?

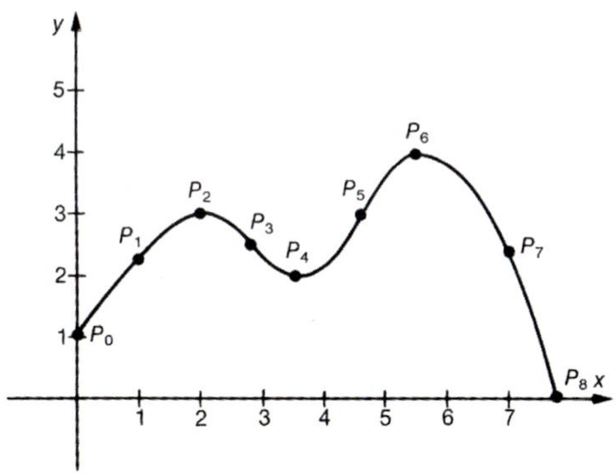

[1] Differenzieren bzw. Ableiten heißt also: Bestimmen der Steigung.

3 Zeichnen Sie den Graphen der Funktion f: $f(x) = x^2$ und differenzieren Sie zeichnerisch bei
a) $x = -3$
b) $x = -1$
c) $x = 0$
d) $x = 1$.

4 Zeichnen Sie den Graphen der Funktion f: $f(x) = \frac{1}{2}x^2$. Bestimmen Sie die Steigung bei
a) $x = -3$
b) $x = -1$
c) $x = 0$
d) $x = 1$.

5 Zeichnen Sie einen Funktionsgraphen, für den gilt:
In $P(0/3)$ ist die Steigung negativ,
in $Q(5/8)$ ist die Steigung positiv,
in $R(3/5)$ ist die Steigung wieder negativ.

6 Wie ist die Steigung einer Kurve in einem beliebigen Punkt definiert?

7 a) Bestimmen Sie für den Funktionsgraphen in Bild 2.2.1.1 die sog. „mittlere (durchschnittliche) Steigung" vom Start bis zum Ziel.
b) Wie müsste der Funktionsgraph aussehen, damit die mittlere Steigung 0 ist?

8 Berechnen Sie die mittlere Steigung der Funktion f: $f(x) = x^2 - 2x - 1$ über dem Intervall $[-3; 2]$.

2.2.2 Das Tangentenproblem

Die im vorausgegangenen Kapitel gegebene Definition, dass eine Tangente an einen Funktionsgraphen die Gerade ist, die sich möglichst gut an den Graphen „anschmiegt" (siehe S. 134), ist wenig exakt, weil man nicht weiß, wie die Tangente genau liegt, d. h., welche Steigung sie hat. Dieses Problem wird in Abschnitt 2.2.3 durch eine genaue Tangentendefinition gelöst.

In diesem Abschnitt soll noch auf einige weitere Probleme von Tangenten an Funktionsgraphen hingewiesen werden.

Für das Verständnis der Tangentenlage sei auf die bisher bekannte Definition der **Tangente am Kreis** hingewiesen:

> Eine Gerade t, die einen Kreis k berührt, d. h., genau einen gemeinsamen Punkt mit k hat, heißt **Tangente[1]) des Kreises.**

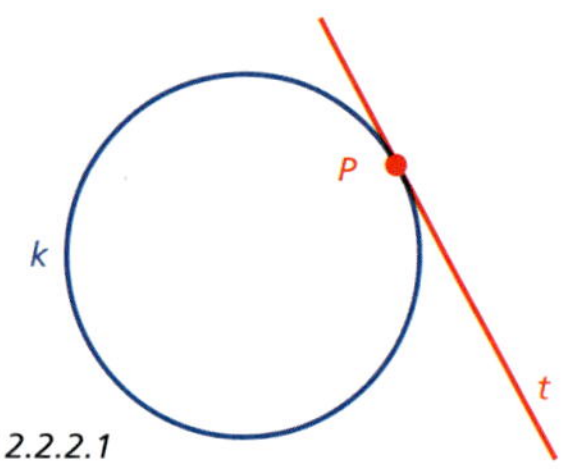

Bild 2.2.2.1

[1]) tangere (lat.): berühren.

Diese einfache Definition der Tangente gilt nur für den Kreis. Für die Tangente an einen Funktionsgraphen kann diese Definition sinngemäß übertragen werden, wenn man lediglich die **„nähere Umgebung"** des zu betrachtenden Punktes des Funtionsgraphen untersucht.

Außerhalb dieser „näheren Umgebung" des zu betrachtenden Punktes *P* kann die Tangente an den Funtionsgraphen diesen durchaus noch mehrfach schneiden.

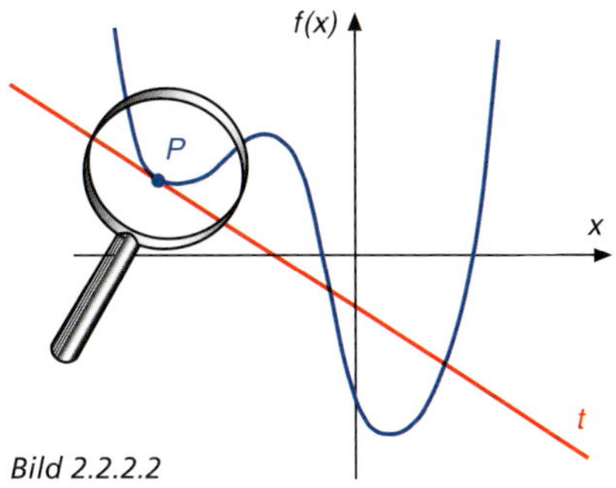

Bild 2.2.2.2

Im vorausgegangenen Abschnitt wurde auf Seite 134 ferner behauptet, dass die **Steigung eines Funktionsgraphen** in einem Punkt *P* **gleich der Steigung der Tangente** an den Graphen in diesem Punkt ist.

Die Richtigkeit dieser Behauptung zeigt sich, wenn man von einem Funktionsgraphen eine ständige **Ausschnittvergrößerung** vornimmt **(Zoom-Effekt),** wobei die Linienstärke des Funktionsgraphen unverändert bleibt.

Die Ausschnittvergrößerung wird am Beispiel des Graphen der Funktion f: $f(x) = x^2$ um den Punkt $P(1/1)$ verdeutlicht (siehe Bild 2.2.2.3).

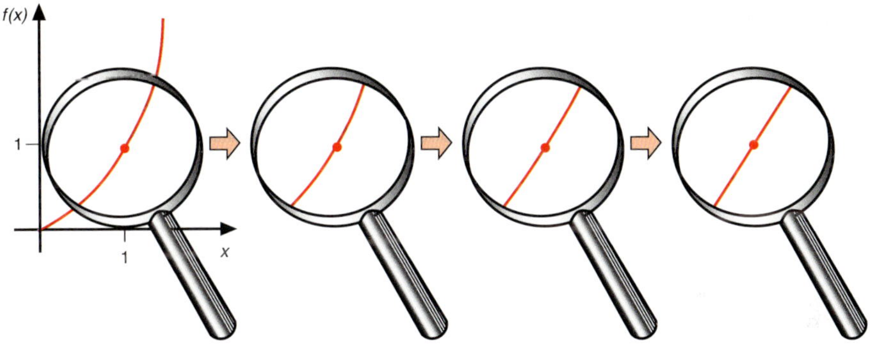

Bild 2.2.2.3

Es ist zu erkennen, dass sich der Verlauf des eigentlich **krummlinigen Funktionsgraphen** bei immer stärker werdender Vergrößerung einer **Geraden,** nämlich der **Tangente,** nähert.

Übungsaufgaben

1 Erklären Sie, warum die Definition der Tangente als Gerade, „die sich an einen Funktionsgraphen möglichst gut anschmiegt", wenig exakt ist.

2 Versuchen Sie, die Begriffe
a) Sekante,
b) Zentrale,
c) Tangente und
d) Passante

aus der Kreisgeometrie auf den Graphen der Funktion f: $f(x) = -x^2$ zu beziehen.

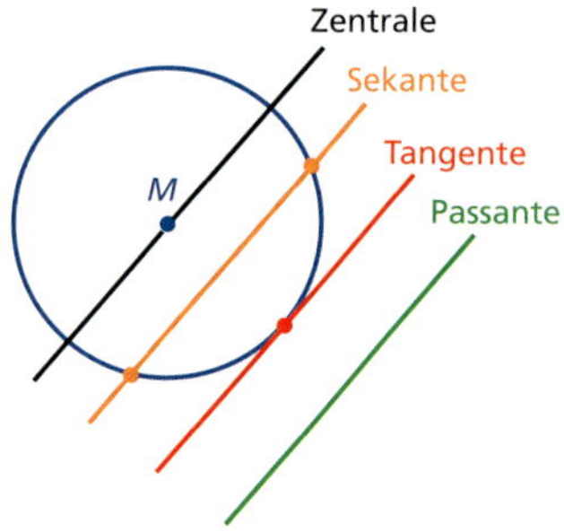

3 Warum kann der Begriff Tangente aus der Kreisgeometrie auch bei Funktionen angewendet werden?

4 Welchen Sachverhalt verdeutlicht die sog. Ausschnittsvergrößerung von Funktionen?

2.2.3 Steigung eines Funktionsgraphen in einem bestimmten Punkt

In diesem Abschnitt soll das Problem gelöst werden, wie die Steigung eines gegebenen Funktionsgraphen in einem bestimmten Punkt **exakt berechnet** werden kann. Anders ausgedrückt: Eine vorgegebene Funktion soll in einem bestimmten Punkt **differenziert** werden.

Damit ist das zentrale Thema der Differenzialrechnung angesprochen.

Aufgabe 1

Berechnen Sie die Steigung des Graphen der Funktion f: $f(x) = x^2$ im Punkt $P_1(1/1)$.

Lösung

Die Steigung des Graphen der Funktion f im Punkt P_1 ist gleich der Steigung der Tangente an den Graphen der Funktion im Punkt P_1.
Die Steigung der Tangente t kann vorerst nicht berechnet werden, weil zur Berechnung der Steigung einer Geraden zwei Punkte der Geraden bekannt sein müssen[1], hier aber nur der eine Punkt P_1 bekannt ist.

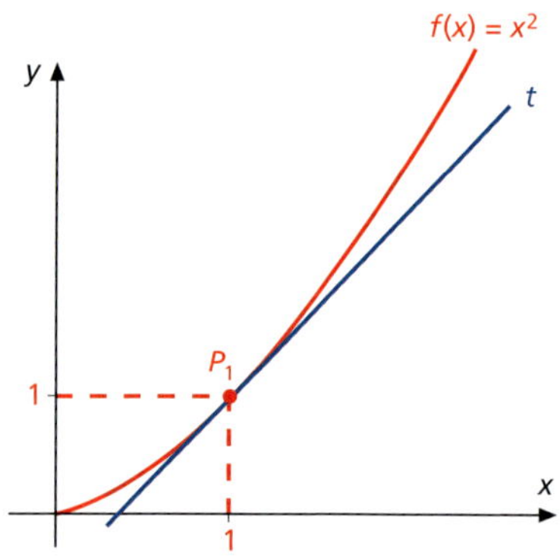

Bild 2.2.3.1

[1] $m = \frac{\Delta y}{\Delta x} = \frac{y_2 - y_1}{x_2 - x_1}$, d. h., es werden zwei Punkte, $P_1(x_1/y_1)$ und $P_2(x_2/y_2)$, zur Berechnung der Steigung benötigt.

Eine **Näherung** für die Tangentensteigung ist die Steigung der Sekante s, die durch zwei Punkte des Graphen der Funktion verläuft. Die Steigung der Sekante s kann berechnet werden, weil 2 Punkte dieser Geraden bekannt sind.

Wenn P_2 dicht bei P_1 liegt, ist die Sekantensteigung ein gutes Näherungsmaß für die Steigung der Tangente in P_1. Die horizontale Entfernung zwischen P_2 und P_1 (Koordinatendifferenz) soll h genannt werden (siehe Bild 2.2.3.2).

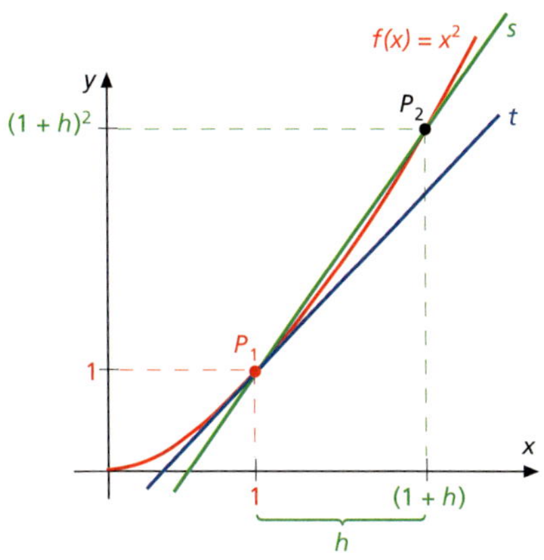

Bild 2.2.3.2

Die Berechnung der Sekantensteigung als Näherungsmaß für die Tangentensteigung basiert auf der **Kenntnis der Koordinaten der Punkte P_1 und P_2.**

Die Koordinaten des Punktes P_1 sind gegeben:

$$\boldsymbol{P_1(1/1)}$$

Da P_2 in x-Richtung um h von P_1 entfernt ist, ist die x-Koordinate von $P_2(1 + h)$. Durch Einsetzen dieses x-Wertes in die Funktionsgleichung $f(x) = x^2$ wird der Funktionswert für $(1 + h)$ berechnet: $f(1 + h) = (1 + h)^2$.

Somit hat P_2 die Koordinaten

$$\boldsymbol{P_2((1 + h)/(1 + h)^2)}$$

Jetzt kann die **Steigung der Sekante** (m_s) berechnet werden:

$$m_s = \frac{\Delta y}{\Delta x} = \frac{\Delta f(x)}{\Delta x} = \frac{f(x_2) - f(x_1)}{x_2 - x_1}$$

$$m_s = \frac{(1 + h)^2 - 1}{(1 + h) - 1} = \frac{1 + 2h + h^2 - 1}{1 + h - 1} = \frac{2h + h^2}{h}$$

$$m_s = \frac{\cancel{h}(2 + h)}{\cancel{h}} = \underline{\underline{2 + h}}$$

Ziel der Rechnung war nun allerdings nicht die Steigung der Sekante, sondern exakt die **Steigung der Tangente** (= m_t) zu berechnen. Hierzu wird folgende Überlegung durchgeführt:

Die Sekantensteigung als Näherungsmaß für die Tangentensteigung wird umso besser, je dichter P_2 an P_1 liegt, d. h., je geringer die Koordinatendifferenz h ist. Die Steigung der Sekante ist identisch mit der Steigung der Tangente, wenn im Extremfall P_2 auf P_1 liegt, d. h., wenn h 0 ist.

Diese Konstellation wird durch folgende Grenzwertbetrachtung erreicht:

$$m_t = \lim_{h \to 0} m_s$$

d. h., es wird der Grenzwert der Sekantensteigung für h gegen 0 berechnet.

Dieser Grenzwert der Sekantensteigung ist dann die Tangentensteigung:

$$m_t = \lim_{h \to 0} (2 + h) = \underline{\underline{2}}$$

Ergebnis:

Der Graph der Funktion f: $f(x) = x^2$ hat im Punkt $P_1(1/1)$ die Steigung 2.

Die Steigung eines Funktionsgraphen in einem Punkt *P* wird (vorläufig) nach folgendem Verfahren berechnet:

1. Bestimmung eines Nachbarpunktes durch Koordinatendifferenz h
2. Berechnung der **Sekantensteigung** $m_s = \dfrac{f(x+h) - f(x)}{(x+h) - x} = \dfrac{f(x+h) - f(x)}{h}$
3. **Tangentensteigung:** Berechnung des Grenzwertes der Sekantensteigung für h gegen 0:

$$m_t = \lim_{h \to 0} \frac{f(x+h) - f(x)}{h}$$

Zur Terminologie:

- Der Term, der die Sekantensteigung m_s angibt, heißt

$$\textbf{Differenzenquotient: } m_s = \frac{f(x+h) - f(x)}{h}$$

- Der Grenzwert des Differenzenquotienten für h gegen 0 heißt

$$\textbf{Differenzenquotient: } m_t = \lim_{h \to 0} \frac{f(x+h) - f(x)}{h}$$

- Dieser Grenzwert wird auch als

Ableitung

der Funktion f an der Stelle x bezeichnet und

$$f'(x)$$

geschrieben (gelesen: f Strich von x).

- Das Berechnen des Differenzialquotienten aus dem Differenzenquotienten (d. h. das Berechnen der Steigung der Funktion) nennt man auch

Ableiten oder **Differenzieren**

einer Funktion.

Die Ableitung gibt also die Steigung eines Funktionsgraphen an einer bestimmten Stelle an.

Endgültige **Definition der Tangente:**

Tangente im Punkt P eines Funktionsgraphen ist die Gerade durch P, deren Steigung mit dem Grenzwert der Sekantensteigung übereinstimmt.

Aufgabe 2

Differenzieren Sie die Funktion f: $f(x) = x^2$ im Punkt $P_1(3/9)$.

Lösung

Es ist die Steigung des Graphen der Funktion f im Punkt $P_1\,(3/9)$ zu bestimmen.

1. Bestimmung eines Nachbarpunktes P_2 durch Koordinatendifferenz h:

$P_2((3 + h)/(3 + h)^2)$

2. Berechnung der Sekantensteigung (des Differenzenquotienten):

$$m_s = \frac{f(x+h) - f(x)}{h} = \frac{(3+h)^2 - 9}{h} = \frac{9 + 6h + h^2 - 9}{h}$$

$$= \frac{6h + h^2}{h} = \frac{\not{h}(6+h)}{\not{h}} = \underline{6 + h}$$

3. Berechnung des Grenzwertes der Sekantensteigung für h gegen die Zahl 0 (Berechnung des Differenzialquotienten)

$$m_t = \lim_{h \to 0} (6 + h) = 6$$

Ergebnis: $\underline{\underline{f'(3) = 6}}$

(gelesen: f Strich von 3 gleich 6; bedeutet: an der Stelle $x = 3$ beträgt die Steigung des Funktionsgraphen 6.)

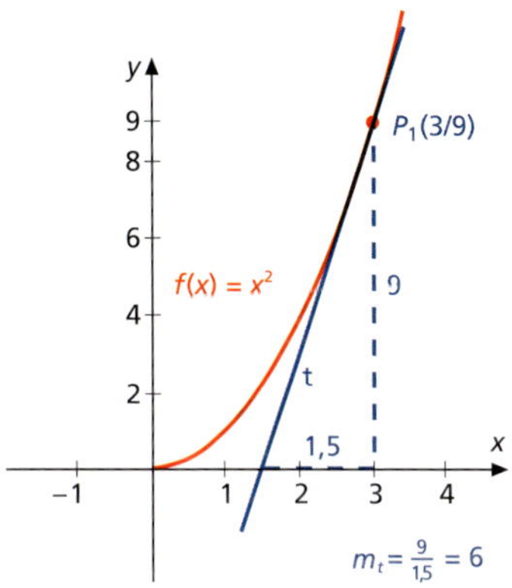

Bild 2.2.3.3

Aufgabe 3

Leiten Sie die Funktion f: $f(x) = \frac{1}{2}x^2 - 1$ an der Stelle $x = 2$ ab.

Lösung

$P_1(2/1)$

1. Bestimmung eines Nachbarpunktes P_2 durch Koordinatendifferenz h:

$P_2((2 + h)\big/\tfrac{1}{2}(2 + h)^2 - 1)$

2. Differenzenquotient:

$$m_s = \frac{f(x+h) - f(x)}{h} = \frac{[\frac{1}{2}(2+h)^2 - 1] - 1}{h} = \frac{(2 + 2h + \frac{h^2}{2} - 1) - 1}{h}$$

$$= \frac{2h + \frac{h^2}{2}}{h} = \frac{\not{h}(2 + \frac{h}{2})}{\not{h}} = \underline{2 + \frac{h}{2}}$$

3. Differenzialquotient:

$$m_t = \lim_{h \to 0} (2 + \frac{h}{2}) = \underline{2}$$

Ergebnis: $\underline{\underline{f'(2) = 2}}$

Übungsaufgaben

1 Differenzieren Sie die Funktion an der angegebenen Stelle x_a.

a) $f\colon f(x) = x^2$; $x_a = -1$ b) $f\colon f(x) = -2x^2$; $x_a = 2$

c) $f\colon f(x) = \frac{1}{4}x^2 + 1$; $x_a = 0$ d) $f\colon f(x) = x^3$; $x_a = 1$

e) $f\colon f(x) = -x^3$; $x_a = -1$ f) $f\colon f(x) = \frac{1}{x}$; $x_a = 1$

2 a) Leiten Sie die Funktion an der angegebenen Stelle x_a ab.

b) Zeichnen Sie den Graphen der Funktion mit der Tangente bei x_a.

(1) $f\colon f(x) = -\frac{1}{2}x^2 - 1$; $x_a = 0$ (4) $f\colon f(x) = \frac{x^2}{4}$; $x_a = 2$

(2) $f\colon f(x) = \frac{3}{4}x^2 + 2$; $x_a = 1$ (5) $f\colon f(x) = 3x^2 - 1$; $x_a = -2$

(3) $f\colon f(x) = x^3 - 1$; $x_a = -1$ (6) $f\colon f(x) = 3x$; $x_a = 3$

3 $f\colon f(x) = -\frac{1}{2}x^2 + 2x$

a) Welche Steigung hat der Graph der Funktion im Schnittpunkt mit der y-Achse?

b) Welche Steigung hat der Graph der Funktion in seinen Schnittpunkten mit der x-Achse?

c) Der Scheitelpunkt des Funktionsgraphen hat die Koordinaten $(2/f(2))$. Differenzieren Sie die Funktion im Scheitelpunkt.

d) Schreiben Sie die Ergebnisse aus den Teilaufgaben a) und c) mathematisch verkürzt und erklären Sie verbal deren Bedeutung.

4 $f\colon f(x) = -\frac{3}{4}x^2 + 3x - 1$

a) Berechnen Sie die Koordinaten des Scheitelpunktes.

b) Berechnen Sie $f'(-2)$.

c) Zeigen Sie, dass die Steigung der o. g. Parabel im Scheitelpunkt 0 ist.

d) Wie lautet die Gleichung der Tangente, die die Parabel an der Stelle $x = -2$ berührt?

5 a) Leiten Sie die Funktion $f\colon f(x) = -\frac{3}{4}x^2 + 3x + 1$ an den Stellen $x = 1$ und $x = -2$ ab.

b) Wie lauten die Funktionsgleichungen der Tangenten an den Graphen der Funktion bei $x = 1$ und $x = -2$?

c) Berechnen Sie den Schnittpunkt der Tangenten.

6 $f\colon f(x) = -\frac{7}{8}x^2 - \frac{3}{4}x + \frac{1}{2}$

a) Formen Sie die Funktionsgleichung in die Scheitelpunktform um und bestimmen Sie die Koordinaten des Scheitelpunktes.

b) Beschreiben Sie die Öffnung und Dehnung/Stauchung des Funktionsgraphen.

c) Berechnen Sie die Schnittpunkte mit den Achsen.

d) Berechnen Sie $f'(-2)$.

e) Wie lautet die Funktionsgleichung der Tangente an den Graphen der Funktion bei $x = -2$?

2.3 Ableitungsfunktionen

2.3.1 Steigung eines Funktionsgraphen in einem beliebigen Punkt

Während im vorhergehenden Kapitel die Steigung eines Funktionsgraphen in einem bestimmten, vorgegebenen Punkt berechnet werden sollte, wird in diesem Kapitel das Problem **allgemeingültig** gelöst. D. h., es wird die Steigung des Graphen einer gegebenen Funktion in einem **beliebigen** Punkt $P(x/f(x))$ berechnet:

Aufgabe 1

Leiten Sie die Funktion $f\colon f(x) = x^2$ an einer beliebigen Stelle x ab.

Lösung

Die Vorgehensweise ist identisch mit der aus dem vorhergehenden Kapitel, nur dass die Rechnung jetzt allgemein gültig durchgeführt wird.

$P_1\ (x/x^2)$

1. Bestimmung eines Nachbarpunktes durch Koordinatendifferenz *h*:

$P_2((x + h)/(x + h)^2)$

2. Differenzenquotient:

$$m_s = \frac{f(x+h) - f(x)}{h} = \frac{(x+h)^2 - x^2}{h} = \frac{x^2 + 2hx + h^2 - x^2}{h}$$

$$= \frac{2hx + h^2}{h} = \frac{\cancel{h}(2x+h)}{\cancel{h}} = \underline{2x + h}$$

3. Differenzialquotient:

$$m_t = \lim_{h \to 0} (2x + h) = \underline{2x}$$

Ergebnis:

Die Steigung des Funktionsgraphen von $f\colon f(x) = x^2$ an einer beliebigen Stelle ist

$$\underline{\underline{f'(x) = 2x}}$$

Für x kann ein beliebiger Wert eingesetzt und so das dazugehörige Steigungsmaß der Funktion $f\colon f(x) = x^2$ berechnet werden. Z. B. $f'(3) = 2 \cdot 3 = 6$ bedeutet: Die Steigung der Funktion $f\colon f(x) = x^2$ bei $x = 3$ beträgt 6.

Der Ausdruck $f'\colon f'(x) = 2x$ wird **Ableitungsfunktion** der Funktion f genannt[1].

> $f'\colon f'(x)$ ist die **Ableitungsfunktion** von $f\colon f(x)$ und gibt die Steigung von f an einer beliebigen Stelle x an.

Im oben durchgerechneten Beispiel ist also $f'\colon f'(x) = 2x$ die Ableitungsfunktion von $f\colon f(x) = x^2$.

Die Ableitungsfunktion $f'\colon f'(x)$ ist deshalb eine **Funktion,** weil jedem x-Wert eine bestimmte Steigung, nämlich die der Ausgangsfunktion an der entsprechenden Stelle, zugeordnet wird.

[1] Rein formal ist zu unterscheiden zwischen der Ableitung und der Ableitungsfunktion: Die **Ableitung** gibt die **Steigung eines Funktionsgraphen an einer bestimmten Stelle** an, die **Ableitungsfunktion gibt die Steigung des Funktionsgraphen an einer beliebigen Stelle an.**

Der **Zusammenhang zwischen Ausgangs- und Ableitungsfunktion** wird besonders deutlich, wenn man die Graphen der Funktionen zeichnet:

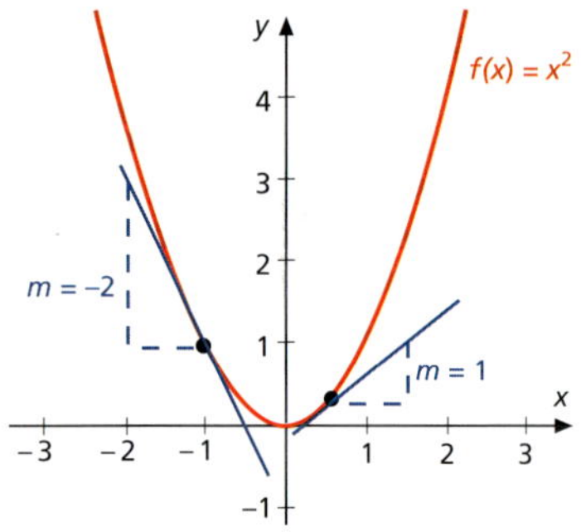

Bild 2.3.1.1

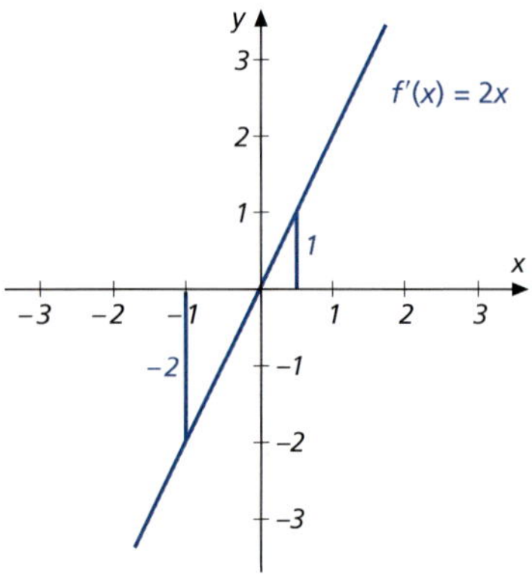

Bild 2.3.1.2

Jeder Funktionswert der Ableitungsfunktion gibt die Steigung des Graphen der Ausgangsfunktion an der entsprechenden Stelle an. Im 2. Quadranten hat die Parabel überall negative Steigung, deshalb sind die Funktionswerte der Ableitungsfunktion dort negativ. Bei Annäherung an den Ursprung nimmt die Steigung der Parabel zu, bleibt aber immer noch negativ. Entsprechend verhalten sich die Funktionswerte der Ableitungsfunktion. Im Ursprung ist die Steigung der Parabel gleich 0. Der Funktionswert der Ableitungsfunktion muss also auch 0 sein, der Graph der Ableitungsfunktion schneidet die x-Achse. Für positive x-Werte ist die Steigung der Parabel zunehmend positiv. Die Funktionswerte der Ableitungsfunktion sind also auch positiv und werden immer größer.

Indem für x beliebige Werte in die Ableitungsfunktion eingesetzt werden, kann so die Steigung der Funktion f an verschiedenen Stellen sehr schnell bestimmt werden.

Für $f(x) = x^2$ ist $f'(x) = 2x$

Z. B.:
$f'(-1) = -2$
(bedeutet: an der Stelle $x = -1$ beträgt die Steigung der Ausgangsfunktion −2)
$f'\left(\frac{1}{2}\right) = 1$
$f'(-2) = -4$
$f'(3) = 6$
etc.

Aufgabe 2

Berechnen Sie die Ableitungsfunktion von f: $f(x) = \frac{1}{x}$. Bestimmen Sie dann die Steigung des Graphen der Funktion bei $x = -3$, $x = 1$ und $x = 4$.

Lösung

$$P_1\left(x / \frac{1}{x}\right)$$

1. Bestimmung eines Nachbarpunktes durch Koordinatendifferenz *h*:

$$P_2\left((x+h) / \frac{1}{x+h}\right)$$

2. Differenzenquotient:

$$m_s = \frac{f(x+h) - f(x)}{h} = \frac{\frac{1}{x+h} - \frac{1}{x}}{h} = \frac{\frac{x - (x+h)}{x(x+h)}}{h}$$

$$m_s = \frac{\frac{-h}{x^2 + hx}}{h} = \underline{\frac{-1}{x^2 + hx}}$$

3. Differenzialquotient:

$$m_t = \lim_{h \to 0} \frac{-1}{x^2 + hx} = \frac{-1}{x^2}$$

Ergebnis: $\underline{\underline{f'(x) = -\frac{1}{x^2}}}$

Um die Steigung des Funktionsgraphen an den in der Aufgabenstellung angegebenen Stellen zu berechnen, werden diese für x in die Ableitungsfunktion $f'(x) = -\frac{1}{x^2}$ eingesetzt:

$\underline{\underline{f'(-3) = -\frac{1}{9}}}$

$\underline{\underline{f'(1) = -1}}$

$\underline{\underline{f'(4) = -\frac{1}{16}}}$

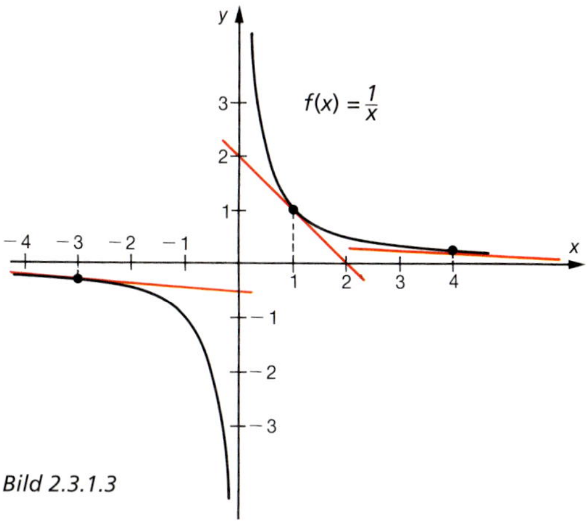

Bild 2.3.1.3

Übungsaufgaben

1 Leiten Sie die Funktion ab. Bestimmen Sie dann die Steigung des Graphen der Funktion bei

(1) $x = -2$, (2) $x = 0$ und bei (3) $x = 3$.

a) $f\colon f(x) = x^3$ b) $f\colon f(x) = x^4$

c) $f\colon f(x) = x$ d) $f\colon f(x) = \frac{1}{2}x^2$

e) $f\colon f(x) = -x^2 + 1$ f) $f\colon f(x) = -\frac{1}{2}x^2 - 1$

2 Differenzieren Sie die Funktion. Berechnen Sie dann die Steigung der Tangente an den Graphen der Funktion bei

(1) $x = 3$, (2) $x = 0{,}5$ (3) $x = 1{,}5$.

a) $f\colon f(x) = \frac{1}{x^2}$ b) $f\colon f(x) = 3x$

c) $f\colon f(x) = 2x^2$ d) $f\colon f(x) = 3$

e) $f\colon f(x) = -2x$ f) $f\colon f(x) = -\frac{1}{x^2}$

2.3.2 Ableitung der Potenzfunktionen

Aus dem vorangegangenen Kapitel und den Übungsaufgaben sind die Ableitungsfunktionen einiger Potenzfunktionen der Form $f(x) = x^n$ bereits bekannt:

$f(x)$	$f'(x)$
$f(x) = x^2$	$\Rightarrow f'(x) = 2x$
$f(x) = x^3$	$\Rightarrow f'(x) = 3x^2$
$f(x) = x^4$	$\Rightarrow f'(x) = 4x^3$
$f(x) = x^1$	$\Rightarrow f'(x) = 1$
$f(x) = \frac{1}{x} = x^{-1}$	$\Rightarrow f'(x) = -1x^{-2}$
$f(x) = \frac{1}{x^2} = x^{-2}$	$\Rightarrow f'(x) = -2x^{-3}$

Diese tabellarische Zusammenstellung lässt folgende Gesetzmäßigkeit für die Bildung der Ableitung einer Potenzfunktion der Form $f(x) = x^n$ erkennen:

Der Funktionsterm wird mit dem Exponenten von x multipliziert und der Exponent selbst wird um eins verringert.

Diese Gesetzmäßigkeit zur Bildung der Ableitung von Potenzfuntionen wird Potenzregel genannt:

$$f(x) = x^n \Rightarrow f'(x) = n \cdot x^{n-1}$$ [1]

Potenzregel

Mithilfe dieser Regel können Potenzfunktionen leicht und schnell (ohne die umständliche und zeitaufwendige Bildung des Differenzialquotienten) abgeleitet werden:

Aufgabe 1

Differenzieren Sie die Funktion f: $f(x) = x^5$ und bestimmen Sie die Steigung bei $x = -2$, $x = 0$, $x = 3$ und $x = 5$.

Lösung

Nach der Potenzregel ist $f'(x) = 5x^4$.

Die Steigung der Funktion f: $f(x) = x^5$ an den angegebenen Stellen wird berechnet, indem diese Stellen in die Ableitungsfunktion eingesetzt werden:

$$f'(-2) = 80$$
$$f'(0) = 0$$
$$f'(3) = 405$$
$$f'(5) = 3125$$

[1] $n \in \mathbb{R}$. Die Potenzregel kann also auch bei negativen, gebrochenen und/oder irrationalen Exponenten angewendet werden. Auf die mathematisch exakte Beweisführung für die Richtigkeit der Potenzregel wird hier bewusst verzichtet.

Im Folgenden soll eine **Regel zum Ableiten von Potenzfunktionen der Form $f(x) = ax^n$** erarbeitet werden:

Aufgabe 2

Die Ableitungsfunktion von f: $f(x) = x^2$ lautet $f'(x) = 2x$. Differenzieren Sie f: $f(x) = ax^2$ mithilfe des Differenzialquotienten und vergleichen Sie das Ergebnis mit der Ableitung von $f(x) = x^2$.

Lösung

$$\lim_{h \to 0} \frac{a(x+h)^2 - ax^2}{h} = \lim_{h \to 0} a \cdot \frac{(x+h)^2 - x^2}{h}$$

$$= \lim_{h \to 0} a \cdot (2x + h) = a \cdot 2x$$

$$\Rightarrow \underline{\underline{f'(x) = 2ax}}$$

Ergebnis:

Ein konstanter Faktor bleibt beim Differenzieren erhalten.

Dieser Satz wird **Faktorregel** der Differenzialrechnung genannt.

$$f(x) = a \cdot u(x) \Rightarrow f'(x) = a \cdot u'(x)$$

Faktorregel

Ergebnisse aus den Übungsaufgaben des vorangegangenen Kapitels bestätigen die Richtigkeit dieser Faktorregel:

$f(x)$	$f'(x)$
$f(x) = 2x^2$	$\Rightarrow f'(x) = 2 \cdot 2x^1 = \underline{\underline{4x}}$
$f(x) = \frac{1}{2}x^2$	$\Rightarrow f'(x) = 2 \cdot \frac{1}{2}x^1 = x^1 = \underline{\underline{x}}$
$f(x) = -x^2$	$\Rightarrow f'(x) = 2 \cdot (-1)\, x^1 = \underline{\underline{-2x}}$
$f(x) = 3x$	$\Rightarrow f'(x) = 1 \cdot 3 \cdot x^0 = 1 \cdot 3 \cdot 1 = \underline{\underline{3}}$
$f(x) = -2x$	$\Rightarrow f'(x) = 1 \cdot (-2)\, x^0 = 1 \cdot (-2) \cdot 1 = \underline{\underline{-2}}$

Für das Differenzieren der Potenzfunktionen der Form $f(x) = ax^n$ kann somit folgende Regel aufgestellt werden:

$$f(x) = ax^n \Rightarrow f'(x) = n \cdot ax^{n\ 1}$$ [1]

Potenz- mit Faktorregel

[1] $n \in \mathbb{R}$

Aufgabe 3

Welche Steigung hat der Graph der Funktion f: $f(x) = -3x^7$ bei $x = 2$?

Lösung

$f'(x) = -21x^6$

$f'(2) = -1344$

Mithilfe der Ableitungsfunktion kann umgekehrt auch die Stelle einer Funktion bestimmt werden, an der sie eine vorgegebene Steigung aufweist:

Aufgabe 4

Wo hat der Graph der Funktion f: $f(x) = 3x^3$ die Steigung $m = 9$?

Lösung

Es ist die Ableitungsfunktion $f'(x)$ zu bilden, weil diese die Steigung des Funktionsgraphen von f angibt:

$$f'(x) = 9x^2$$

Weil $f'(x)$ die Steigung angibt und diese 9 betragen soll, ist 9 für $f'(x)$ in die Ableitungsfunktion einzusetzen. Es wird dann die Stelle der Funktion f berechnet, an der die Steigung 9 beträgt:

$$\begin{aligned} f'(x) &= 9 \\ 9 &= 9x^2 \\ x^2 &= 1 \\ x_{1/2} &= \pm 1 \end{aligned}$$

Ergebnis: Der Graph der Funktion f hat bei $x = \pm 1$ die Steigung 9.

Übungsaufgaben

1 Leiten Sie ab.

a) $f(x) = x^8$ b) $f(x) = x^9$

c) $f(x) = x^6$ d) $f(x) = 0$

e) $f(x) = 3$ f) $f(x) = x$

2 Differenzieren Sie.

a) $f(x) = x^{3a}$ b) $f(x) = x^{4s-1}$

c) $f(x) = x^{q+1}$ d) $f(x) = x^{n+3}$

e) $f(x) = (a-2)\,x^{a+3}$ f) $f(x) = (a-1)\,x^{a+1}$

3 Bestimmen Sie die Gleichung der Ableitungsfunktion (ggf. mit Wurzelzeichen). Berechnen Sie die Steigung von f in P.

a) $f(x) = x^{-4}$; $P(-1/y)$ b) $f(x) = x^{-1}$; $P(1/y)$

c) $f(x) = x^{-\frac{1}{2}}$; $P(4/y)$ d) $f(x) = x^{1,5}$; $P(4/y)$

e) $f(x) = x^{-0,\bar{6}}$; $P(-1/y)$ f) $f(x) = x^{-0,5}$; $P(1/y)$

4 Wie lautet die Gleichung der Ableitungsfunktion von f? Bestimmen Sie die Steigung der Tangente an den Funktionsgraphen an den angegebenen Stellen.

a) f: $f(x) = 14x^3$; $x_a = 0$ b) f: $f(x) = -7x^5$; $x_a = -1$

c) f: $f(x) = -\frac{1}{2}x^4$; $x_a = -2$ d) f: $f(x) = 0,\bar{3}x^3$; $x_a = 1$

e) f: $f(x) = -\frac{1}{2}x^{-2}$; $x_a = -3$ f) f: $f(x) = 0,25x3$; $x_a = -0,5$

5 Berechnen Sie die Steigung des Graphen von f in den angegebenen Punkten.

a) $f\colon f(x) = -x^{-\frac{1}{3}}$; $P(1/y)$
b) $f\colon f(x) = -\frac{1}{2}x^{-1}$; $P(-3/y)$
c) $f\colon f(x) = 4x^1$; $P(5/y)$
d) $f\colon f(x) = 0{,}3x^{-4}$; $P(-1/y)$
e) $f\colon f(x) = 3x^{-\frac{1}{3}}$; $P(-1/y)$
f) $f\colon f(x) = 0{,}2x^{0{,}25}$; $P(0{,}5/y)$

6 Differenzieren Sie (Die Ableitung ggf. mit Wurzelzeichen schreiben).

a) $f(x) = \frac{1}{\sqrt[3]{x^2}}$
b) $f(x) = \frac{1}{\sqrt{x}}$
c) $f(x) = \sqrt[3]{x^7}$
d) $f(x) = \frac{1}{x^5}$
e) $f(x) = \sqrt{x}$
f) $f(x) = \frac{3}{\sqrt{x}}$

7 Wie lauten die Funktionsgleichungen der Tangenten an den Graphen der Funktion in P?

a) $f\colon f(x) = 3x^3$; $P(2/24)$
b) $f\colon f(x) = 0{,}5x^3$; $P(0/0)$
c) $f\colon f(x) = 2x^3$; $P(1/2)$
d) $f\colon f(x) = 2\sqrt{x}$; $P(4/4)$
e) $f\colon f(x) = \frac{1}{x}$; $P(-2/-0{,}5)$
f) $f\colon f(x) = -\frac{1}{x^2}$; $P(-1/-1)$

8 An welchen Stellen x_a hat der Graph der Funktion f die angegebene Steigung?

a) $f\colon f(x) = 0{,}5\,x^2$; $f'(x_a) = 7$
b) $f\colon f(x) = 3x$; $f'(x_a) = 2$
c) $f\colon f(x) = 4x$; $f'(x_a) = 4$
d) $f\colon f(x) = 2x^3$; $f'(x_a) = 24$
e) $f\colon f(x) = -4x^2$; $f'(x_a) = \frac{1}{2}$
f) $f\colon f(x) = \frac{3}{4}x^4$; $f'(x_a) = 27$

9 Wo hat der Graph der Funktion f eine Tangente parallel zur Geraden g?

a) $f\colon f(x) = \frac{1}{4}x^2$; $g\colon g(x) = 2x + 1$
b) $f\colon f(x) = -\frac{1}{3}x^3$; $g\colon g(x) = -x - 1$
c) $f\colon f(x) = \sqrt{x}$; $g\colon g(x) = 3 + \frac{1}{4}x$
d) $f\colon f(x) = -\frac{1}{x}$; $g\colon g(x) = x$
e) $f\colon f(x) = \frac{1}{x^2}$; $g\colon g(x) = 2x - 0{,}5$
f) $f\colon f(x) = \frac{1}{2\sqrt{x}}$; $g\colon g(x) = 3 + \frac{1}{4}x$

10 Wie ist es zu erklären, dass eine Potenzfunktion 3. Grades an maximal zwei Stellen die gleiche Steigung hat?

2.3.3 Ableitung der ganzrationalen Funktion

Eine ganzrationale Funktion ist nichts anderes als eine Summe von Potenzfunktionen. So ist z. B. die ganzrationale Funktion

$$f\colon f(x) = x^3 + x^2$$

eine Summe der Potenzfunktionen

$$u\colon u(x) = x^3 \text{ und } v\colon v(x) = x^2.$$

Kurz:

$$f\colon f(x) = u(x) + v(x)$$

Eine solche ganzrationale Funktion als Summe einzelner Potenzfunktionen wird **gliedweise** (mithilfe der Potenz-/Faktorregel) **differenziert.**

$f(x) = u(x) + v(x) \Rightarrow f'(x) = u'(x) + v'(x)$ [1]
Summenregel

Die Ableitung der o. g. ganzrationalen Funktion

$$f\colon f(x) = x^3 + x^2$$

lautet demnach

$$\underline{\underline{f'(x) = 3x^2 + 2x.}}$$

Für ganzrationale Funktionen, in deren Funktionsterm Differenzen von Potenzfunktionen enthalten sind, gilt entsprechend die Differenzregel:

$f(x) = u(x) - v(x) \Rightarrow f'(x) = u'(x) - v'(x)$ [2]
Differenzregel

Beispiel

$f\colon f(x) = 2x^3 - 3x^2$
$f'(x) = 6x^2 - 6x$

Summen bzw. Differenzen von Funktionen dürfen **gliedweise** abgeleitet werden.

Aufgabe 1

Bestimmen Sie die Ableitungsfunktion von $f\colon f(x) = 4x^3 - 2x^2 + \frac{1}{2}x - 2$.

Lösung

Die gegebene ganzrationale Funktion kann nach der Summen-/Differenzregel gliedweise differenziert werden. Zum Zwecke der Fehlervermeidung beim Ableiten wird zuvor das Linear- und das Absolutglied als Potenz von x geschrieben:

$$f(x) = 4x^3 - 2x^2 + \tfrac{1}{2}x^1 - 2x^0$$

Jetzt kann die Potenz-/Faktorregel gliedweise angewendet werden:

$$f'(x) = 12x^2 - 4x^1 + \tfrac{1}{2}x^0 - 0 \cdot 2x^{-1}$$

$$\underline{\underline{f'(x) = 12x^2 - 4x + \tfrac{1}{2}}}$$

---

[1] **Beweis:** $f'(x) = \lim\limits_{h \to 0} \dfrac{f(x+h) - f(x)}{h}$. Für $f(x) = u(x) + v(x) = f'(x) = \lim\limits_{h \to 0} \dfrac{u(x+h) + v(x) + h) - u(x) - v(x)}{h}$

Nach dem Grenzwertsatz für Summen ist

$f'(x) = \lim\limits_{h \to 0} \dfrac{u(x+h) - u(x)}{h} + \lim\limits_{h \to 0} \dfrac{v(x+h) - v(x)}{h}$

$f'(x) = \quad u'(x) \quad + \quad v'(x)$

Voraussetzung für die Anwendung der Summenregel ist, dass u und v differenzierbar sind.

[2] Der Beweis ist entsprechend dem der Summenregel zu führen. Auch für die Differenzregel ist Voraussetzung, dass u und v differenzierbar sind.

Aus dem Vergleich von Ausgangs- und Ableitungsfunktion ergibt sich folgender allgemein gültiger Zusammenhang:

> Die Ableitung einer ganzrationalen Funktion n-ten Grades ist eine ganzrationale Funktion $(n-1)$-ten Grades.

Aufgabe 2

f: $f(x) = x^2 + x - 2$

Bestimmen Sie die Steigung der Tangenten an den Funktionsgraphen in den Achsenschnittpunkten.

Lösung

1. Berechnung der Achsenschnittpunkte

Aus dem Absolutglied ergibt sich der Schnittpunkt mit der y-Achse:

$\underline{S_y(0/-2)}$

Die Nullstellen werden mithilfe der p-q-Formel berechnet:

$$0 = x^2 + x - 2$$

$$x_{1/2} = -\frac{1}{2} \pm \sqrt{\frac{1}{4} + \frac{8}{4}}$$

$$= -\frac{1}{2} \pm \frac{3}{2}$$

$\underline{x_1 = -2}$ $\quad$ $\underline{x_2 = 1}$

Aus diesen Nullstellen ergeben sich folgende Schnittpunkte mit der x-Achse:

$\underline{S_{x_1}(-2/0)}$ $\quad$ $\underline{S_{x_2}(1/0)}$

2. Berechnung der Ableitungsfunktion

$f(x) = x^2 + x - 2 \Rightarrow \underline{f'(x) = 2x + 1}$

3. Berechnung der Steigung in den Achsenschnittpunkten durch Einsetzen der entsprechenden x-Werte in die Ableitungsfunktion $f'(x) = 2x + 1$

- Steigung in S_y:
  $f'(0) = 2 \cdot 0 + 1 = \underline{\underline{1}}$
- Steigung in S_{x_1}:
  $f'(-2) = 2 \cdot (-2) + 1 = \underline{\underline{-3}}$
- Steigung in S_{x_2}:
  $f'(1) = 2 \cdot 1 + 1 = \underline{\underline{3}}$

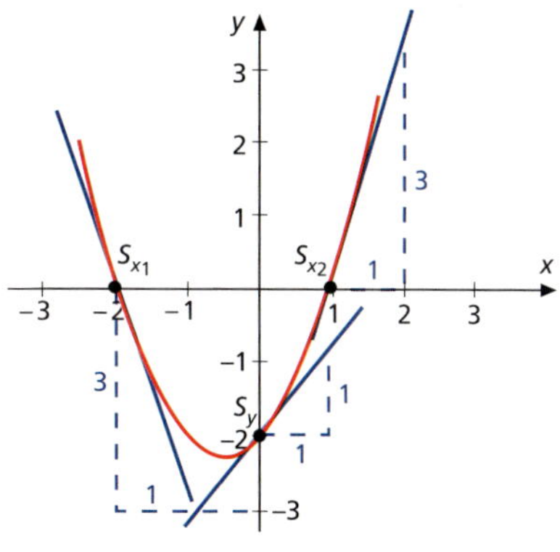

Bild 2.3.3.1

In der folgenden Aufgabe sollen mithilfe der Ableitung einer ganzrationalen Funktion die Stellen des Funktionsgraphen bestimmt werden, die eine bestimmte (vorgegebene) Steigung aufweisen.

Aufgabe 3

Wo hat der Graph der Funktion f: $f(x) = \frac{1}{3}x^3 + \frac{1}{2}x^2 - 6x$ waagerechte Tangenten?

Lösung

Nach den bekannten Ableitungsregeln lautet die Ableitung:

$$f(x) = \frac{1}{3}x^3 + \frac{1}{2}x^2 - 6x \Rightarrow \underline{f'(x) = x^2 + x - 6}$$

Es sind die x-Werte gesucht, an denen der Funktionsgraph die Steigung 0 aufweist. Da $f'(x)$ die Steigung der Funktion angibt, wird in die Ableitung für $f'(x)$ die Zahl 0 eingesetzt.

$$\mathbf{f'(x) = 0}$$
$$\mathbf{0} = x^2 + x - 6$$

Mithilfe der p-q-Formel können nun die Stellen berechnet werden, an denen der Graph der Funktion die Steigung 0 aufweist:

$$x_{1/2} = -\frac{1}{2} \pm \sqrt{\frac{1}{4} + \frac{24}{4}}$$

$$\underline{x_1 = -3}$$

$$\underline{x_2 = 2}$$

Ergebnis:

Der Graph der Funktion f: $f(x) = \frac{1}{3}x^3 + \frac{1}{2}x^2 - 6x$ hat bei $x = -3$ oder bei $x = 2$ waagerechte Tangenten.

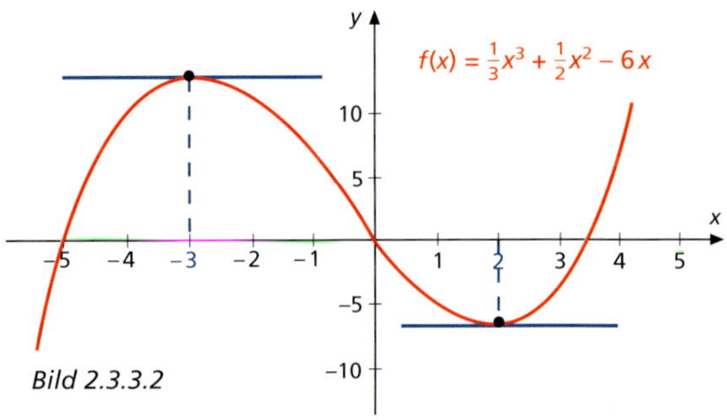

Bild 2.3.3.2

Übungsaufgaben

1 Differenzieren Sie.

a) $f(x) = x^3 + x^2 - x - 7$
b) $f(x) = 9x^5 + 2x^4 + 10x^2 + 8x$
c) $f(x) = 3x^4 - 12x^3 + 6x$
d) $f(x) = -4x^3 + x^2 - 1$
e) $f(x) = -2x^2 + 3x + 6$
f) $f(x) = x^3 - x + 1$

2 Leiten Sie ab.

a) $f(x) = 2x^4 - 3x + 1$
b) $f(x) = -\frac{1}{2}x^4 + \frac{1}{3}x^2 - 2$
c) $f(x) = -0{,}\overline{3}x^3 + 0{,}\overline{6}x^2 + x$
d) $f(x) = -3{,}6x + 1$
e) $f(x) = 2{,}6x^2 + 1{,}4$
f) $f(x) = -1{,}2x^3 + 0{,}4x^2 + 0{,}3x$

3 Bestimmen Sie die Gleichung der Ableitungsfunktion.

a) $f(x) = (x + 1)(x - 3)$
b) $f(x) = x^2(x - 1)$
c) $f(x) = (x^2 - 4)(x - 2)$
d) $f(x) = (x - 4)^2$
e) $f(x) = (2x + 2)^2$
f) $f(x) = x^2(x^2 - 6x)$

4 Differenzieren Sie.

a) $f(x) = x^2 + \sqrt{x}$

b) $f(x) = \frac{3}{x} + 2\sqrt{x}$

c) $f(x) = x - \frac{1}{\sqrt{x}}$

d) $f(x) = 3x^2 + \sqrt[3]{x^2}$

e) $f(x) = -\frac{1}{x} + \frac{1}{\sqrt[3]{x}}$

f) $f(x) = \frac{1}{x^5} + \frac{1}{\sqrt[3]{x^2}}$

5 Berechnen Sie für die Funktionen aus Übungsaufgabe 1 die Steigung der Tangente an den Funktionsgraphen bei $x = 1$ und bei $x = -1$.

6 Berechnen Sie für die Funktionen aus Übungsaufgabe 2 die Steigung des Funktionsgraphen im Schnittpunkt mit der y-Achse.

7 f: $f(x) = -\frac{1}{3}x^2 + \frac{1}{6}x + \frac{2}{3}$

a) Wo weist der Graph der Funktion die Steigung 0 auf?
b) Geben Sie die Koordinaten des Scheitelpunktes an.
c) Berechnen Sie die Steigung des Funktionsgraphen in seinen Schnittpunkten mit der x-Achse.

8 Bestimmen Sie für f: $f(x) = x^3 - 4x^2 + 3x$ die Schnittpunkte mit der x-Achse. Wie lauten die Funktionsgleichungen der Tangenten an den Graphen der Funktion in den Schnittpunkten mit der x-Achse?

9 Zeigen Sie, dass die Parabel mit $f(x) = \frac{1}{2}(x - 3)^2 + 2$ im Scheitelpunkt die Steigung 0 hat.

10 Wie lautet die Funktionsgleichung der Tangente an den Graphen von

f: $f(x) = 3x^3 + \frac{1}{2}x^2 - 6$ in $P(2/f(2))$?

2.3.4 Ableitung der Betragsfunktionen

Die bisherigen Beispiele von Funktionen könnten zu der Annahme verleiten, dass die Differenzierbarkeit einer Funktion selbstverständlich ist.

Am Beispiel der Funktion f: $f(x) = |x|$ (siehe Bild 2.3.4.1) sei gezeigt, dass dies nicht immer der Fall ist.

Die Zerlegung von f in abschnittweise definierte Teilfunktionen[1] führt zu:

$$f(x) = \begin{cases} -x \text{ für } x \leq 0 \\ x \text{ für } x > 0 \end{cases}$$

oder auch

$$f(x) = \begin{cases} -x \text{ für } x < 0 \\ x \text{ für } x \geq 0 \end{cases}$$

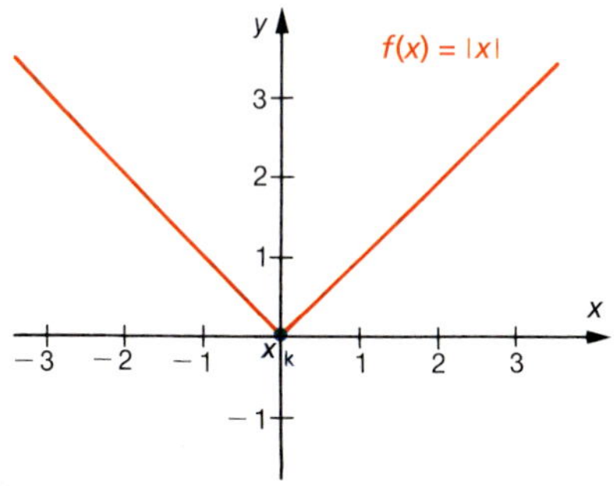

Bild 2.3.4.1

[1] vgl. Abschnitt 1.8.1

Für alle $x < 0$ ist die Steigung offensichtlich gleich –1, für alle $x > 0$ ist die Steigung ebenso offensichtlich gleich +1. Es drängt sich jedoch die Frage auf: Wie groß ist die Steigung des Funktionsgraphen an der sog. „Knickstelle" $x_K = 0$?

Je nachdem von welchem Funktionsgraphen man ausgeht, d. h., von welcher Seite man für $x_K = 0$ die Ableitung bildet, erhält man linksseitig als Steigungsmaß $f'(0) = -1$ rechtsseitig $f'(0) = 1$ (vgl. Bild 2.3.4.1 auf der Vorseite).

Man sagt, die linksseitige Ableitung stimmt mit der rechtsseitigen Ableitung nicht überein.

Eine Funktion f ist an einer Stelle x_K **nicht differenzierbar,** wenn die linksseitige und rechtsseitige Ableitung verschieden sind.

Bei einer „Knickstelle" ist dies immer der Fall.

Liegt eine solche Knickstelle in einem Intervall I, so ist die Funktion über diesem Intervall I nicht differenzierbar.

Eine Funktion f ist genau dann über einem Intervall ***I* differenzierbar,** wenn sie für jedes $x \in I$ differenzierbar ist.

Bei der Ableitung einer Betragsfunktion ist also darauf zu achten, dass **Betragsfunktionen u. U. an bestimmten Stellen nicht differenzierbar sind.** Für die Ableitungsfunktion sind also Intervalle zu bilden, die die nicht differenzierbaren Stellen ausschließen.

Ansonsten erfolgt das Differenzieren nach den bisher bekannten Ableitungsregeln. Die Funktionsgleichung der Betragsfunktion muss jedoch zuvor in abschnittweise definierte Teilfunktionen ohne Betragszeichen umgewandelt worden sein.

Für f: $f(x) = |x|$ wird die Ableitungsfunktion wie folgt gebildet:

1. **Knickstelle(n) berechnen** (durch Nullsetzen des Betragsterms)

   $\underline{x_K = 0}$

2. **Abschnittweise definierte Teilfunktionen** ohne Betragszeichen **aufstellen**[1] (Knickstellen sind Intervallgrenzen)

   $$f(x) = \begin{cases} -x \text{ für } x \leq 0 \\ x \text{ für } x > 0 \end{cases}$$

   (Minuszeichen vor dem Betragsterm, wenn er negativ wird)

3. **Ableitungsfunktion bestimmen** (Mithilfe der bekannten Ableitungsregeln wird für jede abschnittweise definierte Teilfunktion die Ableitung gebildet. **Die Knickstelle ist nicht differenzierbar und gehört somit zu keinem Intervall der Ableitungsfunktion.)**

   $$f'(x) = \begin{cases} -1 \text{ für } x < 0 \\ 1 \text{ für } x > 0 \end{cases}$$

[1] vgl. Abschnitt 1.8.1

Aufgabe 1

Bestimmen Sie die Ableitungsfunktion von f: $f(x) = |-3x + 6|$.

Lösung

1. Knickstelle

$0 = -3x + 6$

$\Rightarrow \underline{x_K = 2}$

2. Abschnittweise definierte Teilfunktionen

$$f(x) = \begin{cases} -3x + 6 & \text{für } x \leq 2 \\ 3x - 6 & \text{für } x > 2 \end{cases}$$

3. Ableitungsfunktion

$$f'(x) = \begin{cases} -3 & \text{für } x < 2 \\ 3 & \text{für } x > 2 \end{cases}$$

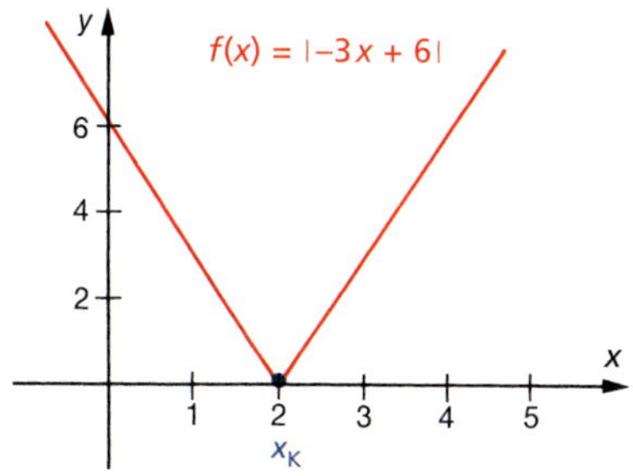

Bild 2.3.4.2

Aufgabe 2

Gegeben ist die Funktion f: $f(x) = |2x^2 - 8|$, $D(f) = [-3; 3]$.

a) Berechnen Sie die Stellen der Funktion, an denen sie nicht differenzierbar ist.

b) Geben Sie die Funktionsgleichung von f durch abschnittweise definierte Teilfunktionen ohne Betragszeichen an.

c) Zeichnen Sie den Graphen der Funktion f.

d) Differenzieren Sie f.

e) Welche Steigung weist der Funktionsgraph bei $x = -2{,}5$, bei $x = -2$ und bei $x = 0{,}5$ auf?

Lösung

a) **Knickstelle**

$f(x) = 0$

$0 = 2x^2 - 8$

$\Rightarrow \underline{x_{K_{1/2}} = \pm 2}$

b) **Abschnittweise definierte Teilfunktionen**

$$f(x) = \begin{cases} 2x^2 - 8 & \text{für } -3 \leq x \leq -2 \\ -2x^2 + 8 & \text{für } -2 < x \leq 2 \\ 2x^2 - 8 & \text{für } 2 < x \leq 3 \end{cases}$$

c) **Graph der Funktion**
(siehe Bild rechts)

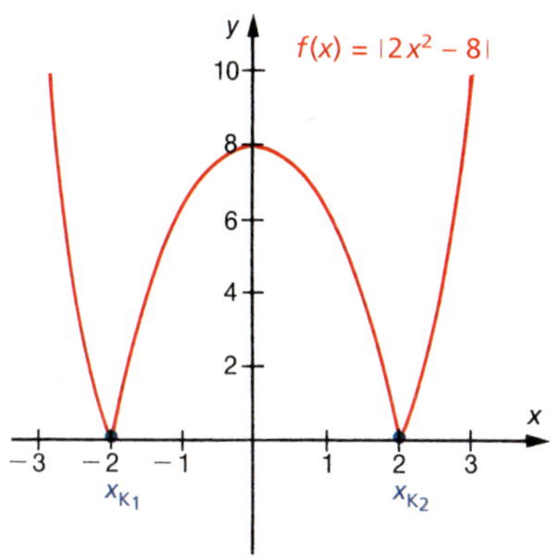

Bild 2.3.4.3

d) **Ableitungsfunktion**

$$f'(x) = \begin{cases} 4x & \text{für } -3 \leq x < -2 \\ -4x & \text{für } -2 < x < 2 \\ 4x & \text{für } 2 < x \leq 3 \end{cases}$$

e) **Steigung an bestimmten Stellen**

$\underline{\underline{f'(-2{,}5) = -10}}$

<u>Bei $x = -2$ ist f nicht differenzierbar, weil der Funktionsgraph dort einen Knick aufweist.</u>

$\underline{\underline{f'(0{,}5) = -2}}$

Übungsaufgaben

1 Bestimmen Sie die Ableitungsfunktion und differenzieren Sie an den angegebenen Stellen ($D(f) = \mathbb{R}$).

a) $f\colon f(x) = |-x|$; $x_1 = 2$, $x_2 = 0$

b) $f\colon f(x) = |x - 1|$; $x_1 = 0$, $x_2 = -1$

c) $f\colon f(x) = |-x + 2|$; $x_1 = 2$, $x_2 = -2$

d) $f\colon f(x) = |x + 3|$; $x_1 = 1$, $x_2 = 3$

e) $f\colon f(x) = |-x - 2|$; $x_1 = -2$, $x_2 = 2$

f) $f\colon f(x) = |-2|$; $x_1 = -2$, $x_2 = 2$

2 Differenzieren und zeichnen Sie für $D(f) = \mathbb{R}$.

a) $f\colon f(x) = |3x - 9|$

b) $f\colon f(x) = |-2x - 5|$

c) $f\colon f(x) = |-\frac{1}{2}x + 1|$

d) $f\colon f(x) = |0{,}5x + 2|$

e) $f\colon f(x) = |-\frac{1}{4}x + 1| - 2$

f) $f\colon f(x) = |-3x + 9| + 1$

3 Bestimmen Sie die Ableitungsfunktion.

a) $f\colon f(x) = |x^2 - 1|$; $D(f) = [-3; 3]$

b) $f\colon f(x) = 2 + |x^2 - 1|$; $D(f) = \mathbb{R}$

c) $f\colon f(x) = |\frac{1}{2}x^2 - 2|$; $D(f) = [-4; 3]$

d) $f\colon f(x) = |\frac{1}{2}x^2 - 2| - 1$; $D(f) = \mathbb{R}$

e) $f\colon f(x) = |2x^2|$; $D(f) = [-2; 2]$

f) $f\colon f(x) = |-x^2|$; $D(f) = [-1; 2]$

4 Zeichnen Sie die Graphen der Funktionen aus Übungsaufgabe 3 und bestimmen Sie die Steigung der Tangenten bei $x = 1$ und bei $x = 2$ und zeichnen Sie die Tangenten in das Schaubild.

5 Gegeben ist $f\colon f(x) = |x^2 - 2x|$; $D(f) = [-2; 3]$.

a) An welchen Stellen ist die Funktion nicht differenzierbar?

b) Zeichnen Sie den Graphen der Funktion.

c) Bilden Sie die Ableitungsfunktion.

d) Wie lauten die Funktionsgleichungen der Tangenten an den Graphen bei $x = -1$, bei $x = 0$, bei $x = 2$ und bei $x = 3$?

6 In welchen Punkten hat $f\colon f(x) = |x^2 - 1|$ mit $D(f) = \mathbb{R}$ die Steigung $m = 1$?

7 $f\colon f(x) = |-\frac{1}{2}x^2 + 2|$; $D(f) = \mathbb{R}$

$g\colon g(x) = 2{,}5\,x$; $D(f) = \mathbb{R}$

a) In welchen Punkten schneiden sich die Funktionsgraphen von f und g?

b) Wie groß ist die jeweilige Steigung der Funktionsgraphen in ihren Schnittpunkten miteinander?

2.3.5 Ableitung der Produktfunktionen

Ist eine Funktion f das Produkt zweier Einzelfunktionen u und v, so heißt f **Produktfunktion.**

Produktfunktion: $f = u \cdot v$ mit $f(x) = u(x) \cdot v(x)$

Z. B. ist $f\colon f(x) = 2x^3 \cdot x^2$ eine Produktfunktion mit $u(x) = 2x^3$ und $v(x) = x^2$.

Die Ableitung dieser Funktion kann gebildet werden, indem zuerst das Produkt ausmultipliziert und dann nach der Potenz-/Faktorregel differenziert wird:

$$f(x) = 2x^3 \cdot x^2 \Leftrightarrow$$
$$f(x) = 2x^5 \quad \Rightarrow \underline{\underline{f'(x) = 10x^4}}$$

Bei schwieriger werdenden Funktionsgleichungen ist es notwendig, das Produkt in der gegebenen Form zu differenzieren, weil ein vorheriges Ausmultiplizieren – wie oben geschehen – nicht möglich ist.

Wie aber werden Produkte **direkt** differenziert?

Gliedweises Differenzieren –analog zur Summen-/Differenzregel – führt offensichtlich zu einem **falschen Ergebnis:**

$$f(x) = 2x^3 \cdot x^2 \Rightarrow f'(x) \neq 6x^2 \cdot 2x = \underline{\underline{12x^3}} \text{ (vgl. oben)}$$

Das Ableiten von Produkten darf **nicht gliedweise** erfolgen.

$$f = u \cdot v\,;\, f' \neq u' \cdot v'$$

Richtig ist vielmehr folgendes Vorgehen:

Ist eine Funktion f ein Produkt zweier Einzelfunktionen u und v, so wird die Ableitung dieser Produktfunktion nach der **Produktregel** gebildet:

$$f = u \cdot v \Rightarrow f' = u' \cdot v + u \cdot v'$$

Produktregel

oder ausführlich:

$$f(x) = u(x) \cdot v(x) \Rightarrow f'(x) = u'(x) \cdot v(x) + u(x) \cdot v'(x)$$ [1)]

Produktregel

[1)] **Beweis:** Für $f(x) = u(x) \cdot v(x)$ wird der Differenzialquotient gebildet:

$$f'(x) = \lim_{h \to 0} \frac{f(x+h) - f(x)}{h}$$

$$f'(x) = \lim_{h \to 0} \frac{u(x+h) \cdot v(x+h) - u(x) \cdot v(x)}{h} \Bigg| + \frac{u(x)v(x+h) - u(x)v(x+h)}{h}$$

$$f'(x) = \lim_{h \to 0} \frac{u(x+h) \cdot v(x+h) - u(x) \cdot v(x+h) - u(x) \cdot v(x) + u(x) \cdot v(x+h)}{h}$$

$$f'(x) = \lim_{h \to 0} \left[v(x+h) \cdot \frac{u(x+h) - u(x)}{h} + u(x) \cdot \frac{v(x+h) - v(x)}{h} \right]$$

$$f'(x) = \lim_{h \to 0} v(x+h) \cdot \lim_{h \to 0} \frac{u(x+h) - u(x)}{h} + \lim_{h \to 0} u(x) \cdot \lim_{h \to 0} \frac{v(x+h) - v(x)}{h}$$

$$f'(x) = v(x) \cdot u'(x) + u(x) \cdot v'(x)$$

$$\underline{\underline{f'(x) = u'(x) \cdot v(x) + u(x) \cdot v'(x)}}$$

Beispiel

$f(x) = 2x^3 \cdot x^2$

Dabei ist:

$u(x) = 2x^3$; $v(x) = x^2$

und:

$u'(x) = 6x^2$; $v'(x) = 2x$

Unter Zuhilfenahme der Produktregel

$$f'(x) = u'(x) \cdot v(x) + u(x) \cdot v'(x)$$

ergibt sich:

$f'(x) = 6x^2 \cdot x^2 + 2x^3 \cdot 2x = 6x^4 + 4x^4$

$f'(x) = 10x^4$

Der Leser möge vergleichen, dass dieses Ergebnis mit der zu Beginn des Kapitels – durch Ausmultiplizieren – berechneten Ableitungsfunktion übereinstimmt.

Aufgabe 1

a) Differenzieren Sie f: $f(x) = (3x^2 - 6x)(x^3 - 2)$ mithilfe der Produktregel.

b) Kontrollieren Sie Ihr Ergebnis, indem Sie das Produkt im Funktionsterm ausmultiplizieren und dann die Ableitung mithilfe der Summen-/Differenzregel bilden.

Lösung

a) $f(x) = u(x) \cdot v(x)$

$$u(x) = 3x^2 - 6x;\ v(x) = x^3 - 2$$

$$u'(x) = 6x - 6;\ v'(x) = 3x^2$$

$$\begin{aligned} f'(x) &= u'(x) \cdot v(x) + u(x) \cdot v'(x) \\ &= (6x - 6)(x^3 - 2) + (3x^2 - 6x)\,3x^2 \\ &= 6x^4 - 12x - 6x^3 + 12 + 9x^4 - 18x^3 \\ f'(x) &= 15x^4 - 24x^3 - 12x + 12 \end{aligned}$$

b) $$\begin{aligned} f(x) &= 3x^5 - 6x^4 - 6x^2 + 12x \\ f'(x) &= 15x^4 - 24x^3 - 12x + 12 \end{aligned}$$

Übungsaufgaben

1 Differenzieren Sie mithilfe der Produktregel.

a) $f(x) = 2x \cdot 3x^3$

b) $f(x) = -x^4 \cdot 2x$

c) $f(x) = -3 \cdot x$

d) $f(x) = -\frac{1}{2}x^2 \cdot 0{,}\overline{3}x$

e) $f(x) = -0{,}\overline{6}\,x^2 \cdot (-\frac{1}{4}x^3)$

f) $f(x) = -\frac{1}{3}x^3 \cdot \frac{1}{2}x^2$

2 Multiplizieren Sie die Funktionsterme aus Übungsaufgabe 1 aus und differenzieren Sie dann.

3 Leiten Sie mithilfe der Produktregel ab.

a) $f(x) = (3x^2 - x)(x + 1)$

b) $f(x) = (x - 4)(x + 2)$

c) $f(x) = (2x - 6)(-3x + x^2)$

d) $f(x) = \frac{1}{2}(x + 5)(4 - x)$

e) $f(x) = (x^2 + 3)^2$

f) $f(x) = \frac{1}{4}(x - 3)^2$

4 Multiplizieren Sie die Funktionsterme aus Übungsaufgabe 3 aus und leiten Sie dann ab.

5 Bilden Sie die Ableitungsfunktion mithilfe der Produktregel.

a) $f(x) = \frac{1}{x} \cdot 3x^2$ b) $f(x) = \sqrt{x} \cdot \frac{1}{x^2}$

c) $f(x) = \sqrt{x} \cdot \sqrt[3]{x}$ d) $f(x) = -\frac{1}{2}x^3 \cdot \sqrt{x}$

e) $f(x) = \frac{1}{5}x^7 + 0{,}2x^3 \cdot \sqrt{x^3}$ f) $f(x) = x + 2x \cdot \frac{1}{x^3}$

6 Multiplizieren Sie die Funktionsterme aus Übungsaufgabe 5 aus und leiten Sie dann ab.

7 Leiten Sie mithilfe der Produktregel ab und bestimmen Sie dann die Steigung des Funktionsgraphen an der angegebenen Stelle.

a) $f(x) = (x^4 - x^3) \cdot \sqrt{x}$; $x_a = 4$

b) $f(x) = (x + 3)x^2$; $x_a = -1$

c) $f(x) = (x + 1)\,(1 - x)$; $x_a = -2$

d) $f(x) = (0{,}5x + 2{,}5)\,(-x + 4)$; $x_a = -1$

e) $f(x) = x + \frac{1}{x^3} \cdot 2x$; $x_a = -2$

f) $f(x) = -\sqrt{x} \cdot \frac{x^3}{2}$; $x_a = 1$

8 An welchen Stellen hat die Funktion die angegebene Steigung? (Lösung mit Produktregel.)

a) $f(x) = 3x^2 \cdot \frac{1}{x}$; $m = 6$

b) $f(x) = \frac{1}{x^2} \cdot \sqrt{x}$; $m = 1$

c) $f(x) = -2x \cdot x^4$; $m = -10$

d) $f(x) = (3 + x^2)^2$; $m = 0$

e) $f(x) = \frac{1}{4}x^3 \cdot \frac{2}{3}x^2$; $m = \frac{5}{6}$

f) $f(x) = \frac{1}{3}x^3 \cdot (-\frac{1}{2}x^2)$; $m = 4$

2.3.6 Ableitung der Wurzelfunktionen

Einfache Wurzelfunktionen des Typs f mit $f(x) = \sqrt[q]{x^p}$ lassen sich nach Umwandlung in $f(x) = x^{\frac{p}{q}}$ mithilfe der **Potenzregel** leicht ableiten:

$$f(x) = \sqrt[q]{x^p} = x^{\frac{p}{q}} \Rightarrow f'(x) = \frac{p}{q}x^{\frac{p}{q}-1}$$

Z. B. f: $f(x) = \sqrt[3]{x^7} = x^{\frac{7}{3}} \Rightarrow \underline{\underline{f'(x) = \frac{7}{3} \cdot x^{\frac{4}{3}} = \frac{7}{3}\sqrt[3]{x^4}}}$

Schon bei geringfügig komplizierterem Term unter dem Wurzelzeichen (z. B. $f(x) = \sqrt[3]{\boldsymbol{a}x^7}$) lassen sich derartige Funktionen nicht mehr so einfach wie oben ableiten.

Im Folgenden wird erklärt, wie bei der Differenziation solcher oder ähnlicher Funktionen vorzugehen ist.

Die Funktion $f\colon f(x) = \sqrt{3x + 2}$ kann als Verkettung[1] der Funktionen

$$a\colon a(x) = \sqrt{x} = x^{\frac{1}{2}} \text{ und}$$
$$i\colon i(x) = 3x + 2$$

angesehen werden ($f = a \circ i\colon f(x) = a[i(x)]$).

Die **Ableitung einer verketteten Funktion** erfolgt nach der **Kettenregel:**

$f\colon f(x) = a[i(x)] \Rightarrow f'(x) = a'[i(x)] \cdot i'(x)$ [2][3]
Kettenregel

In Worten:

Ableitung einer verketteten Funktion: Äußere Ableitung (unter Beibehaltung der inneren Funktion) mal innere Ableitung.

Beispiel

$f\colon f(x) = \sqrt{3x + 2} = (3x + 2)^{\frac{1}{2}}$, wobei $a(x) = x^{\frac{1}{2}}$ und $i(x) = 3x + 2$

Die **äußere Ableitung** ist die Ableitung von $a[i(x)]$: $a'[i(x)] = \frac{1}{2} \cdot i(x)^{-\frac{1}{2}} = \frac{1}{2}(3x + 2)^{-\frac{1}{2}}$

Die **innere Ableitung** ist die Ableitung von $i(x)$: $i'(x) = 3$

Aus der **Kurzformel:**

Gesamtableitung = äußere Ableitung mal innere Ableitung

ergibt sich:

$$f'(x) = \underbrace{\frac{1}{2}(3x + 2)^{-\frac{1}{2}}}_{\text{äußere Ableitung}} \cdot \underbrace{3}_{\text{innere Ableitung}} = \frac{3}{2}(3x + 2)^{-\frac{1}{2}} = \underline{\underline{\frac{3}{2\sqrt{3x + 2}}}}$$ [4]

---

[1] vgl. Abschnitt 1.8.7

[2] Auf einen mathematisch exakten Beweis der Kettenregel soll wegen der Kompliziertheit verzichtet werden. Die Richtigkeit der Kettenregel lässt sich schüleradäquat besser an einfachen Beispielen bestätigen:
$f(x) = (4x + 2)^2 \Rightarrow f'(x) = 2(4x + 2)^1 \cdot 4 = 8(4x + 2) = \mathbf{32x + 16}$
Das gleiche Ergebnis erhält man, wenn man den Funktionsterm ausmultipliziert und dann gliedweise differenziert:
$f(x) = 16x^2 + 16x + 4 \Rightarrow f'(x) = \mathbf{32x + 16}$

[3] Voraussetzung für die Differenzierbarkeit der verketteten Funktion f ist die Differenzierbarkeit von a und i.

[4] Interessant ist der Vergleich der Definitionsbereiche von f und f':
$D(f) = [-\frac{2}{3}, \infty)$; $D(f') = (-\frac{2}{3}, \infty)$
Im Gegensatz zur Ausgangsfunktion ist die Ableitungsfunktion bei $x = -\frac{2}{3}$ nicht definiert. Der Grund liegt darin, dass die Steigung von f bei $x = -\frac{2}{3}$ unendlich groß ist, die Tangente an f dort also vertikal verläuft.

Aufgabe 1

Differenzieren Sie f: $f(x) = \sqrt[3]{-3x - 4}$.
Bestimmen Sie den maximalen Definitionsbereich von f und f'.

Lösung

$f(x) = (-3x - 4)^{\frac{1}{3}}$, wobei $a(x) = x^{\frac{1}{3}}$ und $i(x) = -3x - 4$

$a'[i(x)] = \frac{1}{3}i(x)^{-\frac{2}{3}} = \frac{1}{3}(-3x - 4)^{-\frac{2}{3}}$

$a'(x) = -3$

$f'(x) = \frac{1}{3}(-3x - 4)^{-\frac{2}{3}} \cdot (-3) = -1(-3x - 4)^{-\frac{2}{3}} = \dfrac{1}{\sqrt[3]{(-3x - 4)^2}}$

$D(f) = \mathbb{R}$

$D(f') = \mathbb{R} \setminus \{-\frac{4}{3}\}$, weil für $x = -\frac{4}{3}$ durch die Zahl 0 dividiert würde (Die Steigung von f ist bei $x = -\frac{4}{3}$ unendlich groß).

Übungsaufgaben

1 Differenzieren Sie mithilfe der Kettenregel. Kontrollieren Sie Ihr Ergebnis, indem Sie den Funktionsterm zuerst ausmultiplizieren und dann gliedweise ableiten.

a) $f(x) = (5x + 3)^3$
b) $f(x) = (3x^3 - 4x^4)^2$
c) $f(x) = (4x - x^2)^2$
d) $f(x) = 3\left(\frac{1}{2}x^2 - 2x\right)^2$
e) $f(x) = (\sqrt{x} + 1)^2$
f) $f(x) = (2x^2 - x + 3)^3$

2 Differenzieren Sie.

a) $f(x) = 3\sqrt{x}$
b) $f(x) = -\frac{1}{2} \cdot \sqrt[3]{x}$
c) $f(x) = \sqrt[3]{x^2}$
d) $f(x) = \sqrt{x + 3}$
e) $f(x) = \sqrt[3]{2x}$
f) $f(x) = \sqrt{0{,}4x}$

3 Bestimmen Sie für die Ausgangs- und Ableitungsfunktion aus Übungsaufgabe 2 den jeweiligen Definitionsbereich.

4 Berechnen Sie die Ableitungsfunktion.

a) $f(x) = \sqrt{-\frac{1}{2}x + 1}$
b) $f(x) = \sqrt{0{,}3x + 2}$
c) $f(x) = \sqrt[3]{-4 - 3x}$
d) $f(x) = \sqrt{6x - \frac{1}{2}}$
e) $f(x) = \sqrt[3]{\frac{1}{3}x + 2}$
f) $f(x) = \sqrt{-0{,}1x - 2}$

5 Leiten Sie ab.

a) $f(x) = \sqrt[3]{\frac{1}{4}x - 1}$
b) $f(x) = \frac{1}{2}\sqrt[3]{x + 2}$
c) $f(x) = \sqrt[4]{-4x - 2}$
d) $f(x) = \sqrt{x - 1} + 2x$
e) $f(x) = 2\sqrt{-2x + 1}$
f) $f(x) = \frac{1}{2}\sqrt{\frac{1}{3}x + 1} - 3x^2$

6 Differenzieren Sie.

a) $f(x) = \sqrt{x^2 + 1}$
b) $f(x) = \sqrt[3]{2x^2 - 1}$
c) $f(x) = \sqrt{1 - 4x^3}$
d) $f(x) = \sqrt{x^2 + 2x - 1}$
e) $f(x) = 3\sqrt{5 - 4x^2 + 2x}$
f) $f(x) = \sqrt[3]{2x^3 - x^2}$

7 Leiten Sie ab.

a) $f(x) = 2\sqrt{a^2 - x^2}$ b) $f(x) = 3\sqrt[3]{3a^2 - 2x^2}$

c) $f(x) = \sqrt{(x^2 + 1)^3}$ d) $f(x) = \sqrt[3]{(2x^2 - x)^2}$

e) $f(x) = \sqrt[4]{(x^3 - 1)^2}$ f) $f(x) = \sqrt{(x^2 - x)^3}$

8 Bestimmen Sie für die Funktionen aus Übungsaufgabe 2 die Steigung des Funktionsgraphen bei

(1) $x = 2$
(2) $x = 1$.

9 Bestimmen Sie für die Funktionen aus Übungsaufgabe 4 die Steigung des Funktionsgraphen bei

(1) $x = 0$
(2) $x = -2$.

10 An welcher Stelle hat der Graph der Funktion die angegebene Steigung?

a) $f\colon f(x) = 3\sqrt{x}$; $m = 3$ b) $f\colon f(x) = -\frac{1}{2}\sqrt[3]{x}$; $m = -\frac{1}{6}$

c) $f\colon f(x) = \sqrt[3]{x^2}$; $m = \frac{1}{3}$ d) $f\colon f(x) = \sqrt{6x - \frac{1}{2}}$; $m = \frac{1}{2}$

e) $f\colon f(x) = \sqrt{-\frac{1}{2}x + 1}$; $m = -\frac{1}{4}$ f) $f\colon f(x) = \sqrt{x^2 + 1}$; $m = \frac{1}{2}$

11 Wie lautet die Funktionsgleichung der Tangente an den Graphen von f bei x_a?

a) $f\colon f(x) = \sqrt{x + 3}$; $x_a = 6$ b) $f\colon f(x) = \sqrt{0{,}4x}$; $x_a = 10$

c) $f\colon f(x) = \sqrt{2x}$; $x_a = 8$ d) $f\colon f(x) = \sqrt{-3x + 3}$; $x_a = -2$

e) $f\colon f(x) = \sqrt{-\frac{1}{2}x + 1}$; $x_a = 0$ f) $f\colon f(x) = \sqrt{2x + 4}$; $x_a = -2$

12 Wie lautet die Funktionsgleichung der Tangente an den Graphen von f, die parallel zur Geraden g verläuft?

a) $f\colon f(x) = \sqrt{1 - 0{,}5x}$; $g\colon g(x) = -0{,}25x$
b) $f\colon f(x) = \sqrt{3 - 3x}$; $g\colon g(x) = -0{,}5x + 4$
c) $f\colon f(x) = \sqrt{1 - \frac{1}{2}x}$; $g\colon g(x) = -0{,}25x - 3$
d) $f\colon f(x) = 3\sqrt{2x}$; $g\colon g(x) = 3x - 1$
e) $f\colon f(x) = \sqrt{x + 1}$; $g\colon g(x) = 3$
f) $f\colon f(x) = \sqrt{3x - 1}$; $g\colon g(x) = 1{,}5x - 2$

2.3.7 Ableitung der gebrochenrationalen Funktionen

Eine gebrochenrationale Funktion f ist der Quotient zweier ganzrationaler Funktionen u und v.

> Gebrochenrationale Funktion: $f = \frac{u}{v} : f(x) = \frac{u(x)}{v(x)}$,

wobei die Nennerfunktion mindestens 1. Grades sein muss, damit die Variable x im Nenner erscheint.

Die einfachste gebrochenrationale Funktion hat die Gleichung $f(x) = \frac{1}{x}$. Mit höherem Grad der Zähler- bzw. Nennerfunktion und einer größeren Anzahl von Gliedern wird der Funktionsterm einer gebrochenrationalen Funktion zunehmend komplizierter.

Im Folgenden soll gezeigt werden, wie zunächst einfache und dann gebrochenrationale Funktionen mit zunehmend umfangreicheren Funktionstermen differenziert werden können.

1. Ableitung der gebrochenrationalen Funktionen der Form $f(x) = \frac{a}{x^n}$

Eine gebrochenrationale Funktion mit der Gleichung $f(x) = \frac{a}{x^n}$ kann nach den Regeln der Potenzrechnung umgeformt werden in $f(x) = ax^{-n}$. Die Ableitung kann dann leicht mithilfe der Potenzregel gebildet werden:

$$f(x) = \frac{a}{x^n} = ax^{-n} \Rightarrow f'(x) = -n \cdot ax^{-n-1}$$

Potenzregel

Beispiel

$$f(x) = \frac{3}{x^4} = 3x^{-4} \Rightarrow f'(x) = -4 \cdot 3x^{-5} = -12\,x^{-5} = -\frac{12}{x^5}$$

Bereits bei diesem einfachen Beispiel wird ersichtlich, dass eine gebrochenrationale Funktion **nicht** in dieser Weise abgeleitet werden darf, dass die Ableitung des Zählers durch die Ableitung des Nenners dividiert wird.

$$f = \frac{u}{v} \Rightarrow f' \neq \frac{u'}{v'}$$

2. Ableitung der gebrochenrationalen Funktionen der Form $f(x) = \frac{a}{bx + c}$

Nach den Regeln der Potenzrechnung kann die Funktionsgleichung umgeformt werden in $f(x) = a(bx + c)^{-1}$. Es liegt dann deutlich erkennbar eine **verkettete Funktion**[1] vor, die mithilfe der **Kettenregel**[2] differenziert werden kann:

$$f(x) = \frac{a}{bx + c} = a(bx + c)^{-1}$$

$$\Rightarrow f'(x) = \underbrace{(-1) \cdot a(bx + c)^{-2}}_{\text{äußere Ableitung}} \cdot \underbrace{b}_{\text{innere Ableitung}} = -\frac{ab}{(bx + c)^2}$$

[1] Es liegt eine Verkettung $f = a \circ i$ mit $f(x) = a(i(x))$ vor. Dabei ist $a(x) = ax^{-1}$ die **äußere Funktion** und $i(x) = bx + c$ die **innere Funktion.** Durch Einsetzen des Funktionsterms der inneren Funktion für die Variable x in die äußere Funktion erhält man die Gleichung der verketteten Funktion.

[2] vgl. Abschnitt 2.3.6.

Beispiel

$$f(x) = \frac{3}{4x-2} \text{ ist identisch mit}$$

$$f(x) = 3(\mathbf{4x-2})^{-1}$$

$$\Rightarrow f'(x) = \underbrace{(-1)\cdot 3(\mathbf{4x-2})^{-2}}_{\text{äußere Ableitung}} \underbrace{\cdot\, \mathbf{4}}_{\text{innere Ableitung}} = -\frac{12}{(4x-2)^2}$$

Aufgabe 1

Welche Steigung hat der Graph von $f: f(x) = \frac{-1}{-2x+1}$ in seinem Schnittpunkt mit der y-Achse? Zeichnen Sie den Graphen mit der entsprechenden Tangente.

Lösung

1. Schnittpunkt mit der y-Achse:

$$f(0) = \frac{-1}{1} = -1 \Rightarrow \underline{S_y(0/-1)}$$

2 Steigung bei $x = 0$

$$f(x) = -1(\mathbf{-2x+1})^{-1}$$

$$\Rightarrow f'(x) = \underbrace{(-1)\cdot(-1)\,(\mathbf{-2x+1})^{-2}}_{\text{äußere Ableitung}} \cdot \underbrace{(\mathbf{-2})}_{\text{innere Ableitung}} = \frac{2}{(-2x+1)^2}$$

$$\underline{\underline{f'(0) = \frac{-2}{1} = -2}}$$

3. Zeichnung des Graphen mit Tangente bei $x = 0$

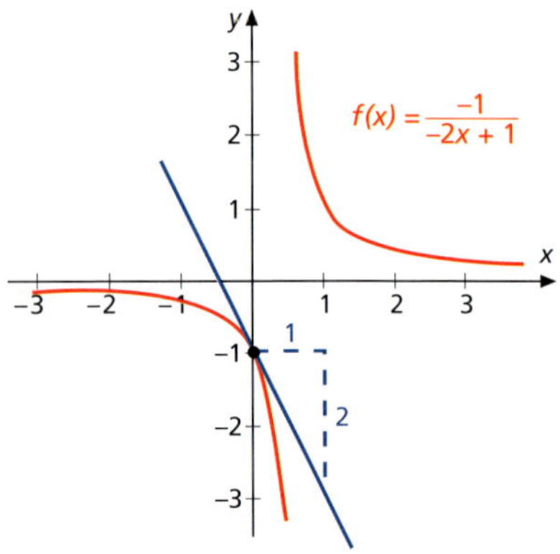

Bild 2.3.7.1

3. Ableitung der gebrochenrationalen Funktionen mit beliebigen Zähler-/Nennerfunktionen

Die Funktionsgleichung einer gebrochenrationalen Funktion mit beliebigem Funktionsterm hat die allgemeine Form $f(x) = \frac{u(x)}{v(x)}$, z. B. $f(x) = \frac{2x^3 + 1}{x^2 - 1}$.

Eine derartige **Quotientenfunktion** wird nach der **Quotientenregel** abgeleitet:

$$f(x) = \frac{u(x)}{v(x)} \Rightarrow f'(x) = \frac{u'(x) \cdot v(x) - u(x) \cdot v'(x)}{[v(x)]^2}$$ [1]

Quotientenregel

oder verkürzt:

$$f = \frac{u}{v} \Rightarrow f' = \frac{u'v - uv'}{v^2}$$

Quotientenregel

Beispiel

$f(x) = \frac{2x^3 + 1}{x^2 - 1}$ Es ist: $u(x) = 2x^3 + 1$; $u'(x) = 6x^2$

$v(x) = x^2 - 1$; $v'(x) = 2x$

$$\Rightarrow f'(x) = \frac{6x^2(x^2 - 1) - (2x^3 + 1)2x}{(x^2 - 1)^2}$$

$$f'(x) = \frac{6x^4 - 6x^2 - 4x^4 - 2x}{(x^2 - 1)^2}$$

$$f'(x) = \frac{2x^4 - 6x^2 - 2x}{(x^2 - 1)^2}$$

Aufgabe 2

An welcher Stelle hat der Graph von f: $f(x) = \frac{4x^2}{x^2 + 1}$ eine waagerechte Tangente?

Lösung

Mit anderen Worten: An welcher Stelle hat f die Steigung 0?

1. **Ableitung mithilfe der Quotientenregel:**

$f(x) = \frac{4x^2}{x^2 + 1}$

Es ist: $u(x) = 4x^2$ $u'(x) = 8x$

$v(x) = x^2 + 1$; $v'(x) = 2x$

$$\Rightarrow f'(x) = \frac{8x(x^2 + 1) - 4x^2 \cdot 2x}{(x^2 + 1)^2}$$

---

[1] **Beweis:** $f(x) = \frac{u(x)}{c(x)}$ ist äquivalent mit $f(x) \cdot v(x) = u(x)$. Nach der Produktregel ist dann $u'(x) = f'(x)\, v(x) + f(x)\, v'(x)$. Nach $f'(x)$ aufgelöst: $f'(x) = \frac{u'(x) - f(x)\, v'(x)}{v(x)}$.

Nun wird für $f(x)$ der o. g. Wert $\frac{u(x)}{v(x)}$ eingesetzt: $f'(x) = \frac{u'(x) - \frac{u(x)}{v(x)} \cdot v'(x)}{v(x)} = \frac{u'(x)v(x) - u(x)v'(x)}{[v(x)]^2}$

$$f'(x) = \frac{8x^3 + 8x - 8x^3}{(x^2 + 1)^2}$$

$$f'(x) = \frac{8x}{(x^2 + 1)^2}$$

2. **Berechnung der Stelle, an der der Graph von f die Steigung 0 aufweist ($f'(x) = 0$):**

$$0 = \frac{8x}{(x^2 + 1)^2} \;\Big|\; \cdot (x^2 + 1)^2 \Leftrightarrow 8x = 0 \Leftrightarrow \underline{\underline{x = 0}}$$

Ergebnis:

f: $f(x) = \frac{4x^2}{x^2 + 1}$ hat bei $x = 0$ eine waagerechte Tangente.

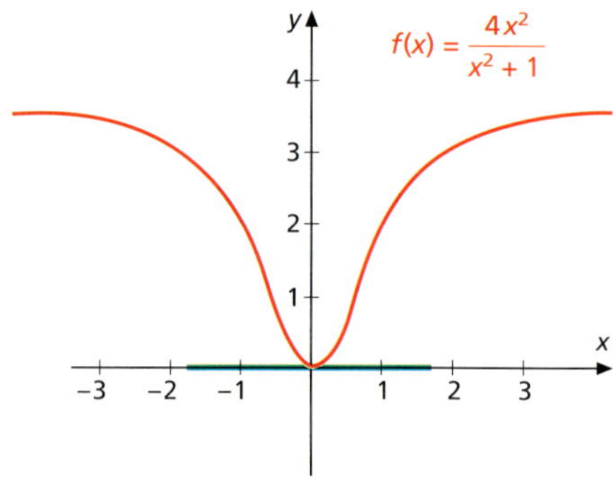

Bild 2.3.7.2

Selbstverständlich können **alle** gebrochenrationalen Funktionen (siehe Punkt 1. und 2.) mithilfe der Quotientenregel abgeleitet werden. Es ist jedoch jeweils zu überlegen, welche Vorgehensweise am einfachsten zum richtigen Ergebnis führt.

Übungsaufgaben

1 Differenzieren Sie.

a) $f(x) = \frac{-3}{x^2}$
b) $f(x) - \frac{2}{x^3}$
c) $f(x) = \frac{1}{3x^2}$
d) $f(x) = \frac{-2}{4x^3}$
e) $f(x) = \frac{-1}{\frac{1}{2}x^2}$
f) $f(x) = \frac{3}{4x^5}$

2 Wie groß ist die Steigung des Funktionsgraphen bei
(1) $x = -1$
(2) $x = 2$?

a) $f(x) = \frac{-3}{x^2}$
b) $f(x) = \frac{2}{x^3}$
c) $f(x) = \frac{1}{3x^2}$
d) $f(x) = \frac{-2}{4x^3}$
e) $f(x) = \frac{-1}{\frac{1}{2}x^2}$
f) $f(x) = \frac{3}{4x^5}$

3 Wo hat der Graph der Funktion Tangenten, die parallel zur Geraden g: $g(x) = -x + 1$ verlaufen?

a) $f(x) = \frac{-3}{x^2}$

b) $f(x) = \frac{2}{x^3}$

c) $f(x) = \frac{1}{3x^2}$

d) $f(x) = \frac{-2}{4x^3}$

d) $f(x) = \frac{-1}{\frac{1}{2}x^2}$

f) $f(x) = \frac{3}{4x^5}$

4 Leiten Sie ab.

a) $f(x) = \frac{2}{2x + 1}$

b) $f(x) = \frac{-2}{-2x - 1}$

c) $f(x) = \frac{1}{3x - 4}$

d) $f(x) = \frac{1}{-4x + 2}$

e) $f(x) = \frac{1}{-\frac{1}{2}x - 3}$

f) $f(x) = \frac{1}{\frac{1}{4}x + \frac{1}{2}}$

g) $f(x) = \frac{-\frac{1}{2}}{3x - 4}$

h) $f(x) = \frac{6}{-x - 1}$

i) $f(x) = \frac{-4}{1 - 2x}$

j) $f(x) = \frac{-3}{-2 + 2x}$

k) $f(x) = \frac{1}{1 - x}$

l) $f(x) = \frac{3}{-6 + 2x}$

5 An welcher Stelle hat der Graph der Funktion eine Tangente parallel zur Winkelhalbierenden des 1. und 3. Quadranten?

a) $f(x) = \frac{2}{2x + 1}$

b) $f(x) = \frac{-2}{-2x - 1}$

c) $f(x) = \frac{1}{3x - 4}$

d) $f(x) = \frac{-\frac{1}{2}}{3x - 4}$

e) $f(x) = \frac{6}{-x - 1}$

f) $f(x) = \frac{-4}{1 - 2x}$

6 Berechnen Sir $f'(1)$.

a) $f(x) = \frac{1}{-4x + 2}$

b) $f(x) = \frac{1}{-\frac{1}{2}x - 3}$

c) $f(x) = \frac{1}{\frac{1}{4}x + \frac{1}{2}}$

d) $f(x) = \frac{-3}{-2 + 2x}$

e) $f(x) = \frac{1}{1 - x}$

f) $f(x) = \frac{3}{-6 + 2x}$

7 Bilden Sie die Ableitung von *f*.

a) $f(x) = \frac{8x^4}{2x^2}$
b) $f(x) = \frac{6x^7}{x^4}$
c) $f(x) = \frac{x^2 - 1}{x + 1}$
d) $f(x) = \frac{4x^4}{x^8}$
e) $f(x) = \frac{-2}{(x-2)^2}$
f) $f(x) = \frac{x^2}{x^2 + 1}$
g) $f(x) = \frac{5 + 2x^2}{x - 1}$
h) $f(x) = \frac{8x^2 + 4x}{x}$
i) $f(x) = \frac{1 - x^4}{1 + x^2}$
j) $f(x) = \frac{1 + x^4}{x}$
k) $f(x) = \frac{x^3 - 2x^2}{x^2 - 4}$
l) $f(x) = \frac{1}{-2x + x^2}$

8 Differenzieren Sie.

a) $f(x) = \frac{5x - 2}{3x}$
b) $f(x) = \frac{1 + x^2}{3x}$
c) $f(x) = \frac{5x}{3x + 4}$
d) $f(x) = \frac{1 + x}{1 - x}$
e) $f(x) = \frac{4x^2 - 5}{2x}$
f) $f(x) = \frac{x - 3}{x}$
g) $f(x) = \frac{x^2 - 3}{1 + x^3}$
h) $f(x) = \frac{1}{(x+1)^2}$
i) $f(x) = \frac{7}{x^4}$
j) $f(x) = \frac{1 - x}{x}$
k) $f(x) = \frac{x^2 - 3x + 2}{x + 1}$
l) $f(x) = \frac{3x - 5}{1 + x^2}$

9 Berechnen Sie $f'(-1)$.

a) $f(x) = \frac{5x - 2}{3x}$
b) $f(x) = \frac{1 + x^2}{3x}$
c) $f(x) = \frac{5x}{3x + 4}$
d) $f(x) = \frac{x^2 - 3}{1 + x^3}$
e) $f(x) = \frac{1}{(x+1)^2}$
f) $f(x) = \frac{7}{x^4}$

10 An welcher Stelle hat der Graph von *f* die Seigung 1?

a) $f(x) = \frac{1 + x}{1 - x}$
b) $f(x) = \frac{4x^2 - 5}{2x}$
c) $f(x) = \frac{x - 3}{x}$
d) $f(x) = \frac{1 - x}{x}$
e) $f(x) = \frac{x^2 - 3x + 2}{x + 1}$
f) $f(x) = \frac{3x - 5}{1 + x^2}$

2.3.8 Ableitung der trigonometrischen Funktionen

2.3.8.1 Ableitung der Sinusfunktion

Der Graph der Sinusfunktion f mit $f(x) = \sin x$ ist eine sich periodisch wiederholende Schwingung.

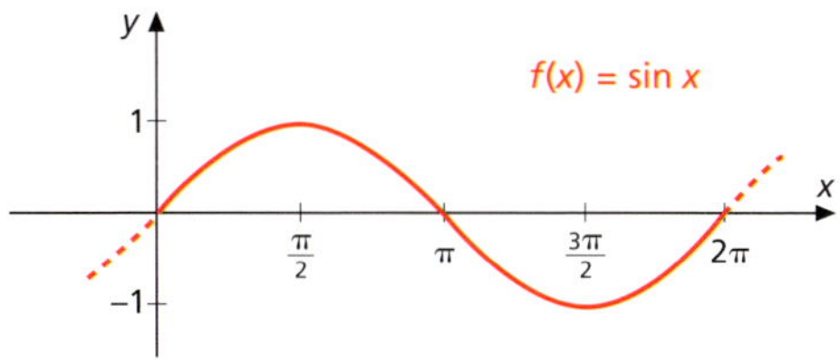

Bild 2.3.8.1

Es soll jetzt versucht werden, die **Ableitungsfunktion der Sinusfunktion grafisch herzuleiten:**

Der Funktionswert der Ableitungsfunktion gibt das jeweilige Steigungsmaß der Sinuskurve an. Um die Steigung der Sinuskurve zu bestimmen, möge sich der Leser Tangenten an den Funktionsgraphen gelegt denken (siehe Bild 2.3.8.2). Bei $x = 0$ ist die Steigung der Sinuskurve 1. Dies ist dann der Funktionswert der Ableitungsfunktion bei $x = 0$.

Bis $x = \frac{\pi}{2}$ nimmt die Steigung der Sinuskurve ab und ist schließlich 0 bei $x = \frac{\pi}{2}$. Entsprechend werden die Funktionswerte der Ableitungsfunktion kleiner, bei $x = \frac{\pi}{2}$ schneidet die Ableitungsfunktion die x-Achse.

Von $x = \frac{\pi}{2}$ bis $x = \frac{3\pi}{2}$ ist die Steigung der Sinuskurve negativ, bei $x = \pi$ am geringsten. Die Funktionswerte der Ableitungsfunktion sind entsprechend von $x = \frac{\pi}{2}$ bis $x = \frac{3\pi}{2}$ negativ, bei $x = \pi$ hat die Ableitungsfunktion einen Tiefpunkt.

Ab $x = \frac{3\pi}{2}$ wird die Steigung der Sinuskurve wieder positiv, entsprechend verläuft die Ableitungsfunktion oberhalb der x-Achse etc.

Der sich aus diesen Überlegungen ergebende Graph ist die Kosinuskurve.

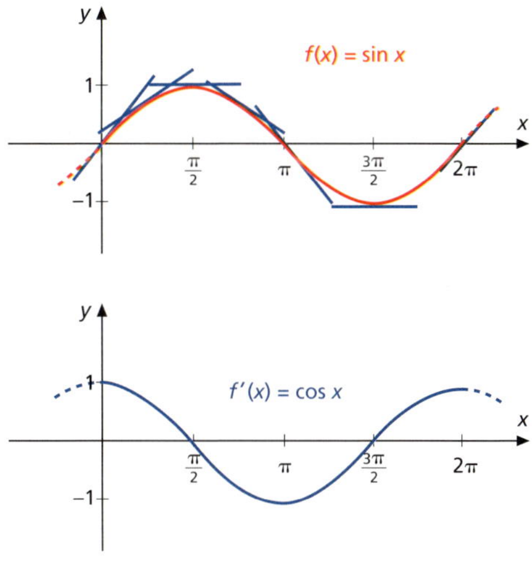

Bild 2.3.8.2

Die Ableitungsfunktion der Sinusfunktion ist demnach die Kosinusfunktion.

$f(x) = \sin x \Rightarrow f'(x) = \cos x$
Ableitung der Sinusfunktion

[1)]

Wenn also die Steigung der Sinuskurve an einer Stelle x_a berechnet werden soll, braucht lediglich der Kosinus von x_a berechnet zu werden.

Aufgabe 1

a) Welche Steigung hat die Sinuskurve bei $x = \frac{3}{4}\pi$?

b) Wie lautet die Funktionsgleichung der Tangente an die Sinuskurve bei $x = \frac{3}{4}\pi$?

Lösung

a) $f(x) = \sin x \Rightarrow f'(x) = \cos x$

Die Steigung der Sinuskurve bei $x = \frac{3}{4}\pi$ ist: $f'(\frac{3}{4}\pi) = \cos(\frac{3}{4}\pi) \approx \underline{\underline{-0{,}70710678}}$

b) Zur Bestimmung der Tangentengleichung müssen zuvor die Koordinaten des Berührpunktes B berechnet werden:

$f(\frac{3}{4}\pi) = \sin(\frac{3}{4}\pi) \approx 0{,}70710678 \Rightarrow \underline{B\left(\frac{3}{4}\pi / \approx 0{,}70710678\right)}$

Die Funktionsgleichung einer Geraden kann aufgestellt werden, wenn ein Punkt der Geraden (hier B) und die Steigung der Geraden (hier $m \approx -0{,}707...$) bekannt sind:

$$f(x) = mx + b$$
$$f(x) \approx -0{,}70710678\,x + b$$
$$0{,}70710678 \approx -0{,}70710678 \cdot \frac{3}{4}\pi + b$$
$$\underline{b \approx 2{,}373}$$

Die Tangente t an die Sinuskurve bei $x = \frac{3}{4}\pi$ hat die Gleichung

$$\underline{\underline{f(x) \approx -0{,}707x + 2{,}373}}$$

[1)] **Beweis:**

Für die Beweisführung werden ohne weitere Erklärungen vorausgesetzt:

a) sog. goniometrische Formel:

$$\sin\alpha - \sin\beta = 2\sin\frac{\alpha-\beta}{2}\cos\frac{\alpha+\beta}{2}$$

b) $\lim\limits_{x \to 0} \frac{\sin x}{x} = 1$

$$f'(x) = \lim_{h \to 0} \frac{\sin(x+h) - \sin x}{h} \quad \Big| \text{ Umformung mit goniometrischer Formel (s. o.)}$$

$$f'(x) = \lim_{h \to 0} \frac{2\sin\frac{(x+h)-x}{2} \cdot \cos\frac{(x+h)+x}{2}}{h}$$

$$f'(x) = \lim_{h \to 0} \frac{2\sin\frac{h}{2} \cdot \cos\left(x + \frac{h}{2}\right)}{h}$$

$$f'(x) = \lim_{h \to 0} \frac{2}{h} \cdot \lim_{h \to 0} \sin\frac{h}{2} \cdot \lim_{h \to 0} \cos\left(x + \frac{h}{2}\right)$$

$$f'(x) = \lim_{h \to 0} \frac{\sin\frac{h}{2}}{\frac{h}{2}} \cdot \lim_{h \to 0} \cos\left(x + \frac{h}{2}\right)$$

$$f'(x) = 1 \cdot \cos x$$

$$\underline{\underline{f'(x) = \cos x}}$$

2.3.8.2 Ableitung der Kosinusfunktion

Die Ableitungsfunktion der Kosinusfunktion kann entsprechend dem Vorgehen bei der Sinusfunktion auch **grafisch hergeleitet** werden:

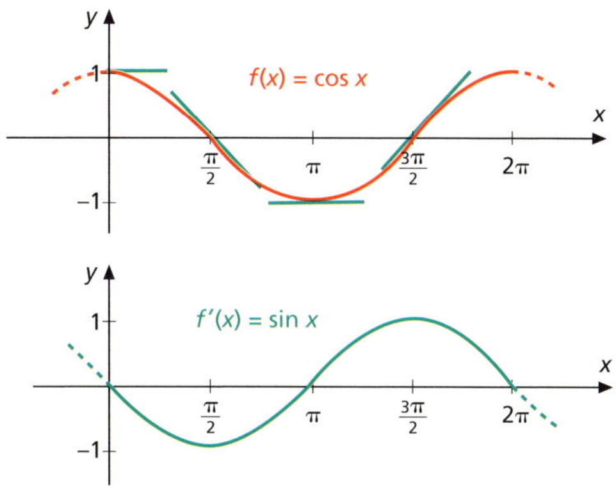

Bild 2.3.8.3

Der Graph der Ableitungsfunktion ist offensichtlich eine an der x-Achse gespiegelte Sinuskurve mit der Funktionsgleichung $f(x) = -\sin x$.

$f(x) = \cos x \Rightarrow f'(x) = -\sin x$ [1]
Ableitung der Kosinusfunktion

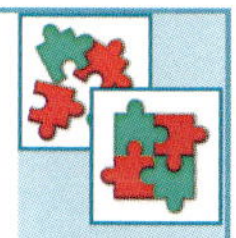

Aufgabe 2

Wo hat die Kosinuskurve die Steigung $m = -\frac{1}{2}$; $D(f) = [0; 2\pi]$?

Lösung

$f(x) = \cos x \Rightarrow f'(x) = -\sin x$

Weil die Steigung $-\frac{1}{2}$ sein soll und $f'(x)$ die Steigung der Ausgangsfunktion angibt, wird $-\frac{1}{2}$ für $f'(x)$ in die Ableitungsfunktion eingesetzt:

$-\frac{1}{2} = -\sin x \mid \cdot (-1)$

$\sin x = \frac{1}{2}$

Der Sinus von x ist $\frac{1}{2}$ bei $\underline{\underline{x_1 \approx 0{,}523598775}}$[2].

D.h., bei $x_1 \approx 0{,}523598775$ beträgt die Steigung der Kosinuskurve $-\frac{1}{2}$

$(f'(0{,}523598775) \approx -\frac{1}{2})$[3].

---

[1] **Beweis:** $\cos x = \sin(\frac{\pi}{2} - x)$; (weil $\cos \alpha = \sin 90° - \alpha$)

$f(x) = \sin(\frac{\pi}{2} - x)$

$f'(x) = \cos(\frac{\pi}{2} - x) \cdot (-1)$(nach der Kettenregel)

$\underline{\underline{f'(x) = -\sin x}}$

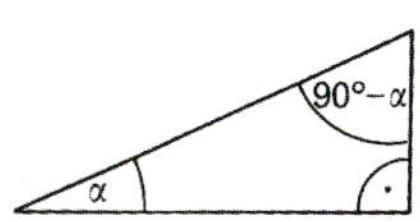

[2] Berechnung mithilfe des Taschenrechners: [0,5] [INV][sin] auf MODE :RAD

[3] Der Funktionswert der Ableitungsfunktion $f'(x) = -\sin x$ beträgt dann entsprechend $-0{,}5$ bei $x_1 = 0{,}523598775$.

Bei Betrachtung des Funktionsgraphen im vorgegebenen Definitionsbereich $D(f) = [0;\, 2\pi]$ ist allerdings zu erkennen, dass das geforderte Steigungsmaß $-\frac{1}{2}$ noch an einer zweiten Stelle realisiert wird (siehe Bild 2.3.8.4). Begründet durch die Symmetrie der Kosinuskurve liegt x_2 bei $\pi - x_1$:

$$\underline{\underline{x_2 \approx \pi - 0{,}523598775 \approx 2{,}617993879}}$$

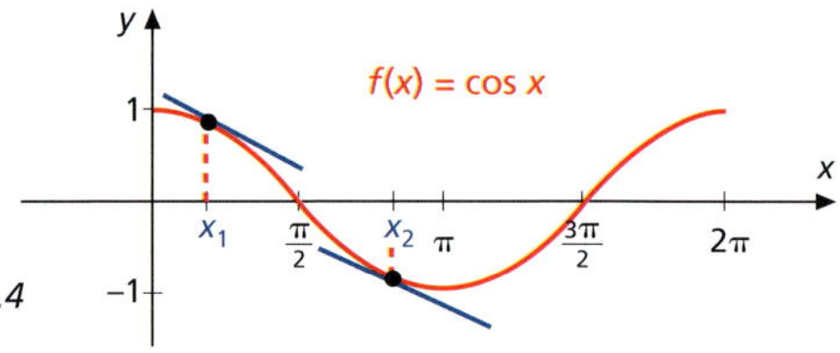

Bild 2.3.8.4

2.3.8.3 Ableitung der Tangensfunktion

Die Ableitungsfunktion der Tangensfunktion ist etwas komplizierter und daher nicht einfach grafisch herzuleiten.

$$f(x) = \tan x \Rightarrow f'(x) = \frac{1}{\cos^2 x}$$ [1)]

Ableitung der Tangensfunktion

Beispiel

Die Steigung der Tangensfunktion bei $x = \pi$ ist: $f'(\pi) = \frac{1}{\cos^2 \pi} = \frac{1}{(-1)\cdot(-1)} = \underline{\underline{1}}$

Aufgabe 3

Bestimmen Sie den Definitionsbereich der Ableitungsfunktion der Tangensfunktion und begründen Sie diesen.

Lösung

$f'(x) = \frac{1}{\cos^2 x}$

In die Ableitungsfunktion dürfen alle Zahlen aus $\mathbb{R}$ ohne $\frac{\pi}{2}$, $\frac{3}{2}\pi$, $\frac{5}{2}\pi$ etc. eingesetzt werden. Das Einsetzen dieser Zahlen würde nämlich zu einer Division durch die Zahl 0 führen, weil

$\cos \frac{\pi}{2} = 0$, $\cos \frac{3}{2}\pi = 0$ etc.

allgemein:

$$\underline{\underline{D(f') = \mathbb{R} \setminus \left\{ x \mid x = \frac{2k-1}{2} \cdot \pi;\ k \in \mathbb{Z} \right\}}}$$

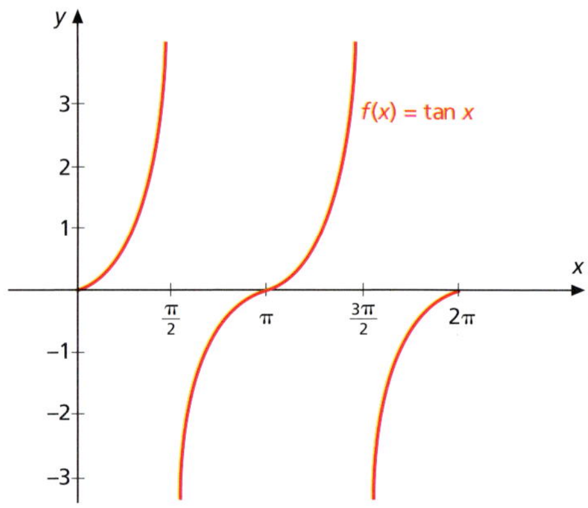

Bild 2.3.8.5

[1)] **Beweis:** Nach dem Strahlensatz ist $\frac{\tan x}{1} = \frac{\sin x}{\cos x}$

Die Funktionsgleichung der Tangensfunktion $f(x) = \tan x$ kann also auch geschrieben werden:

$f(x) = \frac{\sin x}{\cos x}$.

Nach der **Quotientenregel** ist dann $f'(x) = \frac{\cos x \cdot \cos x - \sin x \cdot (-\sin x)}{\cos x \cdot \cos x} = \frac{\cos^2 x + \sin^2 x}{\cos^2 x}$

Nach Pythagoras (siehe Skizze) ist $\cos^2 x + \sin^2 x = 1$

$$\underline{\underline{f'(x) = \frac{1}{\cos^2 x}}}$$

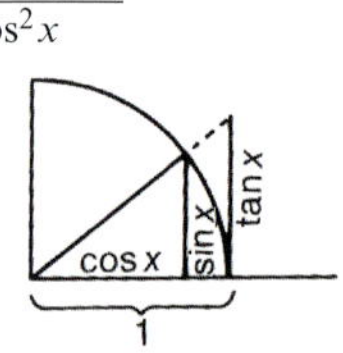

Dass die o.g. Zahlen aus dem Definitionsbereich der Ableitungsfunktion ausgeschlossen werden müssen, ist damit zu erklären, dass die Tangensfunktion an diesen Stellen nicht definiert ist. Die Tangensfunktion weist dort Polstellen auf, die Steigung des Funktionsgraphen ist dort unendlich, d.h., die Funktion ist dort nicht differenzierbar (siehe Bild 2.3.8.5).

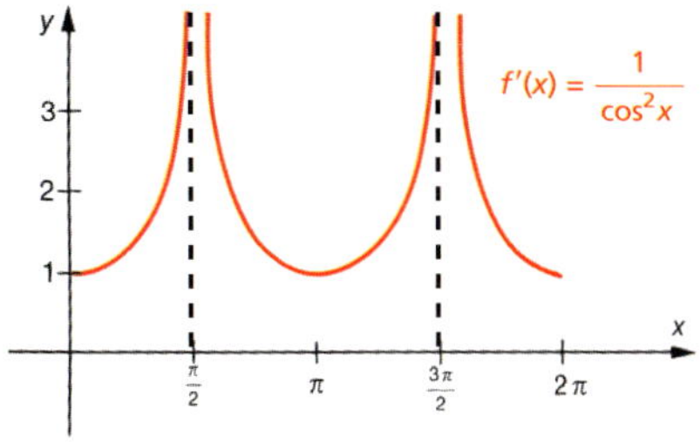

Bild 2.3.8.5

2.3.8.4 Ableitung der Kotangensfunktion

Auch die Ableitungsfunktion der Kotangensfunktion ist etwas komplizierter und soll daher nicht grafisch hergeleitet werden.

$$f(x) = \cot x \Rightarrow f'(x) = \frac{-1}{\sin^2 x}$$ [1)]

Ableitung der Kotangensfunktion

Aufgabe 4

Wie groß ist die Steigung des Graphen der Kotangensfunktion bei $x = -\frac{3}{4}\pi$?

Lösung

$$f(x) = \cot x \Rightarrow f'(x) = \frac{-1}{\sin^2 x}$$

$$f'(-\tfrac{3}{4}\pi) = \frac{-1}{\left(\sin -\tfrac{3}{4}\pi\right)^2}$$

$$f'(-\tfrac{3}{4}\pi) = \frac{-1}{0{,}5} = \underline{\underline{-2}}$$

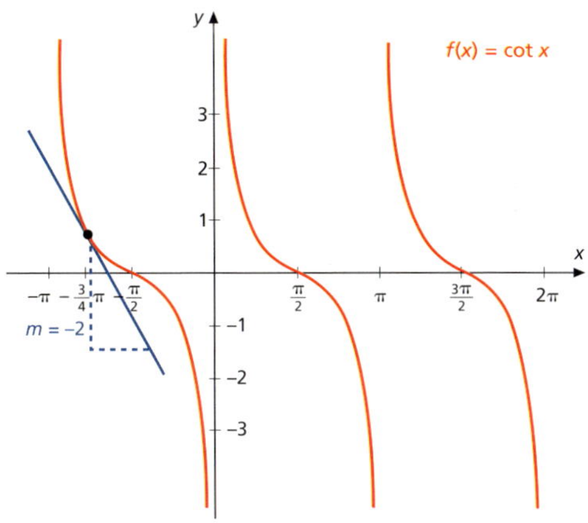

Bild 2.3.8.6

1) **Beweis:** $\tan x = \frac{\sin x}{\cos x}$. Da $\cot x = \frac{1}{\tan x}$ ist, ist $\cot x = \frac{\cos x}{\sin x}$.

Nach der Quotientenregel ist $f'(x) = \frac{-\sin x \cdot \sin x - (\cos x \cdot \cos x)}{\sin x \cdot \sin x}$

$$f'(x) = \frac{-\sin^2 x - (\cos^2 x)}{\sin^2 x} = \underline{\underline{\frac{1}{\sin^2 x}}}$$

2.3.8.5 Ableitung trigonometrisch verketteter Funktionen

Die Sinusfunktion f: $f(x) = \sin(3x + 4)$ ist eine verkettete Funktion $f = g \circ h$: $f(x) = g(h(x))$. Die **äußere Funktion** ist dabei **g: $g(x) = \sin x$,** die **innere Funktion** ist **h: $h(x) = 3x + 4$**.

Die Ableitung einer derart verketteten trigonometrischen Funktion wird nach der **Kettenregel** gebildet:

> Kettenregel: $f'(x) = g'[h(x)] \cdot h'(x)$
>
> Gesamtableitung = äußere Ableitung (unter Beibehaltung der inneren Funktion) mal innere Ableitung

$$f'(x) = \underbrace{[\cos(3x + 4)]}_{\text{äußere Ableitung}} \cdot \underbrace{3}_{\text{innere Ableitung}} = \underline{\underline{3\cos(3x + 4)}}$$

Entsprechend ist auch bei der Ableitung verketteter Kosinus-, Tangens- oder Kotangensfunktionen vorzugehen.

Aufgabe 5

Berechnen Sie die Steigung der Tangente an den Graphen der Funktion

a) f: $f(x) = 3\cos(3 - 2x)$

b) f: $f(x) = -2\tan\left(\frac{1}{2}x - 1\right)$

bei $x = \frac{\pi}{4}$.

Lösung

a) $f(x) = 3\cos(3 - 2x)$

$$f'(x) = 3\underbrace{[-\sin(3 - 2x)]}_{\text{äußere Ableitung}} \cdot \underbrace{(-2)}_{\text{innere Ableitung}} = \underline{6\sin(3 - 2x)}$$

(Der konstante Faktor „3“ bleibt beim Differenzieren erhalten)

$$f'\left(\frac{\pi}{4}\right) = 6\sin\left(3 - \frac{\pi}{2}\right) = 6\sin(\approx 1{,}429203673)$$

$$\underline{\underline{f'\left(\frac{\pi}{4}\right) \approx 5{,}94}}$$

b) $f(x) = -2\tan\left(\frac{1}{2}x - 1\right)$

$$f'(x) = -2\underbrace{\frac{1}{\cos^2\left(\frac{1}{2}x - 1\right)}}_{\text{äußere Ableitung}} \cdot \underbrace{\frac{1}{2}}_{\text{innere Ableitung}} = \underline{\underline{\frac{-1}{\cos^2\left(\frac{1}{2}x - 1\right)}}}$$

$$f'\left(\frac{\pi}{4}\right) = \frac{-1}{\cos^2\left(\frac{\pi}{8} - 1\right)} = \frac{-1}{\sim 0{,}821191246^2} \approx \underline{\underline{-1{,}48}}$$

Übungsaufgaben

1 Leiten Sie die Ableitungsfunktion geometrisch her.

a) $f: f(x) = 2 \sin x$ b) $f: f(x) = 3 \cos x$

c) $f: f(x) = \sin x + 1$ d) $f: f(x) = \cos x - 2$

e) $f: f(x) = \sin 2x$ f) $f: f(x) = \cos 2x$

2 Berechnen Sie die Steigung bei (1) $x = 0$ (2) $x = 1$ (3) $x = -2$.

a) $f(x) = \sin x$ b) $f(x) = \cos x$

c) $f(x) = \tan x$ d) $f(x) = \cot x$

e) $f(x) = 3 \sin x$ f) $f(x) = -\cos x$

3 An welcher Stelle haben die Graphen der Funktionen die angegebene Steigung? $D(f) = [0; 2\pi]$

a) $f: f(x) = \sin x$; $m = -0{,}5$ b) $f: f(x) = \cos x$; $m = 0{,}25$

c) $f: f(x) = \tan x$; $m = \pi$ d) $f: f(x) = \cot x$; $m = -\frac{\pi}{2}$

e) $f: f(x) = -\sin x$; $m = 0{,}1$ f) $f: f(x) = 2 \cos x$; $m = 0$

4 Bestimmen Sie die Ableitungsfunktion.

a) $f(x) = \sin(2 - x)$ b) $f(x) = \cos\left(-1 + \frac{1}{4}x\right)$

c) $f(x) = \tan(2x - 4)$ d) $f(x) = -\cot(-1 + x)$

e) $f(x) = 2 \sin(4 - 3x)$ f) $f(x) = -3 \cos(2x + 1)$

g) $f(x) = \cot\left(\frac{1}{2}x + 2\right)$ h) $f(x) = \sin(4 - 5x)$

i) $f(x) = \sin 3(2x + 1)$ j) $f(x) = \cos 4\left(\frac{1}{2} - \frac{1}{4}x\right)$

k) $f(x) = -2 \cos 3(x - 1)$ l) $f(x) = -3 \sin 2\left(-\frac{1}{2} + 2x\right)$

5 Berechnen Sie die Steigung des Graphen von f an der angegebenen Stelle.

a) $f: f(x) = \sin(2x + 0{,}5)$; $x_a = \pi$ b) $f: f(x) = -\cos(-x + 1)$; $x_a = 0$

c) $f: f(x) = \sin(-0{,}5x + 2)$; $x_a = 1$ d) $f: f(x) = 2 \sin \frac{x}{3}$; $x_a = \pi$

e) $f: f(x) = 0{,}5 \sin \frac{1}{2}x$; $x_a = 1$ f) $f: f(x) = 2 \cos 0, 3x$; $x_a = \frac{\pi}{2}$

6 Differenzieren Sie.

a) $f(x) = 3 \sin(x^2 + x)$ b) $f(x) = -\cos(2x + x^3)$

c) $f(x) = -2 \sin(3x + 4)^2$ d) $f(x) = \tan(2x^2 + 3x)$

e) $f(x) = 2 \sin \frac{1}{2}(x^2 + 3x)$ f) $f(x) = -3 \cos 2(x^2 - 4)$

g) $f(x) = \sin 2x + 1$ h) $f(x) = -3 \cos(4 - x^2) + 2x$

i) $f(x) = -\tan x^2 + 2$ j) $f(x) = -2 \cot x^3 + 3x$

k) $f(x) = -2 \cot(x^3 + x)$ l) $f(x) = \frac{1}{2} \cos 2(x^2 - x) + 3x^2$

7 Skizzieren Sie den Graphen der Ableitungsfunktion der Kotangensfunktion durch geometrische Herleitung aus der Kotangenskurve. $D(f) = [0; 2\pi]$.

8 Berechnen Sie die Gleichung der Tangente an den Graphen von $f: f(x) = \frac{1}{2}\sin x$ bei

a) $x = 0$ b) $x = \frac{\pi}{4}$

c) $x = \frac{\pi}{3}$ d) $x = \frac{\pi}{2}$.

9 $f: f(x) = \sin 2x$
Wo schneidet die Tangente an den Graphen von f bei $x = \frac{\pi}{2}$ die Achsen?

10 An welchen Stellen verläuft der Graph der Tangensfunktion parallel zur Winkelhalbierenden des 1. Quadranten?

2.3.9 Ableitung der Exponentialfunktionen

Die Ableitungsfunkition der Exponentialfunktion f: $f(x) = b^x$ soll durch Bildung des **Differenzialquotientenx**[1] bestimmt werden.

Differenzialquotient: $$f'(x) = \lim_{h \to 0} \frac{f(x+h) - f(x)}{h}$$

Einsetzen der entsprechenden Funktionswerte der o. a. Exponentialfunktion führt zu:

$$f'(x) = \lim_{h \to 0} \frac{b^{x+h} - b^x}{h}$$

$$= \lim_{h \to 0} \frac{b^x \cdot b^h - b^x}{h}$$

$$= \lim_{h \to 0} b^x \cdot \frac{b^h - 1}{h}$$

$$= \lim_{h \to 0} b^x \cdot \lim_{h \to 0} \frac{b^h - 1}{h}$$

Der Grenzwert des ersten Faktors ist b^x, weil sich $h \to 0$ nicht auswirkt.

Der Grenzwert des zweiten Faktors ist leider nicht bekannt. Im Folgenden wird versucht, diesen Grenzwert g experimentell zu bestimmen. Es wird eine Tabelle angelegt, die zeigen soll, wie sich der Ausdruck $\frac{b^h - 1}{h}$ für $h \to 0$ bei unterschiedlichem b entwickelt :

b \ h	**1**	**0,1**	**0,01**	**0,001**	**0,0001**	**0,00001**	**$\to 0$**
2	1	0,7177	0,6956	0,6934	0,6932	0,6931	g ≈ 0,6931
3	2	1,1612	1,1047	1,0992	1,0987	1,0986	g ≈ 1,0986
4	3	1,4869	1,3959	1,3873	1,3864	1,3863	g ≈ 1,3863
!	…	…	…	…	…	…	
10	9	2,5893	2,3293	2,3052	2,3029	2,3026	g ≈ 2,3026

Der Grenzwert von $\frac{b^h - 1}{h}$ ist offensichtlich abhängig von der Basis b. Da die Grenzwerte g für unterschiedlich große b recht „krumme" Zahlen sind, scheint keine Regelhaftigkeit erkennbar zu sein. Tatsächlich ist aber jeder Grenzwert g der natürliche Logarithmus der jeweiligen Basis b. (Prüfen Sie diese Aussage mit dem Taschenrechner nach.)

$$\lim_{h \to 0} \frac{b^h - 1}{h} = \ln b$$

So ist z. B. für die Basis 2 der Grenzwert 0,6931 = ln 2, für die Basis 3 ist der Grenzwert 1,0986 = ln 3 etc.

[1] vgl. Abschnitt 2.3.1

Nachdem der Grenzwert des zweiten Faktors (s. o.) gefunden ist, kann der Grenzwert des gesamten Ausdrucks (der Differenzialquotient) bestimmt werden:

$$\lim_{h \to 0} b^x \cdot \lim_{h \to 0} \frac{b^h - 1}{h} = \underline{\underline{b^x \cdot \ln b}}$$

Damit ist die **Ableitungsfunktion der Exponentialfunktion** gefunden:

$f(x) = b^x \Rightarrow f'(x) = b^x \ln b$
Ableitung der Exponentialfunktion

Die **Ableitungsfunktion der e-Funktion**
$f\colon f(x) = e^x$
ergibt sich dann wie folgt:
$f(x) = e^x \Rightarrow f'(x) = e^x \ln e$
Weil $\ln e = 1$:

$f(x) = e^x \Rightarrow f'(x) = e^x$
Ableitung der e-Funktion

In Worten:

> Die Ableitung der e-Funktion ist die e-Funktion selbst.

Jeder Funktionswert der e-Funktion gibt also gleichzeitig die Steigung der e-Funktion an der betreffenden Stelle wieder.

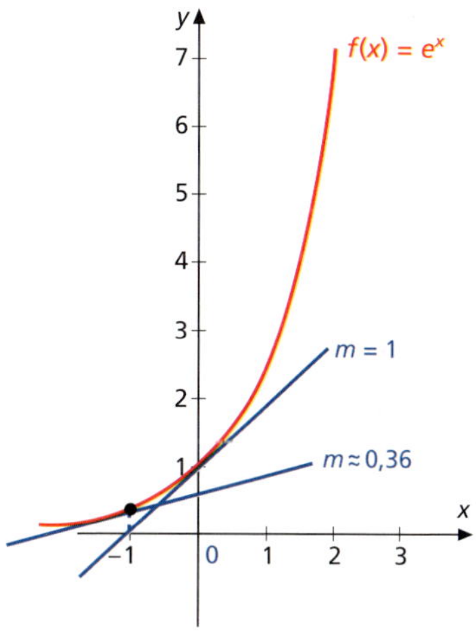

Bild 2.3.9.1

Aufgabe 1

Welche Steigung hat der Graph der Funktion im angegebenen Punkt?

a) $f\colon f(x) = 2^x$; $P\left(-2\middle|\frac{1}{4}\right)$

b) $f\colon f(x) = 10^x$; $P(1/10)$

c) $f\colon f(x) = e^x$; $P(0/1)$

Lösung

Die Steigung des Funktio.nsgraphen wird ermittelt, indem die Ableitung an der betreffenden Stelle berechnet wird.

a) $f(x) = 2^x \Rightarrow f'(x) = 2^x \cdot \ln 2$
$\underline{\underline{f'(-2) = \frac{1}{4} \cdot \ln 2 \approx 0{,}1733}}$

b) $f(x) = 10^x \Rightarrow f'(x) = 10^x \cdot \ln 10$
$\underline{\underline{f'(1) = 10^1 \cdot \ln 10 \approx 23{,}0259}}$

c) $f(x) = e^x \Rightarrow f'(x) = e^x$
$\underline{\underline{f'(0) = 1}}$

Aufgabe 2

Zeichnen Sie die Graphen von f: $f(x) = 2^x$ und der dazugehörigen Ableitungsfunktion in ein Koordinatensystem. Erläutern Sie die Zusammenhänge zwischen den Funktionsgraphen.

Lösung

In der Ableitungsfunktion f': $f'(x) = 2^x \cdot \ln 2$ wird gegenüber der Ausgangsfunktion f: $f(x) = 2^x$ jeder Funktionswert mit ln 2 multipliziert. Da $0 < \ln 2 < 1$, verkleinert sich jeder Funktionswert. Der Graph der Ableitungsfunktion ist somit gegenüber dem Graphen der Ausgangsfunktion in y-Richtung gestaucht.

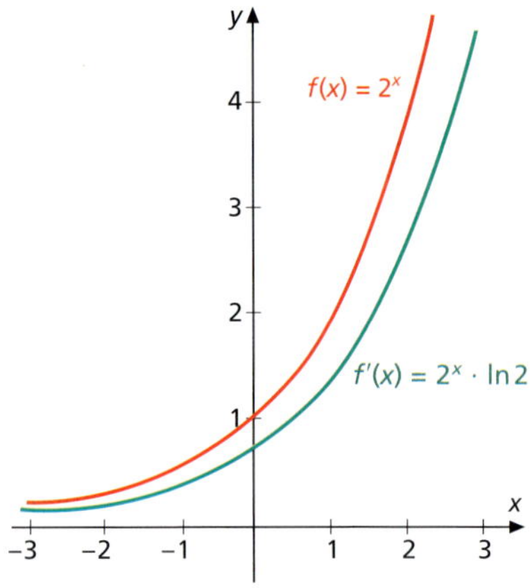

Bild 2.3.9.2

Aufgabe 3

Leiten Sie die verkettete Funktion f: $f(x) = e^{2x}$ ab.

Lösung

Die Ableitungsfunktion einer verketteten Funktion $f(x) = a(i(x))$ ergibt sich bekanntlich aus dem Produkt der Ableitungen der äußeren und der inneren Funktion:

$f'(x) = a'(i(x)) \cdot i'(x)$

$$f'(x) = \underbrace{e^{2x}}_{\text{äußere Ableitung}} \cdot \underbrace{2}_{\text{innere Ableitung}}$$

$$\underline{\underline{f'(x) = 2e^{2x}}}$$

Übungsaufgaben

1 Bestimmen Sie die Ableitungsfunktion.

a) f: $f(x) = 3^x$
b) f: $f(x) = \left(\frac{1}{2}\right)^x$
c) f: $f(x) = -(2^x)$
d) f: $f(x) = 4a^x$
e) f: $f(x) = 3e^x$
f) f: $f(x) = -2e^x$

2 Wie lautet die Funktionsgleichung der Tangente an den Graphen der Funktion im angegebenen Punkt?

a) f: $f(x) = 5^x$; $P\left(-1/\frac{1}{5}\right)$
b) f: $f(x) = 3 \cdot 6^x$; $P(2/f(2))$
c) f: $f(x) = 0{,}25^x$; $P(1/0{,}25)$
d) f: $f(x) = 2e^x$; $P(0/2)$
e) f: $f(x) = -e^x$; $P(1/f(1))$
f) f: $f(x) = \left(\frac{1}{e}\right)^{-x}$; $P(1/f(1))$

3 An welcher Stelle hat f die angegebene Steigung?

a) f: $f(x) = 2^x$; $m = \ln 2$
b) f: $f(x) = \frac{2^x}{3}$; $m = 1$
c) f: $f(x) = \frac{1}{2}e^x$; $m = \frac{1}{2e}$
d) f: $f(x) = -e^x$; $m = 2$
e) f: $f(x) = 4e^x$; $m = 0{,}25$
f) f: $f(x) = 6^x$; $m = \ln 6$

4 Wie lautet die Gleichung der 1. Ableitungsfunktion?

a) $f(x) = -\frac{1}{2}e^{2x}$ b) $f(x) = 2e^{-x}$ c) $f(x) = 2e^{-\frac{1}{3}x}$

d) $f(x) = -e^{x^2}$ e) $f(x) = 3e^{-\frac{1}{2}x^2}$ f) $f(x) = \frac{1}{4}e^{2x^3}$

g) $f(x) = -\frac{1}{4}e^{-3x}$ h) $f(x) = 3e^{-\frac{1}{4}x}$ i) $f(x) = -e^{\frac{1}{2}x^3}$

j) $f(x) = -e^{-2x}$ k) $f(x) = -3e^{-\frac{1}{3}x^2}$ l) $f(x) = e^{\frac{1}{x}}$

m) $f(x) = e^{\frac{-2}{x}}$ n) $f(x) = -e^{-\frac{1}{3}x}$ o) $f(x) = -\frac{1}{2}e^{x^2}$

p) $f(x) = -\frac{1}{2}e^{\frac{3}{x^2}}$

5 Leiten Sie mithilfe der entsprechenden Regeln ab.

a) $f(x) = xe^{x}$ b) $f(x) = 2xe^{-x}$ c) $f(x) = xe^{x^2}$

d) $f(x) = x^2e^{-x}$ e) $f(x) = -2xe^{-3x^2}$ f) $f(x) = xe^{\frac{1}{x}}$

g) $f(x) = x^2e^{\frac{3}{x}}$ h) $f(x) = x^2 + e^{\frac{3}{x}}$ i) $f(x) = -2x - e^{-3x^2}$

j) $f(x) = x - e^{x}$

6 Bestimmen Sie die 1. Ableitungsfunktion.

a) $f(x) = \frac{2x}{e^x}$ b) $f(x) = \frac{e^x}{2x}$ c) $f(x) = \frac{3x^2}{2e^x}$

d) $f(x) = \frac{4e^x}{3x^2}$ e) $f(x) = \frac{x}{e^{x^2}}$ f) $f(x) = \frac{2e^{x^2}}{3x}$

g) $f(x) = x^2 + e^{\frac{3}{x}}$ h) $f(x) = (2x - 1)e^{x}$ i) $f(x) = e^{-x}\,(x^2 + 2)$

j) $f(x) = e^{\sqrt{x}}$ k) $f(x) = \frac{1}{e^{\sqrt{x}}}$ l) $f(x) = \sqrt{x} + e^{-x}$

m) $f(x) = \frac{1}{\sqrt{x}} - 2e^{-x}$ n) $f(x) = e^{\sqrt{2x}}$

7 Leiten Sie mithilfe der Kettenregel ab und bestimmen Sie die Steigung an der angegebenen Stelle.

a) $f(x) = e^{-x}$; $x = 0$ b) $f(x) = e^{2x}$; $x = 1$

c) $f(x) = 5^{x^2}$; $x = -1$ d) $f(x) = \left(\frac{1}{e}\right)^{-2x}$; $x = 0$

e) $f(x) = 2^{3x}$; $x = 2$ f) $f(x) = e^{\sqrt{x}}$; $x = 1$

2.3.10 Ableitung der Logarithmusfunktionen

Die allgemeine Logarithmusfunktion f: $f(x) = \log_b x$ lässt sich umformen zu
$b^{f(x)} = x$

Beide Seiten der Funktionsgleichung werden differenziert. Dabei wird die Ableitung auf der linken Seite der Funktionsgleichung mithilfe der Kettenregel gebildet, da $b^{f(x)}$ eine verkettete Funktion ist:

$$b^{f(x)} \cdot \ln b \cdot f'(x) = 1$$ [1)]

$$f'(x) = \frac{1}{b^{f(x)} \cdot \ln b}$$

1) zur Ableitung verketteter Exponentialfunktionen: vgl. Abschnitt 2.3.9

Weil $b^{f(x)} = x$ (s. o.), kann geschrieben werden: $f'(x) = \frac{1}{x \cdot \ln b}$. Damit ist die **Ableitung der allgemeinen Logarithmusfunktion** gefunden:

$$f(x) = \log_b x \Rightarrow f'(x) = \frac{1}{x \cdot \ln b}$$

Ableitung der Logarithmusfunktion

Aufgabe 1

Differenzieren Sie f: $f(x) = \log_2 x$, und berechnen Sie die Steigung des Funktionsgraphen in seinem Schnittpunkt mit der x-Achse.

Lösung

$f'(x) = \frac{1}{x \cdot \ln 2}$

$f'(1) = \frac{1}{1 \cdot \ln 2} = \frac{1}{\ln 2} \approx \underline{\underline{1{,}443}}$

Für die natürliche Logarithmusfunktion f: $f(x) = \ln x$ lautet dann nach o. g. Regel die Ableitungsfunktion

$$f'(x) = \frac{1}{x \cdot \ln e}$$

Weil $\ln e = 1$, ist die **Ableitung der natürlichen Logarithmusfunktion:**

$$f(x) = \ln x \Rightarrow f'(x) = \frac{1}{x}$$

Ableitung der natürlichen Logarithmusfunktion

Die Ableitungsfunktion einer Logarithmusfunktion ist eine gebrochenrationale Funktion.

Aufgabe 2

a) Berechnen Sie die Steigung des Graphen der Funktion f: $f(x) = \ln x$ an der Stelle $x = e$.

b) Zeichnen Sie die Graphen von f und f'.

Lösung

a) $f'(x) = \frac{1}{x}$

$f'(e) = \frac{1}{e} \approx \underline{\underline{0{,}3679}}$

b)

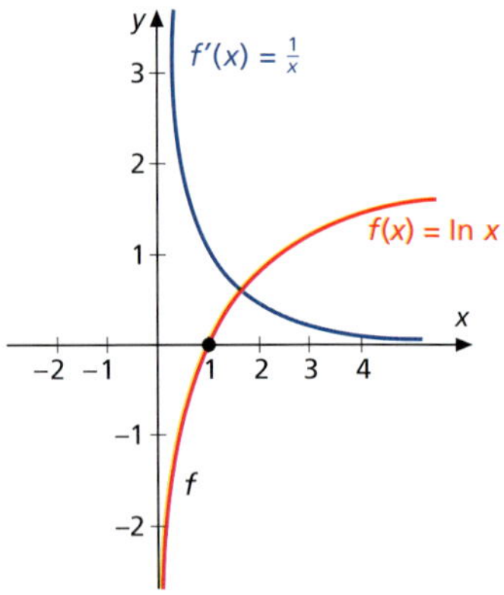

Bild 2.3.10.1

Aufgabe 3

Leiten Sie die verkettete Funktion f:

a) $f(x) = \ln x^2$
b) $f(x) = \log_4(2x + 1)$

ab, und berechnen Sie $f'(1)$.

Lösung

a) $f'(x) = \underbrace{\frac{1}{x^2}}_{\text{äußere Ableitung}} \cdot \underbrace{2x}_{\text{innere Ableitung}} = \frac{2x}{x^2} = \underline{\underline{\frac{2}{x}}} \quad \Rightarrow \underline{\underline{f'(1) = 2}}$

b) $f'(x) = \underbrace{\frac{1}{(2x+1) \cdot \ln 4}}_{\text{äußere Ableitung}} \cdot \underbrace{2}_{\text{innere Ableitung}} = \underline{\underline{\frac{2}{(2x+1)\ln 4}}} \quad \Rightarrow f'(1) = \frac{2}{3 \cdot \ln 4} \approx \underline{\underline{0{,}481}}$

Übungsaufgaben

1 Bestimmen Sie die Ableitungsfunktion.

a) $f\colon f(x) = \log_4 x$
b) $f\colon f(x) = -\log_3 x$
c) $f\colon f(x) = \lg x$
d) $f\colon f(x) = \operatorname{lb} x$
e) $f\colon f(x) = -\ln x$
f) $f\colon f(x) = \log_{0,5} x$

2 Berechnen Sie die Steigung des Graphen von f an der angegebenen Stelle.

a) $f\colon f(x) = \log_5 x;\quad x = 1$
b) $f\colon f(x) = \lg x + 1;\quad x = 2$
c) $f\colon f(x) = \ln x;\quad x = 0{,}5$
d) $f\colon f(x) = -\operatorname{lb} x;\quad x = 1$
e) $f\colon f(x) = \log_3 x;\quad x = 0$
f) $f\colon f(x) = 3\ln x;\quad x = 2{,}25$

3 Wie lautet die Funktionsgleichung der Tangente an den Graphen der Funktion im angegebenen Punkt?

a) $f\colon f(x) = \operatorname{lb} x;\quad P\left(\frac{1}{2}\middle|-1\right)$
b) $f\colon f(x) = \ln x;\quad P(1/f(1))$
c) $f\colon f(x) = 2\ln x;\quad P(1{,}5/f(1{,}5))$
d) $f\colon f(x) = \log_3 x;\quad P(1/f(1))$
e) $f\colon f(x) = -2\ln x;\quad P(2/f(2))$
f) $f\colon f(x) = 3\lg x;\quad P(1/f(1))$

4 An welcher Stelle hat der Graph von f die angegebene Steigung?

a) $f\colon f(x) = \ln x;\quad m = \mathrm{e}$
b) $f\colon f(x) = \ln x + 2;\quad m = \frac{1}{\mathrm{e}}$
c) $f\colon f(x) = 2\ln x;\quad m = 1$
d) $f\colon f(x) = \frac{1}{2}\operatorname{lb} x;\quad m = 2$
e) $f\colon f(x) = 2\lg x;\quad m = 5$
f) $f\colon f(x) = \log_3 x;\quad m = \frac{1}{2}$

5 Leiten Sie mithilfe der Kettenregel ab und bestimmen Sie die Steigung an der angegebenen Stelle.

a) $f\colon f(x) = \ln 2x;\quad x = 1$
b) $f\colon f(x) = \ln x^2;\quad x = 2$
c) $f\colon f(x) = 2\lg(2x + 1);\quad x = 0$
d) $f\colon f(x) = \ln(2x^2 + 3x);\quad x = 1$
e) $f\colon f(x) = \ln\sqrt{x};\quad x = 4$
f) $f\colon f(x) = -\log_3 x^3;\quad x = 1$

6 Berechnen Sie die 1. Ableitung mithilfe der entsprechenden Regeln.

a) $f(x) = x \ln x$ b) $f(x) = -x^2 \ln x$ c) $f(x) = \frac{x}{\ln x}$

d) $f(x) = \frac{x^2}{\ln x}$ e) $f(x) = \frac{1}{2} \ln \frac{1}{x}$ f) $f(x) = -\ln x^2$

g) $f(x) = 3 \ln \frac{1}{x^2}$ h) $f(x) = \frac{1}{x} \ln x$ i) $f(x) = \frac{1}{x^2} \ln x$

j) $f(x) = \frac{1}{x} \ln x^2$ k) $f(x) = \ln (x^2 + 2x)$ l) $f(x) = x^2 + \ln 2x^3$

m) $f(x) = -2 \ln \sqrt{x}$ n) $f(x) = -\frac{1}{2} \ln \sqrt{x^2 - x}$ o) $f(x) = (\ln x)^2$

2.4 Zusammenhänge zwischen Graphen von Funktionen und deren Ableitungsfunktionen

Die Funktion

$$f\colon f(x) = \frac{1}{3}x^3 - x^2 + 2$$

hat (nach Anwendung der entsprechenden Ableitungsregeln) die Ableitungsfunktion

$$f'\colon f'(x) = x^2 - 2x.$$

Der Zusammenhang zwischen Ausgangs- und Ableitungsfunktion besteht darin, dass die Ableitungsfunktion die Steigung der Ausgangsfunktion an einer beliebigen Stelle angibt.

Sowohl die Ausgangs- als auch die Ableitungsfunktion sind im Koordinatensystem durch ihre Graphen darstellbar:

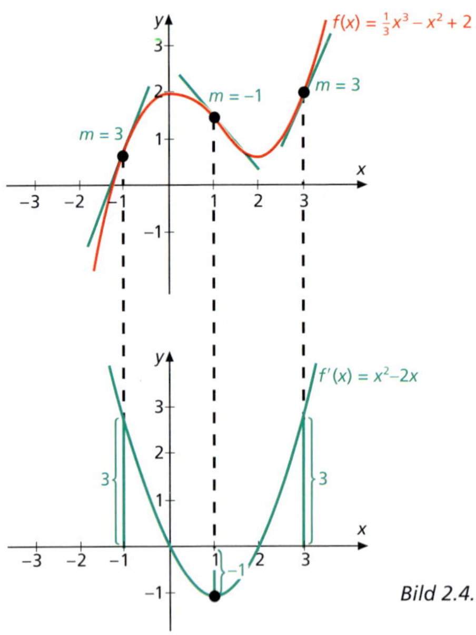

Bild 2.4.1

Die **Ausgangsfunktion *f*** ordnet jedem x-Wert einen Funktionswert $f(x)$ zu, z. B. $f(-1) = \frac{2}{3}$.

Die **Ableitungsfunktion *f'*** ordnet jedem x-Wert einen Funktionswert $f'(x)$ zu. Dieser Funktionswert $f'(x)$ gibt die Steigung des Funktionsgraphen von f an der jeweiligen Stelle an. So ist beispielsweise bei $x = 1$ der Funktionswert der Ableitungsfunktion -1 ($f'(1) = -1$), weil der Graph von f an der Stelle $x = 1$ die Steigung -1 aufweist (siehe Bild 2.4.1).

2.4.1 Höhere Ableitungen

Die Steigung der Ableitungsfunktion wird bestimmt, indem die Ableitungsfunktion nochmals differenziert wird. Das Ergebnis der erneuten Differenziation heißt

2. Ableitungsfunktion von *f*.

Beispiel

Für f: $f(x) = \frac{1}{3}x^3 - x^2 + 2$ ist dic (1.) Ableitungsfunktion f': $f'(x) = x^2 - 2x$, die 2. Ableitungsfunktion f'': $f''(x) = 2x - 2$.
(Gelesen: f zwei Strich von x gleich ...) und die 3. Ableitungsfunktion f''': $f'''(x) = 2$.
(Gelesen: f drei Strich von x gleich ...)

$f'(3) = 4$ gibt dann beispielsweise an, dass die 1. Ableitungsfunktion bei $x = 3$ die Steigung 4 aufweist (siehe Bild 2.4.1.1, 2. und 3. Teil).

Auch die 2. Ableitungsfunktion kann wieder differenziert werden. Man erhält dann die 3. Ableitungsfunktion f''' usw.

Von der 4. Ableitung an, verwendet man an Stelle der Striche hochgestellte und eingeklammerte Zahlen: $f^{(4)}$, $f^{(5)}$, usw.

Alle über die 1. Ableitungsfunktion hinausgehenden Ableitungen werden **höhere Ableitungen** genannt. Die Graphen der Funktionen sind im Koordinatensystem darstellbar. Ein beliebiger Funktionswert der n-ten Ableitungsfunktion gibt jeweils die Steigung an der betreffenden Stelle der (n-1)-ten Ableitungsfunktion an.

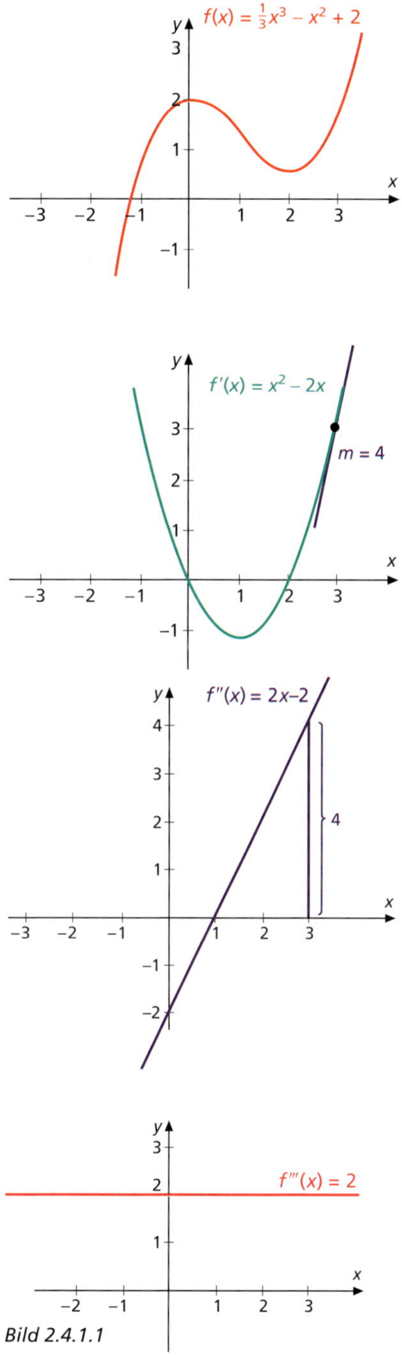

Bild 2.4.1.1

Ist f' differenzierbar, so heißt f'' die 2. Ableitungsfunktion von f. Ist f'' differenzierbar, so heißt f''' die 3. Ableitungsfunktion von f usw.

Aufgabe 1

Gegeben sei f: $f(x) = -x^4 + 2x^3$

Ermitteln Sie die höheren Ableitungen, die von 0 verschieden sind. Zeichnen Sie die Graphen von f und der 1. bis 3. Ableitungsfunktion.

Lösung

$f'(x) \quad = -4x^3 + 6x^2$
$f''(x) \quad = -12x^2 + 12x$
$f'''(x) \quad = -24x + 12$
$f^{(4)}(x) = -24$ (ohne Abb.)

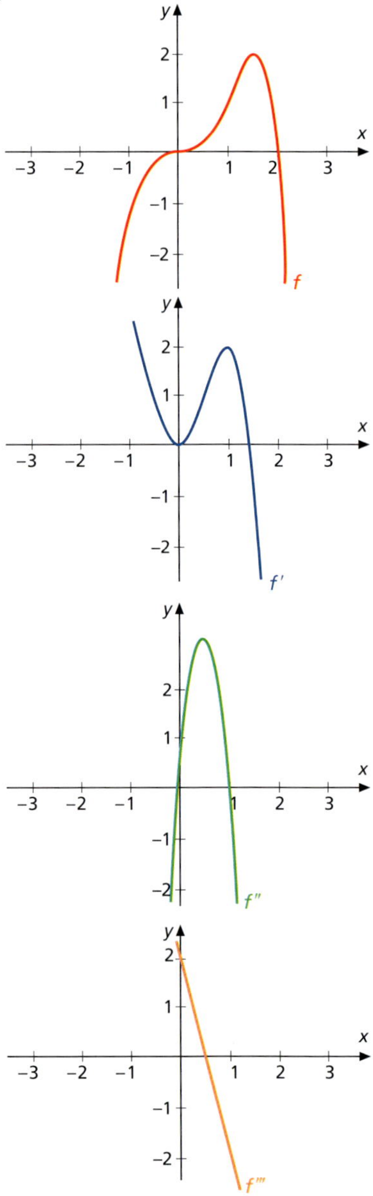

Bild 2.4.1.2

Durch die Anwendung der Potenzregel beim Differenzieren ganzrationaler Funktionen verringert sich jeweils der Grad der Ableitungsfunktionen mit jeder Differenziation.

Aufgabe 2

Skizzieren Sie zu dem gegebenen Graphen von f die Graphen der 1. bis 4. Ableitungsfunktion.

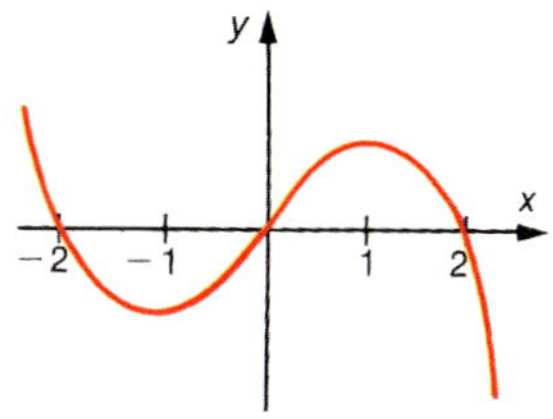

Bild 2.4.1.3

Lösung

Die 1. Ableitungsfunktion gibt die Steigung der Ausgangsfunktion für jede Stelle an. Um eine Vorstellung über das jeweilige Steigungsmaß von f zu erhalten, denke man sich in x-Richtung Tangenten an f gelegt. Das ungefähre Steigungsmaß (positiv-negativ) wird dann als Funktionswert für f' übernommen:

Grafische Herleitung der 1. Ableitungsfunktion:

$(\ \infty; -1]$: Die Steigung von f ist negativ, wird aber immer größer. Bei $x = -1$ ist die Steigung von f 0. Entsprechend sind die Funktionswerte von f' in diesem Intervall negativ, werden aber immer größer. Bei $x = -1$ schneidet der Graph von f' die x-Achse.

$(-1; 1]$: Die Steigung von f ist positiv, bei $x = 0$ am größten. Entsprechend sind die Funktionswerte von f' positiv, bei $x = 0$ ist der Funktionswert von f' am größten.
Bei $x = 1$ ist die Steigung von f wieder 0, d. h., der Graph von f' schneidet dort die x-Achse.

$(1; \infty)$: Die Steigung von f ist zunehmend negativ.

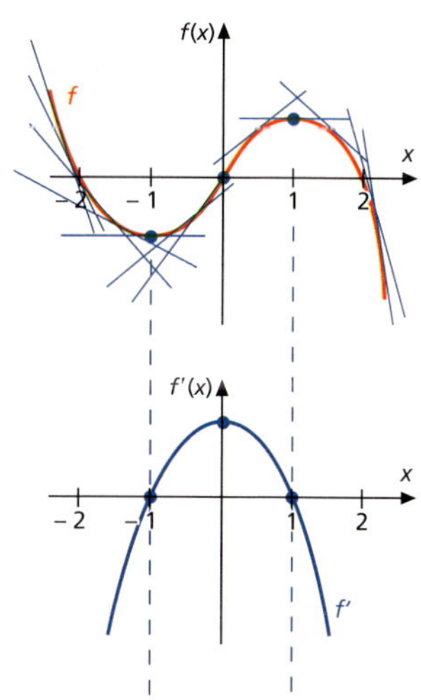

Grafische Herleitung der 2. Ableitungsfunktion:

Man stelle sich jetzt Tangenten an den Graphen von f' in x-Richtung gelegt vor:

$(-\infty; 0]$: Die Steigung von f' ist positiv, wird aber immer kleiner. Bei $x = 0$ ist die Steigung von f' gleich 0. Der Graph von f'' schneidet dort folglich die x-Achse.

$(0; \infty)$: Die Steigung ist negativ und wird immer kleiner.

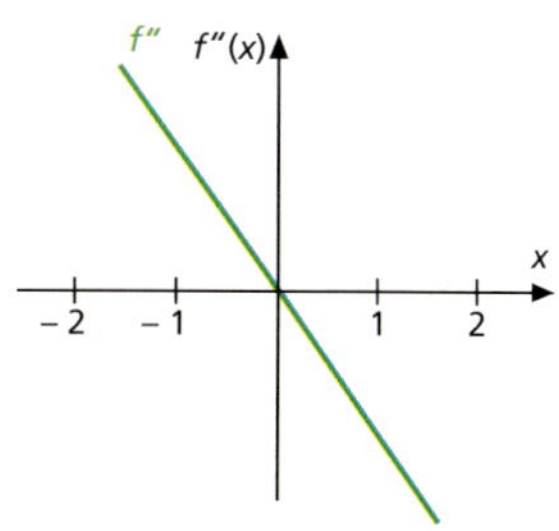

Grafische Herleitung der 3. Ableitungsfunktion:

Die Steigung von f'' ist überall gleich, aber kleiner als 0.
Die Funktionswerte von f''' müssen also überall gleich, aber kleiner als 0 sein. Der Graph von f''' ist folglich eine Parallele zur x-Achse unterhalb der x-Achse.

Grafische Herleitung der 4. Ableitungsfunktion:

Die Steigung von f''' ist überall gleich 0. Der Graph von $f^{(4)}$ ist eine Gerade auf der x-Achse.

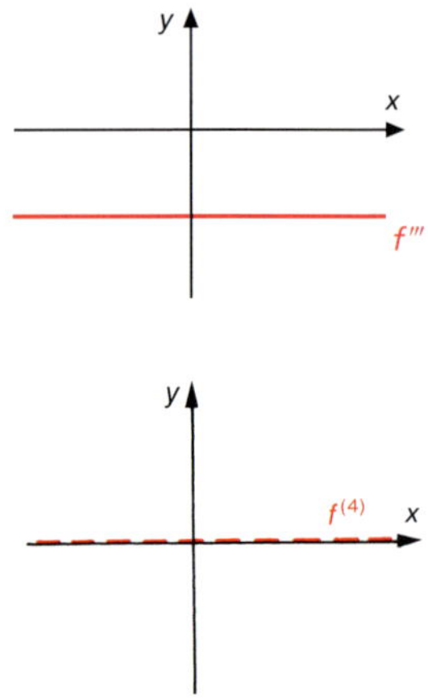

Bild 2.4.1.4

Der Zusammenhang zwischen Ausgangsfunktion und den dazugehörigen Ableitungsfunktionen kann an einem **Beispiel aus der Physik** gut veranschaulicht werden:

Der Graph der Funktion f zeigt den zurückgelegten Weg eines fallenden Körpers in Abhängigkeit von der Zeit (sog. **Weg-Zeit-Diagramm**).

Aus dem Graphen von f wird ersichtlich, dass der zurückgelegte Weg des fallenden Körpers mit jeder zusätzlichen Zeiteinheit zunimmt. Folglich nimmt die Geschwindigkeit des fallenden Körpers zu. Die Geschwindigkeit ist aber nichts anderes als die Steigung von f und wird somit durch die 1. Ableitungsfunktion angegeben.

> Wenn eine Funktion f den Zusammenhang zwischen Zeit und Weg angibt, dann zeigt f' **die Geschwindigkeit.**

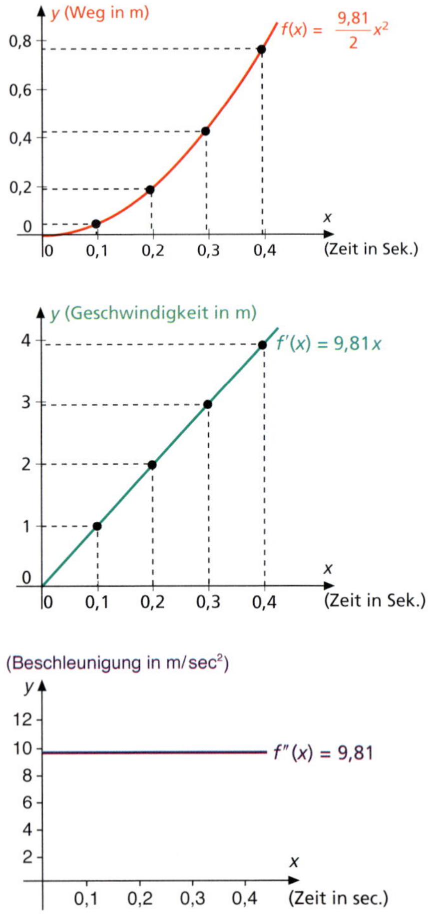

Bild 2.4.1.5

Die 2. Ableitung zeigt, wie sich die Geschwindigkeit ändert. Dies ist dann die Beschleunigung des fallenden Körpers.

Wenn eine Funktion f den Zusammenhang zwischen Zeit und Weg angibt, dann zeigt f'' **die Beschleunigung.**

Die 2. Ableitungsfunktion zeigt allgemein
- die Steigung der 1. Ableitungsfunktion
- die **Veränderung der Steigung der Ausgangsfunktion.**

Übungsaufgaben

1 Ermitteln Sie die von 0 verschiedenen höheren Ableitungen.

a) $f(x) = 5x^3$ b) $f(x) = -4x^2 + 2x$

c) $f(x) = 4x^4 - x^3 + x$ d) $f(x) = -\frac{1}{2}x^3 + 2x^2 + 1$

e) $f(x) = \frac{3}{4}x^4 + \frac{1}{2}x^3 - x^2 + 2x - 3$ f) $f(x) = 2x^2 + 4x^4 - x^3$

g) $f(x) = x^4$ h) $f(x) = -x^2 + 2x^3 - 3$

i) $f(x) = (x + 2)^2$ j) $f(x) = 5x^4 - x^3$

k) $f(x) = x^4 + x^3 - x$ l) $f(x) = \frac{1}{3}x^3 - 0{,}\overline{6}x^2 + 2$

2 Bestimmen Sie die 1. und 2. Ableitung.

a) $f(x) = \sqrt{x}$ b) $f(x) = \sin x$

c) $f(x) = \cos x$ d) $f(x) = \frac{1}{x}$

e) $f(x) = x^{-2}$ f) $f(x) = \frac{1}{\sqrt{x}}$

g) $f(x) = \sin x + x^2$ h) $f(x) = \frac{2}{x - 1}$

i) $f(x) = \frac{1}{x + 3}$ j) $f(x) = \sin 3x$

k) $f(x) = 2\sqrt{x}$ l) $f(x) = \frac{-1}{\sqrt{x}}$

3 Wie oft muss man $f(x) = x^n$; $n \in \mathbb{N}^*$ differenzieren, bis die Ableitung eine Konstante ist?

4 Welche Steigung hat der Graph der 1. Ableitungsfunktion an der angegebenen Stelle?

a) $f(x) = 2x^3 - 1$; $x_a = 1$ b) $f(x) = -x^2 + 4x$; $x_a = -1$

c) $f(x) = -x^3 - 2x^2$; $x_a = 0$ d) $f(x) = x^4 - 2x^3 + x$; $x_a = -2$

e) $f(x) = -2x^3 + x^2$; $x_a = 2$ f) $f(x) = -\frac{1}{2}x^4 - 2x^2$; $x_a = -\frac{1}{2}$

5 Skizzieren Sie die Graphen der von 0 verschiedenen Ableitungsfunktionen.

a)

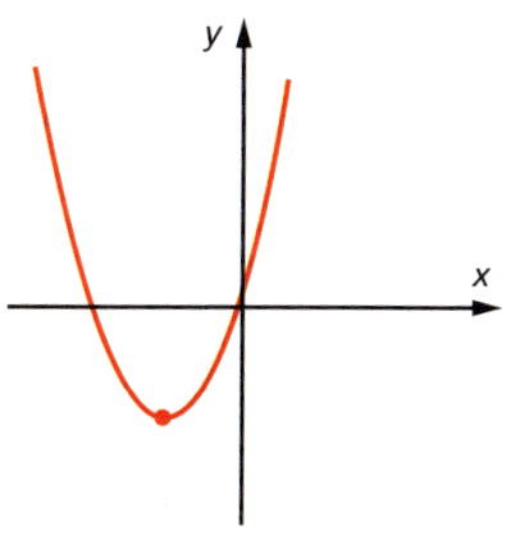

b)

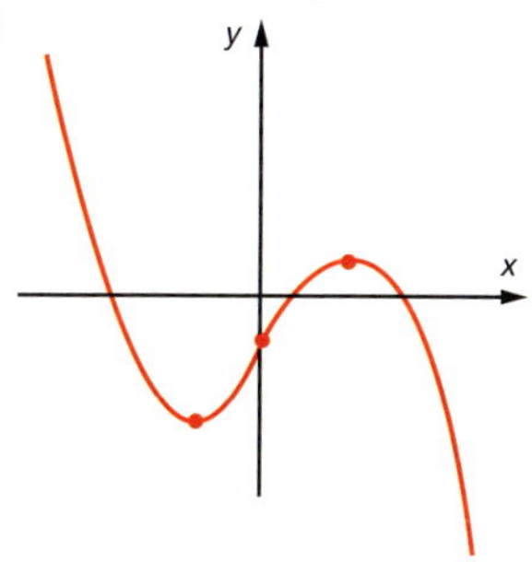

c)

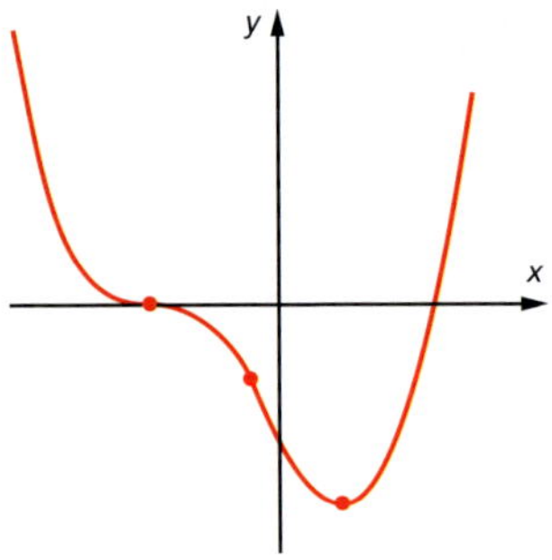

d)

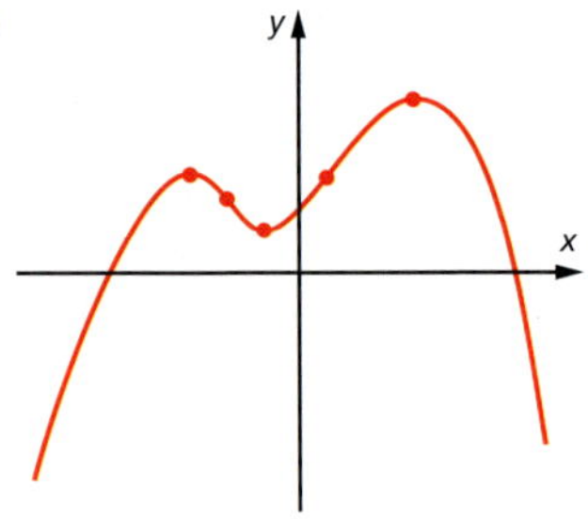

6 Skizzieren Sie den Graphen der 1. Ableitungsfunktion.

a)

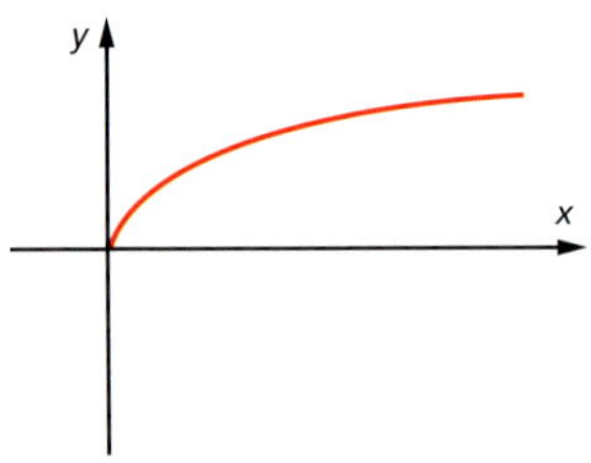

b)

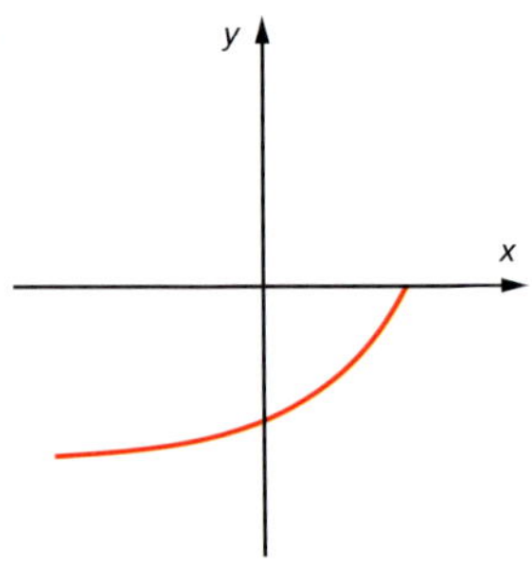

c)

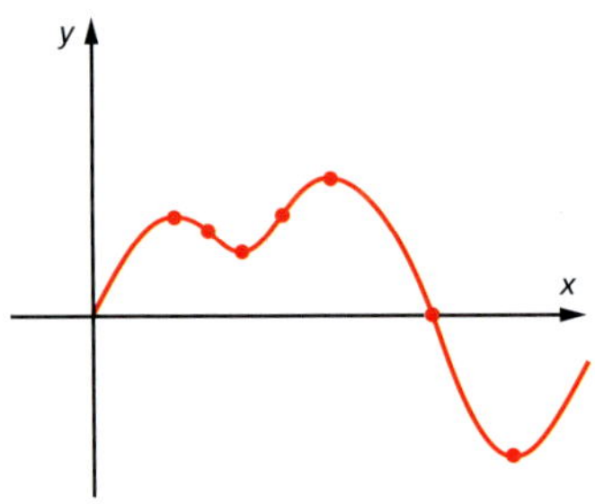

d)

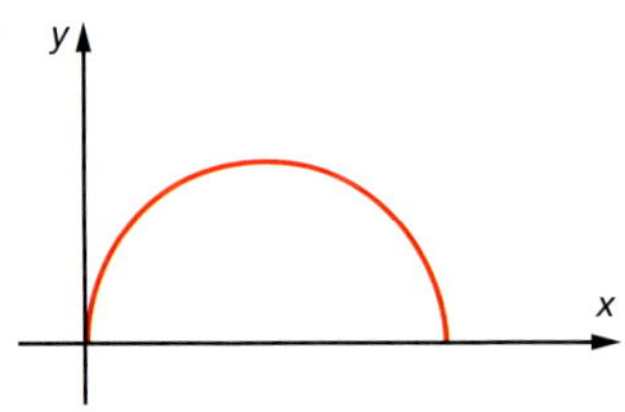

e)

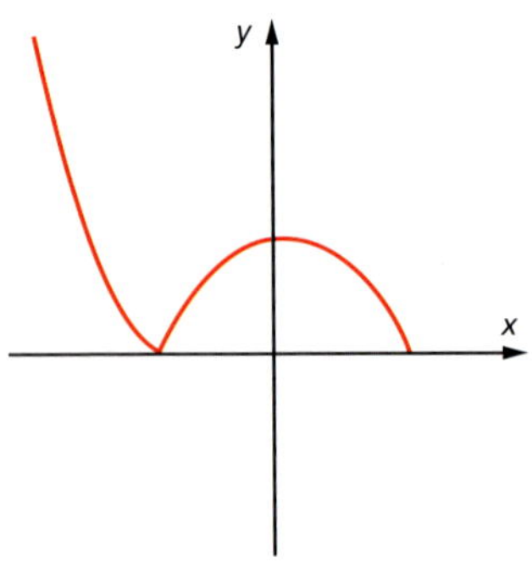

f)

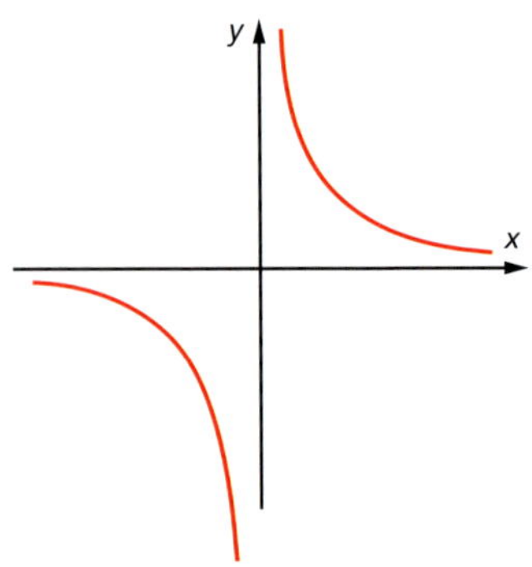

7 Für einen Flugkörper gilt folgender Zusammenhang zwischen Zeit und zurückgelegtem Weg (Zeit: t in sec., Weg: s in m):
s: $s(t) = -0{,}5\,t^2 + 3t$; $D(s) = [0; 3]$.

a) Zeichnen Sie den Graphen der Funktion und der 1. und 2. Ableitungsfunktion.
b) Berechnen Sie die Geschwindigkeit des Flugkörpers nach 2,8 sec.
c) Wie groß ist die Beschleunigung des Flugkörpers nach 2 sec.?

2.4.2 Extrempunkte

2.4.2.1 Zur Terminologie

Im Bild 2.4.2.1 ist der Graph der Funktion f: $f(x) = \frac{1}{3}x^3 - x^2 + 2$ dargestellt.

Der Punkt H des Funktionsgraphen ist in seiner näheren Umgebung der höchstgelegene und wird deshalb

- **lokaler** (oder relativer) **Hochpunkt**

genannt[1]. Sein x-Wert heißt

- **Maximalstelle,**

sein Funktionswert heißt

- **Maximum.**

Der Punkt T des Funktionsgraphen ist in seiner näheren Umgebung der tiefstgelegene und wird deshalb

- **lokaler** (oder **relativer**) **Tiefpunkt**

genannt[2].

Sein x-Wert heißt

- **Minimalstelle,**

sein Funktionswert heißt

- **Minimum.**

Der Überbegriff für Hoch-/Tiefpunkt ist

- **Extrempunkt.**

Der x-Wert des Extrempunktes heißt

- **Extremstelle,**

sein Funktionswert heißt

- **Extremum** (oder **Extremwert**)

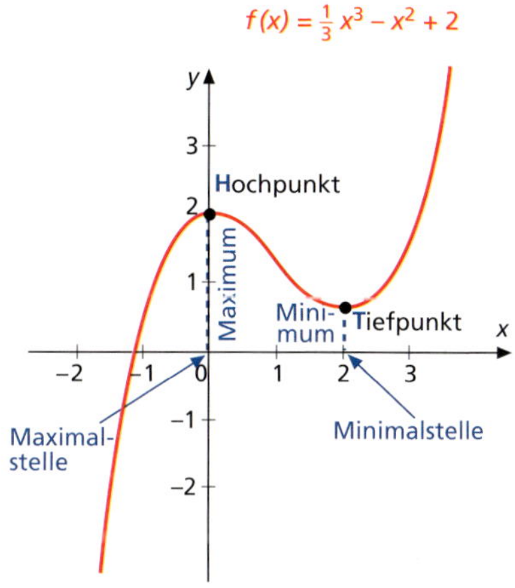

Bild 2.4.2.1

Die in Bild 2.4.2.1 aufgeführten Extrempunkte heißen deshalb **lokal** oder **relativ**, weil sie nur in ihrer näheren Umgebung der höchste bzw. tiefste Punkt sind. An anderen Stellen des Funktionsgraphen sind durchaus noch Punkte mit größeren bzw. kleineren Funktionswerten vorhanden (nämlich für $x \to \infty$ bzw. für $x \to -\infty$).

[1] Statt **Hochpunkt** ist auch die Bezeichnung **Maximalpunkt** üblich.
[2] Statt **Tiefpunkt** ist auch die Bezeichnung **Minimalpunkt** üblich.

> Ist ein Punkt der höchstgelegene (tiefstgelegene) des Funktionsgraphen überhaupt, so heißt er
> - **absoluter[1] Hochpunkt (Tiefpunkt).**
>
> Sein Funktionswert ist dann das
> - **absolute Maximum (Minimum).**

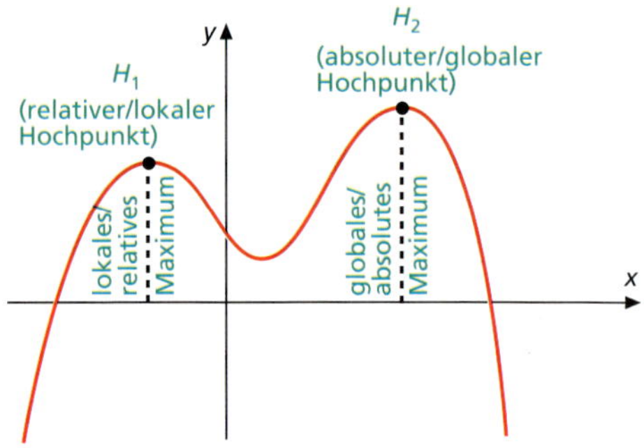

Bild 2.4.2.2

Bei eingeschränktem Definitionsbereich kommen die Funktionswerte der Randstellen des Definitionsbereiches zusätzlich als Extrema in Betracht.

In Bild 2.4.2.3 wird ersichtlich, dass das **Randextremum** bei $x = b$ absolutes Maximum ist, weil hier der größte Funktionswert der Funktion vorliegt. Der Punkt H ist relativer Hochpunkt. Der lokale Tiefpunkt T ist dagegen gleichzeitig absoluter Tiefpunkt der Funktion.

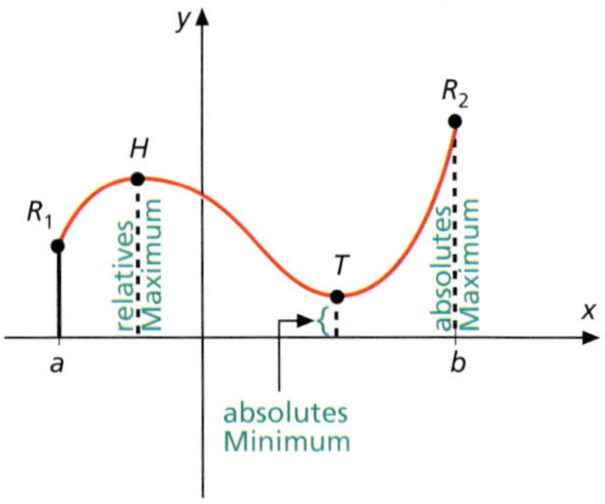

Bild 2.4.2.3

2.4.2.2 Berechnung lokaler Extrempunkte

In Bild 2.4.2.4 ist der Graph der Funktion

$f\colon f(x) = \frac{1}{3}x^3 - \frac{1}{2}x^2 - 2x$

mit dem Graphen seiner (1.) Ableitungsfunktion

$f'\colon f'(x) = x^2 - x - 2$

abgebildet.
(Begründen Sie den Verlauf des Graphen der 1. Ableitungsfunktion.)

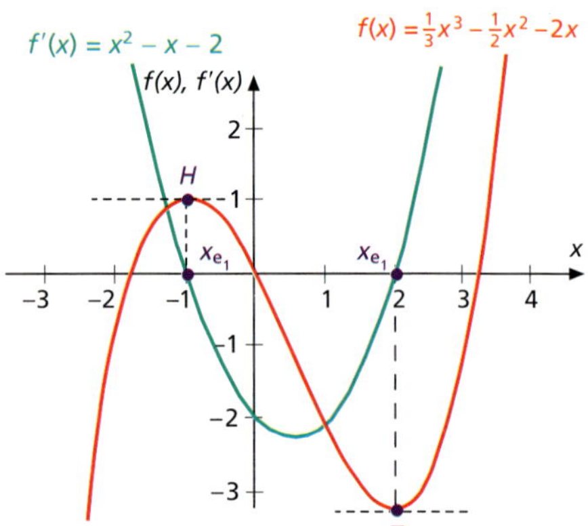

Bild 2.4.2.4

---

[1] Üblich ist auch die Bezeichnung **globaler** Hochpunkt (Tiefpunkt).

Der Graph der Funktion weist zwei lokale Extrempunkte auf. Im Folgenden wird gezeigt, wie man die lokalen Extremstellen von f und die dazugehörigen Funktionswerte exakt berechnen kann.

Berechnung der Extremstellen

Lokale Extrempunkte sind dadurch gekennzeichnet, dass die Steigung des Funktionsgraphen in diesen Punkten gleich 0 ist. Die Tangenten an den Funktionsgraphen in den Extrempunkten verlaufen waagerecht (siehe Bild 2.4.2.4). Folglich ist der Funktionswert der Ableitungsfunktion an den entsprechenden Stellen gleich 0. Der Graph der Ableitungsfunktion schneidet dort also die x-Achse (siehe Bild 2.4.2.4).

Wenn nun die Extremstellen von f berechnet werden sollen, geschieht dies, indem die Nullstellen der 1. Ableitungsfunktion berechnet werden. Die 1. Ableitungsfunktion wird also gleich 0 gesetzt.

Hat der Graph einer Funktion f bei $x = x_E$ einen Extrempunkt, so muss $f'(x_E) = 0$ sein[1)].

Beispiel

$f\colon f(x) = \frac{1}{3}x^3 - \frac{1}{2}x^2 - 2x \qquad \Rightarrow f'\colon f'(x) = x^2 - x - 2$

$$f'(x) = 0$$

$$0 = x^2 - x - 2$$

$$x_{1/2} = \frac{1}{2} \pm \sqrt{\frac{1}{4} + \frac{8}{4}}$$

$$\underline{\underline{x_1 = -1}}$$

$$\underline{\underline{x_2 = 2}}$$

f' hat also bei $x = -1$ oder bei $x = 2$ Nullstellen. D.h., der Graph von f hat bei $x = -1$ oder bei $x = 2$ waagerechte Tangenten.

Es wurde hier ganz bewusst die Feststellung getroffen, dass der Graph von f bei $x = -1$ oder bei $x = 2$ **waagerechte Tangenten** aufweist. Aus dieser Tatsache kann nämlich **nicht** einfach gefolgert werden, dass der Graph von f bei $x = -1$ oder bei $x = 2$ Extremstellen hat.

Funktionsgraphen können nämlich durchaus auch **Punkte mit der Steigung 0** haben**, die keine Extrempunkte sind** (siehe Bild 2.4.2.5).

Ein solcher Punkt mit der Steigung 0, der kein lokaler Extrempunkt ist, heißt **Sattelpunkt** W_s[2)].

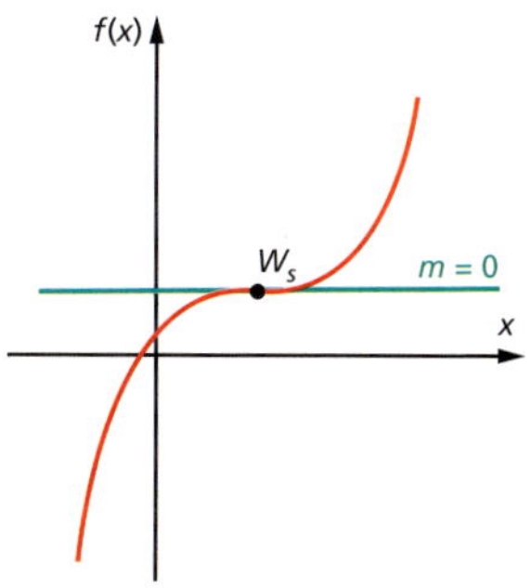

Bild 2.4.2.5

Wenn also durch Nullsetzen der 1. Ableitungsfunktion die Stellen berechnet werden, die die Steigung 0 aufweisen, so sind dies nur **mögliche** Extremstellen.

---

1) $f'(x_E) = 0$ ist also eine unbedingt **notwendige Bedingung** für das Vorhandensein einer Extremstelle.

2) vgl. Abschnitt 2.4.3

Prüfung auf Hoch- oder Tiefpunkt mithilfe der 1. Ableitung

Ein **lokaler Hochpunkt** ist dadurch gekennzeichnet, dass links des Hochpunktes die Steigung des Funktionsgraphen positiv und rechts des Hochpunktes negativ ist. Deshalb müssen die Funktionswerte von f' linksseitig des Hochpunktes positiv und rechtsseitig negativ sein.

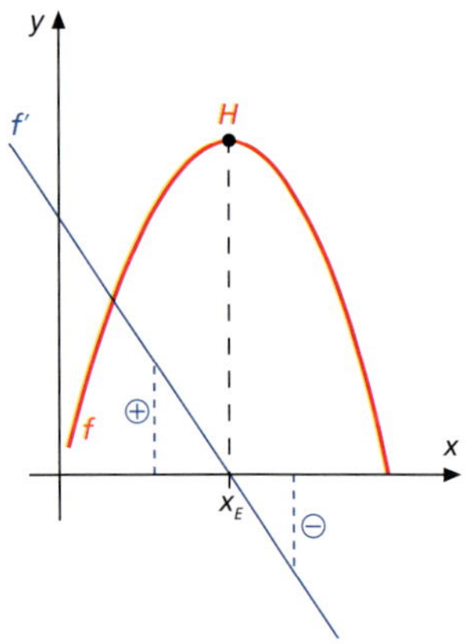

Bild 2.4.2.6

> Wenn an einer Extremstelle x_E die 1. Abteilung (mit wachsendem x) das Vorzeichen von + nach – wechselt, dann existiert dort ein Hochpunkt.

Bei einem **Tiefpunkt** ist die Steigung des Funktionsgraphen linksseitig des Tiefpunktes negativ, rechtsseitig des Tiefpunktes positiv. Deshalb sind die Funktionswerte der 1. Ableitungsfunktion links des Tiefpunktes negativ und rechts des Tiefpunktes positiv.

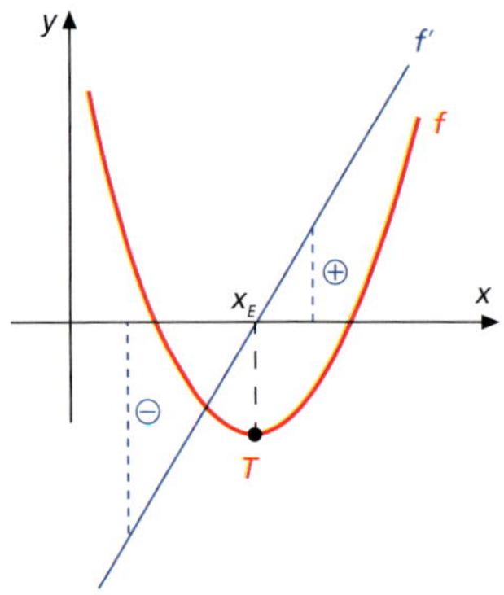

Bild 2.4.2.7

> Wenn an einer Extremstelle x_E die 1. Abteilung (mit wachsendem x) das Vorzeichen von – nach + wechselt, dann existiert dort ein Tiefpunkt.

Bei einem **Sattelpunkt** ist die Steigung linksseitig des Sattelpunktes ebenso positiv (negativ) wie rechtsseitig.
Deshalb sind die Funktionswerte von f' links des Sattelpunktes ebenso positiv (negativ) wie rechts.
Anders ausgedrückt: **Bei einem Sattelpunkt wechselt f' nicht das Vorzeichen.**

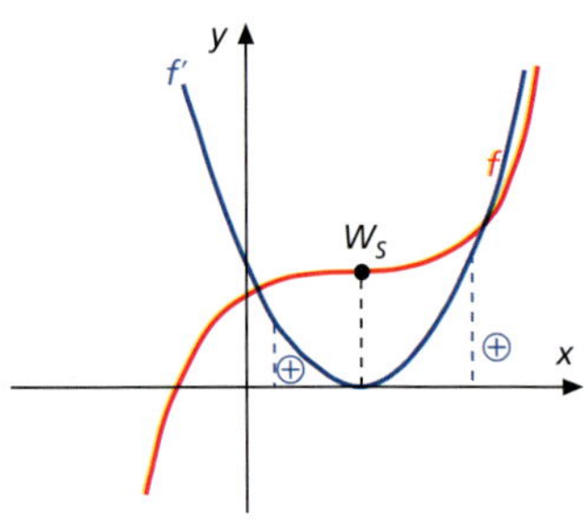

Bild 2.4.2.8

> Wenn bei einer möglichen Extremstelle die **1. Ableitungsfunktion keinen Vorzeichenwechsel** aufweist, so hat der Graph dort einen Sattelpunkt und **keinen Extrempunkt.**

Prüfung auf Hoch- oder Tiefpunkt mithilfe der 2. Ableitung

Aus den vorausgegangenen Bildern ist ersichtlich (vergleichen Sie!):

- Bei einem **Hochpunkt** ist die **Steigung** der **1. Ableitung negativ.**
- Bei einem **Tiefpunkt** ist die **Steigung** der **1. Ableitung positiv.**
- Bei einem **Sattelpunkt** ist die **Steigung** der **1. Ableitung 0** (genauer: bei einem Sattelpunkt hat die 1. Ableitungsfunktion einen Extrempunkt).

Weil die 2. Ableitungsfunktion die Steigung der 1. Ableitungsfunktion wiedergibt, gilt:

> Wenn die **2. Ableitung an der Extremstelle negativ** ist, hat der Graph von f dort einen **lokalen Hochpunkt.**

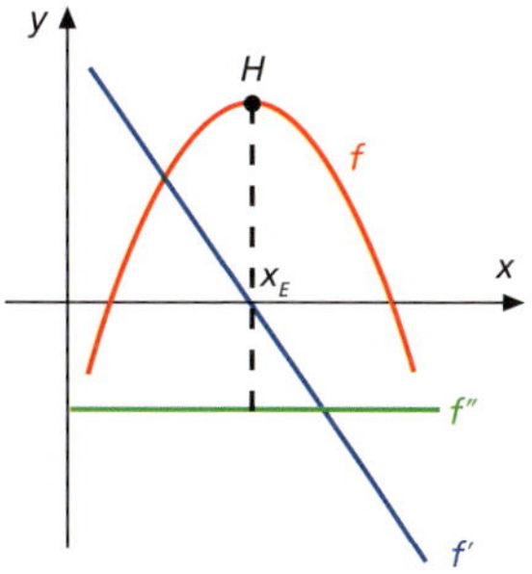

Bild 2.4.2.9

> Wenn die **2. Ableitung an der Extremstelle positiv** ist, hat der Graph von f dort einen **lokalen Tiefpunkt.**

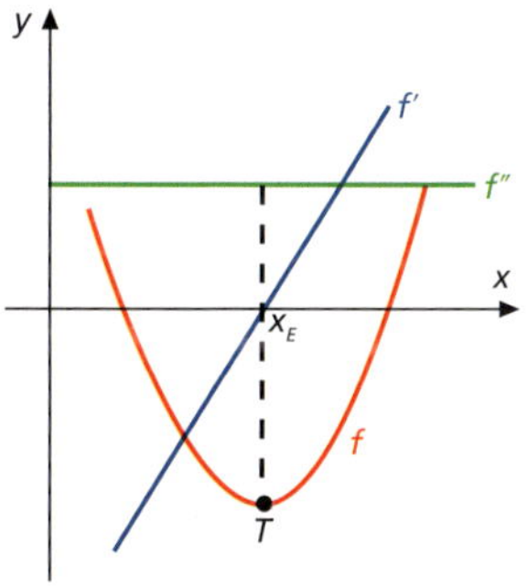

Bild 2.4.2.10

> **Wenn $f'(x) = 0$ und $f''(x_E) < 0$** ist, hat der Funktionsgraph von f bei x_E einen **Hochpunkt**[1]**.**
>
> **Wenn $f'(x) = 0$ und $f''(x_E) > 0$** ist, hat der Funktionsgraph von f bei x_E einen **Tiefpunkt.**

Um lokale Extremstellen eines Funktionsgraphen zu bestimmen, gibt es zwei Möglichkeiten:

1. Möglichkeit:

1. Nullsetzen der 1. Ableitungsfunktion zur Berechnung möglicher Extremstellen:
$f'(x) = 0$ und

[1] $(f'(x) = 0 \wedge f''(x_E) \neq 0$ heißt **hinreichende Bedingung** für die Existenz von Extrempunkten. Wenn diese Bedingung erfüllt ist, existiert ein Extrempunkt. Der Umkehrschluss des o. g. Satzes ist nicht zulässig, wie das Beispiel $f(x) = x^4$ zeigt: $f'(0) = 0 \wedge f''(0) = 0$, trotzdem liegt ein Tiefpunkt bei $x = 0$ vor.

2. Prüfung auf Vorzeichenwechsel (VZW) von f' bei x_E.

f' hat bei x_E keinen Vorzeichenwechsel	f' hat bei x_E einen Vorzeichenwechsel von positiven zu negativen Werten	f' hat bei x_E einen Vorzeichenwechsel von negativen zu positiven Werten
Kein VZW von f'	VZW von f' von ⊕ nach ⊖	VZW von f' von ⊖ nach ⊕
⇓ **kein Extrempunkt**	⇓ Lokaler **Hochpunkt**	⇓ Lokaler **Tiefpunkt**

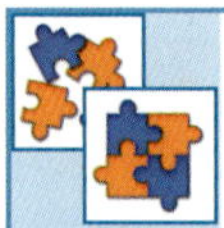

Aufgabe 1

Der Graph von f: $f(x) = \frac{1}{3}x^3 - \frac{1}{2}x^2 - 2x$ hat mögliche Extremstellen bei $x = -1$ oder bei $x = 2$, die durch Nullsetzen der 1. Ableitung ermittelt worden sind: $f'(x) = 0$.
Prüfen Sie mithilfe des VZW-Kriteriums, ob es sich um Maximal- oder Minimalstellen handelt.

Lösung 1

(durch Überlegungen zum Verlauf des Graphen von f')

Der Graph der Ableitungsfunktion f': $f'(x) = x^2 - x - 2$ ist eine nach oben geöffnete Parabel. Ihre Nullstellen (gleichzeitig sind dies die berechneten möglichen Extremstellen der Ausgangsfunktion) sind $x = -1$ oder $x = 2$. Wenn man nun den Verlauf des Graphen in x-Richtung betrachtet, ergibt sich:

Bei $x = -1$ VZW von + nach –
⇒ Hochpunkt bei $x = -1$

Bei $x = 2$ VZW von – nach +
⇒ Tiefpunkt bei $x = -2$

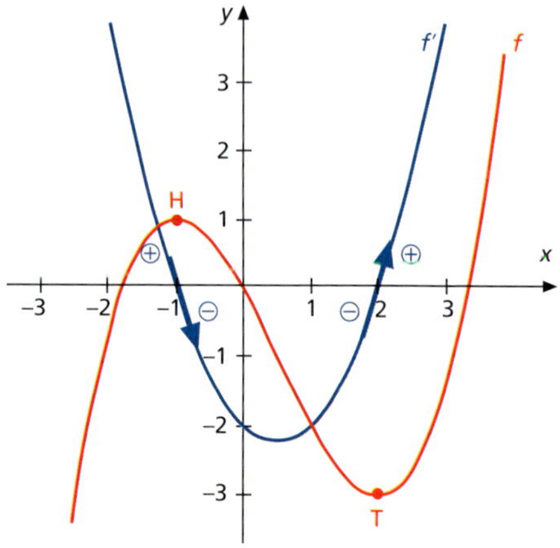

Bild 2.4.2.11

Lösung 2

(durch Berechnung von Funktionswerten links und rechts der ermittelten Extremstellen)[1]

Der VZW von f' wird geprüft, indem zunächst linksseitig und dann rechtsseitig der möglichen Extremstelle das Vorzeichen der Funktionswerte von f' berechnet wird. Für die mögliche Extremstelle bei $x = -1$ wird deshalb der Funktionswert von $x = -2$ und $x = 0$ berechnet.

$$\left.\begin{array}{l} f'(-2) = 4 > 0 \\ f'(0) = -2 < 0 \end{array}\right\} \Rightarrow \text{Hochpunkt bei } x = -1\text{, weil VZW von + nach –.}$$

Prüfung der möglichen Extremstelle bei $x = 2$ auf Hoch- oder Tiefpunkt:

$$\left.\begin{array}{l} f'(1) = -2 < 0 \\ f'(3) = 4 > 0 \end{array}\right\} \Rightarrow \text{Tiefpunkt bei } x = 2\text{, weil VZW von – nach +.}$$

[1] Dieses Verfahren ist insofern problematisch, weil man u. U. nicht weiß, wie sich der Graph von f' zwischen den berechneten Nachbarstellen verhält.

2. Möglichkeit:

1. **Nullsetzen der 1. Ableitungsfunktion zur Berechnung möglicher Extremstellen:** $f'(x) = 0$ und

2. **Prüfung von f'' bei x_E.**

$f''(x_E) = 0$	$f''(x_E) < 0$	$f''(x_E) > 0$
⇓ eine eindeutige Aussage ist nicht möglich[1]	⇓ Lokaler **Hochpunkt**	⇓ Lokaler **Tiefpunkt**

Aufgabe 2

Der Graph von f: $f(x) = \frac{1}{3}x^3 - \frac{1}{2}x^2 - 2x$ hat mögliche Extremstellen bei $x = -1$ oder bei $x = 2$, die durch Nullsetzen der 1. Ableitung ermittelt worden sind: $f'(x) = 0$.

Prüfen Sie mithilfe der **2. Ableitung**, ob es sich um Maximal- oder Minimalstellen handelt.

Lösung

$f(x) = \frac{1}{3}x^3 - \frac{1}{2}x^2 - 2x$

$f'(x) = x^2 - x - 2$

$f''(x) = 2x - 1$

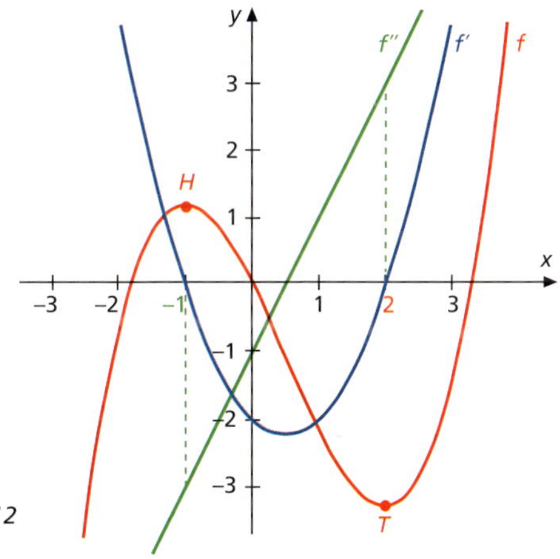

Bild 2.4.2.12

Prüfung der möglichen Extremstelle bei $x = -1$ auf Hoch- oder Tiefpunkt:

$f''(-1) = -3 < 0 \Rightarrow$ Hochpunkt bei $x = -1$, weil die 2. Ableitung an der Extremstelle negativ ist (siehe Bild 2.4.2.12).

Prüfung der möglichen Extremstelle bei $x = 2$ auf Hoch- oder Tiefpunkt:

$f''(2) = 3 > 0 \Rightarrow$ Tiefpunkt bei $x = 2$, weil die 2. Ableitung an der Extremstelle positiv ist (siehe Bild 2.4.2.12).

[1] Vgl. die Funktionen f: $f(x) = x^4$ und f: $f(x) = x^5$. Wenn $f''(x) = 0$ ist eine Überprüfung mithilfe des VZW-Kriteriums erforderlich.

Letztlich beruhen beide Verfahren zur Feststellung der Art des Extrempunktes auf den gleichen Zusammenhängen zwischen den Ableitungsfunktionen.

Berechnung der lokalen Extrema

Extrema sind die Funktionswerte der Extremstellen einer Funktion. Wenn also die Extremstellen berechnet worden sind, wird für diese Extremstellen mithilfe der Funktionsgleichung der Ausgangsfunktion der dazugehörige Funktionswert berechnet.

$$f(x_E) = \text{Extremum } (= \text{Extremwert})$$

Beispiel

$f\colon f(x) = \frac{1}{3}x^3 - \frac{1}{2}x^2 - 2x$

$f'\colon f'(x) = x^2 - x - 2$

$f'(x) = 0 \Rightarrow$ mögliche Extremstellen bei $x = -1$ oder bei $x = 2$

Prüfung auf Hoch-/Tiefpunkt führt zu Hochpunkt bei $x = -1$ und Tiefpunkt bei $x = 2$.

$f(-1) = \frac{7}{6} \Rightarrow$ Hochpunkt $\left(-1 \middle| \frac{7}{6}\right)$

$f(2) = -\frac{10}{3} \Rightarrow$ Tiefpunkt $\left(2 \middle| -\frac{10}{3}\right)$

Das lokale **Maximum** der Funktion ist demnach $\frac{7}{6}$ an der lokalen **Maximalstelle $x = -1$.**

Das lokale **Minimum** der Funktion ist $-\frac{10}{3}$ an der lokalen **Minimalstelle $x = 2$.**

Aufgabe 3

a) Bestimmen Sie für die Funktion $f\colon f(x) = \frac{1}{3}x^3 - x^2 + 2$ die lokalen Extremstellen.
b) Stellen Sie mithilfe der 2. Ableitung fest, ob an den berechneten Extremstellen ein Hoch-/Tiefpunkt vorhanden ist.
c) Prüfen Sie die berechneten Extremstellen mithilfe des Vorzeichenwechselkriteriums auf Hoch-/Tiefpunkt.
d) Geben Sie die Koordinaten des Hoch- und des Tiefpunktes der Funktion an.
e) Prüfen Sie, ob die berechneten lokalen Extrema auch absolute Extrema in $D(f) = [-2; 4]$ sind.

Lösung

a) **mögliche lokale Extremstellen:**

$f(x) = \frac{1}{3}x^3 - x^2 + 2 \quad \Rightarrow f'(x) = x^2 - 2x$

$f'(x) = 0$

$0 = x^2 - 2x$

$0 = x\,(x - 2) \Rightarrow x_1 = 0$

$x_2 = 2$

b) **Prüfung der möglichen Extremstellen auf Hoch-/Tiefpunkt mithilfe der 2. Ableitung:**

$f''(x) = 2x - 2$

$f''(0) = -2 < 0 \Rightarrow$ Hochpunkt bei $x = 0$

$f''(2) = 2 > 0 \Rightarrow$ Tiefpunkt bei $x = 2$

c) **Prüfung der möglichen Extremstellen auf Hoch-/Tiefpunkt mithilfe des Vorzeichenwechselkriteriums:**

Prüfung der möglichen Extremstelle $x = 0$:

$$\left.\begin{aligned} f'(-1) &= 3 > 0 \\ f'(1) &= -1 < 0 \end{aligned}\right\} \Rightarrow \underline{\underline{\text{Hochpunkt bei } x = 0}}$$

Prüfung der möglichen Extremstelle $x = 2$:

$$\left.\begin{aligned} f'(1) &= -1 < 0 \\ f'(3) &= 3 > 0 \end{aligned}\right\} \Rightarrow \underline{\underline{\text{Tiefpunkt bei } x = 2}}$$

d) **Koordinaten der Extrempunkte:**

$f(0) = 2 \Rightarrow \underline{\underline{H(0/2)}}$

$f(2) = \frac{2}{3} \Rightarrow \underline{\underline{T\left(2\middle/\frac{2}{3}\right)}}$

e) **Sind die lokalen Extrema in $D(f) = [-2; 4]$ auch absolute Extrema?**

Es muss geprüft werden, ob die Randextrema größer/kleiner als die lokalen Extrema sind. Die Berechnung der Randextrema erfolgt durch Bestimmung der Funktionswerte am Rande des Definitionsbereiches:

$$\left.\begin{aligned} f(-2) &= -\tfrac{14}{3} \\ \underline{\underline{f(4)}} &\underline{\underline{= \tfrac{23}{3}}} \end{aligned}\right\} \Rightarrow$$ Die lokalen Extrema sind für $D(f) = [-2; 4]$ keine absoluten Extrema der Funktion (vgl. Teilaufgabe d)).

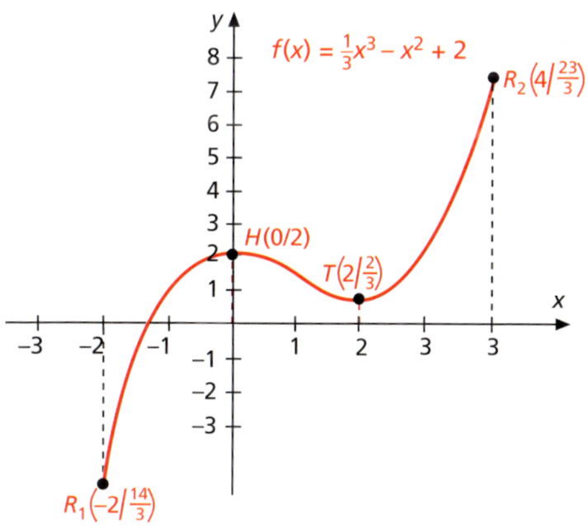

Bild 2.4.2.13

Übungsaufgaben

1 Wo hat der Graph von f

a) lokale Hochpunkte
b) absolute Maxima
c) relative Minima
d) globale Tiefpunkte
e) lokale Extremstellen
f) absolute Extremstellen?

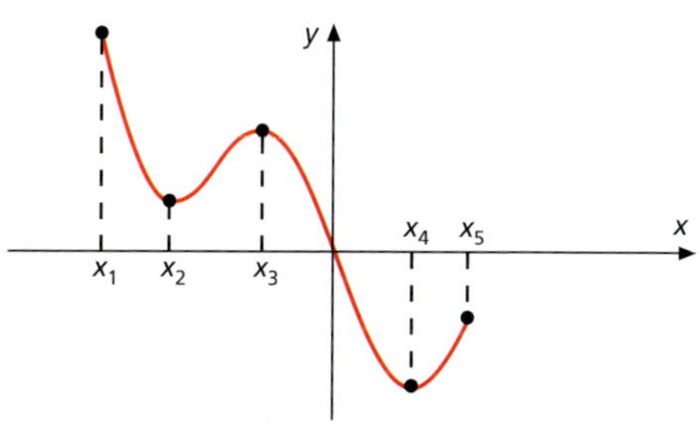

2 „An einer Extremstelle ist $f'(x) = 0$".

a) Warum wird diese Aussage als **notwendige Bedingung** für eine Extremstelle bezeichnet?

b) Ist die Umkehrung der Aussage zu: „Wenn $f'(x) = 0$, liegt eine Extremstelle vor" zulässig?

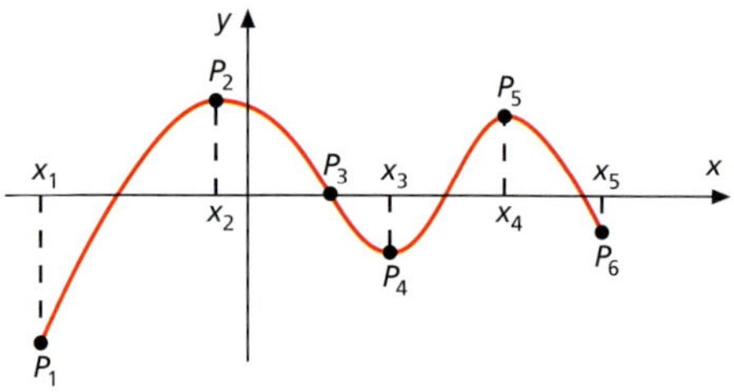

3 Bezeichnen Sie die angegebenen Stellen, Funktionswerte und Punkte in der Abbildung mit den entsprechenden Fachbegriffen.

4 „Wenn $f'(x) = 0$ und $f''(x) \neq 0$ liegt eine Extremstelle vor".

a) Warum wird diese Aussage als **hinreichende Bedingung** bezeichnet?

b) Ist die Umkehrung „An einer Extremstelle ist $f'(x) = 0$ und $f''(x) \neq 0$" zulässig?

5 Bestimmen Sie die lokalen Hoch- und Tiefpunkte des Funktionsgraphen.

a) $f\colon f(x) = x^2 - 6x + 9$
b) $f\colon f(x) = -x^2 - 4x - 1$
c) $f\colon f(x) = \frac{1}{3}x^3 - x^2$
d) $f\colon f(x) = x^3 - 2x^2 - 4x + 8$
e) $f\colon f(x) = \frac{1}{6}x^3 - \frac{1}{2}x^2 - \frac{3}{2}x + 2$
f) $f\colon f(x) = -x^2 + 5x - 4$
g) $f\colon f(x) = -x^4 + 6x^2$
h) $f\colon f(x) = x^3 + 6x^2 - 1$
i) $f\colon f(x) = x^3 - 6x^2$
j) $f\colon f(x) = x^4 - 4x^2$
k) $f\colon f(x) = x^3 - 2x^2 + x$
l) $f\colon f(x) = -x^3 + 3x^2 - 8$

6 Berechnen Sie die lokalen Hoch- und Tiefpunkte des Funktionsgraphen.

a) $f\colon f(x) = \sin x$; $D(f) = [0; 2\pi]$
b) $f\colon f(x) = 2\cos x$; $D(f) = [0; 2\pi]$
c) $f\colon f(x) = \sqrt{2x - 1}$
d) $f\colon f(x) = \frac{1}{x^2 - 9}$
e) $f\colon f(x) = |4x + 2|$
f) $f\colon f(x) = \frac{1}{2x + 1}$

7 Ermitteln Sie die lokalen und absoluten Extrempunkte des Funktionsgraphen unter Berücksichtigung der Randpunkte.

a) $f\colon f(x) = x^3 + 4x^2 + 4x$; $D(f) = [-3; \infty]$
b) $f\colon f(x) = -x^3 - 3x^2 - 5$; $D(f) = [-4; 2]$
c) $f\colon f(x) = 2x^3 - 3x^2 - 36x$; $D(f) = [-3; 4]$
d) $f\colon f(x) = x^3 + 1$; $D(f) = [-2; 1]$
e) $f\colon f(x) = x^4 - 1$; $D(f) = \mathbb{R}$
f) $f\colon f(x) = -x^4 + 4x^2$; $D(f) = [-3; 3]$

8 Bestimmen Sie die absoluten und relativen Extrempunkte des Funktionsgraphen unter Berücksichtigung der Randpunkte.

a) $f\colon f(x) = -x^3 + 2x$; $D(f) = [-1; 2]$
b) $f\colon f(x) = \frac{1}{6}x^3 - 2x + 1$; $D(f) = [-4; 4]$
c) $f\colon f(x) = 0{,}25\,x^3 + 1{,}5\,x^2$; $D(f) = [-5; 2]$
d) $f\colon f(x) = \frac{1}{6}x^3 - 2x + \frac{8}{3}$; $D(f) = [-4; 1]$
e) $f\colon f(x) = -4x + 1$; $D(f) = [-2; 3]$
f) $f\colon f(x) = \frac{1}{4}x^4 + 1\frac{1}{3}x^3 + 2x^2$; $D(f) = [-3; 1]$

2.4.3 Wendepunkte und Sattelpunkte

Neben den Extrempunkten sind Wendepunkte weitere charakteristische Punkte eines Funktionsgraphen.

Wendepunkt heißt der Punkt eines Funktionsgraphen, in dem sich sein Krümmungsverhalten ändert. Der x-Wert des Wendepunktes heißt **Wendestelle** x_W.

In Bild 2.4.3.1 geht der Graph der Funktion im Wendepunkt W von einer Rechts- in eine Linkskrümmung über[1].

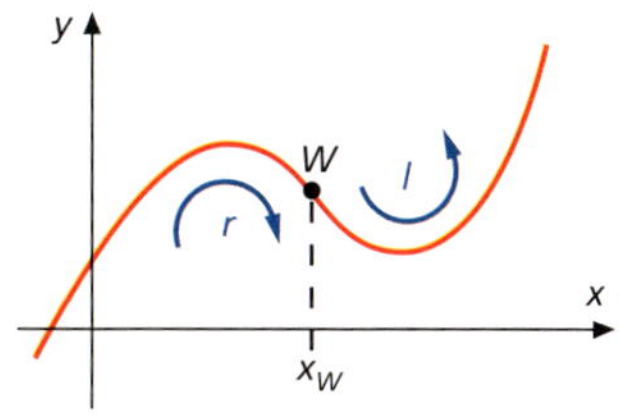

Bild 2.4.3.1

Auch ein umgekehrtes Krümmungsverhalten wie in Bild 2.4.3.2 ist denkbar. Der Graph geht von einer Linkskrümmung in eine Rechtskrümmung über.

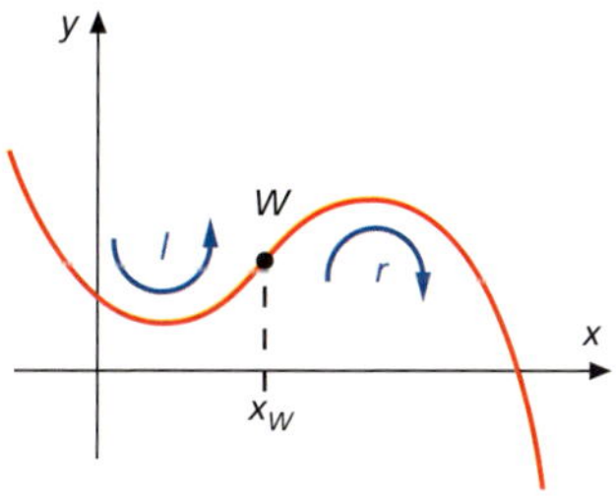

Bild 2.4.3.2

Beim Betrachten des Graphen der Ausgangsfunktion und des Graphen der dazugehörigen Ableitungsfunktionen werden folgende Zusammenhänge deutlich.

[1] Den Sachverhalt der Rechts- bzw. Linkskrümmung kann sich der Leser dadurch veranschaulichen, dass er sich vorstellt, mit einem Fahrzeug in x-Richtung auf dem Funktionsgraphen zu fahren. Bei einer Rechtskrümmung muss das Lenkrad nach rechts, bei einer Linkskrümmung entsprechend nach links eingeschlagen sein. Im Wendepunkt W ändert sich der Lenkereinschlag von rechts nach links oder umgekehrt.

Der Graph von f **hat bei x_W einen Wendepunkt W.**

Der Graph von f' hat bei x_W ein lokales Extremum (weil die Steigung von f in W extrem ist).

Der Graph von **f' hat bei x_W eine Nullstelle mit Vorzeichenwechsel** (weil f' bei x_W ein lokales Extremum hat).

f''' ist bei x_W ungleich 0.

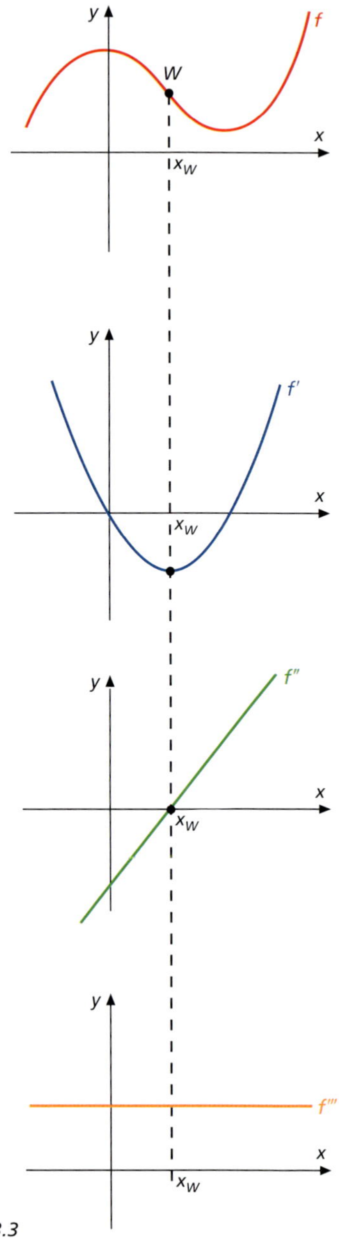

Bild 2.4.3.3

Daraus folgt:

Notwendige Bedingung für eine Wendestelle: $f''(x_W) = 0$

In Worten:

Bei einem Wendepunkt ist die 2. Ableitung bei x_W gleich 0[1].

[1] Die Umkehrung des Satzes ist nicht zulässig (vgl. f: $f(x) = x^4$).

Notwendige und hinreichende Bedingung für die Existenz einer Wendestelle ist:

$f''(x) = 0$ **und** Vorzeichenwechsel von $f''(x)$ an der Stelle x_W

oder

$f''(x) = 0$ **und** $f'''(x_W) \neq 0$ [1)]

Zusammenfassung

Die **Berechnung der Wendestelle des Graphen einer Funktion** erfolgt also in der Weise, dass

- die **2. Ableitungsfunktion 0 gesetzt wird** (damit wird berechnet, wo die 1. Ableitungsfunktion ein lokales Extremum hat, nämlich bei x_W)

  und
- **geprüft wird, ob f'' bei x_W einen Vorzeichenwechsel hat**

  oder alternativ
- **f''' bei x_W ungleich 0 ist.**[2)]

Aufgabe 1

Berechnen Sie die Wendepunkte des Graphen von f: $f(x) = \frac{1}{3}x^3 - x^2 + 1$.

Lösung

1. **Bestimmung der 1. bis 3. Ableitungsfunktion:**

$$f'(x) = x^2 - 2x$$
$$f''(x) = 2x - 2$$
$$f'''(x) = 2$$

2. **Berechnung der Wendestelle x_W durch Nullsetzen der 2. Ableitungsfunktion:**

$$f''(x) = 2x - 2$$
$$0 = 2x - 2$$
$$\underline{x = 1}$$

3. **Prüfung der 2. Ableitungsfunktion auf Vorzeichenwechsel bei x_W:**

$$\left.\begin{array}{l} f'''(0) = -2 \\ f'''(2) = 2 \end{array}\right\} \Rightarrow \text{Vorzeichenwechsel bei } x_W \Rightarrow \underline{x = 1 \text{ ist Wendestelle}}$$

oder alternativ

3. **Prüfung, ob f''' bei x_W ungleich 0 ist:**

$$f''(x) = 2$$
$$f''(1) = 2 \neq 0 \Rightarrow \underline{x = 1 \text{ ist Wendestelle}}$$

---

1) Wenn $f''(x_w) = 0$, ist eine VZW-Prüfung von f'' bei x_w erforderlich.

4. **Berechnung des Funktionswertes** des Wendepunktes (durch Einsetzen von $x = 1$ in die Ausgangsfunktion):

$f(x) = \frac{1}{3}x^3 - x^2 + 1$

$f(1) = \frac{1}{3} - 1 + 1 = \underline{\frac{1}{3}}$

$\Rightarrow \underline{\underline{W\left(1\middle/\frac{1}{3}\right)}}$

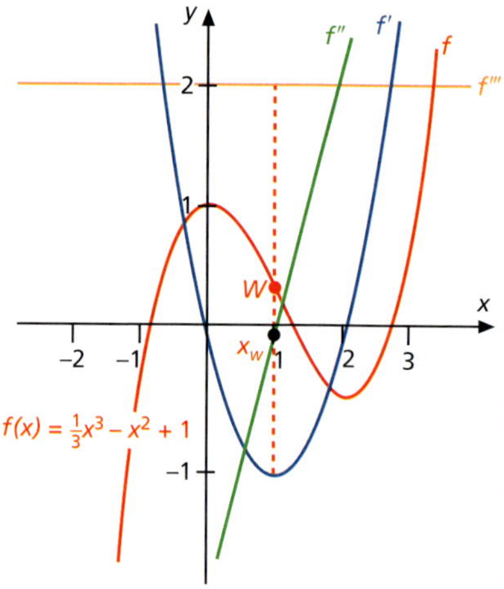

Bild 2.4.3.4

Aufgabe 2

Berechnen Sie für die Funktion aus Aufgabe 1 die Funktionsgleichung der Wendetangente.

Lösung

Die Tangente an den Funktionsgraphen im Wendepunkt heißt **Wendetangente.**

Nach den Berechnungen aus Aufgabe 1 hat der Wendepunkt die Koordinaten $\left(1\middle/\frac{1}{3}\right)$. Die Steigung der Tangente im Wendepunkt wird mithilfe der 1. Ableitungsfunktion berechnet:

$f'(x) = x^2 - 2x$

$f'(1) = 1 - 2 = \underline{-1}$

Die Wendetangente ist eine lineare Funktion und hat daher die Gleichung:

$$y = mx + b$$

Da die Steigung $m = -1$ ist (s. o.):

$$\Rightarrow y = -1 \cdot x + b.$$

Durch Einsetzen der Koordinaten von $W\left(\mathbf{1}\middle/\frac{\mathbf{1}}{\mathbf{3}}\right)$ in die Funktionsgleichung der Wendetangente für y und x kann b berechnet werden:

$$\frac{1}{3} = -1 + b$$

$$\underline{b = \frac{4}{3}}$$

Die Funktionsgleichung der Wendetangente ist also:

$$\underline{\underline{y = -x + \frac{4}{3}}}$$

Ein Wendepunkt, dessen Wendetangente die Steigung 0 aufweist, heißt **Sattelpunkt.**

Aufgabe 3

Bestimmen Sie die Extrem- und Wendepunkte des Graphen von f: $f(x) = -x^4 + 2x^3$.

Lösung

1. **Extrempunkte:**

Notwendige Bedingung: $f'(x) = 0$

$f'(x) = -4x^3 + 6x^2$

$0 = -4x^3 + 6x^2$

$0 = x^2(-4x + 6)$ $\qquad \underline{x_{1/2} = 0}$

$0 = -4x + 6$

$x = 1{,}5$ $\qquad \underline{x_3 = 1{,}5}$

Hinreichende Bedingung: $f'(x) = 0 \wedge f''(x) \neq 0$ oder VZW von $f'(x)$

$f''(x) = -12x^2 + 12x$

Für die mögliche Extremstelle bei $x_{1/2} = 0$ gilt: $f''(0) = 0$

Eine eindeutige Aussage ist aufgrund dieses Ergebnisses nicht möglich. Die 1. Ableitungsfunktion muss auf Vorzeichenwechsel geprüft werden. Da bei $x = 0$ das Vorzeichen nicht wechselt ($f'(-1) = 10$; $f'(1) = 2$), liegt hier keine Extremstelle vor.

Für die mögliche Extremstelle bei $x_3 = 1{,}5$ gilt: $f''(1{,}5) = -9 < 0 \rightarrow$
Hochpunkt $H(1{,}5/1{,}6875)$

2. **Wendepunkte:**

Notwendige Bedingung: $f''(x) = 0$

$f''(x) = -12x^2 + 12x$

$0 = -12x^2 + 12x$

$0 = x(-12x + 12)$ $\qquad \underline{x_1 = 0}$

$0 = -12x + 12$

$x = 1$ $\qquad \underline{x_2 = 1}$

Hinreichende Bedingung: $f''(x) = 0 \wedge f'''(x_W) \neq 0$

$f'''(x) = -24x + 12$

Für $x_1 = 0$: $f'''(0) = 12 \neq 0 \Rightarrow$
$\underline{x_1 = 0 \text{ ist Wendestelle}}$

Weil bei $x = 0$ die Steigung 0 beträgt (s. o.), handelt es sich um einen

Sattelpunkt $W_S(0/0)$.

Für $x_2 = 1$: $f'''(1) = -12 \neq 0 \Rightarrow$
$\underline{x_2 = 1 \text{ ist Wendestelle}}$

Wendepunkt $W(1/1)$.

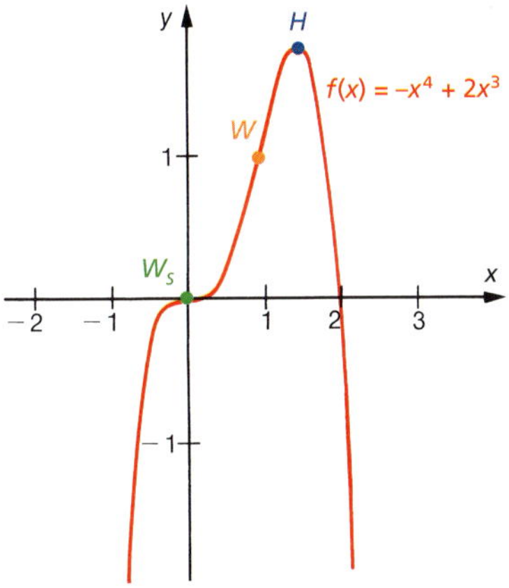

Bild 2.4.3.6

Zusammenfassung

Bei einem Sattelpunkt W_s ist also:

$f'(x) = 0$

$f''(x_W) = 0$

f'' wechselt bei x_W das Vorzeichen

oder

$f'''(x_W) \neq 0$

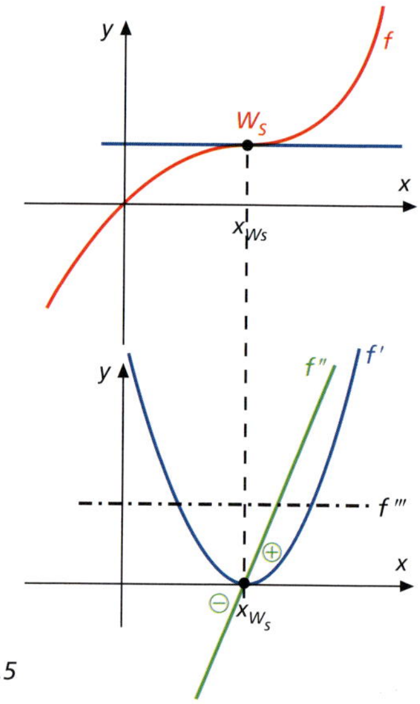

Bild 2.4.3.5

Übungsaufgaben

1 Bestimmen Sie grafisch die Wendestelle(n) und beschreiben Sie das Krümmungsverhalten.

a)

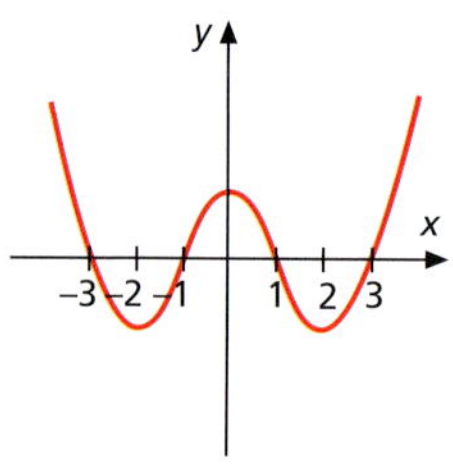

b)

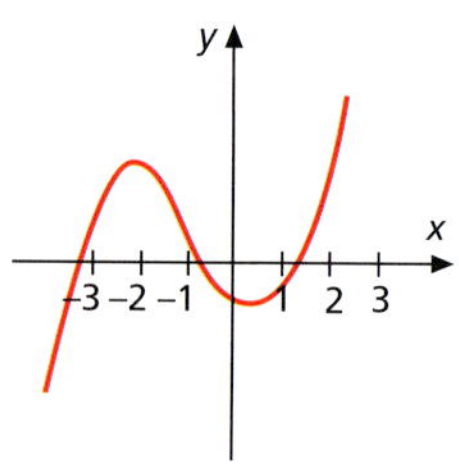

c)

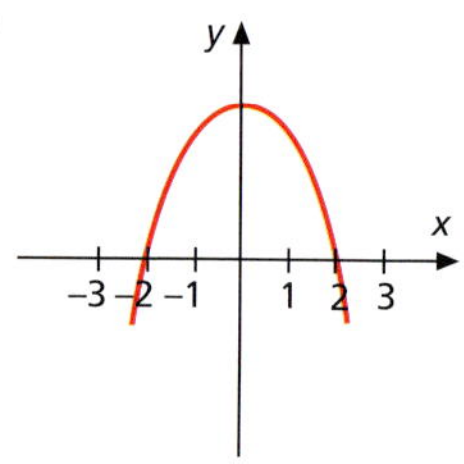

d)

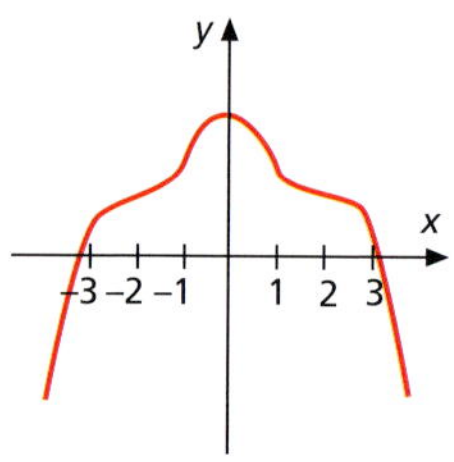

e)

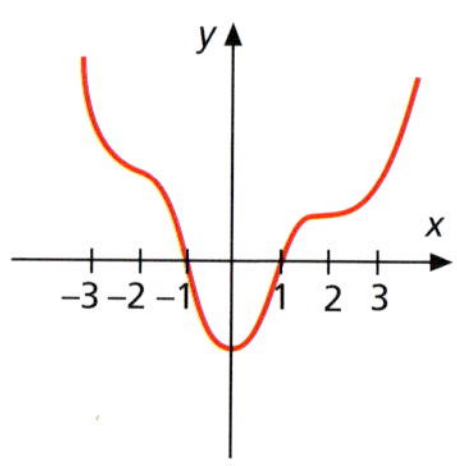

f)

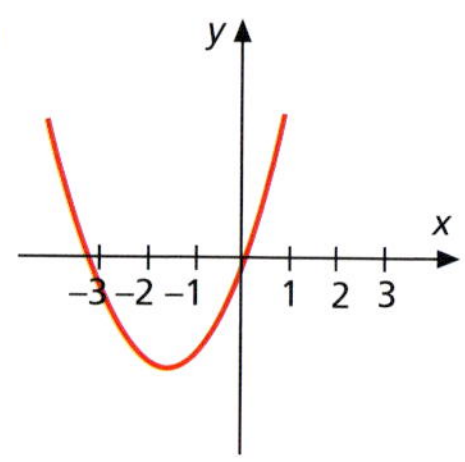

2 Berechnen Sie die Koordinaten der Wendepunkte des Funktionsgraphen.

a) $f\colon f(x) = \frac{1}{6}x^3 + \frac{1}{2}x^2 + 1$

b) $f\colon f(x) = \frac{1}{4}x^4 - 3x^2$

c) $f\colon f(x) = -\frac{1}{3}x^3 + x^2$

d) $f\colon f(x) = \frac{1}{12}x^4 - \frac{1}{6}x^3 - x^2$

e) $f\colon f(x) = \frac{1}{3}x^3 - 3x$

f) $f\colon f(x) = \frac{1}{16}x^4 - \frac{3}{2}x^2$

g) $f\colon f(x) = 3x^3 - 5x + 2$

h) $f\colon f(x) = x^2 - 7x + 9$

i) $f\colon f(x) = \frac{1}{3}x^3 - 9x$

j) $f\colon f(x) = 2x^3 - 3x^2 - 36x + 2$

k) $f\colon f(x) = 2x^3 - 9x^2 + 6x$

l) $f\colon f(x) = x^2 + \frac{1}{3}x^3$

3 Bestimmen Sie die Wendepunkte und die Funktionsgleichungen der Wendetangenten.

a) $f(x) = \frac{1}{4}x^3 + 1$
b) $f(x) = \frac{1}{4}x^3 + \frac{9}{2}x^2$
c) $f(x) = \frac{2}{9}x^3 - 5x + 2$
d) $f(x) = x^3 - 3x^2 + 3x - 1$
e) $f(x) = x^3 - 4x$
f) $f(x) = x^2 - 3x + 4$

2.5 Untersuchung von Funktionen und ihren Graphen

2.5.1 Kurvendiskussion der ganzrationalen Funktionen

Kurvendiskussion (auch **Funktionsanalyse**) ist die umfassende und genaue Untersuchung eines Funktionsgraphen.

Die in den vorhergehenden Kapiteln abgehandelten Inhalte werden bei der Kurvendiskussion zusammenfassend angewendet. Aufgrund der genauen Untersuchung einer Funktion u. a. mithilfe der Berechnung markanter Punkte (z. B. Extrempunkte, Wendepunkte) kann als Ergebnis der Kurvendiskussion der Graph der Funktion exakt gezeichnet werden. Das aufwendige Erstellen einer Wertetafel, die markante Punkte der Funktion zudem meist nur ungenau angibt, erübrigt sich durch die Kurvendiskussion weitgehend.

Zweckmäßigerweise sollte die Kurvendiskussion nach folgenden Kriterien erfolgen:

1. Definitionsbereich
2. Verhalten an den Rändern des Definitionsbereiches
3. Symmetrieeigenschaften
4. Achsenschnittpunkte
5. Extrempunkte
6. Wendepunkte
7. Wertebereich
8. Graph der Funktion

Bevor die Kurvendiskussion einer ganzrationalen Funktion an einem konkreten Beispiel durchgeführt wird, sollen die o. g. Diskussionspunkte allgemein gültig angesprochen werden. Z. T. werden dabei Inhalte vorausgegangener Kapitel kurz wiederholt.

Zu 1.
Definitionsbereich[1]**:**

Der Definitionsbereich einer ganzrationalen Funktion muss nur dann angegeben werden, wenn er nicht bereits zusammen mit der Funktionsgleichung aufgeführt wurde wie z. B. bei f: $f(x) = x^2$; $D(f) = [-2; 3]$. Vereinbarungsgemäß ist dann der **maximal mögliche Definitionsbereich** der Funktion anzugeben.

Da in den Funktionsterm jeder ganzrationalen Funktion für x alle Zahlen aus $\mathbb{R}$ eingesetzt werden können, ist der maximale Definitionsbereich einer ganzrationalen Funktion immer $D_{max}(f) = \mathbb{R}$.

[1] siehe Abschnitt 1.1.1

Zu 2.

Verhalten an den Rändern des Definitionsbereiches[1]:

Bei ganzrationalen Funktionen ist der maximale Definitionsbereich $\mathbb{R}$. Es ist also zu untersuchen, wie der Graph der Funktion sich verhält, wenn die x-Werte gegen $\pm\infty$ streben, d. h. unendlich groß oder unendlich klein werden.

Für den Verlauf des Graphen einer ganzrationalen Funktion für $x \to \pm\infty$ ist das Glied des Funktionsterms mit dem größten Exponenten ausschlaggebend.

Zu unterscheiden sind 4 Fälle:

1. **Funktion** mit **positivem Koeffizienten und geradem Exponenten** bei der höchsten Potenz. z. B.

$f(x) = \mathbf{3}x^4 + ax^3 + bx^2 + cx + d.$
Für $x \to -\infty$ gilt dann: $f(x) \to \infty$,
für $x \to \infty$ gilt dann: $f(x) \to \infty$.
Wenn die x-Werte also ins positiv oder negativ Unendliche streben, werden die Funktionswerte unendlich groß. D. h., der Graph der Funktion kommt aus dem positiv Unendlichen und verläuft ins positiv Unendliche.

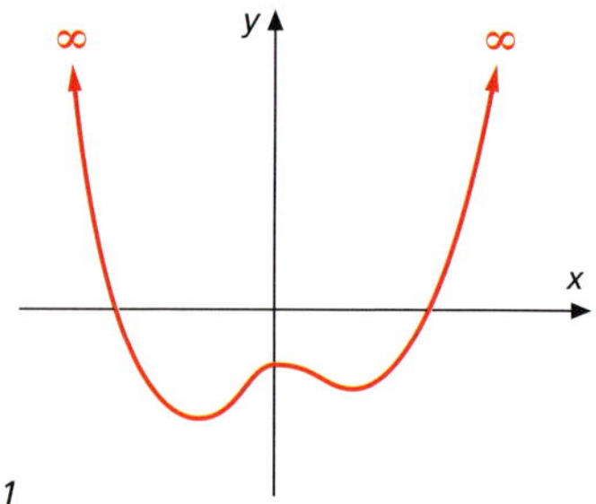

Bild 2.5.1.1

2. **Funktion** mit **negativem Koeffizienten und geradem Exponenten** bei der höchsten Potenz. z. B.

$f(x) = \mathbf{-3}x^4 + ax^3 + bx^2 + cx + d.$
Für $x \to -\infty$ gilt: $f(x) \to -\infty$,
für $x \to \infty$ gilt: $f(x) \to -\infty$.

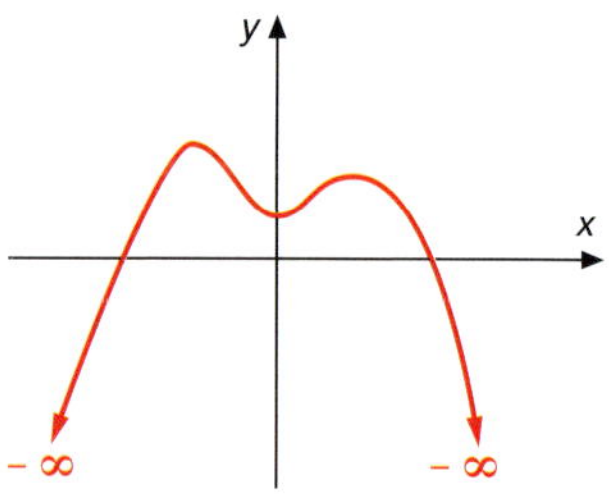

Bild 2.5.1.2

3. **Funktion** mit **positivem Koeffizienten und geradem Exponenten** bei der höchsten Potenz. z. B.

$f(x) = \mathbf{3}x^3 + ax^2 + bx + c.$
Für $x \to -\infty$ gilt: $f(x) \to -\infty$,
für $x \to \infty$ gilt: $f(x) \to \infty$.

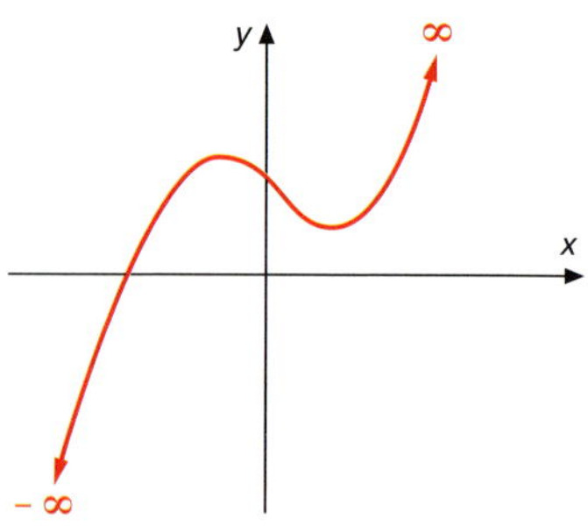

Bild 2.5.1.3

[1] siehe Abschnitt 1.6.1

4. **Funktion** mit **negativem Koeffizienten und ungeradem Exponenten** bei der höchsten Potenz. z. B.

   $f(x) = -3x^3 + ax^2 + bx + c$.
   Für $x \to -\infty$ gilt: $f(x) \to \infty$,
   für $x \to \infty$ gilt: $f(x) \to -\infty$.

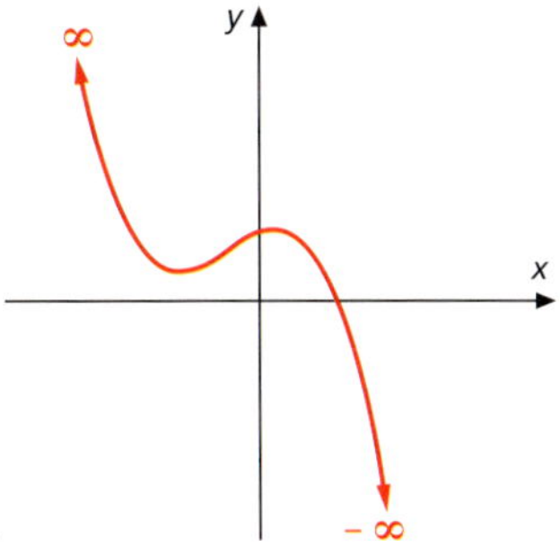

Bild 2.5.1.4

Zu 3.
Symmetrieeigenschaften[1]:

Es ist zu untersuchen, ob der Graph einer Funktion **punktsymmetrisch zum Ursprung** oder **achsensymmetrisch zur y-Achse** ist. Ersteres ist der Fall, wenn der Funktionsterm einer ganzrationalen Funktion nur ungerade Exponenten enthält. Achsensymmetrie zur y-Achse liegt vor, wenn nur gerade Exponenten erscheinen. Enthält der Funktionsterm gerade **und** ungerade Exponenten, ist ein **Symmetrieverhalten nicht erkennbar.**

Zu 4.
Achsenschnittpunkte[2]:

a) Bedingung für einen **Schnittpunkt mit der y-Achse** ist $\boldsymbol{x = 0}$, d. h., in den Funktionsterm wird für x 0 eingesetzt oder anders ausgedrückt, es wird $\boldsymbol{f(0)}$ berechnet. Daraus ergeben sich dann die Koordinaten des Schnittpunktes mit der y-Achse: $S_y(0/f(0))$.

b) Bedingung für eine **Nullstelle ist $\boldsymbol{f(x) = 0}$.** D. h., es werden die Lösungen der Gleichung $f(x) = 0$ gesucht.
   Daraus ergeben sich dann die Koordinaten des Schnittpunktes bzw. der Schnittpunkte mit der x-Achse: $S_x(x/0)$.

Zu 5.
Extrempunkte[3]:

Notwendige Bedingung: $f'(x) = 0$
Es werden also die Stellen x_E des Funktionsgraphen berechnet, die die Steigung 0 aufweisen.

Hinreichende Bedingung: $f'(x) = 0 \wedge f''(x_E) \neq 0$ oder Vorzeichenwechsel von f' bei x_E

Dementsprechend kann die Überprüfung auf Hoch- oder Tiefpunkt auf zwei Arten vorgenommen werden:

Tiefpunkt: $f''(x_E) > 0$, oder Vorzeichenwechsel von f' bei x_E von – nach +.
Hochpunkt: $f''(x_E) < 0$, oder Vorzeichenwechsel von f' bei x_E von + nach –.

---

[1] siehe Abschnitt 1.9.3
[2] siehe Abschnitt 1.4.5 und Abschnitt 1.6.3
[3] siehe Abschnitt 2.4.2

Bei vorgegebenem (eingeschränktem) Definitionsbereich sind zusätzlich zu den lokalen Extrema die **Randextrema** zu bestimmen, indem für die Intervallgrenzen des Definitionsbereiches die Funktionswerte berechnet werden.

Danach ist zu prüfen, ob die lokalen oder die Randextrema absolute Extrema sind. In Bild 2.5.1.5 ist dargestellt, dass ein lokaler Hochpunkt durchaus nicht absoluter Hochpunkt der Funktion sein muss.

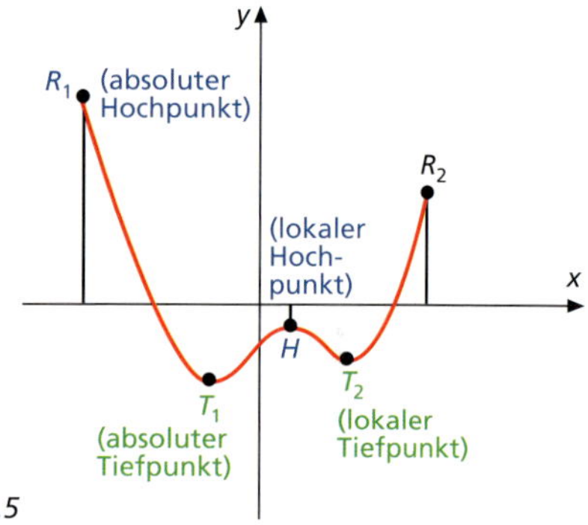

Bild 2.5.1.5

Zu 6.

Wendepunkte[1]

Notwendige Bedingung: $f''(x) = 0$,

hinreichende Bedingung: $f'''(x) \neq 0$ oder Vorzeichenwechsel von $f''(x)$ bei x_W

Ein **Sattelpunkt** als besondere Form eines Wendepunktes (nämlich mit der Steigung 0) liegt vor, wenn zusätzlich $f'(x_W) = 0$ ist.

Zu 7.

Wertebereich[2]**:**

Im Wertebereich sind die $f(x)$-Werte aufzuführen, die die Funktion annehmen kann. Die Angabe des Wertebereiches steht in engem Zusammenhang mit dem Vorhanden sein von Extrempunkten und dem Verhalten von f am Rande des Definitionsbereiches.

Zu 8.

Graph der Funktion:

Als Ergebnis der Kurvendiskussion kann der Graph der Funktion mit seinen markanten Punkten und wesentlichen Eigenschaften gezeichnet werden.

Im Folgenden sollen zwei Kurvendiskussionen von ganzrationalen Funktionen beispielhaft durchgeführt werden.

Aufgabe 1

Diskutieren Sie die Funktion f mit $f(x) = 3x^4 - 8x^3 + 6x^2$, $x \in D(f)$.

Lösung

1. **Definitionsbereich:**
   Da in den Funktionsterm für x alle reellen Zahlen eingesetzt werden können, ist $\underline{\underline{D(f) = \mathbb{R}}}$.

2. **Verhalten an den Rändern des Definitionsbereiches:**
   Es handelt sich um eine ganzrationale Funktion 4. Grades. Der Koeffizient bei x^4 ist positiv.

   Daraus folgt: Für $x \to -\infty$ gilt: $f(x) \to \infty$
   für $x \to \infty$ gilt: $f(x) \to \infty$

Der Graph der Funktion kommt also aus dem positiv Unendlichen und verläuft auch wieder ins positiv Unendliche.

[1] siehe Abschnitt 2.4.3

[2] siehe Abschnitt 1.1.1

3. **Symmetrieeigenschaften:**
Da im Funktionsterm sowohl gerade als auch ungerade Exponenten erscheinen, ist ein Symmetrieverhalten nicht erkennbar. Der Funktionsgraph ist also weder achsensymmetrisch zur y-Achse noch punktsymmetrisch zum Ursprung.

4. **Schnittpunkte mit den Achsen:**

a) Schnittpunkt mit der y-Achse: $f(0) = 0 \Rightarrow \underline{\underline{S_y(0/0)}}$

b) Schnittpunkt(e) mit der x-Achse:

$f(x) = 0$
$0 = 3x^4 - 8x^3 + 6x^2$

Ausklammern von x^2 führt zu:

$0 = x^2 \cdot (3x^2 - 8x + 6) \quad x_{1/2} = 0 \Rightarrow \underline{\underline{S_{x_{1/2}}(0/0)}}$

$0 = 3x^2 - 8x + 6 \; /{:}3$ (auf Normalform bringen, damit die p-q-Formel angewendet werden kann)

$0 = x^2 - \frac{8}{3}x + 2$

$x_{3/4} = \frac{4}{3} \pm \sqrt{\frac{16}{9} - 2}$

$= \frac{4}{3} \pm \sqrt{-\frac{2}{9}}$

$\underline{= \text{n. d.}}$

Demnach liegt nur eine doppelte Nullstelle bei $x = 0$ vor. Für den Verlauf des Graphen ist schon jetzt festzustellen, dass – bedingt durch die doppelte Nullstelle – der Graph der Funktion die x-Achse bei $x = 0$ **berührt** (und nicht schneidet).

5. **Extrempunkte:**
Notwendige und hinreichende Bedingung: $f'(x) = 0 \wedge f''(x_E) \neq 0$

$f'(x) = 0$, wobei $f'(x) = 12x^3 - 24x^2 + 12x$ ist.

$0 = 12x^3 - 24x^2 + 12x$

$0 = x \cdot (12x^2 - 24x + 12) \quad \underline{x_1 = 0}$

$0 = 12x^2 - 24x + 12 \; /{:}12$

$0 = x^2 - 2x + 1$

$x_{2/3} = 1 \pm \sqrt{1 - 1}$

$\underline{x_{2/3} = 1}$

Prüfung auf Hochpunkt oder Tiefpunkt:

$f''(x) = 36x^2 - 48x + 12$

(1.) $f''(0) = 12 > 0 \Rightarrow$ <u>Tiefpunkt bei $x = 0$</u>

Der $f(x)$-Wert des Tiefpunktes lässt sich berechnen, indem $x = 0$ in die Ausgangsfunktion eingesetzt wird.

$f(0) = 0 \Rightarrow \underline{\underline{T(0/0)}}$

(2.) $f''(1) = 36 - 48 + 12 = 0 \Rightarrow$ Prüfung der 1. Ableitungsfunktion auf Vorzeichenwechsel an der Stelle $x = 1$. Weil kein VZW, <u>kein Extrempunkt</u> bei $x = 1$.

6. **Wendepunkte:**
Notwendige und hinreichende Bedingung: $f''(x) = 0 \wedge f'''(x_W) \neq 0$
$f''(x) = 0$, wobei $f''(x) = 36\,x^2 - 48\,x + 12$ ist.
$0 = 36x^2 - 48x + 12 \qquad |:36$
$0 = x^2 - \frac{4}{3}x + \frac{1}{3}$
$x_{1/2} = \frac{2}{3} \pm \sqrt{\frac{4}{9} - \frac{1}{3}}$
$= \frac{2}{3} \pm \sqrt{\frac{1}{9}}$
$= \frac{2}{3} \pm \frac{1}{3}$
$\underline{x_1 = 1}$
$\underline{x_2 = \frac{1}{3}}$
Überprüfung mit $f'''(x) = 72x - 48$:
$f'''(1) = 72 - 48 = 24 \neq 0$
$f'''\left(\frac{1}{3}\right) = 24 - 48 = -24 \neq 0$
Somit liegen Wendepunkte bei $x = 1$ und bei $x = \frac{1}{3}$.
Der Wendepunkt bei $x = 1$ ist ein Sattelpunkt, da – wie unter Punkt 5 festgestellt – dort die Steigung 0 beträgt.
Mithilfe der Ausgangsfunktion sind nun noch die Funktionswerte zu berechnen:
$f(1) = 3 - 8 + 6 = \underline{1} \Rightarrow \underline{\underline{W_S(1/1)}}$
$f\left(\frac{1}{3}\right) = \frac{1}{27} - \frac{8}{27} + \frac{6}{9} = \underline{\frac{11}{27}} \Rightarrow \underline{\underline{W\left(\frac{1}{3}\middle/\frac{11}{27}\right)}}$

7. **Wertebereich:**
Aus Punkt 2. „Verhalten für $x \to \pm\infty$" und aus dem Extrempunkt $T(0/0)$ ergibt sich $W(f) = \underline{\underline{\mathbb{R}_+}}$.

8. **Graph der Funktion:**

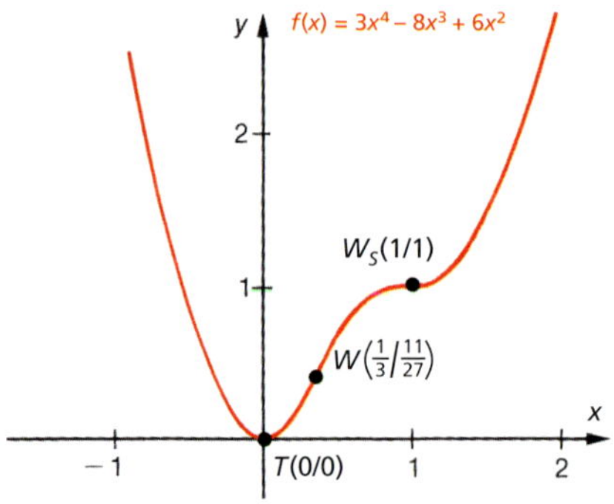

Bild 2.5.1.6

Aufgabe 2

Diskutieren Sie die Funktion f mit $f(x) = x^3 - x$; $D(f) = [-2; 2]$.

Lösung

1. **Definitionsbereich:**
Laut Aufgabenstellung $D(f) = [-2; 2]$.

2. **Verhalten an den Rändern des Definitionsbereiches**
Für $x \to -\infty$ gilt: $f(x) \to -\infty$,
für $x \to \infty$ gilt: $f(x) \to \infty$.
Tatsächlich ist der Funktionsgraph aber durch seine Randpunkte (s. 5b) begrenzt.

3. **Symmetrieverhalten:**
Der Funktionsgraph ist punktsymmetrisch zum Ursprung, da der Funktionsterm nur ungerade Exponenten enthält.

4. **Schnittpunkte mit den Achsen:**

a) Schnittpunkt mit der *y*-Achse: $f(0) = 0 \Rightarrow \underline{\underline{S_y(0/0)}}$

b) Schnittpunkt(e) mit der *x*-Achse:

$f(x) = 0$

$0 = x^3 - x$

$0 = x(x^2 - 1) \qquad \underline{x_1 = 0} \Rightarrow \underline{\underline{S_{x1}(0/0)}}$

$0 = x^2 - 1$

$\underline{x_{2/3} = \pm 1} \qquad \Rightarrow \underline{\underline{S_{x_2}(1/0)}} \quad \underline{\underline{S_{x_3}(-1/0)}}$

5. **Extrempunkte:**

Notwendige und hinreichende Bedingung: $f'(x) = 0 \wedge f''(x_E) \neq 0$

a) **lokale Extrema:**

$f'(x) = 3x^2 - 1$

$0 = 3x^2 - 1$

$\underline{x_{1/2} = \pm\sqrt{\frac{1}{3}} \approx \pm 0{,}57735}$

$f''(x) = 6x$

$f''\left(\sqrt{\frac{1}{3}}\right) \approx 3{,}46 > 0 \Rightarrow$ Minimum an der Stelle $x = \sqrt{\frac{1}{3}}$

$f''\left(-\sqrt{\frac{1}{3}}\right) \approx -3{,}46 < 0 \Rightarrow$ Maximum an der Stelle $x = -\sqrt{\frac{1}{3}}$

Die Berechnung der Funktionswerte ergibt folgende Extrempunkte:

$\underline{\underline{T\left(\sqrt{\frac{1}{3}} \Big/ -\frac{2}{3}\sqrt{\frac{1}{3}}\right) \approx (0{,}577/-0{,}385)}}$

$\underline{\underline{H\left(-\sqrt{\frac{1}{3}} \Big/ \frac{2}{3}\sqrt{\frac{1}{3}}\right) \approx (-0{,}577/0{,}385)}}$

b) **Randextrema:**

$f(-2) = -8 + 2 = \underline{-6} \Rightarrow \underline{\underline{R_1(-2/-6)}}$ ist absoluter Tiefpunkt.

$f(2) = 8 - 2 = \underline{6} \Rightarrow \underline{\underline{R_2(2/6)}}$ ist absoluter Hochpunkt.

6. **Wendepunkte:**

Notwendige und hinreichende Bedingung: $f''(x) = 0 \wedge f'''(x_W) \neq 0$

$f''(x) = 6x$

$0 = 6x$

$\underline{x = 0}$

$f'''(x) = 6$

$f'''(0) = 6 \neq 0 \Rightarrow \underline{\underline{W(0/0)}}$

7. **Wertebereich:**

$\underline{\underline{W(f) = [-6; 6]}}$

8. **Graph der Funktion:**

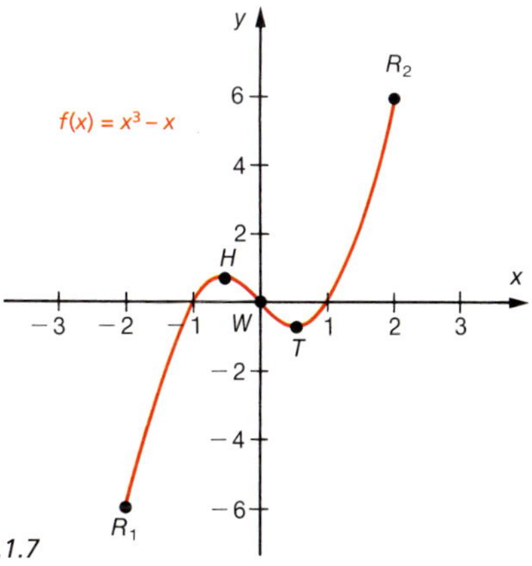

Bild 2.5.1.7

Übungsaufgaben

Diskutieren Sie die ganzrationalen Funktionen mit folgenden Funktionsgleichungen.

1 $f(x) = \frac{1}{4}x^3 - 3x;\ x \in D(f) = [-3;\ 6]$

2 $f(x) = -\frac{1}{6}x^4 + x^2 - \frac{4}{3}x + \frac{1}{2};\ x \in D(f) = [-4;\ 2]$

3 $f(x) = x^4 - 4x^2;\ x \in D(f)$

4 $f(x) = x^4 - 2x^3;\ x \in D(f) = [-1;\ 2]$

5 $f(x) = 4x^2 - 2x^4;\ x \in D(f)$

6 $f(x) = \frac{1}{4}x^4 + \frac{4}{3}x^3 + 2x^2;\ x \in D(f)$

7 $f(x) = x^3 - 3x^2 - x + 3;\ x \in D(f) = [-2;\ 4]$

8 $f(x) = x^3 - 4x - 16;\ x \in D(f)$

9 $f(x) = \frac{1}{2}x^4 - 3x^2 + 4;\ x \in D(f)$

10 $f(x) = x^3 - 6x^2 + 9x - 2;\ x \in D(f) = [-0{,}5;\ 3]$

11 $f(x) = \frac{1}{4}x^4 - \frac{4}{3}x^3 + 2x^2 + 2;\ x \in D(f)$

12 $f(x) = \frac{1}{12}x^4 - \frac{1}{6}x^3 - x^2;\ x \in D(f)$

13 $f(x) = x^3 - 6x^2 + 9x;\ x \in D(f) = \mathbb{R}_+$

14 $f(x) = x^3 - 3x^2 + 3x - 1;\ x \in D(f)$

15 $f(x) = x^4 - 4x^3 + x^2 + 6x;\ x \in D(f)$

Anwendungsorientierte Aufgaben zur Kurvendiskussion der ganzrationalen Funktionen finden Sie auf S. 255–259.

2.5.2 Kurvendiskussion der gebrochenrationalen Funktionen

Die Kurvendiskussion der gebrochenrationalen Funktionen entspricht weitgehend der Kurvendiskussion der ganzrationalen Funktionen. In einigen Bereichen sind jedoch Abweichungen festzustellen. Grundsätzlich sollten bei der Kurvendiskussion der gebrochenrationalen Funktionen folgende Punkte Beachtung finden:

1. Definitionsbereich/Definitionslücken
2. Verhalten an den Rändern des Definitionsbereiches
   - Polstellen
   - hebbare Lücken
   - Asymptote
3. Symmetrie
4. Achsenschnittpunkte
5. Extrempunkte
6. Wendepunkte
7. Wertebereich
8. Graph der Funktion

Aufgabe 1

Diskutieren Sie die Funktion f mit $f(x) = \frac{2x^2 - 1}{x^2 - 1}$; $x \in D(f)$.

Lösung

1. Definitionsbereich/Definitionslücken[1]:

Da das Einsetzen der Zahlen 1 und –1 in den Funktionsterm dazu führen würde, dass durch die Zahl 0 dividiert wird, sind diese Zahlen aus dem Definitionsbereich auszuschließen. Demnach sind Definitionslücken bei $x = \pm 1$ vorhanden, der Definitionsbereich ist $D(f) = \mathbb{R}\backslash\{\pm 1\}$.

Sind die Definitionslücken nicht, wie hier, auf den ersten Blick zu erkennen, so können sie auch durch **Nullsetzen der Nennerfunktion** berechnet werden: $N(x) = 0$

$x^2 - 1 = 0 \Leftrightarrow x^2 = 1 \Rightarrow x_{1/2} = \pm 1$.

2. Verhalten an den Rändern des Definitionsbereiches:

a) Zunächst wird untersucht, wie sich die Funktion für $x \to \pm\infty$ verhält (Asymptotenbestimmung):

1. Möglichkeit: Asymptotenbestimmung durch Polynomdivision[2]

$$(2x^2 - 1) : (x^2 - 1) = \underbrace{2}_{\text{ganzrat. Teil}} + \underbrace{\frac{1}{x^2 - 1}}_{\text{echt gebrochenrat. Teil}}$$
$$\frac{-\,(2x^2 - 2)}{1}$$

Für $x \to \pm\infty$ strebt der echt gebrochenrationale Teil der Funktion gegen die Zahl 0, der ganzrationale Teil verändert sich nicht. Die Asymptotenfunktion ergibt sich somit aus dem ganzrationalen Teil.

2. Möglichkeit: Grenzwertbetrachtung[3]

$$\lim_{x \to \pm\infty} \frac{2x^2 - 1}{x^2 - 1} = \lim_{x \to \pm\infty} \frac{\cancel{x^2}\left(2 - \frac{1}{x^2}\right)}{\cancel{x^2}\left(1 - \frac{1}{x^2}\right)} = \frac{2 - 0}{1 - 0} = \underline{\underline{2}}$$

Für $x \to \pm\infty$ streben die Funktionswerte der Zahl 2 entgegen.

Aus beiden Möglichkeiten ergibt sich, dass die Gleichung der **Asymptote** lautet: $\underline{\underline{f^*(x) = 2}}$.

b) Jetzt wird das Verhalten der Funktion in der unmittelbaren Umgebung ihrer Definitionslücken bei $x = \pm 1$ daraufhin überprüft, ob eine **Polstelle** oder eine **hebbare Lücke** vorliegt:

Hierzu werden die unter Punkt 1 berechneten Nennernullstellen in die Zählerfunktion eingesetzt:

Ist $Z(x_{\text{n.d.}}) \neq 0$ liegt eine Polstelle vor,
ist $Z(x_{\text{n.d.}}) = 0$ liegt eine hebbare Lücke vor.

Für $f(x) = \frac{2x^2 - 1}{x^2 - 1}$ ist $Z(\pm 1) = 1 \neq 0$. D. h.,

$\underline{\underline{\text{bei } x = \pm 1 \text{ befinden sich Polstellen.}}}$

Eine genauere Untersuchung der Zähler- und Nennerfunktion in unmittelbarer Nähe der Polstellen gibt Aufschluss darüber, ob Polstellen mit oder ohne Vorzeichenwechsel (VZW) vorliegen und ob die Funktionswerte jeweils gegen $+\infty$ oder gegen $-\infty$ streben.

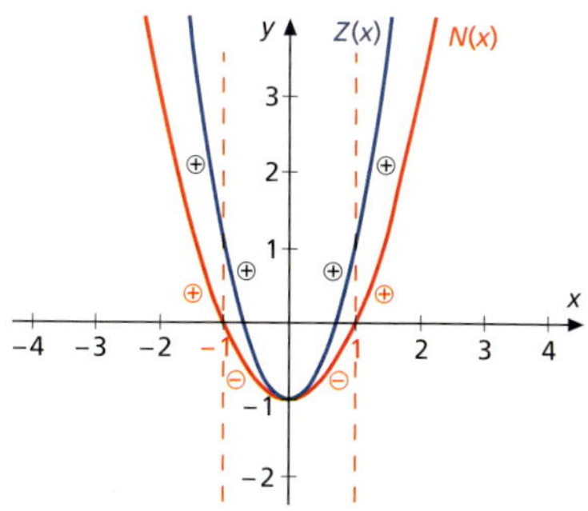

$Z(x) = 2x^2 - 1$, $N(x) = x^2 - 1$

Bild 2.5.2.1

---

[1] siehe Abschnitt 1.7.1, S. 66 ff.

[2] siehe S. 59 f.

[3] siehe Abschnitt 2.1.3, S. 129 ff.

Aus der Grafik geht hervor: Die Nennerfunktion wechselt bei beiden Nullstellen das Vorzeichen.

$\Rightarrow$ bei $x = \pm 1$ befinden sich **Polstellen mit VZW.**

Bei $x = -1$ ist linksseitig der Polstelle sowohl der Zähler als auch der Nenner positiv. Der Graph strebt gegen $+\infty$ $\left(\frac{„+“}{„+“} = „+“\right)$. In der mathematischen Fachsprache:

$$\lim_{\substack{x \to -1 \\ x < -1}} \frac{2x^2 - 1}{x^2 - 1} = „\infty“.$$

Rechtsseitig der Polstelle bei $x = -1$ ist der Zähler positiv, der Nenner jedoch negativ. $\frac{„+“}{„-“} = „-“$

$$\Rightarrow \lim_{\substack{x \to -1 \\ x > -1}} \frac{2x^2 - 1}{x^2 - 1} = „-\infty“.$$

Linksseitig der Polstelle bei $x = 1$ gilt: $\frac{„+“}{„-“} = „-“$

$$\Rightarrow \lim_{\substack{x \to 1 \\ x < 1}} \frac{2x^2 - 1}{x^2 - 1} = „-\infty“$$

Rechtsseitig der Polstelle bei $x = 1$ gilt: $\frac{„+“}{„+“} = „+“$

$$\Rightarrow \lim_{\substack{x \to 1 \\ x > 1}} \frac{2x^2 - 1}{x^2 - 1} = „\infty“$$

3. Symmetrie[1]:

1. Möglichkeit: Prüfung ob $f(x) = f(-x)$ oder ob $f(x) = -f(-x)$ ist

$$f(-x) = \frac{2(-x)^2 - 1}{(-x)^2 - 1} = \frac{2x^2 - 1}{x^2 - 1}$$

Damit ist $f(x) = f(-x)$

$\Rightarrow$ Achsensymmetrie zur y-Achse

2. Möglichkeit: Prüfung, ob die gebrochenrationale Funktion gerade oder ungerade ist

Zähler und Nenner enthalten nur gerade Exponenten

$\Rightarrow f$ ist eine gerade Funktion

$\Rightarrow$ Achsensymmetrie zur y-Achse

4. Achsenschnittpunkte[2]

a) Für den Schnittpunkt mit der x-Achse gilt $f(x) = 0$, was bei einer gebrochenrationalen Funktion gleichbedeutend mit $Z(x) = 0$ ist.

$0 = 2x^2 - 1$

$2x^2 = 1$

$x^2 = \frac{1}{2}$

$x_{1/2} = \pm\sqrt{\frac{1}{2}} \Rightarrow S_{x_{1/2}}\left(\pm\sqrt{\frac{1}{2}}\middle/0\right)$

[1] siehe Abschnitt 1.9.3, S. 117 ff.

[2] siehe Abschnitt 1.7.2, S. 72 f.

b) Zur Bestimmung des Schnittpunktes des Funktionsgraphen mit der y-Achse wird zunächst $f(0)$ berechnet:
$f(0) = 1 \Rightarrow \underline{\underline{S_y(0/1)}}$

5. Extrempunkte:
Notwendige und hinreichende Bedingung: $f'(x) = 0 \wedge f''(x_E) \neq 0$

Die Ableitung einer Funktion $f = \frac{u}{v}$ lautet nach der **Quotientenregel:**

$$f' = \frac{u'v - uv'}{v^2}$$

Dabei ist: $u = 2x^2 - 1$; $v = x^2 - 1$
$u' = 4x$; $v' = 2x$

Für f: $f(x) = \frac{2x^2 - 1}{x^2 - 1}$ ist demnach $f'(x) = \frac{4x \cdot (x^2 - 1) - (2x^2 - 1) \cdot 2x}{(x^2 - 1)^2}$

$$= \frac{4x^3 - 4x - 4x^3 + 2x}{(x^2 - 1)^2} = \frac{-2x}{(x^2 - 1)^2}$$

Nullsetzen führt zu:

$0 = -2x$

$x = 0 \Rightarrow$ Mögliche Extremstelle bei $x = 0$

Mithilfe der 2. Ableitung wird die hinreichende Bedingung geprüft und gleichzeitig die Frage nach Hoch- oder Tiefpunkt beantwortet.

Anwendung der Quotientenregel auf $f'(x) = \frac{-2x}{(x^2 - 1)^2}$

Hier ist von besonderer Bedeutung, dass das Binom im Nenner nicht ausgerechnet wurde. So steht nämlich im Nenner eine verkettete Funktion, die mit der Kettenregel abgeleitet werden kann. Dadurch ergeben sich im weiteren Verlauf der Rechnung erhebliche Vereinfachungen.

$u = -2x$; $v = (x^2 - 1)^2$
$u' = -2$; $v' = 2(x^2 - 1)^1 \cdot 2x = 4x(x^2 - 1)$

Bei v' muss nun unbedingt die Klammer $(x^2 - 1)$ stehen bleiben, damit diese dann im Folgenden weggekürzt werden kann.

$$f''(x) = \frac{-2(x^2 - 1)^2 - [-2x \cdot (4x(x^2 - 1))]}{(x^2 - 1)^4}$$

Ausklammern von $(x^2 - 1)$ und anschließendes Kürzen:

$$f''(x) = \frac{\cancel{(x^2 - 1)} \cdot [-2(x^2 - 1) + 8x^2]}{(x^2 - 1)^{\cancel{4}\,3}} = \frac{6x^2 + 2}{(x^2 - 1)^3}$$

Jetzt kann $f''(0)$ berechnet werden:

$f''(0) = \frac{2}{-1} = -2 < 0 \Rightarrow$ Hochpunkt bei $x = 0$

Weil $f(0) = 1$ ist, lauten die Koordinaten des Hochpunktes $\underline{\underline{H(0/1)}}$.

6. Wendepunkte:

Notwendige und hinreichende Bedingung: $f''(x) = 0 \wedge f'''(x_W) \neq 0$

Die 2. Ableitung wurde bereits unter Punkt 5 berechnet und kann hier übernommen werden:

$$f''(x) = \frac{6x^2 + 2}{(x^2 - 1)^3}$$

Nullsetzen führt zu:

$0 = 6x^2 + 2 \Leftrightarrow x^2 = -\frac{1}{3} \Rightarrow$ Der Funktionsgraph hat also keinen Wendepunkt.

7. Wertebereich

Wie aus dem Schaubild ersichtlich, ist

$\underline{\underline{W(f) = (-\infty, 1] \vee (2; \infty)}}$

8. Graph der Funktion

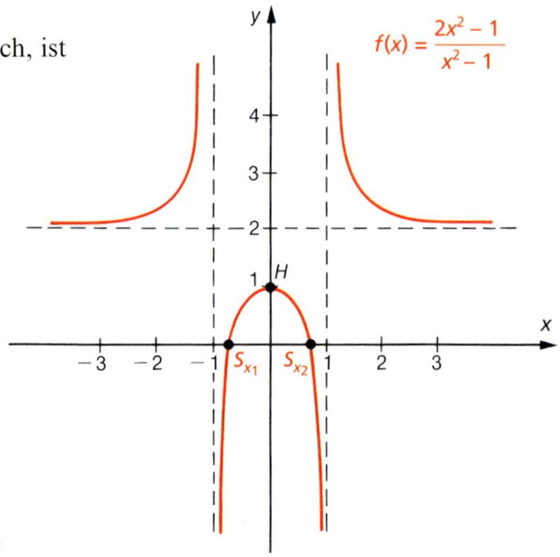

Bild 2.5.2.2

Aufgabe 2

Diskutieren Sie die Funktion f mit $f(x) = \frac{2x^3 + 1}{x^2}$; $x \in D(f)$.

Lösung

1. Definitionsbereich/Definitionslücken:

$\underline{\underline{D(f) = \mathbb{R}^*}}$, da das Einsetzen der Zahl 0 in den Funktionsterm dazu führen würde, dass durch 0 dividiert wird. Es ist also eine Definitionslücke bei $\underline{\underline{x = 0}}$ vorhanden.

2. Verhalten an den Rändern des Definitionsbereiches:

a) Wie verhält sich die Funktion für $x \to \pm \infty$ (Asymptotenbestimmung):

Polynomdivision: $(2x^3 + 1) : x^2 = 2x + \frac{1}{x^2}$

$$\frac{-(2x^3)}{1}$$

Da für $x \to \pm \infty$ der echt gebrochenrationale Teil gegen die Zahl 0 strebt, ist dieser Teil zu vernachlässigen. Für $x \to \pm \infty$ verhält sich f somit wie der ganzrationale Teil. Die Gleichung der Asymptote lautet also:

$\underline{\underline{f^*(x) = 2x.}}$

b) Bei $x = 0$ liegt eine Polstelle vor, weil $Z(0) = 1 \neq 0$.
Der Graph wechselt bei der Polstelle bei $x = 0$ nicht das Vorzeichen, weil die Nennernullstelle ebenfalls ohne VZW ist.
Da rechts- und linksseitig der Polstelle bei $x = 0$ jeweils sowohl Zähler- als auch Nennerfunktion positiv sind

$$\left(\frac{„+“}{„+“} = „+“\right):$$

$$\Rightarrow \lim_{\substack{x \to 0 \\ x < 0}} \frac{2x^3 + 1}{x^2} = „\infty“, \lim_{\substack{x \to 0 \\ x > 0}} \frac{2x^3 + 1}{x^2} = „\infty“$$

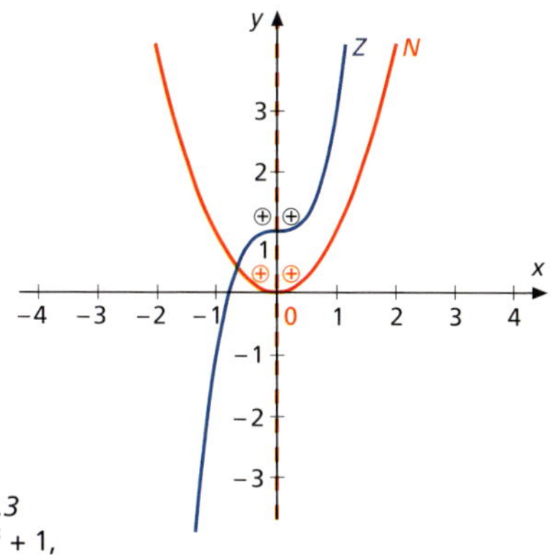

Bild 2.5.2.3
$Z(x) = 2x^3 + 1$,
$N(x) = x^2$

3. Symmetrie:

1. Möglichkeit:
Prüfung ob $f(x) = f(-x)$ oder ob $f(x) = -f(-x)$ ist.

$$f(-x) = \frac{2(-x)^3 + 1}{(-x)^2} = \frac{-2x^3 + 1}{x^2} \neq f(x)$$

$$-f(-x) = -\frac{2(-x)^3 + 1}{(-x)^2} = -\frac{-2x^3 + 1}{x^2} = \frac{2x^3 - 1}{x^2} \neq f(x)$$

$\Rightarrow$ Damit ist keine Symmetrie erkennbar.

2. Möglichkeit:
Prüfung, ob die gebrochenrationale Funktion gerade oder ungerade ist.

Da der Zähler gerade und ungerade Exponenten enthält, liegt weder eine gerade noch eine ungerade Funktion vor $\Rightarrow$ Kein Symmetrieverhalten erkennbar.

4. Achsenschnittpunkte

a) x-Achse: $f(x) = 0$, bzw. $Z(x) = 0$

$0 = 2x^3 + 1$

$2x^3 = -1$

$x^3 = -\frac{1}{2}$

$x = \sqrt[3]{-\frac{1}{2}} \approx -0{,}794 \Rightarrow \underline{\underline{S_x\left(\sqrt[3]{-\frac{1}{2}}/0\right) = (\approx -0{,}794/0)}}$

b) Die y-Achse wird nicht geschnitten, weil $D(f) = \mathbb{R}^*$

5. Extrempunkte:

Notwendige und hinreichende Bedingung: $f'(x) = 0 \wedge f''(x_E) \neq 0$
Nach der **Quotientenregel** ist

$$f'(x) = \frac{(6x^2 \cdot x^2) - (2x^3 + 1) \cdot 2x}{x^4} = \frac{2x^4 - 2x}{x^4} = \frac{\cancel{x} \cdot (2x^3 - 2)}{\cancel{x} \cdot x^3}$$

Nullsetzen führt zu:

$0 = 2x^3 - 2$

$x^3 = 1$

$x = 1$

$\Rightarrow$ Mögliche Extremstelle bei $x = 1$

Überprüfung mithilfe der 2. Ableitung auf Hoch- oder Tiefpunkt:

$$f''(x) = \frac{(6x^2 \cdot x^3) - (2x^3 + 2) \cdot 3x^2}{x^6} = \frac{6x^5 - 6x^5 + 6x^2}{x^6} = \frac{6x^2}{x^6} = \frac{6}{x^4}$$

$f''(1) = 6 > 0 \Rightarrow$ Tiefpunkt bei $x = 1$

Weil $f(1) = 3$ ist, lauten die Koordinaten des Tiefpunktes $\underline{\underline{T(1/3)}}$.

6. Wendepunkte:

Notwendige und hinreichende Bedingung: $f''(x) = 0 \wedge f'''(x_W) \neq 0$

$f''(x) = \frac{6}{x^4}$

Nullsetzen führt zu

$0 = 6 \Rightarrow$ kein Wendepunkt.

7. Wertebereich:

$\underline{\underline{W(f) = \mathbb{R}}}$

8. Graph der Funktion

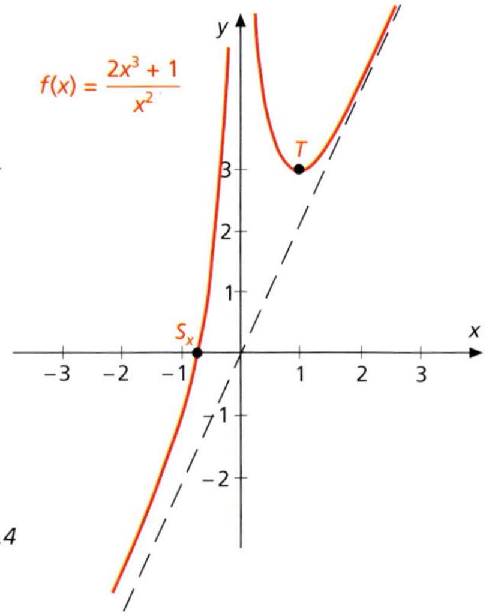

Bild 2.5.2.4

Übungsaufgaben

1 Diskutieren Sie die Funktion f mit der angegebenen Funktionsgleichung.

a) $f(x) = \frac{1}{x}$; $x \in D(f)$

b) $f(x) = \frac{1}{x^2}$; $x \in D(f)$

c) $f(x) = \frac{1}{x^3}$; $x \in D(f)$

d) $f(x) = \frac{2 - x}{x - 1}$; $x \in D(f)$

e) $f(x) = \frac{x + 1}{-x + 3}$; $x \in D(f)$

f) $f(x) = \frac{2 + 3x}{2x + 3}$; $x \in D(f)$

g) $f(x) = \frac{x - 4}{2x - 3}$; $x \in D(f)$

h) $f(x) = \frac{6x - 3}{x^2}$; $x \in D(f)$

2 Diskutieren Sie die Funktion f mit der angegebenen Gleichung.

a) $f(x) = \frac{x^2 + 1}{x}$; $x \in D(f)$

b) $f(x) = \frac{4x}{x^2 + 1}$; $x \in D(f)$

c) $f(x) = \frac{4x - 2}{x^3}$; $x \in D(f)$

d) $f(x) = \frac{2x^3}{4x - 2}$; $x \in D(f)$

3 Faktorisieren Sie zunächst den Funktionsterm. Welche Informationen zum Verlauf des Graphen können der faktorisierten Darstellung entnommen werden? Führen Sie dann eine Kurvendiskussion durch.

a) $f(x) = \dfrac{1}{x^2 + 4x + 4}$ b) $f(x) = \dfrac{x^2 - 4}{x^2 + 1}$

c) $f(x) = \dfrac{x^2 - 9}{x - 2}$ d) $f(x) = \dfrac{x}{x^2 - 1}$

e) $f(x) = \dfrac{x^2 + 2x + 1}{x^2 - 4}$ f) $f(x) = \dfrac{2x^2 + x}{-1 + x^2}$

4 Faktorisieren Sie zunächst den Funktionsterm. Welche Informationen zum Verlauf des Graphen können der faktorisierten Darstellung entnommen werden? Führen Sie dann eine Kurvendiskussion durch. Überlegen Sie, mit welchem Funktionsterm sich am einfachsten die Ableitungen bilden lassen.

a) $f(x) = \dfrac{x^2}{x^3 - x}$ b) $f(x) = \dfrac{x^3 - 2x^2 + x}{x^2}$

c) $f(x) = \dfrac{x^2 - 1}{x^2 - x}$ d) $f(x) = \dfrac{4x^3 - 16x}{x^4 + 2x^3}$

e) $f(x) = \dfrac{2x^2 + 4x}{x(x - 2)^2}$ f) $f(x) = \dfrac{2x^2 - 8}{x^3 + 4x^2 + 4x}$
(Gegeben: $W \approx (7{,}69/0{,}15)$)

g) $f(x) = \dfrac{x^3 - 9x}{x(x + 1)^2}$ h) $f(x) = \dfrac{9x - x^3}{3x^3 + 6x^2 + 3x}$

Anwendungsorientierte Aufgaben zur Kurvendiskussion der gebrochenrationalen Funktionen finden Sie auf S. 259–262.

2.5.3 Kurvendiskussion der Wurzelfunktionen

Der Verlauf der Graphen von Funktionen der Form $f(x) = a\sqrt{c(x - b)} + d$ wurde bereits in Abschnitt 1.8.3 erläutert. In diesem Abschnitt sind nun die Terme der Wurzelfunktionen mit anderen Funktionsklassen verknüpft oder es liegen verkettete Funktionsterme vor, deren innere Funktionen höher als vom Grad 1 sind.

Aufgabe 1

Gegeben sei die Funktion f: $f(x) = 3 - x + 2\sqrt{x}$; $x \in D(f)$.

Diskutieren Sie die Funktion und zeichnen Sie ihren Graphen.

Lösung

Der Funktionsterm ist eine Summe aus einem ganzrationalen Teil $(3 - x)$ und einer Wurzelfunktion $(2\sqrt{x})$.

1. Definitionsbereich:

$D_{max}(f) = \mathbb{R}_+$

(Weil die Quadratwurzel nur aus positiven Zahlen und der Zahl 0 gezogen werden kann.)

2. Verhalten am Rande des Definitionsbereiches.

$\lim\limits_{\substack{x \to 0 \\ x > 0}} f(x) = 3$[1] $\lim\limits_{x \to \infty} f(x) = „-\infty“$[2]

3. Symmetrie:

Wg. $D(f) = \mathbb{R}_+$ ist weder Achsensymmetrie zur y-Achse noch Punktsymmetrie zum Ursprung möglich.

4. Achsenschnittpunkte:

- **Schnittpunkt mit der x-Achse:**

$f(x) = 0$
$0 = 3 - x + 2\sqrt{x}$
$2\sqrt{x} = x - 3 \quad |()^2$
$4x = x^2 - 6x + 9$
$x^2 - 10x + 9 = 0$
$x_1 = 9$
$x_2 = 1$

Die (oben durchgeführte) Quadratur einer Gleichung ist keine Äquivalenzumformung. **Durch die Quadratur beider Seiten einer Gleichung können „Scheinlösungen" dazugemo- gelt werden.** Deshalb muss mit den rechnerisch ermittelten Ergebnissen eine Probe durchgeführt werden:

Probe 1: $0 = 3 - 9 + 2\sqrt{9}$
$0 = 3 - 9 + 2 \cdot 3$
$0 = 0$, wahre Aussage, $x_1 = 9$ ist eine Lösung.

Probe 2: $0 = 3 - 1 + 2\sqrt{1}$
$0 = 3 - 1 + 2 \cdot 1$
$0 = 4$, unwahre Aussage, $x_2 = 1$ ist keine Lösung.
$\Rightarrow S_x(9/0)$

- **Schnittpunkt mit der y-Achse:**

$f(0) = 3 \quad \Rightarrow S_y(0/3)$

[1] $f(0)$ kann durch Einsetzen von $x = 0$ in die Funktionsgleichung direkt berechnet werden.

[2] Der ganzrationale Teil $(3 - x)$, ist eine Gerade mit der Steigung $m = -1$ und dem y-Achsenabschnitt 3, sie strebt für $x \to \infty$ gegen $-\infty$ (vgl. Bild rechts).
Der Wurzelterm $2\sqrt{x}$ strebt für $x \to \infty$ gegen $+\infty$.
Die lineare Funktion wächst jedoch schneller.
$\Rightarrow$ Grenzwert der Gesamtfunktion für $x \to \infty$ ist „$-\infty$“.

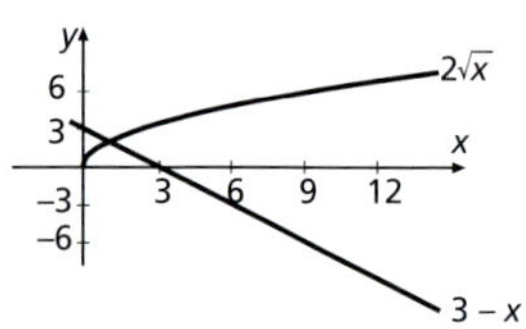

5. Ableitungen:

$$f'(x) = -1 + x^{-\frac{1}{2}} = -1 + \frac{1}{\sqrt{x}}$$

$$f''(x) = -\frac{1}{2}x^{-\frac{3}{2}} = -\frac{1}{2\sqrt{x^3}}$$

6. Extrempunkte: Notwendige und hinreichende Bedingung: $f'(x) = 0 \wedge f''(x_E) \neq 0$

$$0 = -1 + \frac{1}{\sqrt{x}}$$

$$\sqrt{x} = 1 \Rightarrow \underline{\underline{H(1/4)}}$$

7. Wendepunkte: Notwendige und hinrei chende Bedingung: $f''(x) = 0 \wedge f'''(x_W) \neq 0$

$$0 = -1$$

$\Rightarrow$ keine Wendepunkte

8. Wertebereich:

$$\underline{\underline{W(f) = (-\infty; 4]}}$$

9. Graph der Funktion: s. Abb.

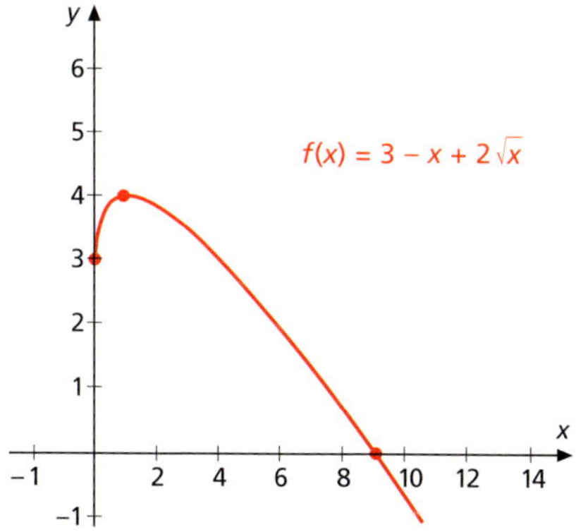

Bild 2.5.3.1

Aufgabe 2

Gegeben sei die Funktion f: $f(x) = \sqrt{9 - x^2}$; $x \in D(f)$.
Führen Sie eine Kurvendiskussion durch und zeichnen Sie den Graphen von f in ein geeignetes Koordinatensystem.

Lösung

Die gegebene Funktion ist eine verkettete Wurzelfunktion, deren innere Funktion quadratisch ist.

1. Definitionsbereich:

$$9 - x^2 \geq 0$$

$$9 \geq x^2 / \sqrt{}$$

$$|3| \geq x$$

$$x \leq |3|$$

$$\Rightarrow \underline{\underline{D(f) = [-3; 3]}}$$

2. Verhalten am Rande des Definitionsbereiches:

$$\underline{\underline{\lim_{\substack{x \to -3 \\ x > -3}} f(x) = 0}} \qquad \underline{\underline{\lim_{\substack{x \to 3 \\ x < 3}} f(x) = 0}}\text{[1]}$$

3. Symmetrie:

Da $f(x) = f(-x)$ ist, verläuft der Graph achsensymmetrisch zur y-Achse.

[1] $x = \pm 3$ kann direkt in der Funktionsgleichung eingesetzt werden.

4. Achsenschnittpunkte:

$f(x) = 0 \Rightarrow \underline{\underline{S_{x_{1/2}}(\pm 3/0)}}$

$f(0) = 3 \Rightarrow \underline{\underline{S_f(0/3)}}$

5. Ableitungen:

$$f'(x) = \frac{-x}{\sqrt{9 - x^2}}$$

$$f''(x) = \frac{-9}{\sqrt[2]{(9 - x^2)^3}}$$

6. Extrempunkt: Notwendige und hinreichende Bedingung: $f'(x) = 0 \wedge f''(x_E) \neq 0$
$\Rightarrow \underline{\underline{H(0/3)}}$

7. Wendepunkt: Notwendige und hinreichende Bedingung: $f''(x) = 0 \wedge f'''(x_W) \neq 0$
$\Rightarrow$ nicht vorhanden

8. Wertebereich:
$\underline{\underline{W(f) = [0; 3]}}$

9. Graph: s. Abb.

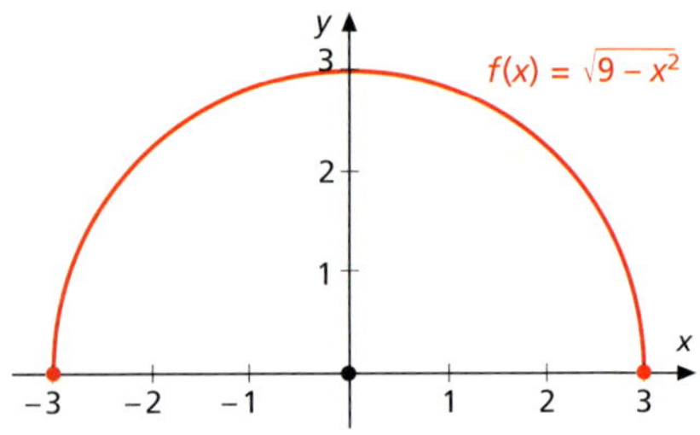

Bild 2.5.3.2

Der Graph in Aufgabe 2 ist ein **Halbkreis.** Auch ohne aufwändige Kurvendiskussion kann man am Funktionsterm direkt erkennen, dass der Graph ein Halbkreis ist.

- ***Kreis mit dem Mittelpunkt im Ursprung***

Für jeden Punkt P eines Kreises mit dem Mittelpunkt im Ursprung gilt: $x^2 + y^2 = r^2$ (Satz des Pythagoras, vgl. Abbildung rechts).
Auflösung nach y ergibt die Relation eines Kreises r: $y^2 = r^2 - x^2$ oder r: $y = \pm\sqrt{r^2 - x^2}$.

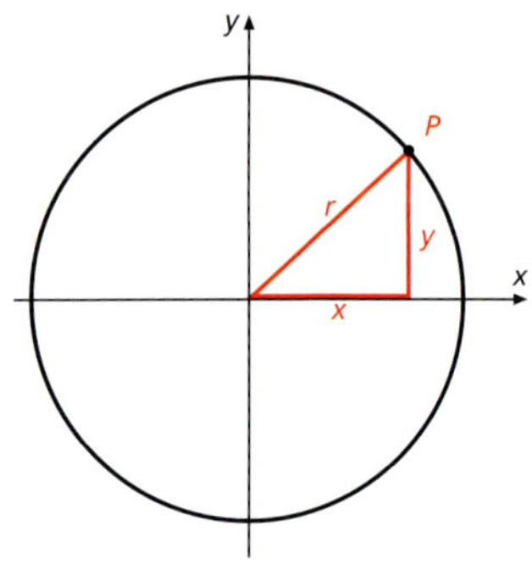

Bild 2.5.3.3

Betrachtet man nur die positive Wurzel, erhält man eine Funktionsgleichung

$f(x) = \sqrt{r^2 - x^2}$, $x \in D(f)$,

deren Graph den oberen Halbkreis im 1. und 2. Quadranten darstellt.

$f(x) = -\sqrt{r^2 - x^2}$, $x \in D(f)$ würde entsprechend den unteren Halbkreis darstellen.

So ist zum Beispiel der Graph von f: $f(x) = \sqrt{16 - x^2}$, $D(f) = [-4; 4]$ ein Halbkreis mit dem Radius $r = 4$ und dem Mittelpunkt $M(0/0)$ (s. Abb.).

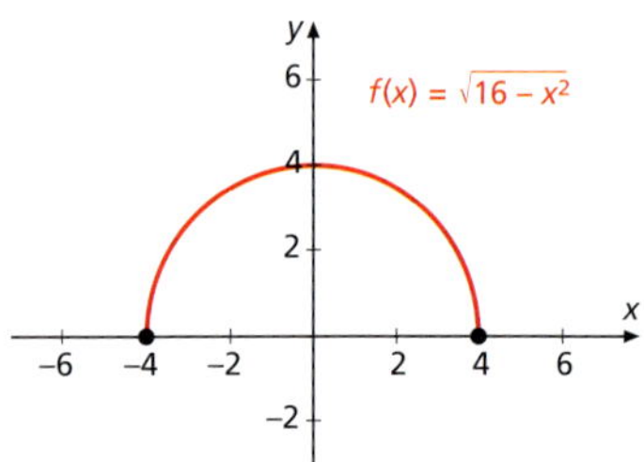

Bild 2.5.3.4

Ein Vorfaktor ungleich 1 würde – wie gewohnt – eine Dehnung/Stauchung des Funktionsgraphen bewirken, sodass man eine Ellipse erhält.

Z. B.: f: $f(x) = \frac{1}{2}\sqrt{16 - x^2}$; $D(f) = [-4; 4]$, $W(f) = [0; 2]$

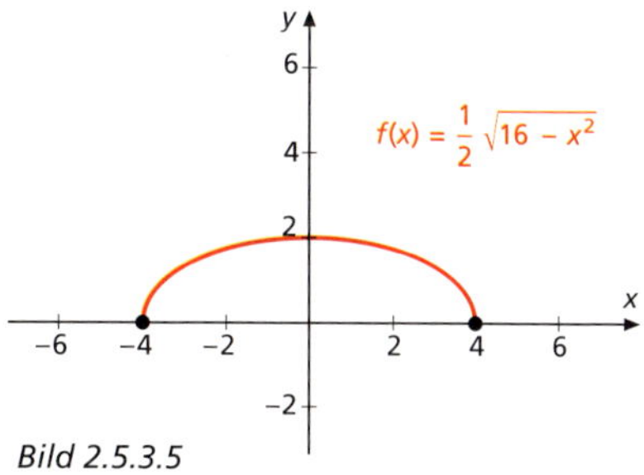

Bild 2.5.3.5

- ***Kreis mit einem beliebigen Mittelpunkt***

Für jeden Punkt eines Kreises mit einem beliebigen Mittelpunkt $M(a/b)$ gilt:

$(x - a)^2 + (y - b)^2 = r^2$ (Satz des Pythagoras, vgl. Abbildung rechts).

Auflösung nach y ergibt die Relation

r: $y = b \pm \sqrt{r^2 - (x - a)^2}$.

Betrachtet man nur die positive Wurzel, erhält man wieder eine Funktionsgleichung:

$f(x) = b + \sqrt{r^2 - (x - a)^2}$, $x \in D(f)$, deren Graph einen Halbkreis mit dem Mittelpunkt $M(a/b)$ darstellt. (Die negative Wurzel würde den fehlenden unteren Halbkreis darstellen.)

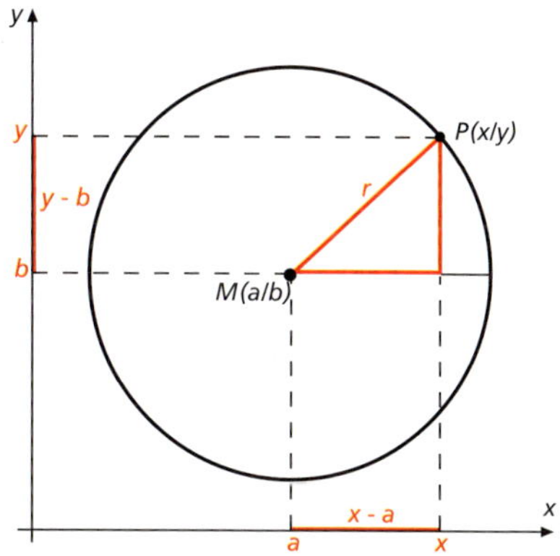

Bild 2.5.3.6

So stellt zum Beispiel der Graph von f: $f(x) = 2 + \sqrt{16 - (x + 3)^2}$; $x \in D(f)$ einen Halbkreis mit dem Radius $r = 4$ und dem Mittelpunkt $M(-3/2)$ dar. Der Definitionsbereich ist dann: $D(f) = [-7; 1]$, der Wertebereich $W(f) = [2; 6]$.

Ein Vorfaktor (ungleich 1) würde auch hier wieder eine Dehnung/Stauchung des Funktionsgraphen bewirken, sodass man eine Ellipse erhält.

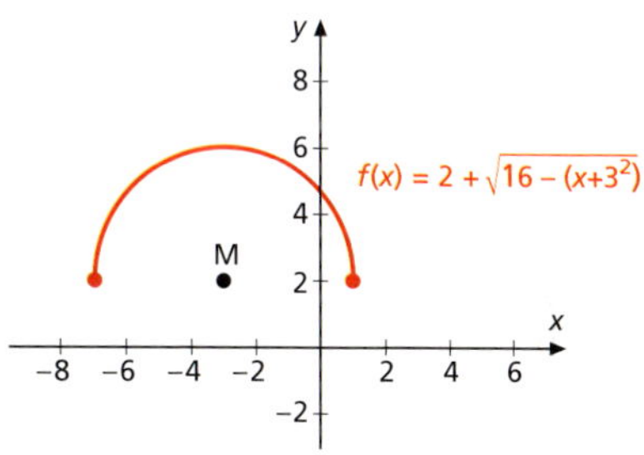

Bild 2.5.3.7

Aufgabe 3

Wie lautet die Funktionsgleichung des oberen Halbkreises mit dem gegebenen Mittelpunkt $M(-3/2)$ und dem Radius $r = 3$? Zeichnen Sie den Graphen.

Lösung

$$
\begin{aligned}
f(x) &= b + \sqrt{r^2 - (x - a)^2} \\
&= 2 + \sqrt{9 - (x + 3)^2} \\
&= 2 + \sqrt{9 - (x^2 + 6x + 9)} \\
&= 2 + \sqrt{-x^2 - 6x}
\end{aligned}
$$

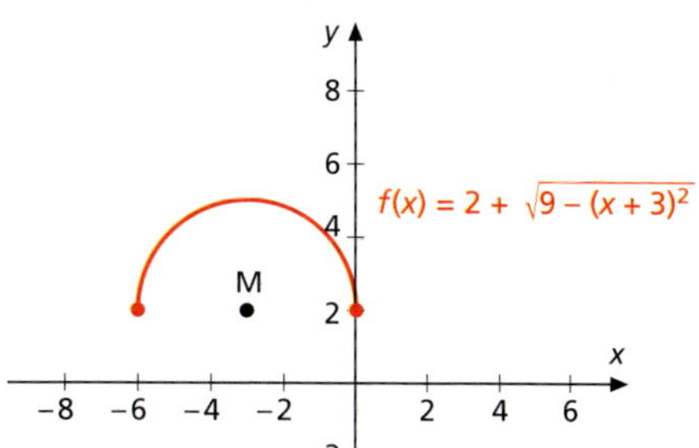

Bild 2.5.3.8

Aufgabe 4

$f: f(x) = -\sqrt{25-(x+4)^2}$. Machen Sie möglichst viele Angaben über den Verlauf des Graphen, ohne eine Kurvendiskussion durchzuführen.

Lösung

Der Graph ist der untere Halbkreis mit dem Mittelpunkt $M(-4/0)$ und dem Radius 5.

$D(f) = [-9; 1]$

$\lim\limits_{\substack{x \to -9 \\ x > -9}} f(x) = 0 \qquad \lim\limits_{\substack{x \to 1 \\ x < 1}} f(x) = 0$

Achsensymmetrisch zu $x = -4$

Schnittpunkte mit der x-Achse: $S_{x_1}(-9/0)$ $S_{x_2}(1/0)$ Schnittpunkt mit der y-Achse: $S_y(0/-3)$ *(durch Berechnung von f(0))*.

Tiefpunkt $T(-4/-5)$

Kein Wendepunkt

$W(f) = [-5; 0]$

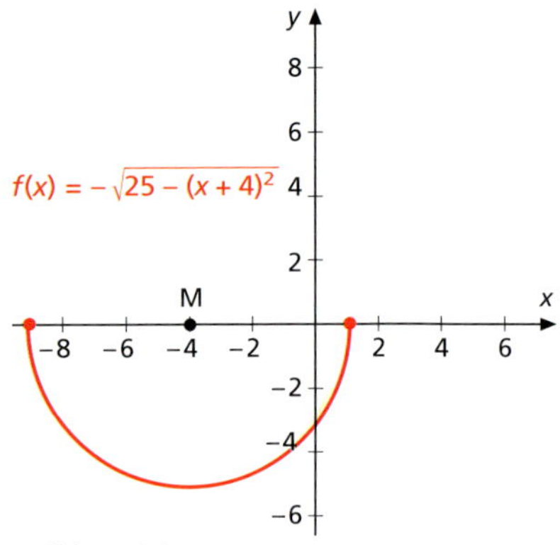

Bild 2.5.3.9

Übungsaufgaben

1 Diskutieren Sie die Funktion für $x \in D(f)$ und zeichnen Sie ihren Graphen.

a) $f(x) = -4\sqrt{x} + 2x - 4$ b) $f(x) = x^2 - 9 - 8\sqrt{x-1}$

c) $f(x) = \frac{1}{3}\sqrt{16-x^2}$ d) $f(x) = \sqrt{-x^2+4x+5}$

e) $f(x) = \frac{1}{3}x\sqrt{16-x^2}$ g) $f(x) = (x+5)\sqrt{x^2+1}$

g) $f(x) = \sqrt{x^3+2}$ h) $f(x) = \frac{x}{3}\sqrt{9-x}$

2 Geben Sie die Funktionsgleichungen der Halbkreise mit den angegebenen Mittelpunkten und Radien an.

a) $M(-2{,}5/2)$; $r = 1$ b) $M(3/0)$; $r = 2$

c) $M(0/-3)$; $r = 3$ d) $M(3/-1)$; $r = 4$

3 Machen Sie möglichst viele Angaben über den Verlauf des Graphen, ohne eine Kurvendiskussion durchzuführen.

a) $f(x) = \sqrt{16-(x+1)^2}$ b) $f(x) = 1 - \sqrt{9-(x+2)^2}$

c) $f(x) = 2 - \sqrt{1-(x-3)^2}$ d) $f(x) = \sqrt{4-(x-4)^2} + 4$

4 Geben Sie die Funktionsgleichung an.

a)

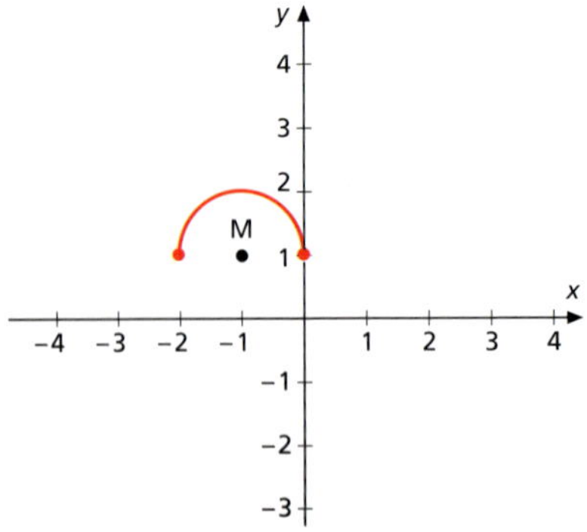

b)

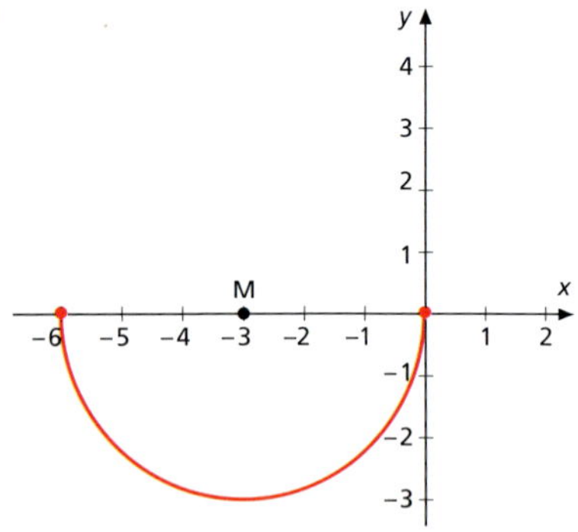

c)

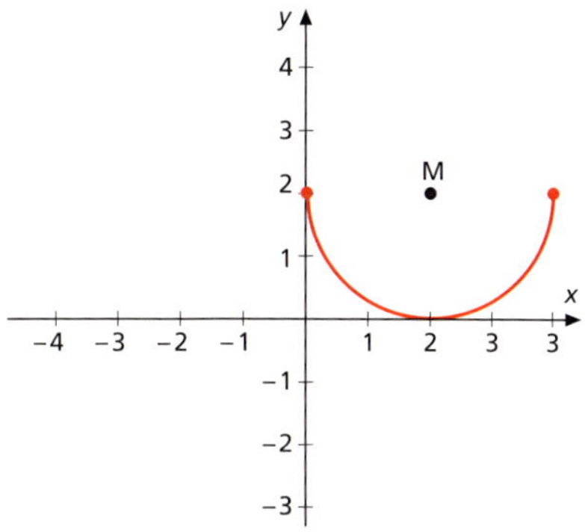

d)

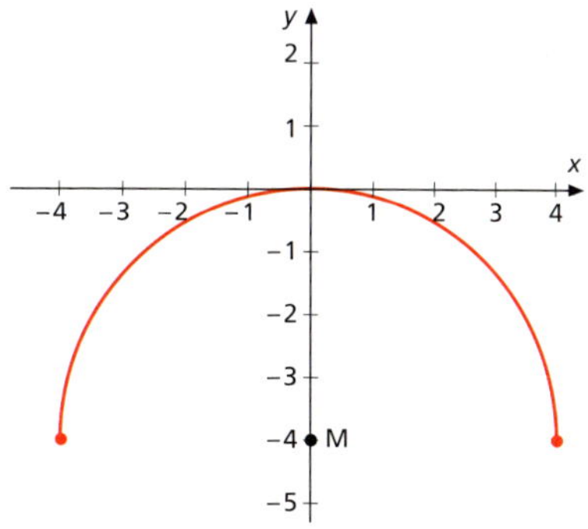

5 Faktorisieren Sie den Wurzelterm und beschreiben Sie den Verlauf des Graphen.

a) $f(x) = \sqrt{-x^2 + 2x + 8}$ b) $f(x) = 2 + \sqrt{-x^2 + 9x - 18}$

Anwendungsorientierte Aufgaben zur Kurvendiskussion der Wurzelfunktionen finden Sie in Abschnitt 2.6.2, S. 262.

2.5.4 Kurvendiskussion der Exponentialfunktionen

Der Verlauf von Funktionsgraphen „einfacher“ Exponentialfunktionen der Form $f(x) = b^x$ bzw. $f(x) = e^x$ wurde bereits in Abschnitt 1.8.5 besprochen. Die dort aufgeführten Eigenschaften der Exponentialfunktionen sollen hier nicht wiederholt werden. Auch auf die rechnerische Bestätigung mithilfe der Differenzialrechnung, dass diese einfachen Exponentialfunktionen keine Extrem- und Wendepunkte aufweisen, wird hier bewusst verzichtet.

Interessanter ist vielmehr die Diskussion zusammengesetzter bzw. verketteter Exponentialfunktionen.

Aufgabe 1

Diskutieren Sie die Funktion f: $f(x) = xe^x$, $x \in D(f)$ und zeichnen Sie ihren Graphen.

Lösung

Grundsätzlich ist zunächst festzustellen, dass eine **Produktfunktion** vorliegt, deren erster Faktor linear und deren zweiter Faktor exponentiell ist. Die beiden Faktoren sind unten grafisch veranschaulicht.

1. Definitionsbereich:

Da in jeden Faktor des Funktionsterms alle Zahlen aus $\mathbb{R}$ eingesetzt werden dürfen, ohne dass eine unerlaubte Rechenoperation durchgeführt wird, ist der maximale Definitionsbereich:

$\underline{\underline{D(f) = \mathbb{R}}}$

2. Verhalten an den Rändern des Definitionsbereiches:

Die Grenzwerte von $f(x) = x \cdot e^x$ werden bestimmt, indem der Grenzwert eines jeden Faktors ermittelt wird (vgl. grafische Darstellung der beiden Faktoren):

$\lim\limits_{x \to -\infty} xe^x = „-\infty“ \cdot 0 = \underline{\underline{0}}$

1. Faktor: x

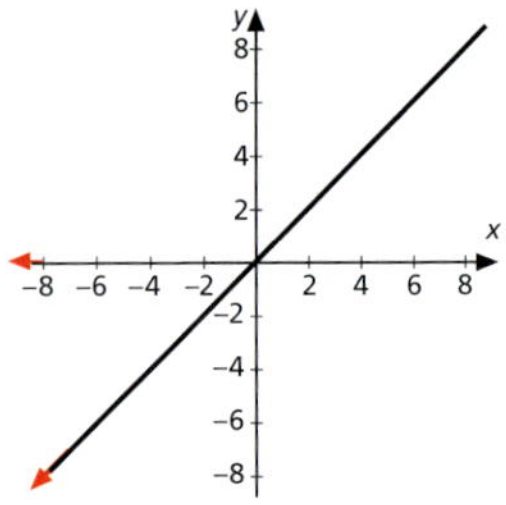

2. Faktor: e^x

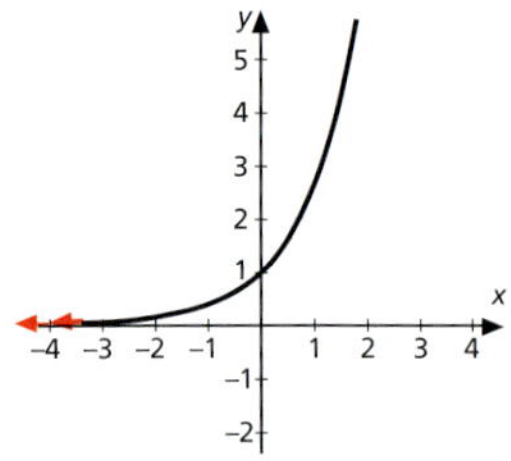

$\lim\limits_{x \to \infty} xe^x = „\infty“ \cdot „\infty“ = \underline{\underline{„\infty“}}$

1. Faktor: x

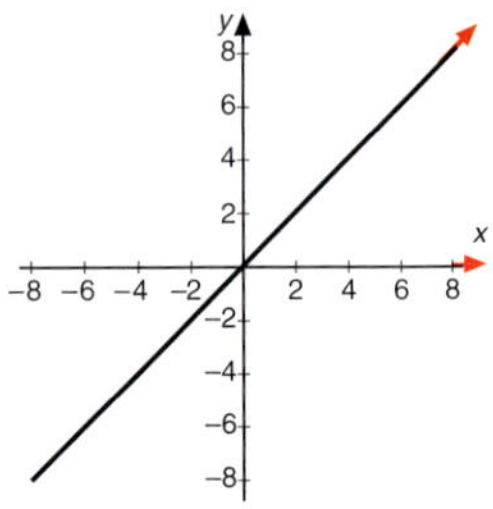

2. Faktor: e^x

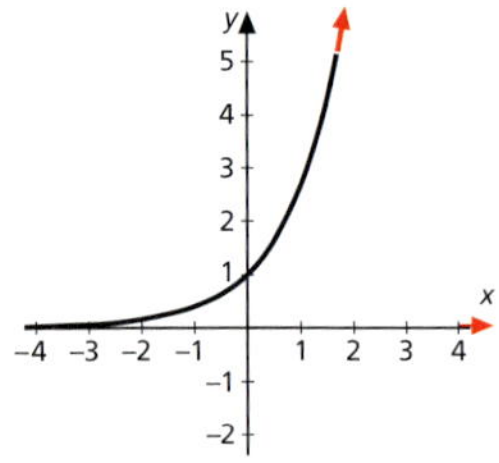

$\Rightarrow$ Asymptote mit $\underline{\underline{f^*(x) = 0}}$ für $x \to -\infty$

3. Symmetrie:

Kein Symmetrieverhalten erkennbar, weil $f(x) \neq f(-x)$ und $f(x) \neq -f(-x)$.

4. Achsenschnittpunkte:

$f(x) = 0$
$0 = xe^x$
Der 1. Faktor wird 0 für $x = 0$, der 2. Faktor wird nie 0. Also ist
$\underline{\underline{S_{x/y}(0/0)}}$

5. Extrempunkte:

Notwendige und hinreichende Bedingung: $f'(x) = 0 \wedge f''(x_E) \neq 0$.
Die 1. Ableitung wird nach der **Produktregel $f = u \cdot v \Rightarrow f' = u' \cdot v + u \cdot v'$** gebildet.

$f'(x) = 1 \cdot e^x + x \cdot e^x = e^x + xe^x$

Faktorisieren (ausklammern) hilft beim späteren Lösen der Gleichung.

$f'(x) = e^x(1 + x)$

Auch die 2. Ableitung kann wieder nach der Produktregel ermittelt werden.

$f''(x) = e^x \cdot (1 + x) + e^x \cdot 1 = e^x(1 + x + 1)$
$f''(x) = e^x(2 + x)$

Jetzt kann die 1. Ableitung 0 gesetzt werden.

$0 = e^x(1 + x)$

Der 1. Faktor wird nie 0. Der 2. Faktor wird 0 für $x = -1$.

Da $f''(-1) = e^{-1}(2-1) = \frac{1}{e} > 0$ ergibt sich nach Berechnung des Funktionswertes mithilfe der Ausgangsfunktion

$f(-1) = -1 \cdot e^{-1} = -\frac{1}{e}$

der Tiefpunkt $\underline{\underline{T\left(-1 \middle/ -\frac{1}{e}\right)}}$

6. Wendepunkte

Notwendige und hinreichende Bedingung: $f''(x) = 0 \wedge f'''(x_W) \neq 0$.

$f''(x) = 0$

$0 = e^x(2 + x)$

Mögliche Wendestelle: $x = -2$

Überprüfung mithilfe der hinreichenden Bedingung.

Zunächst wird die 3. Ableitung wieder mit der Produktregel gebildet.

$f'''(x) = e^x \cdot (2 + x) + e^x \cdot 1$

$f'''(x) = e^x(3 + x)$

Dann wird $f'''(-2) = e^{-2}(3-2) = \frac{1}{e^2} \neq 0$ bestimmt und mithilfe der Ausgangsfunktion

$f(-2) = -2e^{-2} = -\frac{2}{e^2}$ berechnet.

$\Rightarrow \underline{\underline{W\left(-2 \middle/ -\frac{2}{e^2}\right)}}$

7. Wertebereich

Aus den Grenzwertbetrachtungen und dem Funktionswert des Tiefpunktes ergibt sich

$\underline{\underline{W(f) = [-\frac{1}{e}; \infty)}}$.

8. Graph der Funktion

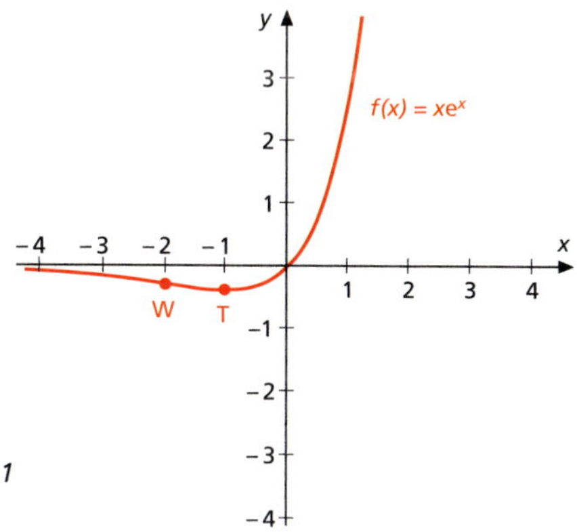

Bild 2.5.4.1

Aufgabe 2

Untersuchen Sie den Verlauf des Funktionsgraphen von f mit $f(x) = e^{\frac{1}{x}}$; $x \in D(f)$.

Lösung

Grundsätzlich ist zunächst festzustellen, dass es sich um eine verkettete Funktion mit der äußeren Funktion a: $a(x) = e^x$ und der inneren Funktion i: $i(x) = \frac{1}{x}$ handelt.

1. Definitionsbereich/Definitionslücken:

$\underline{\underline{D(f) = \mathbb{R}^*}}$, da das Einsetzen der Zahl 0 in den Exponenten dazu führen würde, dass durch 0 dividiert wird. Es ist also eine Definitionslücke bei $\underline{\underline{x = 0}}$ vorhanden.

2. Das **Verhalten an den Rändern des Definitionsbereiches** wird mithilfe von Grenzwertbetrachtungen untersucht. Die Reihenfolge der Grenzwertbetrachtungen entspricht der Richtung des Zahlenstrahls der x-Achse:

a) Die Grenzwertbetrachtung

$$\lim_{x \to -\infty} e^{\frac{1}{x}}$$

soll die Frage beantworten, wie sich der Funktionsgraph im negativ Unendlichen verhält.

Da es sich um eine verkettete Funktion handelt, wird zunächst das Verhalten der inneren Funktion untersucht

Denkhilfe:

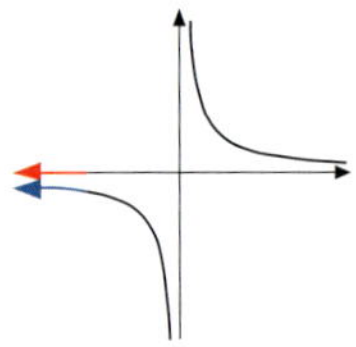

$$\lim_{x \to -\infty} \frac{1}{x} = 0^{-}$$ [1)]

Aufgrund dieser Feststellung kann jetzt das Verhalten der äußeren Funktion untersucht werden, wenn die innere Funktion gegen die Zahl 0 strebt:

Denkhilfe:

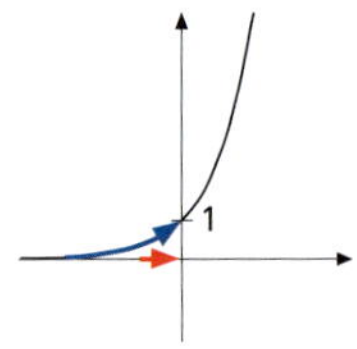

$$\lim_{x \to 0-} e^{x} = 1$$

$$\Rightarrow \lim_{x \to -\infty} e^{\frac{1}{x}} = \underline{\underline{1}}$$

In entsprechender Weise wird das Verhalten des Funktionsgraphen in der unmittelbaren Umgebung der Definitionslücke und für $x \to \infty$ untersucht. Es wird zunächst jeweils die innere Funktion betrachtet und dann wird mit diesem Zwischenergebnis der Grenzwert der äußeren Funktion bestimmt. Die oben abgebildeten „Denkhilfen" können wieder benutzt werden.

b) $\lim\limits_{\substack{x \to 0 \\ x < 0}} e^{\frac{1}{x}}$

$\lim\limits_{\substack{x \to 0 \\ x < 0}} \frac{1}{x} = $ „$-\infty$"

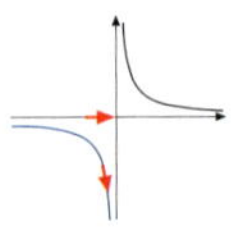

$\lim\limits_{x \to -\infty} e^{x} = 0^{+}$

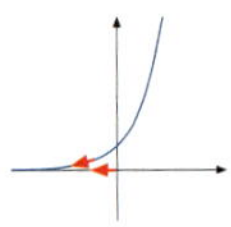

$\Rightarrow \lim\limits_{\substack{x \to 0 \\ x < 0}} e^{\frac{1}{x}} = \underline{\underline{0^{+}}}$

c) $\lim\limits_{\substack{x \to 0 \\ x > 0}} e^{\frac{1}{x}}$

$\lim\limits_{\substack{x \to 0 \\ x > 0}} \frac{1}{x} = $ „∞"

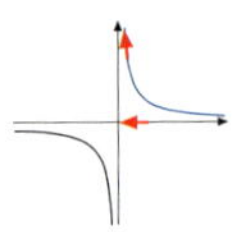

$\lim\limits_{x \to \infty} e^{x} = $ „∞"

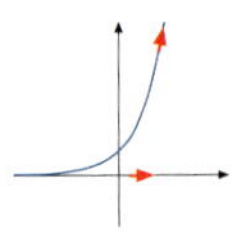

$\Rightarrow \lim\limits_{\substack{x \to 0 \\ x > 0}} e^{\frac{1}{x}} = \underline{\underline{\text{„}\infty\text{"}}}$

d) $\lim\limits_{x \to \infty} e^{\frac{1}{x}}$

$\lim\limits_{x \to \infty} \frac{1}{x} = 0^{+}$

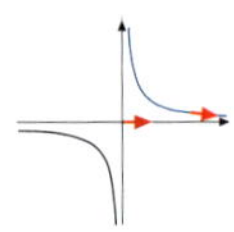

$\lim\limits_{x \to 0^{+}} e^{x} = 1$

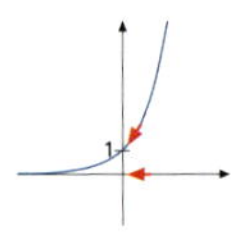

$\Rightarrow \lim\limits_{x \to \infty} e^{\frac{1}{x}} = \underline{\underline{1}}$

Aus den Grenzwertbetrachtungen a) und d) folgt, dass sich der Graph von f für $x \to \pm\infty$ einer Asymptote mit $f^{*}(x) = 1$ annähert.

---

1) Das hochgestellte Minuszeichen soll bedeuten, dass die Annäherung an 0 aus negativer Richtung erfolgt.

3. Symmetrie:

Die durchgeführten Grenzwertbetrachtungen schließen eine Symmetrie des Funktionsgraphen von f aus.

4. Achsenschnittpunkte:

a) Schnittpunkt mit der x-Achse: $f(x) = 0$

$e^{\frac{1}{x}} = 0$ hat keine Lösung $\Rightarrow$ kein Schnittpunkt mit der x-Achse

b) Weil $D(f) = \mathbb{R}^*$ wird die y-Achse nicht geschnitten.

5. Extrempunkte:

Notwendige und hinreichende Bedingung: $f'(x) = 0 \wedge f''(x_E) \neq 0$

$$f'(x) = e^{\frac{1}{x}} \cdot \left(-\frac{1}{x^2}\right)$$

$$0 = e^{\frac{1}{x}} \cdot \left(-\frac{1}{x^2}\right)$$

Da keiner der Faktoren 0 werden kann, hat die Gleichung keine Lösung.

$\Rightarrow$ keine Extrempunkte

6. Wendepunkte:

Notwendige und hinreichende Bedingung: $f''(x) = 0 \wedge$ *Vorzeichenwechsel von* $f''(x)$ *bei* x_w

$$f'(x) = -\frac{e^{\frac{1}{x}}}{x^2} \text{ (s. o.)}$$

Nach der **Quotientenregel** $f = \frac{u}{v} \Rightarrow f' = \frac{u'v - uv'}{v^2}$ ist dann

$$f''(x) = -\frac{-\frac{e^{\frac{1}{x}}}{x^2} \cdot x^2 - e^{\frac{1}{x}} \cdot 2x}{x^4} = -\frac{-e^{\frac{1}{x}} - 2xe^{\frac{1}{x}}}{x^4} = -\frac{e^{\frac{1}{x}}(-1 - 2x)}{x^4} = \frac{e^{\frac{1}{x}}(1 + 2x)}{x^4}$$

$$f''(x) = 0$$

$$0 = \frac{e^{\frac{1}{x}}(1 + 2x)}{x^4}$$

$$0 = e^{\frac{1}{x}}(1 + 2x)$$

Weil $e^{\frac{1}{x}}$ nicht 0 werden kann, ist **die** Zahl Lösung der Gleichung, die die Klammer 0 werden lässt:

$$0 = 1 + 2x$$

$$x = -\frac{1}{2}$$

Hinreichende Bedingung für die Existenz einer Wendestelle: Vorzeichenwechsel von f'' bei x_w

$f''(x < -\frac{1}{2}) < 0$, weil dann die Klammer im Funktionsterm der 2. Ableitung negativ wird.

Der Faktor $e^{\frac{1}{x}}$ bleibt für alle x positiv.

$f''(x > -\frac{1}{2}) > 0$, weil dann auch der Klammerausdruck im Funktionsterm der 2. Ableitung positiv ist.

Bei $x = -\frac{1}{2}$ befindet sich also ein Wendepunkt.

$$f\left(-\frac{1}{2}\right) = \frac{1}{e^2} \Rightarrow \underline{\underline{W\left(-\frac{1}{2}\middle|\frac{1}{e^2}\right)}}$$

7. Wertebereich:

Wegen der Asymptote f^*: $f^*(x) = 1$ und der unter Punkt 2 und 3 durchgeführten Grenzwertbetrachtungen ist

$\underline{\underline{W(f) = \mathbb{R}_+^* \backslash \{1\}}}$

8. Graph der Funktion:

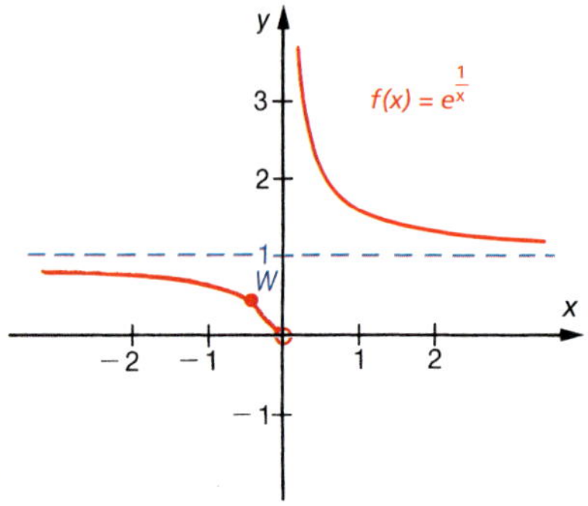

Bild 2.5.4.2

Lösen von Exponentialgleichungen

Um die Nullstellen, Extrem- oder Wendestellen eines Funktionsgraphen zu berechnen, ist es notwendig, Gleichungen zu lösen. Dies ist bei Exponential- und Logarithmusgleichungen nicht immer ganz einfach. Deshalb wollen wir im Folgenden einige „Tricks" zeigen, wie man solche Gleichungen „knacken" kann. Häufig geht dies sogar auf verschiedenen Wegen.

Zum Lösen beliebiger Gleichungen haben Sie bisher folgende grundlegende Verfahren kennen gelernt:

- *p*-*q*-Formel
- Ausklammern
- Substitutionsverfahren
- Polynomdivision
- Näherungsverfahren

Zum Lösen einfacher Exponentialgleichungen haben Sie zusätzlich das **Logarithmieren** als **neues Lösungsverfahren** kennengelernt:

$$2^x = 8$$

Diese Exponentialgleichung kann gelöst werden durch Umwandlung in eine Logarithmusgleichung:

$$x = \log_2 8$$

$$x = \frac{\ln 8}{\ln 2} = 3$$

Aufgabe 2

Berechnen Sie die Nullstellen der Funktion f: $f(x) = 3e^{2x} - 10$.

Lösung

$f(x) = 0$
$0 = 3e^{2x} - 10$

Lösungsmöglichkeit 1

Zunächst bringen wir die Potenz mit der gesuchten Variablen im Exponenten allein auf eine Seite:

$3e^{2x} = 10$

$e^{2x} = \frac{10}{3}$

Zur Berechnung des Exponenten wird nun in eine Logarithmusgleichung umgewandelt:

$2x = \log_e \frac{10}{3}$ oder einfacher: $2x = \ln \frac{10}{3}$

$\underline{\underline{x = \frac{1}{2} \ln \frac{10}{3}}} \approx 0{,}602$

Lösungsmöglichkeit 2

Beide Seiten der Gleichung werden logarithmiert:

$3e^{2x} = 10 \; |\ln()$
$\ln(3e^{2x}) = \ln 10$

Nach den Logarithmengesetzen ist **$\ln(u \cdot v) = \ln u + \ln v$**:

$\ln 3 + \ln e^{2x} = \ln 10$

Nach den Logarithmengesetzen ist **$\ln u^v = v \cdot \ln u$**:

$\ln 3 + 2x \ln e = \ln 10$

Da $\ln e = 1$:

$\ln 3 + 2x = \ln 10 \; |-\ln 3$
$2x = \ln 10 - \ln 3$

Nach den Logarithmengesetzen ist **$\ln \frac{u}{v} = \ln u - \ln v$**:

$2x = \ln \frac{10}{3}$

$\underline{\underline{x = \frac{1}{2} \ln \frac{10}{3}}} \approx 0{,}602$

Lösungsmöglichkeit 3

$3e^{2x} = 10$

Nach den Potenzgesetzen ist $(b^u)^v = b^{u \cdot v}$. Also kann man auch schreiben:

$3(e^x)^2 = 10$

Nun kann man e^x durch z substituieren:

$3z^2 = 10$

$z^2 = \frac{10}{3}$

$z = \pm\sqrt{\frac{10}{3}}$

Rücksubstitution von z durch e^x ergibt:

$z = e^x$

$e^x = \pm\sqrt{\frac{10}{3}}$

$x = \ln \pm\sqrt{\frac{10}{3}}$

Der Logarithmus ist nur für einen positiven Numerus definiert. Daher:

$x = \ln\sqrt{\frac{10}{3}} = \ln\left(\frac{10}{3}\right)^{\frac{1}{2}}$

$\underline{\underline{x = \frac{1}{2}\ln\frac{10}{3}}} \approx 0{,}602$

Häufig ist es zum Lösen von Exponentialgleichungen notwendig, neben dem Logarithmieren zusätzlich eines der o. g. grundlegenden Lösungsverfahren anzuwenden.

Aufgabe 3

$f''(x) = 4e^{2x} - e^x$. Berechnen Sie mögliche Wendestellen.

Lösung

$f''(x) = 0$

$0 = 4e^{2x} - e^x$

e^{2x} lässt sich auch schreiben als $(e^x)^2$:

$0 = 4(e^x)^2 - e^x$

Jetzt kann man e^x **ausklammern:**

$0 = e^x(4e^x - 1)$

Die Gleichung ist erfüllt für

$e^x = 0 \vee 4e^x - 1 = 0$

e^x wird nie 0. Also suchen wir nach einer Lösung für

$4e^x - 1 = 0$

$e^x = \frac{1}{4}$

$\underline{\underline{x = \ln\frac{1}{4}}} = -\ln 4 = -2\ln 2 \approx -1{,}386$

Aufgabe 4

$f'(x) = e^{2x} - 4e^x + 4$. Berechnen Sie mögliche Extremstellen.

Lösung

$f'(x) = 0$

$0 = e^{2x} - 4e^x + 4$

e^{2x} lässt sich auch schreiben als $(e^x)^2$:

$0 = (e^x)^2 - 4e^x + 4$

Substituiert man nun e^x durch z, ergibt sich eine einfache quadratische Gleichung, die mit der ***p-q*-Formel** leicht zu lösen ist:

$0 = z^2 - 4z + 4$

$z_{1/2} = 2 \pm \sqrt{4 - 4}$

$z_{1/2} = 2$

Rücksubstitution ergibt:

$z = e^x$

$e^x = 2$

$\underline{\underline{x = \ln 2}} \approx 0{,}693$

Übungsaufgaben

1 Bestimmen Sie die Nullstellen der Graphen der Funktionen f mit den folgenden Funktionsgleichungen durch Logarithmieren. Geben Sie das Ergebnis zunächst exakt und dann gerundet an.

a) $f(x) = e^x - 8$

b) $f(x) = 2e^x - e$

c) $f(x) = e^{2x-2} - 1$

d) $f(x) = e^{2x} - 2$

2 Berechnen Sie die Nullstellen der Graphen exakt und gerundet. (Hinweis: Sie benötigen zusätzlich eines der o. g. allgemeinen Lösungsverfahren.)

a) $f(x) = \frac{1}{2}e^x - (e^x)^2$ b) $f(x) = \frac{4}{3}e^x - e^{3x}$

c) $f(x) = xe^{-x} + 2e^{-x}$ d) $f(x) = e^x - e^{2x}$

e) $f(x) = (e^x)^2 - 5e^x + 6$ f) $f(x) = e^{2x} + e^x - 20$

3 Berechnen Sie die möglichen Extremstellen exakt und gerundet. (Hinweis: Sie benötigen ggf. zusätzlich eines der o. g. allgemeinen Lösungsverfahren.)

a) $f'(x) = \frac{1}{2}e^x - 2$ b) $f'(x) = e^{2x} - 2e$

c) $f'(x) = 2e^{x-2} - 4$ d) $f'(x) = \frac{1}{3}e^{3x} - 1$

e) $f'(x) = (e^x)^2 - 2e^x$ f) $f'(x) = -e^{3x} + \frac{1}{2}e^{2x}$

g) $f'(x) = x^2e^{-x} - 2e^{-x}$ h) $f'(x) = \frac{1}{2}e^{2x} - 2e^{3x}$

i) $f'(x) = e^{2x} - 6e^x + 5$ j) $f'(x) = 3e^{2x} - e^x - 10$

4 Beschreiben Sie ohne Kurvendiskussion den Verlauf des Graphen von f mit $x \in D(f)$.

a) $f(x) = e^x - 1$ b) $f(x) = -e^x$

c) $f(x) = e^{2x}$ d) $f(x) = e^{-x}$

5 Diskutieren Sie die Funktionen f mit der angegebenen Funktionsgleichung ($x \in D(f)$).

a) $f(x) = 2e^{-2x}$ b) $f(x) = -x^2e^{-x}$

c) $f(x) = \frac{1}{x}e^{\frac{1}{x}}$ d) $f(x) = x^2e^x$

e) $f(x) = x + e^{-x}$ f) $f(x) = e^{x^2}$

g) $f(x) = \frac{x}{e^x}$ h) $f(x) = e^{\frac{1}{2}x} - e^x$

6 a) Diskutieren Sie die Funktion f: $f(x) = e^{-x^2}$; $x \in D(f)$.

b) Welche Maßzahl hat die Fläche, die von den Wendetangenten und der x-Achse eingeschlossen wird?

7 a) Diskutieren Sie die Funktion f: $f(x) = xe^{-x}$, $x \in D(f)$ und zeichnen Sie Ihren Graphen.

b) Der Punkt $P(u/f(u))$, $u > 0$ des Graphen von f: $f(x) = xe^{-x}$ bildet mit dem Ursprung und $Q(2u/0)$ ein gleichschenkliges Dreieck. Für welche Lage von P wird der Flächeninhalt A dieses Dreiecks extrem? Handelt es sich dann um ein Dreieck mit maximalem oder minimalem Flächeninhalt?

2.5.5 Kurvendiskussion der Logarithmusfunktionen

Interessanter als die Diskussion „einfacher“ Logarithmusfunktionen der Form $f(x) = \log_b x$ bzw. $f(x) = \ln x$ ist die Untersuchung verknüpfter bzw. verketteter Logarithmusfunktionen.

Aufgabe 1

Gegeben sei die Funktion f: $f(x) = x \cdot \ln x$; $x \in D(f)$.
Diskutieren Sie die Funktion.

Lösung

1. Definitionsbereich:

In $\ln x$ muss der Numerus größer 0 sein. $\Rightarrow D(f) = \mathbb{R}_+^*$

2. Verhalten am Rande des Definitionsbereiches:

$\lim\limits_{\substack{x \to 0 \\ x > 0}} x \ln x = 0 \cdot „-\infty\text{“} = \underline{\underline{0}}$

Denkhilfen: **1. Faktor: x** **2. Faktor: $\ln x$**

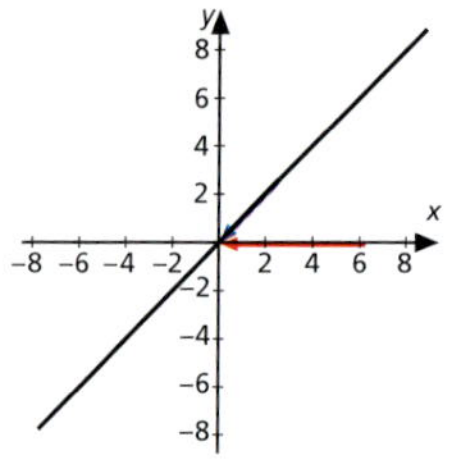

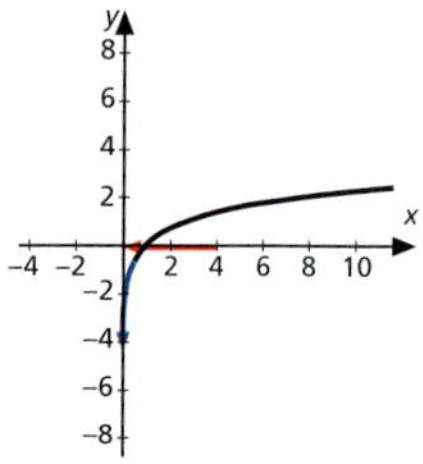

$\lim\limits_{x \to \infty} x \ln x = „\infty\text{“} \cdot „\infty\text{“} = \underline{\underline{„\infty\text{“}}}$

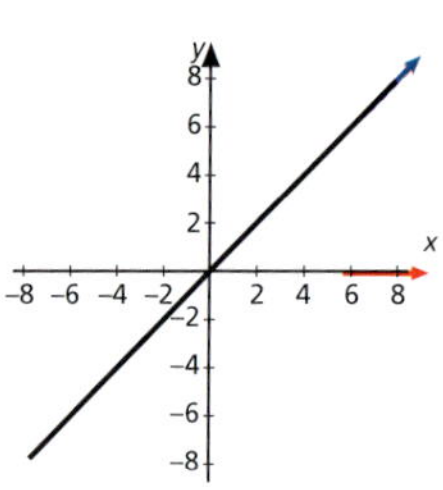

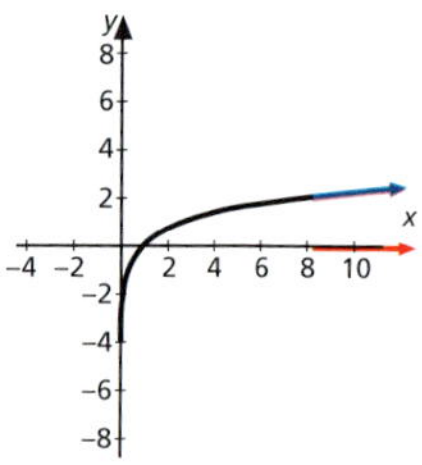

3. Symmetrieverhalten:

Aufgrund des Definitionsbereiches $D(f) = \mathbb{R}_+^*$ ist weder Achsensymmetrie zur y-Achse noch Punktsymmetrie zum Ursprung möglich.

4. Achsenschnittpunkte:

– Schnittpunkte mit der x-Achse:

$f(x) = 0$
$0 = x \ln x$
$x_1 = 0 \notin D(f) \vee$
$0 = \ln x$
$x = 1$
$\Rightarrow \underline{\underline{S_x(1/0)}}$

– Ein Schnittpunkt mit der y-Achse ist aufgrund des Definitionsbereiches $D(f) = \mathbb{R}_+^*$ nicht möglich.

5. Extrempunkte:

Da der gegebene Funktionsterm ein Produkt zweier Funktionen ist, wird die 1. Ableitungsfunktion mithilfe der **Produktregel $f = u \cdot v \Rightarrow f' = u'v + uv'$** gebildet.

$$f'(x) = 1 \cdot \ln x + x \cdot \frac{1}{x} = \ln x + 1$$

Die 2. Ableitung wird mithilfe der **Summenregel: Summen dürfen gliedweise differenziert werden gebildet**.

$$f''(x) = \frac{1}{x} + 0 = \frac{1}{x}$$

Notwendige und hinreichende Bedingung: $f'(x) = 0 \wedge f''(x_E) \neq 0$.

$0 = \ln x + 1$
$-1 = \ln x$
$\underline{\underline{x = e^{-1} = \frac{1}{e}}}$

$f''(e^{-1}) = \frac{1}{e^{-1}} = e > 0 \quad \Rightarrow \underline{\underline{T(\frac{1}{e}/-\frac{1}{e})}} \approx (0{,}368/-0{,}368)$

6. **Wendepunkte:**
Notwendige und hinreichende Bedingung: $f''(x) = 0 \wedge f'''(x_W) \neq 0$.

$0 = \frac{1}{x}$ hat keine Lösung
$\Rightarrow$ keine Wendepunkte

7. **Wertebereich:**

$W(f) = [-\frac{1}{e}; \infty)$

8. **Graph:**
s. Bild 2.5.4.1

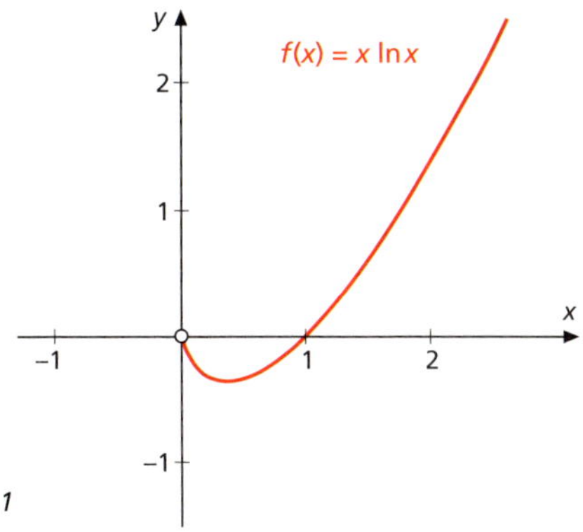

Bild 2.5.4.1

Aufgabe 2

Diskutieren Sie die Funktion f: $f(x) = \ln \sqrt{x-1}$; $x \in D(f)$.

Lösung

1. **Definitionsbereich:**
$D(f) = (1; \infty)$, weil der **Wurzelradikand größer oder gleich der Zahl 0** sein muss, und weil der **Numerus größer als 0** sein muss: $x - 1 > 0 \Leftrightarrow x > 1$

2. **Verhalten des Funktionsgraphen an den Rändern des Definitionsbereiches:**

a) $\lim\limits_{x \to 1} \ln \sqrt{x-1}$

Da es sich um eine verkettete Funktion $f = a \circ i$: $f(x) = a(i(x))$ handelt, ist zunächst der Grenzwert der inneren Funktion $i(x) = \sqrt{x-1}$ zu untersuchen:

$\lim\limits_{x \to 1} \sqrt{x-1} = 0$ (errechnet durch direktes Einsetzen)

Auf Grundlage dieses Ergebnisses wird nun das Verhalten der äußeren Funktion untersucht:

$\lim\limits_{x \to 0} \ln x = \underline{„-\infty“}$

$\Rightarrow \lim\limits_{x \to 1} \ln \sqrt{x-1} = \underline{„-\infty“}$

$\Rightarrow$ Bei $x = 1$ nähert sich der Graph von f rechtsseitig einer Polgeraden.

Denkhilfe:

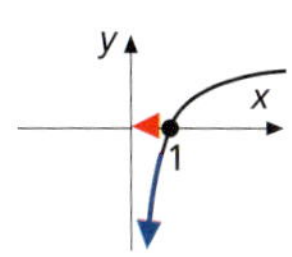

b) $\lim\limits_{x \to \infty} \ln \sqrt{x-1}$

Innere Funktion: $\lim\limits_{x \to \infty} \sqrt{x-1} = „\infty“$

Äußere Funktion: $\lim\limits_{x \to \infty} \ln x = „\infty“$

Denkhilfe:

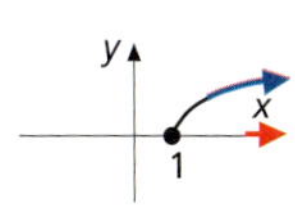

$\Rightarrow \lim\limits_{x \to \infty} \ln \sqrt{x-1} = \underline{\underline{„\infty“}}$

Denkhilfe:

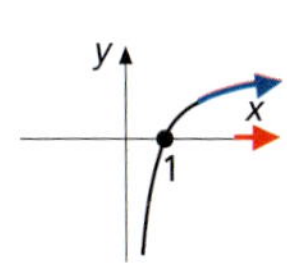

3. Ein **Symmetrieverhalten** ist nicht erkennbar.

4. Achsenschnittpunkte:

a) Die y-Achse wird nicht geschnitten, weil $D(f) = (1; \infty)$.

b) Schnittpunkt mit der x-Achse: $f(x) = 0$

$0 = \ln \sqrt{x-1} \Leftrightarrow e^0 = \sqrt{x-1}$

$1 = x - 1 \Leftrightarrow x = 2 \Rightarrow S_x(2/0)$

5. Extrempunkte:

Notwendige und hinreichende Bedingung: $f'(x) = 0 \wedge f''(x_E) \neq 0$

Die Gesamtableitung einer verketteten Funktion ergibt sich nach der **Kettenregel** **aus dem Produkt von äußerer und innerer Ableitung unter Beibehaltung der inneren Funktion.**

$$f'(x) = \underbrace{\frac{1}{\sqrt{x-1}}}_{\text{äußere Ableitung}} \cdot \underbrace{\frac{1}{2\sqrt{x-1}}}_{\text{innere Ableitung}}$$

Nebenrechnung zur Berechnung der **inneren Ableitung**:

$$h(x) = \sqrt{x-1} = (x-1)^{\frac{1}{2}}$$

$$h'(x) = \frac{1}{2}(x-1)^{-\frac{1}{2}} \cdot 1$$

$$= \frac{1}{2\sqrt{x-1}}$$

$$f'(x) = \frac{1}{2(x-1)}$$

$$f'(x) = \frac{1}{2x-2}$$

$$f'(x) = 0$$

$$0 = 1$$

$\Rightarrow$ keine Extrempunkte

6. Wendepunkte:

Notwendige und hinreichende Bedingung: $f''(x) = 0 \wedge f''(x_W) \neq 0$

$$f'(x) = \frac{1}{2x-2}$$

Die 2. Ableitungsfunktion wird mithilfe der **Quotientenregel**

$$\left(f = \frac{u}{v} \Rightarrow f' = \frac{u'v - uv'}{v}\right)$$

gebildet, wobei

$u(x) = 1, \quad u'(x) = 0$

$v(x) = 2x - 2, \quad v'(x) = 2$

$$f''(x) = -\frac{2}{(2x-2)^2}$$

$$0 = 2$$

$\Rightarrow$ keine Wendepunkte

7. Wertebereich:

Aus den unter Punkt 2 durchgeführten Grenzwertbetrachtungen ergibt sich

$W(f) = \mathbb{R}$

8. Graph der Funktion:

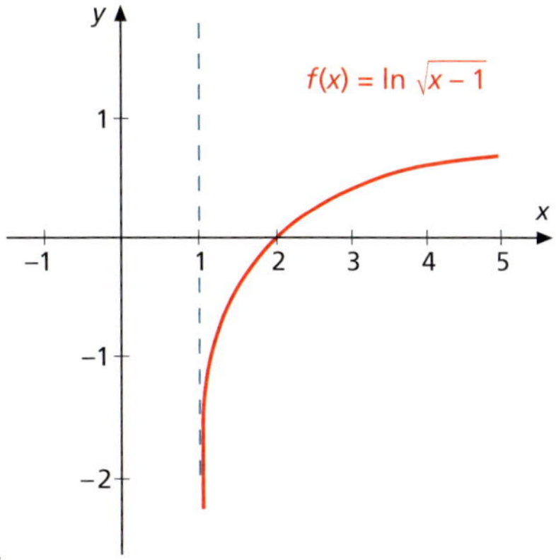

Bild 2.5.5.1

Übungsaufgaben

Diskutieren Sie die folgenden Funktionen mit $x \in D(f)$.

1 $f\colon f(x) = \frac{\ln x}{x^2}$

2 $f\colon f(x) = \ln(x^2)$

3 $f\colon f(x) = (\ln x)^2$

4 $f\colon f(x) = \frac{\ln x}{x}$

5 $f\colon f(x) = \sqrt{\ln x}$

6 $f\colon f(x) = \ln(x - 1)$

7 $f\colon f(x) = x \ln(x^2)$

8 $f\colon f(x) = \ln(x^2 + 1)$

9 $f\colon f(x) = x^2 \cdot \ln x$

10 $f\colon f(x) = x^2 - \ln x$

2.5.6 Kurvendiskussion der trigonometrischen Funktionen

Aufbauend auf die in Kapitel 1.8.4 dargestellten Eigenschaften der Graphen trigonometrischer Funktionen werden in diesem Kapitel trigonometrische Funktionen untersucht, die durch Verkettung bzw. Zusammensetzung mit anderen Funktionen entstanden sind und dadurch nicht mehr unbedingt dem Verlauf „einfacher“ trigonometrischer Funktion entsprechen.

Aufgabe 1

Diskutieren Sie die Funktion $f\colon f(x) = 2 \sin \frac{x^2}{2}$ mit $D(f) = \left[-\sqrt{2\pi};\ \sqrt{6\pi}\right]$.

Lösung

1. Definitionsbereich:

$\underline{\underline{D(f) = \left[-\sqrt{2\pi};\ \sqrt{6\pi}\right]}}$ laut Aufgabenstellung.

2. Periode:

nicht erkennbar.

3. Symmetrie:
Der Graph der Funktion ist wegen der Quadratur von x im Winkelargument achsensymmetrisch zur y-Achse ($f(x) = f(-x)$).

4. Achsenschnittpunkte:

a) Schnittpunkt mit der y-Achse:

$f(0) = 2 \sin \frac{0}{2} = 2 \sin 0 = 0$

$\Rightarrow S_y(0/0)$

b) Schnittpunkte mit der x-Achse:

$$f(x) = 0$$
$$0 = 2 \sin \frac{x^2}{2}$$
$$0 = \sin \frac{x^2}{2}$$

Die Nullstellen der Sinusfunktion mit $f(x) = \sin x$ befinden sich bei $\boldsymbol{x = k\pi}$; $k \in \mathbb{Z}$. Um die Nullstellen von f: $f(x) = 2 \sin \frac{\boldsymbol{x^2}}{\boldsymbol{2}}$ zu bestimmen, wird entsprechend

$$k\pi = \frac{x^2}{2}$$

gesetzt und aufgelöst:

$$2k\pi = x^2$$
$$x = \pm\sqrt{2k\pi};\ k \in \mathbb{Z}$$

Wenn für k alle Zahlen aus $\mathbb{Z}$ eingesetzt werden, erhält man die Nullstellen der Funktion für $D(f) = \mathbb{R}$. Für k sind folglich die Zahlen aus $\mathbb{Z}$ auszuwählen, die zu Nullstellen im Definitionsbereich führen.

Für $k = 0$: Nullstelle bei $x = 0$

Für $k = 1$: Nullstellen bei $x = \pm\sqrt{2\pi}$

Für $k = 2$: Nullstelle bei $x = \sqrt{4\pi}$

Für $k = 3$: Nullstelle bei $x = +\sqrt{6\pi}$ ($x = -\sqrt{6\pi} \notin D(f)$)

$\Rightarrow S_{x1}(0/0)$, $S_{x2/3}(\pm\sqrt{2\pi}/0)$, $S_{x4}(\sqrt{4\pi}/0)$, $S_{x5}(\sqrt{6\pi}/0)$

5. Extrempunkte:

Notwendige und hinreichende Bedingung: $f'(x) = 0 \wedge$ *Vorzeichenwechsel von* $f'(x)$ *bei* x_E

Die 1. Ableitungsfunktion wird mithilfe der **Kettenregel**[1] gebildet:

$$f'(x) = \left(2 \cos \frac{x^2}{2}\right) \cdot x$$
$$f'(x) = 2x \cos \frac{x^2}{2}$$
$$0 = 2x \cos \frac{x^2}{2}$$

[1] Kettenregel: Gesamtableitung = Ableitung der äußeren Funktion (unter Beibehaltung der inneren Funktion) mal Ableitung der inneren Funktion.

Der Term rechts des Gleichheitszeichens wird 0, wenn mindestens einer der Faktoren dieses Terms 0 ist. Für $x = 0$ wird der Faktor $2x$ 0.

$$\Rightarrow \underline{x_1 = 0}$$

Nun muss die Zahl gesucht werden, die den Faktor $\cos\frac{x^2}{2}$ 0 werden lässt:

$$0 = \cos\frac{x^2}{2}$$

Die Gleichung wird durch folgende Überlegung gelöst:

Die Kosinusfunktion mit $f(x) = \cos x$ hat ihre Nullstellen bei $\boldsymbol{x = \frac{2k-1}{2}}\pi$; $k \in \mathbb{Z}$.

Um die Nullstellen von $f(x) = \cos\boldsymbol{\frac{x^2}{2}}$ zu bestimmen, wird entsprechend

$$\frac{2k-1}{2}\pi = \frac{x^2}{2}$$

gesetzt und aufgelöst:

$$(2k-1)\pi = x^2$$

$$x = \pm\sqrt{(2k-1)\pi}$$

Die Extremstellen des Graphen der Funktion f: $f(x) = 2\sin\frac{x^2}{2}$ befinden sich also bei

$\underline{x = 0}$ oder bei

$\underline{x = \pm\sqrt{(2k-1)\pi};\ k \in \mathbb{Z}}$.

Für $k = 0$: keine Extremstelle, weil dann $x = \pm\sqrt{-\pi}$ = n.d.

Für $k = 1$: Extremstelle bei $x = \pm\sqrt{\pi}$

Für $k = 2$: Extremstelle bei $x = +\sqrt{3\pi}$ $(x = -\sqrt{3\pi} \notin D(f))$

Für $k = 3$: Extremstelle bei $x = +\sqrt{5\pi}$ $(x = -\sqrt{5\pi} \notin D(f))$

Die Extremstellen im Definitionsbereich werden nun milhilfe des Vorzeichenwechselkriteriums der 1. Ableitungsfunktion daraufhin überprüft, ob ein Hoch- oder Tiefpunkt vorliegt. In unmittelbarer Umgebung der Extremstelle wird die Art des Vorzeichenwechsels der 1. Ableitung geprüft:

Extremstelle $x = \sqrt{\pi}$:
$f'(x < \sqrt{\pi}) > 0$, weil beide Faktoren der 1. Ableitungsfunktion positiv sind.

$f'(x > \sqrt{\pi}) < 0$, weil der Faktor $\cos\frac{x^2}{2}$ negativ ist.

Das Vorzeichen der 1. Ableitungsfunktion wechselt bei der Extremstelle von + nach –.

$$\Rightarrow \underline{\underline{H_1(\sqrt{\pi}/2)}}$$

Wegen der unter Punkt 3 festgestellten Achsensymmetrie zur y-Achse:

$$\Rightarrow \underline{\underline{H_2(-\sqrt{\pi}/2)}}$$

Extremstelle $x = \sqrt{3\pi}$:

$f'(x > \sqrt{3\pi}) > 0$, weil der Faktor $\cos\frac{x^2}{2}$ dann negativ ist.

$f'(x < \sqrt{3\pi}) < 0$, weil dann beide Faktoren der 1. Ableitungsfunktion positiv sind.

Das Vorzeichen der 1. Ableitungsfunktion wechselt bei der Extremstelle von – nach +.

$$\Rightarrow \underline{\underline{T_1(+\sqrt{3\pi}/-2)}}$$

Extremstelle $x = \sqrt{5\pi}$:

$f'(x < \sqrt{5\pi}) > 0$, weil beide Faktoren der 1. Ableitungsfunktion positiv sind.

$f'(x > \sqrt{5\pi}) < 0$, weil der Faktor $\cos \frac{x^2}{2}$ negativ ist.

Das Vorzeichen der 1. Ableitungsfunktion wechselt bei der Extremstelle von + nach –.

$$\Rightarrow \underline{\underline{H_3(+\sqrt{5\pi}/2)}}$$

Extremstelle $x = 0$:

$$f'(x < 0) < 0$$
$$f'(x > 0) > 0$$
$$\Rightarrow \underline{\underline{T_2(0/0)}}$$

6. Wendepunkte:

Notwendige und hinreichende Bedingung: $f''(x) = 0 \wedge$ *Vorzeichenwechsel von* $f''(x)$ *bei* x_W

Die 2. Ableitungsfunktion wird mithilfe der Produktregel bestimmt. Dabei ist

$$u = 2x, \quad u' = 2$$
$$v = \cos \frac{x^2}{2}, \; v' = -x \sin \frac{x^2}{2}$$
$$f''(x) = 2 \cos \frac{x^2}{2} + 2x\left(-x \sin \frac{x^2}{2}\right)$$
$$0 = 2 \cos \frac{x^2}{2} - 2x^2 \sin \frac{x^2}{2}$$

Diese Gleichung kann mit den herkömmlichen algebraischen Mitteln nicht gelöst werden. Auf die Berechnung der Wendestellen soll daher verzichtet werden.[1)]

7. Wertebereich:

$W(f) = [-2;2]$, weil in $f(x) = \mathbf{2} \sin \frac{x^2}{2}$ die Schwingungsweite der normalen Sinuskurve mit dem Faktor 2 verdoppelt wurde.

8. Graph der Funktion:

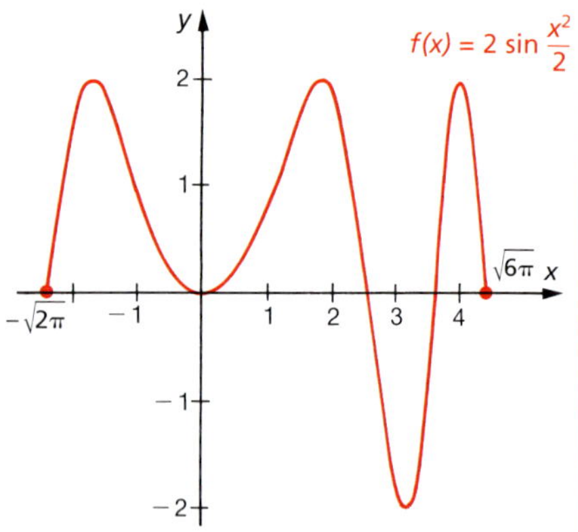

Bild 2.5.6.1

[1)] Näherungslösungen sind: $x_{1/2} \approx \pm 1{,}14$, $x_3 \approx 2{,}57$, $x_4 \approx 3{,}57$

Das Lösen von Gleichungen mit trigonometrischen Ausdrücken ist häufig nicht ganz einfach. Mithilfe der sog. **Additionstheoreme** können solche Gleichungen manchmal umgeformt und dann gelöst werden.

Additionstheoreme:

$\sin(a + b) = \sin a \cdot \cos b + \cos a \cdot \sin b$
$\cos(a + b) = \cos a \cdot \cos b + \sin a \cdot \sin b$

entsprechend:

$\sin 2a = 2 \sin a \cdot \cos a$
$\cos 2a = 2 \cos^2 a - 1 = 1 - \sin^2 a$

Beispiel

Berechnen Sie die Nullstellen von f: $f(x) = 2 \sin x + \sin 2x$; $D(f) = [0;2\pi)$.

$$0 = 2 \sin x + \sin 2x$$
$$0 = 2 \sin x + 2 \sin x \cos x$$
$$0 = 2 \sin x\,(1 + \cos x)$$

Das Produkt rechts des Gleichheitszeichens wird 0, wenn einer der Faktoren 0 ist.

$$0 = 2 \sin x$$
$$0 = \sin x \Rightarrow \underline{\underline{x_1 = 0}}$$
$$0 = 1 + \cos x$$
$$-1 = \cos x \Rightarrow \underline{\underline{x_2 = \pi}}$$

Übungsaufgaben

Diskutieren Sie die folgenden Funktionen mit $x \in D(f)$.

1 f: $f(x) = \sin(2x - \pi)$. Bestimmen Sie $D(f)$ so, dass eine Periode betrachtet wird.

2 f: $f(x) = \sin \sqrt{x}$. Bestimmen Sie den maximalen Definitionsbereich.

3 f: $f(x) = \sin \frac{\pi}{2}(x + 1)$. Beschränken Sie die Untersuchung auf ein geeignetes Intervall.

4 f: $f(x) = \sin x + \sin 2x$. Beschränken Sie die Untersuchung auf ein Intervall, welches eine Periode der Funktion umfasst.

5 f: $f(x) = x + \sin x$, $D(f) = \mathbb{R}$

6 f: $f(x) = \frac{1}{\sin x}$. Bestimmen Sie $D(f)$ so, dass eine volle Periode betrachtet wird.

2.6 Anwendungen der Differenzialrechnung

2.6.1 Bestimmung von ganzrationalen Funktionsgleichungen mit vorgegebenen Eigenschaften

In den vorausgegangenen Kapiteln wurden markante Punkte oder besondere Eigenschaften von Funktionen bestimmt. Voraussetzung hierfür war jeweils eine vorgegebene Funktionsgleichung. Mithilfe dieser Funktionsgleichung konnte dann die genaue Untersuchung der Funktion durchgeführt werden.

Wenn in der Praxis auftretende Probleme mithilfe der Analysis gelöst werden sollen, sind die Funktionsgleichungen aber zumeist nicht bekannt. Entsprechend bestimmten Vorgaben über den Verlauf des Funktionsgraphen muss dann zunächst einmal die Funktionsgleichung bestimmt werden (Funktionssynthese).

Mit den folgenden Beispielaufgaben wird erklärt, wie die Funktionsgleichungen entsprechend bestimmten vorgegebenen Bedingungen aufgestellt werden können:

Aufgabe 1

Wie lautet die Gleichung einer quadratischen Funktion, deren Graph die y-Achse bei –1 schneidet und durch die Punkte $P_1(1/2)$ und $P_2(2/4)$ verläuft?

Lösung

Die gesuchte Funktionsgleichung hat die allgemeine Form $f(x) = ax^2 + bx + c$.

Die Koeffizienten a, b und c müssen jetzt so bestimmt werden, dass der Graph der Funktion die in der Aufgabenstellung geforderten Bedingungen erfüllt.

Er soll also durch die Punkte $S_y(0/-1)$, $P_1(1/2)$ und $P_2(2/4)$ verlaufen. Anders ausgedrückt soll die Funktion folgende **Bedingungen** erfüllen.

- $f(0) = -1$
- $f(1) = 2$
- $f(2) = 4$

Zur Bestimmung der Koeffizienten a, b und c werden die x-Werte und Funktionswerte der drei vorgegebenen Punkte in die Funktionsgleichung $f(x) = ax^2 + bx + c$ eingesetzt:

$$\begin{aligned} f(0) &= -1 \Rightarrow \quad \text{I: } -1 = c \\ f(1) &= 2 \Rightarrow \quad \text{II: } 2 = a + b + c \\ f(2) &= 4 \Rightarrow \text{III: } 4 = 4a + 2b + c \end{aligned}$$

Man erhält ein Gleichungssystem mit drei Gleichungen und drei Variablen, welches aufzulösen ist.
Da $c = -1$ ist (Gleichung I), kann dieser Wert in die Gleichungen II und III eingesetzt werden:

$$\begin{aligned} \text{II: } 2 &= a + b - 1 \\ \text{III: } 4 &= 4a + 2b - 1 \end{aligned}$$

Mithilfe des Additionsverfahrens[1] werden diese zwei Gleichungen mit 2 Variablen auf eine Gleichung mit einer Variablen reduziert.

Gleichung II, wird zunächst mit (–2) multipliziert und dann mit Gleichung III addiert. Dadurch wird die Variable b eliminiert:

$$\begin{aligned} \text{II} \cdot (-2)\text{: } -4 &= -2a - 2b + 2 \\ +\ \text{III: } \quad 4 &= 4a + 2b - 1 \\ \hline 0 &= 2a + 1 \qquad \Rightarrow \underline{a = -\tfrac{1}{2}} \end{aligned}$$

b kann jetzt z. B. mit Gleichung III bestimmt werden, indem der für a berechnete Wert eingesetzt wird:

$$\begin{aligned} 4 &= 4a + 2b - 1 \\ 4 &= 4 \cdot (-\tfrac{1}{2}) + 2b - 1 \\ 7 &= 2b \\ \underline{b} &\underline{= 3{,}5} \end{aligned}$$

Die Gleichung der gesuchten Funktion lautet demnach:

$$\underline{\underline{f(x) = -0{,}5\,x^2 + 3{,}5x - 1}}$$

---

[1] siehe Abschnitt 1.3.2

In Bild 2.6.1.1 ist gezeigt, dass der Graph der Funktion die in der Aufgabenstellung geforderten Bedingungen erfüllt.

Zur Sicherheit kann eine Probe in der Weise durchgeführt werden, dass kontrolliert wird, ob die berechnete Funktionsgleichung die geforderten Bedingungen tatsächlich erfüllt:

$f(0) = -1$
$f(1) = -0{,}5 + 3{,}5 - 1 = 2$
$f(2) = -2 + 7 - 1 = 4$

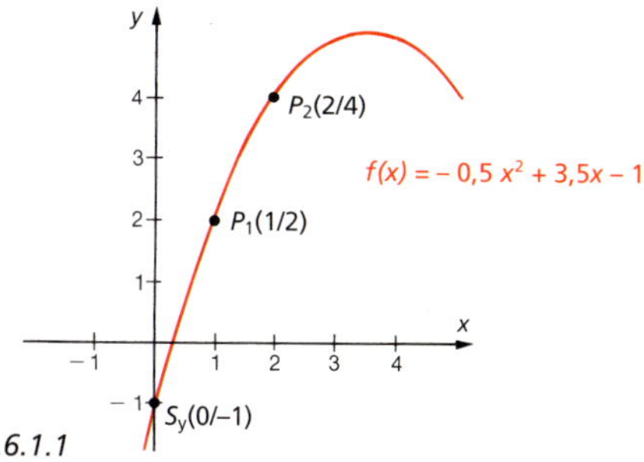

Bild 2.6.1.1

Bei der in Aufgabe 1 gesuchten Funktionsgleichung waren 3 Variablen zu bestimmen.

Grundsätzlich muss die Aufgabenstellung **mindestens** so viele Bedingungen für den Verlauf des Funktionsgraphen enthalten, wie Variablen zu bestimmen sind.

Begründung:

Aus der Zahl der Bedingungen laut Aufgabenstellung ergibt sich die Zahl der Gleichungen. Ein Gleichungssystem ist aber nur dann eindeutig lösbar, wenn die Zahl der Gleichungen mindestens so groß ist wie die Zahl der zu berechnenden Variablen.

Für das Vorgehen bei der Lösung der Gleichungssysteme kann kein „Rezept" gegeben werden. Mithilfe der 3 bekannten Verfahren zur Lösung von Gleichungssystemen kann beliebig vorgegangen werden.

Mit der folgenden Aufgabe wird gezeigt, dass die an eine Funktion gestellten Bedingungen nicht nur darin zu bestehen brauchen, dass der Graph der Funktion durch bestimmte Punkte verlaufen soll. Auch Vorgaben über einzuhaltende Extrem- und Wendepunkte können gegeben werden.

Aufgabe 2

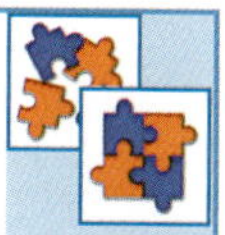

Wie lautet die Funktionsgleichung einer ganzrationalen Funktion 3. Grades, deren Graph in $P\left(-1/-\frac{13}{3}\right)$ einen Tiefpunkt hat, bei $x = 2$ einen Wendepunkt aufweist und die y-Achse bei +1 schneidet?

Lösung

1. Die gesuchte **Funktionsgleichung hat die allgemeine Form**
   $f(x) = ax^3 + bx^2 + cx + d.$
   Die 1. und 2. Ableitung dieser Funktion lauten:
   $f'(x) = 3\,ax^2 + 2\,bx + c$
   $f''(x) = 6\,ax + 2\,b$

2. Die in der Aufgabenstellung enthaltenen **Bedingungen** lauten mathematisiert:

- $f(-1) = -\frac{13}{3}$, weil der Funktionsgraph durch $P\left(-1 \middle/ -\frac{13}{3}\right)$ verläuft.
- $f'(-1) = 0$, weil bei $x - 1$ die Steigung der Funktion 0 ist.
- $f''(2) = 0$, weil bei $x = 2$ ein Wendepunkt liegt (bei einer Wendestelle ist die 2. Ableitung 0).
- $f(0) = 1$, weil bei $x = 0$ der Funktionswert 1 ist.

3. Aus den 4 Bedingungen der Aufgabenstellung wird jetzt ein **Gleichungssystem** mit 4 Gleichungen zur Bestimmung der 4 Variablen aufgestellt:

$f(-1) = -\frac{13}{3} \quad \Rightarrow \quad$ I: $-\frac{13}{3} = -a + b - c + d$
(indem –1 für x und $-\frac{13}{3}$ für $f(x)$ in $f(x) = ax^3 + bx^2 + cx + d$ eingesetzt wird)

$f'(-1) = 0 \quad \Rightarrow \quad$ II: $0 = 3a - 2b + c$
(indem –1 für x und 0 für $f'(x)$ in die 1. Ableitung eingesetzt wird)

$f''(2) = 0 \quad \Rightarrow \quad$ III: $0 = 12a + 2b$
(indem 2 für x und 0 für $f''(x)$ in die 2. Ableitung eingesetzt wird)

$f(0) = 1 \quad \Rightarrow \quad$ IV: $d = 1$
(das Absolutglied ist 1)

Dieses Gleichungssystem mit 4 Gleichungen und 4. Variablen muss jetzt aufgelöst, d. h., die Variablen müssen berechnet werden.
$d = 1$ aus Gleichung IV kann in Gleichung I eingesetzt werden. Dadurch vereinfacht sich das Gleichungssystem auf 3 Gleichungen mit 3 Variablen:

I: $-\frac{13}{3} = -a + b - c + 1$

II: $0 = 3a - 2b + c$

III: $0 = 12a + 2b$

Durch Addition der Gleichungen I und II entfällt die Variable c:

(I + II): $-\frac{13}{3} = 2a - b + 1$

Wird diese Gleichung mit 2 multipliziert und dann mit Gleichung III addiert, entfällt die Variable b:

(I + II) · 2: $\quad -\frac{26}{3} = 4a - 2b + 2$

+ III: $\quad \underline{0 = 12a + 2b}$

$-\frac{26}{3} = 16a + 2$

$-\frac{32}{3} = 16a$

$\underline{a = -\frac{2}{3}}$

Aus Gleichung III kann jetzt b berechnet werden:

III: $0 = 12a + 2b$

$b = -6a$

$b = -6 \cdot (-\frac{2}{3})$

$\underline{b = 4}$

Aus Gleichung II kann schließlich c berechnet werden:

II: $0 = 3a - 2b + c$

$c = -3a + 2b$

$c = -3\,(-\frac{2}{3}) + 2 \cdot 4$

$c = 2 + 8$

$\underline{c = 10}$

Die gesuchte Funktionsgleichung, die den Anforderungen der Aufgabenstellung entspricht, lautet demnach:

$$f(x) = -\frac{2}{3}x^3 + 4x^2 + 10x + 1$$

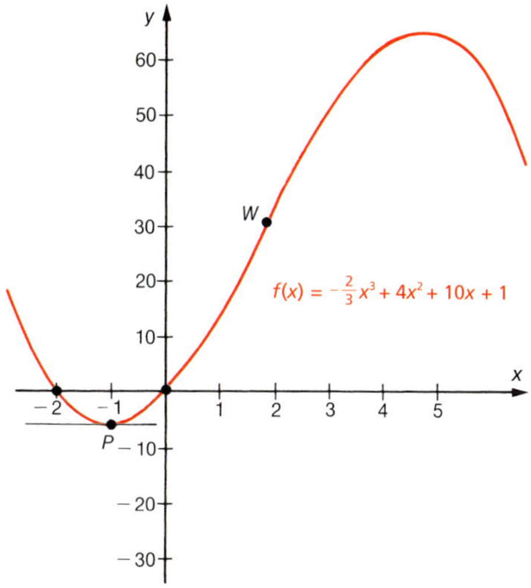

Bild 2.6.1.2

Das Aufstellen von Funktionsgleichungen aus vorgegebenen Bedingungen erfolgt – wie die bisherigen Beispielsaufgaben gezeigt haben – am besten wie folgt:

1. **Allgemeine Form der Funktionsgleichung evtl. mit Ableitungen aufstellen.**
2. **Mathematisieren der in der Aufgabenstellung verbal ausgedrückten Bedingungen.**
3. **Aufstellen der daraus resultierenden Gleichungen.**
4. **Auflösen des Gleichungssystems.**

Aufgabe 3

Ein zur y-Achse symmetrischer Graph einer ganzrationalen Funktion 4. Grades schneidet die x-Achse bei $x = 3$ mit der Steigung $m = -54$ und verläuft durch den Ursprung. Wie lautet die Funktionsgleichung?

Lösung

1. Da der Funktionsgraph achsensymmetrisch zur y-Achse sein soll, darf die Funktionsgleichung nur gerade Exponenten enthalten:

$$f(x) = ax^4 + bx^2 + c$$
$$f'(x) = 4ax^3 + 2bx$$

2.
- $f(3) = 0$, weil bei $x = 3$ eine Nullstelle liegt
- $f'(3) = -54$, weil bei $x = 3$ die Steigung der Funktion -54 beträgt
- $f(0) = 0$, weil die Funktion durch den Ursprung verläuft.

3. Aus diesen Bedingungen resultieren folgende Gleichungen:

I: $0 = 81a + 9b + c$
II: $-54 = 108a + 6b$
III: $0 = c$

Gleichung III kann in I eingesetzt werden. Damit die Variable b entfällt, wird Gleichung I dann mit 2 und Gleichung II mit (–3) multipliziert, anschließend werden die Gleichungen dann addiert:

$$\begin{aligned} \text{I} \cdot 2: \quad & 0 = 162a + 18b \\ \text{II} \cdot (-3): \quad & \underline{162 = -324a - 18b} \\ & 162 = -162a \\ & \underline{a = -1} \end{aligned}$$

Aus Gleichung I lässt sich b berechnen:

$0 = 81a + 9b$

$b = \frac{81a}{9}$

$\underline{b = 9}$

Die Gleichung der gesuchten Funktion lautet:

$\underline{\underline{f(x) = -x^4 + 9x^2}}$

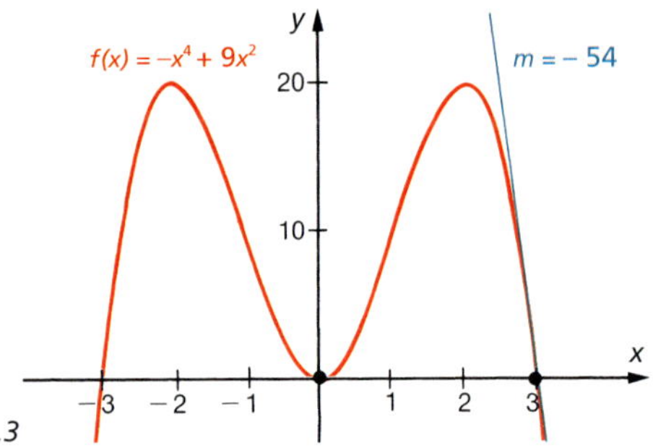

Bild 2.6.1.3

Häufig bereitet das Mathematisieren der vorgegebenen Bedingungen und das daraus resultierende Aufstellen der Gleichungen Schwierigkeiten, weil die in der Aufgabenstellung enthaltenen Bedingungen „verschleiert" ausgedrückt sind.

Im Folgenden sind einige denkbare Formulierungen interpretiert:

Der Graph der Funktion berührt die x-Achse bei x_a	x_a ist doppelte Nullstelle **und** Extremstelle $f(x_a) = 0$ $f'(x_a) = 0$
Der Funktionsgraph hat bei x_a einen Extrempunkt	$f'(x_a) = 0$
Der Funktionsgraph hat bei x_a einen Wendepunkt	$f''(x_a) = 0$
Der Funktionsgraph hat bei x_a einen Sattelpunkt	$f'(x_a) = 0$ $f''(x_a) = 0$
Der Funktionsgraph hat bei x_a die Steigung 10	$f'(x_a) = 10$
Der Funktionsgraph hat bei x_a eine Tangente mit der Steigung 10	$f'(x_a) = 10$
Der Funktionsgraph verläuft bei a_a parallel zur Geraden g: $g(x) = mx + b$	$f'(x_a) = m$
Der Graph der Funktion verläuft punktsymmetrisch zum Ursprung	Die Funktionsgleichung enthält nur ungerade Exponenten
Der Graph der Funktion verläuft achsensymmetrisch zur y-Achse	Die Funktionsgleichung enthält nur gerade Exponenten

Aufgabe 4

Der Graph einer ganzrationalen Funktion 4. Grades hat einen Sattelpunkt $W_S(2/f(2))$ und seinen Tiefpunkt im Schnittpunkt mit der y-Achse. Die Wendetangente bei $x = \frac{2}{3}$ verläuft parallel zur Geraden g: $g(x) = \frac{32}{27}x - 2$.
Wie lautet die Funktionsgleichung?

Lösung

1. **Funktionsgleichung mit Ableitungen** allgemein formuliert:

$$f(x) = ax^4 + bx^3 + cx^2 + dx + e$$
$$f'(x) = 4ax^3 + 3bx^2 + 2cx + d$$
$$f''(x) = 12ax^2 + 6bx + 2c$$

2. **Bedingungen:** — 3. **Gleichungen:**

- $f'(2) = 0 \quad \Rightarrow \quad$ I: $0 = 32a + 12b + 4c + d$
- $f''(2) = 0 \quad \Rightarrow \quad$ II: $0 = 48a + 12b + 2c$
- $f'(0) = 0 \quad \Rightarrow \quad$ III: $0 = d$
- $f'(\frac{2}{3}) = \frac{32}{27} \quad \Rightarrow \quad$ IV: $\frac{32}{27} = \frac{32}{27}a + \frac{4}{3}b + \frac{4}{3}c + d$
- $f''(\frac{2}{3}) = 0 \quad \Rightarrow \quad$ V: $0 = \frac{48}{9}a + 4b + 2c$

4. **Auflösen des Gleichungssystems:**

Gleichung III kann in Gleichung I und IV eingesetzt werden:

I: $0 = 32a + 12b + 4c$

II: $0 = 48a + 12b + 2c$

IV: $\frac{32}{27} = \frac{32}{27}a + \frac{4}{3}b + \frac{4}{3}c$

V: $0 = \frac{48}{9}a + 4b + 2c$

Durch Substraktion der Gleichung II von Gleichung I entfällt b:

I–II: $0 = -16a + 2c$

Wenn Gleichung IV mit (–3) multipliziert und dann mit Gleichung V addiert wird, entfällt ebenfalls b:

IV · (–3): $-\frac{32}{9} = -\frac{32}{9}a - 4b - 4c$

+ V: $0 = \frac{48}{9}a + 4b + 2c$

$-\frac{32}{9} = \frac{16}{9}a - 2c$

Wird zu dieser Gleichung die Gleichung (I–II) addiert, entfällt c:

IV · (–3) + V): $-\frac{32}{9} = \frac{16}{9}a - 2c$

+ (I–II): $0 = -16a + 2c$

$-\frac{32}{9} = -\frac{120}{9}a$

$a = \frac{32}{128}$

$\underline{a = \frac{1}{4}}$

Mithilfe der Gleichung (I–II) kann c berechnet werden:

(I–II): $0 = -16a + 2c$

$-c = -8a$

$\underline{c = 2}$

b ergibt sich aus Gleichung I, indem die für a und c berechneten Werte eingesetzt werden:

I: $0 = 32a + 12b + 4c$

$12b = -32a - 4c$

$12b = -8 - 8 = -16$

$\underline{b = -\frac{4}{3}}$.

Das Absolutglied e, welches bekanntlich die Verschiebung der Funktion in y-Richtung angibt, lässt sich mithilfe des Gleichungssystems nicht berechnen. Dieser Sachverhalt stimmt allerdings auch mit der Aufgabenstellung überein: Da kein Funktionswert als Bedingung gegeben ist, kann die Funktion mit den laut Aufgabestellung vorgegebenen Eigenschaften an bestimmten Stellen in y-Richtung beliebig verschoben werden.

e bleibt also als Variable erhalten, Lösung ist demnach eine sog. **Kurvenschar** mit der Funktionsgleichung

$$\underline{\underline{f(x) = \frac{1}{4}x^4 - \frac{4}{3}x^3 + 2x^2 + e}}$$

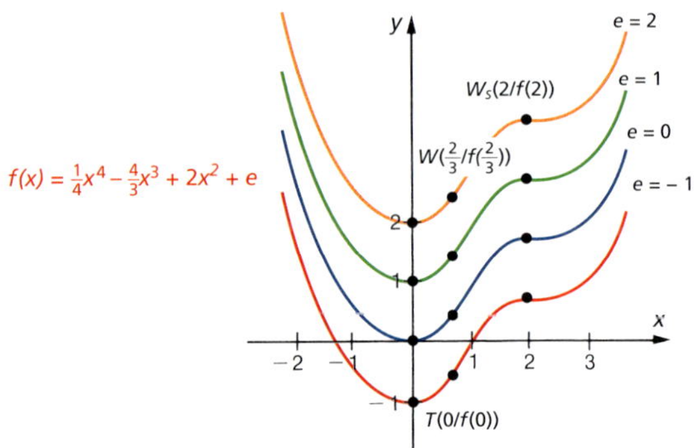

Bild 2.6.1.4

Übungsaufgaben

Bestimmen Sie die Funktionsgleichungen.

1 a) Eine quadratische Normalparabel hat den Scheitelpunkt $S(3/2)$ und schneidet die y-Achse bei $y = 11$.

b) Eine nach unten geöffnete Parabel schneidet die y-Achse bei $y = -5$ und verläuft durch $P(7/-1{,}5)$. In P beträgt die Steigung der Funktion -3.

c) Eine Parabel hat folgende Achsenschnittpunkte: $S_{x_1}(2{,}5/0)$, $S_{x_2}(-1{,}5/0)$ und $S_y(0/-1{,}5)$.

d) Eine Parabel hat bei $x = 2$ eine Nullstelle. Die Steigung in dieser Nullstelle der Funktion beträgt 9. Eine weitere Nullstelle ist bei $x = -\frac{1}{4}$.

e) Eine Normalparabel berührt die x-Achse bei $x = -2$.

2 Der Graph einer ganzrationalen Funktion 3. Grades der Form

$f(x) = x^3 + ax^2 + bx + c$ verläuft durch $P_1(-3/-12)$, durch $P_2(2/8)$ und durch den Ursprung.

3 Der Graph einer ganzrationalen Funktion 3. Grades berührt die x-Achse bei $x = 3$ und verläuft durch $P(4/3)$ und $Q(1/4)$.

4 Der Graph einer ganzrationalen Funktion 4. Grades verläuft achsensymmetrisch zur y-Achse. Die x-Achse wird bei $x = 1$, die y-Achse bei $y = 9$ geschnitten.

5 Der Graph einer ganzrationalen Funktion 3. Grades hat bei $x = 2$ eine Tangente mit der Steigung 38, bei $x = -\frac{1}{9}$ und bei $x = 0$ verlaufen die Tangenten parallel zur x-Achse.

6 Der Graph einer ganzrationalen Funktion 3. Grades hat einen Extrempunkt $E(-2/0)$ und einen Wendepunkt $W(-1/-2)$.

7 Der Graph einer ganzrationalen Funktion 3. Grades hat an den folgenden Stellen die angegebenen Funktionswerte:

x	−1	1	2	3
$f(x)$	2	2	83	290

8 Der Graph einer achsensymmetrischen ganzrationalen Funktion 4. Grades verläuft durch den Ursprung und hat einen Hochpunkt $H(2/4)$.

9 Der Graph einer ganzrationalen Funktion 4. Grades hat im Ursprung einen Sattelpunkt und einen Extrempunkt bei $x = \frac{3}{2}$. Ferner verläuft sie durch $P(1/-1)$.

10 Der Graph einer ganzrationalen Funktion 4. Grades ist achsensymmetrisch zur y-Achse und schneidet diese bei 4. Die x-Achse wird bei $x = 2$ geschnitten. Bei $x = -1$ befindet sich eine Wendestelle.

11 Der Graph einer ganzrationalen Funktion der Form $f(x) = x^3 + bx^2 + cx$ hat bei $x = 1$ einen Extrempunkt und bei $x = 2$ eine Wendestelle.

12 Der Graph einer ganzrationalen Funktion 4. Grades berührt die x-Achse bei $x = 2$ und hat Wendepunkte im Ursprung und bei $x = 1{,}5$. Die Steigung im Ursprung beträgt 1.

13 Der Wendepunkt des Graphen einer ganzrationalen Funktion 3. Grades ist $W\left(\frac{1}{2}/0\right)$. Die Nullstellen sind $x = -1$ und $x = 2$. Die y-Achse wird bei $(0/2)$ geschnitten.

14 Der Graph einer punktsymmetrischen ganzrationalen Funktion 5. Grades hat den Sattelpunkt $W_S(1/8)$.

15 Der Sattelpunkt des Graphen einer ganzrationalen Funktion 4. Grades ist $W_S(1/0)$, der Hochpunkt $H(-2/4{,}5)$.

2.6.2 Extremwertaufgaben mit Nebenbedingungen

Ein interessantes Anwendungsgebiet der Differenzialrechnung ist die Berechnung von optimalen Werten. Praxisorientierte Probleme sollen dadurch gelöst werden, dass größte oder kleinste Funktionswerte zu bestimmen sind. So könnte einen Unternehmer beispielsweise interessieren, bei welcher Ausbringungsmenge sein Gewinn möglichst groß wird. Für einen Hersteller von Verpackungsmaterialien könnte die Beantwortung folgender Fragen von Interesse sein:

- Wie muss ein Blech einer bestimmten Größe geformt werden, damit der entstehende Kasten ein möglichst großes Volumen hat?
- Wie ist eine Bierdose zu gestalten, damit bei festgelegtem Inhalt der Blechverbrauch möglichst gering ist?

Im Folgenden soll die Lösung von Aufgaben mit solchen oder ähnlichen Fragestellungen vorgestellt werden.

Aufgabe 1

Mit einem 150 Meter langen Zaun soll eine möglichst große rechteckige Fläche eingezäunt werden, die auf einer Seite bereits durch eine Mauer begrenzt ist. Wie sind Länge und Breite des Rechtecks zu wählen, wenn die einzuzäunende Fläche maximal werden soll?

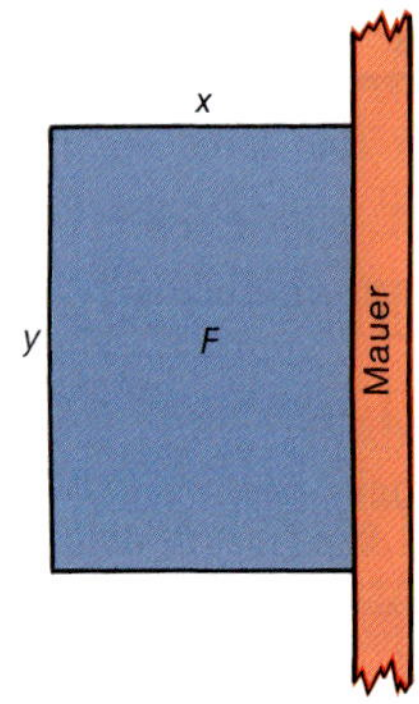

Bild 2.6.2.1

Lösung

1. Funktionsgleichung der Zielfunktion:

a) Hauptbedingung:
Bei diesem Problem soll die Fläche maximiert werden. Die Fläche F eines Rechtecks wird berechnet mit: F = Länge · Breite. Daraus ergibt sich die sog.

Hauptbedingung[1]: $F = x \cdot y$

(siehe Skizze).

b) Nebenbedingung:
Im Unterschied zu Aufgabe 1 ist die zu maximierende Größe (hier F) von **2** Variablen abhängig. Mithilfe der sog.

Nebenbedingung: $150 = 2x + y$

$\Leftrightarrow y = 150 - 2x$

(siehe Aufgabenstellung) kann die Variable y durch x ausgedrückt werden. Dadurch kann auf der rechten Seite der Hauptbedingung die Zahl der Variablen reduziert werden.

c) Zielfunktion:
Wird in die Hauptbedingung der eben berechnete Term für y eingesetzt, ergibt sich

$F = x \cdot (150 - 2x)$

[1] Die Hauptbedingung enthält immer die zu maximierende bzw. zu minimierende Größe.

Die Fläche ist offensichtlich abhängig von x, sodass man diese Zuordnung auch als Funktionsgleichung schreiben kann:

$\boldsymbol{F(x) = x \cdot (150 - 2x)}$ in Linearfaktordarstellung,

oder in Polynomform:

$\underline{\underline{\boldsymbol{F(x) = -2x^2 + 150x}}}$.

2. Kurvendiskussion für den (mathematisch) maximal möglichen Definitionsbereich:

- Definitionsbereich: $D_{max}(F) = \mathbb{R}$
- Verhalten am Rande des Definitionsbereiches:
  $\lim\limits_{x \to -\infty} F(x) =$ „$-\infty$“; $\lim\limits_{x \to \infty} F(x) =$ „$-\infty$“
- Symmetrie: kein Symmetrieverhalten erkennbar
- Achsenschnittpunkte: $S_{x_{1/F}}(0/0)$ $S_{x_{2/3}}(75/0)$
- Ableitungen: $F'(x) = -4x + 150$; $F''(x) = -4$
- Extrempunkte: Notwendige und hinreichende Bedingung:
  $F'(x) = 0 \wedge F''(x_E) \neq 0$
  $\Rightarrow H(37{,}5/2812{,}5)$
- Wendepunkte: sind bei einer Parabel nicht vorhanden
- Wertebereich: $W(F) = (-\infty; 2812{,}5]$
- Graph: (s. Abb. auf der Folgeseite)

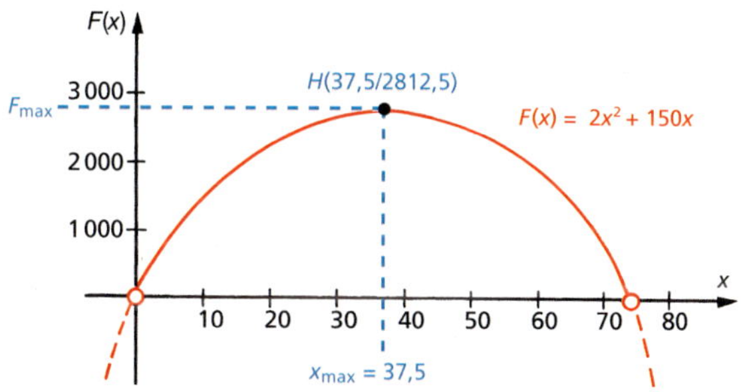

Bild 2.6.2.2

3. Einschränkung des Definitionsbereiches:

Ein auf die Problemstellung bezogener sinnvoller Definitionsbereich der Funktion ist

$\boldsymbol{D_{sinnvoll}(F) = (0; 75)}$.

Begründung:

- x muss positiv sein,
- x darf nicht 0 sein, weil dann durch den Zaun keine Fläche eingeschlossen wird,
- x darf nicht größer oder gleich 75 sein, weil dann die 150 Meter Zaunlänge bereits für 2 Seiten verbraucht wären und dann ebenfalls keine Fläche mehr entstehen kann.
- die Funktionswerte dürfen nur positiv sein, weil nur positive Flächeninhalte möglich sind. Der Graph darf also nur im 1. Quadranten verlaufen.

4. Ergebnis:

Für $x = 37{,}5$ m und $y = 75$ m ist die Grundstücksfläche mit $2812{,}5\ m^2$ maximal.

Aufgabe 2

Aus einem quadratischen Blech der Seitenlänge 10 Längeneinheiten soll ein Kasten gefertigt werden. Dazu werden an den 4 Ecken des Bleches Quadrate ausgeschnitten und die vorstehenden Rechtecke hochgeknickt. Welche Seitenlänge x müssen die ausgeschnittenen Quadrate haben, damit das Volumen des Kastens möglichst groß ist? Wie groß ist das maximale Volumen des Kastens?

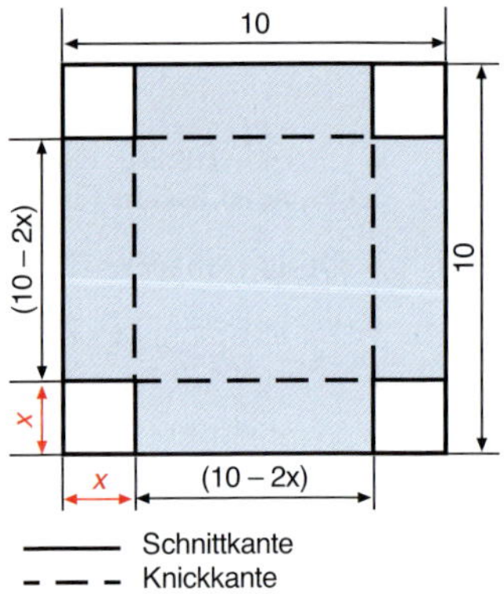

Bild 2.6.2.3

Vorüberlegung:
Je nachdem, wie groß x gewählt wird, ändert sich die Gestalt des Kastens und damit sein Volumen.

Zum Beispiel:

- Für $x = 1$ (flacher Kasten) ist das Volumen nach V = Länge · Breite · Höhe $= 8 \cdot 8 \cdot 1 = \underline{\underline{64}}$
- Für $x = 4$ (hoher Kasten) ist das Volumen $V = 2 \cdot 2 \cdot 4 = \underline{\underline{16}}$

Lösung

Das Volumen V ist offensichtlich abhängig von x, da sich durch unterschiedlich großes x sowohl die Länge und Breite als auch die Höhe des Kastens verändern. Folglich kann eine Funktionsgleichung V in Abhängigkeit von x aufgestellt werden. Diese Funktion zeigt dann, wie sich das Volumen des Kastens bei unterschiedlichen x-Werten verändert.

1. Aufstellen der Funktionsgleichung der Zielfunktion:

Weil V = Länge · Breite · Höhe = Grundfläche · Höhe ⇒

$V(x) = (10 - 2x)^2 \cdot x$

$V(x) = (100 - 40x + 4x^2) \cdot x$

$\underline{\underline{\boldsymbol{V(x) = 4x^3 - 40x^2 + 100\,x}}}$

2. Kurvendiskussion für den (mathematisch) maximal möglichen Definitionsbereich:

- **Definitionsbereich:**
  $D_{max}(V) = \mathbb{R}$
- **Verhalten am Rande des Definitionsbereiches:**
  $\lim\limits_{x \to -\infty} V(x) =$ „$-\infty$“; $\lim\limits_{x \to \infty} V(x) =$ „∞“
- **Symmetrie:**
  Kein Symmetrieverhalten erkennbar.
- **Achsenschnittpunkte:**
  $S_{x_{1/V}}(0/0)$; $S_{x_{2/3}}(5/0)$
- **Ableitungen:**
  $V'(x) = 12x^2 - 80x + 100$
  $V''(x) = 25x - 80$
  $V'''(x) = 24$
- **Extrempunkte:**
  Notwendige und hinreichende Bedingung:
  $V'(x) = 0 \wedge V''(x) \neq 0$
  $\Rightarrow H\left(\frac{5}{3}\middle/\frac{2\,000}{27}\right) \approx (1{,}\overline{6}/74{,}\overline{074})$ $T(5/0)$

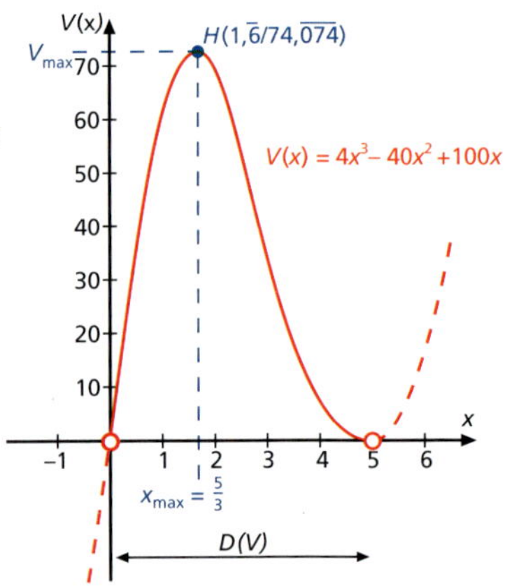

Bild 2.6.2.4

- **Wendepunkte:**
  Notwendige und hinreichende Bedingung:
  $V''(x) = 0 \wedge V'''(x_W) \neq 0$
  $W\left(\frac{10}{3} \middle/ \frac{1\,000}{27}\right) \approx (3{,}\overline{3}/37{,}\overline{037})$
- **Wertebereich:**
  $W(V) = \mathbb{R}$
- **Graph:** s. Abb.

3. Einschränkung des Definitionsbereiches auf einen sinnvollen Bereich:

Es ist leicht einsehbar, dass x nur positive Werte annehmen kann. Zudem muss $x < 5$ sein, weil für $x \geq 5$ die ausgeschnittenen Quadrate so groß sind, dass das gesamte vorhandene Blech weggeschnitten wird und dann kein Kasten mehr geformt werden kann. Bei $x = 0$ werden keine Quadrate weggeschnitten, sodass auch kein Kasten geformt werden kann. Folglich ist

$D_{\text{sinnvoll}}(V) = (0; 5)$[1)]

4. Ergebnis:

Für $x = \frac{5}{3} = 1{,}\overline{6}$ Längeneinheiten wird das Volumen des zu fertigenden Kastens maximal und beträgt dann $V = \frac{2\,000}{27} = 74{,}\overline{074}$ Volumeneinheiten.

Die **Hauptbedingung** enthält immer **die zu optimierende Größe.**
Mithilfe der **Nebenbedingung(en)** wird die **Anzahl der Variablen** in der Hauptbedingung **reduziert.**

Man kann Extremwertaufgaben auch allgemein gültig lösen, d. h., es sind keine konkreten Zahlen vorgegeben:

Aufgabe 3

Ein Fenster soll die Form eines Rechtecks mit aufgesetztem Halbkreis haben. Wie sind die Abmessungen zu wählen, damit bei gegebenem Umfang U die Fläche F des Fensters und damit der Lichteinfall möglichst groß wird?

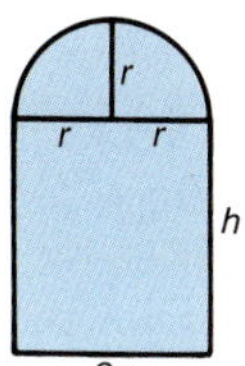

Bild 2.6.2.5

Notwendige Formeln:
Kreisumfang = $2\pi r$
Kreisfläche = πr^2

Lösung

1. Funktionsgleichung der Zielfunktion:

a) Hauptbedingung:

Die zu optimierende Größe ist die Fläche F des Fensters. Also muss für F eine Gleichung, die sog. Hauptbedingung gefunden werden:

Fensterfläche = Fläche des Rechtecks + Fläche des Halbkreises

$$F = 2r \cdot h + \frac{\pi r^2}{2}$$

1) Statt der hier durchgeführten Überlegungen hätte man die Intervallgrenzen auch durch Berechnung der Nullstellen der Funktion bestimmen können.

b) Nebenbedingung:

Aus dem Umfang des Fensters ergibt sich:

$U = 3$ Rechteckseiten + Halbkreis

$U = 2h + 2r + \pi r$

Die Nebenbedingung wird nun nach h aufgelöst:[1]

$$h = \frac{U - 2r - \pi r}{2},$$

und kann dann in die Hauptbedingung eingesetzt werden.

c) Zielfunktion:

$$F = 2r \cdot \left(\frac{U - 2r - \pi r}{2}\right) + \frac{\pi r^2}{2} = Ur - 2r^2 - \pi r^2 + \frac{\pi r^2}{2} = Ur - 2r^2 - \frac{1}{2}\pi r^2$$

Dies ist dann die Funktionsgleichung der Zielfunktion:

$$F(r) = Ur - 2r^2 - \frac{1}{2}\pi r^2 \Leftrightarrow \underline{\underline{\boldsymbol{F(r) = (-2 - \tfrac{1}{2}\pi)r^2 + Ur}}}$$

Der Graph dieser Funktion ist eine nach unten geöffnete, gedehnte Parabel, die durch den Ursprung verläuft.[2]

2. Kurvendiskussion für den (mathematisch) maximal möglichen Definitionsbereich:

- Definitionsbereich: $D_{max}(F) = \mathbb{R}$
- Verhalten am Rande des Definitionsbereiches:
  $\lim\limits_{r \to -\infty} F(r) =$ „$-\infty$", $\lim\limits_{r \to \infty} F(r) =$ „$-\infty$"
- Symmetrie: Kein Symmetrieverhalten erkennbar.
- Achsenschnittpunkte: $S_{r_1/F}(0/0)$ $S_{r_2}\left(\frac{2U}{\pi + 4}\middle/0\right)$
- Ableitungen: $F'(r) = U - \pi r + 4r$ $\quad F''(r) = -\pi - 4$
- Extrempunkte: Notwendige und hinreichende Bedingung:
  $F'(r) = 0 \wedge F''(r_E) \neq 0$
  $\Rightarrow H\left(\frac{U}{\pi + 4}\middle|\frac{U^2}{2\pi + 8}\right)$
- Wendepunkte: Sind bei einer Parabel nicht vorhanden.
- Wertebereich: $W(F) = \left(-\infty; \frac{U^2}{2\pi + 8}\right]$

3. Einschränkung des Definitionsbereiches:

Da nur positive Flächen möglich sind, muss der Graph im 1. Quadranten verlaufen. Aus den Nullstellen ergibt sich:

$$D_{sinnvoll}(F) = \left(0; \frac{2U}{\pi + 4}\right)$$

4. Ergebnis:

Für $r = h = \dfrac{U}{\pi + 4}$ ist die Fensterfläche mit $F = \dfrac{U^2}{2\pi + 8}$ maximal.

---

[1] Es wäre auch möglich die Nebenbedingung nach r aufzulösen. Dann würde sich jedoch ein komplizierterer Term ergeben, der die weiteren Rechnungen schwieriger macht.

[2] Begründung: Der Koeffizient bei r^2 gibt die Dehnung/Stauchung und Öffnung an. Dieser Koeffizient ist $(-2 - \frac{1}{2}\pi)$, also

1. $< 0 \Rightarrow$ Öffnung nach unten.
2. vom Betrag $> 1 \Rightarrow$ Dehnung.

Übungsaufgaben

Ganzrationale Funktionen

Für die folgenden Übungsaufgaben gelte – entsprechend den vorausgegangenen Beispielaufgaben – die Aufgabenstellung:

a) Erstellen Sie zunächst die Gleichung einer Zielfunktion.

b) Diskutieren Sie dann die Zielfunktion für den (mathematisch) maximal möglichen Definitionsbereich und zeichnen Sie Ihren Graphen.

c) Schränken Sie den Definitionsbereich der Zielfunktion für die gegebene Problemstellung sinnvoll ein, kennzeichnen Sie den entsprechenden Teil des Graphen.

d) Welche Maße führen zu einer optimalen Problemlösung?

1 Aus einem rechteckigen Stück Blech mit den Seitenlängen 16 Längeneinheiten (= LE) und 10 LE werden an den Ecken Quadrate herausgeschnitten. Durch Hochbiegen der verbliebenen Randstücke soll ein oben offener quaderförmiger Kasten gefertigt werden.

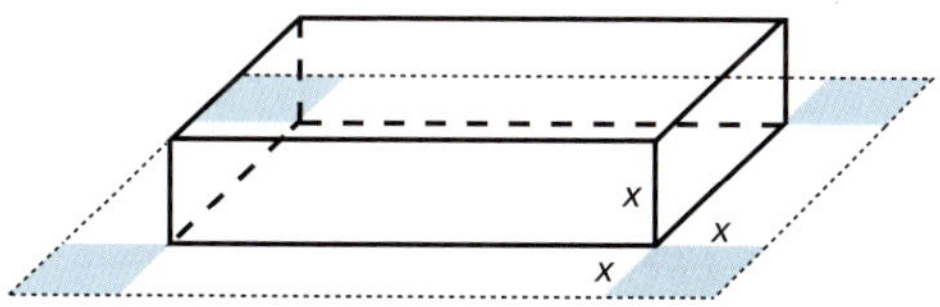

Welche Seitenlänge müssen die ausgeschnittenen Quadrate haben, damit der Inhalt des Kastens möglichst groß wird? Wie groß ist dann der maximale Inhalt des Kastens?

2 Die Katheten eines rechtwinkligen Dreiecks sind zusammen 12 LE lang.
Wie groß sind die Katheten (x und y) zu wählen, damit das Quadrat F über der Hypotenuse z möglichst klein wird? Wie groß ist das Hypotenusenquadrat dann?

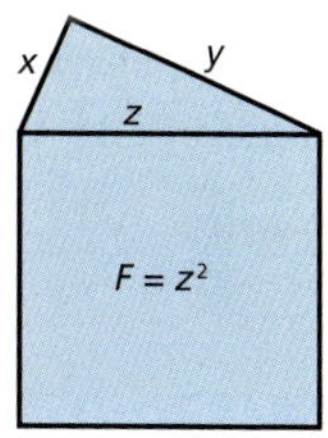

3 Der Querschnitt eines Kanals ist ein gleichschenkliges Dreieck. Aus bautechnischen Gründen soll $x + y = 23$ sein. Welche Maße sind für x und y zu wählen, damit der Querschnitt des Kanals möglichst groß wird? Wie groß ist er dann?

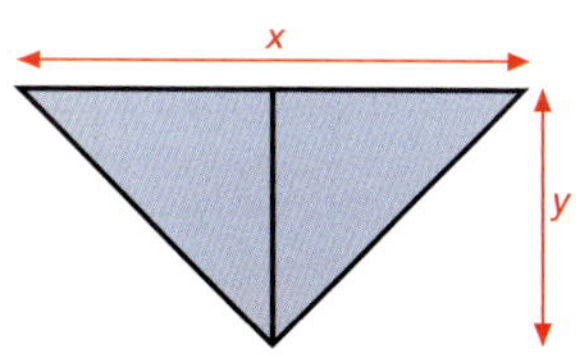

4 Aus einem Draht der Länge $l = 144\,\text{cm}$ soll ein durch seine Kanten angedeuteter Quader mit quadratischer Grundfläche hergestellt werden. Welche Maße sind für die Kanten des Quaders zu wählen, wenn sein Volumen möglichst groß werden soll?

5 Aus Blechtafeln 500 mm × 800 mm sollen entsprechend dem unten abgebildeten Netz durch Ausschneiden, Biegen und Schweißen allseitig geschlossene quaderförmige Kanister mit möglichst großem Volumen hergestellt werden.

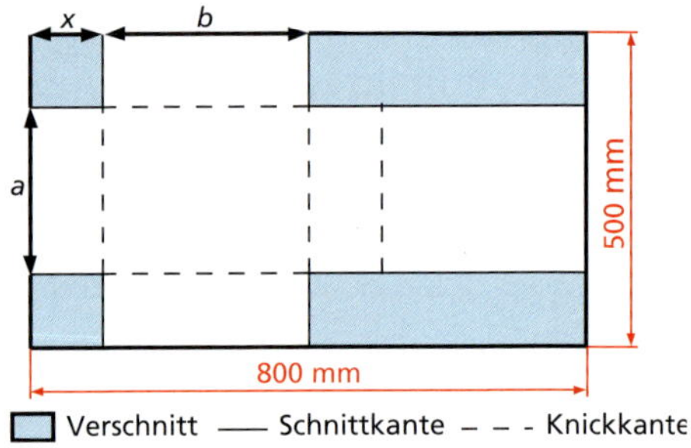

6 Welche Abmessungen muss ein Rechteck haben, damit die Rechtecksfläche bei gegebenem Umfang $U = 400$ LE maximal wird?

7 Für Postpakete ist vorgeschrieben, dass Länge, Breite und Höhe zusammen maximal 90 cm betragen dürfen. Es soll zusätzlich gelten, dass die Breite $\frac{2}{3}$ der Länge betragen muss. Welche Abmessungen sind für das Postpaket zu wählen, damit das Volumen möglichst groß wird?

8 In die kegelförmige Spitze eines kreisrunden Turms (die Spitze ist 8 m hoch) mit dem Durchmesser 10 m soll ein zylindrischer Wasserbehälter eingebaut werden.
Wie sind die Maße dieses Behälters zu wählen, damit er möglichst viel Wasser aufnehmen kann?

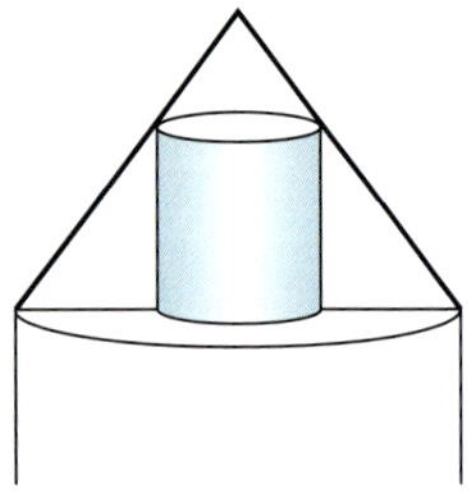

9 In einem Sportstadion soll eine 400-Meter-Laufbahn (bestehend aus 2 parallelen Geraden und 2 angesetzten Halbkreisen) so angelegt werden, dass das integrierte Fußballfeld (Rechteck) möglichst groß wird. Wie sind die Abmessungen zu wählen?

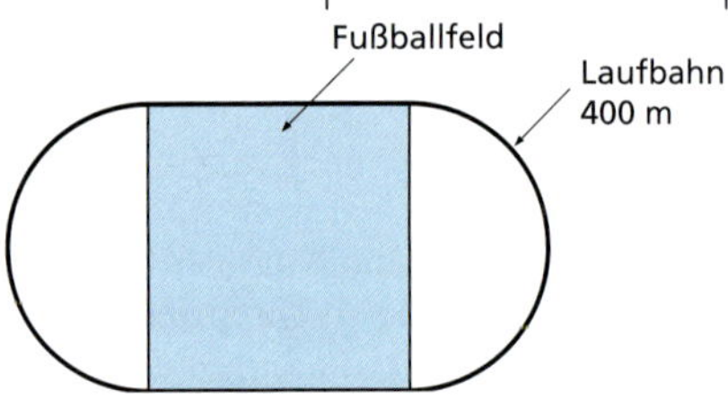

10 In die Abseite[1] eines Dachbodens soll, wie in der Skizze angegeben, der Lüftungsschacht einer Klimaanlage eingebaut werden. Wie sind Länge und Breite des Schachtes zu wählen, damit die Querschnittsfläche und damit das Durchflussvolumen möglichst groß wird?

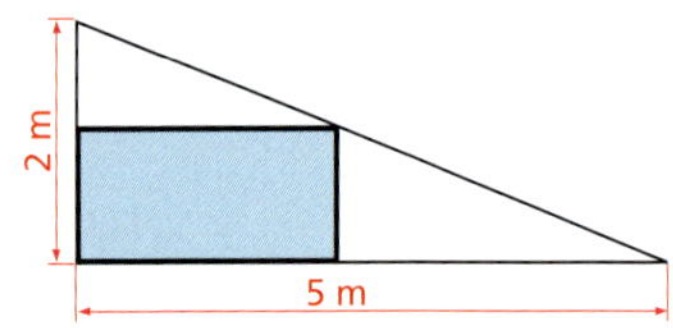

11 Aus einem kreisrunden Baumstamm mit einem Durchmesser von $d = 60$ cm soll ein Balken mit rechteckigem Querschnitt gesägt werden (vgl. Abb.).
Wie sind die Maße des Balkens zu wählen, damit die Tragfähigkeit des Balkens maximal ist?
Hinweise: Die Tragfähigkeit T wird berechnet nach $T = k \cdot b \cdot h^2$ wobei k eine Materialkonstante, b die Breite und h die Höhe des Balkens ist. Für den hier vorliegenden Eichenstamm gilt $k = \frac{1}{6}$.

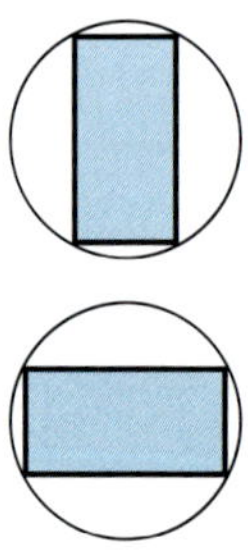

[1] Abseite = Nebenraum

12 Im Dachbodenraum eines Kindergartens soll ein Zimmer eingerichtet werden. Die Länge des Dachbodens beträgt 10 m.
Berechnen Sie das maximale Volumen des neuen Raumes und die dazugehörige maximale Wohnfläche.

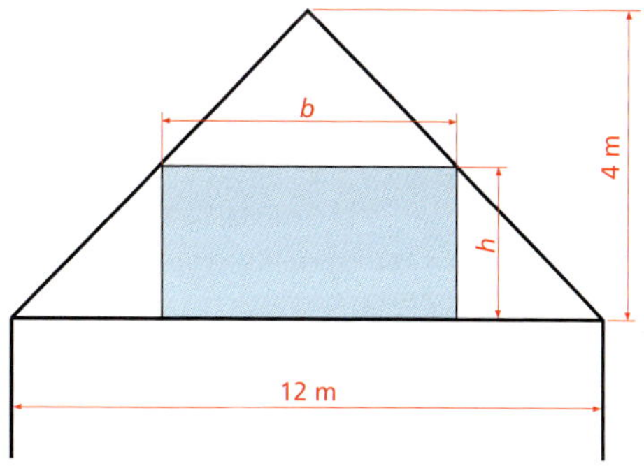

13 Die Seitenwand eines Flugzeughangars hat die Form eines Graphen mit der Gleichung
$f(x) = \frac{1}{25}x^4 - \frac{2}{3}x^2 + \frac{9}{5}$ für [–1,84; 1,84].
In diese Seitenwand der Halle soll ebenerdig ein Tor mit möglichst großer Fläche eingebaut werden.

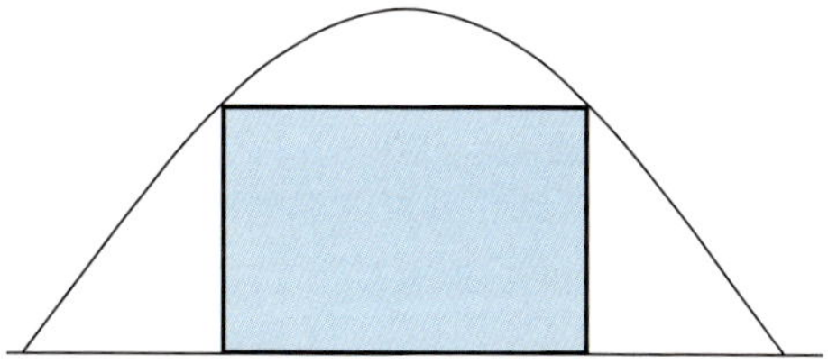

14 Ein Designer möchte eine neue Sektglasform mit trichterförmigem Querschnitt kreieren. Dabei soll die Seitenlänge s des Kelches mit 12 cm fest vorgegeben sein.
Für welche Maße des Sektglases wird sein Volumen maximal? Wie groß ist dann das maximale Volumen?

15 Die Seitenwand einer Tennishalle hat die Form einer Parabel mit der Gleichung $f(x) = -\frac{8}{81}x^2 + 8$. In diese Seitenwand der Halle soll aus Werbegründen ebenerdig ein Fenster mit möglichst großer Fläche eingebaut werden.

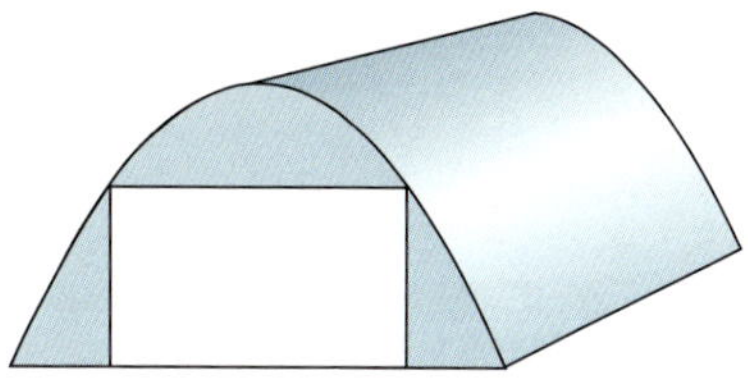

16 Prüfen Sie, ob bei der Herstellung eines 1,5 l Tetrapacks gemäß nebenstehendem Netz tatsächlich das maximal mögliche Volumen realisiert wird. Interpretieren Sie das Ergebnis.

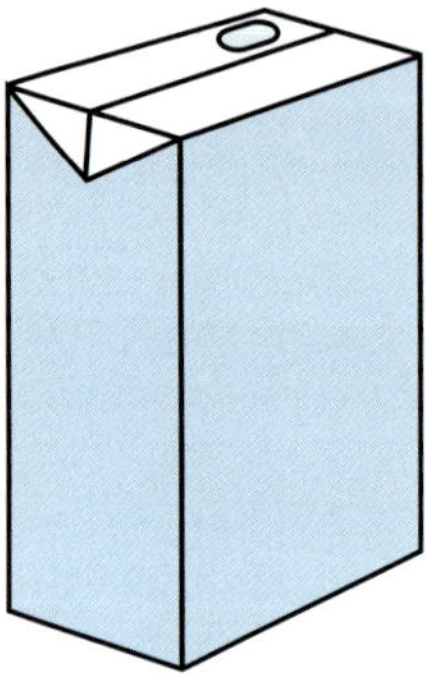

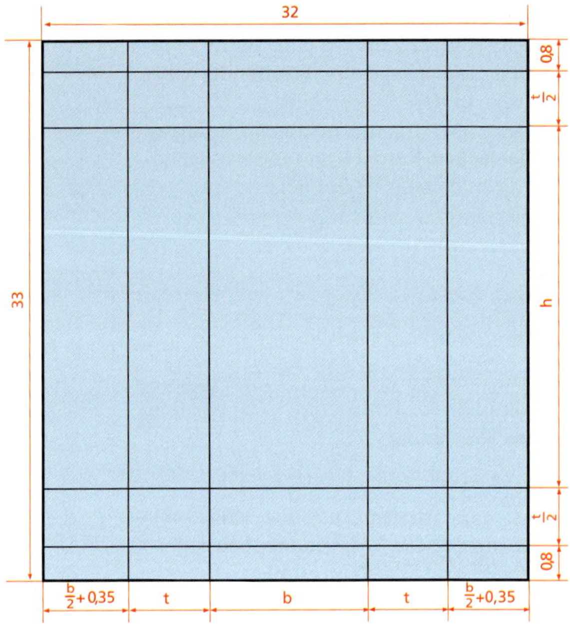

17 Ein Abschnitt der Tragfläche eines Flugzeugs hat die in der Abbildung dargestellte Form. In diesen Tragflächenabschnitt soll ein rechteckiger Lüftungsschacht (s. Abb.) installiert werden.

Wie sind Länge und Breite des Rechtecks zu wählen, damit

I) der Flächeninhalt und damit der Luftdurchfluss maximal wird?

II) der Umfang des Rechtecks und damit die Kühlung maximal wird?

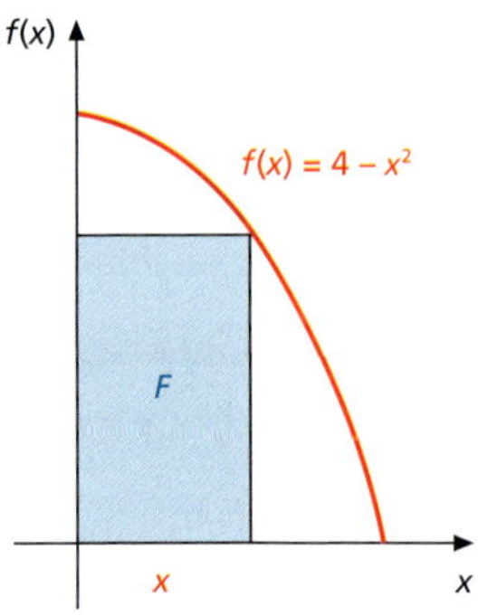

18 Bauer Ewald möchte auf seinem Hof einen Hühnerauslauf bauen, in dem er seine braunen und weißen Hühner voneinander getrennt halten kann. Dazu will er einen rechteckigen freistehenden Auslauf in der Mitte unterteilen.
Mit 75 m Zaun möchte er einen größtmöglichen Auslauf realisieren.

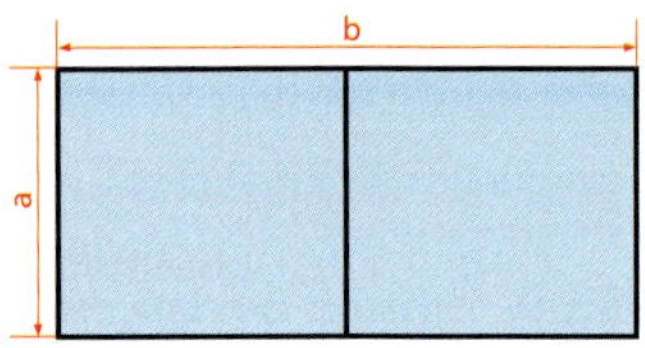

19 Ein Hersteller von Verpackungsmaterialien erhält von einer Großspedition den Auftrag, die bisher verwendeten Umzugskartons daraufhin zu überprüfen, ob diese bei gegebenem Material (Pappplatte 156 cm × 101 cm × 0,5 cm) tatsächlich optimal gestaltet sind, d. h., maximales Volumen aufweisen. Die Art der Konstruktion der Kartons soll weiterhin entsprechend der nebenstehenden Abbildung erfolgen.

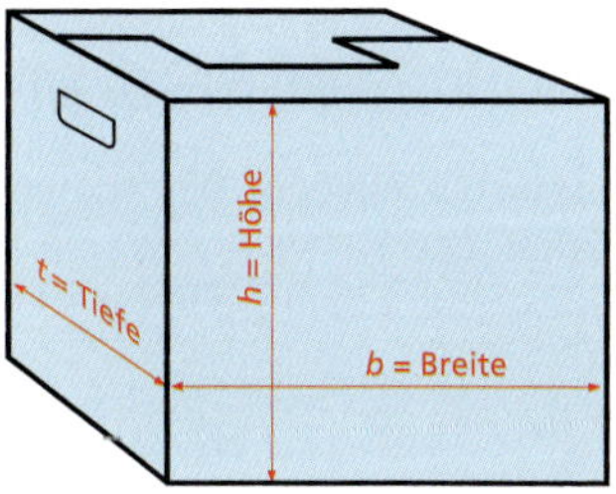

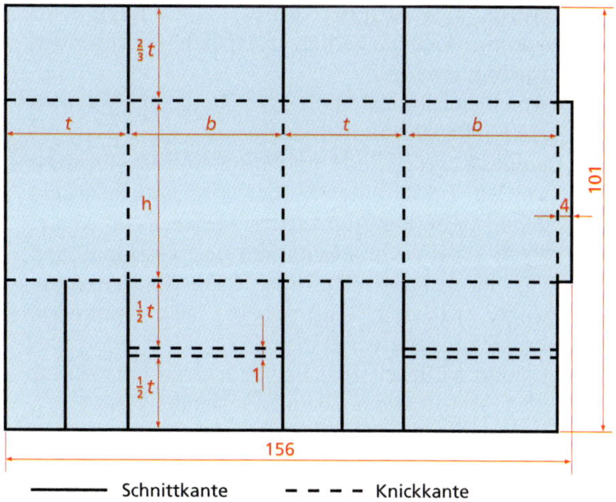

Gebrochenrationale Funktionen

20 Ein handelsübliches Kunststoffgefäß für Getriebeöl mit dem Fassungsvermögen 1 Liter habe – vereinfacht gesehen – Quaderform mit quadratischer Grundfläche. Welche Länge ist für die Grundseiten x und die Höhe y zu wählen, um den Materialverbrauch zu minimieren?

21 Welcher Punkt der Hyperbel mit $y = \frac{1}{x}$ hat die geringste Entfernung vom Ursprung des Koordinatensystems? (Hinweis: Die Rechnung wird vereinfacht, wenn das Entfernungsquadrat untersucht wird.)

22 Ein Tunnel hat den Querschnitt eines Rechtecks mit aufgesetztem Halbkreis. Welche Abmessungen sind zu wählen, wenn die Ummauerungskosten bei einem festgelegtem Querschnitt von 100 m^2 möglichst gering sein sollen?

23 In einem Produktionsbetrieb der Metallindustrie sollen hochwertige, rundum geschlossene Gefäße aus Edelstahl hergestellt werden. Jedes Gefäß soll die Form eines zylindrischen Rohres mit aufgesetzter Halbkugel haben und 100 Liter fassen. Da sich die Materialkosten durch die Verwendung des teuren Edelstahls besonders auf die Produktionskosten auswirken, ist das Gefäß so zu gestalten, dass seine Oberfläche möglichst gering wird.

24 Welche Abmessungen muss ein Rechteck haben, damit der Umfang des Rechtecks mit dem Flächeninhalt $F = 16$ FE möglichst klein wird?

25 Wegen unseres guten Rufes in der Region als solide arbeitende Schlosserei haben wir folgenden Auftrag erhalten:

An einer geraden Mauer am Rande eines neu zu erschließenden Industriegebietes soll ein 3000 m^2 großes Lagergelände mit Maschendraht umzäunt werden. Entlang der Mauer wird natürlich kein Zaun mehr benötigt. Jeder Meter Zaun kostet 35,00 EUR incl. Arbeitslohn und Umsatzsteuer. Um unseren guten Ruf noch weiter zu verbessern, wollen wir dem Auftraggeber eine optimierte Problemlösung vorstellen.
Es sind natürlich die verschiedensten Formen für die Gestaltung des Grundstückes denkbar.
Wir wollen uns im Folgenden auf die Untersuchung von zwei möglichen Grundstücksformen beschränken.

I) Die umzäunte Fläche soll zunächst rechteckig sein. Der Zaunverbrauch soll aus Kostengründen natürlich minimal sein.
II) Nun soll eine Halbellipse als Problemlösung untersucht werden. Bestimmen Sie die Maße dieser Halbellipse für eine minimale Zaunlänge.
III) Wie viel Prozent der Kosten könnten durch die günstigere Lösung eingespart werden?
IV) Wie viel Prozent Zaun werden bei der ungünstigeren der beiden berechneten Lösungen mehr verbraucht?

26 Eine 1/2 Liter-Bierdose habe vereinfacht die Form eines Zylinders. Welche Maße müssen für den Radius r und Höhe h gewählt werden, damit der Blechverbrauch minimal wird?

27 Auf eine Pappe mit der Gesamtfläche 50 Flächeneinheiten (= FE) soll ein Bild gemalt werden, wobei oben und unten ein Rand von 2 Längeneinheiten (= LE), rechts und links ein Rand von 3 LE bleibt. Welche Maße muss die Pappe haben, damit das eigentliche Bild möglichst groß wird?

28 Ein Kunststoff verarbeitender Betrieb soll eine zylinderförmige Öldose mit 1 Liter Volumen herstellen. Da Deckel und Boden aus verstärkter Pappe gefertigt werden können, betragen die Materialkosten hierfür nur 1 GE/cm^2, während der Mantel aus hochwertigem Kunststoff doppelt so teuer ist. Welche Abmessungen hat die Dose mit den niedrigsten Herstellkosten, und wie hoch sind diese?

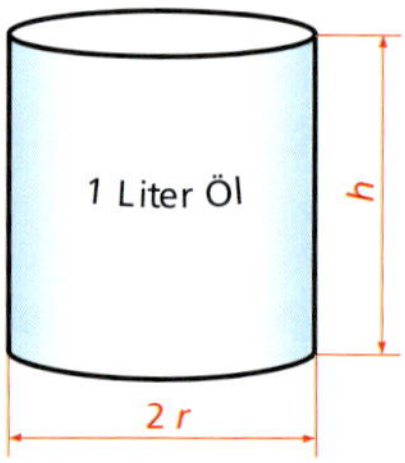

29 Zwei Straßen kreuzen sich rechtwinklig. Wegen der schlechten Einsichtmöglichkeit von Straße A in Straße B will die Gemeinde dem Grundstückseigentümer F ein dreieckiges Teilstück (vgl. Abb.) abkaufen. Aus bautechnischen Gründen soll die Gerade, die das dreieckige Teilstück abtrennt, durch den Punkt Q verlaufen, der von Straße A 4 m und von Straße B 3 m entfernt ist.
Wie ist die Gerade zu legen, damit dem Grundstückseigentümer F möglichst wenig Fläche verloren geht? Wie viel Fläche geht ihm dann verloren?

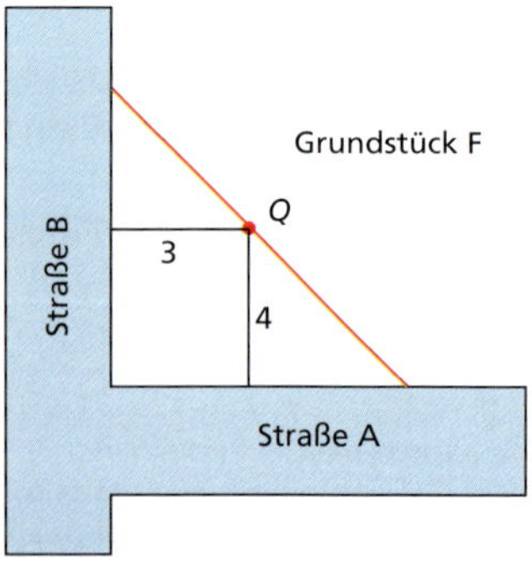

30 Bei welcher Höhe h und Breite b ist der Materialverbrauch M (unter Berücksichtigung des Verschnittes) der Standardmilchtüte mit quadratischer Grundfläche minimal?

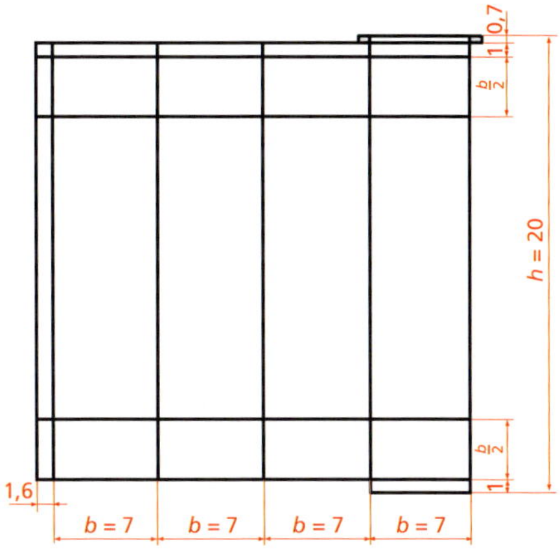

Der offensichtlich materialverschwendende „Dach“-Aufsatz ist notwendig, damit die Milchtüte leicht zu öffnen ist und eine bequeme Ausgießmöglichkeit entsteht.
Folgende Herstellungsbedingungen müssen beachtet werden:

- Konstruktion entsprechend dem rechts dargestellten Netz einer realen Milchtüte.
- Klebefalz links 1,6 cm
- Klebefalze oben und unten je 1 cm
- Klebefalzaufsätze oben 0,7 cm
- Boden- und Deckelstückbreite b
- Boden- und Deckelstückhöhe $\frac{b}{2}$

Die Umstülp-Verlängerungen des oberen Klebefalzaufsatzes sollen vernachlässigt werden.
Vergleichen Sie die optimal gestaltete Milchtüte mit der realen Milchtüte (prozentual).

31 Prüfen Sie, ob die handelsüblichen Streichholzschachteln (vgl. Netz der Hülle und des Innenteils) so gestaltet sind, dass möglichst wenig Material verbraucht wird. Wegen der vorgegebenen Länge der Streichhölzer (4,4 cm) soll die Länge l der Schachtel 5,1 *cm* betragen. Das Volumen der optimalen Streichholzschachtel soll natürlich dem der realen Streichholzschachtel entsprechen. Führen Sie jeweils eine Berechnung durch

I) ohne Berücksichtigung und
II) mit Berücksichtigung des Verschnitts.

Trennt man eine Streichholzschachtel auf, so erhält man folgendes „Netz“ des Innenteils und der Hülle:
Vergleichen Sie die optimal gestaltete Streichholzschachtel mit der realen Streichholzschachtel (prozentual).

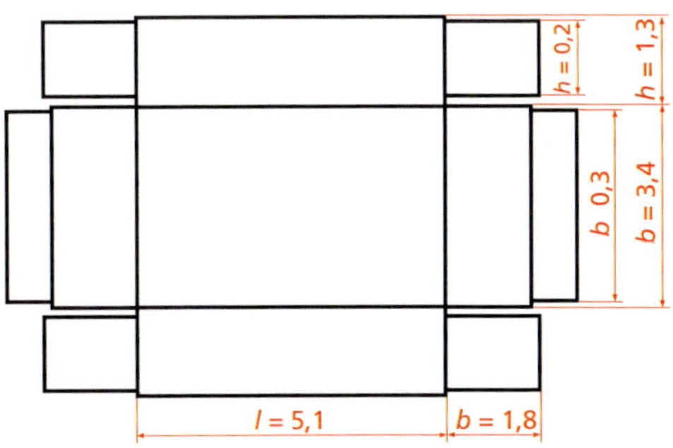

32 Die Wirtschaftlichkeit eines Unternehmens wird durch den Quotienten $\frac{\text{Erträge}}{\text{Aufwendungen}}$ berechnet.

I) Die Erträge eines Unternehmens werden durch $E(x) = 2x + 100$ und die Aufwendungen durch $A(x) = x^2 + 5600$ angegeben.
II) Die Erträge eines anderen Unternehmens werden durch $E(x) = 2x + 50$ und die Aufwendungen durch $A(x) = x^2 + 399$ angegeben.

a) Beschreiben Sie grob, wie der Graph der Ertrags- bzw. Aufwandsfunktion verläuft.

b) Mit welcher Funktionsgleichung lässt sich die Wirtschaftlichkeit des Unternehmens beschreiben?

c) Diskutieren Sie die Funktion für D_{max}.

d) Schränken Sie den Definitionsbereich für eine Wirtschaftlichkeitsfunktion sinnvoll ein.

e) Beschreiben Sie, wie sich die Wirtschaftlichkeit des Unternehmens mit zunehmender Produktionsmenge verändert. Berücksichtigen Sie dabei insbesondere, für welche Produktionsmenge das Unternehmen am wirtschaftlichsten arbeitet und wie groß dann die Wirtschaftlichkeit ist.

Wurzelfunktionen

33 Ein Ort A liegt rechtwinklig 20 km von einem geradlinig verlaufenden Kanal entfernt. Es sei B der Fußpunkt des Lotes von A zum Kanal. Der Kanal führt zur Hafenstadt C, die 70 km von B entfernt ist. Die Landfracht kostet bei gleicher Streckenlänge 70 % mehr als die Wasserfracht.

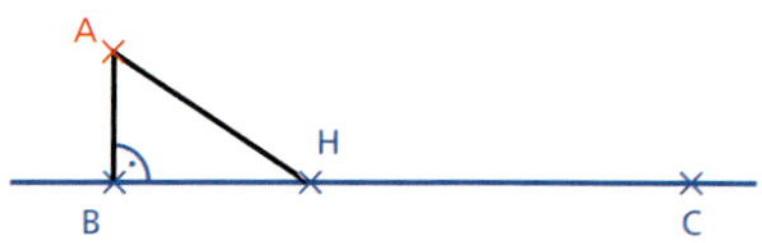

Ein Hafen H direkt am Kanal, der von B um x entfernt ist, soll mit A durch eine geradlinige Straße verbunden werden.
Wo muss der Hafen H gebaut werden, damit die Frachtkosten von A nach C minimal werden?

34 Ein Schwerguttransport soll von A nach D gehen (s. Lageplan). Die Kosten für den Transport auf der vorhandenen Straße von A über B und C nach D betragen 6 Geldeinheiten (= GE) pro Kilometer.
Es ist auch ein Transport durch offenes Gelände direkt von A nach D möglich. Die Transportkosten betragen durch offenes Gelände 8 GE je Kilometer.

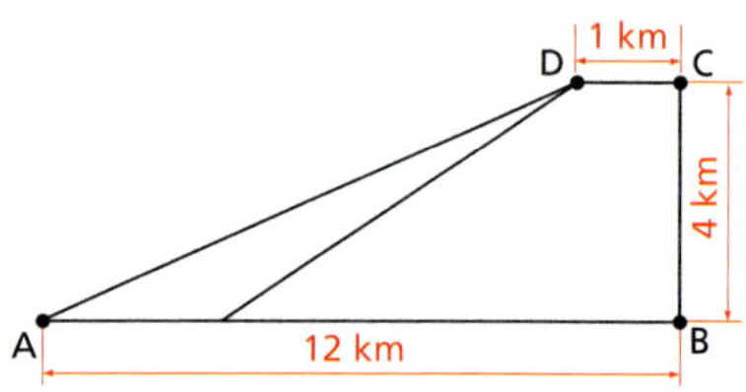

Ebenfalls ist ein Transport zum Teil auf der Straße und dann durch offenes Gelände möglich.
Wie würden Sie den Schwerguttransport organisieren?

2.6.3 Wirtschaftstheoretische Anwendungen

2.6.3.1 Kostenfunktionen

Eine Funktion, die jeder Ausbringungsmenge (Produktionsmenge) die dabei entstandenen Gesamtkosten zuordnet, heißt **Gesamtkostenfunktion.**

Lineare Gesamtkostenfunktion

Die lineare Gesamtkostenfunktion gibt den (weitgehend unrealistischen) Fall wieder, dass mit steigender Ausbringungsmenge die Gesamtkosten des Betriebes proportional steigen, d.h. mit jeder zusätzlichen Produktionseinheit der Kostenzuwachs gleich bleibt (vgl. Bild 2.6.3.1).
Die Gesamtkostenfunktion hat dann die Funktionsgleichung

- $K(x) = mx + b$
  mit $m > 0$, $b > 0$.

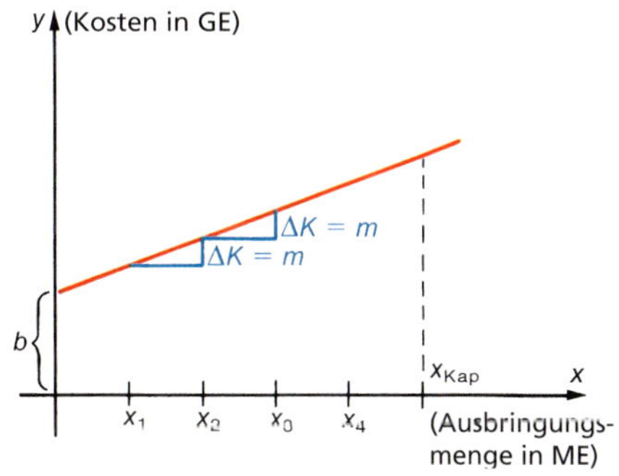

Bild 2.6.3.1

m gibt den Kostenzuwachs für jede zusätzlich produzierte Einheit an. b zeigt, wie hoch die Kosten des Betriebes sind, wenn nicht produziert wird (= Fixkosten).

Da ein Betrieb nur positive Stückzahlen bis maximal zu seiner Kapazitätsgrenze (x_{Kap}) produzieren kann, ist ein sinnvoller **ökonomischer Definitionsbereich** für die Gesamtkostenfunktion

$$D_{\text{ök}}(K) = [0; x_{\text{Kap}}]$$

Die Gesamtkosten eines Betriebes ergeben sich aus den **von der Ausbringungsmenge abhängigen variablen Kosten K_v** (z. B. Löhne, Fertigungsmaterial, Energie etc.) und den **von der Produktionsmenge unabhängigen Fixkosten** K_f (z. B. Mieten, Abschreibungen, Versicherungen etc.).

$K(x) = K_v(x) + K_f;\ D_{\text{ök}}(K) = [0; x_{\text{Kap}}]$
Gesamtkosten

Wenn also $K(x) = mx + b$ ist, dann ist

- $K_v(x) = mx;\ D_{\text{ök}}(K_v) = [0; x_{\text{Kap}}]$
  und
- $K_f = b\ ;\ D_{\text{ök}}(K_f) = [0; x_{\text{Kap}}]$

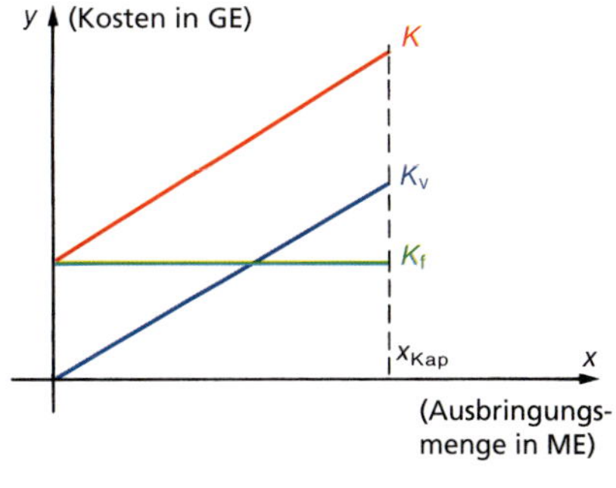

Bild 2.6.3.2

Die **Stückkostenfunktion *k*** (= gesamte Durchschnittskosten) gibt die Gesamtkosten je produzierte Einheit an:

$$k(x) = \frac{K(x)}{x}$$

Stückkosten

Wenn $K(x) = mx + b$ ist, lautet die Funktionsgleichung der Stückkostenfunktion

- $k(x) = \frac{mx + b}{x} = m + \frac{b}{x}$; $D_{\text{ök}}(k) = (0; x_{\text{Kap}}]$

Die Stückkostenfunktion ist demnach eine gebrochenrationale Funktion, die bei $x = 0$ nicht definiert ist.

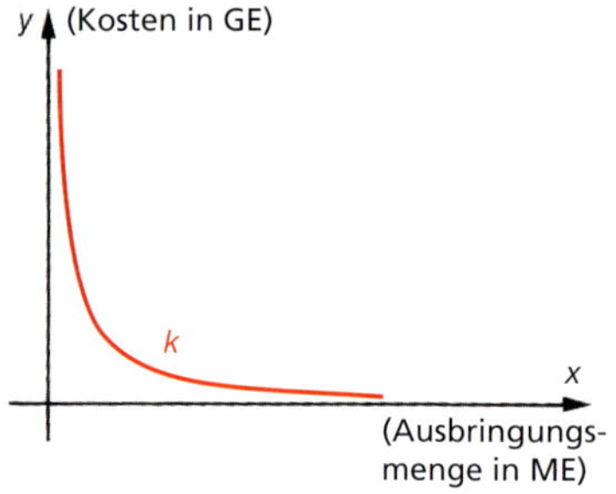

Bild 2.6.3.3

Die Funktion der **variablen Stückkosten** ergibt sich entsprechend:

$$k_v(x) = \frac{K_v(x)}{x}$$

Variable Stückkosten

Ebenso die Funktion der **fixen Stückkosten:**

$$k_f(x) = \frac{K_f}{x}$$

Fixe Stückkosten

Wenn $K(x) = mx + b$, ist $K_v(x) = mx$

- $k_v(x) = m$; $D_{\text{ök}}(k_v) = (0; x_{\text{Kap}}]$

Wenn $K(x) = mx + b$, ist $K_f = b$

- $k_f(x) = \frac{b}{x}$; $D_{\text{ök}}(k_f) = (0; x_{\text{Kap}}]$

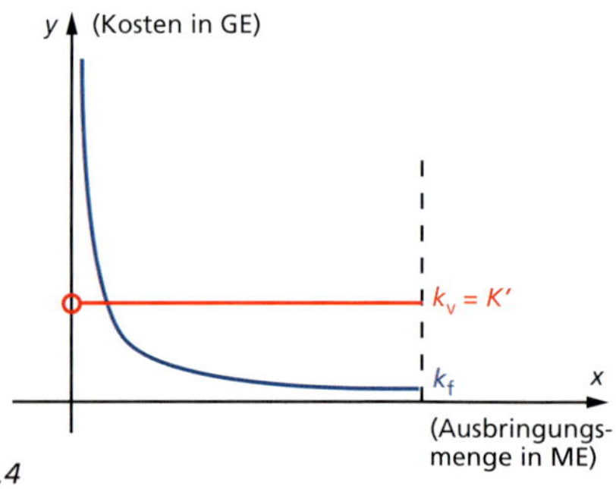

Bild 2.6.3.4

Die **Grenzkostenfunktion *K'*** ist die Ableitungsfunktion der Gesamtkostenfunktion. Sie gibt an, welche Kosten durch die Produktion der jeweils letzten beliebig kleinen Produktionseinheit eines Gutes entstanden sind[1].

[1] Das ist nichts anderes als die **Steigung der Gesamtkostenfunktion**

Wenn $K(x) = mx + b$ ist, lautet die Gleichung der Grenzkostenfunktion

- $K'(x) = m$; $D_{\text{ök}}(K') = [0; x_{\text{Kap}}]$

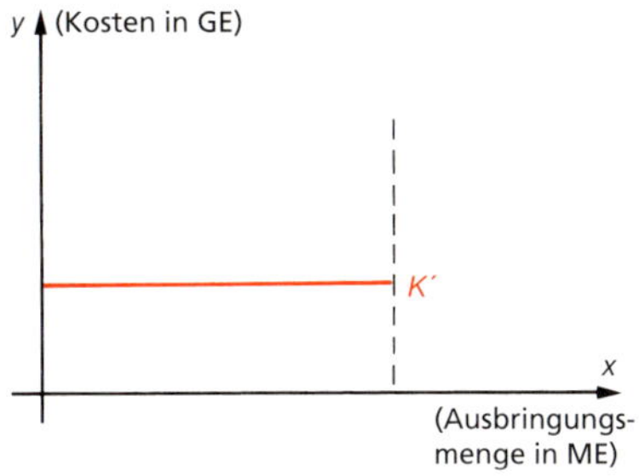

Bild 2.6.3.5

Aufgabe 1

Die Gesamtkosten eines Betriebes, der maximal 80 Einheiten produzieren kann, steigen mit jeder zusätzlich produzierten Einheit linear um 350,00 EUR. Die fixen Kosten betragen 3 000,00 EUR. Stellen Sie die Gleichungen der Kostenfunktionen mit ihren Definitionsbereichen auf und zeichnen Sie die Funktionsgraphen.

Lösung

- **Gesamtkosten**: $K(x) = 350x + 3000$; $D_{\text{ök}}(K) = [0; 80]$
- **Variable Kosten:** $K_v(x) = 350x$; $D_{\text{ök}}(K_v) = [0; 80]$
- **Fixkosten:** $K_f = 3000$; $D_{\text{ök}}(K_f) = [0; 80]$
- **Stückkosten:** $k(x) = 350 + \frac{3000}{x}$; $D_{\text{ök}}(k) = (0; 80]$
- **Variable Stückkosten:** $k_v(x) = 350$; $D_{\text{ök}}(k_v) = (0; 80]$
- **Fixe Stückkosten:** $k_f(x) = \frac{3000}{x}$; $D_{\text{ök}}(k_f) = (0; 80]$
- **Grenzkosten:** $K'(x) = 350$; $D_{\text{ök}}(K') = [0; 80]$

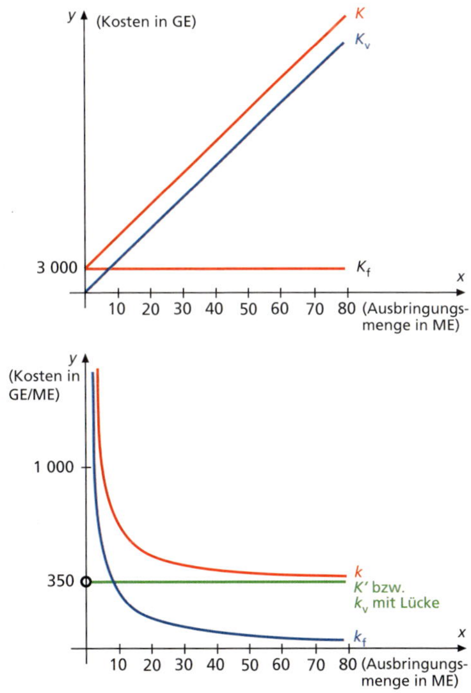

Bild 2.6.3.6

s-förmige Gesamtkostenkurve

Die *s*-förmige Gesamtkostenkurve ist eine ganzrationale Funktion 3. Grades mit $D_{\text{ök}}(K) = [0; x_{\text{Kap}}]$

Auch dieser Kostenverlauf zeigt ständig steigende Gesamtkosten. Eine größere Realitätsnähe ist jedoch dadurch gegeben, dass der **Kostenzuwachs** mit jeder produzierten Einheit **unterschiedlich** ist. Anfänglich nimmt der Kostenzuwachs bedingt durch effizienteren Arbeits- kräfte-/Maschineneinsatz etc. ab. Von einer bestimmten Ausbringungsmenge an, nämlich der Wendestelle, ist der Kostenzuwachs, bedingt durch überhöhten Energieverbrauch und Maschinenverschleiß, Zahlung von Überstundenzuschlägen etc., steigend.

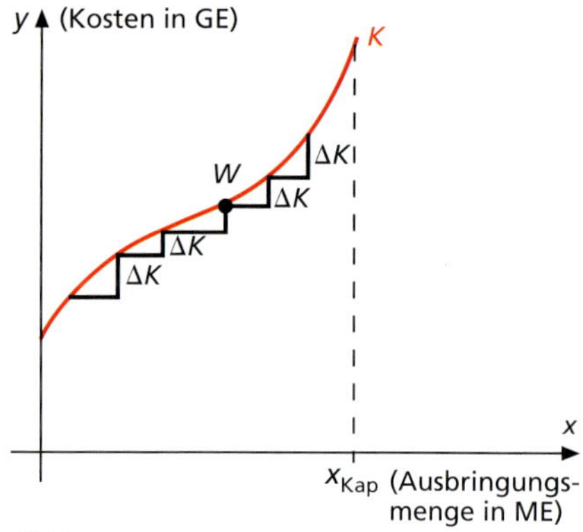

Bild 2.6.3.7

Damit ein derartiger Verlauf der **Gesamtkostenkurve** mit

$$\text{Gesamtkosten: } K(x) = ax^3 + bx^2 + cx + d$$

vorliegt, muss $a > 0$, $b < 0$, $c > 0$ und $d > 0$ sein[1)].

Aufgabe 2

Die Gesamtkosten eines Betriebes werden durch folgende Kostenfunktion erfasst:
$K(x) = x^3 - 9x^2 + 30x + 20$; $D_{\text{ök}}(K) = [0; 8]$.

Welche Gleichungen haben die daraus herzuleitenden Kostenfunktionen? Zeichnen Sie ihre Graphen.

Lösung

Die Gleichungen der aus der Gesamtkostenfunktion hervorgehenden weiteren Kostenfunktionen ergeben entsprechend den Überlegungen bei linearem Gesamtkostenverlauf:

- **Variable Kosten:** $K_v(x) = x^3 - 9x^2 + 30x$
- **Fixkosten:** $K_f = 20$
- **Stückkosten:** $k(x) = \dfrac{x^3 - 9x^2 + 30x + 20}{x} = x^2 - 9x + 30 + \dfrac{20}{x}$
- **Variable Stückkosten:** $k_v(x) = \dfrac{x^3 - 9x^2 + 30x}{x} = x^2 - 9x + 30$
- **Fixe Stückkosten:** $k_f(x) = \dfrac{20}{x}$
- **Grenzkosten:** $K'(x) = 3x^2 - 18x + 30$

---

1) Der Funktionsgraph darf im ökonomisch sinnvollen Definitionsbereich kein lokales Minimum haben, da dies bedeuten würde, dass die Gesamtkosten mit steigender Ausbringungsmenge in einem bestimmten Intervall zurückgehen würden. Für $b^2 < 3ac$ existieren keine Extrempunkte. Für $b^2 = 3ac$ existiert ein Sattelpunkt. Für $b^2 > 3ac$ existieren Extrempunkte.

Zum Zeichnen der Funktionsgraphen muss eine sich auf das Wesentliche beschränkende Kurvendiskussion durchgeführt werden. Im Folgenden werden nur die Ergebnisse genannt. Der Leser sollte die notwendigen Berechnungen aber auf jeden Fall selbst durchführen.

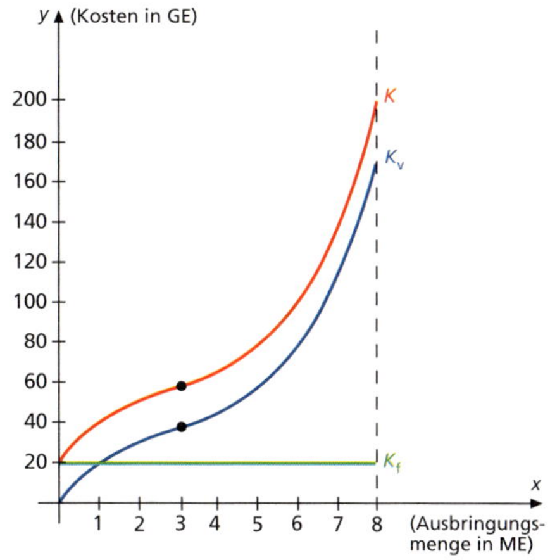

Bild 2.6.3.8

- **Gesamtkosten:**
  $K(x) = x^3 - 9x^2 + 30x + 20$
  - Definitionsbereich: $D_{ök}(K) = [0; 8]$
  - Achsenschnittpunkte: $S_y(0/20)$
    S_x –
  - lokale Extrempunkte: keine
  - Randextrema: $R_1(0/20)$
    $R_2\ (8/196)$
  - Wendepunkte: $W(3/56)$
  - Wertebereich: $W(K) = [20; 196]$

- **Variable Kosten: $K_v(x) = x^3 - 9x^2 + 30x$**
  Der Verlauf des Graphen der Funktion entspricht dem der Gesamtkostenkurve um 20 nach unten verschoben.
  - Definitionsbereich: $D_{ök}(K_v) = [0; 8]$
  - Achsenschnittpunkte: $S_y\ (0/0)$
    $S_x(0/0)$
  - lokale Extrempunkte: keine
  - Randextrema: $R_1(0/0)$
    $R_2\ (8/176)$
  - Wendepunkte: $W(3/36)$
  - Wertebereich: $W(K_v) = [0; 176]$

- **Fixkosten: $K_f = 20$**
  Der Graph der Funktion ist eine Parallele zur x-Achse, die die y-Achse bei 20 schneidet.

- **Stückkosten: $k(x) = x^2 - 9x + 30 + \frac{20}{x}$**
  Es handelt sich um eine gebrochenrationale Funktion, die bei $x = 0$ nicht definiert ist.

  - Definitionsbereich: $D_{ök}(k) = (0; 8]$
  - Verhalten am Rande des Definitionsbereiches:

  $\lim\limits_{x \to 0} (x^2 - 9x + 30 + \frac{20}{x}) =$ „∞" $\Rightarrow$ Pol bei $x = 0$

  $R_2(8/24{,}5)$

  - Achsenschnittpunkte: keine
  - Extrempunkte: lokaler Tiefpunkt $T \approx (4{,}914/13{,}99)$
  - Wendepunkte: keine
  - Wertebereich: $W(k) = [\approx 13{,}99; \infty)$

- **Variable Stückkosten: $k_v(x) = x^2 - 9x + 30$**
  Der Graph ist eine nach oben geöffnete Parabel.

  – Definitionsbereich: $D_{ök}(k_v) = (0; 8]$
  – Verhalten am Rande des Definitionsbereiches:
  $\lim_{x \to 0} (x^2 - 9x + 30) = 30 \Rightarrow$ bei $x = 0$ befindet sich eine durch den Funktionswert 30 hebbare Lücke.
  $R_2(8/22)$
  – Achsenschnittpunkte: keine
  – Extrempunkte: lokaler Tiefpunkt $T(4{,}5/9{,}75)$
  – Wendepunkte: keine
  – Wertebereich: $W(k_v) = [9{,}75; 30)$

- **Fixe Stückkosten: $k_f(x) = \frac{20}{x}$**
  ist eine gebrochenrationale Funktion.

  – Definitionsbereich: $D_{ök}(k_f) = (0; 8]$
  – Verhalten am Rande des Definitionsbereiches:
  $\lim_{x \to 0} \frac{20}{x} =$ „∞“ $\Rightarrow$ Pol bei $x = 0$
  $R_2\,(8/2{,}5)$
  – Achsenschnittpunkte: keine
  – Extrempunkte: keine
  – Wendepunkte: keine
  – Wertebereich: $W(k_f) = [2{,}5; \infty)$

- **Grenzkosten: $K'(x) = 3x^2 - 18x + 30$**
  Es handelt sich um eine nach oben geöffnete Parabel.
  – Definitionsbereich: $D_{ök}(K') = [0; 8]$
  – Achsenschnittpunkte: $S_y\,(0/30)$
  S_x –
  – Extrempunkte: lokaler Tiefpunkt $T(3/3)$
  – Randextrema: $R_1(0/30)$
  $R_2(8/78)$
  – Wendepunkte: keine
  – Wertebereich: $W(K') = [3; 78]$

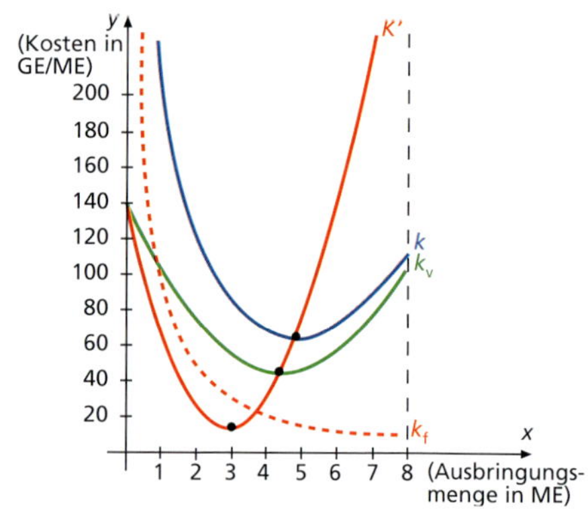

Bild 2.6.3.9

In Bild 2.6.3.9 fällt auf, dass der Graph der Grenzkostenfunktion die Graphen der Stückkostenfunktion und der variablen Stückkostenfunktion jeweils in ihren Tiefpunkten schneidet. In Bild 2.6.3.10 ist eine Ausschnittvergrößerung des entsprechenden Bereiches dargestellt.

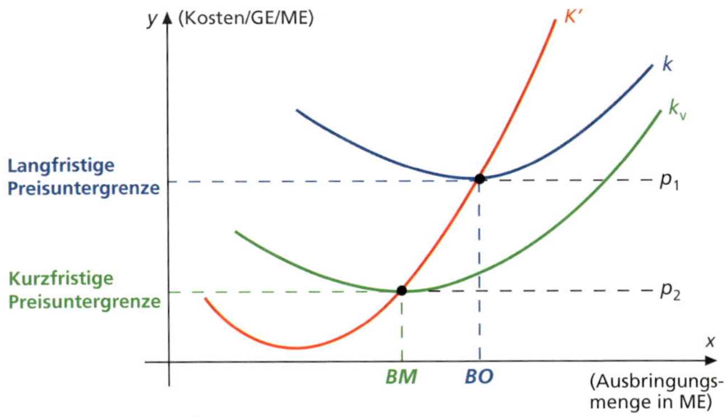

Bild 2.6.3.10

Der x-Wert des Tiefpunktes der Stückkostenfunktion ist das sog. **Betriebsoptimum. Das Verhältnis zwischen Gesamtkosten und Ausbringungsmenge ist hier am günstigsten.** Die in Bild 2.6.3.10 zusätzlich eingetragenen verschiedenen Marktpreise verdeutlichen Folgendes:

Wenn das Preisniveau dem Minimum der Stückkosten entspricht, werden die entstandenen Stückkosten genau durch den Preis gedeckt. Mit dieser Konstellation kann der Betrieb langfristig existieren.

Der y-Wert des Tiefpunktes der Stückkostenfunktion heißt deswegen **langfristige Preisuntergrenze.**

Fällt der Marktpreis unter dieses Minimum der Stückkostenfunktion, werden die Stückkosten nicht mehr gedeckt.

Der x-Wert des Tiefpunktes der variablen Stückkostenfunktion ist das sog. **Betriebsminimum.**

Der y-Wert des Tiefpunktes der variablen Stückkostenfunktion heißt **kurzfristige Preisuntergrenze.**

Entspricht nämlich der Marktpreis der kurzfristigen Preisuntergrenze, werden nur noch die variablen Stückkosten gedeckt. Nur kurzfristig kann sich ein Betrieb diese Situation erlauben.

Übungsaufgaben

1 Die Gesamtkosten eines Produktionsbetriebes steigen mit zunehmender Ausbringungsmenge linear. Der Kostenzuwachs je produzierte Einheit beträgt 500,00 EUR. Die Fixkosten betragen 4000,00 EUR. Die Kapazitätsgrenze des Betriebes liegt bei $x_{Kap} = 90$.

a) Welche Gleichung hat die Gesamtkostenfunktion?

b) Welche Gleichungen haben die aus der Gesamtkostenfunktion herzuleitenden Kostenfunktionen?

c) Zeichnen Sie die Graphen der Funktionen.

d) Wie hoch sind
(1) die Stückkosten
(2) die Gesamtkosten
(3) die variablen Stückkosten
(4) die Grenzkosten
an der Kapazitätsgrenze?

2 Die Gesamtkosten eines Betriebes werden durch die Funktionsgleichung $K(x) = \frac{1}{100}x^3 - x^2 + 50x + 720$ erfasst. Die Kapazitätsgrenze des Betriebes liegt bei $x_{\text{Kap}} = 100$.

a) Stellen Sie die Funktionsgleichungen der aus der Gesamtkostenfunktion herzuleitenden Kostenfunktionen auf.

b) Zeichnen Sie die Graphen der Funktionen. Führen Sie dazu eine sich auf das Wesentliche beschränkende Kurvendiskussion durch.

c) Bestimmen Sie das Betriebsoptimum, das Betriebsminimum, die lang- und kurzfristige Preisuntergrenze.

3 Die Gesamtkosten eines Betriebes betragen an der Kapazitätsgrenze ($x_{\text{Kap}} = 800$) 2010000,00 EUR. Die Fixkosten belaufen sich auf 250000,00 EUR. Bei der Ausbringungsmenge $x = 300$ betragen die Gesamtkosten 610000,00 EUR. Gleichzeitig geht hier die Krümmung der Gesamtkostenfunktion von einer Rechts- in eine Linkskrümmung über.

a) Bestimmen Sie die Gleichung der Gesamtkostenfunktion.

b) Geben Sie die Gleichungen der aus der Gesamtkostenfunktion herzuleitenden Kostenfunktionen an.

c) Diskutieren Sie die Funktionen und zeichnen Sie ihre Graphen.

d) Bestimmen Sie das Betriebsoptimum und -minimum, die kurz- und langfristige Preisuntergrenze des Betriebes.

2.6.3.2 Erlösfunktionen

Die Umsatzerlöse eines Unternehmens errechnen sich durch Multiplikation der Ausbringungsmenge mit dem Preis: $E = p \cdot x$.

Die **Erlösfunktion** ordnet jeder Ausbringungsmenge die jeweiligen Erlöse des Betriebes zu.

Die Funktionsgleichung und damit der Graph der Erlösfunktion ist je nach Marktsituation unterschiedlich.

Erlösfunktion bei vollständiger Konkurrenz

Bei vollständiger Konkurrenz auf dem Markt (Polypol) hat der einzelne Anbieter keinen Einfluss auf den Preis. Der Marktpreis ist für ihn ein unveränderliches Datum, er kann lediglich die von ihm angebotene Menge variieren (= Mengenanpasser). Die **Preisfunktion** des polypolistischen Anbieters, die die Abhängigkeit des Preises von seiner Ausbringungsmenge zeigt, ist demnach eine Konstante:

$$p(x) = m;\ m \in \mathbb{R}^*_+$$

Weil $E = p \cdot x$, hat die Erlösfunktion die Gleichung

$$E(x) = mx;\ m \in \mathbb{R}^*_+$$

Bei vollständiger Konkurrenz ist der Graph der Erlösfunktion eine Gerade mit positiver Steigung durch den Ursprung verlaufend. Die Erlöse des polypolistischen Anbieters sind bei der maximal möglichen Ausbringungsmenge am größten.

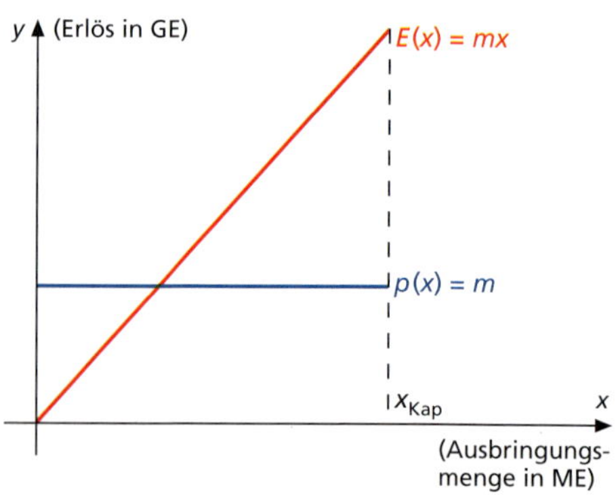

Bild 2.6.3.11

Erlösfunktion im Angebotsmonopol

Die Gesamtnachfrage nach einem Gut steigt mit sinkendem Preis und umgekehrt. Vereinfacht ist die Gesamtnachfragefunktion eine Gerade mit negativer Steigung und positivem y-Achsenabschnitt. Weil der Monopolist der einzige Anbieter auf dem Markt ist, ist die Gesamtnachfragefunktion gleichzeitig seine individuelle Nachfragefunktion **(Preis-Absatzfunktion)**[1].

$p(x) = -mx + b;\ m,\ b > 0$

Weil $E = p \cdot x$ ist, lautet die Funktionsgleichung der Erlösfunktion

$E(x) = (-mx + b) \cdot x;\ m,\ b > 0$
$E(x) = -mx^2 + bx;\ m,\ b > 0$

Der Graph der Erlösfunktion im Angebotsmonopol ist demnach eine nach unten geöffnete Parabel.

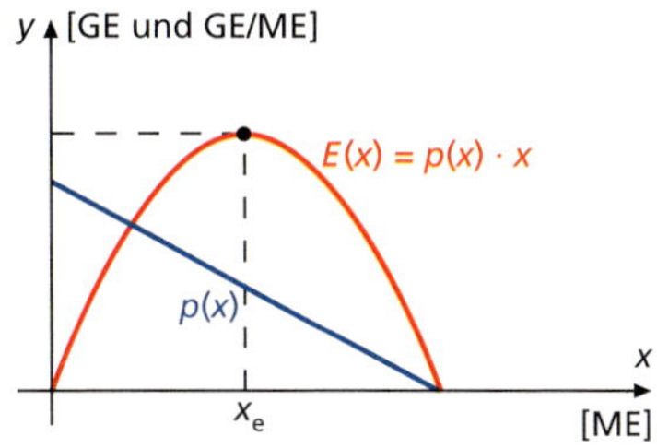

Bild 2.6.3.12

Die Ausbringungsmenge, die zu maximalen Erlösen des Angebotsmonopolisten führt, kann berechnet werden, indem die lokale Extremstelle der Erlösfunktion bestimmt wird.

Übungsaufgaben

1 Der Marktpreis eines Gutes beträgt $p = 20$. Die Kapazitätsgrenze eines polypolistischen Anbieters ist $x_{Kap} = 100$.

a) Wie lautet die Gleichung der Erlösfunktion?

b) Bei welcher Produktionsmenge sind die Erlöse des Unternehmers maximal?

c) Wie hoch sind die maximalen Erlöse?

2 Im Angebotsmonopol erlischt die Nachfrage nach einem Gut bei einem Preis $p = 20$. Der Markt ist gesättigt bei $x = 100$, d. h., der zu realisierende Preis ist dann $p = 0$.

a) Wie lautet die Gleichung der Preis-Absatzfunktion?

b) Welche Gleichung hat die Erlösfunktion?

c) Wie lautet die Funktionsgleichung der Grenzerlöse?

d) Bei welcher Ausbringungsmenge sind die Erlöse des Monopolisten maximal?

e) Wie hoch sind die maximalen Erlöse des Monopolisten?

f) Zeichnen Sie die Graphen der Funktionen.

g) Wie hoch sind die Erlöse bei einer Ausbringungsmenge $x = 20$? Wie hoch ist dann der Marktpreis?

h) Wie hoch ist der Marktpreis, wenn der Monopolist seine Erlöse maximiert?

---

[1] Der y-Achsenabschnitt heißt **Sättigungspreis"**, die Nullstelle **„Sättigungsmenge"**.

2.6.3.3 Gewinnfunktionen

Die **Gewinnfunktion** ordnet jeder Ausbringungsmenge den dabei erzielbaren Gewinn zu.

Da der Gewinn eines Unternehmers sich aus der Differenz zwischen Erlösen und Kosten berechnet ($G = E - K$), ergibt sich die Gewinnfunktion als Differenz der Erlös- und Kostenfunktion:

Gewinn: $G(x) = E(x) - K(x)$

Je nachdem, von welcher Art von Gesamtkostenfunktion man ausgeht, erhält man unterschiedliche Gewinnfunktionen. Im Folgenden soll eine Gewinnfunktion untersucht werden, die sich aus einer quadratischen Erlös- und einer linearen Kostenfunktion ergeben hat.

Aufgabe 4

Für einen Angebotsmonopolisten gelte die Preis-Absatzfunktion p: $p(x) = -2x + 200$; $D_{\text{ök}}(p) = [0; 100]$ und die Gesamtkostenfunktion K: $K(x) = 20x + 2\,800$; $D_{\text{ök}}(K) = [0; 100]$.

a) Wie lauten die Gleichungen der Erlös- und Gewinnfunktion?
b) Zeichnen Sie die Graphen der Kosten-, Erlös- und Gewinnfunktion in ein Koordinatensystem.
c) Beschreiben Sie den Verlauf des Graphen der Gewinnfunktion in Abhängigkeit vom Verlauf der Graphen der Kosten und Erlösfunktion.
d) Berechnen Sie die **Gewinnschwelle** und die **Gewinngrenze.**
e) Bei welcher Ausbringungsmenge ist der Gewinn maximal, wie hoch ist der **maximale Gewinn?**
f) Berechnen Sie die Koordinaten des **Cournotschen Punktes** und zeichnen Sie ihn in eine Grafik mit dem Graphen der Preis-Absatzfunktion. Interpretieren Sie seine Koordinaten.

Lösung

a) Erlösfunktion: $E(x) = p(x) \cdot x = (-2x + 200) \cdot x = \underline{\underline{-2x^2 + 200x}}$

Gewinnfunktion: $G(x) = E(x) - K(x) = (-2x^2 + 200x) - (20x + 2\,800)$
$= \underline{\underline{-2x^2 + 180x - 2\,800}}$

b) Graphen der Funktionen:

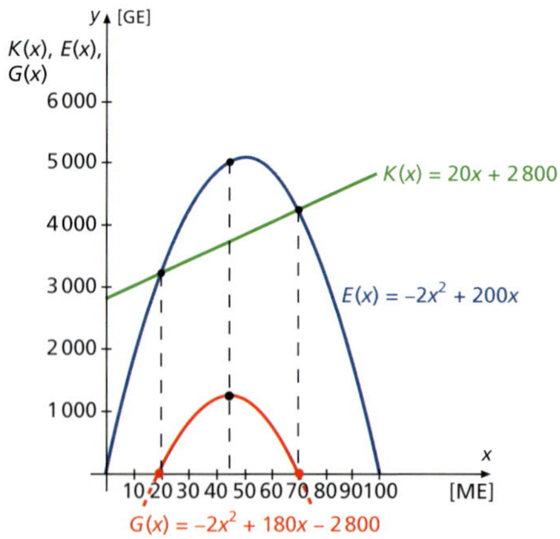

Bild 2.6.3.13

c) Im Intervall (0; 20) verläuft der Graph der Kostenfunktion oberhalb des Graphen der Erlösfunktion. In diesem Intervall sind demnach die Kosten bei jeder Ausbringungsmenge höher als die Erlöse. Die Gewinne sind dann negativ (= Verlust). Der Graph der Gewinnfunktion verläuft unterhalb der x-Achse.

Bei $x = 20$ schneiden sich die Graphen der Kosten- und Erlösfunktion. Die Kosten entsprechen also genau den Erlösen, der Gewinn ist 0, der Graph der Gewinnfunktion schneidet die x-Achse. Diese Ausbringungsmenge heißt **Gewinnschwelle**.

Im Intervall (20; 70) verläuft der Graph der Erlösfunktion oberhalb der Kostenkurve. Der Betrieb erwirtschaftet Gewinne, der Graph der Gewinnfunktion verläuft oberhalb der x-Achse.

Bei $x = 70$ (sog. **Gewinngrenze**) schneiden sich die Graphen der Erlös- und Kostenfunktion ein zweites Mal. Der Gewinn ist wieder 0, der Graph der Gewinnfunktion schneidet erneut die x-Achse.

Im Intervall (70; 100) arbeitet der Betrieb wieder mit Verlust, weil die Kosten höher als die Erlöse sind.

Produktionsmengen der Intervalle (0; 20) und (70; 100) bilden die **Verlustzonen** des Betriebes.

Produktionsmengen der Intervalle (20; 70) bilden die **Gewinnzone** des Betriebes.

Für ein Unternehmen ist es nun besonders wichtig

a) die Ausbringungsmengen zu kennen, bei denen Gewinn erwirtschaftet wird,
b) die Ausbringungsmenge zu kennen, bei der der Gewinn maximal ist, und
c) die Höhe des maximalen Gewinns zu kennen.

d) Nutzenschwelle und Nutzengrenze lassen sich auf zweierlei Art berechnen:

1. Durch Berechnung der **Nullstellen der Gewinnfunktion:** $G(x) = 0$

$$G(x) = -2x^2 + 180x - 2\,800$$
$$0 = -2x^2 + 180x - 2\,800$$
$$\underline{\underline{x_1 = 20}} \text{ (Gewinnschwelle)}$$
$$\underline{\underline{x_2 = 70}} \text{ (Gewinngrenze)}$$

2. Durch Berechnung der **Schnittstellen der Erlös- und Kostenfunktion:** $E(x) = K(x)$

$$-2x^2 + 200x = 20x + 2\,800$$
$$\underline{\underline{x_1 = 20}} \text{ (Gewinnschwelle)}$$
$$\underline{\underline{x_2 = 70}} \text{ (Gewinngrenze)}$$

e) Der Gewinn des Unternehmens ist dort maximal, wo die Gewinnfunktion ihren Hochpunkt hat. Diese Extremstelle wird durch Nullsetzen der 1. Ableitungsfunktion ermittelt.

$$G'(x) = -4x + 180$$
$$0 = -4x + 180$$
$$\underline{\underline{x = 45}} \quad G''(x) = -4 < 0 \Rightarrow \text{Hochpunkt bei } x = 45$$

Die Berechnung des Funktionswertes der Gewinnfunktion bei der Ausbringungsmenge $x = 45$ ist der maximale Gewinn des Unternehmens

$$G(45) = 1\,250$$
$$\underline{\underline{G_{\max} = 1\,250}}$$

f)

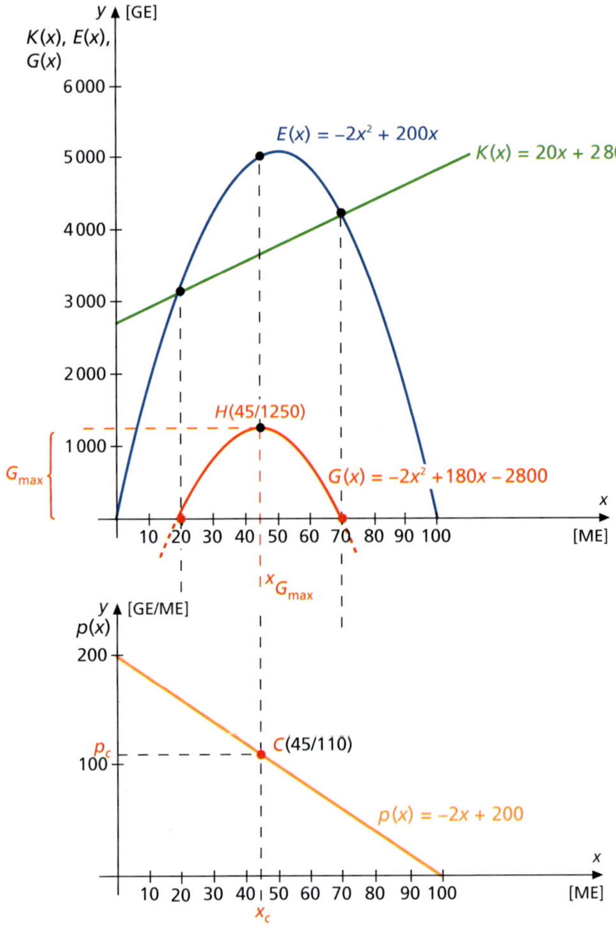

Bild 2.6.3.14

In der unteren Abb. ist der nach dem französischen Mathematiker und Nationalökonom Cournot benannte **Cournotsche Punkt** dargestellt.

Die Koordinaten des Cournotschen Punktes geben im Angebotsmonopol die gewinnmaximale Ausbringungsmenge x_C und den dazugehörigen Marktpreis p_c an.
$C(45/110)$: Wenn der Monopolist den Marktpreis für das von ihm angebotene Produkt auf 45 GE/ME festlegt, werden entsprechend der Nachfrage gerade 110 ME nachgefragt. Diese Menge wird der Monopolist dann auch produzieren und gleichzeitig damit seinen Gewinn maximieren.

Cournotscher Punkt: $C(x_c / p_c)$ oder $C\left(x_{G_{\max}} / p_{G_{\max}}\right)$

Übungsaufgaben

1 Für einen Anbieter auf einem Markt mit vollständiger Konkurrenz gilt der Marktpreis $p = 5000{,}00$ EUR/ME. Seine variablen Kosten werden durch die Funktionsgleichung $K_v(x) = 3000x$, seine Fixkosten durch $K_f = 30\,000$ beschrieben. Die Kapazitätsgrenze des Anbieters beträgt 100 Mengeneinheiten.

Bestimmen Sie die Gleichung der

a) Gesamtkostenfunktion
b) Erlösfunktion
c) Gewinnfunktion.
d) Zeichnen Sie die Graphen der Funktionen in ein gemeinsames Koordinatensystem.
e) Bei welcher Ausbringungsmenge ist der Gewinn des Anbieters maximal, wie hoch ist er dann?
f) Bestimmen Sie die Gewinnschwelle und -grenze.

2 Im Angebotsmonopol beträgt die Sättigungsmenge 100 Mengeneinheiten, der Höchstpreis 5 000,00 EUR/ME. Der Gesamtkostenverlauf des Anbieters ist linear. Bei $x = 20$ betragen die Gesamtkosten 80 000,00 EUR, bei $x = 80$ betragen sie 116 000,00 EUR. Wie lautet die Gleichung der

a) Erlösfunktion,
b) Gesamtkostenfunktion,
c) Gewinnfunktion?
d) Zeichnen Sie die Graphen der Funktionen in ein gemeinsames Koordinatensystem.
e) Bei welcher Ausbringungsmenge ist der Gewinn maximal?
f) Wie hoch ist der maximale Gewinn?
g) Bestimmen Sie den gewinnmaximalen Preis.
h) Berechnen Sie die Gewinnschwelle und -grenze.

3 Für einen Angebotsmonopolisten mit der Kapazitätsgrenze $x_{\text{Kap}} = 100$ lautet die Gleichung der Stückkostenfunktion $k(x) = 0{,}5x^2 - 60x + 2\,500 + \frac{40\,000}{x}$.

a) Wie lautet die Gleichung der Gesamtkostenfunktion?
b) Bestimmen Sie die Gleichung der Erlösfunktion, wenn der Höchstpreis 7 000,00 EUR/ME und die Sättigungsmenge 100 Mengeneinheiten betragen.
c) Berechnen Sie die Ausbringungsmengen, bei denen die Erlöse bzw. Kosten maximal sind. Wie hoch sind dort die Erlöse bzw. Kosten?
d) Bestimmen Sie rechnerisch die Cournotsche Menge und den Cournotschen Preis. Wie hoch ist der maximale Monopolgewinn (Runden Sie alle Angaben auf zwei Stellen hinter dem Komma, und rechnen Sie auch mit diesen derart gerundeten Werten weiter.)?
e) Wie hoch sind bei gewinnmaximaler Ausbringungsmenge die Kosten für die Produktion einer zusätzlichen beliebig kleinen Einheit?
f) Wie hoch sind bei gewinnmaximaler Ausbringungsmenge die Stückkosten?

g) Von welcher Ausbringungsmenge an ist der Zuwachs der Gesamtkosten progressiv?
h) Bestimmen Sie Gewinnschwelle und -grenze.
i) Zeichnen Sie die Graphen der Gesamtkosten-, Erlös- und Gewinnfunktion in ein Koordinatensystem.
j) Zeichnen Sie in ein weiteres Koordinatensystem den Graphen der Preis-Absatzfunktion mit dem Cournotschen Punkt.

4 Ein Anbieter auf einem Markt mit vollständiger Konkurrenz hat für sein Unternehmen für folgende Ausbringungsmengen die angegebenen Gesamtkosten festgestellt:

Ausbringungsmenge	**Gesamtkosten**
$x = 0$ ME	100 000,00 EUR
$x = 100$ ME	200 000,00 EUR
$x = 400$ ME	380 000,00 EUR
$x_{Kap} = 700$ ME	1 640 000,00 EUR

Der Marktpreis beträgt 1 500,00 EUR.
a) Bestimmen Sie die Gleichung der Gesamtkosten-, der Erlös- und Gewinnfunktion.
b) Bestimmen Sie die lang- und kurzfristige Preisuntergrenze des Unternehmens, das Betriebsoptimum und -minimum.
c) Berechnen Sie den Zuwachs der Gesamtkosten von der 50. zur 51. Produktionseinheit.
d) Bestimmen Sie den Punkt, in dem die Gesamtkostenfunktion ihr Krümmungsverhalten ändert.
e) Berechnen Sie die Gewinnschwelle und -grenze des Unternehmens.
f) Bestimmen Sie die gewinnmaximale Ausbringungsmenge und das Gewinnmaximum.
g) Wie hoch ist bei der gewinnmaximalen Ausbringungsmenge der Kostenzuwachs für eine zusätzliche beliebig kleine Ausbringungsmenge?
h) Bei welcher Ausbringungsmenge ist der Kostenzuwachs am geringsten?
i) Zeichnen Sie die Graphen der Gesamtkosten-, Erlös- und Gewinnfunktion in ein Koordinatensystem.

2.7 Folgen und Reihen

2.7.1 Begriff der Folge

Gegeben sei die Funktion
f: $f(x) = \frac{4}{x}$; $x \in \mathbb{N}^*$.

Mithilfe einer Wertetafel werden die ersten Punkte der Funktion berechnet:

x	1	2	3	4	5	6
$f(x)$	$\frac{4}{1} = 4$	$\frac{4}{2} = 2$	$\frac{4}{3}$	$\frac{4}{4} = 1$	$\frac{4}{5}$	$\frac{4}{6} = \frac{2}{3}$

In Bild 2.7.1.1 ist der Graph der Funktion f: $f(x) = \frac{4}{x}$; $x \in \mathbb{N}^*$ dargestellt.

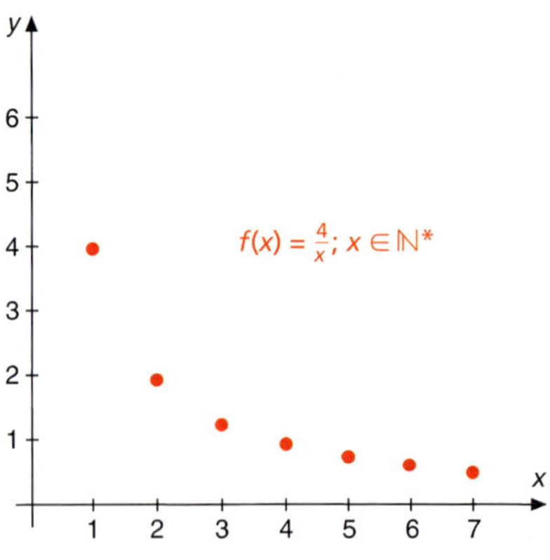

Bild 2.7.1.1

Der Graph der Funktion besteht nur aus Punkten, da der **Definitionsbereich** der Funktion die **Menge der natürlichen Zahlen ohne die Zahl 0** ist.
Betrachtet man nur die einzelnen Elemente des Wertebereichs in der Reihenfolge ihrer Zuordnung zu den natürlichen Zahlen, so erhalten wir eine **Zahlenfolge,** kurz **Folge:**

$$\frac{4}{1};\ \frac{4}{2};\ \frac{4}{3};\ \frac{4}{4};\ \frac{4}{5};\ \frac{4}{6};\ \ldots$$

oder allgemein: a_1 ; a_2 ; a_3 ; a_4 ; a_5 ; a_6 ; ... .

Hierbei werden die einzelnen Elemente einer Folge **Glieder** genannt. Das erste Glied einer Folge heißt **Anfangsglied,** das letzte Glied einer endlichen Folge heißt **Endglied.** a_n ist das **allgemeine Glied**.

> Eine Funktion f mit $D(f) \subseteq \mathbb{N}^*$ heißt **Zahlenfolge** oder kurz **Folge.**

Folgen sind also spezielle Funktionen mit $D(f) \subseteq \mathbb{N}^*$. Daher weisen auch die Schreib- bzw. Sprechweisen gewisse Ähnlichkeiten auf:

Funktion	**Folge**
f: $f(x) = \frac{4}{x}$; $x \in \mathbb{R}^*$	$\langle a_n \rangle$: $a_n = \frac{4}{n}$; $n \in \mathbb{N}^*$
Die **Variable** heißt x	Die **Variable** heißt $\boldsymbol{n}$ (n wegen der **na**türlichen Zahlen)
Name der Funktion: $\boldsymbol{f}$	**Name** der Folge: $\langle a_n \rangle$ (Die eckigen Klammern werden gesetzt, um die Folge $\langle a_n \rangle$ von dem allgemeinen Glied a_n zu unterscheiden.)
Funktionsgleichung: $f(x) = \frac{4}{x}$	**Bildungsgesetz** (oder **Gleichung**) einer Folge: $a_n = \frac{4}{n}$

Aufgabe 1

Bestimmen Sie die Glieder der Folge. Welches ist das Anfangs- bzw. Endglied der Folge? Benennen Sie das 4. Glied der Folge.

a) $\langle a_n \rangle$: $a_n = \frac{1}{2} n^2$; $n \in \{1; 2; 3; 4; 5; 6\}$

b) $\langle b_n \rangle$: $b_n = (-1)^n \cdot n$; $n \in [1; 8]_{\mathbb{N}^*}$

c) $\langle c_n \rangle$: $c_n = \frac{n}{n+1}$; $n \in \mathbb{N}^*$.

Lösung

a) $\langle a_n \rangle$: $\frac{1}{2}$; 2; $4\frac{1}{2}$; 8; $12\frac{1}{2}$; 18. Anfangsglied ist $a_1 = \frac{1}{2}$, Endglied ist $a_6 = 18$.
Das 4. Glied der Folge ist $a_4 = 8$.

b) $\langle b_n \rangle$: –1; 2, –3, 4; –5, 6, –7; 8. Anfangsglied ist $b_1 = -1$, Endglied ist $b_8 = 8$.
Das 4. Glied der Folge ist $b_4 = 4$.

c) $\langle c_n \rangle$: $\frac{1}{2}$; $\frac{2}{3}$; $\frac{3}{4}$; $\frac{4}{5}$; $\frac{5}{6}$; ... . Anfangsglied ist $c_1 = \frac{1}{2}$, ein Endglied ist nicht vorhanden, weil die Folge wegen $D = \mathbb{N}^*$ unendlich ist. Das 4. Glied der Folge ist $c_4 = \frac{4}{5}$.

> Eine Folge heißt **unendlich,** wenn ihr Definitionsbereich eine unendliche Teilmenge von $\mathbb{N}^*$ ist.
> Eine Folge heißt **endlich,** wenn ihr Definitionsbereich eine endliche Teilmenge von $\mathbb{N}^*$ ist.

Das Bildungsgesetz einer Folge zu erkennen ist meist nur durch „Probieren“ möglich:

Aufgabe 2

Bestimmen Sie das Bildungsgesetz der Folge $\langle a_n \rangle$: 4; 16; 36; 64; 100; ...

Lösung

Dividiert man alle Glieder von $\langle a_n \rangle$ durch 4, erhält man die Quadratzahlen in aufsteigender Reihenfolge. Also lautet die Gleichung der Folge $a_n = 4n^2$; $n \in \mathbb{N}^*$.

Übungsaufgaben

1 Erklären Sie den grundsätzlichen Unterschied zwischen einer Funktion und einer Folge.

2 Bestimmen Sie die ersten 5 Glieder und das 20. Glied der unendlichen Folge mit $n \in \mathbb{N}^*$.

a) $\langle a_n \rangle$: $a_n = \frac{(-1)^n}{n}$
b) $\langle b_n \rangle$: $b_n = n^2 - 2$
c) $\langle c_n \rangle$: $c_n = \frac{(n+1)^2}{3n}$
d) $\langle d_n \rangle$: $d_n = 2^{n-1}$

3 Welches ist das Bildungsgesetz der Folge? Berechnen Sie das 10. Glied der Folge.

a) $\langle a_n \rangle$: 2; 8; 18; 32; 50; 72; 98; ...
b) $\langle b_n \rangle$: $\frac{1}{3}; \frac{2}{4}; \frac{3}{5}; \frac{4}{6}; \ldots$
c) $\langle c_n \rangle$: 2; 4; 8; 16; ...
d) $\langle d_n \rangle$: 1; 8; 27; 64; 125; ...
e) $\langle e_n \rangle$: $\frac{-1}{2}; \frac{1}{3}; \frac{-1}{4}; \frac{1}{5}; \frac{-1}{6}; \ldots$
f) $\langle f_n \rangle$: 1; 0; 1; 4; 9; ...

4 Versuchen Sie, für die gegebe*n*e Zahle*n*folge ei*n*e Gleichu*n*g zu ermitteln.

a) $\langle a_n \rangle$: $1; \frac{4}{3}; \frac{3}{2}; \frac{8}{5}; \frac{5}{3}; \ldots$
b) $\langle b_n \rangle$: $\frac{1}{2}; \frac{1}{2}; \frac{3}{8}; \frac{1}{4}; \ldots$
c) $\langle c_n \rangle$: 0; 3; 6; 9; ...
d) $\langle d_n \rangle$: $\frac{1}{2}; \frac{3}{5}; \frac{1}{2}; \frac{7}{17}; \frac{9}{26}; \ldots$
e) $\langle e_n \rangle$: $\frac{2}{3}; \frac{4}{9}; \frac{6}{27}; \frac{8}{81}; \frac{10}{243}; \ldots$
f) $\langle f_n \rangle$: 2; 6; 14; 30; ...

5 Geben Sie je 2 Beispiele für

a) eine endliche Folge
b) für eine unendliche Folge

an, für die gilt: $D \subset \mathbb{N}^*$.

2.7.2 Arithmetische und geometrische Folgen

2.7.2.1 Arithmetische Folgen

Aufgabe 1

Für das Bohren eines Brunnens berechnet eine Brunnenbaufirma 270,00 EUR für den ersten Meter und einen Preiszuschlag von 12,00 EUR für jeden weiteren angebrochenen Meter.

a) Wie lautet das Bildungsgesetz der Folge, die den Meterpreis des Brunnens in Abhängigkeit von der Tiefe beschreibt?
b) Wie teuer wird der letzte Meter, wenn man bei 17,3 Meter Tiefe auf Wasser stößt?

Lösung

a) Wir berechnen die ersten Glieder der Zahlenfolge:

Der 1. Meter kostet: $a_1 = 270$

Der 2. Meter kostet: $a_2 = 270 + 1 \cdot 12 = 282$

Der 3. Meter kostet: $a_3 = 270 + 2 \cdot 12 = 294$

Der 4. Meter kostet: $a_4 = 270 + 3 \cdot 12 = 306$

: :

Der *n-te Meter* kostet: $\underline{\underline{a_n = 270 + (n-1) \cdot 12}}$: Dies ist das **Bildungsgesetz** (oder die **Gleichung) der Folge.**

b) Es muss das 18. Glied der Folge berechnet werden:

$$a_{18} = 270 + 17 \cdot 12 = \underline{\underline{474}}$$

Bei der Herleitung des Bildungsgesetzes der Folge kann man erkennen, dass sich jedes Glied der Folge aus dem vorhergehenden Glied durch Addition eines konstanten Betrages d ergibt (der Brunnen-Meterpreis entwickelt sich linear).

Eine Folge $\langle a_n \rangle$ heißt **arithmetische[1] Folge,** wenn die Differenz d zweier aufeinander folgender Glieder konstant ist, d. h. $a_{n+1} - a_n = d$.

$a_n = a_1 + (n-1) \cdot d$
Bildungsgesetz einer arithmetischen Folge

Übungsaufgaben

1 Bestimmen Sie allgemein die Nachbarglieder von a_n einer arithmetischen Folge. Zeigen Sie dann, dass a_n das arithmetische Mittel dieser beiden Nachbarglieder ist.

2 In einem Tennisstadion befinden sich in der 1. Reihe 35 Sitzplätze. Jede folgende Reihe enthält 3 Sitzplätze mehr als die vorhergehende. Bestimmen Sie die Anzahl der Sitzplätze in der 11. und in der 20. Reihe.

3 Ein Taxi-Unternehmen berechnet für die Personenbeförderung als Grundpreis 4,60 EUR und je angefangenen Kilometer 1,70 EUR. Wie viel kostet eine Fahrt von

a) 12 km Länge

b) 18,4 km Länge.

[1] Die Folge heißt **arithmetisch,** weil jedes Glied a_n (außer dem ersten und letzten) das arithmetische Mittel (der Durchschnitt) seiner benachbarten Glieder ist.

4 Ein Abteilungsleiter wurde mit einem Jahresbruttogehalt von 80 000,00 EUR eingestellt. Nach Ablauf eines jeden Jahres erhielt er rückwirkend für das abgelaufene Jahr einen monatlichen Zuschlag. Wie hoch war dieser Zuschlag, wenn der Abteilungsleiter nach 12-jähriger Tätigkeit 97 280,00 EUR verdient?

5 In einer Weinkellerei werden die Flaschen so gestapelt, dass in der jeweils höheren Reihe 1 Flasche auf 2 Flaschen in der darunter befindlichen Reihe liegt. Wie viel Reihen sind übereinander gestapelt, wenn sich in der untersten Reihe 32, und in der obersten Reihe 16 Flaschen befinden?

6 Eine endliche arithmetische Folge enthält alle durch 5 teilbaren Zahlen, die kleiner als 400 sind. Wie viel Glieder enthält die Folge?

7 Vom wievielten Glied an sind die Glieder der Folge $\langle a_n \rangle$: 100; 96; 92; ... kleiner als –100?

8 Die Punkte des Graphen der arithmetischen Folge $\langle a_n \rangle$: $a_n = 2 + (n-1) \cdot 3$ liegen auf der Geraden g mit der Gleichung $y = 2 + (x-1) \cdot 3$, d.h. $y = 3x - 1$. Bestimmen Sie ebenso die Gleichung der Geraden, auf der alle Punkte der gegebenen Folge liegen.

a) $\langle a_n \rangle$: $a_n = -2 + (n-1) \cdot \frac{1}{2}$ b) $\langle a_n \rangle$: $a_n = 3 + (n-1) \cdot 1$
c) $\langle a_n \rangle$: $a_n = 2 + (n-1) \cdot 2$ d) $\langle a_n \rangle$: $a_n = (n-1) \cdot (-3)$

9 Die Punkte des Graphen einer arithmetischen Folge liegen auf der Geraden mit der gegebenen Gleichung. Geben Sie die Gleichung der arithmetischen Folge an.

a) $y = \frac{1}{2}x + 1$ b) $y = -3x$
c) $y = -2x + 1$ d) $y = 3$

2.7.2.2 Geometrische Folgen

Aufgabe 1

Ein Kapital in Höhe von 5 000,00 EUR wurde zu 6,5 % p.a. bei einem Kreditinstitut für 6 Jahre festgelegt. Auf welchen Betrag ist es nach 6 Jahren mit Zins und Zinseszins angewachsen? Erstellen Sie zunächst eine Aufstellung, aus der das Guthaben zu Beginn des 2. Jahres (= Ende des 1. Jahres), zu Beginn des 3. Jahres etc. ersichtlich wird.

Lösung

Anfangskapital: $a_1 = 5000$
Beginn des 2. Jahres: $a_2 = 5000 \cdot 1{,}065 = 5325$
Beginn des 3. Jahres: $a_3 = \underbrace{5000 \cdot 1{,}065}_{\text{= Kapital zu Beginn des 2. Jahres}} \cdot 1{,}065 = 5000 \cdot 1{,}065^2 = 5671{,}13$

Beginn des 4. Jahres: $a_4 = \underbrace{5000 \cdot 1{,}065 \cdot 1{,}065}_{\text{= Kapital zu Beginn des 3. Jahres}} \cdot 1{,}065 = 5000 \cdot 1{,}065^3 = 6039{,}75$

Beginn des 5. Jahres: $a_5 = 5000 \cdot 1{,}065^4 = 6432{,}33$
Beginn des 6. Jahres: $a_6 = 5000 \cdot 1{,}065^5 = 6850{,}43$
Beginn des 7. Jahres: $a_7 = 5000 \cdot 1{,}065^6 = \underline{\underline{7295{,}71}}$ = Endkapital nach 6 Jahren

Bei der Herleitung des Bildungsgesetzes der Folge kann man erkennen, dass sich jedes Glied der Folge aus dem vorhergehenden Glied durch die Multiplikation mit einem konstanten Faktor q ergibt (das Guthaben entwickelt sich exponentiell).

Eine Folge $\langle a_n \rangle$ heißt **geometrische**[1)] **Folge,** wenn der Quotient q zweier aufeinander folgender Glieder konstant ist, d. h. $a_n \cdot q = a_{n+1} \Leftrightarrow \frac{a_{n+1}}{a_n} = q$.

$a_n = a_1 \cdot q^{n-1}$
Bildungsgesetz einer geometrischen Folge

Übungsaufgaben

1 Bestimmen Sie allgemein die Nachbarglieder von a_n einer geometrischen Folge. Zeigen Sie dann, dass a_n das geometrische Mittel (= die Quadratwurzel aus dem Produkt) seiner Nachbarglieder ist.

2 Die Papierblattgrößen sind nach DIN 476 genormt. 2 benachbarte Formate (z. B. A4 und A5) gehen durch Halbierung der Papierflächen auseinander hervor. Die Fläche von DIN A0 beträgt 1 m^2.
Bestimmen Sie die Gleichung der Folge, die die Papierflächen der DIN-Formate bis A6 beschreibt. Berechnen Sie die Glieder der Folge.

3 Ein Oberstufenschüler sucht einen Ferienjob für 4 Wochen (= 20 Arbeitstage). Um seine Arbeitskraft dem Arbeitgeber schmackhaft zu machen, bietet er an, am 1. Tag nur 1,00 EUR Lohn zu erhalten, am 2. Tag 2,00 EUR, am 3. Tag 4,00 EUR etc. Wie viel Lohn würde er am 10., 15. und am letzten Arbeitstag erhalten?

4 Beim Durchdringen einer Glasplatte verliert Licht einen bestimmten Prozentsatz seiner Intensität. Nach Durchdringung von 15 dieser Glasplatten sind noch ~44,013 % der ursprünglichen Lichtintensität vorhanden. Welcher Prozentsatz Lichtintensität geht beim Durchdringen *einer* Glasplatte verloren?

5 Eine Algensorte verdoppelt sich täglich. Zu Beginn des Beobachtungszeitraumes wurde die Größe des Algenteppichs mit 120 cm^2 festgestellt. Am Ende des Beobachtungszeitraumes wurde der Algenteppich mit 1 920 cm^2 vermessen. Wie viel Tage umfasste der Beobachtungszeitraum?

6 Ein radioaktives Präparat zerfällt in der Weise, dass nach einem Jahr noch $\frac{1}{3}$ der Ausgangsmenge vorhanden ist. Zum Ende des 6-jährigen Beobachtungszeitraumes wurden ~0,094650205 g gemessen. Wie viel Gramm waren ursprünglich vorhanden?

---

1) Die Folge heißt **geometrisch**, weil jedes Glied a_n (außer dem ersten und letzten) das geometrische Mittel (die Quadratwurzel aus dem Produkt) seiner benachbarten Glieder ist.

7 In einem Litergefäß befinden sich 100 g aufgelöstes Salz. Es wird $\frac{1}{2}$ l der gut gemischten Salzlösung abgegossen, das Gefäß anschließend wieder mit klarem Wasser aufgefüllt und dann wieder gut durchgerührt. Dieser Vorgang wird 8 mal durchgeführt. Wie viel Gramm Salz enthält die Salzlösung nach dem letzten Durchgang?

8 Welches ist die Gleichung der Funktion f, auf der alle Punkte der gegebenen Folge $\langle a_n \rangle$ liegen?

a) $\langle a_n \rangle$: $a_n = \frac{1}{2} \cdot 2^{n-1}$

b) $\langle a_n \rangle$: $a_n = 2 \cdot 4^{n-1}$

c) $\langle a_n \rangle$: $a_n = 4 \cdot (\frac{1}{2})^{n-1}$

d) $\langle a_n \rangle$: $a_n = -2 \cdot 3^{n-1}$

9 Eine niedersächsische Gemeinde hat ihre Infrastruktur für 50 000 Einwohner im Jahr 2010 geplant, wobei eine jährliche Zuwachsrate von 4 % zugrunde gelegt wurde.

a) Wie viel Einwohner hat die Gemeinde im Planungsjahr 1995?

b) Wie viel Einwohner hat die Gemeinde im Jahr 2000?

10 Erklären Sie den Unterschied zwischen einer arithmetischen und einer geometrischen Folge algebraisch und grafisch.

2.7.3 Arithmetische und geometrische Reihen

2.7.3.1 Arithmetische Reihen

Aufgabe 1

Ein Walmdach hat die Form eines Trapezes. In der untersten Reihe befinden sich 72 Dachziegel. Jede der folgenden 20 Reihen enthält 2 Ziegel weniger als die vorhergehende. Wie viel Ziegel werden für die unteren 4 Reihen benötigt?

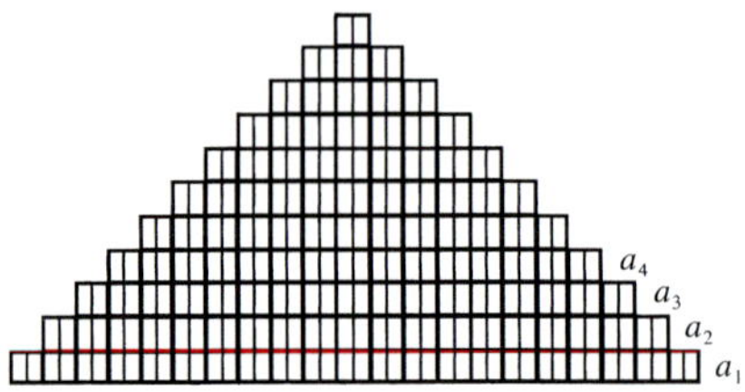

Bild 2.7.3.1

Lösung

Im Abschnitt *2.7.2.1 Arithmetische Folgen* wurden die einzelnen Glieder einer Folge, d. h. in diesem Fall die Anzahl der Dachziegel in jeder Reihe bestimmt:

$a_n = 72 + (n - 1) \cdot (-2)$

1. Reihe: $a_1 = 72 + 0 \cdot (-2) = 72$
2. Reihe: $a_2 = 72 + 1 \cdot (-2) = 70$
3. Reihe: $a_3 = 72 + 2 \cdot (-2) = 68$
4. Reihe: $a_4 = 72 + 3 \cdot (-2) = 66$

In dieser Aufgabe ist nun nach der **Summe** der ersten 4 Glieder der Folge gefragt, die angibt, wie viel Dachziegel insgesamt für die ersten 4 Reihen benötigt werden.
Wegen der geringen Zahl der Glieder ist diese Summe einfach zu bilden:

$$s_4 = a_1 + a_2 + a_3 + a_4$$
$$= 72 + 70 + 68 + 66$$
$$= \underline{\underline{276}}$$

Eine solche Summe von Gliedern einer Folge heißt **Reihe.**
In **Aufgabe 1** wurde die Reihe aus einer arithmetischen Folge gebildet. Die Reihe wird daher **arithmetische Reihe** genannt.

Bei einer größeren Anzahl von Gliedern ist die Berechnung der einzelnen Summanden und das anschließende Aufsummieren jedoch sehr aufwändig. Stellen Sie sich den Arbeitsaufwand für die Berechnung der gesamten Dachdeckung, d.h. für 21 Reihen, vor! Deshalb wollen wir jetzt eine Formel entwickeln, die uns die Berechnung der Summe $s_n = a_1 + a_2 + a_3 + ... + a_n$ erleichtert.

Wir verwenden dazu einen Trick, den man dem jungen C. F. Gauß (1777–1855) zuschreibt:

- Wir schreiben die Summe mithilfe der Gliederdifferenz d einmal in richtiger und dann darunter in umgekehrter Reihenfolge.

$$s_n = a_1 \quad + [a_1 + d] \ldots \quad + [a_1 + (n-1)d]$$
$$s_n = [a_1 + (n-1)d] + [a_1 + (n-2)d] + \ldots + a_1$$

- Dann werden die jeweils untereinander stehenden Terme addiert.

$$2s_n = 2a_1 + (n-1)d + 2a_1 + (n-1)d + 2a_1 + (n-1)d$$

- Wir erhalten n-mal das Ergebnis

$$2a_1 + (n-1)d$$

- Es ist also :

$$2s_n = n[2a_1 + (n-1)d] \Leftrightarrow \underline{\underline{s_n = \tfrac{n}{2}[2a_1 + (n-1)d]}}$$

Mithilfe dieser allgemein gültigen Formel kann eine arithmetische Reihe (= Summe der Glieder einer arithmetischen Folge) bestimmt werden.

Aufgabe 2

Wieviel Dachziegel werden für die gesamte Dachdeckung des Walmdaches aus **Aufgabe 1** benötigt?

Lösung

$s_n = \frac{n}{2}[2a_1 + (n-1)d]$ mit $n = 21$, $a_1 = 72$ und $d = -2$

$s_{21} = \frac{21}{2}[144 + 20 \cdot (-2)] = \underline{\underline{1\,092}}$

Die **Summe** der Glieder einer endlichen arithmetischen Folge $a_1 + a_2 + a_3 + ... + a_n$ heißt **arithmetische Reihe.** Für eine arithmetischen Reihe gilt die **Summenformel:**

$$\boldsymbol{s_n = \tfrac{n}{2}[2a_1 + (n-1)d]}$$

Wegen $s_n = \frac{n}{2}[2a_1 + (n-1)d] = \frac{n}{2}\left[a_1 + \underbrace{a_1 + (n-1)d}_{= a_n}\right]$

kann man diese Formel auch umschreiben zu

$s_n = \frac{n}{2}(a_1 + a_n)$
Arithmetische Reihe

Aufgabe 3

Die Tribüne eines Tennisstadions ist so aufgebaut, dass sich in der 1. Reihe 35 Sitzplätze befinden. Jede folgende Reihe enthält 3 Sitzplätze mehr als die vorhergehende. Die letzte (20. Reihe) der Tribüne enthält 92 Sitzplätze. Wie viel Sitzplätze enthält die Tribüne?

Lösung

$s_n = \frac{n}{2}(a_1 + a_n)$

$s_{20} = \frac{20}{2}(35 + 92) = \underline{\underline{1\,270}}$

Übungsaufgaben

1 Eine Steuerberaterin wurde mit einem Jahresbruttogehalt von 70 000,00 EUR eingestellt. Nach Ablauf eines jeden Jahres erhielt sie einen monatlichen Zuschlag in Höhe von 50,00 EUR. Wie viel hat die Steuerberaterin nach 10-jähriger Tätigkeit verdient?

2 In einer Weinkellerei werden die Flaschen so gestapelt, dass in der jeweils höheren Reihe 1 Flasche auf 2 Flaschen in der darunter befindlichen Reihe liegt. Wie viel Flaschen sind in 12 Reihen übereinander gestapelt, wenn sich in der untersten Reihe 31 Flaschen befinden?

3 In einem Freilichttheater befinden sich in der ersten Sitzreihe 35 Plätze. Jede der dahinterliegenden 59 Reihen hat eine konstante Anzahl Plätze mehr, als die davor. Insgesamt stehen in diesem Freilichttheater 9 180 Sitzplätze zur Verfügung. Wie groß ist die Differenz der Anzahl der Sitzplätze zwischen zwei aufeinander folgenden Reihen?

4 In einem Supermarkt sollen Dosen werbewirksam so gestapelt werden, dass in der untersten Reihe 12 Dosen nebeneinander stehen. In jeder darüber gelegenen Reihe soll sich eine Dose weniger befinden.
a) Wie viel Reihen können übereinander gestapelt werden?
b) Wie viel Dosen enthält dieser Aufbau?

5 Wie groß ist die Summe aller
a) natürlichen Zahlen bis 100
b) natürlichen geraden Zahlen die kleiner als 50 sind
c) natürlichen ungeraden Zahlen zwischen 50 und 100?

6 Eine Kugel rollt auf einer schiefen Ebene in der 1. Sekunde 1 Meter, in jeder weiteren Sekunde 2 Meter mehr als in der vorherigen. Wie viel Meter durchläuft sie in einer Minute?

2.7.3.2 Geometrische Reihen

Entsprechend der Terminologie im vorherigen Abschnitt heißt die Summe s_n der Glieder einer geometrischen Folge **geometrische Reihe.**

$s_n = a_1 + a_2 + a_3 + ... + a_n$

Aufgabe 1

Ein Unternehmen, das 1995 von einem bestimmten Produkt 10000 Stück/Jahr produzierte, will in den folgenden Jahren seine Produktion jährlich um 5 % steigern. Wie viel Stück wurden in den Jahren 1995–2000 hergestellt?

Lösung

Die Gleichung der geometrischen Folge ist: $a_n = 10000 \cdot 1{,}05^{n-1}$

Produktion im 1. Jahr (1995):	$a_1 = 10000 \cdot 1{,}05^0 = 10000$
Produktion im 2. Jahr (1996):	$a_2 = 10000 \cdot 1{,}05^1 = 10500$
Produktion im 3. Jahr (1997):	$a_3 = 10000 \cdot 1{,}05^2 = 11025$
Produktion im 4. Jahr (1998):	$a_4 = 10000 \cdot 1{,}05^3 = 11576{,}25$
Produktion im 5. Jahr (1999):	$a_5 = 10000 \cdot 1{,}05^4 = 12155{,}0625$
Produktion im 6. Jahr (2000):	$a_6 = 10000 \cdot 1{,}05^5 = 12762{,}81562$

Die Summe der Glieder dieser geometrischen Folge ist:

$$\begin{aligned} s_6 &= a_1 + a_2 + a_3 + \ldots + a_6 \\ &= 10000 + 10500 + 11025 + 11576{,}25 + 12155{,}0625 + 12762{,}81562 \\ &= \underline{\underline{68019{,}12812}} \end{aligned}$$

Insgesamt werden also im angegebenen Zeitraum 68019 Stück produziert.

Bei einer höheren Anzahl von Gliedern ist dieses Verfahren jedoch wiederum sehr aufwändig und damit fehlerträchtig. Deshalb wollen wir wieder eine Formel entwickeln, mit deren Hilfe man die Summe

$$s_n = a_1 + a_2 + a_3 + \ldots + a_n$$

einer geometrischen Folge, d. h. eine geometrische Reihe berechnen kann.
Wir verwenden wieder einen Trick.

- Es ist: $s_n = a_1 + a_1q + a_1q^2 + \ldots + a_1q^{n-1}$
- Multiplikation dieser Gleichung mit q ergibt: $s_n \cdot q = a_1q + a_1q^2 + \ldots + a_1q^{n-1} + a_1q^n$
- Nun subtrahiert man die 1. von der 2. Gleichung: $s_n \cdot q - s_n = a_1q^n - a_1$
- Diese Gleichung wird nach s_n aufgelöst: $s_n(q-1) = a_1(q^n - 1) \Leftrightarrow \underline{\underline{s_n = a_1 \cdot \frac{q^n - 1}{q - 1}}}$

Das Ergebnis aus **Aufgabe 1** können wir mithilfe dieser Summenformel bestätigen:

$$s_6 = 10000 \cdot \frac{1{,}05^6 - 1}{1{,}05 - 1} = \underline{\underline{68019{,}12812}}$$

Die Summe s_n der Glieder einer endlichen geometrischen Folge $a_1 + a_2 + a_3 + \ldots + a_n$ heißt **geometrische Reihe.**

Für eine **geometrische Reihe** gilt die **Summenformel:**

$$s_n = a_1 \cdot \frac{q^n - 1}{q - 1};\ q \neq 1$$ [1]

Geometrische Reihe

[1] Für den Sonderfall $q = 1$ erhält man $s_n = na_1$

Aufgabe 2

Bestimmen Sie die Summe der ersten 20 Glieder der Folge $\langle a_n \rangle$: $a_n = 1; 2; 4; 8; 16; \ldots$

Lösung

Da es sich um eine geometrische Folge mit $a_1 = 1$; $q = 2$; $n = 20$ handelt, ist die Summenformel

$s_n = a_1 \cdot \frac{q^n - 1}{q - 1}$ anzuwenden:

$$s_{20} = 1 \cdot \frac{2^{20} - 1}{2 - 1} = \underline{\underline{1\,048\,575}}$$

Übungsaufgaben

1 Ein Oberstufenschüler sucht einen Ferienjob für 4 Wochen (= 20 Arbeitstage). Um seine Arbeitskraft dem Arbeitgeber schmackhaft zu machen, bietet er an, am 1. Tag nur 0,50 EUR Lohn zu erhalten und an jedem folgenden Tag das 1,5-Fache. Wie viel Lohn würde er insgesamt erhalten?

2 Wie viel Weizenkörner hätte Sessa, der Erfinder des Schachspiels, vom König Schehram als Belohnung bekommen müssen, wenn er nach seinem Wunsch für das erste Feld des Schachspiels 1 Weizenkorn und für jedes weitere doppelt so viele Körner wie für das vorhergehende bekommen hätte?

a) Wie viel Tonnen sind dies, wenn 20 Körner 1 g wiegen?

b) Vergleichen Sie die in a) berechnete Menge mit der Weizen-Weltjahresernte 1990, die nach dem Statistischen Jahrbuch 1990 509 145 000 t betrug.

3 Welches Glied der geometrischen Reihe mit $a_1 = 3$ und $q = 4$ hat den Wert $s_n = 255$?

4 Gerüchte verbreiten sich bekanntlich schnell. Nehmen wir an, dass eine bestimmte Nachricht innerhalb einer Stunde von der das Gerücht in die Welt setzenden Person an 3 weitere Personen weitergegeben wird, die diese Nachricht innerhalb der nächsten Stunde wiederum jeweils wieder an 3 weitere Personen weitergeben. Wie viel Personen wissen innerhalb eines Tages von dieser Nachricht, wenn sie sich auch weiterhin auf die beschriebene Art verbreitet?

5 Bestimmen Sie die fehlenden Zahlen der geometrischen Reihe.

	a)	b)	c)
a_1		12	
a_n	26 244	1 536	
q	3		4
n	9	8	12
s_n			4 194 303,75

Vermischte Aufgaben zu arithmetischen und geometrischen Folgen und Reihen

6 Wie groß ist die Summe aller 3-ziffrigen Zahlen?

7 Ein Fußballstadion hat 79 040 Sitzplätze. In der 1. Reihe sind 1 010 Sitzplätze vorhanden, in den folgenden Reihen jeweils 20 Sitzplätze mehr. Wie viel Reihen hat das Stadion?

8 Eine Turmuhr schlägt nur zu den vollen Stunden in der entsprechenden Anzahl. Wie viel Schläge macht sie an einem Tag?

9 In einem Bergwerkschacht nimmt die Temperatur alle 35 m um 1 °C zu. Welche Temperatur herrscht in einer Tiefe von 1 365 m, wenn die durchschnittliche Temperatur an der Erdoberfläche 10 °C beträgt?

10 Gegeben sei die Folge $\langle a_b \rangle$: 1, 7, 13, ...

Vom wievielten Glied an sind die Glieder der Folge größer als 10^4?

11 Eine arithmetische Folge beginnt mit 0 und hat als 4. Glied die Zahl –15. Bestimmen Sie die Gliednummer n, von der an gilt: $a_n < -120$.

12 In einer arithmetischen Folge ist $a_1 = 7{,}5$, $a_2 = 4{,}5$. Berechnen Sie die Gliednummer n, bei der $s_n = 0$ ist.

13 Welche Folgen sind arithmetisch, welche geometrisch? Bestimmen sie d bzw. q. Wie lautet a_{10} ?

a) $\langle a_n \rangle$: 105, 99, 93, 87, ...

b) $\langle a_n \rangle$: 0, –4, –8, ...

c) $\langle a_n \rangle$: $\frac{1}{5}, \frac{4}{5}, \frac{7}{5}, \frac{10}{5}, \ldots$

d) $\langle a_n \rangle$: $\frac{1}{5}, \frac{2}{5}, \frac{4}{5}, \frac{8}{5}, \ldots$

14 Eine arithmetische Reihe besteht aus n Gliedern, wobei $a_1 = 16{,}5$ und $d = 1{,}5$ bekannt ist. Der Summenwert der Reihe ist $s_n = 810$. Wie viel Glieder hat die Reihe?

15 Welches ist die Summe der ungeraden Zahlen von 25 bis 175?

16 Wie viel durch 7 teilbare Zahlen liegen zwischen 1 und 500?

17 Quadrate werden nach nebenstehender Konstruktion gebildet.

a) Wie groß ist das 5. Quadrat?

b) Wie groß ist die Teilfläche der ersten 5 Quadrate zusammen?

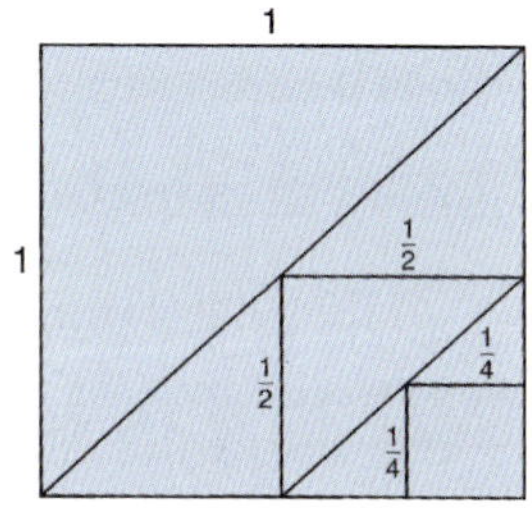

2.8 Finanzmathematik (mit EXCEL)

Folgen und Reihen bilden die mathematische Grundlage der Finanzmathematik. Deshalb sollten die Bildungsgesetze der arithmetischen bzw. geometrischen Folge ebenso wie die Formeln zur Berechnung der arithmetischen bzw. geometrischen Reihe bekannt sein.

Ziel dieses Abschnitts ist es, den Schülerinnen und Schülern neben den finanzmathematischen Inhalten auch Kompetenzen im Umgang mit Tabellenkalkulationsprogrammen zu vermitteln. Im Folgenden wird bei den durch gekennzeichneten Aufgaben zunächst davon ausgegangen, dass nur geringe Grundkenntnisse im Umgang mit dem Tabellenkalkulationsprogramm EXCEL[1] vorhanden sind und diese Aufgaben dann auch mit EXCEL gelöst werden. Schrittweise werden dann die Kenntnisse und Fähigkeiten im Umgang mit Tabellenkalkulationsprogrammen erweitert.

Alle anderen (ohne gekennzeichneten) Aufgaben können auch ohne Einsatz eines Tabellenkalkulationsprogramms gelöst werden.

2.8.1 Einfache Zinsrechnung

Grundsätzlich liegt bei der Zinsrechnung folgende allgemein bekannte Struktur vor: **Kapitalgeber** und **Kapitalnehmer** schließen einen Vertrag, durch welchen der Kapitalgeber dem Kapitalnehmer ein bestimmtes Kapital **(Anfangskapital)** für einen festgelegten Zeitraum überlässt. Am Ende der Laufzeit des Vertrages erhält der Kapitalgeber vom Kapitalnehmer einen Betrag zurück, den wir **Endkapital** nennen. Das Endkapital ist größer als das Anfangskapital. Die Differenz zwischen Anfangs- und Endkapital bezeichnen wir als **Zinsen,** die der Kapitalgeber vom Kapitalnehmer **für vorübergehenden Konsumverzicht** erhält.

Die Hauptaufgabe der Zinsrechnung besteht darin, den Betrag auszurechnen, auf den ein einmalig zu einem festen **Zinssatz** angelegtes Kapital nach Ablauf einer bestimmten Zeit angewachsen ist.

Bei der **einfachen Zinsrechnung**[2] geht man, im Gegensatz zur Zinseszinsrechnung, davon aus, dass die Zinsansprüche, die während der Laufzeit des Kapitalüberlassungsvertrages entstehen, niemals dem zinstragenden Kapital zugeschlagen werden. Einfacher ausgedrückt: Die während der Kapitalüberlassung entstandenen Zinsen werden nicht mitverzinst.

Obwohl in der finanzmathematischen Praxis auch andere Modelle vorkommen, wollen wir im Folgenden zunächst vom Standardfall ausgehen, dass sich der Zinssatz auf ein Jahr bezieht[3] und die Zinsen auch frühestens nach einem Jahr gezahlt werden.

---

[1] Wegen des ähnlichen Aufbaus ist auch jedes andere Tabellenkalkulationsprogramm geeignet.

[2] Die einfache Verzinsung ist unter Nichtkaufleuten vorgeschrieben. Sie wird deshalb auch **bürgerliche Verzinsung** genannt. Das BGB schreibt in § 248, 1 (für Nichtkaufleute) vor: „Eine im voraus getroffene Vereinbarung, dass fällige Zinsen wieder Zinsen tragen sollen, ist nichtig."

[3] Wenn keine weiteren Angaben vorliegen, bezieht sich der Zinssatz immer auf ein Jahr. Der Deutlichkeit halber wird dies oft ausgedrückt durch die Angabe 3% **p. a.** (p. a. = per annum (lat.) = für das Jahr).

Wir wollen folgende Abkürzungen verwenden:

$p\,\%$	**: = Zinssatz**[1]
K_0	**: = Anfangskapital**
K_n	**: = Endkapital**
n	**: = Laufzeit**
z	**: = Zinsen**

Berechnung des Endkapitals

Aufgabe 1

G. stellt N. 400,00 EUR zu einem Zinssatz von 4% p. a. mit einfachen Zinsen zur Verfügung. Wie hoch ist das Endkapital

a) nach einem Jahr,
b) nach 3 Jahren,
c) nach 3 Jahren und 3 Monaten,
d) nach n Jahren (als Summe und faktorisiert)?
e) Erstellen Sie entsprechend der nebenstehenden Vorlage eine EXCEL-Tabelle, aus der die Entwicklung des Endkapitals für 16 Jahre sichtbar wird (Bei der Berechnung der Zinsen z und des Endkapitals K_n soll Bezug genommen werden auf die Angaben für K_0 und $p\%$ in den Zellen B5 bzw. B6).
f) Erstellen Sie ein EXCEL-Diagramm, aus dem die Entwicklung des Endkapitals ersichtlich ist.
g) Wie ist die Entwicklung des Endkapitals bei einfacher Verzinsung dem Thema „Arithmetische/Geometrische Folgen und Reihen" zuzuordnen? Begründen Sie ihre Auffassung.
h) Stellen Sie den Zusammenhang zur Analysis her, indem Sie die Gleichung der Geraden angeben, die die Punkte mit den Koordinaten (n/K_n) verbindet.

	A	B	C	D
1	**Einfache Zinsrechnung**			
2	**Entwicklung des Endkapitals**			
3	*(Eingabe nur in die unterlegten Zellen)*			
4				
5	K_0	**400,00 €**		
6	**p%**	**4,00%**		
7				
8	n	z	K_n	
9	1	16,00 €	416,00 €	
10	2	16,00 €	432,00 €	
11	3	16,00 €	448,00 €	
12	4	16,00 €	464,00 €	
13	5	16,00 €	480,00 €	
14	6	16,00 €	496,00 €	
15	7	16,00 €	512,00 €	
16	8	16,00 €	528,00 €	
17	9	16,00 €	544,00 €	
18	10	16,00 €	560,00 €	
19	11	16,00 €	576,00 €	
20	12	16,00 €	592,00 €	
21	13	16,00 €	608,00 €	
22	14	16,00 €	624,00 €	
23	15	16,00 €	640,00 €	
24	16	16,00 €	656,00 €	

Bild 2.8.1

Lösung

a) $K_1 = \underbrace{400}_{\text{Anfangskapital } K_0} + \underbrace{400 \cdot 0{,}04}_{\text{Zinsen für ein Jahr}} = 400 + 16 = 416$

b) $K_3 = \underbrace{400}_{\text{Anfangskapital } K_0} + \underbrace{3 \cdot (400 \cdot 0{,}04)}_{\text{Zinsen für drei Jahre}} = 400 + 3 \cdot 16 = 448$

c) $K_{3,25} = \underbrace{400}_{\text{Anfangskapital } K_0} + \underbrace{3{,}25 \cdot (400 \cdot 0{,}04)}_{\text{Zinsen für 3,25 Jahre}} = 400 + 3{,}25 \cdot 16 = 452$

[1] Ist der Zinssatz $p\%$ z. B. 3%, rechnen wir mit $p\% = \frac{3}{100} = 0{,}03$. $p = 3$ ist dann die sogenannte **Zinssatzzahl**.

d) $$K_n = K_0 + nK_0 p\%$$

Ausklammern von K_0 führt zu:

$$K_n = K_0\,(1 + np\%)$$

e) S. Abb. oben.
Wichtige Zellinhalte der Tabelle in der Abb. oben:
A9 und **A10:** Nach Einsetzen der Zahlen 1 und 2 in diese Zellen kann die Reihe durch „Ziehen“[1] nach unten bis 16 leicht fortgesetzt werden.
B9: = \$B\$6*\$B\$5[2]
C9: = \$B\$5+A9*B9 (beide Zellen können dann durch „Ziehen“ nach unten kopiert werden)

f)

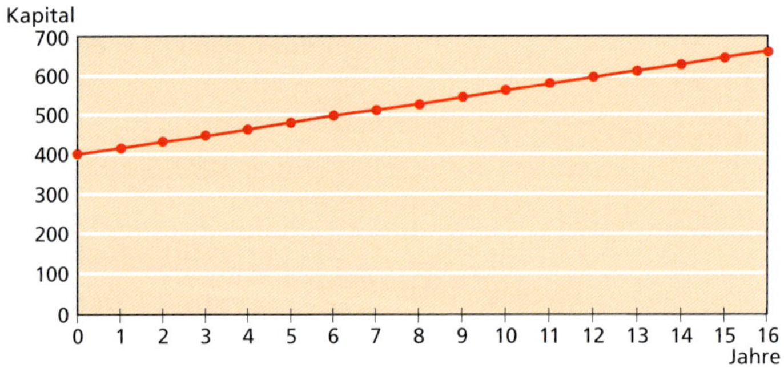

Bild 2.8.2

g) **Die Kapitalentwicklung ist eine arithmetische Folge,** weil die Differenz zweier aufeinander folgender Glieder (die jährlichen Zinsen) konstant ist.

Das **allgemeine Bildungsgesetz** lautet:

$a_n = a_1 + (n-1) \cdot d$

das **konkrete Bildungsgesetz** dieser Folge lautet:
$a_n = 416 + (n-1) \cdot 16$

h) Die einzelnen Punkte der Grafik können durch eine **Gerade** mit der allgemeinen Gleichung $f(x) = mx + b$ verbunden werden, wobei K_0 das Absolutglied und $K_0 \cdot p\% = z$ (die jährlichen Zinsen) der Steigungsfaktor ist:

$$K_n = K_0 p\% \cdot n + K_0$$
$$f(x) = \quad m \quad \cdot x + b$$

Es erscheint plausibel, dass bei der Berechnung des Endkapitals bei einfacher Verzinsung die Laufzeit n nicht nur ganzzahlig, sondern durchaus auch gebrochen sein darf (s. Teilaufgabe c). Für $n \in \mathbb{R}_+^*$ stellt die oben gezeichnete Gerade mit $f(x) = 16x + 400$ somit mathematisch korrekt die Entwicklung des Endkapitals bei einfacher Verzinsung dar.

---

[1] Nach Eintragung der Zahlen „1“ und „2“ in die Zellen A9 und A10 werden die Zellen markiert. Geht man nun mit dem Cursor auf die untere rechte Ecke des markierten Bereichs, wird aus dem Cursor-Pfeil ein dünnes Kreuz (+). Mit gedrückter linker Maustaste kann jetzt „gezogen“ werden, d. h., die Zahlenkolonne wird nach unten verlängert.

[2] Das Hinzufügen der **Dollarzeichen** bei der Angabe einer Zelle (z. B. \$B\$5) bewirkt einen **absoluten Zellbezug**. Wenn Sie eine Formel kopieren, **werden absolute Zellbezüge nicht geändert, relative Zellbezüge hingegen ändern sich beim Kopieren**.

$$K_n = K_0(1 + np\%)$$

Endkapital bei einfacher Verzinsung

Berechnung des Anfangskapitals, des Zinssatzes und der Zeit

Aufgabe 2

a) Leiten Sie aus der oben entwickelten Endkapitalformel bei einfacher Verzinsung (in faktorisierter Form) die weiteren sich ergebenden Formeln zur Berechnung von Anfangskapital, Zinssatz und Zeit her.

b) Aus der Sekundarstufe I kennen Sie sicherlich noch die sog. „Kapitänsformel“ zur Berechnung der Tageszinsen: $z = \frac{k \cdot p \cdot t}{100 \cdot 360}$ · Auch diese Formel soll nicht vergessen werden. Erklären Sie deren Entstehung.

c) Erstellen Sie eine EXCEL-Tabelle (ein sog. Rechenblatt), mit deren Hilfe die verschiedenen Größen der Zinsrechnung (s. Teilaufgabe a)) automatisch berechnet werden, sofern die jeweils anderen drei gegeben sind. Lösen Sie dann, auch zur Überprüfung der Richtigkeit Ihres Rechenblattes, die folgenden Aufgaben.

d) Wie viel Kapital erhält G. nach 10 Jahren zurück, wenn er N. 400,00 EUR zu 4% einfacher Verzinsung zur Verfügung gestellt hat (vgl. **Aufgabe 1e)**)?

e) B. will in 6 Jahren und 6 Monaten ein Kapital von 20000,00 EUR zur Verfügung haben. Ein Bekannter bietet ihm 5% p.a. einfache Verzinsung. Wie viel muss B. seinem Bekannten heute an Kapital überlassen?

f) C. besitzt 1554,00 EUR und möchte in 10 Jahren 2000,00 EUR haben. Welchen Zinssatz p.a. muss er bei einfacher Verzinsung verlangen?

g) D. möchte wissen, wie lange er ein Kapital von 2000,00 EUR zu einfachen Zinsen bei einem Zinssatz von 4% p.a. ausleihen muss, damit es auf 3000,00 EUR anwächst.

Lösung

a)

$$K_0 = \frac{K_n}{1 + np\%}$$

Anfangskapital

$$p\% = \frac{1}{n}\left(\frac{K_n}{K_0} - 1\right)$$

Zinssatz

$$n = \frac{1}{p\%}\left(\frac{K_n}{K_0} - 1\right)$$

Laufzeit

b) Die Zinsen für ein Jahr ergeben sich durch $z = K \cdot p\%$, z.B. $z = 400 \cdot \frac{4}{100} = 16$. Werden diese Zinsen durch 360[1)] dividiert erhält man die Zinsen für einen Tag. Durch Multiplikation der Tageszinsen mit t werden die Zinsen für t Tage berechnet.

c) Das Rechenblatt könnte zum Beispiel folgendes Aussehen haben: In die unterlegten Zellen werden drei Werte eingegeben, der gesuchte vierte Wert wird dann durch entsprechende Formeleingabe automatisch von EXCEL berechnet.

	A	B	C	D
1	**Einfache Zinsrechnung**			
2	**Berechnung von Anfangs-, Endkapital, Zeit und Zinssatz**			
3	*(Eingabe nur in die unterlegten Zellen)*			
4				
5		**Gegeben**	**Gesucht**	
6	**Anfangskapital K_0**	**400,00 €**		
7	**Endkapital K_n**	**560,00 €**		
8	**Jahre n**	**10**		
9	**Zinssatz $p\%$**		**4,00%**	

Bild 2.8.3

1) In der kaufmännischen Zinsrechnung wird der Monat mit 30 und das Jahr mit 360 Tagen gerechnet.

In den Zellen C6 bis C9 befinden sich folgende Formeln:

C6: = B7/(1+B8*B9)

C7: = B6*(1+B8*B9)

C8: = 1/B9*(B7/B6-1)

C9: = 1/B8*(B7/B6-1)

Sollen in den Zellen C6 bis C9 keine Fehlermeldungen bei fehlenden Eingaben in den Zellen B6 bis B9 erscheinen, so sollten die eingegebenen Formeln wie folgt verändert werden:

C6: = WENN(UND(ISTLEER(B6);ISTZAHL(B7);ISTZAHL(B8);ISTZAHL(B9));B7/(1+B8*B9);" ")[1]

C7: = WENN(UND(ISTLEER(B7);ISTZAHL(B6);ISTZAHL(B8);ISTZAHL(B9));B6*(1+B8*B9);" ")

C8: = WENN(UND(ISTLEER(B8);ISTZAHL(B6);ISTZAHL(B7);ISTZAHL(B9));1/B9*(B7/B6-1);" ")

C9: = WENN(UND(ISTLEER(B9);ISTZAHL(B6);ISTZAHL(B7);ISTZAHL(B8));1/B8*(B7/B6-1);" ")

d) $K_n = K_0(1 + np\%)$ $\qquad K_{10} = 400 \cdot (1 + 10 \cdot 0{,}04) = \underline{\underline{560}}$

e) $K_0 = \dfrac{K_n}{1 + np\%}$ $\qquad K_0 = \dfrac{20\,000}{1 + 6{,}5 \cdot 0{,}05} = \underline{\underline{15\,094{,}34}}$

f) $p\% = \dfrac{1}{n}\left(\dfrac{K_n}{K_0} - 1\right)$ $\qquad p\% = \dfrac{1}{10} \cdot \left(\dfrac{2\,000}{1\,554} - 1\right) = 0{,}0287 = \underline{\underline{2{,}87\,\%}}$

g) $n = \dfrac{1}{p\%}\left(\dfrac{K_n}{K_0} - 1\right)$ $\qquad n = \dfrac{1}{0{,}04} \cdot \left(\dfrac{3\,000}{2\,000} - 1\right) = \underline{\underline{12{,}5}}$

Übungsaufgaben

1 Ändern Sie die Tabelle auf S. 289 entsprechend nebenstehender Vorlage.

Das Besondere dabei: Durch Eingabe der Laufzeit *n* in Zelle B7 soll sich die Tabelle „automatisch" in entsprechender Länge aufbauen.

In der Zelle B8 soll je nach Eingabe in den Zellen B5 bis B7 das Endkapital berechnet werden, das dann natürlich mit dem Betrag in der jeweils letzten Zeile der Tabelle übereinstimmen muss. Die Berechnung soll nur erfolgen, wenn in den Zellen B5 bis B7 auch Daten enthalten sind.

	A	B	C	D
1	**Einfache Zinsrechnung**			
2	**Entwicklung des Endkapitals**			
3	*(Eingabe nur in die unterlegten Zellen)*			
4				
5	**K_0**	**400,00 €**		
6	**p%**	**4,00%**		
7	***n***	**10 Jahre**	*(max. 100 Jahre)*	
8	**K_n**	**560,00 €**		
9				
10	***n***	***z***	**K_n**	
11	1	16,00 €	416,00 €	
12	2	16,00 €	432,00 €	
13	3	16,00 €	448,00 €	
14	4	16,00 €	464,00 €	
15	5	16,00 €	480,00 €	
16	6	16,00 €	496,00 €	
17	7	16,00 €	512,00 €	
18	8	16,00 €	528,00 €	
19	9	16,00 €	544,00 €	
20	10	16,00 €	560,00 €	

Bild 2.8.4

2 Herr S. will einen Kredit zu 4 500,00 EUR mit einfachen Zinsen in Anspruch nehmen. Der Gläubiger berechnet 4 % p. a. Wie viel Geld muss Herr S. nach

a) 3 Jahren,

b) nach 5 Jahren und 4 Monaten zurückzahlen?

c) Welchen Betrag kann er in Anspruch nehmen, wenn er zum Ende des 5. Jahres 6 000,00 EUR zurückzahlen will?

---

1) Mithilfe des **WENN-Befehls** wird eine **Wahrheitsprüfung** durchgeführt. In diesem Fall wird geprüft, ob die Zelle B6 leer ist **und** gleichzeitig die Zellen B7 bis B9 mit Zahlen gefüllt sind. Ist dies der Fall, **dann** wird die durch die Formel angegebene Rechenoperation durchgeführt, **sonst** bleibt die Zelle C6 leer (s. auch Microsoft EXCEL-Hilfe).

d) Wie lang ist die Laufzeit des Kredits, wenn er 4 500,00 EUR in Anspruch nimmt und 6 000,00 EUR zurückzahlt?

e) Wie hoch muss der Zinssatz sein, wenn seine Schuld in 3 Jahren von 4 000,00 EUR auf 6 000,00 EUR angewachsen sein soll?

3 Ein Auszubildender leiht seinem in finanzielle Not geratenen Freund 2 598,00 EUR zu 2,8% p. a. einfache Verzinsung. Wie viel Geld erhält er nach Ablauf von

a) 23 Monaten, b) 170 Tagen, c) 11 Monaten zurück?

4 Erstellen Sie ein Rechenblatt, mit dessen Hilfe die jeweils fehlenden Größen der sog. „Kapitänsformel" $z = \frac{K \cdot p \cdot t}{100 \cdot 360}$ berechnet werden können.

5 Welcher Betrag ist jeweils am 31.07. einschließlich 7,5% Verzugszinsen für die aufgeführten Forderungen zu überweisen?[1)]

a) 2 420,20 EUR fällig am 16.05.

b) 6 380,00 EUR fällig am 01.07.

c) 1 260,90 EUR fällig am 18.06.

6 Wann muss ein Darlehen über 4 500,00 EUR zu 7% p. a., aufgenommen am 08.02., zurückgezahlt werden, wenn höchstens 63,00 EUR Zinsen anfallen sollen?

7 Für einen Kredit, der vom 05.08. bis 15.10. in Anspruch genommen wurde, zahlen wir einschließlich 6% Zinsen 97 120,00 EUR zurück. Wie hoch

a) war der Kredit?

b) sind die Zinsen?

8 Wie viele Jahre muss ein Kapital von 1 000,00 EUR angelegt werden, damit es sich bei 5% einfachen Zinsen vervierfacht.

9 Jemand hat einem Bekannten 6 Jahre lang 18 000,00 EUR bei bürgerlicher Verzinsung überlassen und erhält nun 24 750,00 EUR zurück. Welcher Zinssatz war vereinbart?

10 Wann müssen Sie ein Kapital von 15 384,61 EUR zu 6% einfachen Zinsen anlegen, wenn Sie am 23.12.2050 über 20 000,00 EUR verfügen wollen?

2.8.2 Zinseszinsrechnung

Auch in der Zinseszinsrechnung beschäftigt man sich mit der Entwicklung von einmalig angelegten Kapitalbeträgen zu einem festgelegten Zinssatz, der während der Laufzeit der Kapitalüberlassung unverändert bleibt.

Für die Zinseszinsrechnung ist jedoch der Grundsatz charakteristisch, dass Zinsansprüche, die während der Laufzeit der Kapitalüberlassung entstehen, jeweils am Ende

1) Bei der Berechnung der Zinstage nach der deutschen (kaufmännischen) Zinsmethode ist Folgendes zu beachten:
1 Jahr = 360 Tage, 1 Monat = 30 Tage. Auch der Februar wird mit 30 Tagen gerechnet; bei Verzinsung bis zum 28./29.02. aber auch nur 28/29 Tage. Entsprechend bei Verzinsung bis zum 31.01. wird auch nur bis zum 30.01. gerechnet. Der Tag, von dem aus gerechnet wird, zählt nicht mit. Der Tag, bis zu dem gerechnet wird, zählt mit.

des Jahres dem Kapital zugeschlagen und in der Folgeperiode mitverzinst werden. In der zweiten Zinsperiode werden also die Zinsen der ersten Zinsperiode mitverzinst. In der dritten Zinsperiode werden die Zinsen der ersten und zweiten Periode verzinst und so fort.

Berechnung des Endkapitals

Aufgabe 1

X. legt 25 000,00 EUR für 8 Jahre zu 7% p.a. in der Weise an, dass die Zinsen eines jeden Jahres in den folgenden Perioden mitverzinst werden. Wie hoch ist sein Endkapital nach

a) 1 Jahr,
b) 2 Jahren,
c) 3 Jahren,
d) 8 Jahren,
e) n Jahren?

Lösung

a) Das Kapital zum Ende des ersten Jahres wird berechnet, indem man zum Anfangskapital die Zinsen des ersten Jahres addiert.

$$K_1 = \underbrace{25\,000}_{\text{Anfangskapital } K_0} + \underbrace{25\,000 \cdot 0{,}07}_{\text{Zinsen}} = \underline{\underline{26\,750}}$$

Durch Ausklammern erhält man

$$K_1 = \underbrace{25\,000}_{\text{Anfangskapital } K_0} \cdot \underbrace{(1 + 0{,}07)}_{\text{Zinsfaktor } q} = 25\,000 \cdot 1{,}07 = \underline{\underline{26\,750.}}$$

Man kann also das Kapital zum Ende des ersten Jahres auch berechnen, indem man das Anfangskapital mit dem sog. **Zinsfaktor $q = (1 + p\%)$** multipliziert.

b) Das Kapital zum Ende des zweiten Jahres ergibt sich durch Verzinsung (= Multiplikation mit dem Zinsfaktor) des Kapitals zum Ende des ersten Jahres:

$$K_2 = \underbrace{25\,000 \cdot (1 + 0{,}07)}_{K_1} \cdot \underbrace{(1 + 0{,}07)}_{\text{Zinsfaktor } q} = 25\,000 \cdot (1 + 0{,}07)^2 = \underline{\underline{28\,622{,}50}}$$

c) Für das dritte Jahr ergibt sich dann entsprechend:

$$K_3 = \underbrace{25\,000 \cdot (1 + 0{,}07) \cdot (1 + 0{,}07)}_{K_2} \cdot \underbrace{(1 + 0{,}07)}_{\text{Zinsfaktor } q} = 25\,000 \cdot (1 + 0{,}07)^3 = \underline{\underline{30\,626{,}08}}$$

d) $K_8 = 25\,000 \cdot (1 + 0{,}07)^8 = \underline{\underline{42\,954{,}65}}$

e) Für eine beliebige ganzzahlige Laufzeit gilt also:

$$K_n = K_0 \cdot (1 + p\%)^n$$

oder einfacher mithilfe des Zinsfaktors ausgedrückt:

$$K_n = K_0 \cdot q^n; \text{ wobei } q = 1 + p\%,\ n \in \mathbb{N}^*$$

$K_n = K_0 \cdot (1 + p\%)^n$ oder: $K_n = K_0 \cdot q^n$
Endkapital bei Zinseszinsrechnung

Aufgabe 2

Erstellen Sie eine EXCEL-Tabelle, aus der die unterschiedliche Kapitalentwicklung bei einfacher bzw. bei Zinseszinsrechnung erkennbar wird (K_0 = 25 000,00 EUR, p = 7%, n = 10). Die Länge der Tabelle soll sich dabei aus der eingegebenen Anzahl der Jahre in der Zelle C5 ergeben

Lösung

	A	B	C	D	E	F	G	H	I
1	**Zinseszinsrechnung**								
2	*(Eingabe nur in die unterlegten Zellen)*								
3									
4		**Anfangskapital K_0**	**25.000,00 €**						
5		**Zinssatz *p* %**	**7,00%**						
6		**Jahre *n***	**10**	*(max. 100)*					
7									
8	**Einfache Zinsrechnung**					**Zinseszinsrechnung**			
9	**Jahr**	**Kapital zu Jahresbeginn**	**Zinsen**	**Kapital am Jahresende**		**Jahr**	**Kapital zu Jahresbeginn**	**Zinsen**	**Kapital am Jahresende**
10	1	25.000,00 €	1.750,00 €	26.750,00 €		1	25.000,00 €	1.750,00 €	26.750,00 €
11	2	26.750,00 €	1.750,00 €	28.500,00 €		2	26.750,00 €	1.872,50 €	28.622,50 €
12	3	28.500,00 €	1.750,00 €	30.250,00 €		3	28.622,50 €	2.003,58 €	30.626,08 €
13	4	30.250,00 €	1.750,00 €	32.000,00 €		4	30.626,08 €	2.143,83 €	32.769,90 €
14	5	32.000,00 €	1.750,00 €	33.750,00 €		5	32.769,90 €	2.293,89 €	35.063,79 €
15	6	33.750,00 €	1.750,00 €	35.500,00 €		6	35.063,79 €	2.454,47 €	37.518,26 €
16	7	35.500,00 €	1.750,00 €	37.250,00 €		7	37.518,26 €	2.626,28 €	40.144,54 €
17	8	37.250,00 €	1.750,00 €	39.000,00 €		8	40.144,54 €	2.810,12 €	42.954,65 €
18	9	39.000,00 €	1.750,00 €	40.750,00 €		9	42.954,65 €	3.006,83 €	45.961,48 €
19	10	40.750,00 €	1.750,00 €	42.500,00 €		10	45.961,48 €	3.217,30 €	49.178,78 €

Bild 2.8.2.1

Inhalte einiger wichtiger Zellen:

A10 : = WENN(UND(ISTZAHL($C$4);ISTZAHL($C$5);ISTZAHL($C$6);$C$6>0);1;“ “)

B10 : = WENN(ISTZAHL(A10);C4;“ “)

C10 : = WENN(ISTZAHL(A10);$C$4*$C$5;“ “)

D10 : = WENN(ISTZAHL(A10);B10+C10;“ “)

A11 : = WENN(A10<$C$6;A10+1;“ “)

B11 : = WENN(ISTZAHL(A11);D10;“ “)

F10 : = WENN(UND(ISTZAHL($C$4);ISTZAHL($C$5);ISTZAHL($C$6);$C$6>0);1;“ “)

G10 : = WENN(ISTZAHL(F10);$C$4;“ “)

H10 : = WENN(ISTZAHL(F10);G10*$C$5;“ “)

I10 : = WENN(ISTZAHL(F10);G10+H10;“ “)

F11 : = WENN(F10<$C$6;F10+1;“ “)

G11 : = WENN(ISTZAHL(F11);I10;“ “)

(Die Zellen können dann jeweils durch „Ziehen“ herunterkopiert werden.)

Aufgabe 3

Erstellen Sie eine EXCEL-Grafik, die die unterschiedlichen Kapitalentwicklungen aus **Aufgabe 2** vergleichend veranschaulicht. Überlegen Sie, wie die Inhalte dem Teilgebiet der Mathematik „Arithmetische/Geometrische Folgen und Reihen“ zuzuordnen sind. Interpretieren Sie diese Grafik auch mit den Hilfsmitteln der Analysis.

Lösung

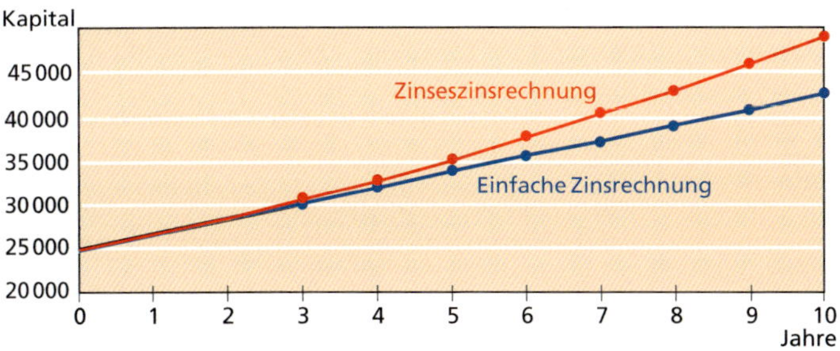

Bild 2.8.2.2

- **Einfache Zinsrechnung:**
  - Es liegt eine **arithmetische Folge** mit dem allgemeinen Bildungsgesetz $a_n = a_1 + (n - 1) \cdot d$ vor, weil die Differenz (= Zinsen) zweier aufeinander folgender Glieder konstant ist. Hier:

    $a_n = 26\,750 + (n - 1) \cdot 1\,750$ (oder auch $a_n = 25\,000 + n \cdot 1\,750$)
  - Die Kapitalentwicklung bei **einfacher Zinsrechnung** entspricht einer **linearen Funktion** mit der Gleichung

    $f(x) = m \cdot x + b$. Hier:
    $f(x) = 1\,750x + 25\,000$
- **Zinseszinsrechnung:**
  - Es liegt eine **geometrische Folge** mit dem Bildungsgesetz $a_n = a_1 \cdot q^{n-1}$ vor, weil jedes weitere Glied durch Multiplikation mit q aus dem vorherigen hervorgeht:

    $a_n = 26\,750 \cdot 1{,}07^{n-1}$ (oder auch $a_n = 25\,000 \cdot 1{,}07^n$)
  - Die Kapitalentwicklung bei **Zinseszinsrechnung** entspricht einer **Exponentialfunktion** der Form

    $f(x) = a \cdot b^x$. Hier:
    $f(x) = 25\,000 \cdot 1{,}07^x$

Aufgabe 4

Erstellen Sie eine Tabelle und Grafik, die die unterschiedlichen Kapitalentwicklungen bei einfacher bzw. Zinseszinsrechnung ($K_0 = 25\,000$) für Verzinsungszeiträume von weniger als einem Jahr gegenüberstellen. Wählen Sie der Deutlichkeit halber $p\,\% = 0{,}9$. Interpretieren Sie das Problem ökonomisch.

Lösung

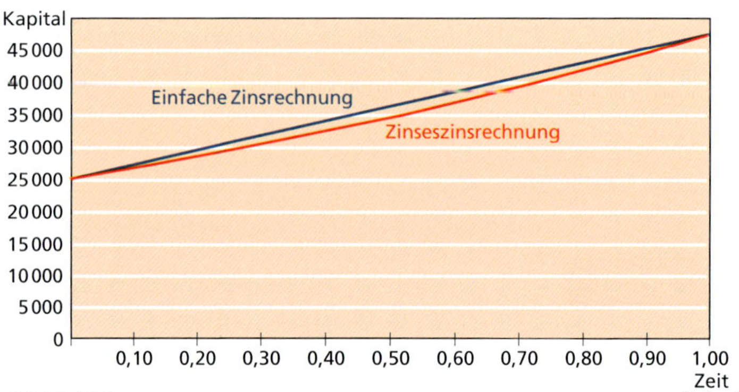

Bild 2.8.2.3

Der Graph der Exponentialfunktion (Kapitalentwicklung bei Zinseszinsrechnung) verläuft für $0 < n < 1$ unterhalb des Graphen der linearen Funktion (Kapitalentwicklung bei einfacher Zinsrechnung). D. h., dass für Zeiträume kleiner als ein Jahr die einfache Zinsrechnung höhere Zinsen erbringt als die Zinseszinsrechnung. Aus diesem Grund rechnen die Banken auch für Zeiträume, die kleiner als ein Jahr sind, mit der einfachen Zinsrechnung.

Für $0 < n < 1$ wird die einfache Zinsrechnung angewendet.

Berechnung von Anfangskapital, Zinssatz und Zeit

Aufgabe 5

Formen Sie die Zinseszinsformel $K_n = K_0 \cdot q^n$, wobei der Zinsfaktor $q = 1 + p\%$ ist, so um, dass auch

a) Anfangskapital, b) Zinssatz und c) Zeit

berechnet werden können.

Lösung

a)
$$K_0 = \frac{K_n}{q^n} = \frac{K_n}{(1 + p\%)^n}$$

Anfangskapital

Man sagt auch, K_0 ist der um n Jahre **diskontierte (abgezinste) Barwert**.

b)
$$p\% = \sqrt[n]{\frac{K_n}{K_0}} - 1$$

Zinssatz

c)
$$n = \frac{\ln \frac{K_n}{K_0}}{\ln(1 + p\%)}$$

Laufzeit

Übungsaufgaben

1 Karl der Große legte anlässlich seiner Krönung zum Ende des Jahres 800 bei der Kreissparkasse zu Aachen 10,00 EUR (umgerechnet) zu 1% p.a. an. Wie hoch ist das Kapital am Jahresende 2000?

2 Erstellen Sie mit EXCEL ein „Rechenblatt“, mit dessen Hilfe die verschiedenen Größen der Zinseszinsrechnung automatisch berechnet werden können und lösen Sie die folgenden Übungsaufgaben mithilfe des von Ihnen erstellten Rechenblattes.

3 Wie viel Kapital muss Y anlegen, wenn sie bei 4,5% p.a. Zinseszins in acht Jahren über 2000,00 EUR verfügen will?

4 X. möchte wissen, zu welchem Zinssatz er 2000,00 EUR anlegen muss, damit sich sein Kapital in 12 Jahren verdreifacht.

5 J. bekommt bei seiner Bank 4% p.a. Zinsen. Er hat 9000,00 EUR auf seinem Konto und spart für ein Motorrad, das 10529,00 EUR kosten soll. Wie lange muss er seine 9000,00 EUR auf dem Konto lassen, wenn keine zusätzlichen Einzahlungen getätigt werden ?

6 Über welchen Betrag können Sie am 01.01.13 verfügen, wenn Sie 5000,00 EUR am 01.01.01 zu $5\frac{1}{4}\%$ Zinseszins angelegt haben?

7 Wie hoch ist der Barwert einer Forderung über 50000,00 EUR, die zu einem Zinssatz von 5,75% (zinseszinslich) in 5 Jahren fällig wird?

8 Sie haben die Wahl, eine Erbschaft in Höhe von 200 000,00 EUR für einen Zeitraum von 6 Jahren entweder

a) auf einem Sparbuch zunächst für 4 Jahre zu 3 % und dann für 2 Jahre zu 4,5 % (jeweils Zinseszins) oder

b) in einen Aktienfonds zu investieren, der Ihnen nach 6 Jahren eine Auszahlung von 253 000,00 EUR garantiert.

Wie hoch ist die jeweilige Rendite der o. g. Alternativen? Für welche Anlagemöglichkeit werden Sie sich entscheiden?

9 Betrachten Sie die Spalte „Zinsen“ in der Tabelle Zinseszinsrechnung der Aufgabe 2 dieses Abschnitts.

a) Wie werden die Zinsen eines jeden Jahres berechnet, wenn das Anfangskapital und der Zinssatz bekannt sind?
(Hinweis: Bedenken Sie, dass Finanzmathematik sehr viel mit dem Themengebiet „Arithmetische/geometrische Folgen und Reihen“ zu tun hat.)

b) Berechnen Sie dann mit dieser Formel die Zinsen des achten Jahres.

c) Wie kann die Zinssumme aller Jahreszinsen bis zum Jahr n ohne EXCEL bestimmt werden, wenn das Anfangskapital und der Zinssatz bekannt sind? (Hinweis: s. o.)

10 Führt eine Verzinsung mit Zinseszinsen immer zu einem höheren Kapitalendwert als die einfache Verzinsung? Begründen Sie Ihre Antwort.

2.8.3 Gemischte Zinsrechnung

Berechnung des Endkapitals

Aufgabe 1

Auf welchen Betrag sind 10 000,00 EUR, die zu 6,25 % p. a. angelegt worden sind, nach $3\frac{1}{4}$ Jahren angewachsen?

Lösung

Gemischte Zinsrechnung ist in der Bankpraxis üblich, wenn die Laufzeit n gebrochen, d. h. nicht ganzzahlig ist, wenn ein Kapital also z. B. nicht 3 sondern $3\frac{1}{4}$ Jahre angelegt ist. Die Laufzeit n setzt sich dann zusammen aus:

Allgemein:	***Beispiel:***
$n = n_1 + n_2$	$3{,}25 = 3 + 0{,}25$
wobei $n_1 = \text{int}\,(n)$[1]	$n_1 = 3$
und $n_2 = n - n_1$	$n_2 = 0{,}25$
Für $n_1 \in \mathbb{N}^*$ rechnen die Banken mit der Zinseszinsrechnung.	Für $n_1 = 3$ rechnen die Banken mit der Zinseszinsrechnung.
Für $n_2 < 1$ rechnen die Banken mit der einfachen Zinsrechnung.	Für $n_2 = 0{,}25$ rechnen die Banken mit der einfachen Zinsrechnung.

1) int (n) repräsentiert hier die Integerfunktion (= Ganzzahligkeitsfunktion). $n_1 = \text{int}\,(n)$ heißt, dass n_1 die größte ganze Zahl ist, für die gilt: $n_1 \leq n$. Für n_2 muss dann gelten: $0 < n_2 < 1$.
Z. B.: $\text{int}\,(3{,}25) = 3 : \Rightarrow n_1 = 3,\ n_2 = n - n_1 = 0{,}25$.

Bei gemischter Zinsrechnung wird das Anfangskapital zunächst also für den ganzzahligen Anteil der Laufzeit mit der Zinseszinsrechnung verzinst. Das sich daraus ergebende „vorläufige Endkapital“ wird dann für die restliche Laufzeit noch einfach verzinst.

$$K_n = \underbrace{K_0 q^{n1}}_{\text{Zinseszinsrechnung}} \cdot \underbrace{(1 + n_2 p\%)}_{\text{Einfache Zinsrechnung}}$$

Endkapital bei gemischter Zinsrechnung

wobei $n_1 = \text{int}(n)$ und $n_2 = n - n_1$;
d. h. n_1: Natürliche Zahl,
n_2: Echter Bruchz

$$K_{3,25} = \underbrace{10\,000 \cdot 1{,}0625^3}_{\text{Zinseszinsrechnung}} \cdot \underbrace{(1 + 0{,}25 \cdot 0{,}0625)}_{\text{Einfache Zinsrechnung}} = \underline{\underline{12\,182{,}04}}$$

Aufgabe 2

M. legt 4000,00 EUR für 4 Jahre und 6 Monate zu 8% p. a. an. Wie hoch ist das Endkapital

a) bei einfacher Zinsrechnung,
b) bei reiner Zinseszinsrechnung,
c) bei gemischter Verzinsung?
d) Interpretieren Sie das Ergebnis.

Lösung

a) $K_0 = K_0 \cdot (1 + np\%)$ $\qquad K_{4,5} = 4000 \cdot (1 + 4{,}5 \cdot 0{,}08) = \underline{\underline{5440}}$

b) $K_n = K_0\, q^n$ $\qquad K_{4,5} = 4000 \cdot 1{,}08^{4,5} = \underline{\underline{5655{,}45}}$

c) $K_n = K_0 \cdot q_{n1} \cdot (1 + n_2\, p\%)$ $\qquad K_{4,5} = \underbrace{4000 \cdot 1{,}08^4}_{\text{Zinseszinsrechnung}} \cdot \underbrace{(1 + 0{,}5 \cdot 0{,}08)}_{\text{Einfache Zinsrechnung}} = \underline{\underline{5659{,}63}}$

d) Es ist zu erkennen, dass das Endkapital (und damit der Zinsertrag) bei gemischter Zinsrechnung am höchsten ist.

Berechnung des Anfangskapitals, des Zinssatzes und der Laufzeit

Im Folgenden sollen aus der Kapitalendwertformel der gemischten Zinsrechnung $K_n = K_0\, q^{n_1} \cdot (1 + n_2\, p\%)$ die Formeln zur Berechnung

- des Anfangskapitals,
- des Zinssatzes und
- der Laufzeit

hergeleitet werden.

Aufgabe 3

N. will in 4 Jahren und 7 Monaten über 10 000,00 EUR verfügen und bekommt bei seiner Bank 8% Zinsen p. a.. Wie viel Kapital muss er heute anlegen?

Lösung

Die Kapitalendwertformel der gemischten Zinsrechnung $K_n = K_0\, q^{n_1} \cdot (1 + n_2\, p\%)$ wird nach K_0 aufgelöst:

$$K_0 = \frac{K_n}{(1 + p\%)^{n_1} \cdot (1 + n_2\, p\%)} \qquad K_0 = \frac{10\,000}{1{,}08^4 \cdot (1 + 0{,}58\overline{3} \cdot 0{,}08)} = \underline{\underline{7022{,}58}}$$

$K_0 = \dfrac{K_n}{(1 + p\%)^{n_1} \cdot (1 + n_2 p\%)}$
Anfangskapital bei gemischter Zinsrechnung

wobei $n_1 = \text{int}(n)$ und $n_2 = n - n_1$,
d. h. n_1: natürliche Zahl,
n_2: echter Bruch

Aufgabe 4

O. möchte wissen, zu welchem Zinssatz er heute 2 000,00 EUR anlegen muss, damit daraus innerhalb von $4\frac{1}{2}$ Jahren 3 000,00 EUR werden.

Lösung

Die **Ermittlung des Zinssatzes** ist ungleich schwieriger, weil sich die Endkapitalgleichung mit algebraischen Mitteln nicht nach $p\%$ auflösen lässt. Durch Probieren oder mithilfe eines Näherungsverfahrens kann man Werte für $p\%$ suchen, die zu einer Lösung der Gleichung $K_n = K_0(1 + p\%)^{n_1} \cdot (1 + n_2 p\%)$ führen. Dieses Verfahren ist jedoch sehr mühsam.
Computer-Algebra-Systeme wie z. B. DERIVE haben mit der numerischen Lösung derartiger Gleichungen (einzustellende Genauigkeit: „Approx") keine Schwierigkeiten. DERIVE berechnet: $p\% = 0{,}09404194 \approx 9{,}4\%$
Aber auch EXCEL bietet für dieses Problem eine Lösung: Es soll in der Endkapitalgleichung $K_n = K_0(1 + p\%)^{n_1} (1 + n_2 p\%) \Leftrightarrow 0 = K_0(1 + p\%)^{n_1} (1 + n_2 p\%) - K_n$ der gemischten Zinsrechnung der Wert für $p\%$ gesucht werden, der die Gleichung zu einer wahren Aussage werden lässt. Mit Hilfe der **„Zielwertsuche"** im Menü *Extras-Zielwertsuche* können wir den entsprechenden Wert für $p\%$ suchen lassen.

Wir geben in die unten stehende Tabelle in die Zellen B5 bis B7 die gegebenen Werte K_0, n und K_n ein. In Zelle B10 geben wir als EXCEL-Formel mit den entsprechenden Bezügen auf B5 bis B7 und C8 die rechte Seite der umgeformten Kapitalendwertgleichung ein: $0 = K_0(1 + p\%)^{n_1} \cdot (1 + n_2 p\%) - K_n$. Die Zielwertsuche im Menü *Extras-Zielwertsuche* kann jetzt mit den Eingaben

Zielzelle: B10
Zielwert: 0
Veränderbare Zelle: C8

durchgeführt werden:

	A	B	C	D	E	F	G	H
1	**Zielwertsuche zur Berechnung von *p* %**							
2	*(Eingabe nur in die unterlegten Zellen)*							
3								
4		**Gegeben**	**Gesucht**					
5	**Anfangskapital K_0**	**2.000,00 €**						
6	**Zeit *n***	**4,50 Jahre**						
7	**Endkapital K_n**	**3.000,00 €**						
8	**Zinssatz *p* %**		**9,40%**					
9								
10		[redacted]						
11								
12	In der geschwärzten Zelle B10 ist die rechte Seite der Endkapitalformel							
13	$0 = K_0 q^{n_1} \cdot (1 + n_2 p\%) - K_n$							
14	der gemischten Zinsrechnung eingegeben:							
15	=B5*(1+C8)^GANZZAHL(B6)*(1+(B6-GANZZAHL(B6))*C8)-B7							
16	Dann wird eine beliebige Zelle angeklickt.							
17	Die **Zielwertsuche** (im Menü *EXTRAS-ZIELWERTSUCHE*) mit "Zielzelle B10", "Zielwert 0"							
18	und "veränderbarer Zelle C8" führt zum genäherten Ergebnis in C8.							
19	(In C8 wird der Wert für *p* % angezeigt, der die Gleichung in B10 erfüllt.)							

Bild 2.8.3.1

Aufgabe 5

P. besitzt 1 700,51 EUR und erhält bei seiner Bank einen Zinssatz von 5,25% p. a. Wie lange muss er sparen um auf ein Endkapital von 2000,00 EUR zu kommen?

Lösung

Die **Ermittlung der Laufzeit** bei gemischter Zinsrechnung ist ebenfalls nicht ganz einfach.
Zunächst wird der ganzzahlige Anteil der Laufzeit bestimmt, für den ja die Zinseszinsrechnung angewandt wird. Aus der Zinseszinsrechnung kennen wir:

$$n = \frac{\ln \frac{K_n}{K_0}}{\ln q}.$$

Hier interessieren wir uns nur für die natürliche Zahl des Ergebnisses:

$$n_1 = \text{int} \frac{\ln \frac{K_n}{K_0}}{\ln q}$$

Laufzeit ganzzahlig

$$n_1 = \text{int} \frac{\ln \frac{2000}{1\,700{,}51}}{\ln 1{,}0525} = \underline{\underline{3}}$$

n_2 berechnen wir, indem wir die Kapitalendwertformel der gemischten Zinsrechnung bei nun mehr bekanntem n_1 nach n_2 auflösen:

$$n_2 = \frac{1}{p\%} \left(\frac{K_n}{K_0(1 + p\%)^{n_1}} - 1 \right)$$

Laufzeit gebrochen

$$n_2 = \frac{1}{0{,}0525} \cdot \left(\frac{2000}{1\,700{,}51 \cdot (1{,}0525)^3} - 1 \right) = \underline{\underline{0{,}166708}}$$

Umrechnung des Jahresanteils in Monate:
$0{,}166708 \cdot 12 = 2{,}00050 \Rightarrow$ P. muss 3 Jahre und 2 Monate sparen.

Übungsaufgaben

1 In der gemischten Zinsrechnung werden die Laufzeiten oft als Jahresdezimalzahlen angegeben. Das Umrechnen solcher Jahresdezimalzahlen in Jahre, Monate und Tage (und natürlich umgekehrt von Jahren, Monaten und Tagen in Jahresdezimalzahlen) können Sie sich mit einer EXCEL-Tabelle vereinfachen. Erstellen Sie eine Tabelle entsprechend der Vorlage.

	A	B	C	D	E
1	**Umrechnung von Jahres-, Monats- und Tagesangaben**				
2	**in eine Jahresdezimalzahl und umgekehrt:**				
3	*(Eingabe nur in die unterlegten Zellen)*				
4					
5	**Jahre**	**12**	**1**		
6	**Monate**	**3**	**4**		
7	**Tage**	**3**	**24**		
8	**Jahresdezimalzahl**	**12,258333**	**1,400000**		

Bild 2.8.3.2

2 Entwerfen Sie mit EXCEL ein „Rechenblatt" entsprechend der abgebildeten Vorlage, mit dessen Hilfe man sich die verschiedenen Größen der gemischten Zinsrechnung (außer $p\%$) berechnen lassen kann. Lösen Sie dann mithilfe dieses Rechenblattes (sofern möglich) die folgenden Übungen 4–10.

	A	B	C	D	E	F
1	**Gemischte Zinsrechnung**					
2	*(Eingabe nur in die unterlegten Zellen)*					
3						
4		**Gegeben**	**Gesucht**			
5	**Anfangskapital K_0**	**800,00 €**				
6	**Zinssatz p%**	**4,25%**				
7	**Zeit n**		**5,35644175880**			
8	**Ganzzahliger Anteil n_1**		**5**	---->	**5**	**Jahre**
9	**Echtgebrochener Anteil n_2**		**0,35644175880**	---->	**4**	**Monate**
10	**Endkapital K_n**	**1.000,00 €**			**8**	**Tage**

Bild 2.8.3.3

3 Die Berechnung des Zinssatzes ist mit dem in Übungsaufgabe 2 erstellten Rechenblatt noch nicht möglich. Sie soll jetzt mit der Zielwertsuche erfolgen. Das Rechenblatt soll dann in der Weise modifiziert werden, dass die Zielwertsuche durch Programmierung eines Makros[1] (Menü: *Extras-Makro-Aufzeichnen*) durchgeführt wird. Lösen Sie mithilfe dieses Rechenblattes die Übungsaufgaben 4–10.

4 Herr Müller benötigt in $5\frac{1}{2}$ Jahren eine halbe Million EUR zum Bau eines Einfamilienhauses. Seine Bank gewährt ihm 6% Zinsen. Wie viel Kapital muss er heute anlegen, um seinen Traum zu verwirklichen?

5 Herr Meier hat seine Ersparnisse in Höhe von 10 000,00 EUR zu 7,5% p. a. angelegt. Nach 6 Jahren, 7 Monaten und 10 Tagen löst er sein Konto auf. Wie viel Geld erhält er?

6 Horst ist genau 1 Jahr und 8 Monate alt. Welchen Betrag müssen die Eltern von Horst heute zu 4,25% p. a. anlegen, wenn er zu seinem 18. Geburtstag 25 000,00 EUR erhalten soll?

7 Herr Schmidt hat vor 3 Jahren, 2 Monaten und 20 Tagen 5 600,00 EUR in ausländischen Wertpapieren angelegt, die heute auf umgerechnet 10 000,00 EUR angewachsen sind. Welche Verzinsung konnte er bis heute realisieren?

8 Herr Schultz hat heute 8 000,00 EUR bei seiner Bank zu 4,25% p. a. angelegt. Wie lange muss er warten, bis sich sein Kapital verdoppelt hat?

9 a) M. hat vor drei Jahren und vier Monaten 8 500,00 EUR zu 7,8% p. a. in den USA angelegt. Der Kurs betrug seinerzeit: 1 US-Dollar = 1,3789 EUR. Heute kündigt er dieses Konto. Wie viel Euro bekommt er ausgezahlt, wenn heute der Kurs für einen US-Dollar = 1,7255 EUR ist?

b) Auf welchen Bestand wäre sein Kapital angewachsen, wenn er es seinerzeit zu 10% p. a. in Deutschland angelegt hätte?

10 In der Bankpraxis tritt allerdings am häufigsten der Fall auf, dass ein Kapital über drei Zeiträume verzinst wird: Zunächst für ein angebrochenes Jahr einfach, dann für ein oder mehrere ganze Jahre mit der Zinseszinsrechnung und dann schließlich wieder für einen gebrochenen Jahresrest einfach, z. B.:

Ein Kapital von 28 000,00 EUR wurde am wurde am 24.06.98 bis zum 20.04.04 zu 6% bei einer Bank angelegt.

a) Leiten Sie eine Formel her, die die Berechnung des Endkapitals ermöglicht, wenn zunächst für einen gebrochenen Zeitraum n_1 einfach verzinst wird, dann für einen ganzjährigen Zeitraum n_2 mit der Zinseszinsrechnung gerechnet und letztlich für einen weiteren gebrochenen Zeitraum n_2 wieder die einfache Zinsrechnung angewendet wird.

[1] Wenn Sie eine Aufgabe wiederholt durchführen müssen, können Sie diese Aufgabe automatisieren, indem Sie ein Makro verwenden. Ein Makro besteht aus einer Reihe von Befehlen und Anweisungen, die zu einem einzigen Befehl gruppiert werden. Anstatt eine Reihe zeitaufwendiger, wiederholter Aktionen manuell durchzuführen, können Sie ein einziges Makro, sozusagen einen benutzerdefinierten Befehl, erstellen und ausführen, der die gewünschte Aufgabe erledigt.

b) Wie hoch war das Endkapital am 20.04.04?

c) Erstellen Sie ein EXCEL-Rechenblatt, das Ihnen die Berechnung des Endkapitals für derartige Fälle erleichtert.

d) Wie hoch wäre die Zinsdifferenz, wenn nur mit zwei Zinszeiträumen gerechnet worden wäre?

2.8.4 Unterjährliche Verzinsung

Bei der unterjährlichen Verzinsung wird mit Zinsperioden gerechnet, die kürzer als ein Jahr sind. Z. B. erhält ein Kunde bei vierteljährlicher Verzinsung bereits nach jedem Vierteljahr und somit vier Mal im Verlaufe eines Jahres Zinsen. Entsprechend den Regeln der Zinseszinsrechnung werden diese Zinsen jeweils wieder verzinst. Somit ergeben sich bei unterjährlicher Verzinsung durch Anwendung der Zinseszinsrechnung andere Endkapitalbeträge als bei einfacher Verzinsung. Im Folgenden wird nur die unterjährliche Zinseszinsrechnung betrachtet, weil sich nur bei Zinseszinsrechnung andere Kapitalendwerte durch die unterjährliche Verzinsung ergeben.

Aus der Länge der Zinsperioden ergibt sich die Anzahl der Zinsperioden pro Jahr:

Länge der Zinsperiode	Anzahl der Zinsperioden je Jahr
1 Jahr (= 360 Tage)	1
1 Halbjahr/Semester (= 180 Tage)	2
1 Vierteljahr/Quartal (= 90 Tage)	4
1 Monat (= 30 Tage)	12
1 Tag	360

Für die **Anzahl der Zinsperioden je Jahr** steht die Variable ***m*.**
Z. B. ist bei monatlicher Verzinsung $m = 12$.

Aufgabe 1

Ist es ein Unterschied, ob
a) 3 000,00 EUR für 2 Jahre zu 6 % p. a. angelegt werden, oder ob
b) 3 000,00 EUR für 2 Jahre zu 1,5 % je Quartal angelegt werden?

Lösung

a) **Jährliche Zinseszinsrechnung:**
$K_n = K_0 \cdot (1 + p\%)^n = 3000 \cdot (1 + 0{,}06)^2 = 3000 \cdot 1{,}06^2 = \underline{\underline{3370{,}80}}$

b) **Unterjährliche Zinseszinsrechnung:**
Auch hier muss wieder mit der Formel der Zinseszinsrechnung gerechnet werden. Die Zinsen nach jedem Vierteljahr werden dem Kapital zugeschlagen und wieder verzinst. Allerdings:

Aus der Anzahl $m = 4$ der Zinsperioden pro Jahr multipliziert mit der Anzahl der Jahre $n = 2$ ergibt sich die Anzahl der Zinsperioden insgesamt mit:
$m \cdot n = 4 \cdot 2 = 8$

Den unterjährlichen Zinssatz 0,015 bezeichnen wir als **relativen Zinssatz $p\%_{rel}$**.

$$K_{m \cdot n} = K_0 \cdot (1 + p\%_{rel})^{m \cdot n}$$

$$K_{4 \cdot 2} = 3000 \cdot 1{,}015^{4 \cdot 2} = \underline{3379{,}48}$$

Man kann erkennen: Bei der vierteljährlichen Verzinsung mit 1,5% ergibt sich durch die mehrfache Wiederverzinsung innerhalb des Jahres ein höheres Endkapital als wenn jährlich mit 6% verzinst wird.

- Der **nominelle Zinssatz $p\,\%_{nom}$** ist der angegebene **Jahreszinssatz** (hier: 6%).
- **Relativer (auch unterjährlicher) Zinssatz $p\,\%_{rel}$** heißt der Zinssatz, der sich durch Division des nominellen Zinssatzes durch die Anzahl der Zinsperioden m ergibt.

$$p\,\%_{rel} = \frac{p\,\%_{nom}}{m} \Leftrightarrow p\,\%_{nom} = p\,\%_{rel} \cdot m$$

Relativer und nomineller Zinssatz

Hier: $p\,\%_{rel} = \frac{0{,}06}{4} = 0{,}015$

Die jährliche Verzinsung (Zinseszins) mit dem nominellen Zinssatz $p\,\%_{nom}$ und die unterjährliche Verzinsung mit dem relativen Zinssatz $p\,\%_{rel}$ führen zu unterschiedlichen Endkapitalbeträgen.

Die Endkapitalformel der Zinseszinsrechnung bei unterjährlicher Verzinsung lautet allgemein:

Bei gegebenem relativen Zinssatz:	Bei gegebenem nominellen Zinssatz:
$K_{m \cdot n} = K_0 \cdot (1 + p\,\%_{rel})^{m \cdot n}$	$K_{m \cdot n} = K_0 \cdot \left(1 + \frac{p\,\%_{nom}}{m}\right)^{m \cdot n}$
Endkapital bei unterjährlicher Zinseszinsrechnung nach $m \cdot n$ Perioden	

Aufgabe 2

Für ein Guthaben über 3 000,00 EUR gewährt eine Bank 6% Jahreszinsen. Wie hoch ist der sog. **konforme[1]) Zinssatz $p\,\%_{kon}$**, der bei vierteljährlicher Verzinsung zum gleichen Endkapital führt wie bei jährlicher Verzinsung? Führen Sie eine Probe durch, indem Sie jeweils das Endkapital nach 2 Jahren berechnen.

Lösung

Zur Berechnung des konformen unterjährlichen Zinssatzes, der dem nominellen Jahreszinssatz entspricht, muss gelten: Das Endkapital, das mit dem nominellen Jahreszinssatz $p\,\%_{nom}$ erreicht wird, muss gleich sein mit dem Endkapital eines unterjährlichen Verzinsungsvorgangs mit dem konformen unterjährlichen Periodenzinssatz $p\,\%_{kon}$:

$$\underbrace{K_0(1 + p\,\%_{nom})^n}_{\text{Jährliche Verzinsung}} = \underbrace{K_0 \cdot (1 + p\,\%_{kon})^{m \cdot n}}_{\text{Unterjährliche Verzinsung}}$$

1) konform = übereinstimmend, wertgleich, zum gleichen Ergebnis führend

Daraus ergibt sich:

$(1 + p\%_{nom})^n = (1 + p\%_{kon})^{m \cdot n}$

$1 + p\%_{nom} = (1 + p\%_{kon})^m$

$\sqrt[m]{1 + p\%_{nom}} = 1 + p\%_{kon}$

$\underline{\underline{p\%_{kon} = \sqrt[m]{1 + p\%_{nom}} - 1}}$

Für $p\%_{nom} = 0{,}06$ und $m = 4$ ergibt sich:

$p\%_{kon} = \sqrt[4]{1 + 0{,}06} - 1 = \underline{\underline{0{,}014673846}}$

Der Quartalszinssatz müsste ca. 1,467 % betragen um das gleiche Endkapital zu erreichen, das bei 8 % Jahresszinsen realisiert wird.

Probe:

Bei jährlicher Verzinsung:

$K_n = K_0 \cdot (1 + p\%)^n$

$K_2 = 3000 \cdot (1 + 0{,}06)^2 = 3000 \cdot 1{,}06^2 = \underline{\underline{3370{,}80}}$

Bei vierteljährlicher Verzinsung:

$K_{m \cdot n} = K_0 \cdot (1 + p\%_{kon})^{m \cdot n}$

$K_8 = 3000 \cdot (1 + 0{,}014673846)^8 = 3000 \cdot 1{,}014673846^8 = \underline{\underline{3370{,}80}}$

$$p\%_{kon} = \sqrt[m]{1 + p\%_{nom}} - 1$$

Konformer Zinssatz bei unterjährlicher Verzinsung

Aufgabe 3

3000,00 EUR werden zu 1,5 % Vierteljahreszins für 2 Jahre angelegt. Wie hoch muss der entsprechende sog. **Effektivzinssatz** bei jährlicher Verzinsung sein, der zum gleichen Endkapital führt? Berechnen Sie das Endkapital in beiden Fällen.

Lösung

Zur Berechnung des effektiven jährlichen Zinssatzes, der dem relativen unterjährlichen Zinssatz entspricht, muss gelten: Das Endkapital, das mit dem effektiven Jahreszinssatz $p\%_{eff}$ erreicht wird, muss gleich sein mit dem Endkapital eines unterjährlichen Verzinsungsvorgangs mit dem relativen unterjährlichen Periodenzinssatz $p\%_{kon}$:

$$\underbrace{K_0(1 + p\%_{eff})^n}_{\text{Jährliche Verzinsung}} = \underbrace{K_0 \cdot (1 + p\%_{rel})^{m \cdot n}}_{\text{Unterjährliche Verzinsung}}$$

Daraus ergibt sich wieder:

$(1 + p\%_{eff})^n = (1 + p\%_{rel})^{m \cdot n}$

$1 + p\%_{eff} = (1 + p\%_{rel})^m$

$\underline{\underline{p\%_{eff} = (1 + p\%_{rel})^m - 1}}$

Für $p\%_{rel} = 0{,}015$ und $m = 4$ ergibt sich:

$p\%_{eff} = (1 + 0{,}015)^4 - 1 = \underline{\underline{0{,}06136355}}$

Der Jahreszinssatz müsste ca. 6,136 % betragen um das gleiche Endkapital zu erreichen, das bei 1,5 % Quartalszinsen realisiert wird.

Probe:
Bei vierteljährlicher Verzinsung:

$K_{m \cdot n} = K_0 \cdot (1 + p\%_{rel})^{m \cdot n}$

$K_8 = 3000 \cdot (1 + 0{,}015)^8 = 3000 \cdot 1{,}015^8 = \underline{\underline{3\,379{,}48}}$

Bei jährlicher Verzinsung:

$K_n = K_0 \cdot (1 + p\%_{eff})^n$

$K_2 = 3000 \cdot (1 + 0{,}06136355)^2 = 3000 \cdot 1{,}06136355^2 = \underline{\underline{3\,379{,}48}}$

$$p\%_{eff} = (1 + p\%_{rel})^m - 1$$

Effektiver Zinssatz bei jährlicher Verzinsung

Stetige Verzinsung

Werden die Zinsperioden immer kürzer, so wird die Anzahl der Zinsperioden m pro Jahr immer größer und damit strebt die Anzahl der Zinsperioden gegen unendlich. Wir sprechen von **stetiger Verzinsung.** Die stetige, kontinuierliche beziehungsweise Augenblicksverzinsung ist also eine Fortführung der unterjährlichen Verzinsung.

Mithilfe der folgenden Tabelle wollen wir veranschaulichen, wie sich ein Anfangskapital $K_0 = 1$ bei einem nominellen Zinssatz $p\% = 100\% = 1$ in einem Jahr entwickelt ($n = 1$), wenn die Anzahl der Zinsperioden m immer größer wird.

Für das Endkapital bei unterjährlicher Verzinsung gilt bekanntlich:

$$K_{m \cdot n} = K_0 \left(1 + \frac{p\%_{nom}}{m}\right)^{m \cdot n}$$

Für $K_0 = 1$ und $p\%_{nom} = 1$ beträgt das Endkapital nach einem Jahr:

$$K_1 = 1 \cdot \left(1 + \frac{1}{m}\right)^{m \cdot 1} = \left(1 + \frac{1}{m}\right)^m$$

Art der Verzinsung	m	$K_1 = \left(1 + \frac{1}{m}\right)^m$	
jährlich	1	$\left(1 + \frac{1}{1}\right)^1$	= 2,00
halbjährlich	2	$\left(1 + \frac{1}{2}\right)^2$	= 2,25
vierteljährlich	4	$\left(1 + \frac{1}{4}\right)^4$	= 2,44
monatlich	12	$\left(1 + \frac{1}{12}\right)^{12}$	= 2,6130
täglich	365	$\left(1 + \frac{1}{365}\right)^{365}$	= 2,7146
stündlich	8 760	$\left(1 + \frac{1}{8\,760}\right)^{8\,760}$	= 2,7181

Art der Verzinsung	m	$K_1 = \left(1 + \frac{1}{m}\right)^m$	
je Minute	525 600	$\left(1 + \frac{1}{525\,600}\right)^{525\,600}$	$= 2{,}718279$
sekündlich	31 536 000	$\left(1 + \frac{1}{31\,536\,000}\right)^{31\,536\,000}$	$= 2{,}71828179$
immerzu	∞	$\Rightarrow \lim\limits_{m \to \infty} \left(1 + \frac{1}{m}\right)^m$	$= \text{e} \approx 2{,}718228182845...$

Interessanterweise wird das Endkapital nicht beliebig groß, wie man zunächst vermuten könnte, sondern es entspricht genau der bereits bekannten **Euler'schen Zahl** e.

Eine Formel zur Berechnung des Endkapitals bei stetiger Verzinsung zu einem beliebigen Zinssatz $p\%$ nach n Jahren kann aus der Endkapitalformel bei unterjährlichen Verzinsung wie folgt hergeleitet werden:

In $K_n = \lim\limits_{m \to \infty} K_0 \cdot \left(1 + \frac{p\%}{m}\right)^{m \cdot n}$ wird zunächst der Exponent mit $\frac{p\%}{p\%}$ erweitert.

$K_n = \lim\limits_{m \to \infty} K_0 \left(1 + \frac{p\%}{m}\right)^{\frac{m}{p\%} \cdot n \cdot p\%}$

Die Substitution mit $x = \frac{m}{p\%}$ führt zu:

$K_n = \lim\limits_{x \to \infty} K_0 \cdot \left(1 + \frac{1}{x}\right)^{x \cdot p\% \cdot n} = K_0 \left[\lim\limits_{x \to \infty} \cdot \left(1 + \frac{1}{x}\right)^x\right]^{p\% \cdot n} = K_0 \cdot \text{e}^{p\% \cdot n}$

$$K_n = K_0 \cdot \text{e}^{p\% \cdot n}$$

Endkapital bei stetiger Verzinsung

Durch entsprechende Äquivalenzumformungen kann man diese Gleichung nach den anderen Variablen auflösen.

$$K_0 = \frac{K_n}{\text{e}^{p\% \cdot n}}$$

Anfangskapital bei stetiger Verzinsung

$$p\% = \frac{1}{n} \cdot \ln \frac{K_n}{K_0} = \frac{\ln K_n - \ln K_0}{n}$$

Zinssatz bei stetiger Verzinsung

$$n = \frac{1}{p\%} \cdot \ln \frac{K_n}{K_0} = \frac{\ln K_n - \ln K_0}{p\%}$$

Laufzeit bei stetiger Verzinsung

Aufgabe 4

Wie groß ist ein Endkapital K_n nach zwei Jahren bei einem Anfangskapital $K_0 = 10\,000{,}00$ EUR, einem Zinssatz von $p\% = 6\%$ und unendlich vielen Zinsperioden pro Jahr?

Lösung

$K_n = K_0 \cdot \text{e}^{p\% \cdot n}$

$K_2 = 10\,000 \cdot \text{e}^{0{,}06 \cdot 2} = \underline{\underline{11\,274{,}97}}$

Übungsaufgaben

1 Der nominelle Jahreszins einer Anlage betrage 8,5%. Wie hoch ist der konforme Quartalszinssatz?

2 Wie lautet der relative Halbjahreszinssatz bei 8,5% p. a. nominell?

3 Welcher effektive Jahreszinssatz ergibt sich, wenn nominell mit 9,72% p. a. gerechnet wird und monatlicher Zinszuschlag zum relativen Zinssatz erfolgt?

4 Eine Anlage wird zweimonatlich zu $p\%_{rel} = 3\%$ pro zwei Monate verzinst, Zinsverrechnung ebenfalls zweimonatlich.

a) Wie lautet der nominelle 4-Jahres-Zinssatz?

b) Wie lautet der zu $p\%_{rel} = 3\%$ pro zwei Monate effektive Jahreszinssatz?

5 Der Holzbestand eines Waldes, der zum Ende des Jahres 1992 mit $150\,000\,m^3$ geschätzt wurde, betrug Ende 1995 nur noch $130\,000\,m^3$. Es wird angenommen, dass es sich um einen stetigen Abnahmeprozess („Waldsterben") handelt.
Bestimmen Sie

a) die stetige jährliche Abnahmerate sowie

b) den Zeitpunkt, zu dem nur noch die Hälfte des Waldes (bezogen auf den Bestand Ende des Jahres 1992) vorhanden ist, wenn Sie von der in Teilaufgabe b) berechneten Abnahmerate ausgehen.

6 Welche stetige Verzinsung ist einer Effektivverzinsung von 8% zugeordnet?

7 Erstellen Sie ein EXCEL-Rechenblatt entsprechend der Vorlage auf der folgenden Seite zur Berechnung der verschiedenen Variablen bei unterjährlicher Verzinsung.

	A	B	C
1	**Unterjährliche Verzinsung**		
2	*(Eingabe nur in die unterlegten Zellen)*		
3			
4		**Gegeben**	**Gesucht**
5	**Anfangskapital K_0**	**1.000,00 €**	
6	**Jahre n**	**1 Jahre**	
7	**Zinsperioden pro Jahr m**	**4**	**(Ohne Berechnung)**
8	**nomineller Zinssatz p% p. a.**	**10,00%**	
9	**Endkapital $K_{m \cdot n}$**		**1.103,81 €**
10			
12 13	Endkapital K_n bei jährlicher Verzinsung		1.100,00 €

2.8.5 Rentenrechnung (jährlich)

Eine **Rente** ist im finanzmathematischen Sinn eine regelmäßig wiederkehrende Ein- oder Auszahlung, also nicht nur eine Altersrente oder eine Rente aus einer Lebensversicherung. Das Hauptziel der Rentenrechnung besteht darin, festzustellen, welches **Endkapital (Rentenendwert)** am Ende der Rentenlaufzeit n entstanden ist, wenn jemand regelmäßig Einzahlungen (Renten) auf ein Konto vorgenommen hat, die natürlich auch verzinst werden. Der einfachste Fall liegt dann vor, wenn in Jahresabständen ein Betrag gleichbleibender Höhe gezahlt wird[1]. Die Rentenrechnung ist somit nichts anderes als eine Anwendung der Zinseszinsrechnung.

Rentenrechnung

Definition: Eine **Rente** *r* ist eine regelmäßig wiederkehrende Ein- oder Auszahlung. Das dadurch entstehende Kapital wird mit einem gleichbleibenden **Zinssatz** *p* % verzinst.

Ziel: Berechnung des **Rentenendwerts** $\mathbf{R}_n$ (= Endkapital nach *n* **Jahren**)

Unterscheidung: Wann wird die Rente gezahlt?

Zum Jahresende → **Nachschüssiger Rentenendwert** R_n^{nach}

Zu Jahresbeginn → **Vorschüssiger Rentenendwert** R_n^{vor}

Der nachschüssige Rentenendwert

Aufgabe 1

Eine Großmutter möchte für die Konfirmation ihres Enkelkindes Kapital ansparen, indem sie zum Ende eines jeden Jahres 1 000,00 EUR auf ein Konto einzahlt, das mit 5% p. a. verzinst wird. Erstellen Sie eine EXCEL-Tabelle entsprechend der nebenstehenden Abbildung, aus der die Kapitalentwicklung ersichtlich wird.

Die Tabelle soll in ihrer Länge entsprechend der Eingabe der Laufzeit in C6 „automatisch" aufgebaut werden. Bei fehlenden Eingaben in den unterlegten Zellen sollen in der Tabelle keine Fehlermeldungen erscheinen.

	A	B	C	D	E
1	**Rentenendwert (nachschüssig)**				
2	*(Eingabe nur in die unterlegten Zellen)*				
3					
4		**Rente *r***	**1.000,00 €**	*(nachschüssig)*	
5		**Zinssatz *p* %**	**5,00%**		
6		**Laufzeit *n***	**10 Jahre**	*(max. 100 Jahre)*	
7					
8	**Jahr**	**Kapital zu Jahresbeginn**	**Zinsen**	**Rente**	**Rentenendwert (= Gesamtkapital am Jahresende)**
9	1	- €	- €	1.000,00 €	1.000,00 €
10	2	1.000,00 €	50,00 €	1.000,00 €	2.050,00 €
11	3	2.050,00 €	102,50 €	1.000,00 €	3.152,50 €
12	4	3.152,50 €	157,63 €	1.000,00 €	4.310,13 €
13	5	4.310,13 €	215,51 €	1.000,00 €	5.525,63 €
14	6	5.525,63 €	276,28 €	1.000,00 €	6.801,91 €
15	7	6.801,91 €	340,10 €	1.000,00 €	8.142,01 €
16	8	8.142,01 €	407,10 €	1.000,00 €	9.549,11 €
17	9	9.549,11 €	477,46 €	1.000,00 €	11.026,56 €
18	10	11.026,56 €	551,33 €	1.000,00 €	12.577,89 €

Bild 2.8.5.1

Lösung

Im ersten Jahr fallen keine Zinsen an, da die erste Einzahlung erst zum Jahresende erfolgt. Der Rentenendwert entspricht in diesem Jahr also der eingezahlten Rente.

[1] In der Praxis zeigen sich sehr unterschiedliche Rentenformen: Es ist möglich, dass die **Rentenhöhe** nicht konstant, sondern variabel ist. Die Zahlung der Rente (= **Rentendauer**) kann begrenzt oder unbegrenzt sein. So gibt es z. B. auch ewige Renten.
Wenn die **Rentenperiode** kürzer als ein Jahr ist, spricht man von unterjährlichen Renten. Die Renten werden dann z. B. in Quartals- oder Monatsabständen gezahlt. Die Terminierung der einzelnen Rentenzahlungen kann unterschiedlich sein: Die Zahlungen können zu Beginn der jeweiligen Periode (z. B. zu Beginn des Jahres) oder zum Periodenende (z. B. zum Ende des Jahres) erfolgen.

Im zweiten Jahr ergibt sich der Rentenendwert aus dem Kapital zu Jahresbeginn (= Rentenendwert des Vorjahres) plus der dafür anfallenden Zinsen plus der zum Jahresende eingezahlten Rente.

In den Folgejahren wiederholt sich das Verfahren des zweiten Jahres.
Wichtige Zellinhalte der oben stehenden Tabelle:

A9: = WENN(UND(ISTZAHL(C4);ISTZAHL(C5);ISTZAHL(C6);C6>0);1;“ “)
B9: = WENN(UND(ISTZAHL(C4);ISTZAHL(C5);ISTZAHL(C6));0;“ “)
C9: = WENN(ISTZAHL(A9);B9*$C$5;“ “)
D9: = WENN(ISTZAHL(A9);$C$4;“ “)
E9: = WENN(ISTZAHL(A9);B9+D9+C9;“ “)
A10 = WENN(A9<c6;A9+1;“ “)
B10:= WENN(ISTZAHL(A10);E9;“ “)

(Die Zellen können dann „herunterkopiert“ werden.)

Mithilfe der folgenden Aufgabe wollen wir uns veranschaulichen, wie sich jede einzelne eingezahlte Rente im Zeitablauf verzinst.

Aufgabe 2

Erstellen Sie eine EXCEL-Tabelle, aus der der Endwert jeder einzelnen Rente zum Ende der 10-jährigen Laufzeit ersichtlich wird, die die Großmutter aus *Aufgabe 1* eingezahlt hat (r = 1000,00 EUR, $p\%$ = 5%, n = 10 Jahre). Überlegen Sie dazu zunächst anhand der konkreten Zahlen, wie lange jede Einzahlung verzinst wird.

Berechnen Sie dann mit EXCEL auch die Summe der Endwerte aller einzelnen Renten (= den gesamten Rentenendwert).

Lösung

	A	B	C
1	**Endwerte der einzelnen Renten (nachschüssig)**		
2	*(Eingabe nur in die unterlegten Zellen)*		
3			
4	**Rente *r***	**1.000,00 €**	*(nachschüssig)*
5	**Zinssatz *p*%**	**5,00%**	
6	**Laufzeit *n***	**10 Jahre**	*(max. 100 Jahre)*
7			
8	**Jahr**	**Rentenzahlung *r***	**Endwert der jeweiligen Rente zum Ende der Laufzeit**
9	1	1.000,00 €	1.551,33 €
10	2	1.000,00 €	1.477,46 €
11	3	1.000,00 €	1.407,10 €
12	4	1.000,00 €	1.340,10 €
13	5	1.000,00 €	1.276,28 €
14	6	1.000,00 €	1.215,51 €
15	7	1.000,00 €	1.157,63 €
16	8	1.000,00 €	1.102,50 €
17	9	1.000,00 €	1.050,00 €
18	10	1.000,00 €	1.000,00 €
19			**12.577,89 €**

Bild 2.8.5.2

Die erste Rente wird zum Ende des ersten Jahres eingezahlt und dann 9 Jahre lang verzinst:

Wert der 1. Rente am Ende des 10. Jahres = $1000 \cdot 1{,}05^9$

Die zweite Rente wird zum Ende des zweiten Jahres eingezahlt und dann 8 Jahre lang verzinst = $1000 \cdot 1{,}05^8$.

Die dritte Rente wird zum Ende des dritten Jahres eingezahlt und dann 7 Jahre lang verzinst = $1000 \cdot 1{,}05^7$.

...

Die vorletzte Rente wird zum Ende des 9. Jahres eingezahlt und dann 1 Jahr lang verzinst = $1000 \cdot 1{,}05$.

Die letzte Rente wird zum Ende des 10. Jahres eingezahlt und nicht mehr verzinst = 1000.

Der Rentenendwert R_{10} ist die Summe aller einzeln verzinsten Renten und beträgt nach 10 Jahren <u>12577,89 EUR</u>

Wichtige Zellinhalte in der Tabelle auf der Vorseite:

B9: = WENN(ISTZAHL($B$4);$B$4;"")
C9: = WENN(UND(ISTZAHL($B$4);ISTZAHL($B$5);ISTZAHL($B$6)) ;$B$4*(1+$B$5)^($B$6-A9);" ")

Die Formeln können dann nach unten kopiert werden.

C19: = WENN(ISTZAHL(C9);SUMME(C9:C18);" ")

Wir wollen das Problem jetzt allgemeingültig lösen, d. h. eine **Formel zur Berechnung des Rentenendwertes bei nachschüssiger Zahlung** entwickeln.
Erfolgt die Zahlung der Rente r am Ende eines jeden Jahres, d. h. nachschüssig (postnumerando) n Jahre lang, so wird die letzte, die n-te Einzahlung überhaupt nicht mehr verzinst. Die vorletzte, (n-1)-te wird ein Jahr lang, die vorvorletzte, (n-2)-te, wird zwei Jahre lang verzinst usw. Am Zeitstrahl kann diese Verzinsung veranschaulicht werden:

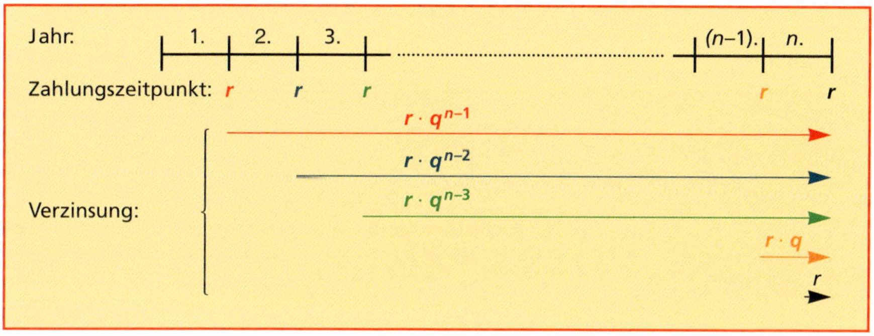

Bild 2.8.5.3

In der Grafik auf der Vorseite erkennt man, dass die erste Rentenzahlung (n–1) Jahre, die zweite (n – 2) Jahre lang usw. verzinst wird. Die letzte Zahlung verzinst sich gar nicht mehr. Die Summe aller Einlagen mit Zinsen ist eine geometrische Reihe (in der Grafik von unten nach oben gelesen)

$$r + rq + rq^2 + ... + rq^{n-2} + rq^{n-1}, \text{ mit } q = 1 + p\%$$

die sich mithilfe der **Summenformel für geometrische Reihen**[1] $s_n = a_1 \cdot \frac{q^n - 1}{q - 1}$ leicht berechnen lässt:

$R_n^{\text{nach}} = r \cdot \frac{q^n - 1}{q - 1}$
Nachschüssiger Rentenendwert

Wegen $q = 1 + p\%$ ergibt sich einfacher:

$R_n^{\text{nach}} = r \cdot \frac{q^n - 1}{p\%}$
Nachschüssiger Rentenendwert

Aufgabe 3

Die Eltern des Schülers A. planen für das anstehende Studium ihres Sohnes zu sparen. Dazu wollen sie 8 Jahre lang jeweils zum Jahresende 3 000,00 EUR auf ein Konto einzahlen, für das sie 5,25 % Zinsen p. a. erhalten. Wie viel Kapital ist nach 8 Jahren incl. Zinsen angespart worden?

[1] vgl. S. 284

Lösung

$R_n^{\text{nach}} = r \cdot \frac{q^n - 1}{p\%}$ $\qquad R_8^{\text{nach}} = 3000 \cdot \frac{1{,}0525^8 - 1}{0{,}0525} = \underline{\underline{28\,904{,}75}}$

Der vorschüssige Rentenendwert

Erfolgen die Renteneinzahlungen vorschüssig (pränumerando), also zu Beginn eines jeden Jahres, so wird jede Einzahlung eine Periode länger verzinst. Die erste Rente wird dann also n Jahre, die letzte ein Jahr verzinst.

Aufgabe 4

Der Schüler B. will für sein Motorrad sparen. Er beabsichtigt, jeweils zum Jahresanfang 2000,00 EUR auf ein Konto einzuzahlen, für das er 4,75% Zinsen p.a. erhält. Wie viel Euro stehen ihm nach 3 Jahren zur Verfügung?

Lösung

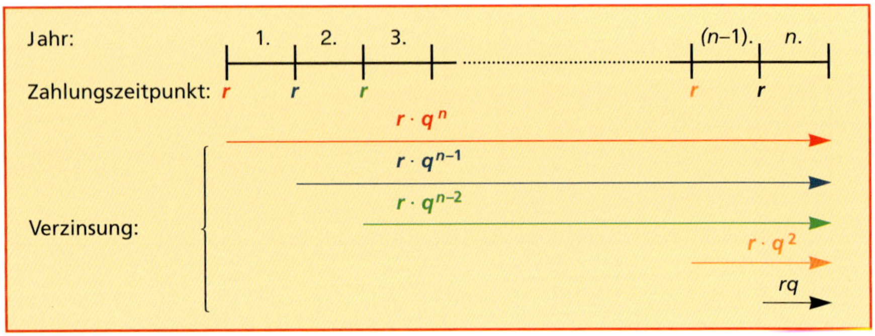

Bild 2.8.5.4

Die Summe aller Einlagen mit Zinsen ist wieder eine geometrische Reihe

$rq + rq^2 + rq^3 + \ldots + rq^n$, mit $q = 1 + p\%$,

die sich auch wieder mithilfe der **Summenformel für geometrische Reihen**

$\boldsymbol{s_n = a_1 \cdot \frac{q^n - 1}{q - 1}}$ leicht berechnen lässt:

$R_n^{\text{vor}} = rq \cdot \frac{q^n - 1}{q - 1}$
Vorschüssiger Rentenendwert

Wegen $q = 1 + p\%$ ergibt sich einfacher:

$R_n^{\text{vor}} = rq \cdot \frac{q^n - 1}{p\%}$
Vorschüssiger Rentenendwert

Wenn man die vorschüssige Rentenendwertformel mir der nachschüssigen vergleicht, sieht man leicht, dass bei vorschüssiger Zahlung zusätzlich der Faktor q auftritt, der die zusätzliche Verzinsung für ein Jahr bewirkt.

Also ergibt sich: $R_3^{\text{vor}} = 2000 \cdot 1{,}0475 \cdot \frac{1{,}0475^3 - 1}{0{,}0475} = \underline{\underline{6\,588{,}26}}$

Berechnung der Rente, der Zeit und des Zinssatzes

Aufgabe 5

Wie hoch muss eine jährliche Einzahlung
a) nachschüssig
b) vorschüssig
sein, damit ein Sparkonto bei einer Verzinsung von 3,75% am Ende von 8 Jahren ein Kapital von 10 000,00 EUR aufweist?

Lösung

Aus den Rentenendwertformeln $R_n^{\text{nach}} = r \cdot \frac{q^n - 1}{q - 1}$ bzw. $R_n^{\text{vor}} = rq \cdot \frac{q^n - 1}{q - 1}$, lässt sich durch entsprechende Äquivalenzumformungen r berechnen:

a)

$$r = R_n^{\text{nach}} \cdot \frac{q - 1}{q^n - 1}$$

Rente bei nachschüssiger Zahlung

$$r = 10\,000 \cdot \frac{0{,}0375}{1{,}0375^8 - 1} = \underline{\underline{1\,094{,}98}}$$

b)

$$r = R_n^{\text{vor}} \frac{q - 1}{q^n - 1} \cdot \frac{1}{q}$$

Rente bei vorschüssiger Zahlung

$$r = 10\,000 \cdot \frac{0{,}0375}{1{,}0375^8 - 1} \cdot \frac{1}{1{,}0375} = \underline{\underline{1\,055{,}41}}$$

Aufgabe 6

Wie viele Jahre ist eine jährlich gleichbleibende
a) nachschüssige Einzahlung von 1 750,00 EUR zu leisten, damit bei einem Zinssatz von 4,75% der Rentenendwert 37 059,68 EUR beträgt?
b) vorschüssige Einzahlung von 2 000,00 EUR zu leisten, damit bei einem Zinssatz von 6,5% der Rentenendwert 28 743,12 EUR beträgt?

Lösung

a)

$$n = \frac{\ln\left(1 + \frac{p\% R_n^{\text{nach}}}{r}\right)}{\ln q}$$

bei nachschüssiger Zahlung

$$n = \frac{\ln\left(1 + \frac{0{,}0475 \cdot 37\,059{,}68}{1\,750}\right)}{\ln 1{,}0475} = \underline{\underline{15}}$$

b)

$$n = \frac{\ln\left(1 + \frac{p\% R_n^{\text{vor}}}{rq}\right)}{\ln q}$$

bei vorschüssiger Zahlung

$$n = \frac{\ln\left(1 + \frac{0{,}065 \cdot 28\,743{,}12}{2\,000 \cdot 1{,}065}\right)}{\ln 1{,}065} = \underline{\underline{10}}$$

Aufgabe 7

Zu welchem Zinssatz wurde eine jährliche Rente von 12000,00 EUR verzinst, wenn der Endwert nach 20 Jahren 386467,61 EUR beträgt?

Lösung

Die Rentenendwertformeln

$$R_n^{\text{nach}} = r\,\frac{q^n - 1}{q - 1} = \frac{r(1 + p\%)^n - 1}{p\%} \text{ bzw. } R_n^{\text{vor}} = rq\,\frac{q^n - 1}{q - 1} =$$

$$r(1 + p\%)\,\frac{r(1 + p\%)^n - 1}{p\%}$$

sind mit herkömmlichen algebraischen Mitteln nicht nach q bzw. $p\%$ aufzulösen. Es kann allerdings eine Näherungslösung durch Probieren gefunden oder ein Näherungsverfahren angewendet werden.

Ein Computeralgebrasystem wie DERIVE oder die Zielwertsuche mit EXCEL liefern als Lösung

$p\% = 4{,}75\%$ bei nachschüssiger und
$p\% \approx 4{,}34\%$ bei vorschüssiger Rentenzahlung.

Rentenbarwert

Die Rentenendwerte R_n^{nach} bzw. R_n^{vor} sind vom Zeitpunkt $t = 0$ ausgehend erst nach n Jahren zu ihrem Wert angewachsen. Will man den Barwert, also den Wert der Rentenzahlung zum Zeitpunkt $t = 0$, wissen, dann ist der Rentenendwert um einen auf n Jahre früheren Zeitpunkt zu **diskontieren (= abzuzinsen).**

Der Rentenbarwert R_0 ist also der Gesamtwert der Renten „*heute*“. Verzinst man den Rentenbarwert R_0 für n Jahre, erhält man den Rentenendwert R_n nach n Jahren.

Der Rentenbarwert beantwortet z. B. auch folgende Frage: Wie viel Kapital muss zum Zeitpunkt $t = 0$ vorhanden sein, damit n Jahre lang eine Rente r gezahlt werden kann?

Aufgabe 8

Die Eltern des Abiturienten C. planen die Finanzierung des Studiums ihres Sohnes. Er soll während des Studiums 4 Jahre lang nachschüssig eine Zuwendung von 6000,00 EUR erhalten. Wie viel Kapital müssen die Eltern zu Beginn des Studiums bereitstellen, wenn der Zins 5% p. a. beträgt?

Lösen Sie das Problem zunächst allgemeingültig und berechnen Sie dann konkret das notwendige Anfangskapital (d. h. den Rentenbarwert).

Lösung

Wir lösen das Problem zunächst allgemeingültig.
Aus der Zinseszinsrechnung kennen wir:

$$K_n = K_0 q^n \Leftrightarrow K_0 = \frac{K_n}{q^n}$$

Für das Verhältnis von Rentenend- und Rentenbarwert gilt entsprechend:

$$R_n = R_0 q^n \Leftrightarrow R_0 = \frac{R_n}{q^n}$$

Dabei ist R_0 der Barwert der Rente.

Setzt man nun noch den entsprechenden Wert für R_n^{nach} bzw. R_n^{vor} ein, ergibt sich:

$R_0^{\text{nach}} = r \cdot \dfrac{q^n - 1}{p\%\, q^n}$	$R_0^{\text{vor}} = rq \cdot \dfrac{q^n - 1}{p\%\, q^n}$
Rentenbarwert bei nachschüssiger Rentenzahlung	**Rentenbarwert bei vorschüssiger Rentenzahlung**

Für o. g. Aufgabenstellung ist also $R_n^{\text{nach}} = 6000 \cdot \dfrac{1{,}05^4 - 1}{0{,}05 \cdot 1{,}05^4} = \underline{\underline{21\,275{,}70}}$

Wenn man diese 21 275,70 EUR 4 Jahre lang zu 5% verzinst, erhält man

$K_n = K_0 \cdot q^n$: $\quad K_4 = 21\,275{,}70 \cdot 1{,}05^4 = \underline{\underline{25\,860{,}75}}$.

Dies ist nichts anderes als der Rentenendwert $R_n^{\text{nach}} = r \cdot \dfrac{q^n - 1}{p\%}$ nach 4 Jahren bei nachschüssiger Zahlung von 6 000,00 EUR jährlich:

$$R_4^{\text{nach}} = 6000 \cdot \frac{1{,}05^4 - 1}{0{,}05} = \underline{\underline{25\,860{,}75}}$$

Übungsaufgaben

1 Modifizieren Sie die Tabelle aus **Aufgabe 1** so, dass entsprechend der nebenstehenden Vorlage der jeweilige Rentenendwert in der Zelle C7 berechnet wird.

	A	B	C	D	E
1					
2	*(Eingabe nur in die unterlegten Zellen)*				
3					
4		**Rente *r***	**1.000,00 €**	*(nachschüssig)*	
5		**Zinssatz *p* %**	**5,00%**		
6		**Laufzeit *n***	**10 Jahre**	*(max. 100 Jahre)*	
7		**Rentenendwert R_n**	**12.577,89 €**		
8					
9	**Jahr**	**Kapital zu Jahresbeginn**	**Zinsen**	**Rente**	**Rentenendwert**
10	1	- €	- €	1.000,00 €	1.000,00 €
11	2	1.000,00 €	50,00 €	1.000,00 €	2.050,00 €
12	3	2.050,00 €	102,50 €	1.000,00 €	3.152,50 €
13	4	3.152,50 €	157,63 €	1.000,00 €	4.310,13 €
14	5	4.310,13 €	215,51 €	1.000,00 €	5.525,63 €
15	6	5.525,63 €	276,28 €	1.000,00 €	6.801,91 €
16	7	6.801,91 €	340,10 €	1.000,00 €	8.142,01 €
17	8	8.142,01 €	407,10 €	1.000,00 €	9.549,11 €
18	9	9.549,11 €	477,46 €	1.000,00 €	11.026,56 €
19	10	11.026,56 €	551,33 €	1.000,00 €	12.577,89 €

Bild 2.8.5.5

2 Kopieren Sie die von Ihnen in **Aufgabe 2** gefertigte Tabelle und modifizieren Sie die Tabellen für vorschüssige Rentenzahlung. Wie ist es zu erklären, dass sich die Summe der Endwerte erhöht hat?

3 Kopieren Sie die von Ihnen in Übungsaufgabe 1 erstellte Tabelle und modifizieren Sie die Tabelle für vorschüssige Rentenzahlung.

4 Erstellen Sie eine EXCEL-Tabelle entsprechend nebenstehender Vorlage, die die Kapitalentwicklung bei gegebenem Barwert und nachschüssiger Rentenauszahlung veranschaulicht. Stellen Sie dann die Kapitalentwicklung aus **Aufgabe 8** in dieser Tabelle dar.

	A	B	C	D	E
1	**Rentenauszahlungen (nachschüssig)**				
2	*(Eingabe nur in die unterlegten Zellen)*				
3					
4		**Rentenbarwert R_0**	**21.275,70 €**		
5		**Zinssatz p %**	**5,00%**		
6		**Laufzeit n**	**4 Jahre**	*(max. 100 Jahre)*	
7		**Rente r**	**6.000,00 €**	*(nachschüssig)*	
8					
9	**Jahr**	**Kapital zu Jahresbeginn**	**Zinsen**	**Rente**	**Kapital zum Jahresende**
10	1	21.275,70 €	1.063,79 €	- 6.000,00 €	16.339,49 €
11	2	16.339,49 €	816,97 €	- 6.000,00 €	11.156,46 €
12	3	11.156,46 €	557,82 €	- 6.000,00 €	5.714,28 €
13	4	5.714,28 €	285,71 €	- 6.000,00 €	- 0,00 €

Bild 2.8.5.6

5 Erstellen Sie mit EXCEL ein Rechenblatt „*Formeln 1*“, mit dessen Hilfe jeweils eine der vier Variablen (p%, r, n und R_n^{nach} bzw. R_n^{vor}) der Rentenrechnung berechnet werden kann, wenn die jeweils anderen gegeben sind. (Hinweis: Ggf. Erstellung eines Makros mit zugewiesener Schaltfläche.)

6 Entwerfen Sie ein Rechenblatt „*Formeln 2*“, mit dessen Hilfe der Barwert und der Endwert einer Rente (sowohl nach- als auch vorschüssig) berechnet werden kann, wenn n, r und p% gegeben sind.

7 Formen Sie die Rentenbarwertfomeln so um, dass bei gegebenem Barwert n, r und p% berechnet werden können.

8 Erstellen Sie mit EXCEL ein Rechenblatt „*Formeln 3*“, mit dessen Hilfe jede der Variablen (n, r, p%, und R_0^{nach} und R_n^{nach} bzw. R_0^{vor} und R_n^{vor}) der Rentenrechnung berechnet werden kann, wenn die jeweils anderen Variablen gegeben sind. So soll auch der Rentenbarwert aus dem Rentenendwert und umgekehrt (bei gegebenem p% und n) bei jeweils vor- und nachschüssiger Zahlung berechnet werden können. Ebenso sollen auch bei gegebenem Rentenbarwert n, r und p% berechnet werden können. (Hinweis: Ggf. Erstellung von Makros mit zugewiesenen Schaltflächen.)

9 Die Tochter des Ehepaares M. soll 15 Jahre lang eine Rente in Höhe von 4000,00 EUR jährlich erhalten, zahlbar jeweils zu Jahresbeginn.

a) Wie viel Euro muss das Ehepaar M. angelegt haben, wenn die Bank das Kapital mit 5,5% p. a. verzinst?

b) Erstellen Sie eine EXCEL-Tabelle, aus der die Kapitalentwicklung erkennbar wird.

2.8.6 Rentenrechnung (unterjährlich)

Im vorausgegangenen Abschnitt wurden Rentenzahlungen untersucht, die in jährlichen Abständen erfolgten und auch jährlich verzinst wurden. Man spricht dann von **jährlichen Renten mit jährlichen Zinsen.**

In der Finanzpraxis hat man es allerdings sehr viel häufiger mit Renten zu tun, die in kürzeren Zeitintervallen gezahlt werden, z. B. vierteljährlich oder noch häufiger monatlich (Sparraten auf ein Bausparkonto, Lebensversicherungsprämien, Kreditrückzahlungen etc.). Diese Zahlungen nennt man **unterjährliche Renten.** Wenn die Verzinsung dann jährlich erfolgt, sprechen wir von unterjährliche Renten mit jährlichen Zinsen.

Unterjährliche nachschüssige Renten mit jährlichen Zinsen

Aufgabe 1

Eine Auszubildende hat sich vorgenommen, vierteljährlich nachschüssig 150,00 EUR auf ein Sparbuch einzuzahlen, das jährlich mit 2,25% verzinst wird. Wie hoch ist ihr Endkapital nach 3 Jahren?

Lösung

Wir wollen die 4 nachschüssigen unterjährlichen Renten r eines Jahres in eine konforme (= übereinstimmende) Jahresrente r_{konf} umwandeln, die dann einer nachschüssigen jährlichen Rente entspricht.

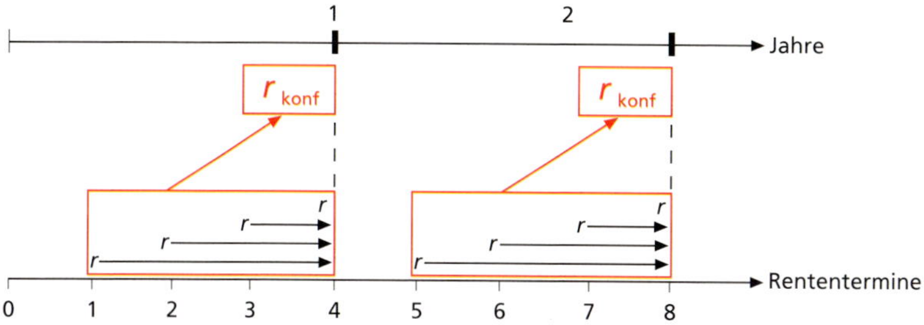

Bild 2.8.6.1

Innerhalb eines Jahres werden die Renten einfach verzinst. Die erste Rente wird mit $\frac{3}{4}$ des Jahres, die zweite Rente wird $\frac{2}{4}$ des Jahres, die dritte Rente mit $\frac{1}{4}$ des Jahres und die vierte Rente gar nicht verzinst.

$$r_{\text{konf}} = r \cdot (1 + \tfrac{3}{4}p\%) + r \cdot (1 + \tfrac{2}{4}p\%) + r \cdot (1 + \tfrac{1}{4}p\%) + r \cdot (1 + \tfrac{0}{4}p\%)$$

Mit den gegebenen Werten:

$$r_{\text{konf}} = 150 \cdot 1{,}016875 + 150 \cdot 1{,}01125 + 150 \cdot 1{,}005625 + 150 = \underline{\underline{605{,}0625}}$$

Diese konforme Jahresrente kann jetzt in die bekannte Rentenendwertformel $R_n^{\text{nach}} = r \cdot \frac{q^n - 1}{p\%}$ eingesetzt werden, damit für die ganzen Jahre ein Zinseszinseffekt eintritt:

$$R_n^{\text{nach}} = r_{\text{konf}} \cdot \frac{q^n - 1}{p\%}$$

$$R_3^{\text{nach}} = 605{,}06 \cdot \frac{1{,}0225^3 - 1}{0{,}0225} = \underline{\underline{1\,856{,}33}}$$

Wir wollen das Problem allgemein lösen, um eine Formel für die konforme Rente und damit auch für den Rentenendwert bei unterjährlichen Renten und jährlicher Verzinsung zu erhalten.

Aus **Aufgabe 1** kennen wir:

$$r_{\text{konf}} = r \cdot (1 + \tfrac{3}{4}p\%) + r \cdot (1 + \tfrac{2}{4}p\%) + r \cdot (1 + \tfrac{1}{4}p\%) + r \cdot (1 + \tfrac{0}{4}p\%)$$

Ausklammern führt zu:

$$r_{\text{konf}} = r \cdot (4 + \tfrac{p\%}{4}(0 + 1 + 2 + 3))$$

Geht man allgemein von m Perioden in einem Jahr aus, ergibt sich

$$r_{\text{konf}} = r \cdot \left(m + \tfrac{p\%}{m} \cdot [0 + 1 + 2 + \ldots + (m - 1)]\right)$$

Bei der Summe $0 + 1 + 2 + \ldots (m - 1)$ handelt es sich um eine **arithmetische Reihe,** die mithilfe der **Summenformel** $\boldsymbol{s_n = \frac{n}{2}(a_1 + a_n)}$ berechnet werden kann.

Mit $a_1 = 0$, $a_n = m - 1$ und $n = m$ ergibt sich:

$$s_n = \frac{m}{2}(0 + (m-1)) = \frac{(m-1)m}{2}$$

Diesen Term können wir in $r_{\text{konf}} = r \cdot (m + \frac{p\%}{m}[0 + 1 + 2 + \ldots (m-1)])$ für die Summe $0 + 1 + 2 + \ldots (m-1)$ einsetzen:

$$r_{\text{konf}} = r \cdot \left(m + \frac{p\%}{m} \cdot \frac{m(m-1)}{2}\right)$$

Durch Kürzen erhalten wir:

$$r_{\text{konf}} = r \cdot \left(m + \frac{p\%}{2}(m-1)\right)$$

Konforme nachschüssige Rente

Diese konforme Jahresrente können wir nun in die Rentenendwertformel $R_n^{\text{nach}} = r_{\text{konf}} \cdot \frac{q^n - 1}{p\%}$ einsetzen und erhalten:

$$R_n^{\text{nach}} = r \cdot \left(m + \frac{p\%}{2}(m-1)\right)\frac{q^n - 1}{p\%}$$

Nachschüssiger Rentenendwert bei unterjährlichen Renten

Für den Barwert der Rente ergibt sich dann:

$R_0^{\text{nach}} = r_{\text{konf}} \cdot \frac{q^n - 1}{p\% q^n}$

$$R_0^{\text{nach}} = r \cdot \left(m + \frac{p\%}{2}(m-1)\right) \cdot \frac{q^n - 1}{p\% q^n}$$

Nachschüssiger Rentenbarwert bei unterjährlichen Renten

Unterjährliche vorschüssige Renten mit jährlichen Zinsen

Aufgabe 2

Leiten Sie eine allgemeine Formel für den Rentenendwert und Rentenbarwert bei vorschüssigen Renten her.

Lösung

Für vorschüssige Vierteljahresrenten gilt:
Die erste Rente wird mit $\frac{4}{4}$ des Jahres, die zweite Rente wird $\frac{3}{4}$ des Jahres, die dritte Rente mit $\frac{2}{4}$ des Jahres und die vierte Rente mit $\frac{1}{4}$ des Jahres verzinst.

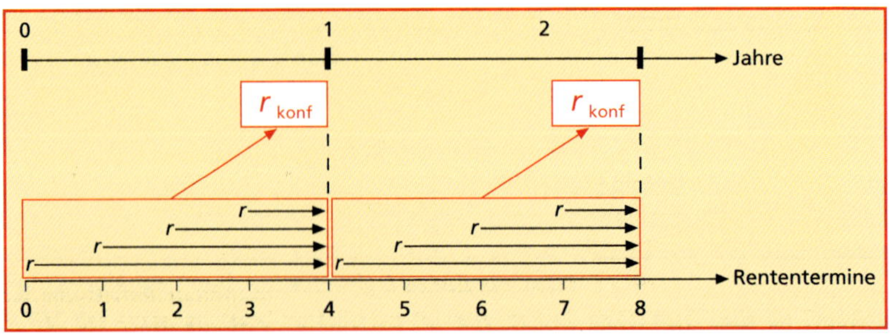

Bild 2.8.6.2

$$r_{\text{konf}} = r \cdot (1 + \tfrac{4}{4}p\%) + r \cdot (1 + \tfrac{3}{4}p\%) + r \cdot (1 + \tfrac{2}{4}p\%) + r \cdot (1 + \tfrac{1}{4}p\%)$$

Entsprechend dem Vorgehen bei nachschüssigen Renten ergibt sich:

$$r_{\text{konf}} = r \cdot (4 + \tfrac{p\%}{4}(0 + 1 + 2 + 3 + 4))$$

Geht man allgemein von m Perioden in einem Jahr aus, ergibt sich:

$$r_{\text{konf}} = r \cdot \left(m + \tfrac{p\%}{m} \cdot [0 + 1 + 2 + ...+ m]\right)$$

Bei der Summe $0 + 1 + 2 + ... + m$ handelt es sich um eine **arithmetische Reihe,** die mithilfe der **Summenformel** $\boldsymbol{s_n = \frac{n}{2}(a_1 + a_n)}$ berechnet werden kann.

Mit $a_1 = 0$; $a_n = m$ und $n = m + 1$ ergibt sich:

$$s_n = \tfrac{m+1}{2}(0 + m) = \frac{(m + 1)m}{2}$$

Diesen Term können wir in $r_{\text{konf}} = r \cdot (m + \frac{p\%}{m}[0 + 1 + 2 + \dots + m])$

für die Summe $0 + 1 + 2 + \dots m)$ einsetzen:

$$r_{\text{konf}} = r \cdot \left(m + \frac{p\%}{m} \cdot \frac{m(m + 1)}{2}\right)$$

Kürzen führt zu:

$$r_{\text{konf}} = r \cdot \left(m + \tfrac{p\%}{2}(m + 1)\right)$$

Konforme vorschüssige Rente

Diese konforme Jahresrente können wir nun in die Rentenendwertformel

$R_n^{\text{vor}} = r_{\text{konf}} \cdot \dfrac{q^n - 1}{p\%}$ einsetzen und erhalten:

$$R_n^{\text{vor}} = r \cdot \left(m + \frac{p\%}{2}(m + 1)\right)\frac{q^n - 1}{p\%}$$

Vorschüssiger Rentenendwert bei unterjährlichen Renten

Für den Barwert ergibt sich:

$$R_0^{\text{vor}} = r_{\text{konf}} \cdot \frac{q^n - 1}{p\%q^n}$$

$$R_0^{\text{vor}} = r \cdot \left(m + \frac{p\%}{2}(m + 1)\right) \cdot \frac{q^n - 1}{p\%q^n}$$

Vorschüssiger Rentenbarwert bei unterjährlichen Renten

Übungsaufgaben

1 Ein Sparer zahlt jeden Monat zu Monatsbeginn 100,00 EUR auf ein Sparkonto ein. Die Bank verzinst das Guthaben mit 5% p.a.. Wie viel Kapital hat der Sparer nach 8 Jahren angespart? Erstellen Sie eine EXCEL-Tabelle lt. Vorlage, mit deren Hilfe die Kapitalentwicklung dargestellt werden kann. Dazu wird gedanklich (und auch in EXCEL) in 2 Schritten vorgegangen:

Schritt 1:
Erstellen Sie zunächst eine Tabelle (A1 – E23) „Berechnung des Endkapitals nach einem Jahr bei monatlicher vorschüssiger Einzahlung". Nur bei Eingabe des monatlichen Sparbetrages, des Zinssatzes und der Laufzeit in die unterlegten Felder C3 bis C5 sollen die fehlenden Berechnungen von EXCEL vorgenommen werden. Sind die unterlegten Felder nicht besetzt, dürfen keine Fehlermeldungen in der Tabelle erscheinen.

	A	B	C	D	E
1	**Unterjährliche Rentenrechnung mit vorschüssigen monatlichen Renten**				
2	*(Eingabe nur in die unterlegten Zellen)*				
3					
4	**Monatlicher Sparbetrag**				
5	**Zinssatz *p*%**				
6	**Laufzeit *n* in Jahren**			*(max. 50 Jahre)*	
7					
8	**Berechnung des Endkapitals nach einem**				
9	**Jahr bei monatlicher vorschüssiger Einzahlung**				
10	**Einz.-datum**	**Anzahl der Monate bis Jahresende**	**Sparbetrag**	**Zinsen für die jeweiligen monatlichen Einzahlung am Ende des Jahres**	
11	01. Jan	12			
12	01. Feb	11			
13	01. Mrz	10			
14	01. Apr	9			
15	01. Mai	8			
16	01. Jun	7			
17	01. Jul	6			
18	01. Aug	5			
19	01. Sep	4			
20	01. Okt	3			
21	01. Nov	2			
22	01. Dez	1			
23			**Sparbetrag eines Jahres (ohne Zinsen)**	**Zinssumme am Ende des Jahres**	**Kapital zum Jahresende**
24					
25					
26					
27	**Berechnung des Endkapitals nach *n* Jahren**				
28	**Laufzeit (Jahre)**	**Kapital (EUR) zu Jahresbeginn**	**Jahreszinsen auf Kapital zu Jahresbeginn**	**Jährliche Einzahlung zum Jahresende**	**Kapital (EUR) zum Jahresende**
29		0,00 €	0,00 €		
30					

Bild 2.8.6.3

Schritt 2:
Erstellen Sie dann wie in der Vorlage (A26–E77) eine zweite Tabelle „Berechnung des Endkapitals nach *n* Jahren".

Die notwendigen Daten sollen aus der oberen Tabelle übernommen werden, sodass alle Berechnungen „automatisch" durchgeführt werden. Ohne Eingaben in den Zellen C3 bis C5 bleiben die Zellen leer. Der Tabellenaufbau soll automatisch entsprechend der eingegebenen Laufzeit erfolgen. Die Rentenendwertformeln dürfen nicht benutzt werden.

2 Modifizieren Sie Tabelle aus Übungsaufgabe 1 für nachschüssige Renten.

3 Erstellen Sie ein EXCEL-Rechenblatt, mit dem für eine beliebige Anzahl von Rentenzahlungsterminen innerhalb eines Jahres

a) die vor- und nachschüssige konforme Jahresrente,

b) der vor- und nachschüssige Rentenendwert,

c) der vor- und nachschüssige Rentenbarwert,

berechnet werden kann.

4 Frau M. zahlt zu Monatsbeginn jeweils 200,00 EUR auf ihr Sparkonto, das mit 4,5% p. a. verzinst wird.

a) Wie hoch ist die Jahreseinzahlung, die zu den getätigten monatlichen Einzahlungen konform ist?

b) Wie viel Euro hat sie nach 10 Jahren angespart?

c) Wie viel Euro müsste sie ersatzweise in einer Summe anlegen, um nach 10 Jahren das gleiche Endkapital zu haben?

5 Herr N. zahlt halbjährlich nachschüssig jeweils 3 000,00 EUR in seine Lebensversicherung ein, die mit 7% p. a. verzinst werden.

a) Wie hoch ist die zu den getätigten halbjährlichen Einzahlungen konforme Jahresrente?

b) Wie viel Euro hat er nach 30 Jahren angespart?

c) Wie viel Euro müsste er ersatzweise in einer Summe anlegen, um nach 20 Jahren das gleiche Endkapital zu haben?

2.8.7 Kapitalaufbau/Kapitalabbau

In der finanzmathematischen Realität ist häufig schon ein Kapital K_0 vorhanden bzw. es wird einmalig eingezahlt und dann jährlich ein gleichbleibender Betrag r hinzugefügt.

Aufgabe 1

Durch eine Erbschaft erhält ein Kind 10 000,00 EUR, die von den Eltern zu 4,5 % p. a. angelegt werden. Am Ende eines jeden Jahres werden von den Eltern noch 500,00 EUR hinzugefügt.

a) Auf welchen Gesamtbetrag ist das Konto nach 10 Jahren angewachsen?

b) Stellen Sie die Kapitalentwicklung mithilfe einer EXCEL-Tabelle dar.

Lösung

a) Die einmalige Kapitalanlage $K_0 = 10\,000$ wird gemäß der Zinseszinsrechnung 10 Jahre lang verzinst:

$$K_n = K_0 \cdot q^n$$
$$K_{10} = 10\,000 \cdot 1{,}045^{10} = \underline{15\,529{,}69}$$

Für die gleichbleibenden Zahlungen r wird gemäß der Rentenrechnung der nachschüssige Rentenendwert berechnet:

$$R_n^{\text{nach}} = r \cdot \frac{q^n - 1}{p\%}$$
$$R_{10}^{\text{nach}} = 500 \cdot \frac{1{,}045^{10} - 1}{0{,}045} = \underline{6\,144{,}10}$$

Das Gesamtguthaben ergibt sich dann aus der Summe dieser beiden Beträge:

$$G_n^{\text{nach}} = K_n + R_n^{\text{nach}} = \underbrace{K_0 q^n}_{\text{Zinseszinsrechnung}} + \underbrace{r \cdot \frac{q^n - 1}{p\%}}_{\text{Rentenrechnung}}$$

$$G_{10}^{\text{nach}} = 10\,000 \cdot 1{,}045^{10} + 500 \cdot \frac{1{,}045^{10} - 1}{0{,}045} = \underline{\underline{21\,673{,}80}}$$

b)

	A	B	C	D	E
1	**Sparkassenformel (nachschüssig)**				
2	*(Eingabe nur in die unterlegten Zellen)*				
3					
4		**Anfangskapital K_0**	**10.000,00 €**		
5		**Zinssatz p%**	**4,50%**		
6		**Rente r**	**500,00 €**	*(nachschüssig)*	
7		**Laufzeit n**	**10 Jahre**	*(max. 100)*	
8		**Gesamtkapital G_n**	**21.673,80 €**		
9					
10	**Jahr**	**Kapital zu Jahresbeginn**	**Zinsen**	**Rente**	**Kapital am Jahresende**
11	1	10.000,00 €	450,00 €	500,00 €	10.950,00 €
12	2	10.950,00 €	492,75 €	500,00 €	11.942,75 €
13	3	11.942,75 €	537,42 €	500,00 €	12.980,17 €
14	4	12.980,17 €	584,11 €	500,00 €	14.064,28 €
15	5	14.064,28 €	632,89 €	500,00 €	15.197,17 €
16	6	15.197,17 €	683,87 €	500,00 €	16.381,05 €
17	7	16.381,05 €	737,15 €	500,00 €	17.618,19 €
18	8	17.618,19 €	792,82 €	500,00 €	18.911,01 €
19	9	18.911,01 €	851,00 €	500,00 €	20.262,01 €
20	10	20.262,01 €	911,79 €	500,00 €	21.673,80 €

Bild 2.8.7.1

Wichtige Zellinhalte:

C8: = WENN(UND(ISTZAHL(C4);ISTZAHL(C5);ISTZAHL(C6);ISTZAHL(C7);C7>0);
C4*(1+C5)^C7+C6*((1+C5)^C7-1)/C5;WENN(UND(ISTZAHL(C4);
ISTZAHL(C5);ISTZAHL(C6);ISTZAHL(C7);C7=0);C4;“““))

A11: = WENN(UND(ISTZAHL(C4);ISTZAHL(C5);ISTZAHL(C6);ISTZAHL(C7);
C7>0);1;“““)

B11: = WENN(ISTZAHL(A11);$BC$4;“ “)

C11: = WENN(ISTZAHL(A11);B11*$C$5;“ “)

D11: = WENN(ISTZAHL(A11);$C$6;“ “)

E11: = WENN(ISTZAHL(A11);B11+C11+D11;“ “)

A12: = WENN(A11<c7;A11+1;“ “)

B12: = WENN(ISTZAHL(A12);E11;“ “)

(Kopieren durch „Ziehen“.)

Bei vorschüssiger Zahlung ist das Gesamtguthaben entsprechend:

$$G_n^{vor} = K_n + R_n^{vor} = \underbrace{K_0 q^n}_{\text{Zinseszinsrechnung}} + \underbrace{rq \cdot \frac{q^n - 1}{p\,\%}}_{\text{Rentenrechnung}}$$

Diese beiden Formeln, die den Kapitalaufbau bis zu den Werten G_n^{nach} bzw. G_n^{vor} beschreiben, werden auch **Sparkassenformeln** genannt.

$G_n^{\text{nach}} = K_0 q^n + r \cdot \dfrac{q^n - 1}{p\%}$	$G_n^{\text{vor}} = K_0 q^n + rq \cdot \dfrac{q^n - 1}{p\%}$
Sparkassenformel bei nachschüssiger Zahlung	**Sparkassenformel bei vorschüssiger Zahlung**

Werden von einem bestehenden Kapital jährlich gleichbleibende Beträge r **abgehoben,** so ist r negativ und es ergeben sich die modifizierten Formeln:

$G_n^{\text{nach}} = K_0 q^n - r \cdot \dfrac{q^n - 1}{p\%}$	$G_n^{\text{nach}} = K_0 q^n - rq \cdot \dfrac{q^n - 1}{p\%}$
Sparkassenformel bei nachschüssiger Entnahme	**Sparkassenformel bei nachschüssiger Entnahme**

Aufgabe 2

a) Ein Student hat auf seinem Konto einen Betrag von 60 000,00 EUR zu 5,5% p.a. angelegt. Zu Beginn eines jeden Jahres werden 8 000,00 EUR abgehoben. Welchen Betrag weist das Konto nach 9 Jahren auf?

b) Modifizieren Sie die EXCEL-Tabelle aus **Aufgabe 1** auf vorschüssige Rentenzahlung und machen Sie damit dann Kontoentwicklung deutlich.

Lösung

a) $G_n^{\text{vor}} = K_0 q^n - rq \cdot \dfrac{q^n - 1}{p\%}$

$$G_9^{\text{vor}} = 60\,000 \cdot 1{,}055^9 - 8\,000 \cdot 1{,}055 \cdot \frac{1{,}055^9 - 1}{0{,}055} = \underline{\underline{2\,142{,}83}}$$

b)

	A	B	C	D	E
1	**Sparkassenformel (vorschüssig)**				
2	*(Eingabe nur in die unterlegten Zellen)*				
3					
4		**Anfangskapital K_0**	**60.000,00 €**		
5		**Zinssatz $p\%$**	**5,50%**		
6		**Rente r**	**–8.000,00 €**	*(vorschüssig)*	
7		**Laufzeit n**	**9 Jahre**	*(max. 100)*	
8		**Gesamtkapital G_n**	**2.142,83 €**		
9					
10	**Jahr**	**Kapital zu Jahresbeginn**	**Rente**	**Zinsen**	**Kapital am Jahresende**
11	1	60.000,00 €	–8.000,00 €	2.860,00 €	54.860,00 €
12	2	54.860,00 €	–8.000,00 €	2.577,30 €	49.437,30 €
13	3	49.437,30 €	–8.000,00 €	2.279,05 €	43.716,35 €
14	4	43.716,35 €	–8.000,00 €	1.964,40 €	37.680,75 €
15	5	37.680,75 €	–8.000,00 €	1.632,44 €	31.313,19 €
16	6	31.313,19 €	–8.000,00 €	1.282,23 €	24.595,42 €
17	7	24.595,42 €	–8.000,00 €	912,75 €	17.508,17 €
18	8	17.508,17 €	–8.000,00 €	522,95 €	10.031,11 €
19	9	10.031,11 €	–8.000,00 €	111,71 €	2.142,83 €

Bild 2.8.7.2

Wichtige Zellinhalte:

```
C8:  = WENN(UND(ISTZAHL(C4);ISTZAHL(C5);ISTZAHL(C6);ISTZAHL(C7);C7>0);
       C4*(1+C5)^C7+C6*(1+C5)*((1+C5)^C7-1)/C5;WENN(UND(ISTZAHL(C4);
       ISTZAHL(C5);ISTZAHL(C6);ISTZAHL(C7);C7=0);C4;“ “))
A11: = WENN(UND(ISTZAHL(C4);ISTZAHL(C5);ISTZAHL(C6);ISTZAHL(C7);
       C7>0);1;“ “)
B11: = WENN(ISTZAHL(A11);$C$4;“ “)
C11: = WENN(ISTZAHL(A11);$C$6;“ “)
D11: = WENN(ISTZAHL(A11);(B11+C11)*$C$5;“ “)
E11: = WENN(ISTZAHL(A11);B11+D11+C11;“ “)
A12: = WENN(A11<$c$7 ;A11 + 1;“ “)
B12: = WENN(ISTZAHL(A12);E11;“ “)
```

(Kopieren durch „Ziehen“.)

Übungsaufgaben

1 Durch eine Erbschaft erhält jemand 20000,00 EUR, die er zu 3,5 % p.a. anlegt. Zu Beginn eines jeden Jahres werden diesem Kapital noch 1000,00 EUR hinzugefügt.

a) Auf welchen Gesamtbetrag ist das Konto nach 8 Jahren angewachsen?

b) Veranschaulichen Sie die Kapitalentwicklung in einer EXCEL-Tabelle.

2 a) Ein Sparkassenkonto, das mit 2,5% verzinst wird, weist einen Kontostand von 120000,00 EUR auf. Auf welchen Betrag ist es nach 11 Jahren gesunken, wenn am Ende eines jeden Jahres 12000,00 EUR abgehoben werden?

b) Stellen Sie die Kapitalentwicklung in einer EXCEL-Tabelle dar.

3 a) Formen Sie die Sparkassenformeln so um, dass sich auch das Anfangskapital, der Zinssatz, die Rente und die Laufzeit berechnen lassen.

b) Erstellen Sie dann in EXCEL ein Rechenblatt, mit dem sich je eine Größe der Sparkassenformel berechnen lässt, sofern die anderen vier gegeben sind (jeweils für vorschüssige bzw. nachschüssige Rente).

4 Ein Bausparer schließt am Anfang des Jahres 2000 einen Bausparvertrag über 300000,00 EUR ab und zahlt 50000,00 EUR sofort ein. Danach werden jedes Jahr zum Jahresende 6000,00 EUR eingezahlt.

a) Wie hoch ist das Bausparguthaben am Ende des vierten Jahres, wenn die Bausparkasse das Guthaben jeweils mit 4,5% verzinst?

b) Bausparverträge werden i. d. R. zugeteilt, wenn 40% der Bausparsumme angespart sind. Wann ist der Bausparvertrag fällig?

c) Wie würden sich die ermittelten Daten ändern, wenn die Zahlung vorschüssig vereinbart wird?

5 Von einem Kapital in Höhe von 100 000,00 EUR, das mit 5,75% p. a. verzinst wird, wird jährlich 15 Jahre lang

a) postnumerando[1)]

b) pränumerando[2)]

ein fester Betrag abgehoben. Wie hoch muss dieser Betrag sein, wenn das Kapital aufgebraucht werden soll?

6 Welches Kapital muss einmalig eingezahlt werden, wenn das Gesamtguthaben nach 15 Jahren und jährlich gleichbleibenden

a) nachschüssigen Einzahlungen

b) vorschüssigen Einzahlungen

in Höhe von 12 000,00 EUR letztlich $\frac{1}{2}$ Mio. EUR betragen soll (Zinssatz: 7,25%)?

7 Von einem Kapital, das zu 6,2% Zinseszins angelegt worden ist, sollen 14 Jahre lang

a) vorschüssig

b) nachschüssig

5 000,00 EUR abgehoben werden. Wie groß muss das Kapital sein, wenn nach 14 Jahren noch 3 000,00 EUR übrig sein sollen?

8 Zur Aufbesserung seiner Altersversorgung hat ein Rentner 100 000,00 EUR angelegt. Durch jährliche nachschüssige Entnahme von 9 623,81 EUR hat er seine Anlage nach 14 Jahren aufgezehrt. Welchen Zinssatz hatte er vereinbart?

9 Eine vermögende Großmutter eröffnet für ihr Enkelkind ein Konto, auf das sie 10 000,00 EUR sofort und dann gleichbleibend jeweils zum Jahresende 5 000,00 EUR einzahlt. Drei Jahre nach Eröffnung des Kontos zahlt die Großmutter zusätzlich 8 000,00 EUR auf das Konto ein, zwei Jahre später noch einmal 5 000,00 EUR. Wie hoch ist der Kontostand am Ende des 13. Jahres, wenn der Zinssatz 5% beträgt?

10 a) Wann ist eine Schuld in Höhe von 8 357,65 EUR zu 7% Zinseszins abgegolten, wenn zum Ende eines jeden Jahres 1 000,00 EUR abgetragen werden?

b) Wann wäre sie abgetragen, wenn vorschüssige Zahlung vereinbart worden wäre?

11 Ein Sparguthaben über 50 000,00 EUR wird zu 4,75% verzinst. Nach Ablauf von 5 Jahren werden jeweils

a) zu Jahresbeginn

b) zum Jahresende

gleichbleibend hohe Beträge abgehoben. Wie hoch dürfen diese Abhebungen sein, wenn das angesparte Kapital nicht abgebaut werden soll?

12 Per Dauerauftrag zahlt ein Sparer jeweils zu Jahresanfang 7 000,00 EUR auf ein Konto, das mit 4,25% verzinst wird. Nach drei Jahren hebt er zum Jahresende 10 000,00 EUR ab, nach weiteren 2 Jahren zahlt er 5 000,00 EUR ein. Wie hoch ist der Kontostand nach 10 Jahren?

---
1) postnumerando = nachschüssig

2) pränumerando = vorschüssig

2.8.8 Tilgungsrechnung

Darlehensverträge werden zwischen Gläubiger und Schuldner abgeschlossen. Der Gläubiger stellt Kapital zur Verfügung, der Schuldner übernimmt die Verpflichtung, die Schuld zu verzinsen und in vereinbarter Weise zurückzuzahlen. Bei größeren Darlehensbeträgen erfolgt die Rückzahlung meist nicht in einer Summe (sog. **gesamtfällige Schuld**) sondern in Teilbeträgen, sog. **Tilgungsschuld.** Grundsätzlich wird das kreditierte Kapital aber durch fortlaufende Entrichtung von **Annuitäten,** dies sind Zahlungen, die der Schuldner an den Gläubiger leistet, verringert, sodass die Schuld am Ende der Laufzeit vollständig verschwindet. Die bekanntesten Standards hinsichtlich der Tilgungsbedingungen heißen **Ratentilgung** und **Annuitätentilgung.**

- **Ratentilgung:** Die Tilgungsraten sind alle gleich groß (vgl. Tabelle unten). Mit fortschreitendem Zeitablauf werden die Zinsen, die ja nur noch auf die verbleibende Restschuld gezahlt werden, immer geringer. Die Annuität, die sich aus Tilgungsrate und Zinsen zusammensetzt, wird damit auch von Jahr zu Jahr kleiner.

Jahr	Schuld zu Beginn des Jahres	Zinsen	Tilgungsrate	Annuität	Schuld am Ende des Jahres
1	100 000,00 EUR	9 000,00 EUR	**20 000,00 EUR**	**29 000,00 EUR**	80 000,00 EUR
2	80 000,00 EUR	7 200,00 EUR	**20 000,00 EUR**	**27 200,00 EUR**	60 000,00 EUR
3	60 000,00 EUR	5 400,00 EUR	**20 000,00 EUR**	**25 400,00 EUR**	40 000,00 EUR
4	40 000,00 EUR	3 600,00 EUR	**20 000,00 EUR**	**23 600,00 EUR**	20 000,00 EUR
5	20 000,00 EUR	1 800,00 EUR	**20 000,00 EUR**	**21 800,00 EUR**	0,00 EUR

Ratentilgung: Abnehmende Rückzahlungsrate (Annuität), gleichbleibende Tilgungsrate

- Bei der **Annuitätentilgung** (s. Tabelle unten) bleibt die aus Zinsen und Tilgungsrate bestehende Annuität stets gleich. Da die Zinsen wie oben beschrieben im Zeitablauf abnehmen, muss sich also die Tilgungsrate erhöhen.

Jahr	Schuld zu Beginn des Jahres	Zinsen	Tilgungsrate	Annuität	Schuld am Ende des Jahres
1	100 000,00 EUR	8 500,00 EUR	**16 876,58 EUR**	**25 376,58 EUR**	83 123,42 EUR
2	83 123,42 EUR	7 065,49 EUR	**18 311,08 EUR**	**25 376,58 EUR**	64 812,34 EUR
3	64 812,34 EUR	5 509,05 EUR	**19 867,53 EUR**	**25 376,58 EUR**	44 944,81 EUR
4	44 944,81 EUR	3 820,31 EUR	**21 556,27 EUR**	**25 376,58 EUR**	23 388,55 EUR
5	23 388,55 EUR	1 988,03 EUR	**23 388,55 EUR**	**25 376,58 EUR**	0,00 EUR

Annuitätentilgung: Gleichbleibende Rückzahlungsrate (Annuität), zunehmende Tilgungsrate

Die Aufgabe der Tilgungsrechnung besteht nun darin, die Höhe der Zahlungen zu berechnen, die der Schuldner zu den vereinbarten Zahlungszeitpunkten an den Gläubiger zu leisten hat und die jeweilige Restschuld des Kreditnehmers zu ermitteln.

Die wichtigsten **Symbole,** die man **für die Tilgungsrechnung** braucht, legen wir wie folgt fest:

A_t	= Annuität im Zeitpunkt t
K_t	= Schuldbetrag im Zeitpunkt t
$p\%$	= Zinssatz p. a.
n	= Laufzeit des Kredits, Tilgungsdauer
T_t	= Tilgungsrate im Zeitpunkt t
Z_t	= Zinsbetrag im Zeitpunkt t

2.8.8.1 Ratentilgung

Aufgabe 1

Die LUFIA GmbH nimmt für Umbaumaßnahmen einen Kredit über 420000,00 EUR zu 6,5% auf, der über 7 Jahre in gleichbleibenden Tilgungsraten – zahlbar jeweils zum Jahresende – zu tilgen ist. Erstellen Sie mit EXCEL einen Tilgungsplan.

Lösung

Die jährliche Tilgungsrate beläuft sich auf

$$T_t = T = \frac{K_0}{n} = \frac{420\,000}{7} = \underline{\underline{60\,000.}}$$

	A	B	C	D	E	F
1	**Tilgungsrechnung (Ratentilgung)**					
2	*(Eingabe nur in die unterlegten Zellen)*					
3						
4	**Urspr. Schuld**		***K₀***	**420.000,00 €**		
5	**Laufzeit**		***n***	**7 Jahre**	*(max. 100 Jahre)*	
6	**Zinssatz**		***p%***	**6,50%**		
7	**Tilgungsrate**		***T***	**60.000,00 €**		
8						
9	**Jahr**	**Restschuld zu Jahresbeginn**	**Zinsen für das laufende Jahr**	**Tilgungsrate**	**Annuität**	**Restschuld zum Jahresende**
10	1	420.000,00 €	27.300,00 €	60.000,00 €	87.300,00 €	360.000,00 €
11	2	360.000,00 €	23.400,00 €	60.000,00 €	83.400,00 €	300.000,00 €
12	3	300.000,00 €	19.500,00 €	60.000,00 €	79.500,00 €	240.000,00 €
13	4	240.000,00 €	15.600,00 €	60.000,00 €	75.600,00 €	180.000,00 €
14	5	180.000,00 €	11.700,00 €	60.000,00 €	71.700,00 €	120.000,00 €
15	6	120.000,00 €	7.800,00 €	60.000,00 €	67.800,00 €	60.000,00 €
16	7	60.000,00 €	3.900,00 €	60.000,00 €	63.900,00 €	- €

Bild 2.8.8.1

Wichtige Zellinhalte:

D7: = WENN(ODER(ISTLEER($D$6);ISTLEER($D$5);ISTLEER($D$4));" ";D4/D5)
A10: = WENN(UND(ISTZAHL($D$4);ISTZAHL($D$5);ISTZAHL($D$6);$D$5>0);1;" ")
B10: = WENN(ISTZAHL(A10);D4;" ")
C10: = WENN(ISTZAHL(A10);B10*$D$6;" ")
D10: = WENN(ISTZAHL(A10);$D$7;" ")
E10: = WENN(ISTZAHL(A10);D10+C10;" ")
F10: = WENN(ISTZAHL(A10);B10-D10;" ")
A11: = WENN(A10<d5;A10+1;" ")
B11: = WENN(ISTZAHL(A11);F10;" ")

(Kopieren durch „Ziehen")

Aufgabe 2

Ein Darlehen über 420 000,00 EUR zu 6,5 % soll über einen Zeitraum von 7 Jahren in gleich bleibenden Tilgungsraten, zahlbar jeweils zum Jahresende, zurückgezahlt werden.

Berechnen Sie

a) die jährliche Tilgungsrate,
b) die Restschuld zum Ende des vierten Jahres,
c) die Zinsen im dritten Jahr und
d) die Annuität des sechsten Jahres.
Vergleichen Sie Ihre Ergebnisse mit der EXCEL-Tabelle in **Aufgabe 1.**

Lösung

a) Bei Ratentilgung bleiben die Tilgungsbeträge immer gleich. Jede Tilgungsrate ergibt sich aus der Division des Darlehensbetrages durch die Tilgungsdauer.

Allgemein:

$$T = \frac{K_0}{n}$$

Tilgungsrate

Hier also $T = \frac{420\,000}{7} = \underline{\underline{60\,000}}$

b) Die Restschuld zum Ende des 1. Jahres ergibt sich, indem man von der Gesamtschuld eine Tilgungsrate subtrahiert: $K_1 = K_0 - T$
Entsprechend werden für das 2. Jahr 2 Tilgungsraten subtrahiert: $K_2 = K_0 - 2 \cdot T$

Allgemein:

$$K_t = K_0 - t \cdot T$$

Restschuld

Hier also $K = 420\,000 - 4 \cdot 60\,000 = \underline{\underline{180\,000}}$

c) Für das 1. Jahr ergeben sich die Zinsen durch: $Z_1 = K_0 \cdot p\%$
Für das 2. Jahr: $Z_2 = (K_0 - T) \cdot p\%$
Für das 3. Jahr: $Z_3 = (K_0 - 2T) \cdot p\%$

Allgemein:

$$Z_t = (K_0 - (t-1) \cdot T) \cdot p\%$$

Zinsen

Hier also: $Z_3 = (420\,000 - 2 \cdot 60\,000) \cdot 0{,}065 = \underline{\underline{19\,500}}$

d) Die Annuität ist die Summe aus Tilgungsrate und Zinsen.

Allgemein:

$$A_t = T + Z_t$$
$$A_t = \frac{K_0}{n} + (K_0 - (t-1) \cdot T) \cdot p\%$$

Annuität

Hier ist also: $A_6 = T + Z_6 = 60\,000 + (420\,000 - 5 \cdot 60\,000) \cdot 0{,}065 = \underline{\underline{67\,800}}$

2.8.8.2 Annuitätentilgung

Aufgabe 3

Die Loy Lobson KG hat zur Betriebserweiterung einen Kredit über 1 000 000,00 EUR zu 7,5 % p. a. bei einer Laufzeit von sechs Jahren aufgenommen, der mit gleichbleibenden Annuitäten jeweils zum Jahresende getilgt werden soll.

a) Welchen Betrag muss die Loy Lobson KG jährlich zurückzahlen. Oder anders gefragt: Wie hoch ist die jährliche Annuität? *(Hinweis: Hat die Tilgungsrechnung womöglich etwas mit der Rentenrechnung zu tun?)*

b) Berechnen Sie
- die Restschuld K_t,
- den Zinsbetrag Z_t und
- die Annuität A_t

im Zeitpunkt t allgemein.

Bestimmen Sie dann mithilfe der von Ihnen entwickelten Formeln

c) die Annuität des sechsten Jahres.

d) die Tilgungsrate des fünften Jahres,

e) den Zinsbetrag für das dritte Jahr und

f) die Restschuld am Ende des vierten Jahres.

Lösung

a) **Annuität**

Die Annuität A entspricht einer nachschüssigen Rente r und somit die Annuitätentilgung der Zahlung einer nachschüssigen Rente.

Das Darlehen $K_0 = 1\,000\,000$ entspricht dem Barwert einer sechsjährigen nachschüssigen Rente A.
Wird K_0 auf n Jahre aufgezinst, entspricht es dem Rentenendwert einer nachschüssigen Rente A:

$$K_0 q^n = A \cdot \frac{q^n - 1}{p\%}$$

Äquivalenzumformung nach A ergibt:

$$A = K_0 \cdot \frac{q^n \cdot p\%}{q^n - 1}$$

Annuität

Einsetzen der gegebenen Werte führt zu:

$$A = \frac{1\,000\,000 \cdot 1{,}075^6 \cdot 0{,}075}{1{,}075^6 - 1} = \underline{\underline{213\,044{,}89}}$$

b) • **Tilgungsrate**

Die Annuität, die sich aus Zinsen und Tilgung zusammensetzt, bleibt von Jahr zu Jahr gleich. Deswegen gilt:
$Z_t + T_t = Z_{t-1} + T_{t-1}$

Der Zinsbetrag im Zeitpunkt t ergibt sich wegen der nachschüssigen Tilgung aus dem Schuldbetrag des Vorjahres:
$Z_t = K_{t-1}\, p\%$

Einsetzen führt zu:
$K_{t-1}\, p\% + T_t = K_{t-2}\, p\% + T_{t-1}$

Umformung ergibt:
$T_t = T_{t-1} + p\%(K_{t-2} - K_{t-1})$

Die Differenz zwischen den Restschuldbeträgen zweier Jahre ist immer identisch mit der Vorjahres-Tilgungsrate:
$T_t = K_{t-1} - K_t$

Deswegen ist die Differenz $K_{t-2} - K_{t-1} = T_{t-1}$.

Substituieren wir oben, erhalten wir:
$T_t = T_{t-1} + p\%\ T_{t-1} = T_{t-1}(1 + p\%)$

Dies ist aber nichts anderes als
$T_t = T_{t-1}q$
und bedeutet: Bei Annuitätentilgung ergibt sich die Tilgungsrate des laufenden Jahres immer als Produkt aus Vorjahres-Tilgungsrate und Zinsfaktor q (Überprüfen Sie diese Aussage in der Tabelle „Annuitätentilgung“).
Nimmt man T_1 als gegeben, so erhält man durch fortlaufendes Einsetzen:

$$T_2 = T_1\, q$$
$$T_3 = T_2\, q = T_1\, q^2$$
$$T_4 = T_3\, q = T_1\, q^3$$
$$\vdots$$
$$T_t = T_{t-1}\, q = T_1\, q^{t-1}$$

Da der Zinsbetrag des ersten Jahres
$Z_1 = K_0 p\%$
ist, beträgt die erste Tilgungsrate:

$$\begin{aligned} T_1 &= A - Z_1 \\ &= K_0 \frac{p\% q^n}{q^n - 1} - K_0\, p\% \\ &= K_0\, p\% \left(\frac{q^n}{q^n - 1} - 1\right) \\ &= K_0 p\% \left(\frac{q^n - (q^n - 1)}{q^n - 1}\right) = K_0 p\% \frac{1}{q^n - 1} = K_0 \frac{p\%}{q^n - 1} \end{aligned}$$

Setzt man nun diesen Term in die oben entwickelte Gleichung $T_t = T_{t-1}q = T_1 q^{t-1}$ ein, so erhält man:

$$T_t = K_0 \frac{p\%}{q^n - 1} \cdot q^{t-1} \text{ oder}$$

$$T_t = K_0 \frac{p\% q^{t-1}}{q^n - 1}$$

Tilgungsrate

- **Zinsbetrag**

Für den Zinsbetrag einer Periode gilt:
$Z_t = A - T_t$.

Setzen wir für $A = K_0 \frac{p\% q^n}{q^n - 1}$ und für $T_t = K_0 \frac{p\% q^{t-1}}{q^n - 1}$ ein, ergibt sich nach einigen Umformungen:

$$Z_t = K_0 \frac{p\%(q^{n+1} - q^t)}{q(q^n - 1)}$$

Zinsbetrag

- **Restschuld**

$K_t = K_{t-1} - T_t$.

Setzt man $T_t = K_0 \frac{p\%q^{t-1}}{q^n - 1}$ ein und entwickelt fortlaufend, erhält man:

$$K_1 = K_0 - T_1 = K_0 - K_0 \frac{p\%q^0}{q^n - 1} = \frac{K_0(q^n - 1) - K_0 p\%}{q^n - 1} = K_0 \frac{q^n - 1 - p\%}{q^n - 1}$$

$$= K_0 \frac{q^n - q}{q^n - 1}$$

$$K_2 = K_1 - T_2 = K_1 - K_0 \frac{p\%q^1}{q^n - 1} = K_0 \frac{q^n - q}{q^n - 1} - K_0 \frac{p\% q}{q^n - 1} = K_0 \frac{q^n - q}{q^n - 1} - K_0 \frac{(q-1)q}{q^n - 1}$$

$$= K_0 \frac{q^n - q - (q^2 - q)}{q^n - 1} = K_0 \frac{q^n - q^2}{q^n - 1}$$

$$K_3 = K_0 \frac{q^n - q^3}{q^n - 1}$$ und allgemein:

$$K_t = K_0 \frac{q^n - q^t}{q^n - 1}$$

Restschuld

c) $A = \frac{K_0 q^n p\%}{q^n - 1} = \frac{1\,000\,000 \cdot 1{,}075^6 \cdot 0{,}075}{1{,}075^6 - 1} = \underline{\underline{213\,044{,}89}}$

d) $T_t = K_0 \frac{p\%q^{t-1}}{q^n - 1}$

$T_5 = 1\,000\,000 \cdot \frac{0{,}075 \cdot 1{,}075^4}{1{,}075^6 - 1} = \underline{\underline{184\,354{,}69}}$

e) $Z_t = K_0 \frac{p\%(q^{n+1} - q^t)}{q(q^n - 1)}$

$Z_3 = 1\,000\,000 \cdot \frac{0{,}075(1{,}075^7 - 1{,}075^3)}{1{,}075(1{,}075^6 - 1)} = \underline{\underline{53\,516{,}76}}$

f) $K_t = K_0 \frac{q^n - q^t}{q^n - 1}$

$K_4 = 1\,000\,000 \cdot \frac{1{,}075^6 - 1{,}075^4}{1{,}075^6 - 1} = \underline{\underline{382\,535{,}99}}$

Übungsaufgaben

Ratentilgung

1 Erstellen Sie ein Rechenblatt, mit dem man eine der drei Größen K_0, n oder T der Tilgungsrechnung bei Ratentilgung berechnen kann, wenn die jeweils anderen beiden gegeben sind.

2 Ein Darlehen über 20 000,00 EUR wird in 10 Jahren mit einer gleichbleibenden Tilgungsrate getilgt. Wie hoch ist die vereinbarte Tilgungsrate?

3 Wie lange dauert es, bis ein Darlehen über 30 000,00 EUR zu 9 % bei einer gleichbleibenden Tilgungsrate von 6 000,00 EUR getilgt ist?

4 Auf welchen Betrag lautete ein Darlehen zu 8 %, wenn es 5 Jahre lang mit gleichbleibenden Tilgungsraten zu 8 000,00 EUR getilgt ist?

5 Die Lux GmbH hat einen Kredit über 120 000,00 EUR zu 7,5% p.a. aufgenommen. Innerhalb von 8 Jahren ist der Kredit in gleichbleibenden Tilgungsraten zurückzuzahlen. Wie hoch

a) ist die Restschuld zum Ende des 5. Jahres,

b) die Annuität zum Ende des 6. Jahres,

c) der Zinsbetrag am Ende des 8. Jahres,

d) die Restschuld zu Beginn des 8. Jahres?

Annuitätentilgung

6 Stellen Sie einen Tilgungsplan (Annuitätentilgung) entsprechend der nebenstehenden Vorlage auf und prüfen Sie, ob Ihre Ergebnisse aus **Aufgabe 1** mit dem Tilgungsplan übereinstimmen.

	A	B	C	D	E	F
1	**Tilgungsrechnung (Annuitätentilgung)**					
2	*(Eingabe nur in die unterlegten Zellen)*					
3						
4	Urspr. Schuld	K_0	1.000.000,00 €			
5	Laufzeit	n	6 Jahre	*(max. 100 Jahre)*		
6	Zinssatz	$p\,\%$	7,50%			
7	Annuität	A	213.044,89 €			
8						
9	Jahr	Restschuld zu Jahresbeginn	Zinsen für das laufende Jahr	Tilgungsrate	Annuität	Restschuld zum Jahresende
10	1	1.000.000,00 €	75.000,00 €	138.044,89 €	213.044,89 €	861.955,11 €
11	2	861.955,11 €	64.646,63 €	148.398,26 €	213.044,89 €	713.556,85 €
12	3	713.556,85 €	53.516,76 €	159.528,13 €	213.044,89 €	554.028,72 €
13	4	554.028,72 €	41.552,15 €	171.492,74 €	213.044,89 €	382.535,99 €
14	5	382.535,99 €	28.690,20 €	184.354,69 €	213.044,89 €	198.181,29 €
15	6	198.181,29 €	14.863,60 €	198.181,29 €	213.044,89 €	- 0,00 €

Bild 2.8.8.2

7 Erstellen Sie ein Rechenblatt, mit dem eine der Größen K_0, n, $p\%$ oder A der Tilgungsrechnung bei Annuitätentilgung berechnet werden kann, wenn die drei anderen gegeben sind.

8 Für Renovierungsarbeiten benötigt ein Vermieter ein Darlehen über 400 000,00 EUR. Wie hoch ist die Annuität, wenn der Vermieter ein Annuitätendarlehen zu 10,5% rückzahlbar innerhalb von 12 Jahren erhält?

9 Ein Investor erhofft, aus einer getätigten Investition 10 Jahre lang jährlich Nettomieteinnahmen von 100 000,00 EUR für die Rückzahlung des geplanten Investitionsdarlehens aufbringen zu können. Wie hoch darf das Darlehen sein, wenn die Bank 8,25% Zinsen p.a. berechnet?

10 Für den Kauf einer Eigentumswohnung im Wert von 200 000,00 EUR soll ein Annuitätendarlehen aufgenommen werden. Zinssatz 8%, Annuität 18 000,00 EUR. Wann ist das Darlehen getilgt?

11 Ein Unternehmen nimmt zu 9% Zinsen einen Kredit von 100 000,00 EUR auf. Der Kredit muss nach Ablauf von 5 Jahren bei **monatlicher Ratentilgung** zurückgezahlt sein. Erstellen Sie mithilfe von EXCEL einen Tilgungsplan.

2.8.9 Abschreibung

Unter **Abschreibung** versteht man die buchmäßige Erfassung der technischen und wirtschaftlichen **Wertminderung,** die bei Anlagegütern[1] durch Abnutzung (technischer Verschleiß) oder Alterung in der Nutzungszeit entsteht. Das Grundprinzip bei der Abschreibung ist: Die Anschaffungskosten des betreffenden Anlagegutes werden auf seine geschätzte Lebensdauer verteilt.

Die Abschreibungen eines Unternehmens verringern seinen Gewinn und damit die auf den Gewinn zu zahlenden Steuern. Aus diesem Grund werden Unternehmen i. d. R. diejenige Abschreibungsmethode bevorzugen, die dem Unternehmen den größten Nutzen bringt.

In der Wirtschaftspraxis werden am meisten angewendet die **lineare Abschreibung** und die **geometrisch-degressive Abschreibung** bzw. eine Kombination aus den beiden Abschreibungsmethoden. Aus diesem Grund beschränken wir uns im Folgenden auf die Darstellung dieser Abschreibungsmethoden.

2.8.9.1 Lineare Abschreibung

Bei der linearen Abschreibung (auch konstante oder gleichbleibende Abschreibung genannt) bleibt die jährliche Abschreibungsrate A immer gleich, weil die **Abschreibung** in jedem Jahr der Nutzung **von den Anschaffungs- bzw. Herstellungskosten R_0** des Anlagegutes erfolgt. Nach Ablauf der betriebsgewöhnlichen Nutzungsdauer N ist der Buchwert des Anlagegutes gleich 0.[2]

U. a. wegen ihrer Einfachheit wird die lineare Abschreibung recht häufig angewendet.

Aufgabe 1

Ein Pkw mit einem Anschaffungspreis von R_0 = 10 000,00 EUR soll in N = 4 Jahren durch lineare Abschreibung vollständig abgeschrieben werden. Leiten Sie im Folgenden die Formeln allgemein her und berechnen Sie dann die konkreten Werte.

Wie hoch ist die

a) jährliche Abschreibungsrate A,

b) der Abschreibungsprozentsatz $p\%$ und

c) der Restwert R_3 zum Ende des 3. Jahres?

d) Wie kann die Nutzungsdauer N bei gegebenen Abschreibungssatz $p\%$ ermittelt wer den?

	A	B	C	D
1	**Lineare Abschreibung**			
2	*(Eingabe nur in die unterlegten Zellen)*			
3				
4	**Anschaffungswert**	**R_0**	**10.000,00 €**	
5	**Wirtschaftliche Nutzungsaduer**	**N**	**4 Jahre**	*(max. 50 Jahre)*
6	**Abschreibungs-prozentsatz**	**p%**	**25,00%**	
7	**Abschreibungsrate**	**A**	**2.500,00 €**	
8				
9	**Jahr n**	**Wert zum Jahresbeginn (Buchwert) R_{n-1}**	**Abschreibungsrate A**	**Restwert zum Jahresende R_n**
10	1	10.000,00 €	2.500,00 €	7.500,00 €
11	2	7.500,00 €	2.500,00 €	5.000,00 €
12	3	5.000,00 €	2.500,00 €	2.500,00 €
13	4	2.500,00 €	2.500,00 €	0,00 €

Bild 2.8.9.1

e) Erstellen Sie eine sich selbst aufbauende EXCEL-Tabelle gemäß nebenstehender Vorlage.

f) Stellen Sie die Entwicklung des Restwertes R_n und der Abschreibung A grafisch dar.

[1] Gebäude, Maschinen, Fahrzeuge, Betriebs- und Geschäftausstattungen etc.

[2] Sollte sich jedoch das Anlagegut nach Ablauf der Nutzungsdauer noch weiterhin im Betrieb befinden, so wird es mit einem Erinnerungswert von 1,00 EUR ausgewiesen.

Lösung

a) Um die jährliche Abschreibungsrate A zu ermitteln, muss man den Anschaffungswert R_0 durch die Nutzungsdauer N dividieren,

$A = \frac{10\,000}{4} = \underline{\underline{2\,500}}$ Allgemein:

$A = \dfrac{R_0}{N}$
Abschreibungsrate

oder

den Anschaffungswert R_0 mit dem Abschreibungsprozentsatz $p\,\%$ multiplizieren:

$A = 10\,000 \cdot 0{,}25 = \underline{\underline{2\,500}}$ Allgemein:

$A = R_0 \cdot p\,\%$
Abschreibungsrate

$A = 10\,000 \cdot 0{,}25 = \underline{\underline{2\,500}}$ Allgemein:

$A = R_0 \cdot p\,\%$
Abschreibungsrate

b) Den Prozentsatz $p\,\%$ der jährlichen Abschreibung bezogen auf den Anschaffungswert R_0 kann man ausrechnen mit:

$p\,\% = \frac{1}{4} = 0{,}25 = \underline{\underline{25\,\%}}$

Allgemein: $p\,\% = \dfrac{A}{R_0} = \dfrac{\frac{R_0}{N}}{R_0} \Leftrightarrow$

$p\,\% = \dfrac{1}{N}$
Abschreibungs-prozentsatz

Der Abschreibunsprozentsatz $p\,\%$ hängt damit nur von der geschätzten betriebsgewöhnlichen Nutzungsdauer N ab.

c) Wir bezeichnen mit dem Index n ein beliebiges Jahr der Nutzungsdauer. R_1 ist dann z. B. der Restwert am Ende des ersten Jahres.

$R_1 = R_0 - A$
$R_2 = R_0 - 2 \cdot A$
$R_3 = R_0 - 3 \cdot A$
$R_3 = 10\,000 - 3 \cdot 2\,500 = \underline{\underline{2\,500}}$

Der Restwert im n-ten Jahr beträgt allgemein:

$R_n = R_0 - n \cdot A$
Restwert

d) Durch Umstellung der Formel $p\,\% = \frac{1}{N}$ nach N, erhält man die allgemeine Formel, um die Nutzungsdauer auszurechnen

$N = \frac{1}{0{,}25} = \underline{\underline{4}}$ Allgemein:

$N = \dfrac{1}{p\,\%}$
Nutzungsdauer

e) Wichtige Zellinhalte:
C6 : = WENN(UND(ISTZAHL($C$4);ISTZAHL($C$5));1/C5;“ “)
C7 : = WENN(UND(ISTZAHL(C4);ISTZAHL(C5));($C$4)/$C$5;“ “)
A10 : = WENN(UND(ISTZAHL($C$4);ISTZAHL($C$5);$C$5>1);1;“ “)
B10 : = WENN(ISTZAHL(A10);C4;“ “)
C10 : = WENN(ISTZAHL(A10);($C$4)/$C$5;“ “)
D10 : = WENN(ISTZAHL(A10);B10-C10;“ “)
A11 : = WENN(UND(ISTZAHL(A10);A10<c5);A10+1;“ “)
B11 : = WENN(ISTZAHL(A11);D10;“ “)
Die Zellen können dann durch „Ziehen“ nach unten kopiert werden.

f)

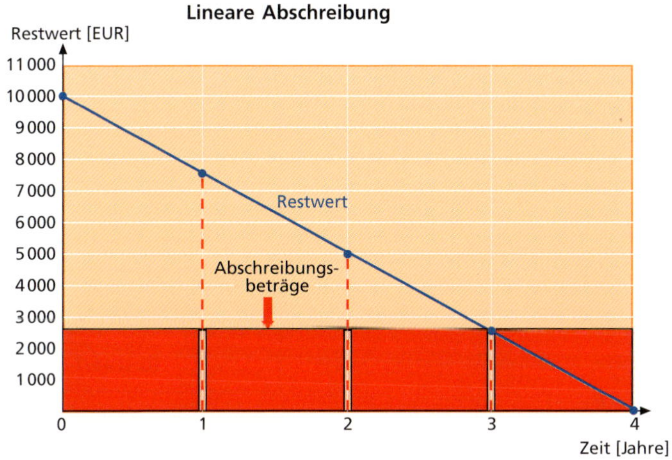

Bild 2.8.9.2

Bisher wurde vorausgesetzt, dass in N Jahren der Anschaffungswert R_0 voll abgeschrieben ist. Es gibt aber auch Wirtschaftsgüter, die nach N Jahren noch nicht voll abgeschrieben sind, also $R_N \neq 0$. Den sog. **Rest- bzw. Schrottwert,** auf den abgeschrieben werden soll, kann man bei den Abschreibungen berücksichtigen:

Aufgabe 2

Ein Pkw mit einem Anschaffungspreis von $R_0 = 10\,000{,}00$ EUR soll in $N = 4$ Jahren linear auf einen Schrottwert $R_N = 256{,}00$ EUR abgeschrieben werden. Leiten Sie im Folgenden die Formeln allgemein her und berechnen Sie dann die konkreten Werte.

Wie hoch ist die
a) jährliche Abschreibungsrate A,
b) der Abschreibungsprozentsatz $p\,\%$ und
c) der Restwert R_3 zum Ende des 3. Jahres?
d) Wie kann die Nutzungsdauer N ermittelt werden, wenn Abschreibungssatz $p\,\%$, Anschaffungspreis R_0 und Restwert R_N gegeben sind?
e) Erstellen Sie eine sich selbst aufbauende EXCEL-Tabelle gemäß nebenstehender Vorlage.

	A	B	C	D
1	**Lineare Abschreibung (mit Restwert)**			
2	*(Eingabe nur in die unterlegten Zellen)*			
3				
4	**Anschaffungswert**	R_0	**10.000,00 €**	
5	**Restwert am Ende der Nutzungsdauer**	R_N	**256,00 €**	
6	**Wirtschaftliche Nutzungsadauer**	N	**4 Jahre**	*(max. 50 Jahre)*
7	**Abschreibungs-prozentsatz**	$p\%$	**24,36%**	
8	**Abschreibungsrate**	A	**2.436,00 €**	
9				
10	**Jahr n**	**Wert zum Jahresbeginn (Buchwert) A_{n-1}**	**Abschreibungs-rate A_n**	**Restwert zum Jahresende R_n**
11	1	10.000,00 €	2.436,00 €	7.564,00 €
12	2	7.564,00 €	2.436,00 €	5.128,00 €
13	3	5.128,00 €	2.436,00 €	2.692,00 €
14	4	2.692,00 €	2.436,00 €	256,00 €

Bild 2.8.9.3

Lösung

a) $A = \dfrac{10\,000 - 256}{4} = \underline{\underline{2\,436}}$ Allgemein:

$$A = \frac{R_0 - R_N}{N}$$

Abschreibungsrate

b) $p\% = \dfrac{2\,436}{10\,000} = 0{,}2436 = \underline{\underline{24{,}36\%}}$ Allgemein:

$$p\% = \frac{A}{R_0}$$

Abschreibungsprozentsatz

Oder, wenn der Abschreibungsbetrag nicht bekannt ist:

$p\% = \dfrac{\frac{R_0 - R_N}{N}}{R_0}$, umgeformt zu:

$$p\% = \frac{R_0 - R_N}{R_0 \cdot N}$$

Abschreibungsprozentsatz

hier: $p\% = \dfrac{10\,000 - 256}{10\,000 \cdot 4} = 0{,}2436 = \underline{\underline{24{,}36\%}}$

c) $R_3 = 10\,000 - 3 \cdot 2436 = \underline{\underline{2\,692}}$

Allgemein:

$$R_n = R_0 - n \cdot A$$

Restwert

d) Aus $p\% = \dfrac{R_0 - R_N}{R_0 \cdot R_N}$ ergibt sich durch Äquivalenzumformung:

$$N = \frac{R_0 - R_N}{p\% \cdot R_0}$$

Nutzungsdauer

Hier: $N = \dfrac{10\,000 - 256}{0{,}2436 \cdot 10\,000} = \underline{\underline{4}}$

e) Wichtige Zellinhalte:

```
C7  : = WENN(UND(ISTZAHL($C$4);ISTZAHL($C$5);ISTZAHL($C$6));1/C6-C5/(C4*C6);“ “)
C8  : = WENN(UND(ISTZAHL(C4) ;ISTZAHL(C5) ;ISTZAHL(C6)) ;($C$4-$C$5)/$C$6;“ “)
A11 : = WENN(UND(ISTZAHL($C$4);ISTZAHL($C$5);ISTZAHL($C$6);$C$6>1);1;“ “)
B11 : = WENN(ISTZAHL(A11);C4;“ “)
C11 : = WENN(ISTZAHL(A11);($C$4-$C$5)/$C$6;“ “)
D11 : = WENN(ISTZAHL(A11) ;B11-C11;“ “)
A12 : = WENN(UND(ISTZAHL(A11);A11<$c$6);A11 + 1;“ “)
B12 : = WENN(ISTZAHL(A12);D11;“ “)
```

Neben dem Vorteil der Einfachheit dieser Abschreibungsform hat die lineare Abschreibung einen bedeutenden Nachteil:

Der Wertverlust von Anlagegütern ist i. d. R. nicht linear, sondern zu Beginn hoch und wird dann mit zunehmender Nutzungsdauer immer geringer. Die niedrigen Abschreibungsbeträge in der Anfangsphase der Abschreibung entsprechen meist nicht dem tatsächlichen Wertverlust der Anlagegüter. Durch die zu niedrigen Abschreibungsbeträge bei Wahrnehmung der linearen Abschreibung wird in den ersten Abschreibungsjahren ein zu hoher Gewinn ausgewiesen, auf den man dann mehr Steuern zahlen muss.

Zusammenfassung

- **Lineare Abschreibung ohne Restwert (Schrottwert)**

$$A = \frac{R_0}{N} \text{ oder } A = R_0 \cdot p\%$$

Abschreibungsbetrag

$$p\% = \frac{1}{N}$$

Abschreibungsprozentsatz

$$N = \frac{1}{p\%}$$

Nutzungsdauer

$$R_n = R_0 - n \cdot A \text{ oder } R_n = R_0 - n \cdot \frac{R_0}{N}$$

Restwert nach *n* Jahren

- **Lineare Abschreibung mit Restwert (Schrottwert)**

$$A = \frac{R_0 - R_N}{N} \text{ oder } A = R_0 \cdot p\%$$

Abschreibungsrate

$$p\% = \frac{A}{R_0} \text{ oder } p\% = \frac{R_0 - R_N}{R_0 \cdot N}$$

Abschreibungsprozentsatz

$$N = \frac{R_0 - R_N}{p\% \cdot R_0}$$

Nutzungsdauer

$$R_n = R_0 - n \cdot A \text{ oder } R_n = R_0 - \frac{R_0 - R_N}{N} \cdot n$$

Restwert nach *n* Jahren

2.8.9.2 Degressive Abschreibung

Bei der **linearen Abschreibung** wurde der Abschreibungsbetrag jeweils **vom Anschaffungswert** berechnet. Dadurch war der Abschreibungsbetrag in jedem Jahr konstant.

Bei der **degressiven Abschreibung** werden die **Abschreibungsbeträge** jeweils **vom Buchwert** zu Jahresbeginn berechnet. Da sich der Buchwert aber von Jahr zu Jahr verringert, vermindert sich auch der jährliche Abschreibungsbetrag.

Aufgabe 1

Die Anschaffungskosten einer Maschine betragen 1 000,00 EUR. Die Maschine wird jährlich mit 20 % degressiv abgeschrieben.

a) Erstellen Sie zunächst eine Abschreibungstabelle für das konkrete Beispiel und interpretieren Sie die Ergebnisse.
b) Erstellen Sie dann die Abschreibungstabelle allgemein und leiten Sie die entsprechenden Formeln daraus her.

Lösung

a) konkret:

Jahr n	**Buchwert zu Jahresbeginn** R_{n-1}	**Abschreibungsbetrag** A_n	**Restwert zum Jahresende** R_n
1	1 000	$= 1\,000 \cdot 0{,}2 = \underline{\underline{200}}$	$= 1\,000 - 1\,000 \cdot 0{,}2$ $= 1\,000 \cdot (1 - 0{,}2)$ $= 1\,000 \cdot 0{,}8 = \underline{\underline{800}}$
2	800	$= 800 \cdot 0{,}2 = \underline{\underline{160}}$	$= 800 \cdot 0{,}8$ $= 1\,000 \cdot 0{,}8^2 = \underline{\underline{640}}$
3	640	$= 640 \cdot 0{,}2 = \underline{\underline{128}}$	$= 640 \cdot 0{,}8$ $= 1\,000 \cdot 0{,}8^3 = \underline{\underline{512}}$
4	512	$= 512 \cdot 0{,}2 = \underline{\underline{102{,}40}}$	$= 512 \cdot 0{,}8$ $= 1\,000 \cdot 0{,}8^4 = \underline{\underline{409{,}60}}$

Interpretation:

Die Abschreibungsbeträge nehmen ebenso wie die Restwerte degressiv ab, d. h. die Abnahmen werden immer geringer. Sowohl die Abschreibungs- als auch die Restwerte stellen **geometrische Folgen** dar, die gegen die Zahl 0 streben, aber nie 0 werden (Nullfolgen).

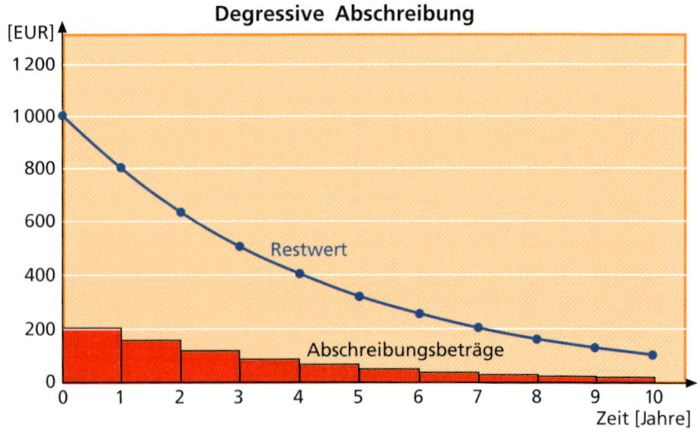

Bild 2.8.9.4

b) allgemein:

Jahr n	**Buchwert zu Jahresbeginn** R_{n-1}	**Abschreibungsbetrag** A_n	**Restwert zum Jahresende** R_n
1	R_0	$A_1 = R_0 \cdot p\%$	$R_1 = R_0 \cdot (1 - p\%)$
2	R_1	$A_2 = R_1 \cdot p\%$ $= R_0 \cdot (1 - p\%) \cdot p\%$	$R_2 = R_1 \cdot (1 - p\%)$ $= R_0 \cdot (1 - p\%) \cdot (1 - p\%)$ $= R_0 \cdot (1 - p\%)^2$
3	R_2	$A_3 = R_2 \cdot p\%$ $= R_0 \cdot (1 - p\%)^2 \cdot p\%$	$R_3 = R_2 \cdot (1 - p\%)$ $= R_0 \cdot (1 - p\%)^2 \cdot (1 - p\%)$ $= R_0 \cdot (1 - p\%)^3$
…	…	…	…
n	R_n	$A_n = R_0 \cdot (1 - p\%)^{n-1} \cdot p\%$ **Abschreibungsbetrag**	$R_n = R_0 \cdot (1 - p\%)^n$ **Restwert**

Bei der degressiven Abschreibungsmethode kann nicht auf den Restwert 0 abgeschrieben werden.
Wenn sich das Gut nach Ablauf der Nutzungsdauer noch im Betrieb befindet, wird es, wie auch bei der linearen Methode, mit einem **Erinnerungswert** von $R_N = 1{,}00$ EUR in der Buchhaltung ausgewiesen.
Ist der Restwert R_N bekannt und der Anschaffungswert R_0 auch, so kann man auch den Abschreibungsprozentsatz $p\%$ (**Degressionsfaktor**) ermitteln.

$$R_N = R_0 \cdot (1 - p\%)^N \Leftrightarrow \frac{R_N}{R_0} = (1 - p\%)^N \Leftrightarrow \sqrt[N]{\frac{R_N}{R_0}} = 1 - p\% \Leftrightarrow$$

$$p\% = 1 - \sqrt[N]{\frac{R_N}{R_0}}$$

Abschreibungsprozentsatz
– Degressionsfaktor –

Ebenso kann die Nutzungsdauer N berechnet werden, wenn R_0 und R_N bekannt sind.

$$R_N = R_0 \cdot (1 - p\%)^N \Leftrightarrow \frac{R_N}{R_0} = (1 - p\%)^N \Leftrightarrow \ln \frac{R_N}{R_0} = \ln(1 - p\%)^N \Leftrightarrow \ln \frac{R_N}{R_0} = N \cdot \ln (1 - p\%)$$

$$\Leftrightarrow \quad N = \frac{\ln \frac{R_N}{R_0}}{\ln(1 - p\%)}$$

Nutzungsdauer

Zusammenfassung

Degressive Abschreibung mit Restwert (Schrottwert)

$$A_n = R_0 \cdot (1 - p\%)^{n-1} \cdot p\%$$

Abschreibungsbetrag

$$R_n = R_0 \cdot (1 - p\%)^n$$

Restwert

$$p\% = 1 - \sqrt[N]{\frac{R_N}{R_0}}$$

Abschreibungsprozentsatz (Degressionsfaktor)

$$N = \frac{\ln \frac{R_N}{R_0}}{\ln(1 - p\%)}$$

Nutzungsdauer

2.8.9.3 Wechsel von der degressiven zur linearen Abschreibung

Da durch die Abschreibungen eines Unternehmens die Gewinne und damit die Steuern auf Gewinne verringert werden, streben Unternehmen an, die Abschreibungen möglichst früh zu buchen. Damit werden Steuern gespart und bei Unternehmen mit hohem Abschreibungsaufwand beachtliche Zinsgewinne ermöglicht.

Aus diesem Grund kombinieren Unternehmen die degressive und die lineare Abschreibung. Zunächst wird das Anlagegut degressiv abgeschrieben, weil zu Beginn der Nutzung die degressive Abschreibung zu höheren Abschreibungsbeträgen führt als die lineare Abschreibung. Dann wird jeweils geprüft, ob die linearen Abschreibungsbeträge höher wären, wenn man, vom dem sich aus der degressiven Abschreibung ergebenden Buchwert zu Jahresbeginn ausgehend, für die Restlaufzeit linear abschreiben würde. Wenn dann zu einem noch zu bestimmenden Zeitpunkt die Abschreibungsbeträge der linearen Abschreibung größer sind als die der degressiven Abschreibung, wechselt man von der degressiven zur linearen Abschreibung.

Rechtlich ist dieses Vorgehen zulässig. Es muss jedoch beachtet werden, dass der Abschreibungsprozentsatz der degressiven Abschreibung maximal das zweifache der linearen Abschreibung und maximal 20 % betragen darf.

Der **Übergang von der degressiven zur linearen Abschreibung** wird in dem Jahr vollzogen, in dem die Abschreibung nach der linearen Methode erstmalig größer ist als die nach der degressiven Methode.

Aufgabe 1

Ein Anlagegut hat einen Anschaffungswert von 150000,00 EUR. Es soll mit einem Prozentsatz von 20% degressiv abgeschrieben werden. Die Nutzungsdauer beträgt 10 Jahre.

a) Erstellen Sie eine EXCEL-Tabelle entsprechend der Abbildung unten, die die degressiven Abschreibungen für die Jahre 1 bis 10 berechnet.

Außerdem soll die Tabelle ausweisen, wie hoch die linearen Abschreibungsbeträge eines jeden Jahres wären, wenn man für die Restlaufzeit auf lineare Abschreibung wechseln würde.

Gehen Sie davon aus, dass der Buchwert zu Jahresbeginn (der sich aus der degressiven Abschreibung des Vorjahres ergeben hat) Grundlage für die Berechnung der linearen Abschreibung für die verbleibende Laufzeit ist.

Interpretieren Sie die Tabelle.

b) Erstellen Sie dann eine EXCEL-Tabelle entsprechend der Vorlage in der Lösung zu Teilaufgabe b), die den Übergang von der degressiven zur linearen Abschreibung „automatisch" ausführt.

Lösung

a)

	A	B	C	D	E
1	**Vergleich degressive - lineare AfA**				
2	*(Eingabe nur in die unterlegten Zellen)*				
3					
4	**Anschaffungskosten**		R_0	**150.000,00 €**	
5	**Degressiver Abschreibungssatz**		$p\%_{degressiv}$	**20,00%**	
6	**Nutzungsdauer**		N	**10 Jahre**	*(max. 50 Jahre)*
7					
8		**Degressive AfA**		**Lineare AfA**	
9	**Jahr n**	**Wert zum Jahresbeginn (Buchwert) R_{n-1}**	**Abschreibungsrate A_n**	**Restliche Abschreibungsrate A für verbleibende Laufzeit, wenn auf lienare AfA gewechselt werden würde**	**Verbleibende Restlaufzeit**
10	1	150.000,00 €	30.000,00 €	15.000,00 €	10
11	2	120.000,00 €	24.000,00 €	13.333,33 €	9
12	3	96.000,00 €	19.200,00 €	12.000,00 €	8
13	4	76.800,00 €	15.360,00 €	10.971,43 €	7
14	5	61.440,00 €	12.288,00 €	10.240,00 €	6
15	6	49.152,00 €	**9.830,40 €**	**9.830,40 €**	5
16	7	39.321,60 €	7.864,32 €	9.830,40 €	4
17	8	31.457,28 €	6.291,46 €	10.485,76 €	3
18	9	25.165,82 €	5.033,16 €	12.582,91 €	2
19	10	20.132,66 €	4.026,53 €	20.132,66 €	1

Bild 2.8.9.5

Grundsätzlich ist festzustellen, dass allein durch degressive Abschreibungen zum Ende des 10. Jahres noch ein Restwert von 20132,66 EUR vorhanden wäre.

Würde vom ersten Jahr an linear mit 15000,00 EUR/Jahr abgeschrieben (vgl. Zelle D10), wäre das Anlagegut nach 10 Jahren gänzlich abgeschrieben ($10 \cdot 15000 = 150000$).

Die degressive Abschreibung hat aber den Vorteil, dass die Abschreibungsrate im 1. Jahr doppelt so hoch ist wie bei linearer Abschreibung.

Man kann in der Tabelle erkennen, dass in den Jahren 2 bis 5 die degressiven Abschreibungsbeträge immer höher als die linearen Abschreibungsbeträge sind.
Im 6. Jahr ist die lineare Abschreibungsrate gleich der degressiven Abschreibungsrate. Jetzt, spätestens aber im Folgejahr, sollte ein Wechsel zur linearen Abschreibung erfolgen. Die restlichen Jahre wird dann linear ein Betrag von 9 830,40 EUR abgeschrieben. Dadurch ist dann zum Ablauf der Nutzungsdauer das Gut vollständig abgeschrieben (die Summe der Abschreibungsbeträge ist gleich dem Anschaffungswert). Durch den Wechsel von der degressiven zur linearen AfA wurde in jedem Jahr der höchstmögliche Abschreibungsbetrag verwendet.

b)

	A	B	C	D	E	F	G
1	**Vergleich degressive - lineare AfA**						
2	*(Eingabe nur in die unterlegten Zellen)*						
3							
4	**Anschaffungskosten**		**R_0**	**150.000,00 €**			
5	**Degressiver Abschreibungssatz**		**p%** degressiv	**20,00%**			
6	**Nutzungsdauer**		**N**	**10 Jahre**	*(max. 50 Jahre)*		
7							
8			**Degressive AfA**	**Lineare AfA**			
9	**Jahr *n***	**Wert zum Jahresbeginn (Buchwert) R_{n-1}**	**Abschreibungs-rate A_n**	**Abschreibungs-rate *A***	**zu wählende AfA**	**Tatsächliche Abschreibungs-rate**	**Restwert zum Jahresende R_n**
10	1	150.000,00 €	30.000,00 €	15.000,00 €	Degressive AfA	30.000,00 €	120.000,00 €
11	2	120.000,00 €	24.000,00 €	13.333,33 €	Degressive AfA	24.000,00 €	96.000,00 €
12	3	96.000,00 €	19.200,00 €	12.000,00 €	Degressive AfA	19.200,00 €	76.800,00 €
13	4	76.800,00 €	15.360,00 €	10.971,43 €	Degressive AfA	15.360,00 €	61.440,00 €
14	5	61.440,00 €	12.288,00 €	10.240,00 €	Degressive AfA	12.288,00 €	49.152,00 €
15	6	49.152,00 €	9.830,40 €	9.830,40 €	**Lineare AfA**	**9.830,40 €**	39.321,60 €
16	7	39.321,60 €	7.864,32 €	9.830,40 €	**Lineare AfA**	**9.830,40 €**	29.491,20 €
17	8	29.491,20 €	5.898,24 €	9.830,40 €	**Lineare AfA**	**9.830,40 €**	19.660,80 €
18	9	19.660,80 €	3.932,16 €	9.830,40 €	**Lineare AfA**	**9.830,40 €**	9.830,40 €
19	10	9.830,40 €	1.966,08 €	9.830,40 €	**Lineare AfA**	**9.830,40 €**	0,00 €

Bild 2.8.9.6

Grundwert für die Abschreibung eines Jahres ist grundsätzlich der Buchwert zu Beginn des Jahres.
Der Abschreibungsbetrag bei degressiver Abschreibung beträgt:

$A_N^{\text{degressiv}} = R_0 \cdot (1 - p\%)^{n-1}$ (vgl. vorheriger Abschnitt 2.8.2.2)

Der Restwert zum Jahresende ist dann:

$R_n = R_0 \cdot (1 - p\%)^n$ (vgl. ebenda)

Für die lineare Abschreibung ist ebenfalls der Buchwert zu Jahresbeginn, der sich jeweils aus der Abschreibung des Vorjahres ergeben hat, Grundlage für die Berechnung **für die verbleibende Laufzeit.**

Wegen $A = \frac{R_0}{N}$ wird der Abschreibungsbetrag jeweils vom Buchwert (der degressiven Abschreibung) $R_{n-1} = R_0 \cdot (1 - p\%)^{n-1}$ zu Jahresbeginn ermittelt, indem dieser durch die Restlaufzeit $N - (n - 1)$ dividiert wird:

$$A_n^{\text{linear}} = \frac{R_{n-1}}{N - (n-1)} = \frac{R_0 \cdot (1 - p\%)^{n-1}}{N - (n-1)}$$

Aufgabe 2

a) Berechnen Sie allgemein, in welchem Jahr der Übergang von der degressiven zur linearen AfA angezeigt ist, d. h. der lineare Abschreibungsbetrag größer oder gleich dem degressiven Abschreibungsbetrag ist.

b) Bestimmen Sie dann für das Anlagegut aus **Aufgabe 1** das Jahr, in dem der Wechsel stattfinden sollte.

Lösung

a) Der Wechsel der Abschreibungsart wird dann vorgenommen, wenn

$$A_n^{\text{linear}} \geq A_n^{\text{degressiv}}$$ ist.

$$\frac{R_0 \cdot (1 - p\%)^{n-1}}{N - (n-1)} \geq R_0 \cdot (1 - p\%)^{n-1} \cdot p\% \quad | : R_0 \cdot (1 - p\%)^{n-1}$$

$$\frac{1}{N - n + 1} \geq p\%$$

$$\frac{1}{p\%} \geq N - n + 1$$

$$n \geq N + 1 - \frac{1}{p\%}$$

Zeitpunkt des Wechsels

b) Für $N = 10$ und $p\% = 20\%$: $n \geq 10 + 1 - \frac{1}{0{,}2} = \underline{\underline{6}}$

D. h., im 6. Jahr sollte auf die lineare Abschreibung gewechselt werden.

Übungsaufgaben

Lineare Abschreibung ohne Schrottwert

1 Erstellen Sie ein EXCEL-Rechenblatt zur linearen Abschreibung

a) ohne Schrottwert
b) mit Schrottwert.

2 Ein PC mit Zubehör hat 1 500,00 EUR gekostet und soll mit 33,3% linear vollständig abgeschrieben worden sein.

a) Wie hoch sind die jährlichen Abschreibungsbeträge?
b) Wie lang ist die Nutzungsdauer?

3 Eine Maschine (Anschaffungspreis 10 000,00 EUR) hat eine geschätzte Lebensdauer von 8 Jahren und soll linear auf 0 abgeschrieben werden. Wie hoch ist der Abschreibungsprozentsatz und der jährliche Abschreibungsbetrag?

4 Eine Anlage zum Anschaffungswert von 50 000,00 EUR soll jährlich mit 4% linear auf 0 abgeschrieben werden.

a) Welches ist der Buchwert im 10. Jahr?
b) Welches ist der Restwert zum Ende des 20. Jahres?

Lineare Abschreibung mit Schrottwert

5 Eine Maschine kostet 50 000,00 EUR und soll nach 10 Jahren einen Schrottwert von 10 000,00 EUR haben.

a) Wie hoch ist der Prozentsatz der linearen Abschreibung?

b) Wie hoch ist die jährliche Abschreibung?

c) Welchen Restwert hat die Maschine nach 8 Jahren linearer Abschreibung?

d) Welches ist der Buchwert der Maschine im 3. Jahr linearer Abschreibung ?

6 Ein Unternehmen kauft einen LKW zu 120 000,00 EUR, der nach 5 Jahren konstant auf einen Betrag von 20 000,00 EUR abgeschrieben sein soll.

a) Wie hoch ist die Abschreibungsrate?

b) Wie hoch ist der Abschreibungsprozentsatz?

7 Ein Lagerregal zum Beschaffungspreis von 10 000,00 EUR soll bis auf einen Restwert von 1 000,00 EUR linear mit 10% abgeschrieben werden.

a) Mit welcher Nutzungsdauer wird kalkuliert?

b) Wie hoch ist die Abschreibungsrate?

c) Wie hoch ist der Restwert des Regals nach 5 Jahren?

Degressive Abschreibung

8 Erstellen Sie eine EXCEL-Tabelle zur degressiven Abschreibung entsprechend nebenstehender Abbildung und lassen Sie die vorgegebenen Berechnungen ausführen.

	A	B	C	D
1	**Degressive Abschreibung (mit Restwert)**			
2	*(Eingabe nur in die unterlegten Zellen)*			
3				
4	**Anschaffungswert**	R_0	**85.000,00 €**	
5	**Restwert am Ende der Nutzungsdauer**	R_N	**32.058,00 €**	
6	**Wirtschaftliche Nutzungsdauer**	N	**6 Jahre**	*(max. 50 Jahre)*
7	**Abschreibungsprozentsatz**	$p\%$	**15%**	
8				
9	**Jahr** n	**Wert zum Jahresbeginn (Buchwert)** A_{n-1}	**Abschreibungs-rate** A_n	**Restwert zum Jahresende** R_n
10	1	85.000,00 €	12.749,89 €	72.250,11 €
11	2	72.250,11 €	10.837,42 €	61.412,69 €
12	3	61.412,69 €	9.211,82 €	52.200,86 €
13	4	52.200,86 €	7.830,06 €	44.370,80 €
14	5	44.370,80 €	6.655,56 €	37.715,24 €
15	6	37.715,24 €	5.657,24 €	32.058,00 €

Bild 2.8.9.7

9 Erstellen Sie ein EXCEL-Rechenblatt zur degressiven Abschreibung entsprechend nebenstehender Abbildung.

	A	B	C	D
1	**Rechenblatt degressive Abschreibung (mit Schrottwert)**			
2	*(Eingabe nur in die unterlegten Zellen)*			
3			**Gegeben**	**Gesucht**
4	**Anschaffungswert**	R_0	**85.000,00 €**	
5	**Restwert am Ende der Nutzungsdauer**	R_N	**32.057,71 €**	
6	**Wirtschaftliche Nutzungsdauer**	N		**6,00 Jahre**
7	**Degressiver Abschreibungsprozentsatz**	$p\%_{degressiv}$	**15,00%**	

Bild 2.8.9.8

10 Ein Anlagegut im Wert von 60 000,00 EUR soll in 8 Jahren auf den Restwert R_N abgeschrieben werden. Wie hoch ist dieser Restwert, wenn der degressive Abschreibungssatz 20% beträgt?

11 Ein Vermögenswert in Höhe von 80 000,00 EUR soll in 10 Jahren degressiv bis auf einen Schrottwert von 12 000,00 EUR abgeschrieben werden. Wie hoch ist der Prozentsatz?

12 Eine Maschine wurde 8 Jahre degressiv mit 15% bis auf einen Restwert von 1 000,00 EUR abgeschrieben. Welches war der Anschaffungspreis?

13 In wie vielen Jahren kann bei einem Anschaffungswert von 40 000,00 EUR und einem degressiven Abschreibungsprozentsatz von 12,5% bis auf einen Schrottwert von 8 056,00 EUR abgeschrieben werden?

14 Eine Maschine mit einem Anschaffungswert von 500 000,00 EUR wird mit 20% degressiv abgeschrieben.

a) Wie hoch ist der Restwert am Ende des 5. Jahres?
b) Wie hoch ist der Buchwert im 10. Jahr?
c) Wie hoch ist der Abschreibungsbetrag im 8. Jahr?

Wechsel von der degressiven zur linearen Abschreibung

15 Erstellen Sie eine EXCEL-Tabelle entsprechend nebenstehender Abbildung, die alle Berechnungen zur Abschreibung „automatisch" vornimmt (d. h., Eingaben nur in den Zellen E4 und E5).

	A	B	C	D	E	F	G
1	**Wechsel von der degressiven zur linearen AfA**						
2	*(Eing*						
3							
4	**Anschaffungswert**			*Ro =*	**1.000.000,00 €**		
5	**Betriebsgewöhnliche Nutzungsdauer**			*N =*	**12 Jahre**	*(max. 50)*	
6							
7	Steuerlich zulässig ist die degressive AfA zur Zeit mit maximal:						**20%**
8					max. Vielfaches der lin. AfA		**2**
9							
10	Damit Prozentatz der linearen AfA:			**8,33%**			
11	Damit Prozentsatz der degressiven AfA:			**16,67%**			
12							
13		**Wechsel im Jahr:**		*n* =	7		
14							
15	**Jahr**	**Buchwert**	**degressive AfA**	**lineare AfA**	**zu wählen**	**Restwert**	
16	1	1.000.000,00 €	166.666,67 €	83.333,33 €	166.666,67 €	833.333,33 €	
17	2	833.333,33 €	138.888,89 €	75.757,58 €	138.888,89 €	694.444,44 €	
18	3	694.444,44 €	115.740,74 €	69.444,44 €	115.740,74 €	578.703,70 €	
19	4	578.703,70 €	96.450,62 €	64.300,41 €	96.450,62 €	482.253,09 €	
20	5	482.253,09 €	80.375,51 €	60.281,64 €	80.375,51 €	401.877,57 €	
21	6	401.877,57 €	66.979,60 €	57.411,08 €	66.979,60 €	334.897,98 €	
22	7	334.897,98 €	55.816,33 €	55.816,33 €	55.816,33 €	279.081,65 €	
23	8	279.081,65 €	46.513,61 €	55.816,33 €	55.816,33 €	223.265,32 €	
24	9	223.265,32 €	38.761,34 €	55.816,33 €	55.816,33 €	167.448,99 €	
25	10	167.448,99 €	32.301,12 €	55.816,33 €	55.816,33 €	111.632,66 €	
26	11	111.632,66 €	26.917,60 €	55.816,33 €	55.816,33 €	55.816,33 €	
27	12	55.816,33 €	22.431,33 €	55.816,33 €	55.816,33 €	0,00 €	

Bild 2.8.9.9

16 Eine Halle zum Herstellungspreis von 1 000 000,00 EUR soll in 12 Jahren vollständig durch zunächst degressive und dann lineare Abschreibung abgeschrieben sein.

a) Wann erfolgt der Wechsel von degressiver auf lineare Abschreibung?
b) Wie hoch ist der letzte degressive Abschreibungsbetrag?
c) Wie hoch sind die linearen Abschreibungsbeträge?
d) Wie hoch ist der Restwert zum Ende des 3. Abschreibungsjahres?
e) Wie hoch ist der Restwert zum Ende des 8. Abschreibungsjahres?

2.9 Weiterführung der Differenzialrechnung

Aufgabe 1

Zwei geradlinige Straßen sollen durch eine parabelförmige Kurve verbunden werden.

a) Welche Eigenschaften muss die Parabel erfüllen, damit die Straße insgesamt „glatt" verläuft?
b) Berechnen Sie die Gleichung der Parabel.
c) Wie lautet die Gleichung einer abschnittweise definierten Funktion, die den gesamten Straßenverlauf beschreibt? Zeichnen Sie ihren Graphen.

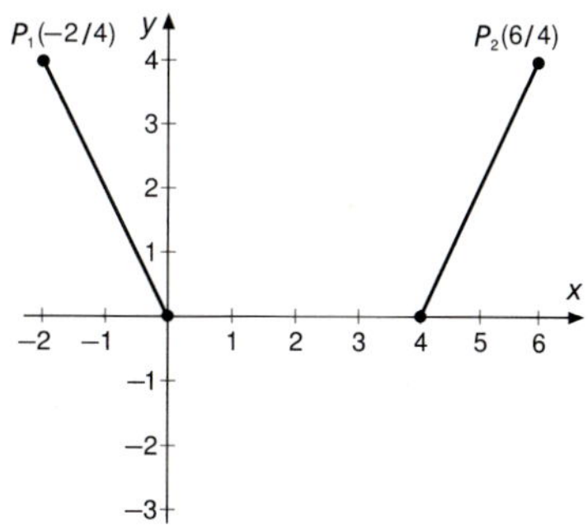

Bild 2.9.1

Lösung

a) Die Parabel muss unmittelbar an die bestehenden Straßenstücke anschließen, sie muss also durch die Punkte (0/0) und (4/0) verlaufen. Anders ausgedrückt:
$f(0) = 0$
$f(4) = 0$
Damit die Straße knickfrei verläuft, muss die Steigung der Parabel an den Übergangsstellen jeweils mit der Steigung der entsprechenden Geraden übereinstimmen. Die linke Gerade hat die Steigung $m = -2$, die rechte Gerade die Steigung $m = 2$.
$f'(0) = -2$
$f'(4) = 2$

b) Die gesuchte quadratische Funktionsgleichung hat die allgemeine Form
$f(x) = ax^2 + bx + c$ und die Ableitung $f'(x) = 2ax + b$.

Setzt man nun die o. g. Bedingungen in die jeweiligen Gleichungen ein, erhält man ein lineares Gleichungssystem mit 3 Variablen und 4 Gleichungen:

$f(0) = 0 \Rightarrow 0 = c$

$f(4) = 0 \Rightarrow 0 = 16a + 4b + c$

$f'(0) = -2 \Rightarrow -2 = b$

$f'(4) = 2 \Rightarrow 2 = 8a + b$

Lösung des LGS ist: $a = \frac{1}{2}$, $b = -2$

Die gesuchte Parabel hat also die Gleichung

$f(x) = \frac{1}{2}x^2 - 2x.$

c) $f(x) = \begin{cases} -2x & \text{für } x \leq 0 \\ \frac{1}{2}x^2 - 2x & \text{für } 0 < x < 4 \\ 2x - 8 & \text{für } x \geq 4 \end{cases}$

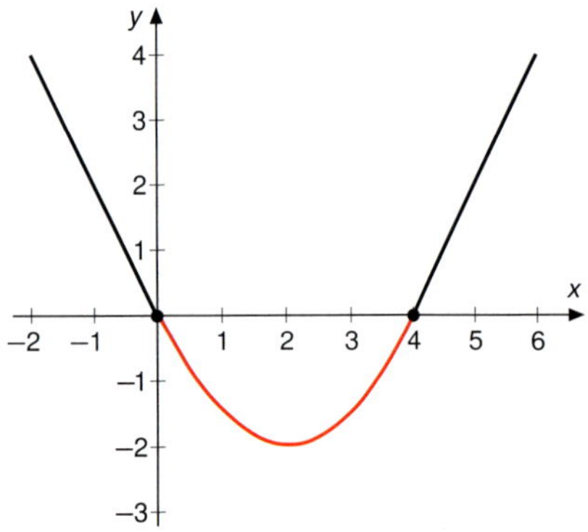

Bild 2.9.2

Mit der Forderung nach einem „glatten" Verlauf des Funktionsgraphen in Aufgabe 1 werden zwei wichtige Fachbegriffe der Mathematik angesprochen: **Stetigkeit** und **Differenzierbarkeit.**

Vorerst folgende einfache Erklärung:

Ein Funktionsgraph verläuft **stetig**, wenn er **keine Sprünge** aufweist.

Eine Funktion heißt **differenzierbar,** wenn ihr Graph **keine „Knicke"** aufweist.

In den folgenden Kapiteln wollen wir die Begriffe genauer definieren.

2.9.1 Stetigkeit

Das Zeichnen von Funktionsgraphen ohne vorherige Kurvendiskussion geschieht gewöhnlich wie folgt:

1. Mithilfe der Funktionsgleichung und einer Wertetafel werden bestimmte Punkte des Funktionsgraphen berechnet:

$f(x) = x^2$					
x	−2	−1	0	1	2
$f(x)$	4	1	0	1	4

2. Diese werden dann ins Koordinatensystem eingetragen:

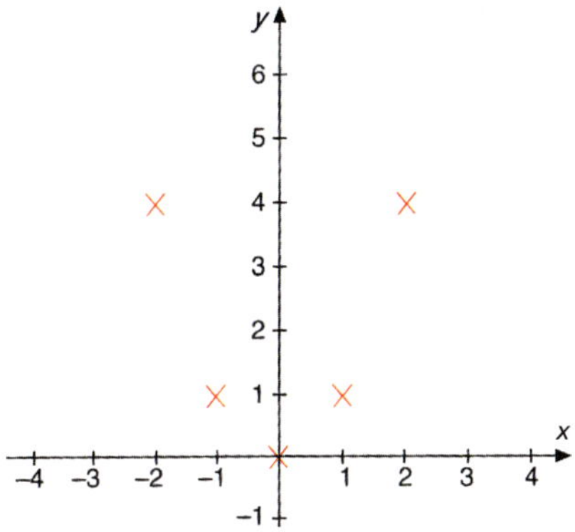

Bild 2.9.1.1

3. Schließlich werden die einzelnen Punkte für $D(f) = \mathbb{R}$ zu einem Kurvenzug verbunden:

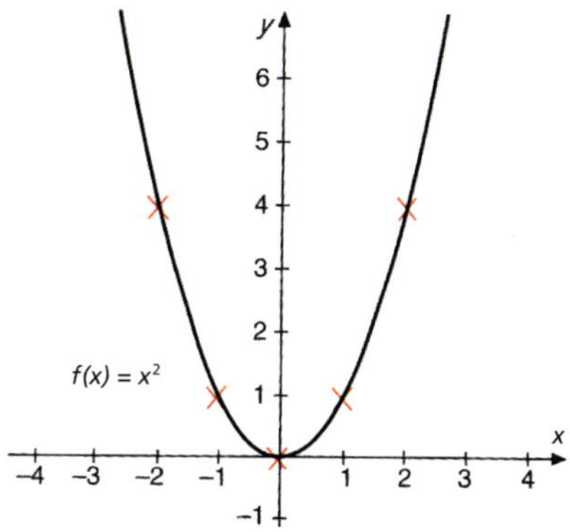

Bild 2.9.1.2

Dabei wird stillschweigend angenommen, dass andere – nicht berechnete – Punkte den Funktionsgraphen zu einer durchgehenden Kurve ergänzen.

Bei dieser Vorgehensweise geht man davon aus, dass der Funktionsgraph ohne Unterbrechung und Sprünge lückenlos verläuft. Man sagt dann auch, der Graph der Funktion verläuft **stetig.**

Faustregel:

Kann der Graph einer Funktion über einem Intervall ohne abzusetzen gezeichnet werden, so heißt die Funktion über diesem Intervall **stetig.**

Beispiele für stetige Funktionen

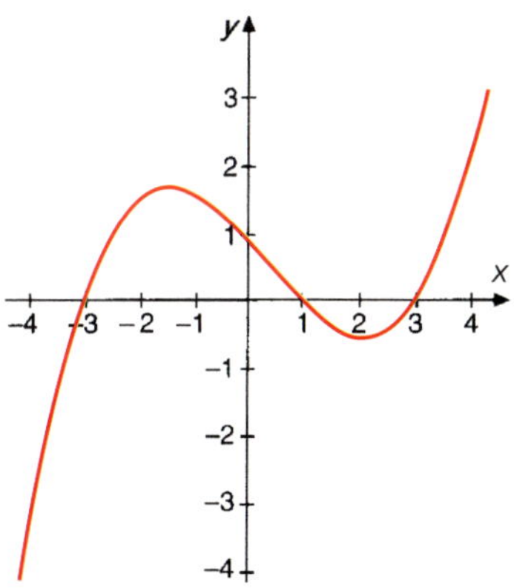

Bild 2.9.1.3

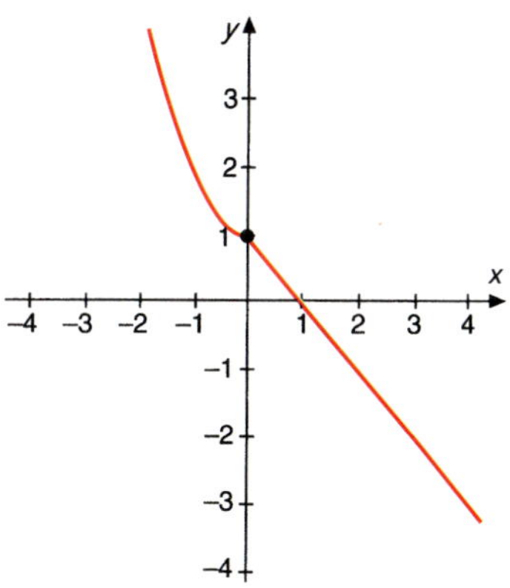

Bild 2.9.1.4

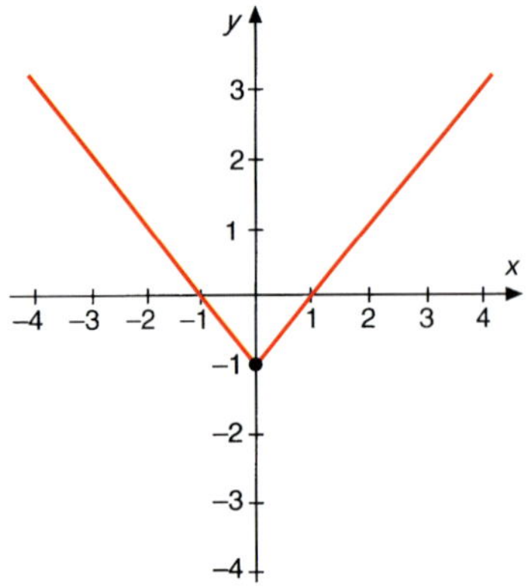

Bild 2.9.1.5

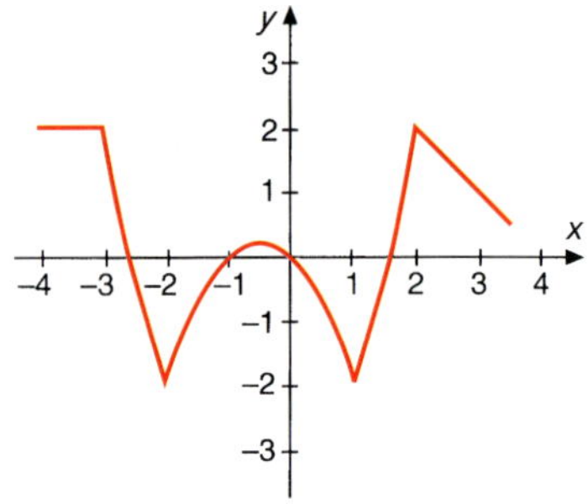

Bild 2.9.1.6

Beispiele für unstetige Funktionen

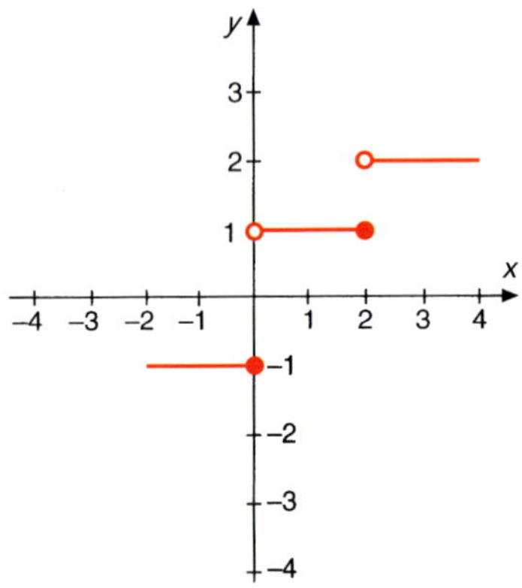

Bild 2.9.1.7

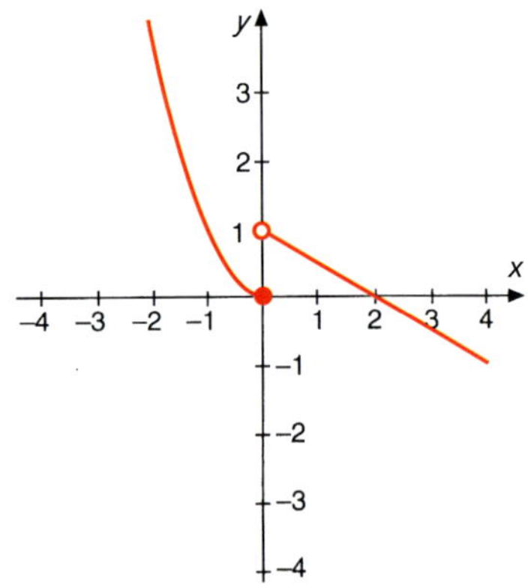

Bild 2.9.1.8

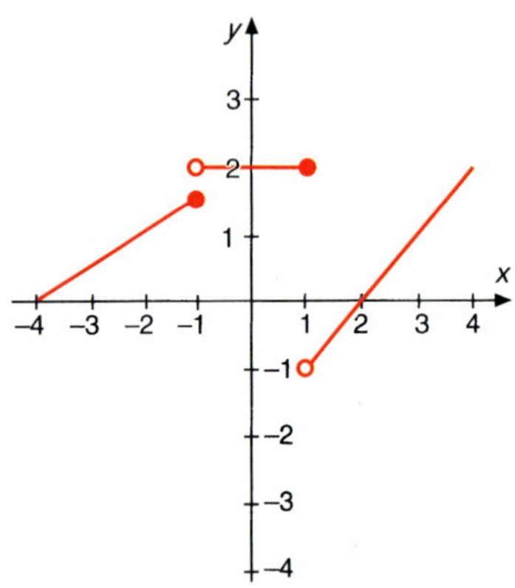

Bild 2.9.1.9

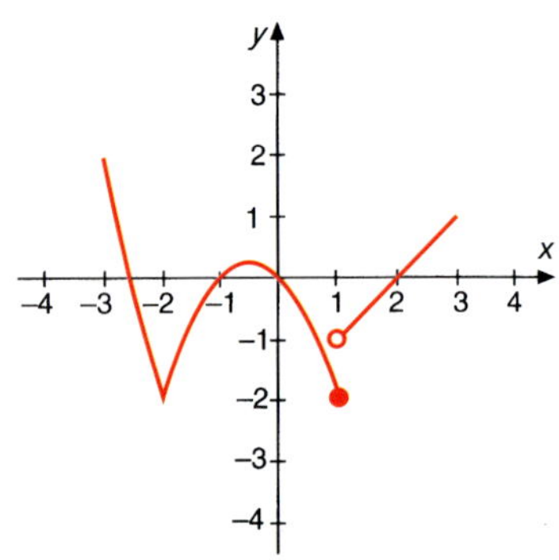

Bild 2.9.1.10

Die Unzulänglichkeit eines derart grob definierten Stetigkeitsbegriffes wird deutlich an der Funktion.

$f\colon f(x) = \frac{1}{x};\ D(f) = \mathbb{R}^*.$

Die Funktion ist in ihrem Definitionsbereich stetig, kann aber trotzdem nur mit Absetzen des Stiftes gezeichnet werden. Dieses Absetzen ist allerdings dadurch bedingt, dass die Funktion wegen $D(f) = \mathbb{R}^*$ bei $x = 0$ nicht definiert ist.

Die oben in der Faustregel gegebene anschauliche Definition für Stetigkeit ist also leider nicht immer korrekt. Deshalb soll sie jetzt mathematisch präzisiert werden.

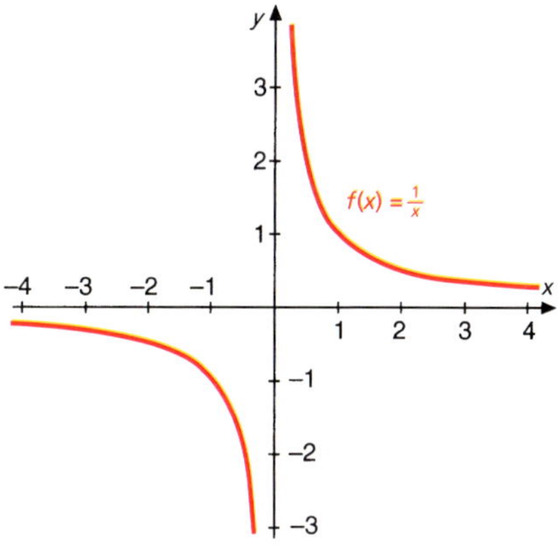

Bild 2.9.1.11

In Worten:

Stetigkeit an einer Stelle x_a[1] $\in D(f)$ ist gegeben, wenn

(1) die Funktion bei $x = x_a$ einen links- und rechtsseitig übereinstimmenden Grenzwert der Funktionswerte aufweist **und**

(2) dieser mit dem Funktionswert an der Stelle $x = x_a$ übereinstimmt.

Symbolisch:

Eine Funktion f ist an einer Stelle $x_a \in D(f)$ genau dann **stetig,** wenn:

(1) $\lim\limits_{\substack{x \to x_a \\ x < x_a}} f(x) = \lim\limits_{\substack{x \to x_a \\ x > x_a}} f(x)$ **und** (2) $\lim\limits_{x \to x_a} f(x) = f(x_a)$

Am Beispiel der folgenden Aufgabe soll die Stetigkeit einer Funktion an einer bestimmten Stelle $x = x_a$ rechnerisch geprüft werden.

Aufgabe 1

Untersuchen Sie die Funktionen auf Stetigkeit an der Stelle $x = x_a$.

a) $f\colon f(x) = (x - 1)^2 - 1 = x^2 - 2x;\ D(f) = \mathbb{R};\ x_a = 1.$

b) $f\colon f(x) = \frac{1}{x - 2<};\ D(f) = \mathbb{R}\setminus\{2\};\ x_a = 2$

c) $f\colon f(x) = \begin{cases} x & \text{für } x < 0 \\ x + 1 & \text{für } x \geq 0 \end{cases};\ D(f) = \mathbb{R};\ x_a = 0.$

[1] x_a ist eine beliebige Stelle, z. B. $x_a = 1$

Lösung

a) Das Schaubild des Funktionsgraphen lässt Stetigkeit an der Stelle $x = 1$ vermuten, weil der Funktionsgraph ohne abzusetzen im Definitionsbereich gezeichnet werden kann.
Diese Vermutung soll jetzt rechnerisch bestätigt werden, indem die o. g. Bedingungen für Stetigkeit überprüft werden.

(1) $\lim\limits_{x \to 1} (x^2 - 2x) = \underline{\underline{-1}}$ bei rechts- **und** linksseitiger Annäherung)

(2) $f(1) = \underline{\underline{-1}}$

Also ist $\lim\limits_{x \to 1} f(x) = f(1)$.

Die Funktion f: $f(x) = x^2 - 2x$ ist an der Stelle $x = 1$ stetig.

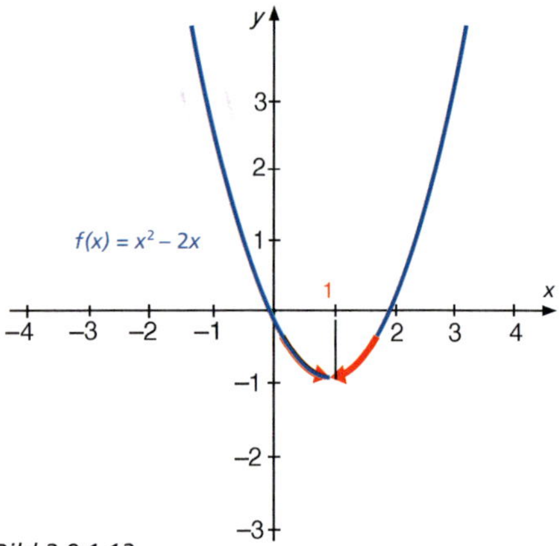

Bild 2.9.1.12

b) Da die Funktion an der Stelle $x_a = 2$ nicht definiert ist, kann man nicht sagen, ob die Funktion dort stetig oder unstetig ist. **Die Frage nach der Stetigkeit dieser Funktion an der Stelle $x_a = 2$ ist nicht sinnvoll.**

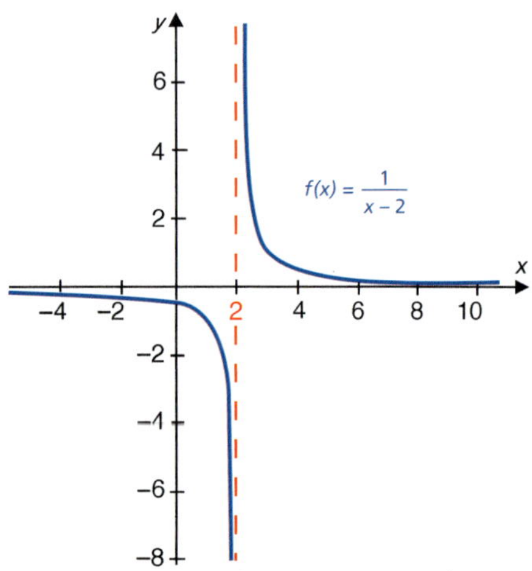

Bild 2.9.1.13

c) (1) $\lim\limits_{\substack{x \to 0 \\ x < 0}} f(x) = \underline{\underline{0}}$

$\lim\limits_{\substack{x \to 0 \\ x > 0}} f(x) = \underline{\underline{1}}$

(2) $f(0) = \underline{\underline{1}}$

Offensichtlich sind der rechts- und linksseitige Grenzwert an der Stelle $x_a = 0$ verschieden. Der Funktionsgraph macht an der Stelle $x_a = 0$ einen Sprung. Man sagt, die Funktion hat hier eine **Unstetigkeitsstelle.**

Weil die Funktion an einer Stelle ihres Definitionsbereiches nicht stetig ist, ist sie über ihrem gesamten Definitionsbereich nicht stetig.

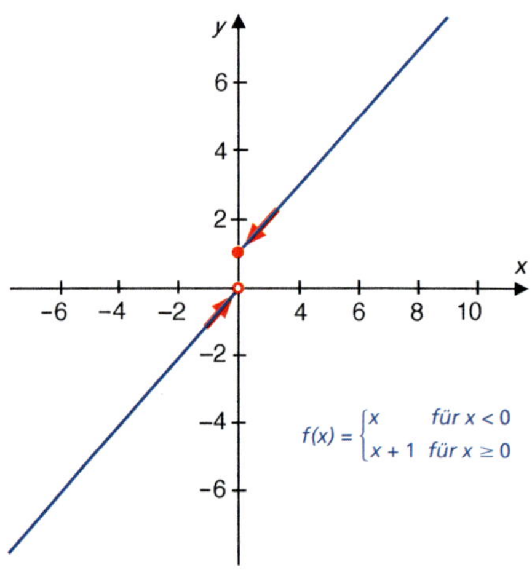

Bild 2.9.1.14

> Eine Funktion f ist über einem Intervall I stetig, wenn sie für jedes $x \in I$ stetig ist.

Eine **Unstetigkeitsstelle** kann grundsätzlich immer nur dort vorliegen, wo sich die Berechnungsgrundlage der Funktionswerte ändert.

Aufgabe 2

Prüfen Sie die Funktion f: $f(x) = \begin{cases} \frac{1}{x} & \text{für } x \leq -1 \\ x^2 & \text{für } x > -1 \end{cases}$; $D(f) = \mathbb{R}$

auf Stetigkeit über ihrem maximalen Definitionsbereich.

Lösung

Bei $x = -1$ ändert sich die Berechnungsgrundlage der Funktionswerte. Aus diesem Grund konzentriert sich die Untersuchung der Stetigkeit auf diese Stelle:

(1) $\lim\limits_{\substack{x \to -1 \\ x < -1}} f(x) = \underline{\underline{-1}}$

(2) $\lim\limits_{\substack{x \to -1 \\ x > -1}} f(x) = \underline{\underline{1}}$

$f(-1) = -1$

Ein eindeutiger Grenzwert existiert nicht.

Insgesamt ist die Funktion über ihrem maximalen Definitionsbereich nicht stetig, weil sie an der Stelle $x = -1$ nicht stetig ist.

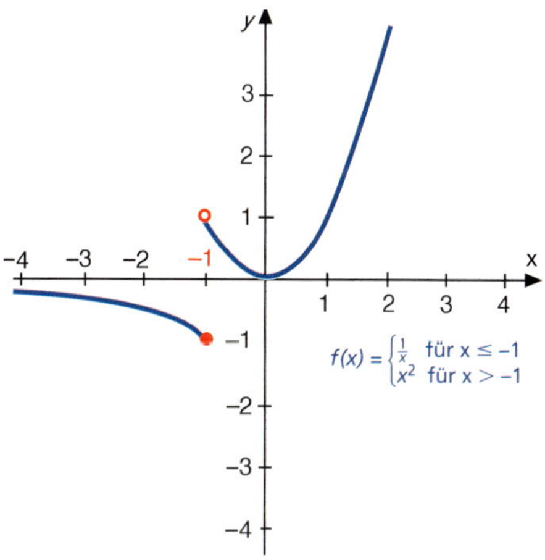

Bild 2.9.1.15

Übungsaufgaben

1 a) Mit welcher groben Faustregel kann man am Graphen einer Funktion erkennen, ob die Funktion stetig ist?

b) Warum ist diese Faustregel z. B. bei gebrochenrationalen Funktionen oft unzulänglich?
Wie müsste diese Faustregel geändert werden, damit sie allgemeingültig ist?

2 Verbalisieren Sie die mathematisch exakten Bedingungen, die erfüllt sein müssen, damit eine Funktion an einer Stelle x_a stetig ist.

3 Entscheiden Sie über die Stetigkeit der angegebenen Funktion an der Stelle $x = x_a$.

a)

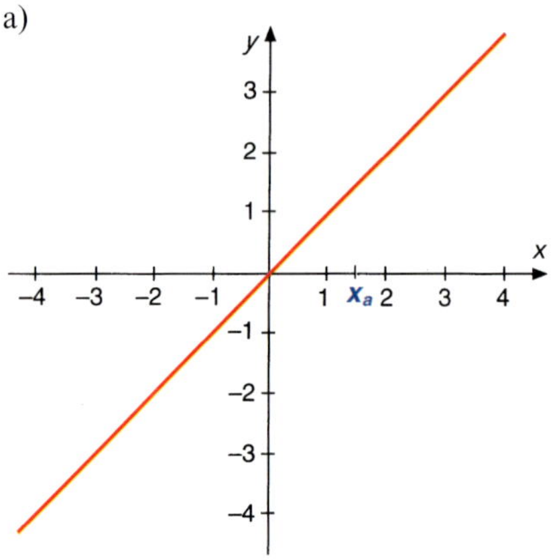

b)

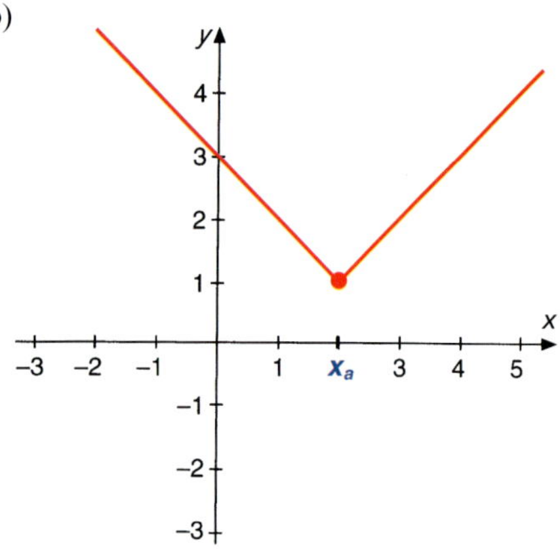

c)

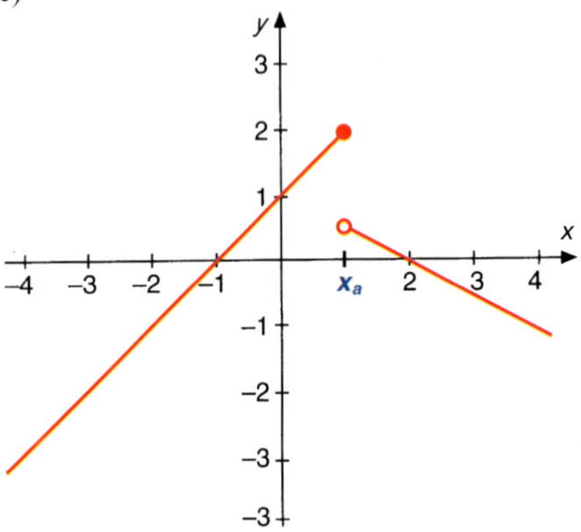

d)

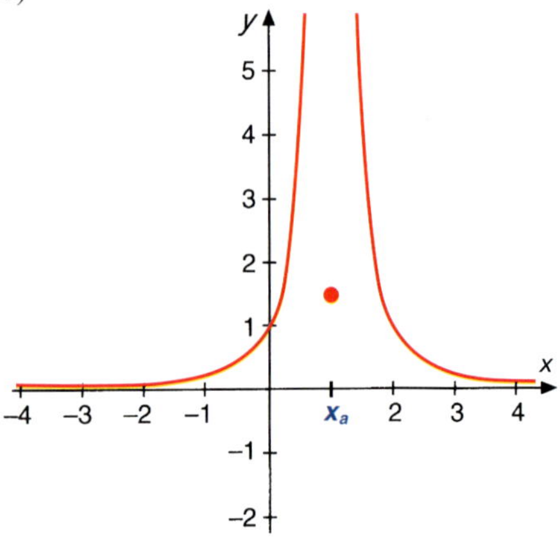

e)

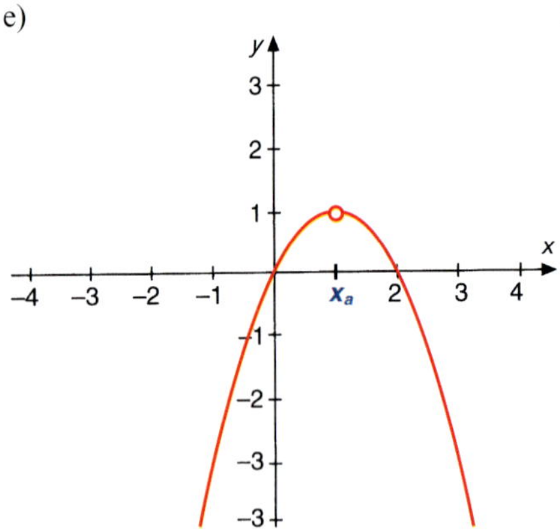

f)

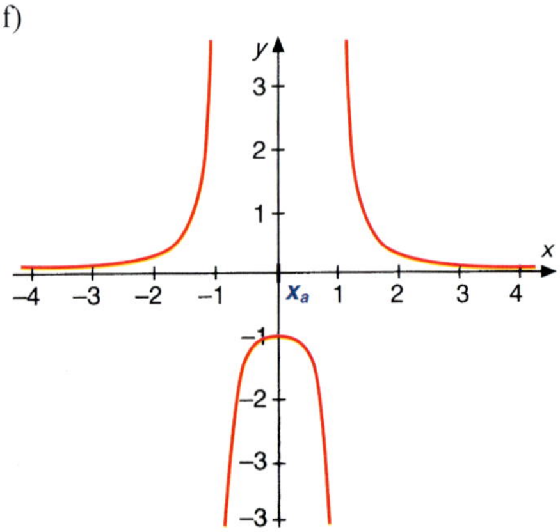

4 Skizzieren Sie den Graphen einer Funktion, für die an der Stelle $x = 1$ die angegebenen Bedingungen gelten, und beurteilen Sie die Stetigkeit.

a) $f(1) = 1;\quad \lim\limits_{\substack{x \to 1 \\ x < 1}} f(x) = 1;\quad \lim\limits_{\substack{x \to 1 \\ x > 1}} f(x) = 0;$

b) $f(1) = 0;\quad \lim\limits_{\substack{x \to 1 \\ x < 1}} f(x) = 0;\quad \lim\limits_{\substack{x \to 1 \\ x > 1}} f(x) = 0;$

c) $f(1) = -1;\quad \lim\limits_{\substack{x \to 1 \\ x < 1}} f(x) = 1;\quad \lim\limits_{\substack{x \to 1 \\ x > 1}} f(x) = -1$

d) $f(1) = 2;\quad \lim\limits_{\substack{x \to 1 \\ x < 1}} f(x) = -2;\quad \lim\limits_{\substack{x \to 1 \\ x > 1}} f(x) = -2;$

5 Prüfen Sie mathematisch exakt die Stetigkeit der Funktion f mit $D_{\max}$ an der Stelle $x = x_0$, indem Sie den Grenzwert an der Stelle $x = x_0$ bestimmen und mit dem Funktionswert $f(x_0)$ vergleichen.

a) $f(x) = x^2 - 2x + 1;\ x_0 = 2$

b) $f(x) = \begin{cases} -x \text{ für } x \leq \\ x \text{ für } x > 0 \end{cases};\ x_0 = 0$

c) $f(x) = \dfrac{1}{x^2 + 1};\ x_0 = 0$

d) $f(x) = \begin{cases} \frac{1}{2}x & \text{für } x \leq 1 \\ -x + 1 & \text{für } x > 1 \end{cases};\ x_0 = 1$

e) $f(x) = \begin{cases} 3x + 1 & \text{für } x < -2 \\ 2x - 2 & \text{für } x \geq -2 \end{cases};\ x_0 = -2$

f) $f(x) = \begin{cases} x^2 & \text{für } x \leq 1 \\ x^2 - 4x + 4 & \text{für } x > 1 \end{cases};\ x_0 = 1$

6 Prüfen Sie, ob die angegebene Funktion f in $D_{\max}$ stetig ist.

a) $f\colon f(x) = \dfrac{1}{x^2 + 2}$

b) $f\colon f(x) = \begin{cases} 2x & \text{für } x \leq 3 \\ 2x + 1 & \text{für } x > 3 \end{cases}$

c) $f\colon f(x) = \begin{cases} 1 - x^2 & \text{für } x \leq 0 \\ 1 + x^2 & \text{für } x > 0 \end{cases}$

d) $f\colon f(x) = \begin{cases} x^2 - 4x & \text{für } x \leq -2 \\ x^2 - 4x & \text{für } x > -2 \end{cases}$

7 Wie groß muss a gewählt werden, damit die Funktion f stetig ist?

a) $f\colon f(x) = \begin{cases} a - x & \text{für } x \leq 1 \\ 2x & \text{für } x > 1 \end{cases}$

b) $f\colon f(x) = \begin{cases} ax^2 & \text{für } x \leq 1 \\ 2 - x & \text{für } x > 1 \end{cases}$

c) $f\colon f(x) = \begin{cases} 3x^2 - 8 & \text{für } x \leq 3 \\ \dfrac{19}{2x - a} & \text{für } x > 3 \end{cases}$

d) $f\colon f(x) = \begin{cases} ax^2 & \text{für } |x| < 2 \\ x^2 - 1 & \text{für } |x| \geq 2 \end{cases}$

2.9.2 Differenzierbarkeit

Die Differenzierbarkeit von Funktionen ist nicht selbstverständlich. Dies sei am Beispiel der Betragsfunktion

$$f\colon f(x) = |x|$$

gezeigt. Nach Umformung der Betragsfunktion in eine abschnittweise definierte Form

$$f\colon f(x) = \begin{cases} -x & \text{für } x \leq 0 \\ x & \text{für } x > 0 \end{cases}$$

führt die Berechnung des Differenzialquotienten

$$f'(x) = \lim_{h \to 0} \frac{f(x+h) - f(x)}{h}$$

(oder einfacher: der Steigung) links- und rechtsseitig der Knickstelle $X_K = 0$ zu unterschiedlichen Werten.

Das nebenstehende Bild zeigt:
$f'(x) = -1$ für $x < 0$ bzw.
$f'(x) = 1$ für $x > 0$.

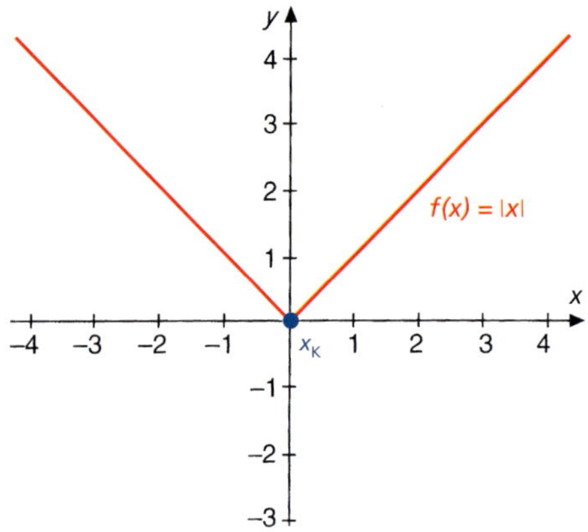

Bild 2.9.2.1

An der Stelle $X_K = 0$ gibt es also keinen übereinstimmenden Differenzialquotienten, d. h. keine *eindeutige Steigung*. Somit ist die Funktion an der Stelle $x = 0$ **nicht differenzierbar.**

Eine Funktion heißt **differenzierbar** an der Stelle $x_a \in D(f)$, wenn der Differenzialquotient

$$f'(x_a) = \lim_{h \to 0} \frac{f(x_a + h) - f(x_a)}{h}$$

existiert und eindeutig[1)] ist.

Voraussetzung für die Differenzierbarkeit einer Funktion über einem Intervall I ist allerdings die *Stetigkeit* dieser Funktion über diesem Intervall (hierauf wird aber erst im nächsten Abschnitt eingegangen).

Somit lässt sich für die Differenzierbarkeit einer Funktion folgende **Faustregel** aufstellen:

Eine Funktion ist **differenzierbar,** wenn die Steigerung an jeder Stelle *eindeutig bestimmbar* ist.

Aufgabe 1

Prüfen Sie rechnerisch, ob die Funktion f mit

$$f(x) = \begin{cases} x^2 - 2x + 1 & \text{für } x < 1 \\ -x^2 + 1 & \text{für } x \geq 1 \end{cases}$$

an der Stelle $x = 1$ differenzierbar ist.

1) Der Differenzialquotient muss bei rechts- **und** linksseitiger Annäherung an $x = x_a$ übereinstimmen.

Lösung

Bei **linksseitiger** Annäherung an die Stelle $x = 1$ gilt:

$f'_{\text{linksseitig}}(x) = 2x - 2$ und somit

$\underline{\underline{f'_{\text{linksseitig}}(1) = 0.}}$

Bei rechtsseitiger Annäherung an die Stelle $x = 1$ gilt:

$f'_{\text{rechtsseitig}}(x) = -2x$ und somit

$\underline{\underline{f'_{\text{rechtsseitig}}(1) = -2.}}$

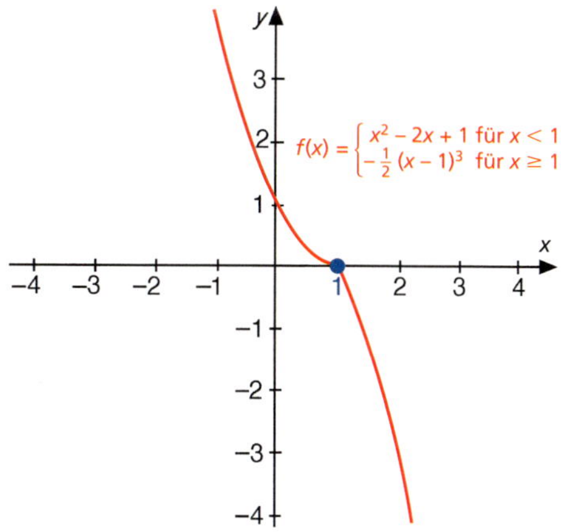

Bild 2.9.2.2

Ergebnis:

Der Differenzialquotient ist für die gegebene Funktion bei links- und rechtsseitiger Annäherung an die Stelle $x = 1$ nicht eindeutig. Die Funktion ist also an der Stelle $x = 1$ – und damit über ihrem Definitionsbereich – nicht differenzierbar.

Eine Funktion f ist über einem Intervall I (über $D(f)$) differenzierbar, wenn sie für jedes $x \in I$ ($x \in D(f)$) **differenzierbar** ist.

Dann ist $f'_{\text{linksseitig}}(x_a) = f'_{\text{rechtsseitig}}(x_a)$

Aufgabe 2

Prüfen Sie rechnerisch, ob die Funktion f mit

$f(x) = \begin{cases} x^2 - 2x + 1 & \text{für } x < 1 \\ -\frac{1}{2}(x-1)^3 = -\frac{1}{2}x^3 + \frac{1}{2}x^2 - \frac{1}{2}x + \frac{1}{2} & \text{für } x \geq 1 \end{cases}$ an der Stelle $x = 1$ differenzierbar ist.

Lösung

Bei linksseitiger Annäherung an die Stelle $x = 1$ gilt:

$f'_{\text{linksseitig}}(x) = 2x - 2$ und somit

$\underline{\underline{f'_{\text{linksseitig}}(1) = 0.}}$

Bei rechtsseitiger Annäherung an die Stelle $x = 1$ gilt:

$f'_{\text{rechtsseitig}}(x) = -\frac{3}{2}x^2 + 3x - \frac{3}{2}$ und somit

$\underline{\underline{f'_{\text{rechtsseitig}}(1) = 0.}}$

Ergebnis:

Der Differenzialquotient ist für die gegebene Funktion bei links- und rechtsseitiger Annäherung an die Stelle $x = 1$ eindeutig. Die Funktion ist also an der Stelle $x = 1$ – und damit über ihrem Definitionsbereich – differenzierbar.

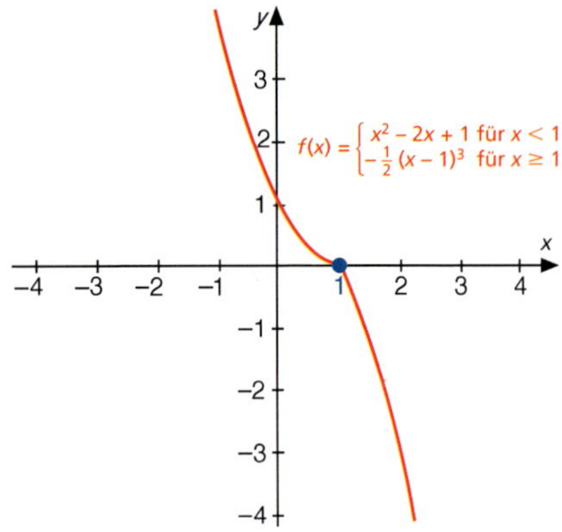

Bild 2.9.2.3

Übungsaufgaben

1 Wie kann man am Graph einer Funktion erkennen, dass die zugehörige Funktion differenzierbar ist?

2 Prüfen Sie die gegebene Funktion rechnerisch auf Differenzierbarkeit an den Stellen $x = x_1$ und $x = x_2$. Zeichnen Sie dann den Funktionsgraphen.

a) $f\colon f(x) = \begin{cases} -x + 2 \text{ für } x \leq 2 \\ x - 2 \text{ für } x > 2 \end{cases}; x_1 = 0, x_2 = 2$

b) $f\colon f(x) = \frac{1}{x}$; $x_1 = 0, x_2 = 1$

c) $f\colon f(x) = \sqrt{x}$; $x_1 = 0, x_2 = 1$

d) $f\colon f(x) = \begin{cases} -x & \text{für } x \leq 2 \\ x + 4 & \text{für } x > 2 \end{cases}; x_1 = -2, x = 3$

e) $f\colon f(x) = \begin{cases} x^2 - 2x + 2 & \text{für } x \leq 0 \vee x \geq 2 \\ -x^2 + 2x & \text{für } 0 < x < 2 \end{cases}; x_1 = 0, x_2 = 1$

f) $f\colon f(x) = \sqrt{x - 1} + 1$; $x_1 = 0, x_2 = 1$

g) $f\colon f(x) = \begin{cases} -x^3 \text{ für } x < 0 \\ -x^2 \text{ für } x \geq 0 \end{cases}; x_1 = 0, x_2 = 2$

h) $f\colon f(x) = \begin{cases} 1 + 2x \text{ für } x < 0 \\ x^2 + 1 \text{ für } x \geq 0 \end{cases}; x_1 = 0, x_2 = 2$

i) $f\colon f(x) = \begin{cases} x^3 - 3x^2 + 3x + 1 & \text{für } x \leq 1 \\ x^2 - 2x + 3 & \text{für } x > 1 \end{cases}; x_1 = 0, x_2 = 1$

j) $f\colon f(x) = \begin{cases} x^3 - 2x + 3 \text{ für } x \leq 1 \\ 1{,}5x^2 + 0{,}5 \text{ für } x > 1 \end{cases}; x_1 = 0, x_2 = 1$

2.9.3 Stetigkeit und Differenzierbarkeit

Der Zusammenhang zwischen Stetigkeit und Differenzierbarkeit sei in folgendem Mengenbild veranschaulicht:

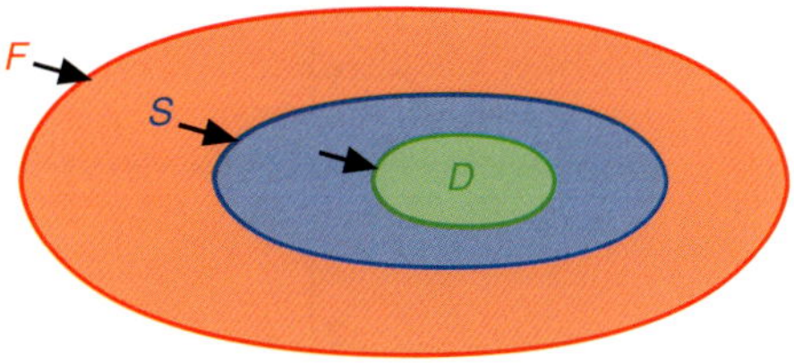

F = Menge aller in einem Intervall definierten *F*unktionen.

S = Menge aller in einem Intervall stetigen Funktionen.

D = Menge aller in einem Intervall *d*ifferenzierbaren Funktionen.

Bild 2.9.3.1

Die Menge der stetigen Funktionen ist echte Teilmenge der in einem Intervall definierten Funktionen insgesamt. Die Menge der differenzierbaren Funktionen ist wiederum echte Teilmenge der stetigen Funktionen.

Voraussetzung für die Stetigkeit in einem Intervall ist also, dass die Funktion in diesem Intervall überhaupt definiert ist.
Voraussetzung für die Differenzierbarkeit einer Funktion in einem Intervall ist, dass die Funktion in diesem Intervall stetig ist.
Ein Teil der stetigen Funktionen ist also differenzierbar, ein anderer Teil nicht (s. Mengenbild oben).
Es gilt:

Eine an einer Stelle x_a differenzierbare Funktion f ist an dieser Stelle auch stetig.

Differenzierbarkeit $\Rightarrow$ Stetigkeit

Die Umkehrung dieses Satzes ist aber nicht zulässig.
Ist eine Funktion f an der Stelle x_a stetig, so muss sie an dieser Stelle nicht auch differenzierbar sein.

Stetigkeit $\not\Rightarrow$ Differenzierbarkeit

Beispiele für Funktionen, die an der Stelle x_a **stetig** und **differenzierbar** sind

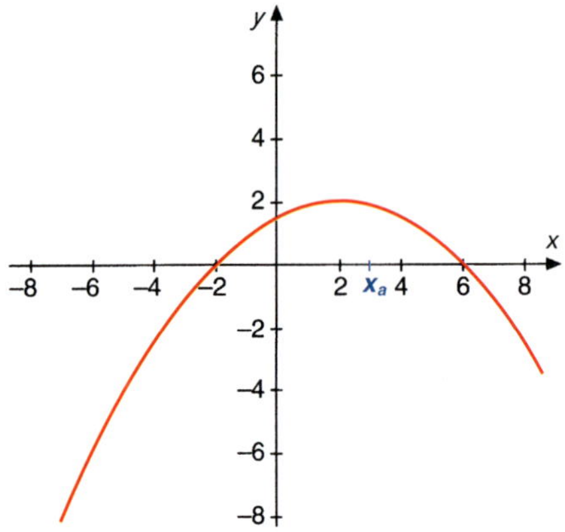

Bild 2.9.3.2

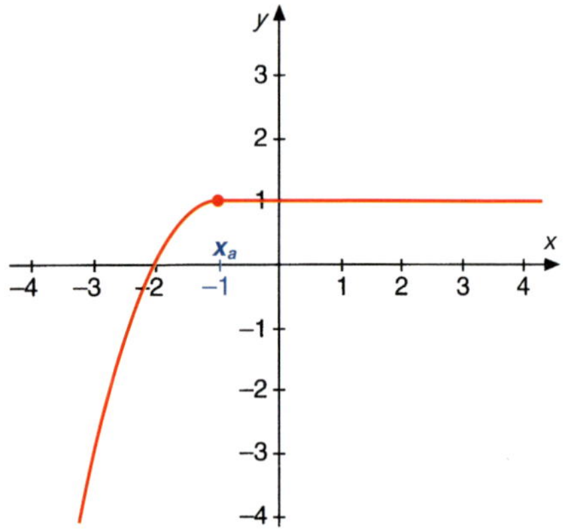

Bild 2.9.3.3

Beispiele für Funktionen, die an der Stelle x_a **stetig**, aber **nicht differenzierbar** sind

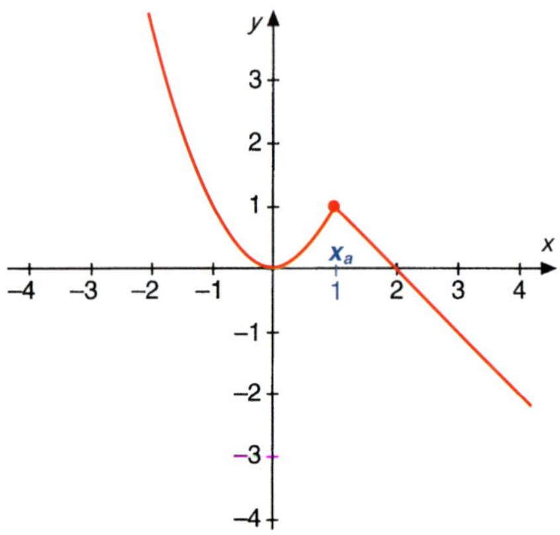

Bild 2.9.3.4

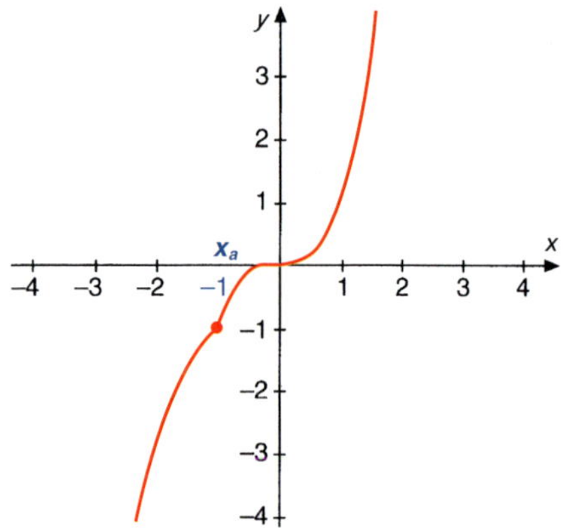

Bild 2.9.3.5

Beispiele für Funktionen, die an der Stelle x_a **nicht stetig** und deshalb **nicht differenzierbar** sind

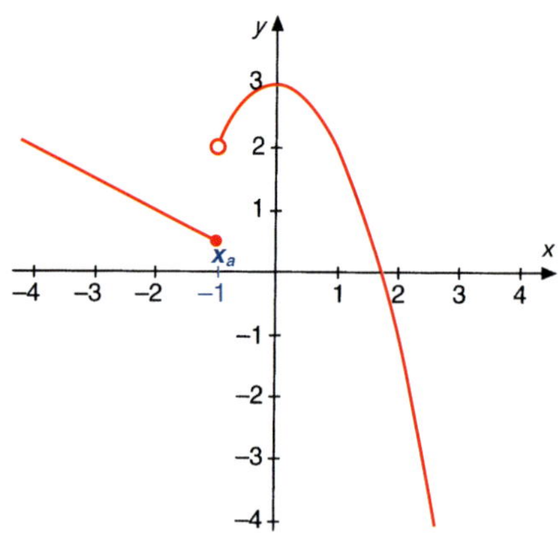

Bild 2.9.3.6

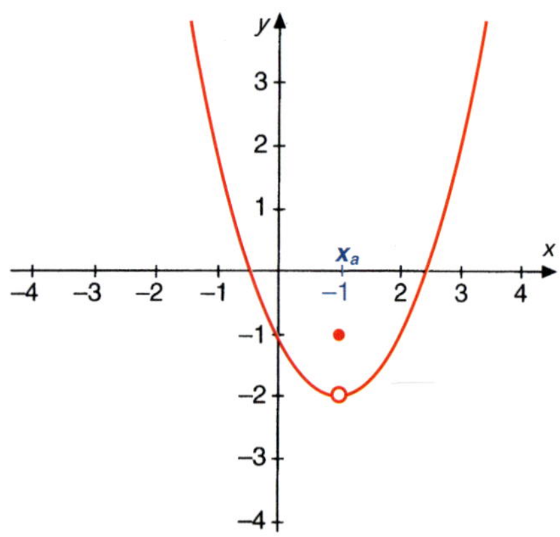

Bild 2.9.3.7

Aufgabe 1

Prüfen Sie rechnerisch, ob die Funktion f: $f(x) = x\,|x|$; $x \in D(f)$ an der Stelle $x = 0$ definiert, stetig bzw. differenzierbar ist.

Lösung

Die Funktionsgleichung kann auf eine abschnittweise definierte Form gebracht werden:

$$f\colon f(x) = \begin{cases} -x^2 \text{ für } x \leq 0 \\ x^2 \text{ für } x > 0 \end{cases};\ x \in D(f)$$

Es wird nun geprüft, ob f an der Stelle $x = 0$ definiert, stetig und differenzierbar ist:

1. Die Funktion ist an der Stelle $x = 0$ **definiert,** da durch Einsetzen von $x = 0$ kein unerlaubter Rechenvorgang durchgeführt wird:
   $f(0) = 0$

2. Die Funktion ist **stetig** an der Stelle $x = 0$, weil der rechts- und linksseitige Grenzwert mit dem Funktionswert an der Stelle $x = 0$ übereinstimmen:

   $$\lim_{\substack{x \to 0 \\ x < 0}} -x^2 = 0 \qquad \lim_{\substack{x \to 0 \\ x > 0}} x^2 = 0$$

   $f(0) = 0$

   $$\Rightarrow \lim_{x \to 0} f(x) = f(0)$$

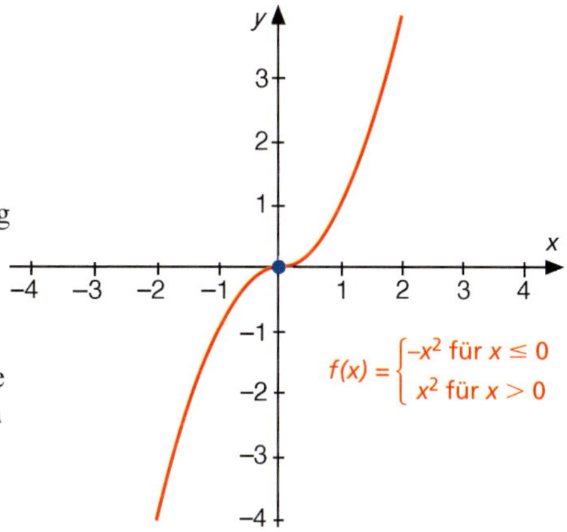

Bild 2.9.3.8

3. Die Funktion ist **differenzierbar** an der Stelle $x = 0$, weil der Differenzialquotient an der Stelle $x = 0$ (rechts- und linksseitig) eindeutig ist:

   $f'_{\text{linksseitig}}(0) = 0$
   $f'_{\text{rechtsseitig}}(0) = 0$

Aufgabe 2

Gegeben sind die Funktionen u: $u(x) = |-2x^2 + 4x - 1|$, $D(u) = \mathbb{R}$ und v: $v(x) = (x - 1)^3 + 1$, $D(v) = \mathbb{R}$

a) Zerlegen Sie die Funktion u in abschnittweise definierte Teilfunktionen und zeichnen Sie ihren Graphen. Zeichnen Sie den Graphen der Funktion v in dasselbe Koordinatensystem.

b) Zeichnen Sie den Graphen der Funktion f mit $f(x) = \begin{cases} |-2x^2 + 4x - 1| & \text{für } x \leq 1 \\ (x-1)^3 + 1 & \text{für } x > 1 \end{cases}$

Wie lautet die Funktionsgleichung von f ohne Betragszeichen?

c) Prüfen Sie die Funktion f rechnerisch auf Stetigkeit und Differenzierbarkeit
– an der Stelle $x = 1$
– über ihrem Definitionsbereich.
Begründen Sie Ihre Meinung.

Lösung

a) Weil es sich hier um eine Betragsfunktion handelt, sind keine negativen Funktionswerte möglich. Der Teil der Funktion innerhalb der Betragszeichen, der unterhalb der x-Achse verläuft, muss deshalb – anschaulich erklärt – nach oben „geklappt" werden.

Um die Intervalle mit negativen Funktionswerten des Betragsterms zu bestimmen, werden zunächst die Nullstellen des Terms innerhalb der Betragszeichen berechnet:

$$0 = -2x^2 + 4x - 1 \Leftrightarrow 0 = x^2 - 2x + \tfrac{1}{2}$$

$$x_{1/2} = 1 \pm \sqrt{\tfrac{1}{2}}$$

$$\underline{x_1 = 1 - \sqrt{\tfrac{1}{2}}}$$

$$\underline{x_2 = 1 + \sqrt{\tfrac{1}{2}}}$$

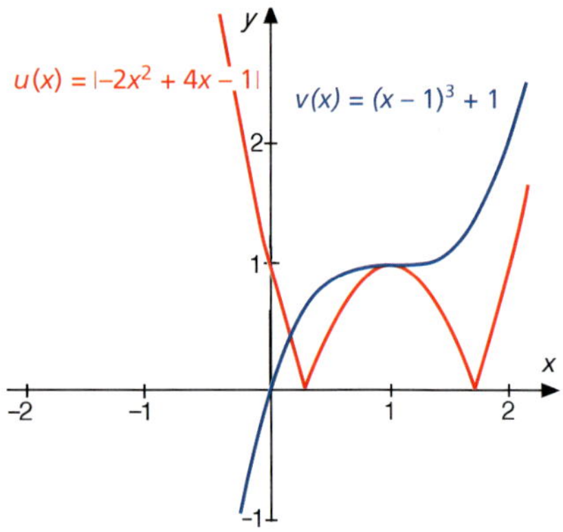

Bild 2.9.3.9

Der Betragsterm ist eine nach unten geöffnete Parabel. Links und rechts der berechneten Nullstellen führt der Betragsterm $-2x^2 + 4x - 1$ zu negativen Werten. Aus diesem Grund wird die Funktionsgleichung für die Intervalle $(-\infty;\ 1 - \sqrt{\tfrac{1}{2}})$ und $(1 + \sqrt{\tfrac{1}{2}};\ \infty)$ mit (-1) multipliziert und damit quasi nach oben geklappt (veranschaulichen Sie sich diesen Sachverhalt am Verlauf des Graphen von u).

Die Funktionsgleichung lautet dann abschnittweise definiert:

$$u(x) = \begin{cases} 2x^2 - 4x + 1 & \text{für } x \leq 1 - \sqrt{\tfrac{1}{2}} \\ -2x^2 + 4x - 1 & \text{für } 1 - \sqrt{\tfrac{1}{2}} < x \leq 1 + \sqrt{\tfrac{1}{2}} \\ 2x^2 - 4x - 1 & \text{für } x > 1 + \sqrt{\tfrac{1}{2}} \end{cases}$$

b) $$f(x) = \begin{cases} 2x^2 - 4x + 1 & \text{für } x \leq 1 - \sqrt{\tfrac{1}{2}} \\ -2x^2 + 4x - 1 & \text{für } 1 - \sqrt{\tfrac{1}{2}} < x \leq 1 \\ (x - 1)^3 + 1 & \text{für } x > 1 \end{cases}$$

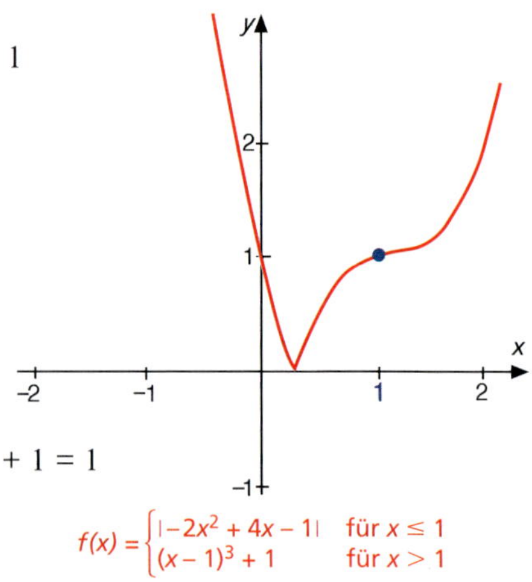

Bild 2.9.3.10

c) f ist **stetig** an der Stelle $x = 1$, wenn

1. rechts- und linksseitiger Grenzwert der Funktion an der Stelle $x = 1$ übereinstimmen und
2. identisch mit dem Funktionswert an der Stelle $x = 1$ sind:

1. $\lim\limits_{\substack{x \to 1 \\ x < 1}} (-2x^2 + 4x - 1) = 1 \quad \lim\limits_{\substack{x \to 1 \\ x > 1}} (x - 1)^3 + 1 = 1$
2. $f(1) = 1$

Der Funktionswert von f an der Stelle $x = 1$ stimmt mit dem Grenzwert der Funktion an dieser Stelle überein, also ist f an der Stelle $x = 1$ stetig.

f ist **differenzierbar** an der Stelle $x = 1$, wenn der Differenzialquotient rechts- und linksseitig an der Stelle $x = 1$ übereinstimmt.

Zunächst wird die Ableitungsfunktion von f bestimmt:

$$f'(x) = \begin{cases} 4x - 4 & \text{für } x < 1 - \sqrt{\frac{1}{2}} \\ -4x + 4 & \text{für } 1 - \sqrt{\frac{1}{2}} < x \leq 1 \\ 3(x-1)^2 & \text{für } x > 1 \end{cases}$$

$f'_{\text{linksseitig}}(1) = 0, f'_{\text{rechtsseitig}}(1) = 0$

Der Differenzialquotient ist an der Stelle $x = 1$ eindeutig. Da die Funktion f an dieser Stelle zusätzlich stetig ist, ist f an der Stelle $x = 1$ differenzierbar.

Die Funktion f ist über ihrem Definitionsbereich zwar stetig (der Grenzwert der Funktion ist an jeder Stelle mit dem Funktionswert identisch), aber an der Stelle $x = 1 - \sqrt{\frac{1}{2}}$ nicht differenzierbar, weil der rechtsseitige Differenzialquotient **nicht** mit dem linksseitigen übereinstimmt:

$f'_{\text{linksseitig}}(1 - \sqrt{\frac{1}{2}}) = -2\sqrt{2}$

$f'_{\text{rechtsseitig}}(1 - \sqrt{\frac{1}{2}}) = 2\sqrt{2}$

Es gibt also **eine** Stelle, an der f nicht differenzierbar ist. **Somit ist die Funktion f über ihrem Definitionsbereich nicht differenzierbar.**

Übungsaufgaben

1 Sind die folgenden Behauptungen richtig?

a) Wenn eine Funktion an einer Stelle nicht definiert ist, dann ist sie an dieser Stelle auch nicht stetig.

b) Wenn eine Funktion an einer Stelle nicht stetig ist, ist sie an dieser Stelle auch nicht differenzierbar.

c) Wenn eine Funktion an einer Stelle stetig ist, dann kann sie an dieser Stelle auch differenzierbar sein.

d) Wenn eine Funktion an einer Stelle nicht differenzierbar ist, ist sie an dieser Stelle auch unstetig.

2 Prüfen Sie die Funktion f mit $x \in \mathbb{R}$ auf Stetigkeit und Differenzierbarkeit an der Stelle $x = x_a$. Zeichnen Sie den Graphen von f.

a) $f\colon f(x) = \begin{cases} x & \text{für } x \leq 0 \\ x^2 & \text{für } x > 0 \end{cases}; x_a = 0$

b) $f\colon f(x) = \begin{cases} \sqrt{x} & \text{für } x \leq 4 \\ 2 + x & \text{für } x > 4 \end{cases}; x_a = 4$

c) $f\colon f(x) = \begin{cases} x^3 & \text{für } x \leq 1 \\ x^3 - 2 & \text{für } x > 1 \end{cases}; x_a = 1$

d) $f\colon f(x) = \begin{cases} 0 & \text{für } x \leq 0 \\ \cos x & \text{für } x > 0 \end{cases}; x_a = 0$

3 Gegeben ist die Funktion $f\colon f(x) = \begin{cases} x - x^2 & \text{für } x \leq 0 \\ x + x^2 & \text{für } x > 0 \end{cases}$.

a) Bestimmen Sie den maximalen Definitionsbereich der Funktion.

b) Untersuchen Sie die Funktion auf Stetigkeit an der Stelle $x = 0$.

c) Ist die Funktion an der Stelle $x = 0$ differenzierbar?

d) Zeichnen Sie den Graphen der Funktion.

4 Bestimmen Sie den maximalen Definitionsbereich der Funktion

$$f\colon f(x) = \begin{cases} \dfrac{1}{x+2} & \text{für } x \leq -1 \\ \dfrac{3}{-x+2} & \text{für } x > -1 \end{cases}$$

und untersuchen Sie f auf Stetigkeit und Differenzierbarkeit über $D_{\max}(f)$. Zeichnen Sie dann den Graphen von f.

5 Bestimmen Sie a so, dass die Funktion differenzierbar ist. Zeichnen Sie dann den Graphen der differenzierbaren Funktion.

a) $f_a(x) = \begin{cases} -ax^2 - 3 & \text{für } x \leq 1 \\ -a - 3x & \text{für } x > 1 \end{cases}$

b) $f_a(x) = \begin{cases} x + ax^2 & \text{für } x \leq 1 \\ 1 + \frac{a}{x} & \text{für } x > 1 \end{cases}$

2.9.4 Kurvenscharen

Problem:
Die Zahl der Lebewesen einer Population P im Zeitablauf (t) auf einem begrenzten Gebiet kann durch eine Funktion $P(t)$, z. B.

$$P(t) = \frac{100}{1 + 50 \cdot e^{-0{,}5t}}$$

ausgedrückt werden. Der Graph dieser Kurve ist in nebenstehendem Bild dargestellt. Er zeigt, wie viel Lebewesen zu einem bestimmten Zeitpunkt auf dem Gebiet existieren. Man erkennt u. a., dass die Anzahl der Lebewesen nach oben begrenzt ist. Ein möglicher Grund dafür wäre, dass die Nahrungsmittelproduktion beschränkt ist.

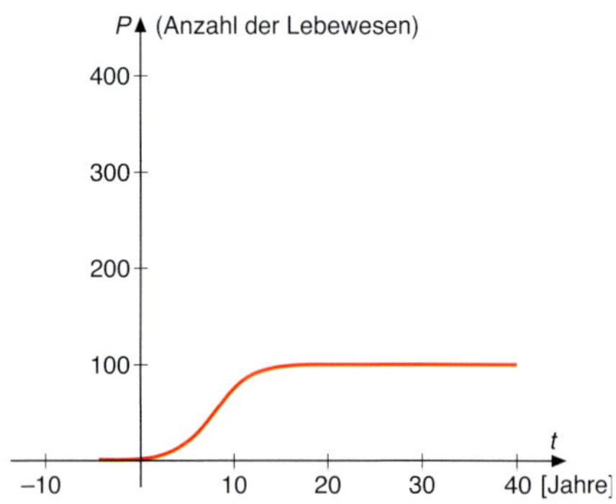

Diese Kurve gilt dann bei konstant bleibender Nahrungsmittelproduktion.

Bei anderen Rahmenbedingungen, z. B. können durch technischen Fortschritt mehr Nahrungsmittel produziert werden, wird sich die Obergrenze der Population bei sonst ähnlichem Kurvenverlauf erhöhen. Je nach Umfang des technischen Fortschritts in der Nahrungsmittelproduktion könnten die Kurven dann wie in nebenstehenden Bild aussehen.

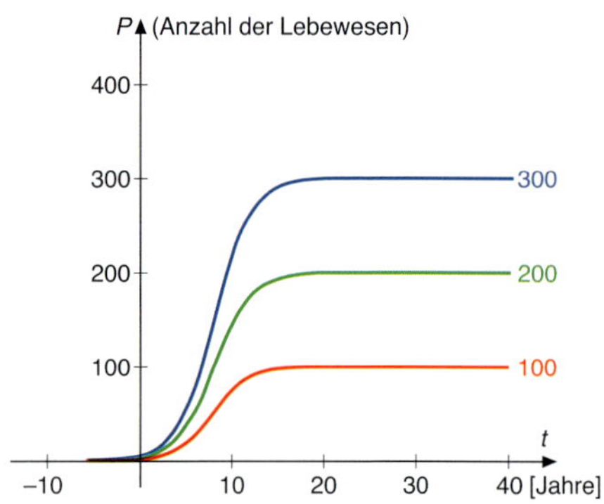

Bild 2.9.4.1

Die neuen Funktionsgleichungen würden lauten:

$$P(t) = \frac{200}{1 + 50 \cdot e^{-0{,}5t}} \text{ bzw. } P(t) = \frac{300}{1 + 50 \cdot e^{-0{,}5t}}$$

Das Bild ist eine sog. **Kurvenschar,** die dadurch entstanden ist, dass man in der Funktionsgleichung den Zähler des Funktionsterms von 100 auf 200 bzw. auf 300 erhöht hat.

Allgemein kann man diese Veränderungen ausdrücken, indem man eine **zusätzliche Variable,** einen sog. **Parameter** in den Funktionsterm einsetzt, der für jeweils eine Funktion konstant bleibt. Man erhält dann eine **Funktionenschar** P_k:

$P_k(t) = \frac{k}{1 + 50e^{-0,5t}}$, die außer den Variablen P und t noch einen Parameter k enthält. Dieser Parameter kann zwar verschiedene Werte annehmen, bleibt aber jeweils für eine Funktion konstant.

Die Funktionsgleichungen, mit denen bisher gearbeitet wurde, enthielten x und y $(= f(x))$ als Variablen. In diesem Abschnitt werden nun Funktionsgleichungen behandelt, die eine zusätzliche Hilfsvariable, einen sog. **Parameter** k, enthalten. Die Funktionsgleichung heißt dann nicht mehr $f(x) = ...$, sondern $f_k(x) = ...$

Z. B.: $f_k(x) = -x^2 + \frac{2}{k}x - \frac{1}{k^2} - k$; $D(f_k) = \mathbb{R}_+^*$

Für den Parameter k kann eine Zahl aus einer vorgegebenen Zahlenmenge eingesetzt werden: z. B. $k \in \mathbb{R}_+^*$. Es ergeben sich dann, je nachdem welcher Wert aus $\mathbb{R}_+^*$ für k eingesetzt wird, unterschiedliche Funktionsgleichungen und damit unterschiedliche Funktionsgraphen.

Z. B. für $k = 1$: $f_1(x) = -x^2 + 2x - 2$, oder für $k = 2$: $f_2(x) = -x^2 + x - \frac{9}{4}$

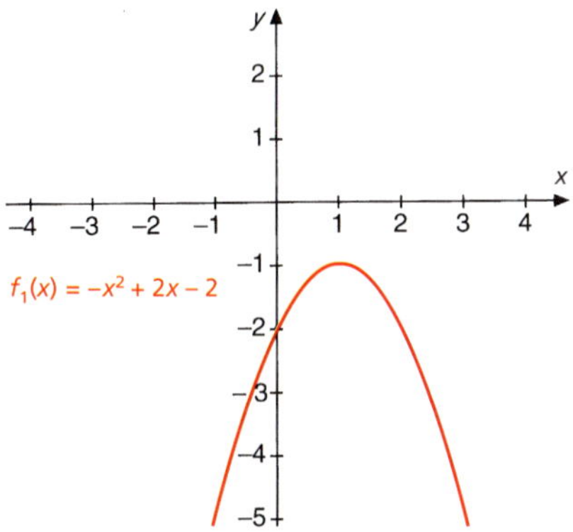

Bild 2.9.4.2

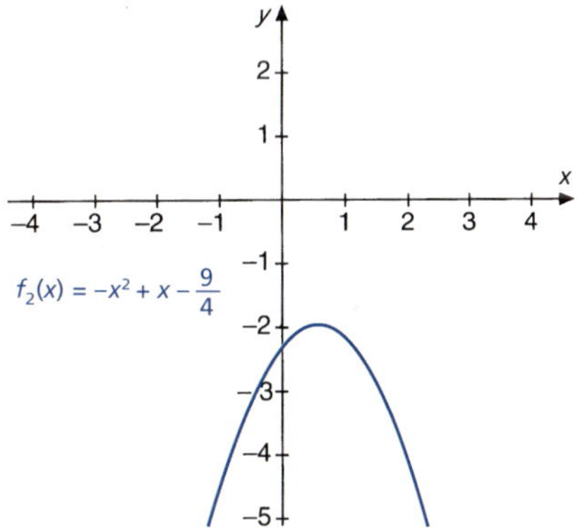

Bild 2.9.4.3

Setzt man für k alle Zahlen aus $\mathbb{R}_+^*$ ein, so erhält man unendlich viele Funktionsgraphen. Diese bezeichnet man als **Kurvenschar.** Die Menge der Funktion f_k heißt entsprechend **Funktionenschar.** Der Parameter k wird daher auch als **Scharparameter** bezeichnet.

Beispiel für eine Funktionenschar und eine Kurvenschar

f_k: $f_k(x) = -x^2 + \frac{2}{k}x - \frac{1}{k^2} - k$;

$D(f_k) = \mathbb{R}$; $k \in \mathbb{R}^*_+$.

Das Schaubild der Funktionenschar ist eine Kurvenschar mit unendlich vielen Funktionsgraphen. Selbstverständlich können nicht alle Kurven der Schar, sondern immer nur eine begrenzte Auswahl dargestellt werden. Die Auswahl sollte möglichst so getroffen werden, dass die Veränderung des Funktionsgraphen in Abhängigkeit von der Veränderung des Parameters ersichtlich wird. Zur Veranschaulichung sind in nebenstehender Abbildung die Graphen der Schar für die Parameterwerte 1, 2, 3, 4 und 5 dargestellt.

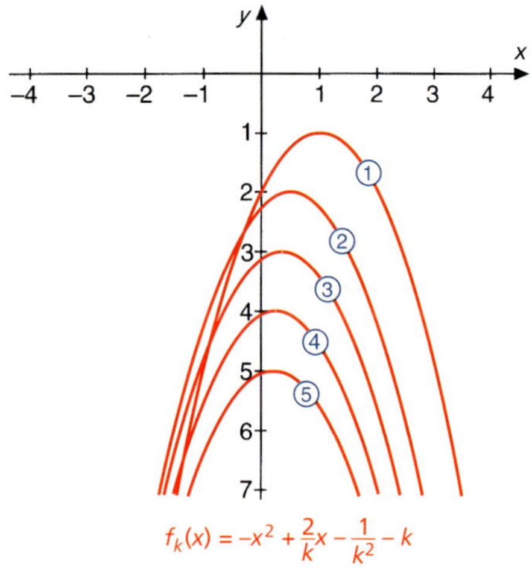

Bild 2.9.4.4

Zum Zeichnen von Kurvenscharen ist es wenig sinnvoll, für jede Funktion der Schar eine eigene Kurvendiskussion durchzuführen. Der Zeitaufwand wäre unangemessen.

Sinnvoller ist es, die Funktionenschar insgesamt – also mit dem Scharparameter – zu diskutieren. Zum Zeichnen eines bestimmten Funktionsgraphen können dann später in die „parameterhaltigen" Ergebnisse der Kurvendiskussion die gewünschten Parameterwerte eingesetzt werden. Man erhält dann für eine einzelne Funktion „parameterfreie" Ergebnisse.

Aufgabe 1

Bestimmen Sie für die Funktionenschar f_k: $f_k(x) = -x^2 + \frac{2}{k}x - \frac{1}{k^2} - k$;

$D(f_k) = \mathbb{R}$; $k \in \mathbb{R}^*_+$

a) die möglichen Extremstellen (in Abhängigkeit vom Scharparameter k). Geben Sie dann die möglichen Extremstellen der Graphen von f_1, f_2, f_3, f_4 und f_5 parameterfrei an.

b) Berechnen Sie die Koordinaten der möglichen Extrempunkte zunächst in Abhängigkeit vom Scharparameter und dann parameterfrei für f_1, f_2, f_3, f_4 und f_5.

Lösung

a) $f'_k(x) = -2x + \frac{2}{k}$

$f'_k(x) = 0$

$0 = -2x + \frac{2}{k}$

$\underline{\underline{x = \frac{1}{k}}}$

Die möglichen Extremstellen der Funktionenschar liegen also bei $x = \frac{1}{k}$.

Die konkrete Lage der möglichen Extremstellen für die jeweiligen Funktionen ergibt sich dann wie folgt:

f_k	**mögliche Extremstelle von f_k**
f_1	$x_E = 1$
f_2	$x_E = \frac{1}{2}$
f_3	$x_E = \frac{1}{3}$
f_4	$x_E = \frac{1}{4}$
f_6	$x_E = \frac{1}{5}$

b) Die Funktionswerte der möglichen Extrempunkte ergeben sich durch Einsetzen in die Ausgangsfunktion:

$$\underline{\underline{E\left(\frac{1}{k}\middle|-k\right)}}$$

f_k	**möglicher Extrempunkt von f_k**
f_1	$E(1/-1)$
f_2	$E\left(\frac{1}{2}\middle/-2\right)$
f_3	$E\left(\frac{1}{3}\middle/-3\right)$
f_4	$E\left(\frac{1}{4}\middle/-4\right)$
f_6	$E\left(\frac{1}{5}\middle/-5\right)$

Aufgabe 2

Bestimmen Sie für die Funktionenschar f_k: $f_k(x) = \frac{2k + x}{e^x}$; $x \in D(f_k)$, $k \in \mathbb{R}_+$

a) den maximalen Definitionsbereich
b) das Verhalten an den Rändern des Definitionsbereiches
c) die Schnittpunkte mit den Achsen
d) die 1.–3. Ableitungsfunktion
e) die Extrempunkte und
f) Wendepunkte
g) den Wertebereich und
h) zeichnen Sie die Graphen der Schar für $k = 0$; 0,5; 1; 1,5.

Lösung

a) **Definitionsbereich:** $D(f_k) = \mathbb{R}$

b) **Verhalten am Rande des Definitionsbereiches:**

$$\lim_{x \to -\infty} \frac{2k + x}{e^x} = \underline{\underline{„-\infty“}} \qquad \lim_{x \to \infty} \frac{2k + x}{e^x} = \underline{\underline{0}}$$

Für $x \to \infty$ existiert also eine Asymptote mit der Gleichung $f_k^*(x) = 0$

c) **Schnittpunkte mit den Achsen:**

– Schnittpunkt mit der x-Achse:

$f_k(x) = 0$
$0 = 2k + x$
$x = -2k \qquad \Rightarrow \underline{\underline{S_x(-2k/0)}}$

– Schnittpunkt mit der y-Achse:
$f_k(0) = 2k \qquad \Rightarrow \underline{\underline{S_y(0/2k)}}$

d) **Ableitungen:**

$$f_k'(x) = \frac{1 \cdot e^x - (2k + x)e^x}{(e^x)} = \frac{1 - 2k - x}{e^x}$$

$$f_k''(x) = \frac{-1 \cdot e^x - (1 - 2k - x)e^x}{(e^x)^2} = \frac{-2 + 2k + x}{e^x}$$

$$f_k'''(x) = \frac{-x - 2k + 3}{e^x}$$

e) **Extrempunkte:**

Notwendige Bedingung: $f_k'(x) = 0$

$0 = 1 - 2k - x$
$\underline{x = 1 - 2k}$

Mithilfe der 2. Ableitung wird überprüft, ob die mögliche Extremstelle bei $x = 1 - 2k$ tatsächlich Extremstelle ist und welche Art von Extremum dort vorliegt:

Hinreichende Bedingung: $f_k'(x) = 0 \vee f_k''(x) \neq 0$

$f_k''(1 - 2k) = \frac{-1}{e^{1-2k}} < 0 \Rightarrow \underline{\underline{H(1 - 2k/e^{2k-1})}}$

f) **Wendepunkte:**

Notwendige Bedingung: $f_k''(x) = 0$
$0 = -2 + 2k + x$
$\underline{x = 2 - 2k}$

Hinreichende Bedingung: $f_k''(x) = 0 \vee f_k'''(x) \neq 0$

$f_k'''(x) = \frac{-x - 2k + 3}{e^x}$

$f_k'''(2 - 2k) = e^{2k-2} > 0$

$x = 2 - 2k$ ist also tatsächlich Wendestelle.

$\Rightarrow \underline{\underline{W(2 - 2k/2e^{2k-2})}}$

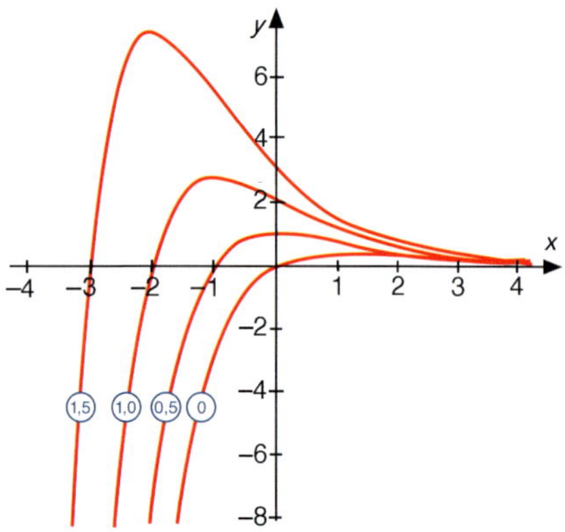

Bild 2.9.4.5

g) **Wertebereich:**

Aus den Grenzwertbetrachtungen und aus dem berechneten Hochpunkt ergibt sich:

$\underline{\underline{W(f_k) = (-\infty; e^{2k-1}]}}$

h) **Scharkurven:** s. Abb.

Übungsaufgaben

Untersuchen Sie die gegebene Funktionenschar allgemein auf

a) Definitionsbereich

b) Verhalten an den Rändern des Definitionsbereiches

c) Achsenschnittpunkte

d) Extrempunkte

e) Wendepunkte

f) Wertebereich und

g) zeichnen Sie die Graphen der Schar für die angegebenen Parameterwerte.

1 $f_k : f_k(x) = (x - k)^2 + \frac{k}{2}$; $x \in D(f_k)$, $k \in \mathbb{R}$. Zeichnung für $k \in [-3; 3]_{\mathbb{Z}}$

2 $f_k : f_k(x) = 2x^2 + kx$; $x \in D(f_k)$, $k \in \mathbb{R}$. Zeichnung für $k = 0; \pm 2; \pm 4$

3 $f_k : f_k(x) = -\frac{x^3}{k} - kx$; $x \in D(f_k)$, $k \in \mathbb{R}^*$. Zeichnung für $k = \pm 2; \pm 4$

4 $f_k : f_k(x) = (e^x - k)^2$; $x \in D(f_k)$, $k \in \mathbb{R}_+^*$. Zeichnung für $k = 0{,}5; 1; 1{,}5; 2$

5 $f_k : f_k(x) = x(-k + \ln x)$; $x \in D(f_k)$, $k \in \mathbb{R}_+$. Zeichnung für $k = 0; 1; 2$

6 $f_k : f_k(x) = (e^{-x} - 2k)^2$; $x \in D(f_k)$, $k \in \mathbb{R}_+^*$. Zeichnung für $k = 0{,}5; 1; 1{,}5$

7 $f_k : f_k(x) = k - \frac{1}{1 + ke^x}$; $x \in D(f_k)$, $k \in \mathbb{R}_+$. Zeichnung für $k = 1; 2$

8 $f_k : f_k(x) = \frac{1}{k} - \sqrt{\frac{x}{k^3}}$; $x \in D(f_k)$, $k \in \mathbb{R}^*$. Zeichnung für $k = \pm 1; \pm 2$

9 $f_k : f_k(x) = \frac{1}{x^2 + k^2}$; $x \in D(f_k)$, $k \in \mathbb{R}$. Zeichnung für $k = 0{,}5; 1; 1{,}5$

10 $f_k : f_k(x) = \frac{k}{\sqrt{2k - x}}$; $x \in D(f_k)$, $k \in \mathbb{R}^*$. Zeichnung für $k = \pm 1; \pm 2$

11 $f_k : f_k(x) = k\sqrt{x - k^2}$; $x \in D(f_k)$, $k \in \mathbb{R}_+^*$. Zeichnung für $k = 1; 2$

12 $f_k : f_k(x) = \frac{1}{k} e^{-\frac{x^2}{2} + kx}$; $x \in D(f_k)$, $k \in \mathbb{R}_-^*$. Zeichnung für $k = -0{,}2; -0{,}4; -0{,}6; -0{,}8$

2.9.5 Ortslinien

Jeder Graph der Funktionenschar $f_k : f_k(x) = x^2 + kx + 2$; $D(f_k) = \mathbb{R}$, $k \in \mathbb{R}$, ist offensichtlich eine nach oben geöffnete Parabel.

Liegen die unendlich vielen Tiefpunkte der Schar zufällig verstreut in der xy-Ebene oder sind sie nach einer bestimmten Regel angeordnet?

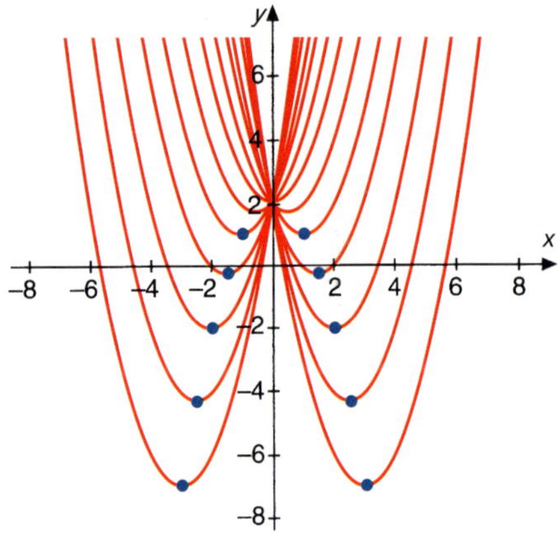

Bild 2.9.5.1
f_k: $f_k(x) = x^2 + kx + 2$

In nebenstehender Abbildung ist zu erkennen, dass alle Tiefpunkte der Kurvenschar auf dem Graphen der Funktion o mit $o(x) = -x^2 + 2$ liegen.

Umgekehrt ist jeder Punkt des Graphen von o: $o(x) = -x^2 + 2$ Tiefpunkt einer geeigneten Scharkurve.

Man nennt den Graphen von o, der die o. g. Eigenschaften erfüllt, **Ortslinie, Ortskurve** oder auch **geometrischer Ort,** in diesem Fall Ortslinie der Tiefpunkte der Schar (: o_T).

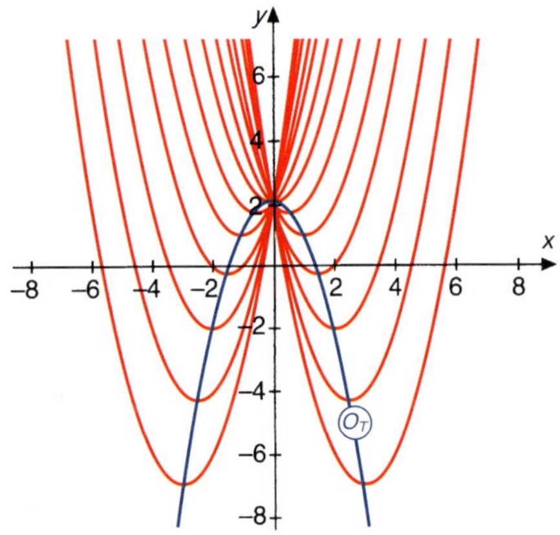

Bild 2.9.5.2
f_k: $f_k(x) = x^2 + kx + 2$
und
o_T: $o_T(x) = -x^2 + 2$

In der folgenden Aufgabe ist dargestellt, wie die Gleichung einer Ortskurve bestimmt wird:

Aufgabe 1

Bestimmen Sie die Gleichung der Ortslinie, auf der die Extrempunkte der Schar f_k: $f_k(x) = x^2 + kx + 2$; $D(f_k) = \mathbb{R}$, $k \in \mathbb{R}$ liegen.

Lösung

Zunächst werden durch Nullsetzen der 1. Ableitungsfunktion die möglichen Extremstellen der Schar ermittelt (*notwendige Bedingung*):

$f'_k(x) = 2x + k$

$f'_k(x) = 0$

$0 = 2x + k$

$\underline{x = -\frac{k}{2}}$

Mithilfe der 2. Ableitungsfunktion wird geprüft, ob bei $x = -\frac{k}{2}$ tatsächlich ein Extremum vorliegt (*hinreichende Bedingung*):

$f''_k(x) = 2$

$f''_k\left(-\frac{k}{2}\right) = 2 > 0 \Rightarrow$ Tiefpunkt bei $x = -\frac{k}{2}$

Nun wird der Funktionswert des Tiefpunktes ermittelt:

$f\left(-\frac{k}{2}\right) = \left(-\frac{k}{2}\right)^2 + k\left(-\frac{k}{2}\right) + 2 = -\frac{k^2}{4} + 2 \Rightarrow T\left(-\frac{k}{2} \middle| -\frac{k^2}{4} + 2\right)$

Für jeden Tiefpunkt der Schar gilt also:

1. $x = -\frac{k}{2}$ und

2. $y = -\frac{k^2}{4} + 2$

Mithilfe dieser beiden Koordinatengleichungen kann die Gleichung der Ortslinie ermittelt werden:

Die erste Gleichung wird nach k aufgelöst

$x = -\frac{k}{2} \Leftrightarrow k = -2x$

und dann in die zweite Gleichung eingesetzt[1)]

$y = -\frac{k^2}{4} + 2$

$y = -\frac{(-2x)^2}{4} + 2 = -\frac{4x^2}{4} + 2 = \underline{-x^2 + 2}$

Die Tiefpunkte der Scharkurven liegen auf dem Graphen der Funktion

$\underline{\underline{o_T : o_T(x) = -x^2 + 2;\ D(o_T) = \mathbb{R}.}}$

Oder anders ausgedrückt:

$o_T : o_T(x) = -x^2 + 2;\ D(o_T) = \mathbb{R}$ ist geometrischer Ort der Tiefpunkte der Graphen von $f_k : f_k(x) = x^2 + kx + 2;\ D(f_k) = \mathbb{R},\ k \in \mathbb{R}$ (siehe Bild 2.9.5.2).

Übungsaufgaben

1 (Bezieht sich auf Übungsaufgabe 1 des Abschnitts 2.9.4)

$f_k : f_k(x) = (x - k)^2 + \frac{k}{2};\ x \in D(f_k),\ k \in \mathbb{R}.$

Bestimmen Sie den geometrischen Ort der Tiefpunkte der Kurvenschar.

2 (Bezieht sich auf Übungsaufgabe 2 des Abschnitts 2.9.4)
Wie lautet die Gleichung der Ortslinie aller Tiefpunkte der Funktionenschar $f_k : f_k(x) = 2x^2 + kx;\ x \in D(f_k),\ k \in \mathbb{R}.$

[1)] Durch diese Operation ist aus zwei (Koordinaten-) Gleichungen mit drei Variablen (x, y, k) eine Gleichung mit nur noch zwei Variablen (x und y) geschaffen worden. Dies ist aber nichts anderes als eine parameterfreie Funktionslgeichung.

3 (Bezieht sich auf Übungsaufgabe 3 des Abschnitts 2.9.4)
Welche Gleichung hat die Ortskurve aller Wendepunkte der Schar
f_k: $f_k(x) = -\frac{x^3}{k} - kx$; $x \in D(f_k)$, $k \in \mathbb{R}^*$.

4 (Bezieht sich auf Übungsaufgabe 4 des Abschnitts 2.9.4)
f_k: $f_k(x) = (e^x - k)^2$; $x \in D(f_k)$, $k \in \mathbb{R}^*_+$.
Berechnen Sie den geometrischen Ort

a) der Extrempunkte,

b) der Wendepunkte der Schar.

5 (Bezieht sich auf Übungsaufgabe 5 des Abschnitts 2.9.4)
Bestimmen Sie die Ortslinie aller Tiefpunkte der Funktionenschar
f_k: $f_k(x) = x(-k + \ln x)$; $x \in D(f_k)$, $k \in \mathbb{R}_+$.

6 (Bezieht sich auf Übungsaufgabe 6 des Abschnitts 2.9.4)
f_k : $f_k(x) = (e^{-x} - 2k)^2$; $x \in D(f_k)$, $k \in \mathbb{R}^*_+$.
Wie lautet die Gleichung des geometrischen Ortes aller

a) Tiefpunkte?

b) Wendepunkte der Kurvenschar?

7 (Bezieht sich auf Übungsaufgabe 7 des Abschnitts 2.9.4)
Stellen sie die Gleichung der Ortskurve aller Wendepunkte von
f_k: $f_k(x) = k - \frac{1}{1 + k e^{x}}$; $x \in D(f_k)$, $k \in \mathbb{R}^*_+$ auf.

8 (Bezieht sich auf Übungsaufgabe 9 des Abschnitts 2.9.4)
Wie lautet die Gleichung der Ortslinie aller Wendepunkte von
f_k: $f_k(x) = \frac{1}{x^2 + k^2}$; $x \in D(f_k)$, $k \in \mathbb{R}$.

9 (Bezieht sich auf Übungsaufgabe 12 des Abschnitts 2.9.4)
Bestimmen Sie die Ortskurve aller

a) Extrempunkte,

b) Wendepunkte der Funktionenschar f_k: $f_k(x) = \frac{1}{k} e^{-\frac{x^2}{2} + kx}$; $x \in D(f_k)$, $k \in \mathbb{R}^*_-$.

10 Diskutieren Sie die folgenden Funktionen und zeichnen Sie die angegebenen Graphen. Bestimmen Sie – sofern möglich – die Gleichungen der Ortskurven der Extrem- bzw. der Wendepunkte und zeichnen Sie die Ortskurven in das Koordinatensystem.

a) f_k: $f_k(x) = (x - k)e^2 - \frac{x}{k}$; $x \in D(f_k)$ $k \in \mathbb{R}^*_+$ Graphen von f_1, f_2, f_3

b) f_k: $f_k(x) = 4xe^{-kx^2}$; $x \in D(f_k)$, $k \in \mathbb{R}^*_+$ Graphen von f_1, f_2, f_3

c) f_k: $f_k(x) = \frac{x}{e^{x^2} - k}$; $x \in D(f_k)$, $k \in \mathbb{R}^*_+$ Graphen von f_1, f_2, f_3

d) f_k: $f_k(x) = \frac{\ln x - k}{kx}$; $x \in D(f_k)$, $k \in \mathbb{R}^*_-$ Graphen von $f_{-1,5}, f_{-1}, f_{-0,5}$ ohne Ortskurven

e) f_k: $f_k(x) = 2x \cdot [\ln(kx)]^2$; $x \in D(f_k)$, $k \in \mathbb{R}^*_-$ Graphen von f_{-1}, f_{-2}, f_{-3}

f) f_k: $f_k(x) = \ln\left(\frac{x^2}{4} + k\right)$; $x \in D(f_k)$, $k \in \mathbb{R}^*_+$ Graphen von f_1, f_2, f_3

3 Integralrechnung

Differenzialrechnung und **Integralrechnung** bilden die beiden Hauptteile der **Analysis.**

Die *Ableitung* ist der grundlegende Begriff der Differenzialrechnung. Mit ihrer Hilfe können zahlreiche Probleme mathematisch erfasst werden: die Krümmung einer Kurve, die Geschwindigkeit und die Beschleunigung eines bewegten Gegenstandes, das Maximum einer (Gewinn-)Funktion, Grenzkosten und Grenzerlöse, die Veränderung der Inflationsrate etc.

Die Berechnung von *Flächeninhalten* ist das zentrale Problem der Integralrechnung. Ähnlich wie bei der Differenzialrechnung können eine Reihe verwandter Problemstellungen, z. B. die Berechnung des Volumens eines Körpers oder seines Schwerpunktes, die Länge eines Kurvenstücks etc. mit den Mitteln der Integralrechnung gelöst werden.

Von der Thematik her scheinen Differenzial- und Integralrechnung grundsätzlich verschieden zu sein. Tatsächlich aber besteht ein sehr enger Zusammenhang zwischen diesen Teilgebieten der Mathematik. Sowohl in der Differenzial- als auch in der Integralrechnung führen **Grenzwertbetrachtungen** zur Lösung der Probleme. Rechentechnisch stellt die Integralrechnung, wie sich bald zeigen wird, gewissermaßen die Umkehrung der Differenzialrechnung dar.

3.1 Stammfunktionen/Unbestimmtes Integral

In der Differenzialrechnung musste zu einer gegebenen Funktion f die Ableitungsfunktion f' bestimmt werden. Die Umkehrung dieses Problems führt zu folgender Aufgabenstellung :

Bestimmen Sie zu einer gegebenen Funktion f eine Funktion F, für die gilt: $F' = f$.

Eine differenzierbare Funktion F, deren Ableitungsfunktion f ist, heißt **Stammfunktion** von f.

Beispiel
Gegeben ist: f: $f(x) = x^2$; $D(f) = \mathbb{R}$.

Eine Stammfunktion zu f ist F: $F(x) = \frac{1}{3}x^3$, weil das Ableiten von F zu f führt (Machen Sie die Probe.).

Aber auch F: $F(x) = \frac{1}{3}x^3 + 1$ oder F: $F(x) = \frac{1}{3}x^3 - 71$ sind Stammfunktionen von f.

Es gibt also nicht nur eine einzige Stammfunktion F zu f. Da die Ableitung einer Konstanten C immer 0 ist, gibt es zu f unendlich viele Stammfunktionen F.

Zu einer Funktion f gibt es unendlich viele Stammfunktionen F, die sich lediglich durch eine Konstante C unterscheiden.

Eine Aufstellung bereits bekannter Funktionen mit deren Abteilungsfunktionen soll helfen, eine Regel zur Bestimmung von Stammfunktionen zu erkennen.

Stammfunktion F	$\frac{1}{3}x^3 + C$	$\frac{1}{2}x^2 + C$	$\frac{1}{4}x^4 + C$	$3x + C$
Ableitungsfunktion f	x^2	x	x^3	3

ableiten ↓ aufleiten ↑

Für eine Funktion f mit $f(x) = x^n$ gilt offensichtlich folgende Regel zur Bestimmung der Stammfunktion:

$$f(x) = x^n \Rightarrow F(x) = \frac{1}{n+1}x^{n+1} + C$$ [1]

Potenzregel der Integralrechnung

In Worten:

Die **Stammfunktion einer Potenzfunktion** wird gefunden, indem
1. der Exponent um 1 erhöht wird und dann
2. der Funktionsterm mit dem Kehrwert des um 1 erhöhten Exponenten multipliziert wird.

Eine Stammfunktion zu f: $f(x) = ax^2$ ist F: $F(x) = \frac{1}{3}ax^3 + C$. **Ein konstanter Faktor *a* bleibt also bei der Bestimmung der Stammfunktionen erhalten (Faktorregel).**

$$f(x) = ax^n \Rightarrow F(x) = \frac{1}{n+1}ax^{n+1} + C$$ [1]

Potenz- mit Faktorregel der Integralrechnung

Eine Stammfunktion zu f: $f(x) = 2x + x^2$ ist F: $F(x) = x^2 + \frac{1}{3}x^3$. Offensichtlich gilt auch die Summen-/Differenzregel der Differenzialrechnung jetzt entsprechend zum Finden von Stammfunktionen.

$$f(x) = f_1(x) \pm f_2(x) \Rightarrow F(x) = F_1(x) \pm F_2(x) + C$$

Summen-/Differenzregel der Integralrechnung

[1] wobei $n \neq -1$

Aufgabe 1

Bestimmen Sie eine Stammfunktion zu

a) $f(x) = -\frac{1}{2}x$

b) $f(x) = 3x^5$

c) $f(x) = -0{,}3x^3 + 2x^2 - 6x + 3.$

Lösung

a) $F(x) = -\frac{1}{4}x^2$

b) $F(x) = \frac{1}{2}x^6$

c) $F(x) = -\frac{3}{40}x^4 + \frac{2}{3}x^3 - 3x^2 + 3x$

Aufgabe 2

Bestimmen Sie die Menge aller Stammfunktionen zu

a) $f\colon f(x) = \sqrt{x}.$

b) $f\colon f(x) = \dfrac{1}{2\sqrt{x}}$

c) $f\colon f(x) = (2x + 3)^2.$

Lösung

a) Die Funktionsgleichung wird umgeschrieben zu $f(x) = x^{\frac{1}{2}}$. Nach der Potenzregel der Integralrechnung ist dann $\underline{\underline{F(x) = \frac{2}{3}x^{\frac{3}{2}} + C = \frac{2}{3}\sqrt{x^3} + C}}$ die Menge aller Stammfunktionen zu f.

b) Die Funktionsgleichung wird umgeschrieben zu $f(x) = \frac{1}{2}x^{-\frac{1}{2}}$. Nach der Potenz-/Faktorregel der Integralrechnung ist dann $\underline{\underline{F(x) = \frac{2}{1} \cdot \frac{1}{2}x^{\frac{1}{2}} + C = \sqrt{x} + C}}$ die Menge aller Stammfunktionen zu f.

c) Die hier vorliegende verkettete Funktion $f\colon f(x) = (2x + 3)^2$ wird zunächst in eine Summe umgeformt: $f\colon f(x) = 4x^2 + 12x + 9.$
Mithilfe der bekannten Regeln kann jetzt die Menge aller Stammfunktionen ermittelt werden:
$\underline{\underline{F(x) = \frac{4}{3}x^3 + 6x^2 + 9x + C.}}$

Das **Bestimmen von Stammfunktionen** wird auch als **Integrieren** bezeichnet.

Der mathematische Befehl für eine Integration, also das Finden einer Stammfunktion, ist das **Integralzeichen** „$\int$“ verbunden mit dem Faktor „dx“.

Beispiel

- **Verbalisierte Aufgabenstellung:** Bestimmen Sie die Menge aller Stammfunktionen zu $f\colon f(x) = x^2$.
- **Mathematisierte Aufgabenstellung:** $\int x^2\,dx$ *(lies: Integral ix-Quadrat d ix)*

Lösung

$\int x^2\,dx = \underline{\underline{\frac{1}{3}x^3 + C}}$

Die Menge aller Stammfunktionen zu einer Funktion f wird als **unbestimmtes Integral** bezeichnet.

$$\int f(x)\,\mathrm{d}x = \underline{\underline{F(x) + C}}$$

Das Integralzeichen $\int$ ist ein stilisiertes „S“ und steht für Summe (Die Erklärung hierfür wird in Abschnitt 3.2 gegeben).

Der Faktor „dx“ gehört zum Integralzeichen. An ihm ist lediglich die Integrationsvariable zu erkennen. So ist z. B. :

$\int y^2\, x\, \mathrm{d}y = \frac{1}{3} y^3\, x + C.$

Aufgabe 3

$\int (-\frac{1}{2}x^2 + 4x)\,\mathrm{d}x$

Lösung

Die Aufgabenstellung fordert die Bestimmung eines unbestimmten Integrals (der Funktionsterm wird in Klammern gesetzt, um deutlich zu machen, dass der **gesamte** Funktionsterm, und nicht womöglich nur der erste Summand, integriert werden soll). Mit anderen Worten: Es ist die Menge aller Stammfunktionen zu f: $f(x) = -\frac{1}{2}x^2 + 4x$ zu bestimmen.

Nach den bisher bekannten Integrationszeichen ergibt sich:

$\int (-\frac{1}{2}x^2 + 4x)\,\mathrm{d}x = \underline{\underline{-\frac{1}{6}x^3 + 2x^2 + C}}$

Übungsaufgaben

1 Bestimmen Sie eine Stammfunktion zu f.

a) f: $f(x) = -\frac{1}{2}x^2$
b) f: $f(x) = 2x^4$
c) f: $f(x) = -\frac{1}{3}x^3$
d) f: $f(x) = -\frac{1}{4}x^5$
e) f: $f(x) = -2$
f) f: $f(x) = 0$
g) f: $f(x) = x + 3$
h) f: $f(x) = -2x + \frac{1}{2}x^3$
i) f: $f(x) = -\frac{1}{5}x^4 + 3$
j) f: $f(x) = 3x^4 - 6x^2 + 2$
k) f: $f(x) = -\frac{1}{2}x^3 + \frac{1}{4}x^2 - x - 1$
l) f: $f(x) = \frac{1}{5}x^4 - x^3 + 3x^2 + 2x - 3$

2 Bestimmen Sie alle Stammfunktionen zu f.

a) f: $f(x) = -4x^3 + 2x^2$
b) f: $f(x) = -\frac{1}{2}x + x^2$
c) f: $f(x) = 0{,}4x^3 + 3x^2$
d) f: $f(x) = x^4 - 3x^2 + 2x$
e) f: $f(x) = 3x^5 - \frac{1}{2}x^4 + 3x^2$
f) f: $f(x) = -\frac{1}{2}x^3 + 2x^2 - 6x + 12$
g) f: $f(x) = \frac{1}{x^2}$
h) f: $f(x) = \frac{1}{x^3}$
i) f: $f(x) = \frac{3}{x^2}$
j) f: $f(x) = \sqrt{x}$
k) f: $f(x) = \frac{1}{\sqrt{x}}$
l) f: $f(x) = \frac{3}{\sqrt[3]{x^2}}$

3 Mathematisieren Sie die ver bale Aufgabenstellung aus Aufgabe 1 zu den jeweiligen Teilaufgaben und geben Sie jeweils die dazugehörige Lösung an.

4 a) $\int (x^4 - 3x + 4)\,dx$ b) $\int (2x - 1)\,dx$

c) $\int -\frac{1}{x^3}\,dx$ d) $\int 2\,dx$

e) $\int \frac{1}{2x^2}\,dx$ f) $\int dx$

g) $\int ax^3\,dx$ h) $\int (1 - 4x + 2x^2)\,dx$

i) $\int \frac{1}{2}x\,dx$ j) $\int x\,dx$

k) $\int \frac{1}{2\sqrt{x}}\,dx$ l) $\int \sqrt[3]{x^2}\,dx$

5 a) $\int (-0{,}3x^3 + 2x^2 - 6x + 3)\,dx$ b) $\int (-2x^2 + \sqrt{x})\,dx$

c) $\int \left(-\frac{2}{x^2} - 2\right)dx$ d) $\int \left(-\frac{1}{2x^2} + \sqrt[3]{x^2}\right)dx$

e) $\int -\frac{4}{3\sqrt{x}}\,dx$ f) $\int \left(\frac{3}{x^2} - \frac{1}{4\sqrt{x}}\right)dx$

g) $\int \frac{-4}{x^3}\,dx + 6$ h) $\int (2x - x^2)^2\,dx$

6 a) $\int \left(4\sqrt{x} - \frac{3}{x^2}\right)dx$ b) $\int (a^2 + 4ax^3)\,dx$

c) $\int (4a^2 x^2 - 2ax)\,da$ d) $\int (a^3 y^2 x + 2x^3 y^2 a)\,dy$

3.2 Flächeninhaltsfunktion

In der Mittelstufe haben Sie gelernt, den Inhalt elementarer Flächen wie Rechteck, Dreieck und Trapez zu berechnen. Durch entsprechende Aufteilung kann man dann auch die Maßzahl jeder geradlinig begrenzten ebenen Fläche bestimmen.

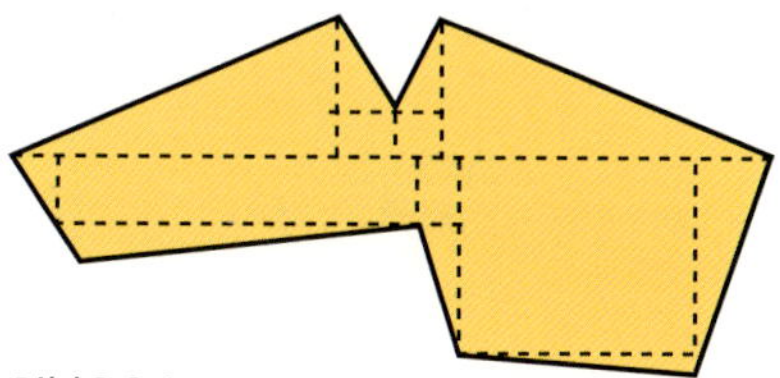

Bild 3.2.1

Im Folgenden soll der Inhalt **krummlinig** begrenzter Flächen berechnet werden, ein Problem, mit dem sich Mathematiker schon vor Jahrhunderten beschäftigten.

450 v. Chr. gelang es dem griechischen Gelehrten **Hippokrates,** die Fläche von Mondsicheln (s. nebenstehende Abb.) zu berechnen, ohne dass ihm eine Formel für die Kreisfläche zur Verfügung stand.

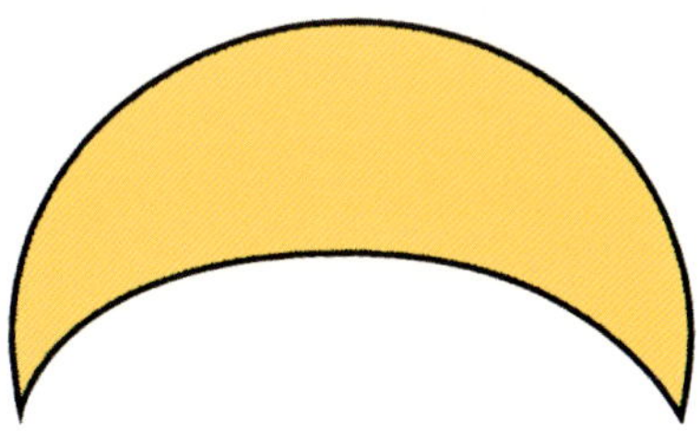

Bild 3.2.2

Ca. 200 Jahre später gelang es dem griechischen Mathematiker und Physiker Archimedes die Fläche unter der Parabel zu berechnen.

Wir wollen das Vorgehen von Archimedes nachvollziehen:

Es soll die Maßzahl der Fläche zwischen der Parabel mit $f(x) = x^2$ und der x-Achse über dem Intervall [0; 1] berechnet werden.

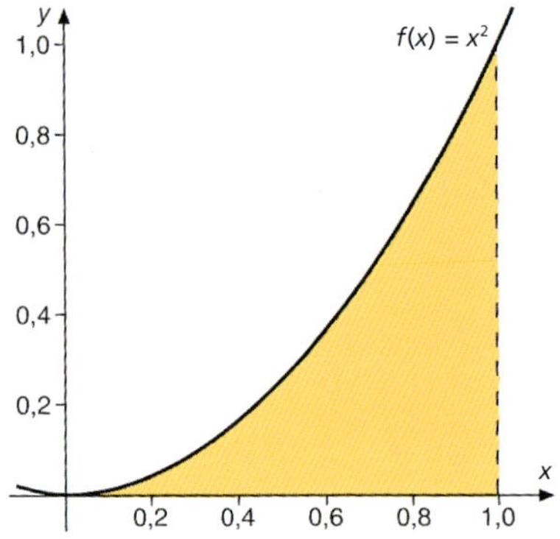

Bild 3.2.3

Archimedes bediente sich dazu der sog. **Streifenmethode:** Er zerschnitt die Fläche unter der Parabel in gleich breite Streifen parallel zur y-Achse :

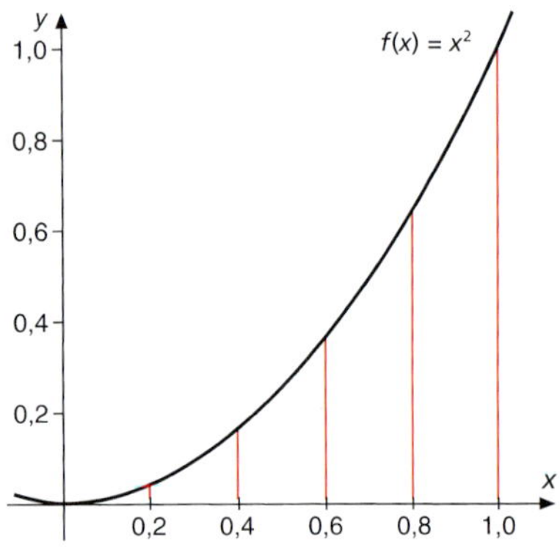

Bild 3.2.4

Es entstehen dann Treppenflächen ober- und unterhalb der Parabel, deren Flächenmaßzahl berechnet werden kann. Es ist leicht einsehbar, dass die zu berechnende Fläche unter der Parabel größer ist als die Treppenfläche unter dem Funktionsgraphen, aber kleiner ist als die Treppenfläche über dem Funktionsgraphen (s. Bild 3.2.5). Den Inhalt der Treppenfläche unter dem Funktionsgraphen nennen wir **Untersumme (s_n)**, den Inhalt der Treppenfläche über dem Funktionsgraphen entsprechend **Obersumme (S_n)**.

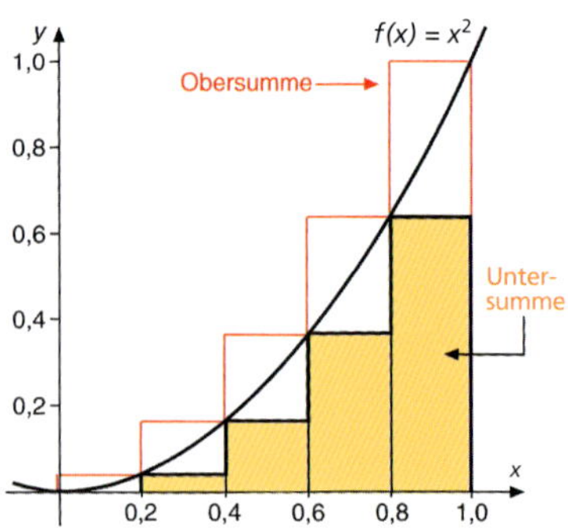

Bild 3.2.5

Wir wollen beispielhaft die Ober- und Untersumme für den Fall berechnen, dass das Intervall [0; 1] in fünf gleich breite Streifen zerlegt worden ist. Die Streifenbreite beträgt dann $\frac{1}{5}$.

Obersumme:

$$S_5 = \tfrac{1}{5} \cdot f\left(\tfrac{1}{5}\right) + \left(\tfrac{1}{5}\right) \cdot f\left(\tfrac{2}{5}\right) + \tfrac{1}{5} \cdot f\left(\tfrac{3}{5}\right) + \tfrac{1}{5} \cdot f\left(\tfrac{4}{5}\right) + \tfrac{1}{5} \cdot f\left(\tfrac{5}{5}\right)$$

$$S_5 = \tfrac{1}{5} \cdot \tfrac{1}{25} + \tfrac{1}{5} \cdot \tfrac{4}{25} + \tfrac{1}{5} \cdot \tfrac{9}{25} + \tfrac{1}{5} \cdot \tfrac{16}{25} + \tfrac{1}{5} \cdot \tfrac{25}{25}$$

$$S_5 = \tfrac{1}{5} \cdot \frac{1+4+9+16+25}{25}$$

$$S_5 = \tfrac{1}{5} \cdot \tfrac{55}{25} = \underline{\underline{0{,}44}}$$

Untersumme:

$$s_5 = \tfrac{1}{5} \cdot f\left(\tfrac{1}{5}\right) + \tfrac{1}{5} \cdot f\left(\tfrac{2}{5}\right) + \tfrac{1}{5} \cdot f\left(\tfrac{3}{5}\right) + \tfrac{1}{5} \cdot f\left(\tfrac{4}{5}\right)$$

$$s_5 = \tfrac{1}{5} \cdot \tfrac{1}{25} + \tfrac{1}{5} \cdot \tfrac{4}{25} + \tfrac{1}{5} \cdot \tfrac{9}{25} + \tfrac{1}{5} \cdot \tfrac{16}{25}$$

$$s_5 = \tfrac{1}{5} \cdot \frac{1+4+9+16}{25}$$

$$s_5 = \tfrac{1}{5} \cdot \tfrac{30}{25} = \underline{\underline{0{,}24}}$$

Die beiden berechneten Summen stellen natürlich nur sehr grobe Näherungswerte für die tatsächlich gesuchte Flächenmaßzahl dar, deren Wert zwischen den berechneten Werten liegen muss.

Wenn man nun allerdings die Zahl der Streifen erhöht, kommen die Unter- und Obersumme mit zunehmendem n einander beliebig nahe. Die gesuchte Fläche wird von den beiden Treppenflächen immer besser angenähert. Mit den folgenden Bildern ist dieser Prozess für n = 5, 10, 50 und 100 und den dazugehörigen Ober- und Untersummen veranschaulicht:

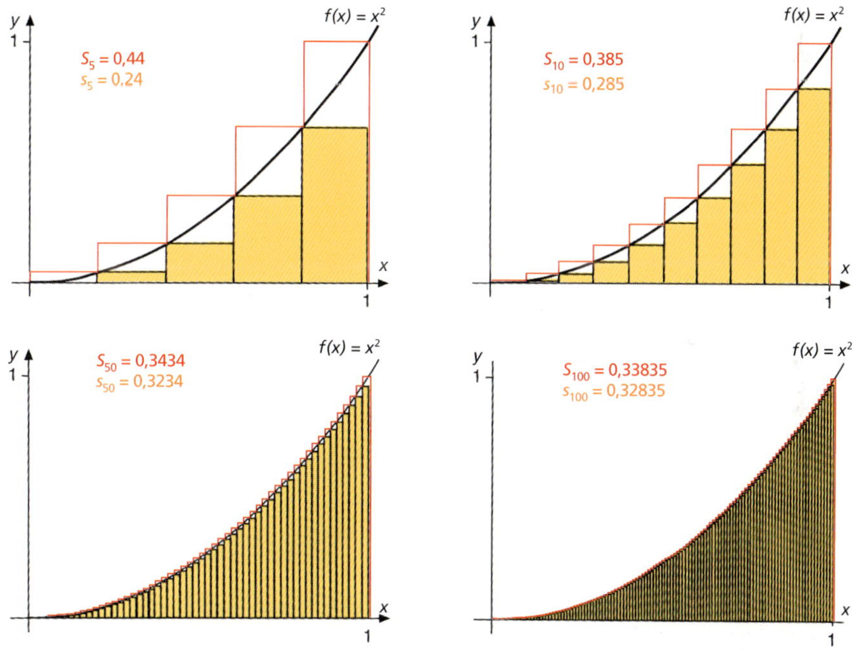

Bild 3.2.6

Wenn man die Rechnung nun allgemein durchführt und n gegen unendlich streben lässt, erhält man das exakte Ergebnis:

Für die **Obersumme** gilt (siehe z. B. Bild 3.2.5):

$$S_n = \tfrac{1}{n} \cdot \left(\tfrac{1}{n}\right)^2 + \tfrac{1}{n} \cdot \left(\tfrac{2}{n}\right)^2 + \tfrac{1}{n} \cdot \left(\tfrac{3}{n}\right)^2 + \ldots + \tfrac{1}{n} \cdot \left(\tfrac{n}{n}\right)^2$$

$$S_n = \tfrac{1}{n^3} \cdot (1^2 + 2^2 + 3^2 + \ldots + n^2)$$

Die hier auftretende Summe von Quadratzahlen hat Archimedes durch die Summenformel[1]:

$1^2 + 2^2 + 3^2 + \ldots + n^2 = \frac{1}{6}n(n + 1)\,(2n + 1)$ ersetzt.

Dann erhält man:

$$S_n = \frac{1}{n^3} \cdot \frac{n(n + 1)\,(2n + 1)}{6} = \frac{1}{6} \cdot \frac{n}{n} \cdot \frac{n + 1}{n} \cdot \frac{2n + 1}{n} = \frac{1}{6}\left(1 + \frac{1}{n}\right)\left(2 + \frac{1}{n}\right)$$

Nun soll n gegen unendlich streben:

$$\lim_{n \to \infty} S_n = \lim_{n \to \infty} \frac{1}{6}\left(1 + \frac{1}{n}\right)\left(2 + \frac{1}{n}\right) = \frac{1}{6} \cdot 2 = \underline{\underline{\frac{1}{3}}}$$

Für die **Untersumme** gilt entsprechend:

$$s_n = \frac{1}{n} \cdot \left(\frac{1}{n}\right)^2 + \frac{1}{n} \cdot \left(\frac{2}{n}\right)^2 + \frac{1}{n} \cdot \left(\frac{3}{n}\right)^2 + \ldots + \frac{1}{n} \cdot \left(\frac{n-1}{n}\right)^2$$

$$s_n = \frac{1}{n^3} \cdot (1^2 + 2^2 + 3^2 + \ldots + (n - 1)^2$$

Die auch hier wieder auftretende Summe von Quadratzahlen hat Archimedes durch die **Summenformel[2]):**

$1^2 + 2^2 + 3^2 + \ldots + (n - 1)^2 = \frac{1}{6}\,(n - 1)\,n(2n - 1)$ ersetzt.

Man erhält dann:

$$s_n = \frac{1}{n^3} \cdot \frac{(n - 1)\,n(2n - 1)}{6} = \frac{1}{6} \cdot \frac{n - 1}{n} \cdot \frac{n}{n} \cdot \frac{2n - 1}{n} = \frac{1}{6}\left(1 - \frac{1}{n}\right)\left(2 - \frac{1}{n}\right)$$

Nun soll n gegen unendlich streben:

$$\lim_{n \to \infty} s_n = \lim_{n \to \infty} \frac{1}{6}\left(1 - \frac{1}{n}\right)\left(2 - \frac{1}{n}\right) = \frac{1}{6} \cdot 1 \cdot 2 = \underline{\underline{\frac{1}{3}}}$$

Damit hat Archimedes gezeigt, dass der Flächeninhalt zwischen der Parabel mit $f(x) = x^2$ und der x-Achse über dem Intervall $[0;\, 1]$ gleich $\frac{1}{3}$ ist.

Erst fast 2000 Jahre später konnte durch die Differenzialrechnung die Flächenmaßzahl unter allgemeineren Funktionen auf recht einfache Weise, nämlich mithilfe von Stammfunktionen, bestimmt werden.

Es soll zunächst gezeigt werden, wie die Maßzahl einer **Fläche, die durch einen Funktionsgraphen (= *Randfunktion*) im 1. Quadranten, der x-Achse, der y-Achse und einer beliebigen Parallelen zur y-Achse an der Stelle x begrenzt ist, berechnet wird** (vgl. Bild 3.2.7).

Der Inhalt der Fläche ist dann also abhängig von x, oder anders ausgedrückt, der Flächeninhalt I ist eine Funktion von x.

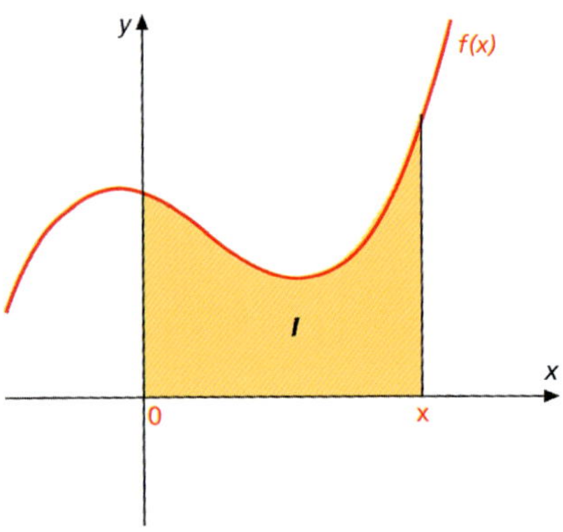

Bild 3.2.7

1) Die Richtigkeit dieser Summenformel wird ohne Beweis vorausgesetzt, weil die Beweisführung (vollständige Induktion) zu weit vom Thema wegführen würde.

2) Auch die Beweisführung zur Richtigkeit dieser Summenformel würde zu weit vom Thema wegführen.

$I(x)$ = Flächeninhaltsfunktion,
gibt den Inhalt einer Fläche zwischen einem Funktionsgraphen und der x-Achse über dem Intervall $[0; x]$ an.

Vorerst wird noch von geradlinig begrenzten Flächen ausgegangen, d. h., die Randfunktion ist eine lineare Funktion.

Aufgabe 1

Berechnen Sie den Flächeninhalt I des Rechtecks, das von dem Graphen der Randfunktion f: $f(x) = 2$, der y-Achse, der x-Achse und einer beliebigen Parallelen zur y-Achse begrenzt wird.

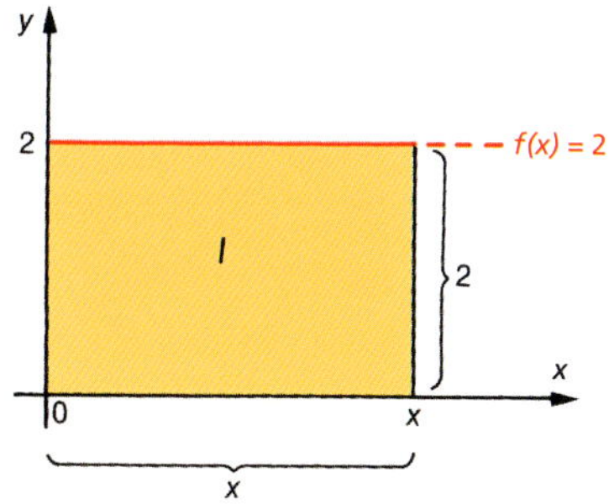

Bild 3.2.8

Lösung

Der Flächeninhalt eines beliebigen Rechtecks berechnet sich nach $I_\square$ = Länge · Breite. Der Flächeninhalt des gegebenen Rechtecks ist offensichtlich davon abhängig, wie x gewählt wird. Anders ausgedrückt: Der Flächeninhalt I ist eine Funktion von x. Diese sog. **Flächeninhaltsfunktion** ordnet jedem x einen bestimmten Flächeninhalt I zu.

$$\underline{\underline{I(x) = 2x}}$$

So ist z. B. für die Länge $x = 3$ der Flächeninhalt des Rechtsecks $I(3) = 2 \cdot 3 = \underline{\underline{6}}$.

Aufgabe 2

Berechnen Sie die Fläche des Dreiecks, das von dem Graphen der Randfunktion f: $f(x) = mx$ und der x-Achse im Intervall $[0; x]$ gebildet wird.

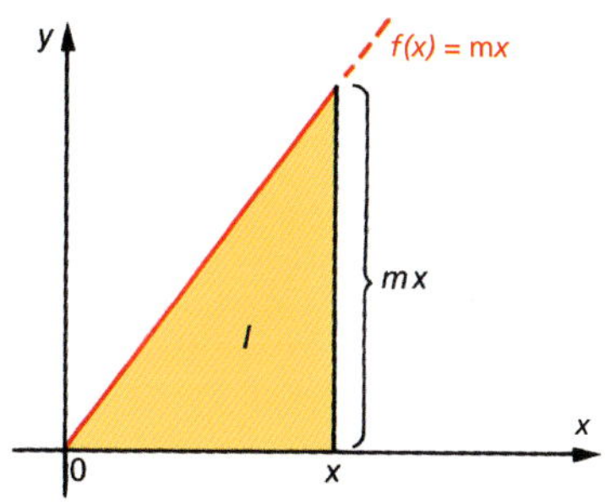

Bild 3.2.9

Lösung

Der Flächeninhalt I eines Dreiecks wird berechnet nach $I_\triangle = \dfrac{\text{Grundseite} \cdot \text{Höhe}}{2}$.
Demnach lautet die Flächeninhaltsfunktion

$$I(x) = \frac{x \cdot f(x)}{2} = \frac{x \cdot mx}{2}$$

$$\underline{\underline{I(x) = \frac{mx^2}{2}}}$$

So ist z. B. für die Randfunktion f: $f(x) = 2x$ und $x = 3$ der Flächeninhalt des Dreiecks

$$I(x) = \frac{2x^2}{2} \Rightarrow I(3) = \underline{\underline{9}}$$

Aufgabe 3

Berechnen Sie den Flächeninhalt des vom Graphen der Randfunktion f: $f(x) = mx + b$ und der x-Achse gebildeten Trapezes über Intervall $[0; x]$.

Lösung

$I_{\triangle}$ = Mittellinie · Höhe

$$I(x) = f\left(\frac{x}{2}\right) \cdot x = \left(m \cdot \frac{x}{2} + b\right) \cdot x$$

$$= \left(\frac{mx}{2} + b\right) \cdot x$$

$$\underline{\underline{I(x) = \frac{mx^2}{2} + bx}}$$

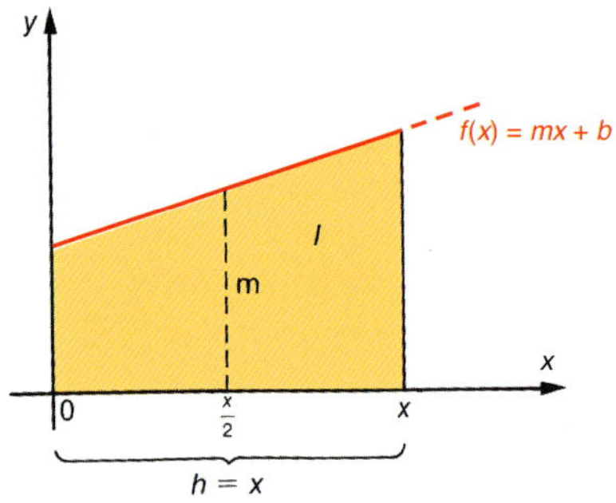

Bild 3.2.10

Ein vom Graphen der Randfunktion f: $f(x) = 3x + 1$ und der x-Achse im Intervall $[0; 2]$ gebildetes Trapez hat z. B. den Flächeninhalt:

$$I(x) = \frac{3x^2}{2} + x \Rightarrow I(2) = \frac{12}{2} + 2 = \underline{\underline{8}}$$

Die bisherigen Ergebnisse werden jetzt in der Weise zusammengefasst, dass die berechneten Flächeninhaltsfunktionen ihren Randfunktionen gegenübergestellt werden:

Randfunktion	$f(x) = 2$	$f(x) = mx$	$f(x) = mx + b$
Flächeninhaltsfunktion	$I(x) = 2x$	$I(x) = \frac{m}{2}x^2$	$I(x) = \frac{m}{2}x^2 + bx$

Es ist zu erkennen, dass die Randfunktion die Ableitungsfunktion der Flächeninhaltsfunktion ist.

Oder umgekehrt:

Die **Flächeninhaltsfunktion** ist **Stammfunktion** der **Randfunktion**[1]**.**

Ob dieser Satz auch für krummlinig begrenzte Flächen gilt, soll am Beispiel der Fläche unter einer Normalparabel untersucht werden.

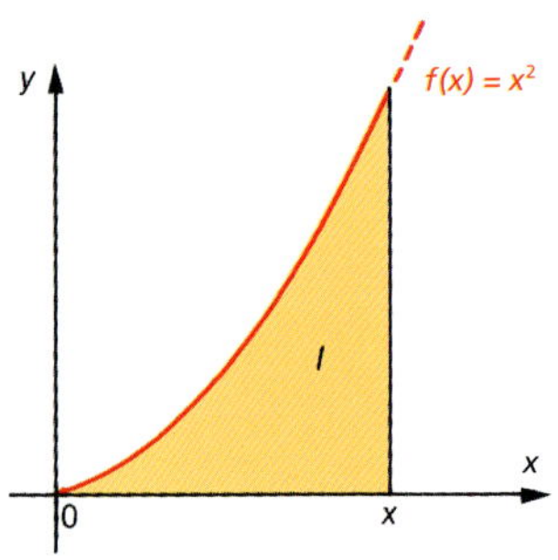

Bild 3.2.11

[1] Für die Berechnung von Flächen im Intervall $[0; x]$ ist diejenige Stammfunktion als Flächeninhaltsfunktion zu wählen, deren Absolutglied 0 ist. Die Erklärung hierfür folgt später.

Die Fläche unter dem Graphen der Randfunktion f: $f(x) = x^2$ über dem Intervall $[0;\ x]$ soll berechnet werden. Wegen der krummlinigen Begrenzung ist eine direkte Berechnung der Flächenmaßzahl nicht möglich. Ein Näherungswert kann berechnet werden, indem in die zu berechnende Fläche Rechtecke gleicher Breite eingeschrieben werden und die Untersumme berechnet wird (auf die Berechnung der Obersumme wird verzichtet; siehe Bild 3.2.12). Der Näherungswert ist umso besser, je größer die Anzahl der Rechtecke ist.

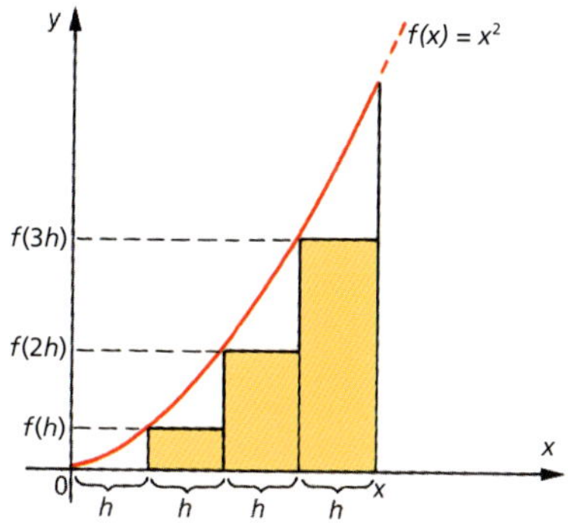

Bild 3.2.12

Das Intervall $[0;\ x]$ wird entsprechend Archimedes' Vorgehen in n gleiche Teile aufgeteilt. Dann hat jedes Rechteck die Breite

$$h = \frac{x}{n}$$

Die Summe der Rechtecksflächen ist dann

$$\begin{aligned} I(h) &= h \cdot h^2 + h \cdot (2h)^2 + h \cdot (3h)^2 + \cdots + h \cdot [(n-1) \cdot h]^2 \\ &- h^3 + h^3\, 2^2 + h^3\, 3^2 + \cdots\ h^3(n-1)^2 \\ &= h^3[1^2 + 2^2 + 3^2 + \cdots + (n-1)^2] \end{aligned}$$

Weil $1^2 + 2^2 + 3^2 + \cdots\ + (n-1)^2 = \frac{1}{6}n(n-1)\,(2n-1)$[1] ist,

$$\Rightarrow I(h) = h^3 \cdot \tfrac{1}{6}\,(n-1) \cdot n \cdot (2n-1)$$

Nun wird $h = \frac{x}{n}$ rücksubstituiert:

$$\begin{aligned} I(x) &= \frac{x^3}{n^3} \cdot \frac{1(n-1) \cdot n(2n-1)}{6} \\ &= \frac{x^3}{6} \cdot \frac{n-1}{n} \cdot \frac{n}{n} \cdot \frac{2n-1}{n} \\ &= \frac{x^3}{6}\left(1 - \frac{1}{n}\right)\left(2 - \frac{1}{n}\right) \\ &= \frac{x^3}{6}\left(2 - \frac{3}{n} + \frac{1}{n^2}\right) \end{aligned}$$

Die bisher berechnete Fläche der Rechtecke unter der Randfunktion ist – wie schon gesagt wurde – nur eine Näherung für die eigentlich zu berechnende Fläche. Durch Erhöhung der Anzahl der Rechtecke (d.h. durch Vergrößerung von n) wird die Näherung genauer.

[1] Die Richtigkeit dieser Summenformel wird ohne Beweis vorausgesetzt.

Die zu berechnende Flächenmaßzahl ist genau dann exakt bestimmt, wenn die Anzahl der Rechtecke unendlich groß ist. Diese Überlegung führt zu folgender Grenzwertbetrachtung:

$$I(x) = \lim_{n \to \infty} \frac{x^3}{6}\left(2 - \frac{3}{n} + \frac{1}{n^2}\right) = \frac{x^3}{6} \cdot 2 = \underline{\underline{\frac{x^3}{3}}}$$

Die Flächeninhaltsfunktion für die Randfunktion $f : f(x) = x^2$ hat also die Gleichung

$$I(x) = \frac{x^3}{3}$$

Damit ist gezeigt, dass auch für krummlinig begrenzte Flächenstücke die Flächeninhaltsfunktion Stammfunktion der Randfunktion ist.

Aufgabe 4

Bestimmen Sie mithilfe der Flächeninhaltsfunktion die Maßzahl der Fläche zwischen dem Graphen von

a) $f\colon f(x) = \frac{3}{2}x + 2$ und der x-Achse über dem Intervall [0; 2]

b) $f\colon f(x) = 4x^3 + 3x^2$ und der x-Achse über dem Intervall [0; 5].

Lösung

Die Maßzahl der beschriebenen Fläche lässt sich mithilfe der Flächeninhaltsfunktion bestimmen. Der Funktionsterm der Flächeninhaltsfunktion ist identisch mit dem Funktionsterm der Stammfunktion F von f. Wir suchen also zunächst die Stammfunktion F von der Randfunktion f mit $C = 0$:

a) Stammfunktion von f ist

$F\colon F(x) = \frac{3}{4}x^2 + 2x.$

Da der Funktionsterm der Stammfunktion identisch ist mit dem Funktionsterm der Flächeninhaltsfunktion, ist

$I(x) = \frac{3}{4}x^2 + 2x$

Also ist

$I(2) = \frac{3}{4} \cdot 4 + 4 = \underline{\underline{7}}$

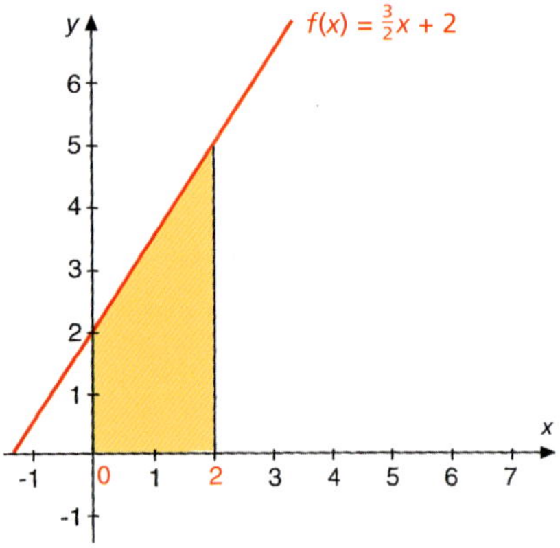

Bild 3.2.13

b) Stammfunktion von f ist

$F\colon F(x) = x^4 + x^3 = I(x)$

$\Rightarrow I(5) = 5^4 + 5^3 = \underline{\underline{750}}$

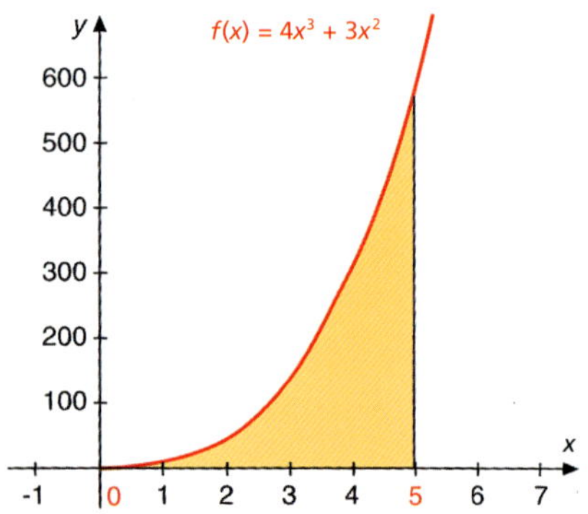

Bild 3.2.14

Übungsaufgaben

1 Bestimmen Sie die Ober- und Untersumme des Graphen von f: $f(x) = x^2$ über dem Intervall [0; 1] für die angegebene Zahl der Streifen und fertigen Sie eine Zeichnung an.

a) $n = 3$
b) $n = 4$
c) $n = 6$
d) $n = 8$

2 Bestimmen Sie die Flächenmaßzahl der oberen und unteren Treppenfläche mit $n = 5$ über dem Intervall [0; 1] für den Graphen von f mit

a) $f(x) = x^3$
b) $f(x) = x^4$
c) $f(x) = x^5$
d) $f(x) = x^6$

3 Bestimmen Sie für die gegebene Randfunktion die Flächeninhaltsfunktion und berechnen Sie dann die Maßzahl der Fläche zwischen dem Graphen der gegebenen Randfunktion und der x-Achse über dem angegebenen Intervall. Zeichnen Sie die Fläche.

a) f: $f(x) = 4$; [0; 3]
b) f: $f(x) = 5x$; [0; 1,5]
c) f: $f(x) = 0{,}5x + 2$; [0; 2,25]
d) f: $f(x) = -1{,}5x + 4$; [0; 0,75]
e) f: $f(x) = x^2 + 2x$; [0; 2]
f) f: $f(x) = \frac{1}{2}x^2 + 1$; [0; 1,5]
g) f: $f(x) = x^3 + 2$; [0; 3]
h) f: $f(x) = \frac{1}{4}x^3$; [0; 4]
i) f: $f(x) = \sqrt{x}$; [0; 1,2]
j) f: $f(x) = 3\sqrt{x}$; [0; 3]
k) f: $f(x) = 3x^2 + 2$; [0; 3]
l) f: $f(x) = -\frac{1}{4}x + 4$; [0; 1]

3.3 Das bestimmte Integral

Bisher wurden Flächenmaßzahlen zwischen Funktionsgraph und x-Achse über dem Intervall [0; x] berechnet.

Wenn die **Maßzahl der Fläche unter einem Funktionsgraphen über einem beliebigen Intervall [a; b]** (siehe Bild 3.3.1) bestimmt werden soll, wird wie folgt vorgegangen:

- Berechnung der Fläche unter dem Graphen der Randfunktion über dem Intervall [0 ; b] (durch Einsetzen von b in die Stammfunktion):
  $= F(b)$
- Berechnung der Fläche unter dem Graphen der Randfunktion über dem Intervall [0; a] (durch Einsetzen von a in die Stammfunktion):
  $= F(a)$
- Die Differenz der Flächenmaßzahlen $F(b) - F(a)$ ist dann die Maßzahl der zu berechnenden Fläche I.

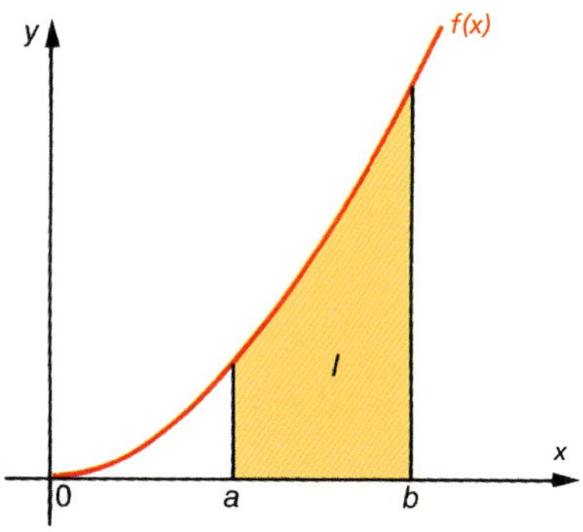

Bild 3.3.1

Die Maßzahl der Fläche I zwischen einem Funktionsgraphen und der x-Achse über dem Intervall [a; b] ist

$$I = F(b) - F(a)$$

wobei $F(x)$ Stammfunktion der Randfunktion ist.

Die Wahl der Stammfunktion ist unerheblich, weil sich die Konstante C aufhebt:

$$I = [F(b) + C] - [F(a) + C] = F(b) - F(a)$$[1]

Die Zahl $F(b) - F(a)$ ist also eindeutig bestimmt. Sie wird **bestimmtes Integral** von $f(x)$ über $[a; b]$ genannt.

Der mathematische Befehl zur Berechnung dieser eindeutig bestimmten Zahl wird geschrieben.

$$\int_a^b f(x)\,\mathrm{d}x = [F(x)]_a^b = F(b) - F(a)$$

Hauptsatz der Differenzial- und Integralrechnung

(gelesen: Integral $f(x)\,dx$ von a bis b) ...

Dabei sind ***a* und *b*** die **untere bzw. obere Integrationsgrenze, *f*(*x*) heißt Integrand.**

Man berechnet ein bestimmtes Integral *f*(*x*) d*x*, indem man

1. **eine Stammfunktion *F*(*x*) des Integranden *f*(*x*) aufstellt,**
2. **die Integrationsgrenzen *a* und *b* in *F*(*x*) einsetzt und**
3. **die Differenz *F*(*b*) – *F*(*a*) bildet.**

Aufgabe 1

Berechnen Sie die Maßzahl der Fläche, die zwischen dem Graphen von f: $f(x) = x^2$ und der x-Achse über dem Intervall $[4; 5]$ liegt.

Lösung

$$I = \int_4^5 x^2\,\mathrm{d}x$$

Zuerst wird eine Stammfunktion aufgestellt:

$$I = \int_4^5 x^2\,\mathrm{d}x = \left[\frac{x^3}{3}\right]_4^5$$

(Durch die eckigen Klammern und die daran angefügten Integrationsgrenzen soll ausgedrückt werden, dass diese Integrationsgrenzen noch in die Stammfunktion eingesetzt werden müssen.)

Dann wird zuerst die obere (b) und dann die untere Integrationsgrenze (a) in die Stammfunktion eingesetzt und die Differenz $F(b) - F(a)$ gebildet:

$$I = \int_4^5 x^2\,\mathrm{d}x = \left[\frac{x^3}{3}\right]_4^5 = \frac{5^3}{3} - \frac{4^3}{3} = \frac{125 - 64}{3} = \frac{61}{3} = \underline{\underline{20{,}\overline{3}}}$$

Das Integralzeichen ist ein stilisiertes S und erinnert daran, dass das Integral der Grenzwert einer ſumme ist (denken Sie an die Treppenfläche als Summe einzelner Rechtecke). Der Faktor dx gehört, sieht man von der Kennzeichnung der Integrationsvariablen (hier: x) ab, ohne weitere Bedeutung zum Integralsymbol.

[1] Dies ist im Übrigen der Grund dafür, dass bei den bisherigen Flächenberechnungen in $[0; x]$ für C 0 gewählt wurde: $[F(x) + C] - [F(0) + C] \Rightarrow I = F(x) + C - C = F(x)$.

Ein formalisiertes Vorgehen kann noch einmal verständlich machen, wie das Integralzeichen mit dem Faktor dx als Hilfsmittel zur Flächenberechnung einer Fläche unter einem Funktionsgraphen zu verstehen ist:

Zuvor soll jedoch ein kleiner Exkurs den Begriff des **Differenzials** klären:

Exkurs:

Differenziale kann man am Steigungsdreieck der Tangente interpretieren: In der Differenzialrechnung haben Sie gelernt, dass die Steigung einer ***Sekante*** $\frac{\Delta y}{\Delta x}$ *beträgt (s. Abbildung unten). Die Steigung einer* ***Tangente*** *wird dadurch berechnet, dass man* Δx *gegen 0 streben lässt. Die Differenz* Δx *wird also beliebig klein. Eine solche* ***beliebig kleine Differenz*** *heißt* ***Differenzial.*** *Auch* Δy *wird unendlich klein. Es entsteht ein Quotient beliebig kleiner Teilstücke* $\frac{dy}{dx} = f'(x)$.

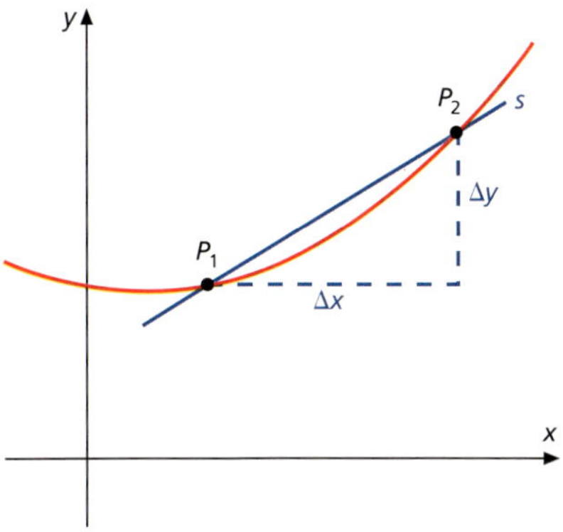

Bild 3.3.2

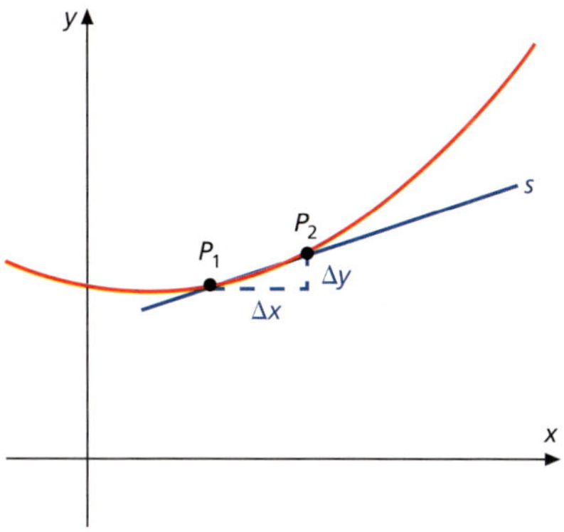

Bild 3.3.3

> **Differenziale** sind also beliebig kleine Teilstücke eines Ganzen. Z. B. ist dx ein beliebig kleines Teilstück von x.

(Exkurs Ende)

Der Flächeninhalt eines Rechtecks der Treppenfläche beträgt:

$R = f(x) \cdot \Delta x$

Der Flächeninhalt eines beliebig schmalen Rechteckstreifens kann durch Bildung eines **Differenzials** bestimmt werden:

$dR = f(x) \cdot dx$

Die Fläche unter dem Funktionsgraphen ist dann die Summe aller beliebig schmalen Rechteckstreifen:

$A = \sum dR = \sum f(x) \cdot dx$

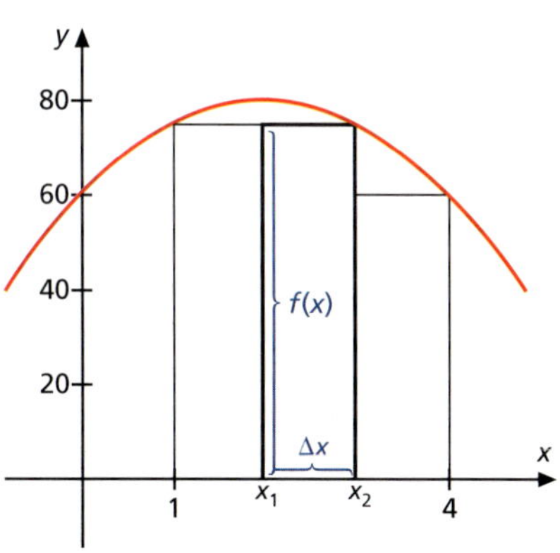

Bild 3.3.4

Für das Summenzeichen wird das Integralzeichen gesetzt:

$$A = \int f(x)\, dx$$

Die Maßzahl der Fläche über dem Intervall $[a; b]$ beträgt dann:

$$A = \int_a^b f(x)\,\mathrm{d}x$$

Wie die folgende Aufgabe zeigt, brauchen die Flächen, deren Maßzahlen zu berechnen sind, nicht (nur) im 1. Quadranten zu liegen.

> Die **Integrationsgrenzen** *a* und *b* können beliebige reelle Zahlen sein.

Die zu berechnenden Flächen sollen sich vorläufig aber noch oberhalb der x-Achse befinden.

Aufgabe 2

Berechnen Sie die Maßzahl der dargestellten Fläche.

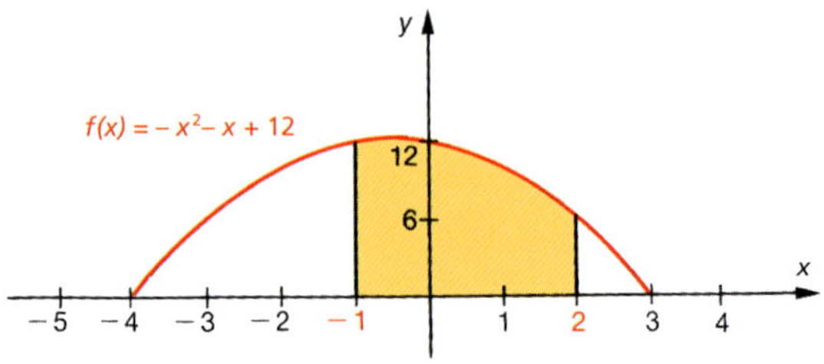

Bild 3.3.5

Lösung

$$I = \int_{-1}^{2} (-x^2 - x + 12)\,\mathrm{d}x = \left[-\frac{x^3}{3} - \frac{x^2}{2} + 12x\right]_{-1}^{2} = 19{,}\overline{3} + 12{,}1\overline{6} = \underline{\underline{31{,}5}}$$

Zum Abschluss dieses Abschnitts sei noch einmal der **Unterschied zwischen einem unbestimmten und einem bestimmten Integral** hervorgehoben :

> Das **unbestimmte Integral** ist **eine Menge von Funktionen:**
>
> $\int f(x)\,\mathrm{d}x = F(x) + C$

> Das **bestimmte Integral** ist eine **reelle Zahl:**
>
> $\int_a^b f(x)\,\mathrm{d}x = [F(x)]_a^b = F(b) - F(a)$

Übungsaufgaben

1 Bestimmen Sie die Integrale und skizzieren Sie die dadurch berechnete Fläche.

a) $\int_{-3}^{1} 3\mathrm{d}x$ b) $\int_{2}^{4} 2x\ \mathrm{d}x$

c) $\int_{-1}^{1} (2x + 4)\ \mathrm{d}x$ d) $\int_{-2}^{1} (-x^2 + 6)\ \mathrm{d}x$

e) $\int_{0}^{4} (0{,}1x^3 + 2)\ \mathrm{d}x$ f) $\int_{-2}^{0} (3x^2 + 1)\ \mathrm{d}x$

g) $\int_{-1}^{2} 2\ \mathrm{d}x$ h) $\int_{0{,}5}^{4{,}5} 3x\ \mathrm{d}x$

i) $\int_{-0,}^{1{,}5} (3x + 2)\ \mathrm{d}x$ k) $\int_{-1}^{1} (-3x^2 + 4)\ \mathrm{d}x$

l) $\int_{-5}^{-3} (-x^3 - 1)\ \mathrm{d}x$ m) $\int_{-1}^{1} (0{,}5x^2 + 3)\ \mathrm{d}x$

2 Berechnen Sie die Maßzahl der Fläche, die vom Graphen der Funktion f, der x-Achse und den Parallelen zur y-Achse durch $x = a$ und $x = b$ begrenzt wird.

a) $f\colon f(x) = x^2 - x + 1;\quad a = -1,\ b = 3$
b) $f\colon f(x) = x^2 + 4;\quad a = -4,\ b = 1$
c) $f\colon f(x) = 1{,}5\,x^2;\quad a = 3,\ b = 7$
d) $f\colon f(x) = -0{,}5x^2 + 5;\quad a = -2,\ b = 1$
e) $f\colon f(x) = 2x^2 + 1;\quad a = 0,\ b = 4$
f) $f\colon f(x) = \frac{1}{4}x^3 + 3;\quad a = -2,\ b = 4$
g) $f\colon f(x) = -x^3 - 1;\quad a = -5,\ b = -3$
h) $f\colon f(x) = -x^2 - 5x - 4;\quad a = -4,\ b = -2$
i) $f\colon f(x) = e^x;\quad a = -1,\ b = 1$
j) $f\colon f(x) = \frac{1}{x};\quad a = 1,\ b = 3$
k) $f\colon f(x) = 2e^x;\quad a = 1,\ b = 4$
l) $f\colon f(x) = \frac{2}{x};\quad a = 2,\ b = 4$

3 Berechnen Sie die Maßzahl der dargestellten Fläche.

a)
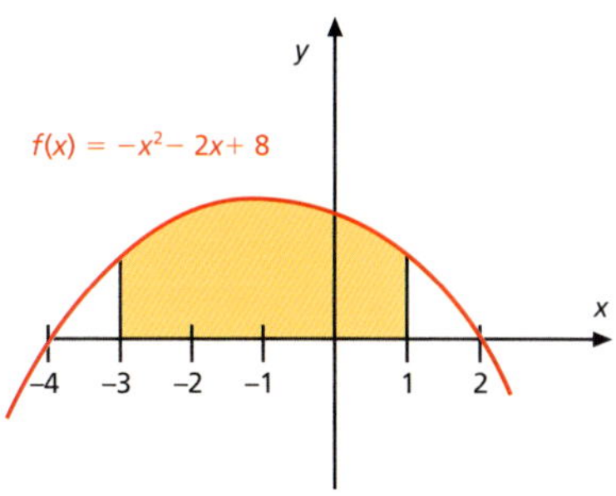

b)
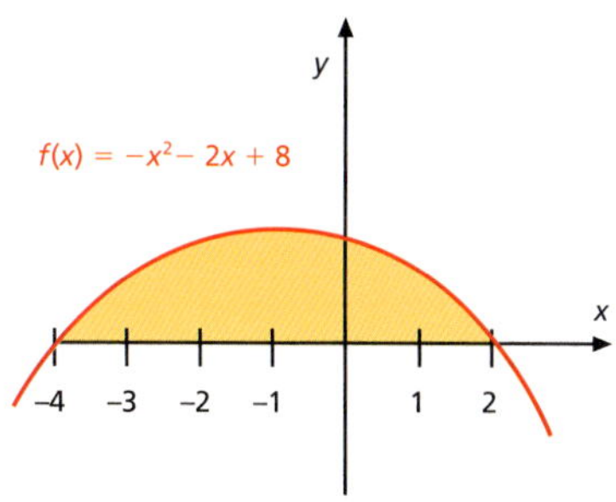

c)
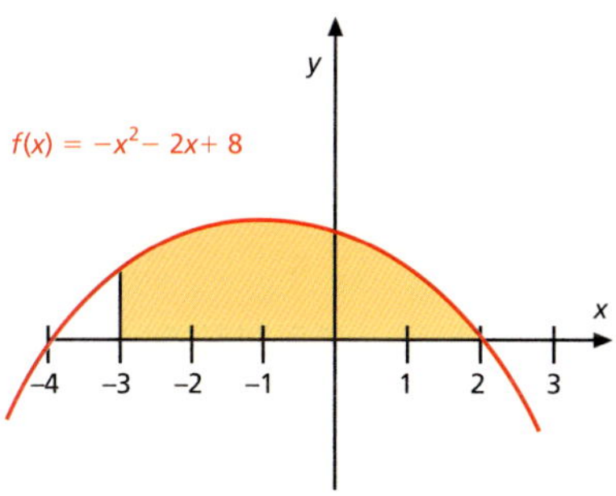

d)
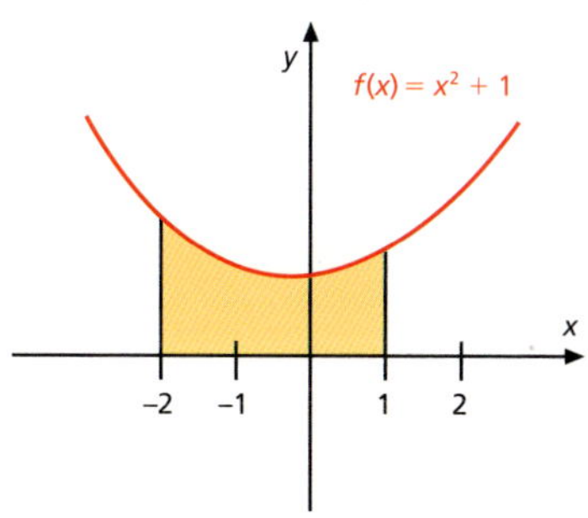

3.4 Das Integral als Flächenmaß

In den vorausgegangenen Abschnitten haben wir das $\int_a^b f(x)\,dx$ mithilfe einer Stammfunktion F von f berechnet:

$$\int_a^b f(x)\,dx = [F(x)]_a^b = F(b) - F(a), \text{ wobei } F' = f.$$

Dieser Sachverhalt ist Inhalt des sog. **Hauptsatzes der Differenzial- und Integralrechnung:**

Ist eine Funktion f integrierbar über einem Intervall $[a; b]$ und besitzt sie dort eine Stammfunktion F mit $F' = f$, so gilt

$$\int_a^b f(x)\,dx = [F(x)]_a^b = F(b) - F(a).$$

Dies bedeutet, dass man Integrale mithilfe von Stammfunktionen berechnen kann und nicht den recht umständlichen Weg über die Berechnung von Unter- und Obersummen gehen muss.

Der Satz beinhaltet gleichzeitig, dass die **Integralrechnung die Umkehrung der Differenzialrechnung** ist, d. h., **das Differenzieren hebt das vorher durchgeführte Integrieren vollständig auf.** Bei der Berechnung von Flächenmaßzahlen mithilfe des Integrals sind einige Besonderheiten zu beachten, die im Folgenden aufgeführt sind.

Fläche oberhalb der *x*-Achse

Die bisher mithilfe des bestimmten Integrals berechneten Flächen befanden sich oberhalb der x-Achse. Sie wurden eingegrenzt durch einen oberhalb der x-Achse verlaufenden Graphen einer Randfunktion, der x-Achse und zwei Parallelen durch $x = a$ und $x = b$. Das bestimmte Integral von a bis b der Randfunktion f mit $f(x)$ gibt dann direkt die gesuchte Flächenmaßzahl I an.

Für $f(x) \geq 0$ über dem Intervall $[a; b]$ gilt:

$$I = \int_a^b f(x)\,dx$$

Aufgabe 1

Bestimmen Sie die Maßzahl der Fläche zwischen dem Graphen von f: $f(x) = x^2$ und der x-Achse über dem Intervall $[1; 2]$.

Lösung

$$I = \int_1^2 x^2\,dx = \left[\frac{x^3}{3}\right]_1^2 = \frac{2^3}{3} - \frac{1^3}{3} = \underline{\underline{\frac{7}{3}}}$$

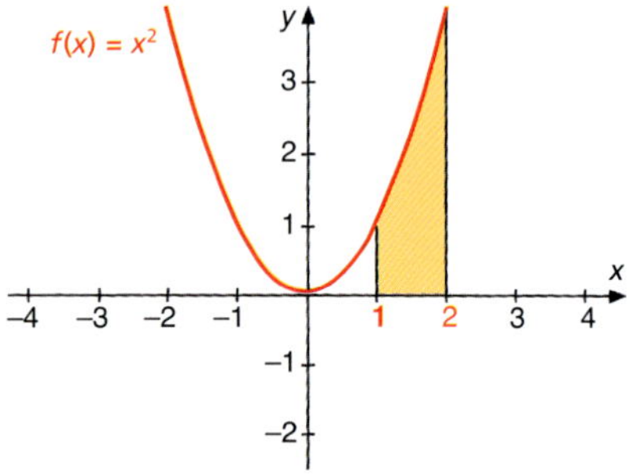

Bild 3.4.1

Wie schon in Abschnitt 3.3 gesagt, können die Integrationsgrenzen beliebige reelle Zahlen sein. Es ist jedoch grundsächlich immer darauf zu achten, dass die Integrationsgrenzen in der richtigen Reihenfolge gesetzt werden, d. h. die kleinere Zahl ist untere Integrationsgrenze.

Ein Vertauschen der Integrationsgrenzen führt dazu, dass in der Differenz $F(b) - F(a)$ Minuend und Subtrahend vertauscht werden. Dadurch ändert sich bekanntlich das Vorzeichen einer Differenz.

Das **Vertauschen der Integrationsgrenzen** ändert das Vorzeichen des Integrals.

$$\int_a^b f(x)\,\mathrm{d}x = -\int_b^a f(x)\,\mathrm{d}x$$

Fläche unterhalb der *x*-Achse

Aufgabe 2

Bestimmen Sie die Maßzahl der Fläche zwischen dem Graphen von f: $f(x) = -x^2$ über dem Intervall [1; 2].

Lösung

Die beschriebene Fläche ist mit der aus **Aufgabe 1** identisch, befindet sich aber **unterhalb** der x-Achse.

Die Berechnung des Integrals

$$\int_1^2 -x^2\,\mathrm{d}x = \left[-\frac{x^3}{3}\right]_1^2$$

$$= -\frac{2^3}{3} - \left(-\frac{1^3}{3}\right) = \underline{\underline{-\frac{7}{3}}}$$

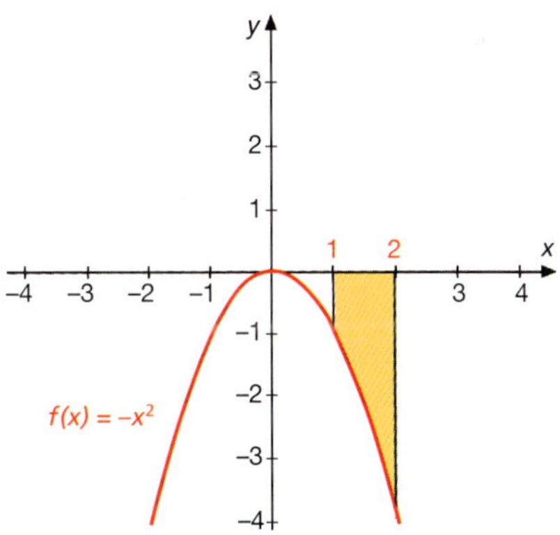

Bild 3.4.2

führt nun aber zu einem negativen Ergebnis. Weil Flächeninhalte nicht negativ sein können, wird das bestimmte Integral mit Betragszeichen versehen, sodass das Ergebnis positiv wird:

$$I = \left|\int_1^2 -x^2\,\mathrm{d}x\right| = \left|\left[-\frac{x^3}{3}\right]_1^2\right| = \left|-\frac{2^3}{3} - \left(-\frac{1^3}{3}\right)\right| = \left|-\frac{7}{3}\right| = \underline{\underline{\frac{7}{3}}}$$

Für $f(x) \leq 0$ über dem Intervall $[a; b]$ gilt

$$I = \left|\int_a^b f(x)\,\mathrm{d}x\right|$$

Fläche z. T. oberhalb und z. T. unterhalb der *x*-Achse

Der Graph einer Funktion verläuft in einem Intervall $[a; b]$ ober- **und** unterhalb der x-Achse, wenn er im Intervall $[a; b]$ mindestens eine Nullstelle mit Vorzeichenwechsel aufweist. Die zu berechnende Fläche befindet sich dann ober- und unterhalb der x-Achse. Das bestimmte Integral liefert in diesem Fall die **„Flächenbilanz"** (unter Berücksichtigung der Vorzeichen der einzelnen Teilflächen).

Will man die tatsächliche Maßzahl der Fläche zwischen dem Funktionsgraphen und der x-Achse über dem Intervall $[a; b]$ bestimmen, so muss man die einzelnen Teilflächen getrennt berechnen (die Flächen unterhalb der x-Achse mit Betragszeichen) und dann addieren. Die Integrationsgrenzen ergeben sich dabei aus den Nullstellen $x_1, x_2, ..., x_n$.

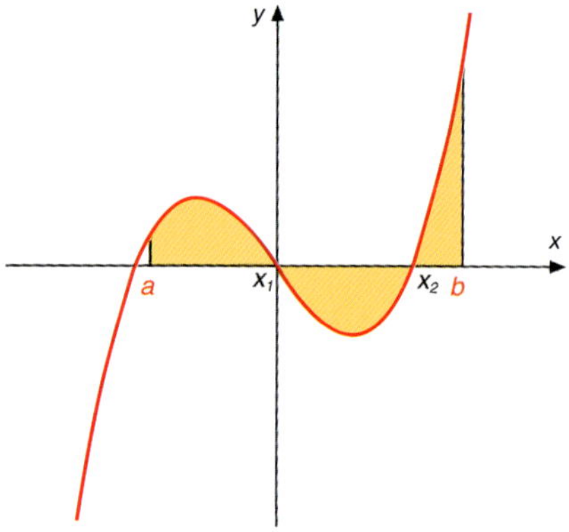

Bild 3.4.3

Wenn der Graph von f über dem Intervall $(a; b)$ Nullstellen $x_1, x_2, ..., x_n$ mit Vorzeichenwechsel hat, ist

$$I = \left|\int_a^{x_1} f(x)\,\mathrm{d}x\right| + \left|\int_{x_1}^{x_2} f(x)\,\mathrm{d}x\right| + \ldots + \left|\int_{x_n}^{b} f(x)\,\mathrm{d}x\right|$$

Aufgabe 3

Berechnen Sie die Maßzahl der Fläche zwischen dem Graphen von $f\colon f(x) = -x^2 - 5x - 4$ und der x-Achse über dem Intervall $[-5; 0]$.

Lösung

Die Integrationsgrenzen der einzelnen Integrale ergeben sich aus den Nullstellen der Funktion im Intervall $[-5; 0]$.

$0 = -x^2 - 5x - 4$

$0 = x^2 + 5x + 4$

$x_{1/2} = -\frac{5}{2} \pm \sqrt{\frac{25}{4} - \frac{16}{4}}$

$\underline{x_1 = -4}$

$\underline{x_2 = -1}$

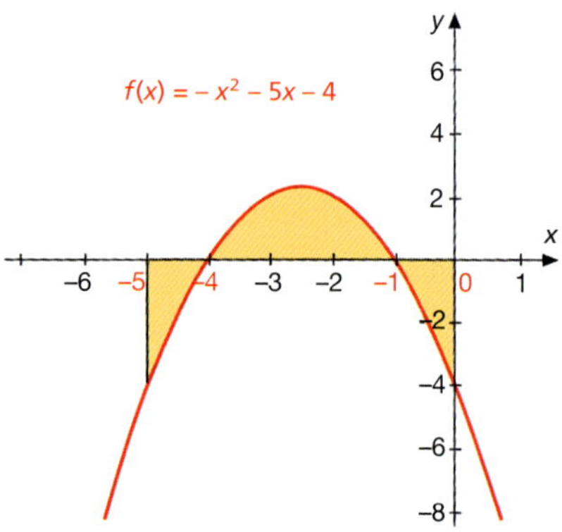

Bild 3.4.4

$$I = \left|\int_{-5}^{-4}(-x^2 - 5x - 4)\,\mathrm{d}x\right| + \int_{-4}^{-1}(-x^2 - 5x - 4)\,\mathrm{d}x + \left|\int_{-1}^{0}(-x^2 - 5x - 4)\,\mathrm{d}x\right|$$

$$I = \left|\left[-\frac{x^3}{3} - \frac{5}{2}x^2 - 4x\right]_{-5}^{-4}\right| + \left[-\frac{x^3}{3} - \frac{5}{2}x^2 - 4x\right]_{-4}^{-1} + \left|\left[-\frac{x^3}{3} - \frac{5}{2}x^2 - 4x\right]_{-1}^{0}\right|$$

$$I = \left|-\frac{11}{6}\right| + \frac{9}{2} + \left|-\frac{11}{6}\right|$$

$$I = \frac{49}{6} = 8{,}1\overline{6}$$

Man beachte den Unterschied:

Wären bei dieser Aufgabe die Betragszeichen nicht gesetzt und einfach das Integral: $\int_{-5}^{0}(-x^2 - 5x - 4)\,\mathrm{d}x$ berechnet worden, so wäre das Ergebnis $\frac{5}{6}$ die Differenz aus den Flächeninhalten unterhalb und oberhalb der x-Achse gewesen, oder anders ausgedrückt, das Ergebnis $\frac{5}{6}$ ist die **„Flächenbilanz“.**

Geometrische Deutung des Integrals:

Wenn der Graph einer Funktion f über einem Intervall $(a;\ b)$ die x-Achse schneidet, ist $\int_{a}^{b} f(x)\mathrm{d}x$ die Summe der Flächeninhalte der Flächen oberhalb der x-Achse minus der Summe der Flächeninhalte unterhalb der x-Achse.

Aufgabe 4

Wie groß ist die Maßzahl der Fläche, die vom Graphen von f: $f(x) = x^2 + 5x + 4$ und der x-Achse eingeschlossen wird?

Lösung

Es ist die Fläche zwischen Funktionsgraph und x-Achse in **dem** Intervall zu berechnen, das durch die Nullstellen von $f(x)$ gebildet wird,

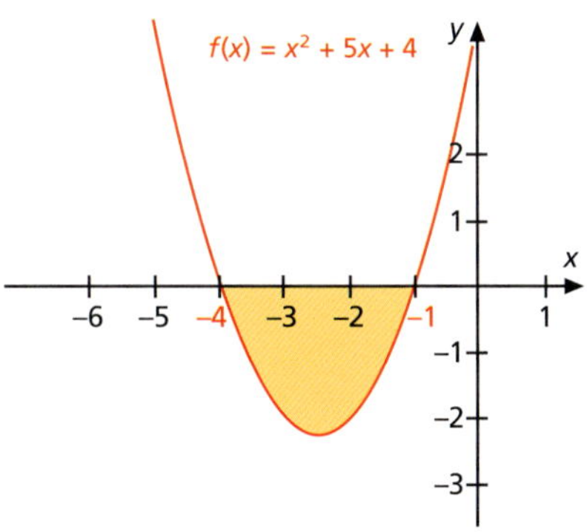

Bild 3.4.5

Nullstellen:

$f(x) = 0$

$0 = x^2 + 5x + 4$

$\Rightarrow \underline{x_1 = -4}$

$\underline{x_2 = -1}$

Flächenberechnung:

$$I = \left|\int_{-4}^{-1}(x^2 + 5x + 4)\,\mathrm{d}x\right|$$

$$I = \left|\left[\frac{x^3}{3} + \frac{5}{2}x^2 + 4x\right]_{-4}^{-1}\right|$$

$$I = \frac{9}{2} = 4{,}5$$

Übungsaufgaben

1 Bestimmen Sie die Maßzahl der Fläche zwischen dem Graphen der Randfunktion f und der x-Achse über dem Intervall $[a; b]$. Zeichnen Sie den Graphen der Funktion und kennzeichnen Sie die berechnete Fläche.

a) $f: f(x) = -2; [-1; 1]$
b) $f: f(x) = -3x - 1; [2; 4]$
c) $f: f(x) = 2x + 2; [-3; -1]$
d) $f: f(x) = -x^2 - 1; [-1; 1]$
e) $f: f(x) = -2x^2 + 4x; [0; 1]$
f) $f: f(x) = 2x^2 - 3x; [2; 4]$
g) $f: f(x) = -x^3 + x; [-1; 1]$
h) $f: f(x) = x^2 - 2x; [-1; 2]$
i) $f: f(x) = (x + 2)^2; [-1; 2]$
k) $f: f(x) = \frac{1}{3}x^2 - 2x + 3; [0; 5]$
l) $f: f(x) = -0{,}25x^2 + x + 3; [1; 5]$
m) $f: f(x) = -\frac{x^3}{3} + 2x^2 - 3x - 1; [1; 4]$
n) $f: f(x) = -x^3 + 3x + 2; [-1\frac{1}{2}; 1]$
o) $f: f(x) = -\frac{1}{3}x^3 + 2x^2 - 3x; [1; 4]$
p) $f: f(x) = -\frac{1}{8}x^2 + \frac{1}{2}x + \frac{3}{2}; [1; 5]$
q) $f: f(x) = \frac{2}{9}x^2 - \frac{4}{3}x + 2; [0,5]$
r) $f: f(x) = 2x^2 - 4x; [-1; 2]$
s) $f: f(x) = x^4 - 4x^2; [-2{,}5; 2{,}5]$

2 Bestimmen Sie die Maßzahl der Fläche zwischen dem Graphen der Randfunktion und der x-Achse über dem Intervall $[a; b]$. Zeichnen Sie den Graphen der Funktion und kennzeichnen Sie die berechnete Fläche.

a) $f: f(x) = 1 - x; [-1; 2]$
b) $f: f(x) = x^2 - 2x; [-1; 3]$
c) $f: f(x) = \frac{1}{2}(x + 3)^2 - 2; [-6; 0]$
d) $f: f(x) = x^3 - 2x^2; [-1; 3]$
e) $f: f(x) = x^2 - \frac{1}{3}x^3; [-2; 4]$
f) $f: f(x) = \frac{3}{4}x^2 - 3x; [-1; 3]$
g) $f: f(x) = -x^2 + x; [-1; 3]$
h) $f: f(x) = -x^2 + 4; [-3; 1]$
i) $f: f(x) = -\frac{1}{3}x^3 + x^2; [2; 6]$
k) $f: f(x) = x^4 - 4x^2; [-3; 3]$
l) $f: f(x) = x^3 - x; [-1; 1]$
m) $f: f(x) = x^3 - 3x - 2; [-3; 1]$

3 Berechnen Sie den Zahlenwert der Fläche, die der Graph von f mit der x-Achse einschließt.

a) $f: f(x) = x^2 - 5x + 4$
b) $f: f(x) = x^2 - x - 2$
c) $f: f(x) = x^2 - x$
d) $f: f(x) = -3x^2 - 6x + 9$
e) $f: f(x) = -\frac{1}{3}x^3 + 3x$
f) $f: f(x) = x^4 - 6x^2 + 5$

4 $f: f(x) = \frac{3}{2}(x - \frac{1}{2})^2 - 3{,}375$

Berechnen Sie die Maßzahl der Fläche, die vom Graphen der Funktion und der x-Achse eingeschlossen wird. Zeichnen Sie den Funktionsgraphen und kennzeichnen Sie die berechnete Fläche.

5 $f: f(x) = -x^3 + 3x + 2$

Bestimmen Sie die Maßzahl, die den Inhalt der Fläche zwischen dem Funktionsgraphen und der x-Achse über dem Intervall $[a; b]$ angibt, wobei Wende- und Hochstelle die Intervallgrenzen angeben. Zeichnen Sie den Graphen und kennzeichnen Sie die berechnete Fläche.

3.5 Anwendungen der Integralrechnung

1. Flächen zwischen Funktionsgraphen

Aufgabe 1

Berechnen Sie die Maßzahl der Fläche, die von den Graphen der Funktionen g: $g(x) = \frac{1}{2}x^2 - x + \frac{5}{2}$ und h: $h(x) = \frac{1}{2}x + \frac{5}{2}$ eingeschlossen wird.

Lösung

Durch die Bestimmung der Schnittstellen der Funktionsgraphen miteinander erhält man die Integrationsgrenzen. Hierzu werden die Funktionsterme gleichgesetzt:

$$g(x) = h(x)$$
$$\frac{1}{2}x^2 - x + \frac{5}{2} = \frac{1}{2}x + \frac{5}{2}$$
$$0 = \frac{1}{2}x^2 - \frac{3}{2}x$$
$$0 = x^2 - 3x$$
$$\underline{x_1 = 0}$$
$$\underline{x_2 = 3}$$

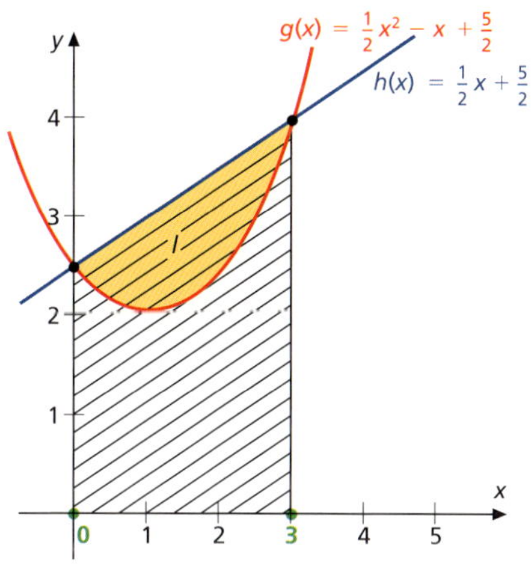

Bild 3.5.1

Die Maßzahl der Fläche I lässt sich nun bestimmen, indem die Fläche zwischen dem Graphen von h und der x-Achse über dem Intervall [0; 3] berechnet wird und davon die Maßzahl der Fläche zwischen dem Graphen von g und der x-Achse über dem Intervall [0; 3] subtrahiert wird (Veranschaulichen Sie sich dies an Bild 3.5.1.).

$$I = \int_0^3 h(x)\,dx - \int_0^3 g(x)\,dx$$

$$I = \int_0^3 \left(\frac{1}{2}x + \frac{5}{2}\right) dx - \int_0^3 \left(\frac{1}{2}x^2 - x + \frac{5}{2}\right) dx$$

$$I = \left[\frac{1}{4}x^2 + \frac{5}{2}x\right]_0^3 - \left[\frac{1}{6}x^3 - \frac{1}{2}x^2 + \frac{5}{2}x\right]_0^3$$

$$\underline{\underline{I = 2{,}25}}$$

Der Ansatz zur Berechnung der Maßzahl der Fläche zwischen zwei Funktionsgraphen wie aus **Aufgabe 1** lautet verallgemeinert:

Fläche zwischen zwei Funktionsgraphen: $I = \int_a^b h(x)\,dx - \int_a^b g(x)\,dx$

Dabei ist es gleichgültig, ob die einzelnen Flächenstücke ober- oder unterhalb der x-Achse liegen[1]. Voraussetzung ist lediglich, dass $g(x) \leq h(x)$ gilt oder umgekehrt. Wenn $g(x) \geq h(x)$ ist, wird das Ergebnis negativ. Durch das Setzen von Betragszeichen erhält man aber in jedem Fall eine positive Flächenmaßzahl.

Der o. g. Ausdruck

$$I = \int_a^b h(x)\,\mathrm{d}x - \int_a^b g(x)\,\mathrm{d}x$$

kann **nach der Differenzregel der Integralrechnung** vereinfacht werden zu

$$I = \int_a^b h(x)\,\mathrm{d}x - \int_a^b g(x)\,\mathrm{d}x = \int_a^b [h(x) - g(x)]\,\mathrm{d}x.$$

Wenn also die Maßzahl einer Fläche zwischen zwei Funktionsgraphen über einem Intervall $[a; b]$ berechnet werden soll, braucht lediglich die

Differenzfunktion $f_{\text{diff}}(x) = h(x) - g(x)$

über $[a; b]$ integriert werden.

Weil nämlich die Funktionswerte der Differenzfunktion genau den Differenzen der Funktionswerte der Einzelfunktionen entsprechen, ist die Maßzahl der Fläche zwischen den Funktionen g und h gleich der Maßzahl der Fläche zwischen Differenzfunktion und x-Achse.

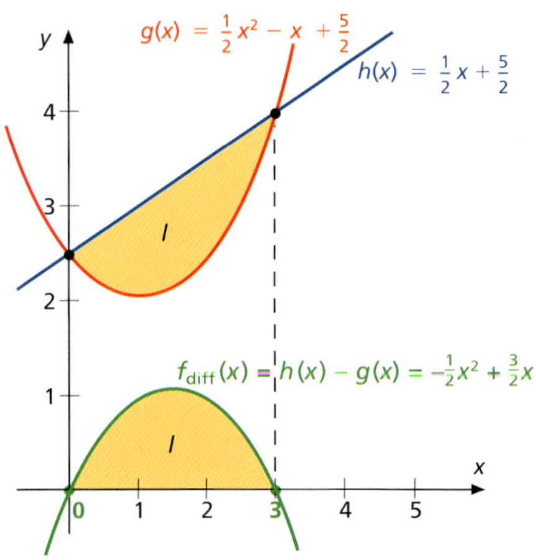

Bild 3.5.2

Wenn die Voraussetzung $g \leq h$ in einem Intervall $[a; b]$ nicht mehr gilt, in einem Intervall $[a; b]$ also teilweise der Graph der einen und teilweise der Graph der anderen Funktion oberhalb verläuft, so verläuft der Graph der Differenzfunktion ober- und unterhalb der x-Achse. Die Maßzahl der Fläche zwischen den Graphen von g und h wird dann ermittelt, indem die Maßzahlen der einzelnen Flächenstücke zwischen Differenzfunktion und x-Achse berechnet werden:

[1] Die Fläche kann nämlich durch Addition eines identischen Absolutgliedes zu beiden Funktionstermen beliebig verschoben werden, sodass sie vollständig über der x-Achse liegt. Durch Bildung der Differenzfunktion hebt sich das Absolutglied heraus.

Aufgabe 2

Berechnen Sie die Maßzahl der Fläche, die die Funktionsgraphen von g: $g(x) = x^3 - 4x$ und h: $h(x) = 5x$ miteinander einschließen.

Lösung

1. **Aufstellen der Gleichung der Differenzfunktion:**

$$f_{\text{diff}}(x) = g(x) - h(x) = x^3 - 4x - 5x = \underline{x^3 - 9x}$$

2. **Nullstellen der Differenzfunktion als Integrationsgrenzen[1]:**

$$f_{\text{diff}}(x) = 0$$
$$0 = x^3 - 9x$$
$$\underline{x_1 = 0}$$
$$\underline{x_{2/3} = \pm 3}$$

3. **Berechnung der Maßzahlen der Teilflächen zwischen Differenzfunktion und x-Achse[2]:**

$$I = \left|\int_{-3}^{0}(x^3 - 9x)\,\mathrm{d}x\right| + \left|\int_{0}^{3}(x^3 - 9x)\,\mathrm{d}x\right|$$

$$I = \left|\left[\frac{x^4}{4} - \frac{9}{2}x^2\right]_{-3}^{0}\right| + \left|\left[\frac{x^4}{4} - \frac{9}{2}x^2\right]_{0}^{3}\right|$$

$$I = |20{,}25| + |-20{,}25|$$

$$\underline{\underline{I = 40{,}5}}$$

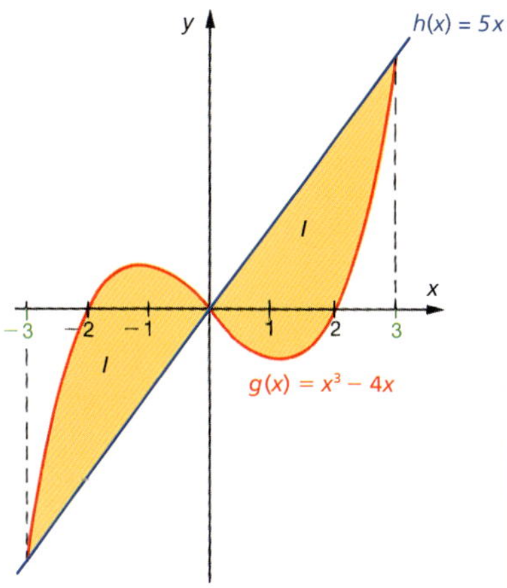

Bild 3.5.3

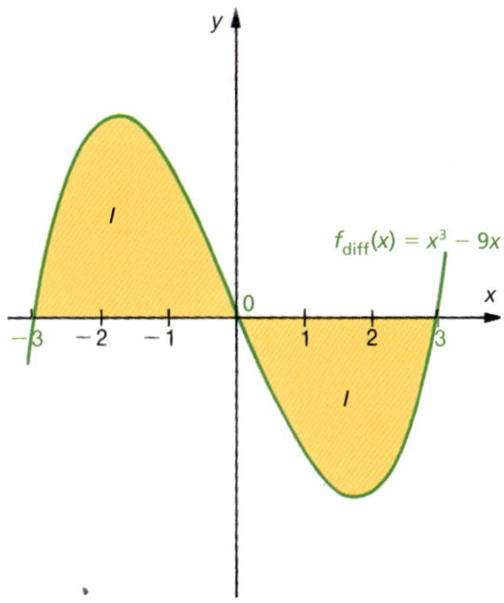

Bild 3.5.4

[1] Diese entsprechen den Schnittstellen von g und h miteinander.

Bestimmung von Funktionsgleichungen bei vorgegebener Fläche

Aufgabe 3

Eine Parabel schneidet die x-Achse bei $x = 1$ und bei $x = 4$. Bestimmen Sie die Funktionsgleichung der Parabel so, dass die von der Parabel und der x-Achse eingeschlossene Fläche die Maßzahl 4,5 annimmt.

Lösung

Da die Nullstellen der Parabel bekannt sind, kann die Linearfaktordarstellung der Funktionsgleichung ermittel werden, in der der Dehnungs-/Stauchungsfaktor dann noch so bestimmt werden muss, dass die Flächenmaßzahl den vorgegebenen Wert annimmt.

$f(x) = a(x-1)\,(x-4)$

$f(x) = ax^2 - 5ax + 4a$

Laut Aufgabenstellung soll

$$\left|\int_1^4 (ax^2 - 5ax + 4a)\,\mathrm{d}x\right| = 4{,}5$$

sein.

$$\Rightarrow \left|\left[\frac{a}{3}x^3 - \frac{5}{2}ax^2 + 4ax\right]_1^4\right| = 4{,}5$$

$$\left|\left(\frac{64}{3}a - 40a + 16a\right) - \left(\frac{1}{3}a - \frac{5}{2}a + 4a\right)\right| = 4{,}5$$

$$|-4{,}5a| = 4{,}5$$

$\Rightarrow \underline{a = \pm 1}$

Ergebnis:

Die Parabeln mit den Gleichungen

$\underline{\underline{f(x) = x^2 - 5x + 4}}$

bzw.

$\underline{\underline{f(x) = -x^2 + 5x - 4}}$

schließen mit der x-Achse eine Fläche mit der Maßzahl 4,5 ein.

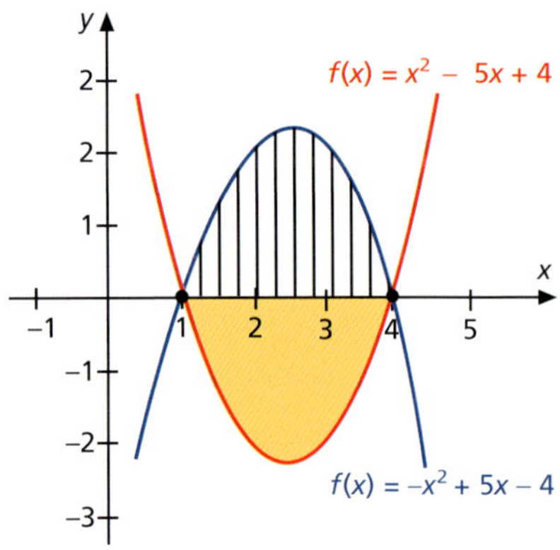

Bild 3.5.5

Übungsaufgaben

Flächen zwischen Funktionsgraphen

1 Berechnen Sie die Maßzahl der Fläche zwischen den Graphen von g und h über dem angegebenen Intervall. Zeichnen Sie die Graphen der Funktionen und kennzeichnen Sie die berechnete Fläche.
(x_s = Schnittstelle von g und h)

a) g: $g(x) = x + 2$;	h: $h(x) = 3$;	$[1; 3]$
b) g: $g(x) = 2x - 1$;	h: $h(x) = \frac{1}{4}x - 1$;	$[0; 3]$
c) g: $g(x) = 3x - 1$;	h: $h(x) = -x$;	$[x_s; 2]$
d) g: $g(x) = x^2 - 1$;	h: $h(x) = x + 1$;	$[x_{s1}; x_{s2}]$
e) g: $g(x) = 2x^2 + 1$;	h: $h(x) = -x - 2$;	$[x_{s1}; x_{s2}]$
f) g: $g(x) = x^3$;	h: $h(x) = x$;	$[-1; 0]$

2) Diese entsprechen den Flächen zwischen g und h.

2 Die Graphen von g und h schneiden sich. Berechnen Sie die Maßzahl der Fläche zwischen den Graphen von g und h mithilfe der Differenzfunktion. Zeichnen Sie die Graphen der Funktionen und kennzeichnen Sie die berechnete Fläche. Zeichnen Sie auch den Graphen der Differenzfunktion mit der entsprechenden Fläche.

a) $g\colon g(x) = -x^2 - 1$; $h\colon h(x) = -2$

b) $g\colon g(x) = x^2 + x$; $h\colon h(x) = 3x$

c) $g\colon g(x) = x^3 - x$; $h\colon h(x) = -x^2 + 1$

d) $g\colon g(x) = x^2$; $h\colon h(x) = x^3$

e) $g\colon g(x) = 0{,}5x^2 - 4$; $h\colon h(x) = -\frac{1}{4}x^2 + 2x$

f) $g\colon g(x) = x^3 - x$; $h\colon h(x) = 3x$

3 Berechnen Sie die Maßzahl der Fläche zwischen den Graphen von g und h mithilfe der Differenzfunktion im angegebenen Intervall. Zeichnen Sie die Graphen der Funktionen und kennzeichnen Sie die berechnete Fläche.

a) $g\colon g(x) = -x^3$; $h\colon h(x) = -2x$; $[-\sqrt{2}; \sqrt{2}]$

b) $g\colon g(x) = x^3 - 3x^2$; $h\colon h(x) = \frac{1}{2}x^2$; $[-1; 2]$

c) $g\colon g(x) = -x^3 + x^2$; $h\colon h(x) = x^2$; $[-3; 1]$

d) $g\colon g(x) = -x^2 + 4$; $h\colon h(x) = -2x + 1$; $[-2; 1]$

e) $g\colon g(x) = x^3$; $h\colon h(x) = 1$; $[0; 2]$

f) $g\colon g(x) = x^3 - 4x^2 + 4x - 4$; $h\colon h(x) = x^2 - 4x$; $[1; 2]$

Bestimmung von Funktionsgleichungen bei vorgegebener Fläche

4 Eine Parabel schneidet die x-Achse bei $x = -3$ und bei $x = -1$. Das Flächenstück zwischen Parabel und x-Achse hat die Maßzahl 32. Wie lautet die Gleichung der Parabel?

5 Eine Parabel schneidet die x-Achse bei $x = -3$ und bei $x = -1$ und schließt mit der x-Achse ein Flächenstück mit der Maßzahl $\frac{8}{3}$ ein. Wie lautet die Gleichung der Parabel?

6 Der Graph der Funktion $f\colon f(x) = -a^2x^2 + 2$ schließt im 1. Quadranten mit den Achsen eine Fläche mit der Maßzahl $\frac{16}{3}$ ein. Wie groß ist a?

7 Der Graph der Funktion $f\colon f(x) = ax^2 - 1$ schließt mit der x-Achse eine Fläche mit der Maßzahl 3 ein. Wie groß ist a?

8 Eine Parabel der Form $f(x) = ax^2 + 2ax - 8a$ soll mit der x-Achse eine Fläche mit der Maßzahl 18 einschließen. Bestimmen Sie a.

9 $f(x) = ax^4 + bx^2 + c$
Der Graph von f berührt bei $x = \pm 2$ die x-Achse und schließt mit der x-Achse eine Fläche der Maßzahl 34,13 ein. Wie lautet die Funktionsgleichung?

Weitere Anwendungsaufgaben

10 Bestimmen Sie die Maßzahl der angegebenen Fläche.

a) 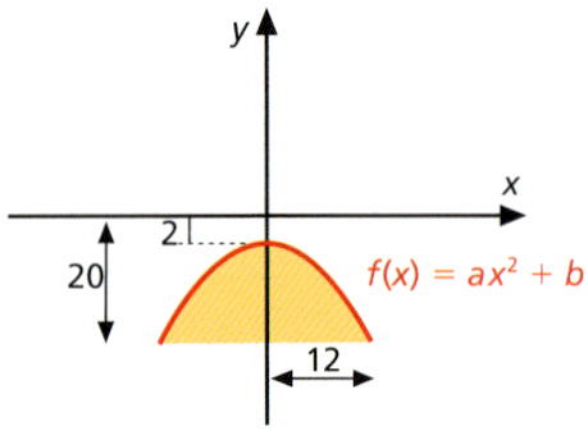

b) 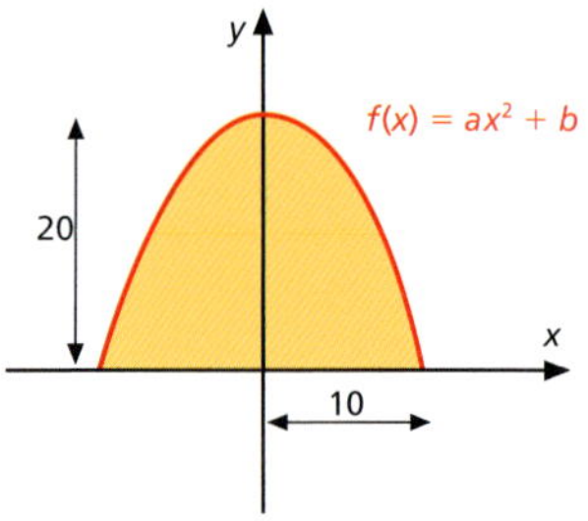

c) 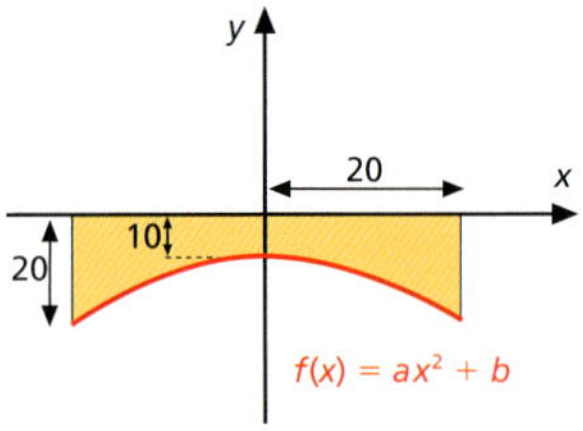

d) 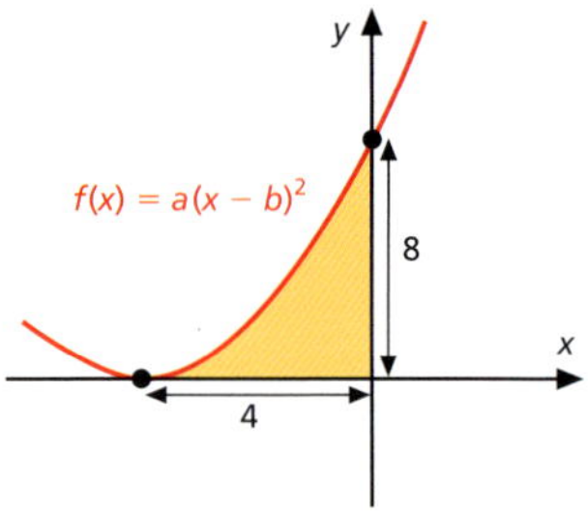

11 Die Segmente eines Abwasserkanals werden meterweise aus Beton gegossen. Wie viel Beton wird für ein Segment benötigt, wenn der Ausschnitt parabelförmig ist (Angaben in cm)?

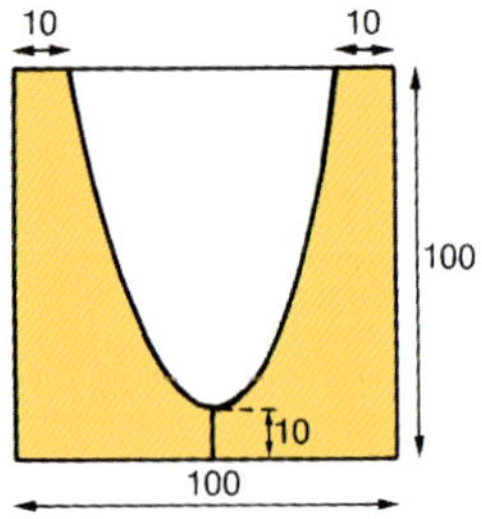

12 Ein Eisenbahntunnel hat einen parabelförmigen Querschnitt. Wie viel m^3 Beton werden verbraucht, wenn der Tunnel nach nebenstehender Abbildung mit 5 m Länge gebaut wird (Angaben in m)?

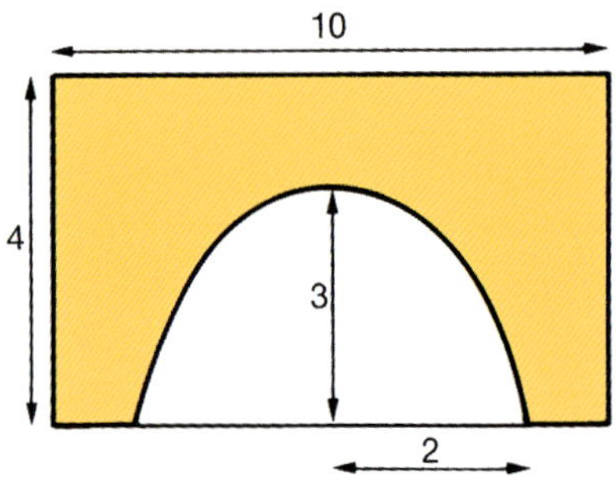

13 Ein Maschinenbauteil hat folgendes Aussehen. Berechnen Sie die Fläche des Teils.

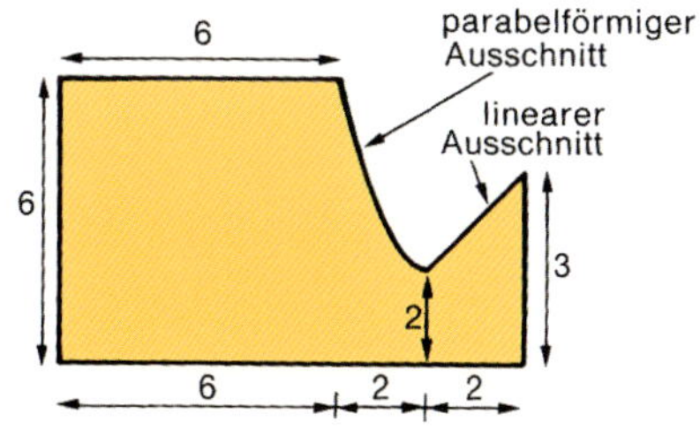

14 Ein Betonträger hat bei 8 m Länge folgenden Querschnitt. Wie viel m^3 Beton werden für den Bau des abgebildeten Trägers verbraucht, wenn der rechte Ausschnitt parabelförmig ist (Angaben in m)?

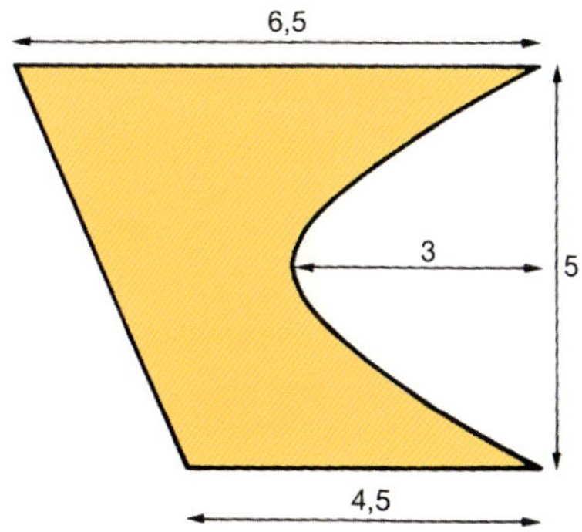

3.6 Integrierbarkeit

Eine Funktion f ist **integrierbar,** wenn sich mithilfe der Streifenmethode die Grenzwerte der Unter- und Obersumme der Treppenflächen des Funktionsgraphen berechnen lassen.

Dies ist dann möglich, wenn es für jeden Streifen der Breite Δx einen minimalen (für die untere Treppe) bzw. maximalen Funktionswert (für die obere Treppe) gibt.

Außerdem müssen die Grenzwerte der Untersumme (s_n) und Obersumme (s'_n) der Treppenflächen übereinstimmen.

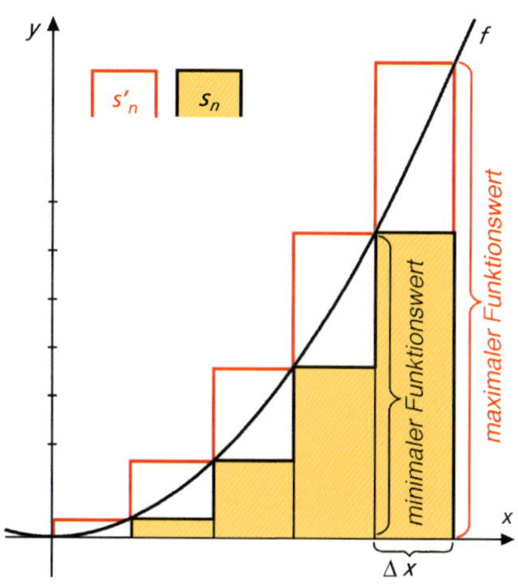

Bild 3.6.1

Eine Funktion heißt **integrierbar,** wenn

$$\lim_{n \to \infty} S_n = \lim_{n \to \infty} s_n$$

Der gemeinsame Grenzwert ist dann:

$$\int_a^b f(x)\mathrm{d}x$$

Das Mengenbild zeigt folgende Zusammenhänge:

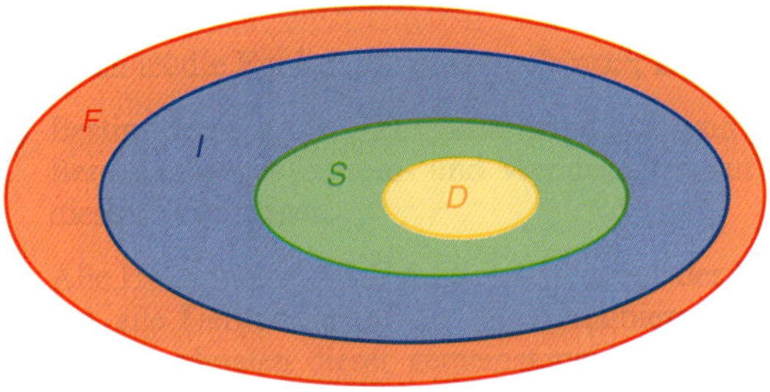

F = Menge aller in einem Intervall definierten **F**unktionen.

I = Menge aller in einem Intervall *i*ntegrierbaren Funktionen.

S = Menge aller in einem Intervall *s*tetigen Funktionen.

D = Menge aller in einem Intervall *d*ifferenzierbaren Funktionen.

Bild 3.6.2

Voraussetzung für die Differenzierbarkeit, Stetigkeit und Integrierbarkeit einer Funktion f über einem Intervall $[a; b]$ ist, dass die Funktion f in diesem Intervall überhaupt definiert ist.

Alle differenzierbaren Funktionen sind stetig. Alle stetigen Funktionen sind integrierbar. Da die Menge der stetigen Funktionen jedoch Teilmenge der integrierbaren Funktionen ist, gibt es demnach auch unstetige Funktionen, die integrierbar sind.

Die Stetigkeit ist also eine hinreichende Bedingung für die Integrierbarkeit. Weil es aber, wie aus dem Mengenbild hervorgeht, auch noch integrierbare Funktionen gibt, die nicht stetig sind, ist die Stetigkeit keine notwendige Bedingung für die Integrierbarkeit.

Die Maßzahl der Fläche unter den Funktionsgraphen stetiger Funktionen lässt sich problemlos mithilfe der Streifenmethode bestimmen[1].

Jede über einem Intervall $[a; b]$ stetige Funktion ist dort auch integrierbar.

Stetigkeit ⇒ Integrierbarkeit

Die Umkehrung dieses Satzes ist nicht zulässig.

Integrierbarkeit ⇏ Stetigkeit

Während die Integrierbarkeit bei stetigen Funktionen also problemlos festgestellt werden kann, ist dies bei unstetigen Funktionen nicht ganz so einfach.

[1] Auf die sehr umfangreiche Beweisführung wird verzichtet. Es erscheint jedoch einsichtig, dass bei stetigen Funktionen keine Probleme mit der Streifenbildung auftreten dürften, weil es für jeden Streifen einen maximalen und einen minimalen Funktionswert gibt, und damit die Höhe eines jeden Rechtecks der Unter- und Obersumme bestimmbar ist.

Im Folgenden wollen wir deshalb Funktionen auf Integrierbarkeit untersuchen, die in einem Intervall [a; b] nicht stetig sind. Der Anschaulichkeit halber gehen wir dabei von der grafischen Darstellung aus.

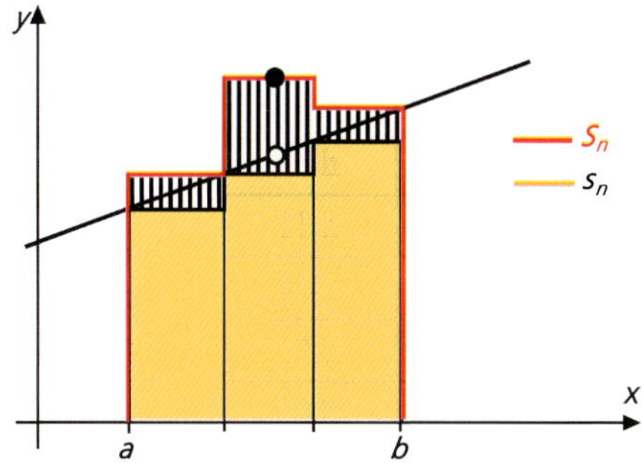

Bild 3.6.3

Die Maßzahl der Fläche unter einem Funktionsgraphen kann mithilfe der Streifenmethode immer dann berechnet werden, wenn die Funktion in dem betreffenden Intervall höchstens endlich viele Sprungstellen aufweist. Bei derartigen Unstetigkeiten, wie sie in den Bildern 3.6.3 bis 3.6.5 dargestellt sind, kann in jedem Fall noch die Streifenmethode angewandt werden, weil sich die Höhe eines jeden Streifens der unteren bzw. oberen Treppenfläche bestimmen lässt. Dann lässt sich auch die Unter- und Obersumme der Treppenflächen berechnen.

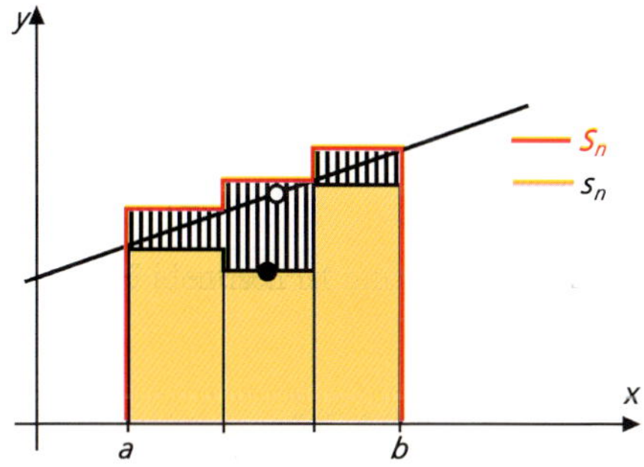

Bild 3.6.4

Die Unstetigkeitsstellen sind nur in endlich vielen Streifen enthalten und wirken sich mit wachsendem n immer weniger aus, da die entsprechenden Streifen zu einem inhaltsleeren Strich verkümmern.

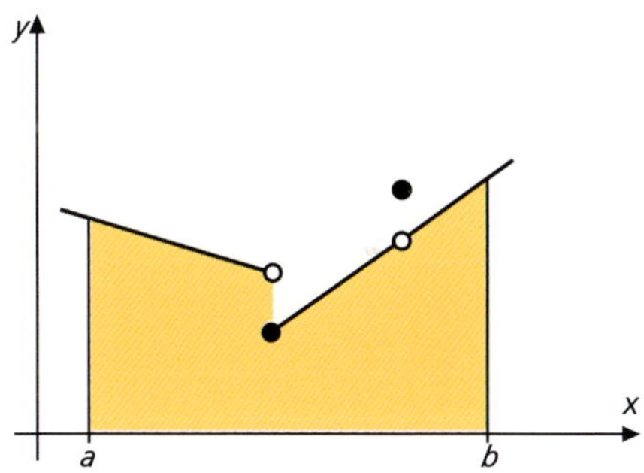

Bild 3.6.5

Die Funktion

$$f: f(x) = \begin{cases} 1 \text{ für } x \in \mathbb{Q} \\ 2 \text{ für } x \in \mathbb{R}\setminus\mathbb{Q} \end{cases}$$

ist im angegebenen Intervall nicht integrierbar. Der Graph der Funktion besteht aus zwei „unvollständigen Geradenstücken“. Für die untere Treppenfläche bestimmt der jeweils kleinste Funktionswert eines Streifens die Streifenhöhe. Entsprechend bestimmt für die obere Treppenfläche der jeweils größte Funktionswert eines Streifens die Streifenhöhe. Der Grenzwert der Untersumme s_n ist demnach $(b - a) \cdot 1$, der Grenzwert der Obersumme S_n ist dann $(b - a) \cdot 2$.

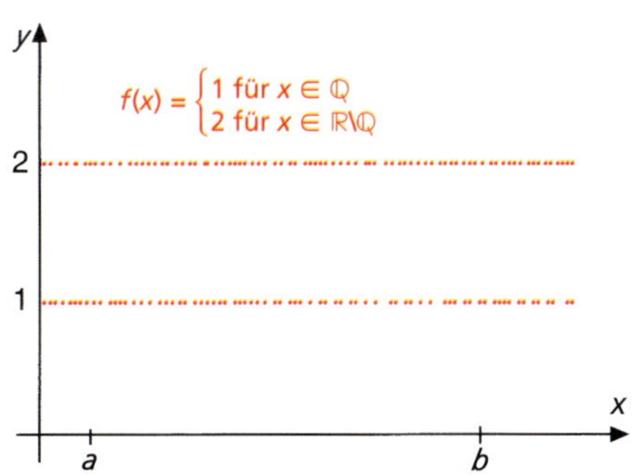

Bild 3.6.6

Weil $\lim\limits_{n \to \infty} S_n \neq \lim\limits_{n \to \infty} s_n$ ist f über dem Intervall $[a; b]$ nicht integrierbar.

Die Funktion

$$f\colon f(x) = \begin{cases} \frac{1}{x} \text{ für } [-1; 1]\backslash 0 \\ 2 \text{ für } x = 0 \end{cases}$$

ist über ihrem Definitionsbereich nicht integrierbar.

Dadurch, dass die Funktion nach oben (aber auch nach unten) unbeschränkt ist, hat der an der Unendlichkeitsstelle liegende Streifen keinen größten (kleinsten) Funktionswert, der Streifen ist unendlich hoch. Die Obersumme S_n (Untersumme s_n) lässt sich nicht berechnen, die Funktion f ist über dem Intervall $[-1; 1]$ nicht integrierbar.

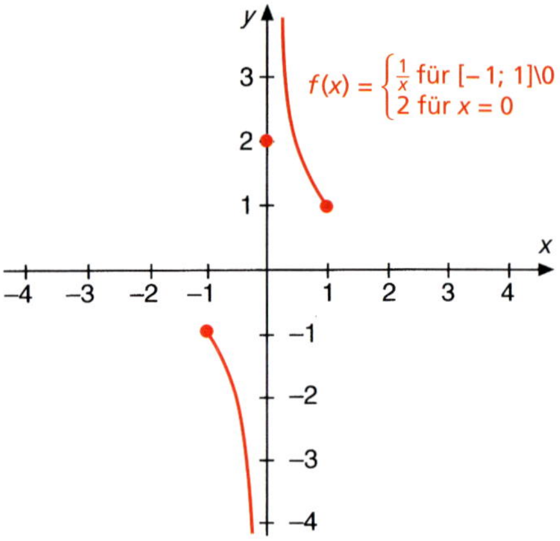

Bild 3.6.7

Aus den vorausgegangenen Überlegungen ergibt sich folgende Definition für die Integrierbarkeit einer Funktion:

> Eine Funktion f, die im Intervall $[a; b]$ definiert und dort beschränkt ist, heißt integrierbar, wenn es im Intervall $[a; b]$ Treppenflächen s_n bzw. S_n gibt, sodass gilt:
> $$\lim_{n\to\infty} S_n = \lim_{n\to\infty} s_n$$
> Der gemeinsame Grenzwert heißt das Integral von a bis b über die Funktion f.

Übungsaufgaben

1 Sind die dargestellten Funktionen über dem Intervall $[a; b]$ differenzierbar, stetig bzw. integrierbar?
Begründen Sie Ihre Meinung.

a) 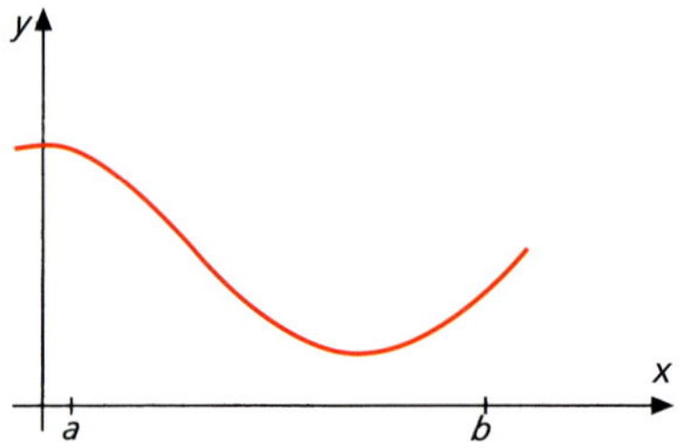

b) 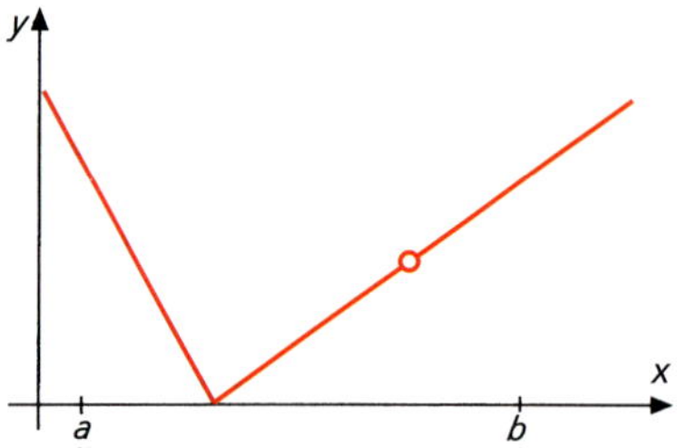

c) 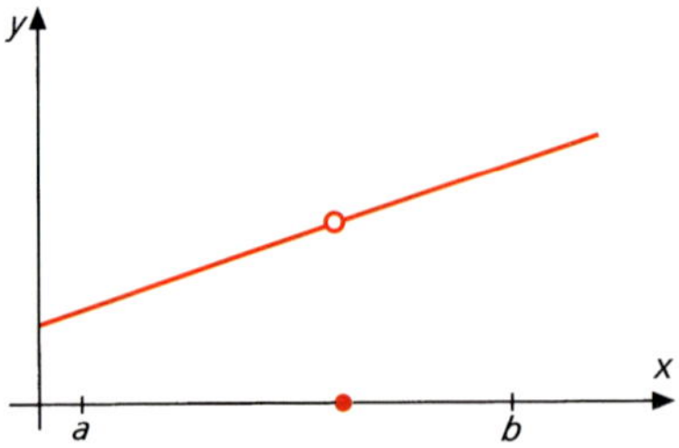

d) 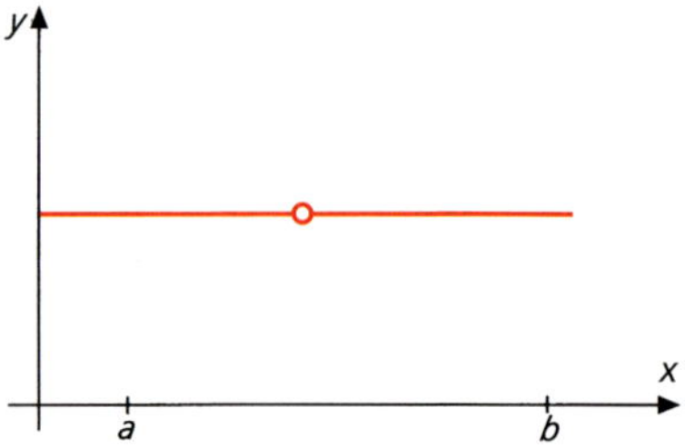

e)

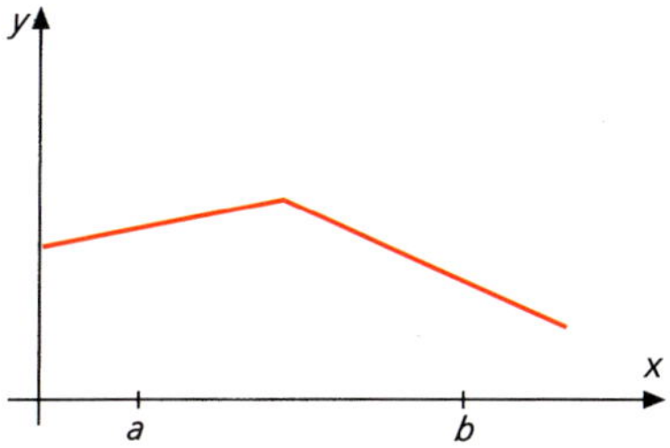

f)

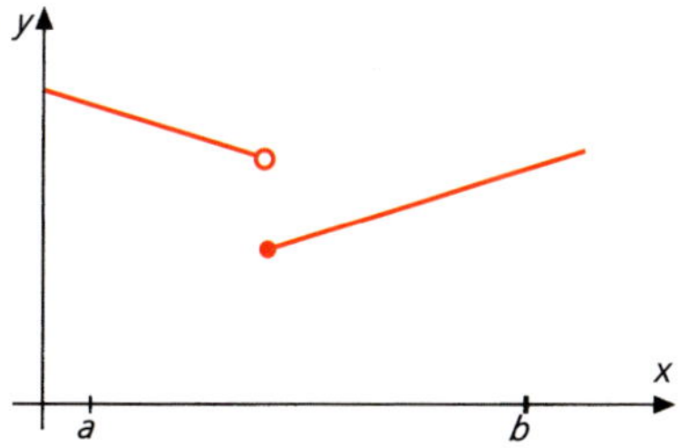

g)

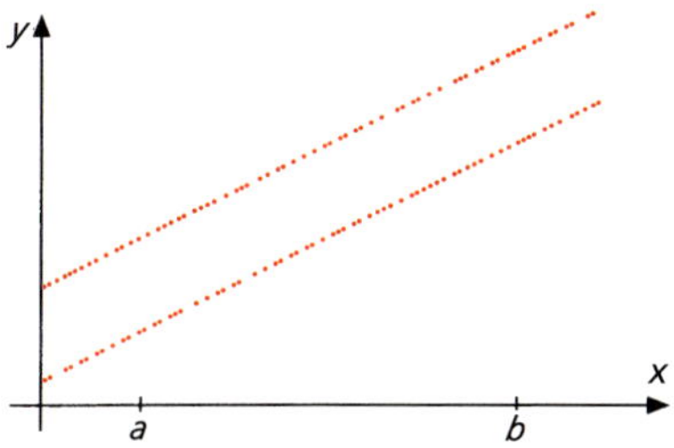

h)

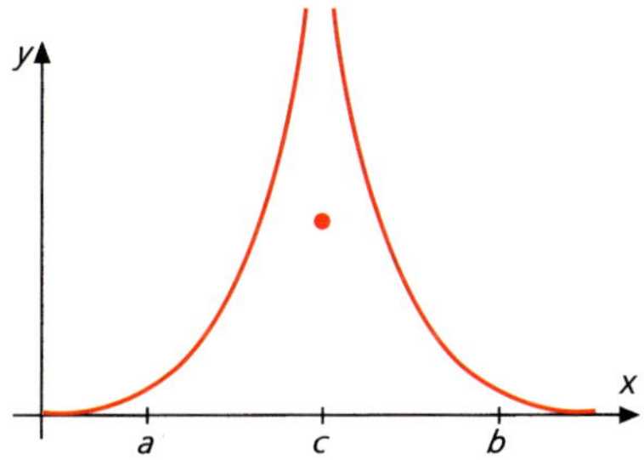

2 F sei die Menge aller in einem Intervall $[a;\, b]$ definierten Funktionen.
I sei die Menge aller in einem Intervall $[a;\, b]$ integrierbaren Funktionen.
S sei die Menge aller in einem Intervall $[a;\, b]$ stetigen Funktionen.
D sei die Menge aller in einem Intervall $[a;\, b]$ differenzierbaren Funktionen.

Geben Sie eine Funktion an, die zu folgender Menge gehört.

a) $S \setminus D$

b) $I \setminus S$

c) $F \setminus I$

3 Sind die angegebenen Integrale definiert? Begründen Sie Ihre Meinung. Berechnen Sie ggf. das Integral.

a) $\int\limits_{-2}^{2} \frac{1}{x}\,\mathrm{d}x$

b) $\int\limits_{-1}^{1} \sqrt{x}\,\mathrm{d}x$

c) $\int\limits_{0}^{3} f(x)\,\mathrm{d}x$ für $f(x) = \begin{cases} x^2 \text{ für } 0 \le x \le 2 \\ 2x \text{ für } 2 < x \le 3 \end{cases}$

d) $\int\limits_{0}^{3} f(x)\,\mathrm{d}x$ für $f(x) = \begin{cases} \frac{1}{x^2} \text{ für } x \neq 0 \\ 1 \text{ für } x = 0 \end{cases}$

e) $\int\limits_{0}^{5} f(x)\,\mathrm{d}x$ für $f(x) = \begin{cases} x + 1 & \text{für } 0 \le x \le 2 \\ 2x & \text{für } 2 < x \le 5 \end{cases}$

f) $\int\limits_{1}^{6} f(x)\,\mathrm{d}x$ für $f(x) = \begin{cases} -x + 3 & \text{für } 1 \le x < 3 \\ 3 & \text{für } x = 3 \\ 1 & \text{für } 3 < x \le 6 \end{cases}$

3.7 Weiterführung der Integralrechnung

3.7.1 Grundintegrale

Grundfunktionen heißen die einfachsten Funktionen der einzelnen Funktionsklassen. Die zugehörigen Stammfunktionen heißen **Grundintegrale.** Die wichtigsten Grundfunktionen f und die dazugehörigen Stammfunktionen F fassen wir in der folgenden Tabelle zusammen. Die Richtigkeit der angegebenen Grundintegrale kann leicht dadurch kontrolliert werden, dass man die Stammfunktion ableitet.

Grundintegrale

$f: f(x) =$	$F: F(x) = \int f(x)\,dx =$
0	C
1	$x + C$
$x^n; (n \neq -1)$	$\frac{1}{n+1}x^{n+1} + C$
$\frac{1}{x}$	$\ln\lvert x\rvert + C$
$\sqrt{x}$	$\frac{2}{3}\sqrt{x^3} + C$
$\frac{1}{\sqrt{x}}$	$2\sqrt{x} + C$

$f: f(x) =$	$F: F(x) = \int f(x)\,dx =$
e^x	$e^x + C$
$a^x; (a \in \mathbb{R}_+^*\setminus\{1\})$	$\frac{a^x}{\ln a} + C$
$\ln x$	$x(\ln\lvert x\rvert - 1) + C$
$\sin x$	$-\cos x + C$
$\cos x$	$\sin x + C$
$\tan x$	$-\ln\lvert\cos x\rvert + C$
$\cot x$	$\ln\lvert\sin x\rvert + C$

Mithilfe dieser Aufstellung können bei weitem noch nicht alle Funktionen integriert werden, eben nur die sog. Grundfunktionen. Durch zusätzliche Anwendung der Summen-/Differenzregel (Summen und Differenzen von Funktionen dürfen gliedweise integriert werden) und der Faktorregel (ein konstanter Faktor bleibt beim Integrieren erhalten) können wir die Zahl der für uns integrierbaren Funktionen erhöhen.

Aufgabe 1

Berechnen Sie $\int_1^2 (-2e^x + \frac{1}{2}\ln x - 3\sin x)\,dx$.

Lösung

Die vorliegende Summenfunktin darf **gliedweise** integriert werden:

$$\int_1^2 (-2e^x + \tfrac{1}{2}\ln x - 3\sin x)\,dx = \int_1^2 -2e^x\,dx + \int_1^2 \tfrac{1}{2}\ln x\,dx + \int_1^2 -3\sin x\,dx.$$

Ein **konstanter Faktor**, der beim Integrieren erhalten bleibt, kann **vor das Integral gezogen** werden:

$$= -2\int_1^2 e^x\,dx + \tfrac{1}{2}\int_1^2 \ln x\,dx - 3\int_1^2 \sin x\,dx.$$

Nun können die Grundintegrale angewendet werden:

$$= -2[e^x]_1^2 + \tfrac{1}{2}[x(\ln x - 1)]_1^2 - 3[-\cos x]_1^2$$

$$= -2(e^2 - e^1) + \tfrac{1}{2}[(2\ln 2 - 2) - (1\ln 1 - 1)] - 3(-\cos 2 + \cos 1)$$

$$= -2e^2 + 2e + \ln 2 - \tfrac{1}{2} + 3\cos 2 - 3\cos 1$$

$\underline{\underline{12{,}0177}}$

Übungsaufgaben

1 Zeichnen Sie die Graphen der Funktionen f aus der Tabelle „Grundintegrale" in je ein Koordinatensystem und skizzieren Sie dazu den Graphen der dazugehörigen Stammfunktion (mit $C = 0$). Bedenken Sie, dass der Graph von f jeweils die Steigung von F angibt.

2 Berechnen Sie das angegebene Integral.

a) $\int\limits_{1}^{3} -\frac{1}{2x^2}\,\mathrm{d}x$ b) $\int\limits_{-1}^{2} -\mathrm{e}^x\,\mathrm{d}x$

c) $\int\limits_{\frac{1}{2}}^{3} \frac{-1}{3\sqrt{x}}\,\mathrm{d}x$ d) $\int\limits_{-1}^{1} -2^x\,\mathrm{d}x$

e) $\int\limits_{-\frac{3}{4}\pi}^{\frac{\pi}{4}} (-\sin x + \cos x)\,\mathrm{d}x$ f) $\int\limits_{0}^{1} (2\mathrm{e}^x - \tan x)\,\mathrm{d}x$

g) $\int\limits_{1}^{2} (3\sqrt{x} - 2x^{-1})\,\mathrm{d}x$ h) $\int\limits_{2}^{3} (2\cot x + x^2)\,\mathrm{d}x$

3.7.2 Integrationsverfahren

Das Ermitteln von Stammfunktionen (= integrieren) in der Integralrechnung ist in seiner Bedeutung dem Ermitteln von Ableitungen (= ableiten) in der Differenzialrechnung vergleichbar.

Dort wurden die Ableitungen einiger Grundfunktionen zunächst mithilfe des Differenzialquotienten bestimmt und darauf aufbauend dann allgemeine Differenziationsregeln (z. B. Produkt-, Quotienten-, Kettenregel) hergeleitet, mit deren Hilfe das Differenzieren umfangreicherer Funktionen vereinfacht wurde.

Im Folgenden sollen für die Integralrechnung einige Regeln (Verfahren) erarbeitet werden, mit deren Hilfe auch für kompliziertere Funktionen leicht Stammfunktionen ermittelt werden können.

3.7.2.1 Integration durch Substitution

Manche Integrale, insbesondere solche, die durch eine Verkettung entstanden sind, können dadurch gelöst werden, dass man den Integranden durch eine geeignete Substitution **vereinfacht.**
Man geht dabei wie folgt vor:

1. **Man versucht, einen Teil des Integranden durch u zu substituieren.**
2. **Mithilfe der Substitutionsgleichung und ihrer Ableitung wird der Integrand mit der Variablen x in einen Integranden mit der Variablen u verändert. Dabei muss dann auch das Differenzial dx in das Differenzial du verwandelt werden.**
3. **Die „x-Integrationsgrenzen" werden über die Substitutionsgleichung in „u-Grenzen" transformiert.**

Diese abstrakte Beschreibung des Vorgehens scheint auf den ersten Eindruck keine Vereinfachung zu sein. Am Beispiel der folgenden Aufgabe sei verdeutlicht, wie simpel die Integration durch Substitution mithilfe des formalisierten Verfahrens ist:

Aufgabe 1

Berechnen Sie $\int_0^2 \left(\frac{1}{2}x + 4\right)^3 dx$.

Lösung

Wir substituieren: $\frac{1}{2}x + 4 = u$

Dann ist die Ableitung $u' = \frac{du}{dx}$[1] $= \frac{1}{2} \Leftrightarrow \mathbf{dx = 2du}$.

Ersetzt man nun im Integranden $\frac{1}{2}x + 4$ durch u und dx durch 2 du und transformiert die x-Integrationsgrenzen mithilfe der Substitutionsgleichung $\frac{1}{2}x + 4 = u$ in u-Integrationsgrenzen, dann ist

$$\int_0^2 \left(\frac{1}{2}x + 4\right)^3 dx = \int_{\frac{1}{2}\cdot 0 + 4}^{\frac{1}{2}\cdot 2 + 4} u^3\, 2du = 2\left[\frac{u^4}{4}\right]_4^5$$

$$= 2\left(\frac{5^4}{4} - \frac{4^4}{4}\right) = 2\left(\frac{625}{4} - \frac{256}{4}\right) = 2 \cdot \frac{369}{4} = \underline{\underline{184{,}5}}$$

Auch hier sei wieder ein **Rezept** dafür gegeben, wie man durch geeignete Substitution ein kompliziertes Integral in ein einfaches verwandeln kann:

1. **Teil(e) des Integranden durch u substituieren,**
2. **Ableitung $u' = \frac{du}{dx}$ bilden,**
3. **diese nach dx auflösen und ins Integral einsetzen,**
4. **Integrationsgrenzen mithilfe der Substitutionsgleichung transformieren.**

Aufgabe 2

Berechnen Sie $\int_1^2 \frac{2x}{x^2 + 1}\, dx$.

Lösung

Wir substituieren: $x^2 + 1 = u$

Dann ist die Ableitung $u' = \frac{du}{dx} = 2x \Leftrightarrow \mathbf{dx = \frac{du}{2x}}$.

Ersetzt man nun im Integranden $x^2 + 1$ durch u und dx durch $\frac{du}{2x}$ und transformiert die x-Integrationsgrenzen mithilfe der Substitutionsgleichung $x^2 + 1 = u$ in u-Integrationsgrenzen, dann ist

$$\int_1^2 \frac{2x}{x^2 + 1}\, dx = \int_{1^2+1}^{2^2+1} \frac{2x}{u} \cdot \frac{du}{2x} = \int_2^5 \frac{1}{u}\, du = [\ln|u|]_2^5 = \underline{\underline{\ln\frac{5}{2} \approx 0{,}916}}$$

[1] Erinnern Sie sich, dass man $f'(x) = y'$ auch schreiben kann als $\frac{dy}{dx}$ (vgl. Abschnitt 3.3, S. 385).

Aufgabe 3

Berechnen Sie $\int_0^1 3x^2 \sqrt{x^3+1}\,dx$, indem Sie die Wurzel substituieren[1].

Lösung

Wir substituieren: $\boldsymbol{u = \sqrt{x^3+1} = (x^3+1)^{\frac{1}{2}}}$

Dann ist die Ableitung $u' = \frac{du}{dx} = \frac{3x^2}{2\sqrt{x^3+1}} \Leftrightarrow \mathbf{dx} = \frac{\mathbf{2\sqrt{x^3+1}}}{\mathbf{3x^2}}\,\mathbf{du}$.

Einsetzen im Integranden von u und für dx bei gleichzeitiger Transformation der Integrationsgrenzen ergibt:

$$\int_0^1 3x^2 \sqrt{x^3+1}\,\mathbf{dx} = \int_1^{\sqrt{2}} 3x^2 \cdot \boldsymbol{u} \cdot \frac{\mathbf{2\sqrt{x^3+1}}}{\mathbf{3x^2}}\,\mathbf{du} = \int_1^{\sqrt{2}} u \cdot 2u\,du$$

$$= 2\int_1^{\sqrt{2}} u^2\,du = 2\left[\frac{u^3}{3}\right]_1^{\sqrt{2}} = \frac{4}{3}\sqrt{2} - \frac{2}{3} \approx 1{,}219$$

Häufig sind neben der eigentlichen Substitution auch noch einige andere kleine „Tricks“ anzuwenden, um das Integral zu „knacken“.

Aufgabe 4

Berechnen Sie $\int_1^2 \frac{x\,dx}{\sqrt{2x-1}}$.

Lösung

Substitution[2]: $\boldsymbol{2x - 1 = u}$

Ableitung: $u' = \frac{du}{dx} = 2 \Leftrightarrow \mathbf{dx} = \frac{\mathbf{du}}{\mathbf{2}}$.

Einsetzen: $\int_1^2 \frac{x\,dx}{\sqrt{\mathbf{2x-1}}} = \int_1^3 \frac{x}{\sqrt{\boldsymbol{u}}} \cdot \frac{\mathbf{du}}{\mathbf{2}}$

Die jetzt immer noch vorhandene Variable x im Zähler des Integranden wird nun über die Substitutionsgleichung durch u ausgedrückt:

$\boldsymbol{u = 2x - 1 \Leftrightarrow x = \frac{u+1}{2}}$

$$\Rightarrow \int_1^3 \frac{x}{\sqrt{u}} \cdot \frac{du}{2} = \int_1^3 \frac{\frac{u+1}{2}}{\sqrt{u}} \cdot \frac{du}{2} = \int_1^3 \frac{u+1}{2\sqrt{u}} \cdot \frac{du}{2} = \frac{1}{4}\int_1^3 \frac{u+1}{\sqrt{u}}\,du$$

Der neue Integrand kann auseinandergezogen und die dann entstehenden Summanden können als Potenzen geschrieben werden:

$$= \frac{1}{4}\int_1^3 \left(\frac{u}{\sqrt{u}} + \frac{1}{\sqrt{u}}\right) du = \frac{1}{4}\int_1^3 \left(u^{\frac{1}{2}} + u^{-\frac{1}{2}}\right) du$$

Dieses Integral kann nun endlich gelöst werden.

$$\frac{1}{4}\left[\frac{2}{3}u^{\frac{3}{2}} + 2u^{\frac{1}{2}}\right]_1^3 = \sqrt{3} - \frac{2}{3} \approx 1{,}0654$$

[1] Auch die Substitution $u = x^3 + 1$ ist möglich.

[2] Auch die Substitution $u = \sqrt{2x-1}$ ist möglich, rechentechnisch aber etwas aufwändiger.

Mithilfe der Integration durch Substitution kann man beliebige Funktionen durch geeignete Substitution versuchen zu integrieren. Fraglich ist häufig allerdings, ob das durch die Substitution entstandene neue Integral einfacher ist als das alte.

Zur Substitution muss man gute Ideen haben. Verzweifeln Sie nicht. Auch routinierte Mathematiker müssen manchmal lange „rumprobieren“, bis sie den richtigen Weg gefunden haben.

Verschiedene Möglichkeiten der Substitution wollen wir mithilfe der folgenden Aufgabe verdeutlichen:

Aufgabe 5

Berechnen Sie $\int\limits_0^{\ln 5} \frac{e^{2x}}{\sqrt{e^x+1}}\,dx$ mithilfe einer geeigneten Substitution.

Lösung

Theoretisch denkbar sind folgende Substitutionen:

a) $u = e^x + 1$

b) $u = e^{2x}$

c) $u = \sqrt{e^x + 1}$

Wir wollen alle drei Möglichkeiten durchrechnen.

a) **Substitution: $u = e^x + 1$**

$$u' = \frac{du}{dx} = e^x \Leftrightarrow \mathbf{dx} = \frac{\mathbf{du}}{\mathbf{e^x}}$$

Also ist $\int\limits_0^{\ln 5} \frac{e^{2x}}{\sqrt{\mathbf{e^x+1}}}\,\mathbf{dx} = \int\limits_{e^0+1}^{e^{\ln 5}+1} \frac{e^{2x}}{\sqrt{\mathbf{u}}} \cdot \frac{\mathbf{du}}{\mathbf{e^x}} = \int\limits_2^6 \frac{e^x}{\sqrt{u}}\,du.$

Wegen $u = e^x + 1 \Leftrightarrow e^x = u - 1$ ist

$$\int\limits_2^6 \frac{e^x}{\sqrt{u}}\,du = \int\limits_2^6 \frac{u-1}{\sqrt{u}}\,du$$

$$= \int\limits_2^6 \left(\frac{u}{\sqrt{u}} - \frac{1}{\sqrt{u}}\right) du = \int\limits_2^6 \left(u^{\frac{1}{2}} - u^{-\frac{1}{2}}\right) du$$

$$= \left[\frac{2}{3}u^{\frac{3}{2}} - 2u^{\frac{1}{2}}\right]_2^6 = \underline{\underline{\frac{2}{3}\sqrt{2} + 2\sqrt{6} \approx 5{,}842}}$$

b) Substitution: $u = e^{2x}$

$$u' = \frac{du}{dx} = 2e^{2x} \Leftrightarrow \mathbf{dx} = \frac{\mathbf{du}}{\mathbf{2e^{2x}}}$$

Also ist $\int\limits_0^{\ln 5} \frac{\mathbf{e^{2x}}}{\sqrt{e^x+1}}\,dx = \int\limits_{e^{2\cdot 0}}^{e^{2\ln 5}} \frac{u}{\sqrt{e^x+1}} \cdot \frac{\mathbf{du}}{\mathbf{2e^{2x}}} = \int\limits_{e^{2\cdot 0}}^{e^{2\ln 5}} \frac{u}{\sqrt{e^x+1}} \cdot \frac{du}{2u}$

Wegen $u = e^{2x} \Leftrightarrow e^x = \sqrt{u}$ ist

$$\int\limits_1^{25} \frac{u}{\sqrt{\sqrt{u}+1}}\,\frac{du}{2u} = \int\limits_1^{25} \frac{u}{2\sqrt{\sqrt{u}+1}}\,du$$

Leider ist dieser Substitutionsversuch misslungen. Das neue Integral ist wirklich nicht einfacher zu lösen als das alte.

c) Substitution: $u = \sqrt{e^x + 1} = (e^x + 1)^{\frac{1}{2}}$

$$u' = \frac{du}{dx} = \frac{1}{2}(e^x + 1)^{-\frac{1}{2}} \cdot e^x = \frac{e^x}{2\sqrt{e^x + 1}} \Leftrightarrow \mathbf{d}x = \frac{2\sqrt{e^x + 1}\,\mathbf{d}u}{e^x}$$

Also ist $\int\limits_0^{\ln 5} \frac{e^{2x}}{\sqrt{e^x + 1}}\,dx = \int\limits_{\sqrt{e^0 + 1}}^{\sqrt{e^{\ln 5} + 1}} \frac{e^{2x}}{u} \cdot \frac{2\sqrt{e^x + 1}}{e^x}\,du = \int\limits_{\sqrt{2}}^{\sqrt{6}} \frac{e^{2x}}{u} \cdot \frac{2u}{e^x}\,du = \int\limits_{\sqrt{2}}^{\sqrt{6}} 2e^x\,du.$

Wegen $u = \sqrt{e^x + 1} \Leftrightarrow e^x = u^2 - 1$ ist

$$2\int\limits_{\sqrt{2}}^{\sqrt{6}} (u^2 - 1)\,du = 2\left[\frac{1}{3}u^3 - u\right]_{\sqrt{2}}^{\sqrt{6}} = \underline{\underline{2\sqrt{6} + \frac{2}{3}\sqrt{2} \approx 5{,}842}}$$

Dieser Versuch war erfolgreich, er führte zum gleichen Ergebnis wie bei a).

Übungsaufgaben

1 Berechnen Sie die Integrale mithilfe des formalisierten Substitutionsverfahrens.

a) $\int\limits_1^2 2x\sqrt{x^2 - 1}\,dx$

b) $\int\limits_0^1 x\sqrt{2x^2 + 4}\,dx$

c) $\int\limits_1^2 \frac{x}{3x^2 + 5}\,dx$

d) $\int\limits_0^1 \frac{4x}{\sqrt{1 + x^2}}\,dx$

e) $\int\limits_0^1 xe^{-x^2}\,dx$

f) $\int\limits_0^{\frac{\pi}{4}} (\cos x)^3\,(-\sin x)\,dx$

g) $\int\limits_a^b xe^{2x^2}\,dx$

h) $\int\limits_1^2 x\ln x^2\,dx$

i) $\int\limits_2^3 \frac{x - 1}{(1 - x)^2}\,dx$

j) $\int\limits_2^3 \frac{1}{\sqrt{1 + x}}\,dx$

k) $\int\limits_1^2 \frac{1}{3 + 5x}\,dx$

l) $\int\limits_2^2 \frac{1}{x\sqrt{x^2 - 1}}\,dx$

m) $\int\limits_2^0 2xe^{x^2 - 1}\,dx$

n) $\int\limits_2^4 \frac{1}{\sqrt{1 + 2x}}\,dx$

o) $\int\limits_1^4 \frac{1}{(2 + x)^2}\,dx$

p) $\int\limits_2^3 \frac{x}{\sqrt{2x - 1}}\,dx$

q) $\int\limits_1^2 \frac{x}{(x + 1)^2}\,dx$

r) $\int\limits_2^3 \frac{x}{x^2 - 1}\,dx$

s) $\int\limits_1^2 \frac{1}{\sqrt{1 + x^2}}\,dx$; Hilfe: $u = x + \sqrt{1 + x^2}$

t) $\int\limits_0^5 \frac{x}{\sqrt{3x + 1}}\,dx$

2 a) $\int_0^1 \frac{x\mathrm{d}x}{\sqrt{4-x^2}}$ b) $\int_2^4 \frac{x}{x^2-1}\,\mathrm{d}x$ c) $\int_{-2}^{2} \frac{3x}{x^2+4}\,\mathrm{d}x$

d) $\int_0^1 \frac{e^x}{e^x+1}\,\mathrm{d}x$ e) $\int_1^3 \frac{x^3}{x^2+4}\,\mathrm{d}x$ f) $\int_2^3 \frac{\ln x}{x}\,\mathrm{d}x$

g) $\int_2^4 \frac{1}{(2+x)^2}\,\mathrm{d}x$ h) $\int_{-1}^{1} 2xe^{x^2}\,\mathrm{d}x$ i) $\int_0^3 2xe^{x^2-2}\,\mathrm{d}x$

j) $\int_{-1}^{1} \frac{3}{e^{3x}}\,\mathrm{d}x$

3 Berechnen Sie das Integral mithilfe der angegebenen Substitution.

a) $\int_2^3 \frac{1}{x\sqrt{\ln x}}\,\mathrm{d}x;\ u = \ln x$ b) $\int_0^1 \frac{4}{\sqrt{x^2+1}}\,\mathrm{d}x;\ u = x + \sqrt{x^2+1}$

c) $\int_1^2 \frac{2}{(2+x)^2}\,\mathrm{d}x;\ u = 2 + x$ d) $\int_1^2 \frac{2x}{\sqrt{2x-1}}\,\mathrm{d}x;\ u = 2x - 1$

4 Entwickeln Sie für den angegebenen Sonderfall des Integranden eine Integrationsformel.

a) $\int \frac{f'(x)}{f(x)}\,\mathrm{d}x$ b) $\int f(x)\cdot f'(x)\,\mathrm{d}x$

3.7.2.2 Integration durch Zerlegung in Partialbrüche

Das Verfahren der **Integration durch Partialbruchzerlegung** soll uns helfen, einen Teil der **echt gebrochenrationalen Funktionen** zu integrieren.
Zuvor noch einige Grundlagen:
Durch Bilden der Ableitung kann man zeigen, dass gilt:

1. $f(x) = \frac{1}{x} \quad \Rightarrow F(x) = \ln|x| + C$
2. $f(x) = \frac{1}{x^n} \quad \Rightarrow F(x) = -\frac{1}{n-1}\cdot\frac{1}{x^{n-1}} + C;\ n \neq 1$
3. $f(x) = \frac{1}{1+x^2} \quad \Rightarrow F(x) = \arctan x + C$

Daraus folgen unmittelbar weitere **Grundintegrale:**

1. $\int_u^v \frac{A}{x-a}\,\mathrm{d}x = A[\ln|x-a|]_u^v;\ x \neq a$
2. $\int_u^v \frac{A}{(x-a)^n}\,\mathrm{d}x = \left[-\frac{1}{n-1}\cdot\frac{A}{(x-a)^{n-1}}\right]_u^v;\ n \neq 1$
3. $\int_u^v \frac{A}{x^2+1}\,\mathrm{d}x = A[\arctan x]_u^v$

Die Nennernullstellen dürfen nicht im Integrationsintervall liegen, weil dann die Funktion u. U. unbeschränkt und somit nicht integrierbar ist (vgl. Abschnitt 3.6).

Mithilfe dieser Grundintegrale lassen sich einige echt gebrochenrationale Funktionen bereits leicht integrieren:

Aufgabe 1

Berechnen Sie

a) $\int\limits_2^4 \frac{2}{x-1}\,\mathrm{d}x$

b) $\int\limits_4^5 \frac{3}{(x-3)^2}\,\mathrm{d}x$

c) $\int\limits_0^2 \frac{2}{x^2+1}\,\mathrm{d}x.$

Lösung

a) $= 2[\ln|x-1|]_2^4 = \underline{\underline{2\ln\tfrac{3}{1} \approx 2{,}197}}$

b) $= \left[-\frac{1}{2-1}\cdot\frac{3}{(x-3)^{2-1}}\right]_4^5 = \left[-\frac{3}{x-3}\right]_4^5 = -\frac{3}{2} + \frac{3}{1} = \underline{\underline{1\tfrac{1}{2}}}$

c) $= [2\arctan x]_0^2 = 2\arctan 2 - 2\arctan 0 = \underline{\underline{2\arctan 2}} \approx \underline{\underline{2{,}214}}$

Die Integration anderer echt gebrochenrationaler Funktionen kann man häufig durch **Partialbruchzerlegung (= Teilbruchzerlegung)** auf die o. g. Grundintegrale zurückführen. Dabei wird der Funktionsterm in eine Summe von Teilbrüchen zerlegt. Die Vorgehensweise wird in *Aufgabe 2* verdeutlicht:

Aufgabe 2

$$\int\limits_3^4 \frac{x-7}{x^2+x-2}\,\mathrm{d}x$$

Lösung

Zunächst wird die **Nennerfunktion faktorisiert.** Dazu werden die **Nennernullstellen** ermittelt:

$0 = x^2 + x - 2$

$x_{1/2} = -\frac{1}{2} \pm \sqrt{\frac{9}{4}}$

$\underline{x_1 = -2}$

$\underline{x_2 = 1}$

Der Integrand kann also auch geschrieben werden als $\frac{x-7}{(x+2)(x-1)}$.

Dieser Bruch soll nun als **Summe von Teilbrüchen** geschrieben werden:

$\frac{x-7}{(x+2)(x-1)} = \frac{A}{x+2} + \frac{B}{x-1}.$

Gelingt uns diese Umformung, können wir nämlich o. g. Grundintegrale anwenden. Zur Bestimmung der Zähler A und B wird die Gleichung mit ihrem Hauptnenner multipliziert,

$x - 7 = A(x-1) + B(x+2),$

die Klammern ausmultipliziert,

$x - 7 = Ax - A + Bx + 2B$

x auf der rechten Seite der Gleichung ausgeklammert,

$x - 7 = (A + B\,)x + (-A + 2B)$

und dann ein **Koeffizientenvergleich** (linke und rechte Seite der Gleichung werden verglichen) durchgeführt:

$1x - 7 = (A + B)x + (-A + 2B)$

Wenn diese Gleichung erfüllt sein soll, müssen die Gleichungen

$(A + B) = 1$ **und**

$(-A + 2B) = -7$ erfüllt sein.

Es ist also ein **Gleichungssystem** vorhanden, welches sich mithilfe des Additionsverfahrens leicht lösen lässt:

$$\begin{aligned} A + B &= 1 \\ \underline{-A + 2B} &\underline{= -7} \\ 3\,B &= -6 \end{aligned}$$

$\underline{B = -2}$ und $\underline{A = 3}$

Wir können nun also das ursprüngliche Integral

$\int_3^4 \frac{x - 7}{x^2 + x - 2}\,\mathrm{d}x$ umschreiben zu $\int_3^4 \left(\frac{3}{x + 2} + \frac{-2}{x - 1}\right)\mathrm{d}x.$

Gliedweises Integrieren dieser Summe erlaubt die Anwendung des o. g. Grundintegrals Nummer 1 :

$$\int_3^4 \frac{3}{x + 2}\,\mathrm{d}x + \int_3^4 \frac{-2}{x - 1}\,\mathrm{d}x = 3[\ln|x + 2|]_3^4 + (-2)[\ln|x - 1|]_3^4$$

$$= \underline{\underline{3\ln\tfrac{6}{5} - 2\ln\tfrac{3}{2} \approx -0{,}263966}}$$

Entsprechend können die anderen Grundintegrale angewendet werden, wenn der Integrand zuvor mithilfe des Verfahrens der Partialbruchzerlegung umgeformt wird.

Aufgabe 3

$$\int_0^1 \frac{2x^3 + 2x + 3}{x^2 + 1}\,\mathrm{d}x$$

Lösung

Der unecht gebrochene Integrand wird zunächst durch Division des Zählers durch den Nenner aufgespalten in einen ganzrationalen und einen echt gebrochenrationalen Teil.

$$\begin{aligned} &(2x^3 + 2x + 3) : (x^2 + 1) = 2x + \frac{3}{x^2 + 1} \\ &\underline{-(2x^3 + 2x)} \\ &\qquad 3 \end{aligned}$$

Das in der Aufgabenstellung gegebene Integral kann jetzt zerlegt werden in:

$$\int_0^1 \frac{2x^3 + 2x + 3}{x^2 + 1}\,dx = \int_0^1 2x\,dx + \int_0^1 \frac{3}{x^2 + 1}\,dx.$$

Das erste Integral kann leicht mithilfe der Potenzregel der Integralrechnung bestimmt werden, auf das zweite Integral kann das o. g. dritte Grundintegral angewendet werden:

$$\int_0^1 2x\,dx + \int_0^1 \frac{3}{x^2+1}\,dx = [x^2]_0^1 + 3[\arctan x]_0^1 = (1-0) + \left(3\,\frac{\pi}{4} - 0\right) = 1 + \frac{3}{4}\pi \approx \underline{\underline{3{,}356}}$$

Übungsaufgaben

1 Berechnen Sie.

a) $\int_0^1 \frac{4}{x-3}\,dx$ b) $\int_1^2 \frac{-0{,}5}{x+2}\,dx$

c) $\int_{-1}^0 \frac{2}{(x-3)^3}\,dx$ d) $\int_0^1 \frac{1}{(4+x)^4}\,dx$

e) $\int_{-1}^1 \frac{-1}{x^2+1}\,dx$ f) $\int_1^2 \frac{-0{,}25}{1+x^2}\,dx$

2 Bestimmen Sie $\int_a^b f(x)\,dx$. Welche Bedingung muss für a und b gelten?

a) $f(x) = \frac{1}{x^2 - 5x + 6}$ b) $f(x) = \frac{3x+2}{x^2 - 3x + 2}$

c) $f(x) = \frac{1}{x^2 - 1}$ d) $f(x) = \frac{1}{x^2 - x}$

e) $f(x) = \frac{x+2}{x^2 - 5x + 6}$ f) $f(x) = \frac{9x^2 + 11x - 2}{x^3 + 2x^2 - x - 2}$

3 a) $\int_2^3 \frac{x^4 - 3}{x^3 - x}\,dx$ b) $\int_3^4 \frac{2x^3 - 20x + 33}{x^2 + 2x - 8}\,dx$

c) $\int_{-2}^{-1} \frac{x^4 - x^3 + 2x + 1}{x^2 - x}\,dx$ d) $\int_5^6 \frac{3x^3 - 6x^2 - 23x - 5}{x^2 - 2x - 8}\,dx$

3.7.2.3 Produktintegration (Partielle Integration)

Aufgabe 1

Die Funktion f: $f(x) = x^3 \cdot x^2$ heißt Produktfunktion, weil beide Faktoren des Funktionsterms die Variable x enthalten.

Prüfen Sie, ob man die Produktfunktion mit $f(x) = x^3 \cdot x^2$ gliedweise integrieren darf.

Lösung

Wenn man die gegebene Produktfunktion zunächst ausmultipliziert, erhält man eine einfache Potenzfunktion f: $f(x) = x^5$.

Mithilfe der bereits nachgewiesenen Potenzregel kann man dann leicht eine Stammfunktion finden:

$$f(x) = x^5 \qquad \Rightarrow \underline{\underline{F(x) = \tfrac{1}{6}x^6}}$$

Gliedweise Integrieren würde zu einem falschen Ergebnis führen:

$$f(x) = x^3 \cdot x^2 \Rightarrow F(x) = \tfrac{1}{4}\,x^4 \cdot \tfrac{1}{3}\,x^3 = \underline{\underline{\tfrac{1}{12}\,x^7}}$$

Man kann also erkennen, dass im Unterschied zu Summen- und Differenzfunktionen Produktfunktionen nicht gliedweise integriert werden dürfen.

Produktfunktionen dürfen nicht gliedweise integriert werden.

Leider ist es nicht immer möglich, Produktfunktionen auszumultiplizieren und dann mithilfe der bereits bekannten Regeln zu integrieren. Deshalb wollen wir im Folgenden eine Regel herleiten, mit deren Hilfe wir zumindest einen Teil der Produktfunktionen integrieren können.

Die **Produktintegrationsformel** wird aus der **Produktregel der Differenzialrechnung** hergeleitet.

Die Ableitung der Funktion $f = u \cdot v$ ist bekanntlich $f' = u' \cdot v + u \cdot v'$.

Beidseitige Integration der Ableitung ergibt:

$$\int_a^b f' = \int_a^b (u' \cdot v + u \cdot v').$$

Weil $f = u \cdot v$ Stammfunktion von f' ist, folgt:

$$[u \cdot v]_a^b = \int_a^b (u' \cdot v + u \cdot v').$$

Aus der Summenregel ergibt sich:

$$[u \cdot v]_a^b = \int_a^b u' \cdot v + \int_a^b u \cdot v'.$$

Umformen führt zu

$$\int_a^b u' \cdot v = [u \cdot v]_a^b - \int_a^b u \cdot v' \qquad \text{oder} \qquad \int_a^b u \cdot v' = [u \cdot v]_a^b - \int_a^b u' \cdot v$$

Produktintegrationsformel

In beiden Produktintegrationsformeln erscheint als Lösung des Ausgangsintegrals ein neues Integral, das sog. Restintegral.[1)]

Z. B.:

$$\underbrace{\int_a^b u'(x) \cdot v(x)\,\mathrm{d}x}_{\text{Ausgangsintegral}} = [u(x) \cdot v(x)]_a^b - \underbrace{\int_a^b u(x) \cdot v'(x)\,\mathrm{d}x}_{\text{Restintegral}}$$

Ausgangsintegral **Restintegral**

1) Weil das Ausgangsintegral zunächst nur teilweise (partiell) gelöst wird, heißt die Produktintegration auch **partielle Integration**.

Die Anwendung der Produktintegrationsformeln ist nur dann sinnvoll, wenn das Restintegral einfacher zu lösen ist als das Ausgangsintegral.
Damit das Restintegral tatsächlich auch einfacher wird, ist es von Bedeutung, welcher der (vertauschbaren) Faktoren gleich u und welcher gleich v gesetzt wird.

Aufgabe 2

$$\int_0^1 xe^x \, dx$$

Lösung

1. Ansatz: Wir wählen $\int_0^1 \underbrace{x}_{u} \underbrace{e^x}_{v'} dx.$

$$\text{Dann ist } \int_0^1 \underbrace{x}_{u} \underbrace{e^x}_{v'} dx = [\underbrace{x}_{u} \underbrace{e^x}_{v}]_0^1 - \int_0^1 \underbrace{1}_{u'} \underbrace{e^x}_{v} dx = [xe^x]_0^1 - [e^x]_0^1 = (e - 0) - (e - 1) = \underline{\underline{1}}$$

2. Ansatz: Wir wählen $\int_0^1 \underbrace{x}_{u'} \underbrace{e^x}_{v} dx.$

$$\text{Dann ist } \int_0^1 \underbrace{x}_{u'} \underbrace{e^x}_{v} dx = [\underbrace{\tfrac{1}{2}x^2}_{u} \cdot \underbrace{e^x}_{v}]_0^1 - \int_0^1 \underbrace{\tfrac{1}{2}x^2}_{u} \cdot \underbrace{e^x}_{v'} dx$$

Das Restintegral ist nicht einfacher als das Ausgangsintegral. Die Wahl von u und v' war schlecht, weil es bei der getroffenen Wahl, im Gegensatz zum 1. Ansatz, nicht möglich war, einen der Faktoren durch Bildung der Ableitung u' „abzuräumen“.

Die folgende Aufgabe soll zeigen, wie ein Integral durch **mehrfach partielle Integration** gelöst werden kann:

Aufgabe 3

$$\int_0^1 2e^x (2 - x^2) \, dx$$

Lösung

$$\int_0^1 \underbrace{2e^x}_{u'} \underbrace{(2 - x^2)}_{v} dx = [\underbrace{2e^x}_{u} \underbrace{(2 - x^2)}_{v}]_0^1 - \int_0^1 \underbrace{2e^x}_{u} \underbrace{(-2x)}_{v'} dx$$

Der Faktor (–2 x) im Restintegral wird durch partielle Integration des Restintegrals beseitigt:

$$\int_0^1 2e^x (2 - x^2) \, dx = [2e^x (2 - x^2)]_0^1 \quad \int_0^1 \underbrace{2e^x}_{u'} \underbrace{(-2x)}_{v} dx$$

$$= [2e^x (2 - x^2)]_0^1 - ([\underbrace{2e^x}_{u} \underbrace{(-2x)}_{v}]_0^1 - \int_0^1 \underbrace{2e^x}_{u} \underbrace{(-2)}_{v'} dx)$$

$$= [2e^x (2 - x^2)]_0^1 - ([2e^x (-2x)]_0^1 - [-4e^x]_0^1)$$

$$= (2e - 4) - ([-4e - 0] - [-4e + 4]) = \underline{\underline{2e}}$$

Übungsaufgaben

1 Berechnen Sie die aufgeführten Integrale mithilfe der Produktintegrationsformel.

a) $\int_2^4 \frac{x}{\sqrt{x+1}}\,dx$ b) $\int_0^{\pi} x \cos x\,dx$ c) $\int_0^{\pi} x^2 \sin x\,dx$

d) $\int_1^2 e^x x\,dx$ e) $\int_1^e x \ln x\,dx$ f) $\int_1^e \sqrt{x} \ln x\,dx$

g) $\int_0^{\pi} x^2 \cos x\,dx$ h) $\int_1^4 x\sqrt{x}\,dx$ i) $\int_1^2 x^2 \ln x\,dx$

j) $\int \ln x\,dx$ (Trick: Verwenden Sie im Integranden zusätzlich den Faktor 1)

k) $\int_0^{\frac{\pi}{2}} e^{-x} \sin 2x\,dx$ (Achtung: Beachten Sie die jeweils entstehenden Gleichungen)

l) $\int_0^2 \frac{x^3}{e^x}\,dx$ m) $\int_1^2 xe^{-x}\,dx$ n) $\int_{-1}^1 xe^{2x}\,dx$

3.7.2.4 Vermischte Übungen zu den verschiedenen Integrationsverfahren

In den vorausgegangenen Abschnitten wurden verschiedene Integrationsverfahren vorgestellt. Die Übungsaufgaben eines jeden Abschnittes bezogen sich natürlich auf das in dem betreffenden Abschnitt dargestellte Integrationsverfahren.

Schüler(innen) haben aber nun erfahrungsgemäß Probleme, das richtige Integrationsverfahren zu identifizieren, welches dann auch zur Lösung führt. Aus diesem Grund werden in diesem Abschnitt „vermischte“ Integrationsaufgaben zu den verschiedenen Integrationsverfahren gestellt.

Zunächst sollen aber die wichtigsten Integrationsverfahren noch einmal zusammenfassend aufgeführt werden:

Integration durch Substitution

Teile des Integranden werden durch u substituiert. Dann wird $u' = \frac{du}{dx}$ gebildet und nach dx aufgelöst und dieser Term für „dx“ in den Integranden eingesetzt. Die x-Integrationsgrenzen werden mithilfe der Substitutionsgleichung in u-Integrationsgrenzen transformiert.

Sonderfälle

$$\int_a^b \frac{f'(x)}{f(x)}\,dx = [\ln|f(x)|]_a^b$$

Logarithmische Integration

$$\int_a^b f(x) \cdot f'(x)\,dx = \left[\frac{[f(x)]^2}{2}\right]_a^b$$

Partialbruchzerlegung

Eine echt gebrochenrationale Funktion wird in eine **Summe von Teilbrüchen** zerlegt. Dazu wird zunächst der Nenner faktorisiert, und dann werden die Zähler mithilfe eines Koeffizientenvergleichs bestimmt. Anschließend können die Teilbrüche unter Anwendung der **Grundintegrale** integriert werden.

$$\int_a^b u' \cdot v = [u \cdot v]_a^b - \int_a^b u \cdot v' \qquad \text{oder} \qquad \int_a^b u \cdot v' = [u \cdot v] - \int_a^b u' \cdot v$$

Produktintegration (Partielle Integration)

Übungsaufgaben

1 Bestimmen Sie eine Stammfunktion zu f mit $f(x)$.

a) $f(x) = \frac{1}{1 + 4x}$

b) $f(x) = e^{-2x}$

c) $f(x) = \sin \frac{1}{2}x$

d) $f(x) = \frac{8}{e^{4x-3}}$

e) $f(x) = 3 \sin (2x + 8)$

f) $f(x) = \frac{\ln x}{x}$

g) $f(x) = \frac{x + 1}{x^2 + 2x + 7}$

h) $f(x) = \frac{3x^2}{9x^3 + 18}$

i) $f(x) = \sqrt[4]{(1 - x)^5}$

j) $f(x) = \frac{4}{(5 + 8x)^2}$

k) $f(x) = \frac{8}{2 + 3x}$

l) $f(x) = xe^x$

m) $f(x) = \frac{7x + 8}{x^2 + x - 2}$

n) $f(x) = \frac{1}{x^2 - 9}$

2 Berechnen Sie das Integral.

a) $\int_1^2 \frac{x}{(x + 1)^2}\,dx$

b) $\int_0^{\frac{\pi}{2}} \cos 2x\,dx$

c) $\int_0^1 x \cos x^2\,dx$

d) $\int_{-2}^0 e^{1-x}\,dx$

e) $\int_1^2 4xe^{x^2-2}\,dx$

f) $\int_0^2 x(x + 1)^5\,dx$

3 Lösen Sie das unbestimmte Integral.

a) $\int x\sqrt{1 + x^2}\,dx$

b) $\int x \cos (x + 1)\,dx$

c) $\int \frac{1}{\sqrt{16 - 4x^2}}\,dx$

d) $\int \frac{x - 3}{x^2 - x - 2}\,dx$

e) $\int \frac{1}{\sqrt{16 - 4x^2}}\,dx$

f) $\int \frac{x^5 + x^3 + x + 1}{x^3}\,dx$

4 Berechnen Sie mithilfe eines geeigneten Integrationsverfahrens.

a) $\int_0^2 (x^2 + 3x + 2)e^x \, dx$ b) $\int_0^1 \frac{e^x}{e^x + 1} \, dx$

c) $\int_2^e \frac{1}{x \ln x} dx$ d) $\int_{-1}^1 \frac{x^3 + x}{x} \, dx$

e) $\int_2^8 \frac{x}{\sqrt{2x + 5}} \, dx$ f) $\int_2^3 \frac{x^3 - x^2 + 1}{x^2 - 1} \, dx$

5 Berechnen Sie das angegebene Integral.

a) $\int_2^4 \frac{x}{x^2 - 1} \, dx$ b) $\int_0^1 \frac{e^x + 1}{e^x + x} \, dx$

c) $\int_1^2 (x - 1) \ln x \, dx$ d) $\int_{-1}^0 (x + 1)e^x \, dx$

e) $\int_1^8 \frac{x}{\sqrt{3x + 1}} \, dx$ f) $\int_0^{\sqrt{\pi}} 2x \sin(x^2) \, dx$

g) $\int_1^e \ln(x^2) \, dx$ h) $\int_0^1 \frac{e^x + 1}{e^x} \, dx$

i) $\int_1^e \ln \frac{1}{x} \, dx$ j) $\int_1^2 \frac{2x^3 - 1}{\sqrt{x}} \, dx$

k) $\int_0^2 \frac{dx}{x^2 - 16}$ l) $\int_0^{\pi} e^{\sin x} \cos x \, dx$

3.7.3 Uneigentliche Integrale

Gelegentlich ist es von Bedeutung, Flächen zu berechnen, die „ins Unendliche" reichen. In der Stochastik spielt beispielsweise die Fläche unter dem Graphen von $f: f(x) = e^{-x^2}$ eine Rolle, die nach zwei Seiten ins Unendliche reicht.

In diesem Abschnitt wollen wir derartige Flächen berechnen und den Integralbegriff entsprechend erweitern.

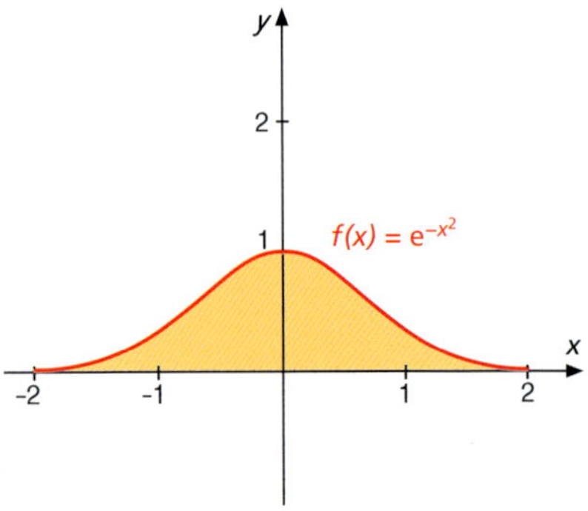

Bild 3.7.3.1

a) Integration über ein unbeschränktes Intervall

In nebenstehender Abbildung ist der Graph der Funktion f: $f(x) = \frac{1}{x^2}$ abgebildet. Die Fläche zwischen Funktionsgraph und der x-Achse über dem Intervall $[1; \infty)$ kan nmithilfe des Integrals $\int_1^\infty \frac{1}{x^2}\,\mathrm{d}x$ nicht bestimmt werden, weil dieses Integral nicht definiert ist: **Die Unter- und Obersummen haben keinen letzten Summanden.**

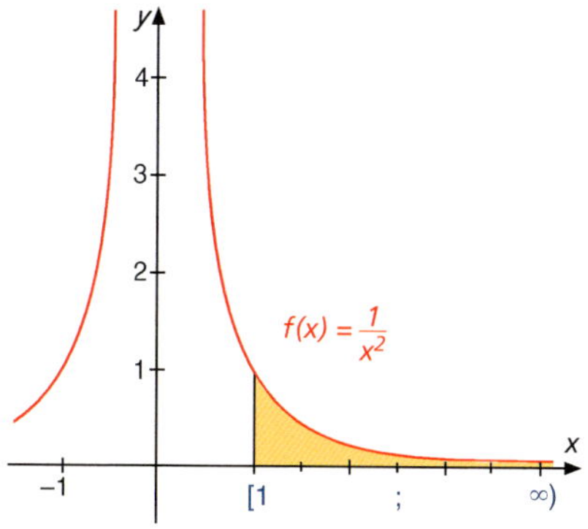

Bild 3.7.3.2

Wir wenden einen kleinen „Trick" an:

Die Fläche zwischen Funktionsgraph und der x-Achse über dem Intervall $[1; b]$ hat den Inhalt

$$\int_1^b \frac{1}{x^2}\,\mathrm{d}x = \left[-\frac{1}{x}\right]_1^b = 1 - \frac{1}{b}$$

Wenn man nun die obere Integrationsgrenze ***b* gegen unendlich streben lässt,** strebt das Integral gegen einen Grenzwert:

$$\lim_{b \to \infty} \int_1^b \frac{1}{x^2}\,\mathrm{d}x = \lim_{b \to \infty} \left[-\frac{1}{x}\right]_1^b$$

$$= \lim_{b \to \infty} \left(-\frac{1}{b} + 1\right) = \underline{\underline{1}}$$

Der ins Unendliche reichenden Fläche zwischen dem Funktionsgraphen von f: $f(x) = \frac{1}{x^2}$ und der x-Achse über dem Intervall $[1; \infty)$ kann also erstaunlicherweise die Flächenmaßzahl 1 zugeordnet werden.

Der Flächeninhalt ist also endlich, obwohl die Randkurve unendlich lang ist.

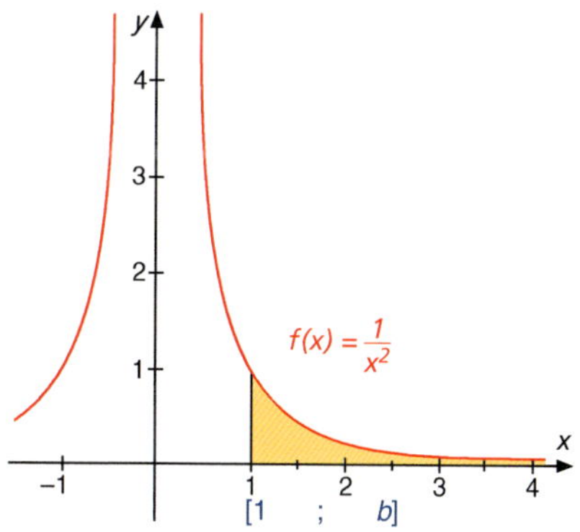

Bild 3.7.3.3

Zur Veranschaulichung: Man könnte somit die oben berechnete Fläche mit einer begrenzten Menge Farbe vollständig anmalen. Für die Umrandung dagegen würde eine begrenzte Menge Farbe nicht ausreichen, auch wenn sie sehr groß wäre.

Kann der Inhalt einer „ins Unendliche" reichenden Fläche (mithilfe einer Grenzwertbetrachtung) bestimmt werden, so sagt man, es existiert ein *uneigentliches Integral.*

$$\int_a^\infty f(x)\,\mathrm{d}x = \lim_{b \to \infty} \int_a^b f(x)\,\mathrm{d}x \quad \textbf{bzw.}$$

$$\int_{-\infty}^b f(x)\,\mathrm{d}x = \lim_{a \to -\infty} \int_a^b f(x)\,\mathrm{d}x$$

Die Integrale links des Gleichheitszeichens heißen **uneigentliche Integrale.**

Die folgende Aufgabe soll zeigen, dass das uneigentliche Integral nicht immer existiert.

Aufgabe 1

Ist die Fläche zwischen dem Graphen der Funktion f: $f(x) = \frac{1}{\sqrt{x}}$ und der x-Achse über

dem Intervall $[1; \infty)$ endlich?

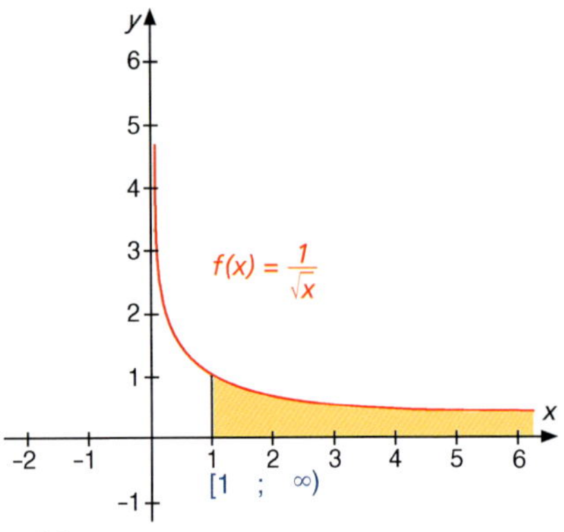

Bild 3.7.3.4

Lösung

$$\int_1^{\infty} \frac{1}{\sqrt{x}}\,dx = \lim_{b \to \infty} \int_1^{b} \frac{1}{\sqrt{x}}\,dx = \lim_{b \to \infty} \int_1^{b} x^{-\frac{1}{2}}\,dx =$$

$$\lim_{b \to \infty} [2\sqrt{x}]_1^b = \lim_{b \to \infty} (2\sqrt{b} - 2) = \underline{\underline{„\infty“}}$$

Es existiert kein Grenzwert für $b \to \infty$ und somit existiert auch kein uneigentliches Integral. Die in der Aufgabenstellung beschriebene Fläche ist unendlich.

b) Integration einer unbeschränkten Funktion

Während in den vorausgegangenen Beispielen eine Integrationsgrenze unendlich war, soll jetzt der Integrand am Rande des Integrationsintervalls unendlich sein.

Wir wollen die Maßzahl der Fläche berechnen, die vom Graphen der Funktion

f: $f(x) = \frac{1}{\sqrt{x}}$,

den Achsen und der Geraden $x = 2$ begrenzt wird. Da die Funktion an der Stelle $x = 0$ nicht definiert ist, kann man nicht einfach das Integral

$$\int_0^2 \frac{1}{\sqrt{x}}\,dx$$

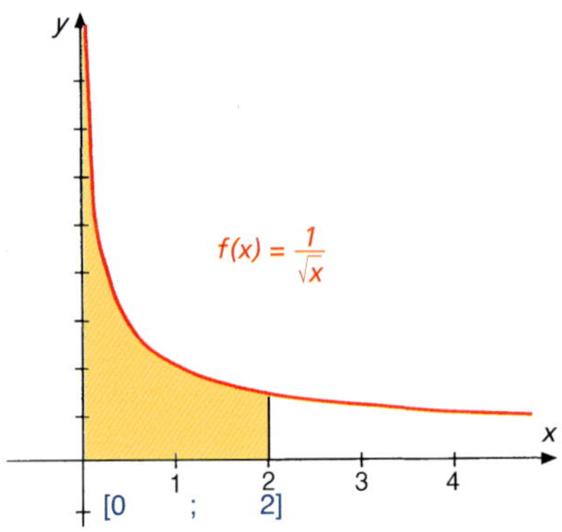

Bild 3.7.3.5

bestimmen. Dieses Integral ist zunächst nicht definiert, weil jede Obersumme ein erstes Rechteck enthält, das unendlich hoch ist und somit einen unendlichen Flächeninhalt hat.

Zur Lösung des Problems wenden wir einen ähnlichen Trick wie oben an:

Wir integrieren nicht von 0 an, sondern von ein klein wenig weiter rechts und lassen dann die untere Integrationsgrenze gegen 0 streben.

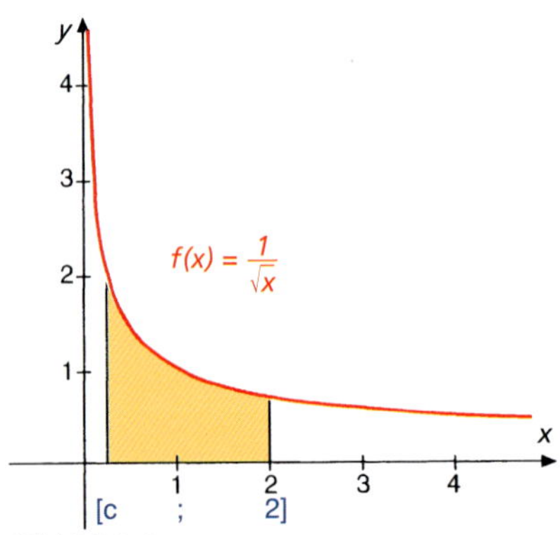

Bild 3.7.3.6

$$\int_0^2 \frac{1}{\sqrt{x}}\,dx = \lim_{c \to 0} \int_c^2 \frac{1}{\sqrt{x}}\,dx = \lim_{c \to 0} [2\sqrt{x}]_c^2 =$$

$$\lim_{c \to 0} (2\sqrt{2} - 2\sqrt{c}) = \underline{\underline{2\sqrt{2} \approx 2{,}828}}$$

Die beschriebene Fläche ist also endlich, das uneigentliche Integral existiert.

Eine Funktion f sei stetig über **(*a* ; *b*]** bzw. über **[*a*; *b*).**

Dann ist $\int_a^b f(x)\,\mathrm{d}x = \lim\limits_{c \to a} \int_c^b f(x)\,\mathrm{d}x$ **bzw.**

$$\int_a^b f(x)\,\mathrm{d}x = \lim\limits_{c \to b} \int_a^c f(x)\,\mathrm{d}x.$$

Auch in diesem Fall heißen die Integrale links des Gleichheitszeichens **uneigentliche Integrale**, wenn ein Grenzwert g existiert.

Aufgabe 2

Bestimmen Sie die Maßzahl der Fläche, die der Graph von f: $f(x) = \frac{1}{x^2}$ über dem Intervall (0; 1] mit den Achsen einschließt.

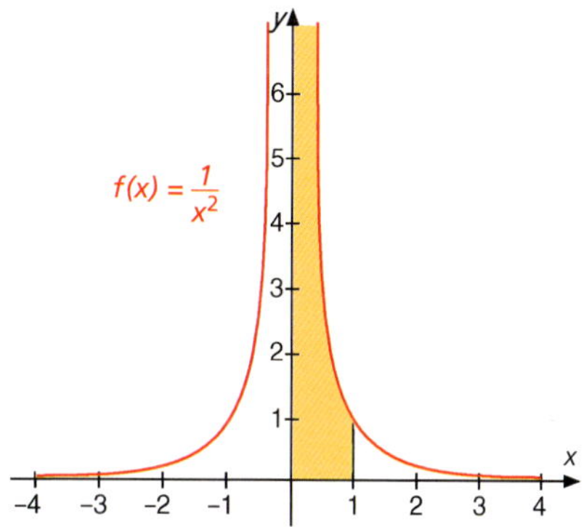

Bild 3.7.3.7

Lösung

$$\int_0^1 \frac{1}{x^2}\,\mathrm{d}x = \lim\limits_{c \to 0} \int_c^1 \frac{1}{x^2}\,\mathrm{d}x = \lim\limits_{c \to 0} \left[-\frac{1}{x}\right]_c^1$$

$$= \lim\limits_{c \to 0} \left(-1 - \left(-\frac{1}{c}\right)\right) = -1 + „\infty“ = \underline{\underline{„\infty“}}$$

Das uneigentliche Integral existiert nicht, die Fläche ist unendlich.

Nach unseren bisherigen Überlegungen zur Integrierbarkeit einer Funktion galt: Eine Funktion ist über einem Intervall nicht integrierbar, wenn sie im Inneren dieses Intervalls eine Unendlichkeitsstelle aufweist.

Wir können die Maßzahl einer solchen sich ins Unendliche erstreckenden Fläche u. U. mithilfe einer **additiven Zerlegung** und anschließenden Bestimmung von uneigentlichen Integralen berechnen:

Aufgabe 3

Bestimmen Sie

$$\int_{-1}^{1} \frac{1}{\sqrt[3]{x^2}}\,dx.$$

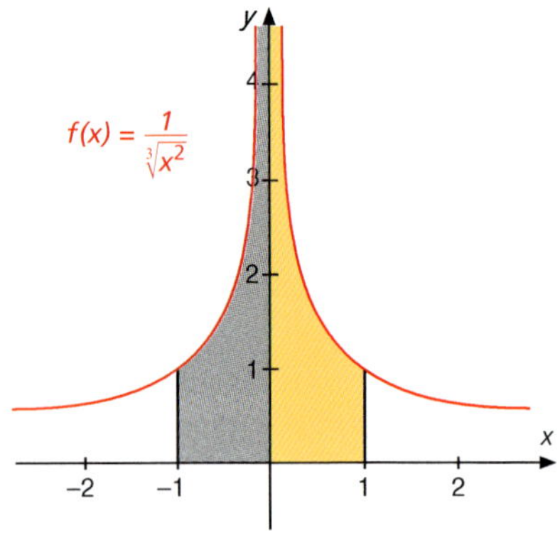

Bild 3.7.3.8

Lösung

Wir zerlegen das gegebene Integral:

$$\int_{-1}^{1} x^{-\frac{2}{3}}\,dx = \lim_{\substack{c \to 0 \\ c < 0}} \int_{-1}^{c} x^{-\frac{2}{3}}\,dx + \lim_{\substack{d \to 0 \\ d > 0}} \int_{d}^{1} x^{-\frac{2}{3}}\,dx = \lim_{\substack{c \to 0 \\ c < 0}} [3x^{\frac{1}{3}}]_{-1}^{c} + \lim_{\substack{d \to 0 \\ d > 0}} [3x^{\frac{1}{3}}]_{d}^{1}$$

$$= \lim_{\substack{c \to 0 \\ c < 0}} (3\sqrt[3]{c} - 3\sqrt[3]{-1}) + \lim_{\substack{d \to 0 \\ d > 0}} (3\sqrt[3]{1} - 3\sqrt[3]{d}) = (0 + 3) + (3 - 0) = \underline{\underline{6}}$$

Übungsaufgaben

1 Berechnen Sie die folgenden uneigentlichen Integrale.

a) $\int_{2}^{\infty} \frac{1}{x^3}\,dx$

b) $\int_{0}^{1} \frac{1}{\sqrt[3]{x}}\,dx$

c) $\int_{0}^{0,5} \frac{1}{x^3}\,dx$

d) $\int_{1}^{\infty} \frac{1}{\sqrt[3]{x^4}}\,dx$

e) $\int_{1}^{0} \frac{1}{\sqrt[3]{x^2}}\,dx$

f) $\int_{1}^{\infty} \frac{1}{\sqrt[3]{x}}\,dx$

g) $\int_{1}^{\infty} \frac{1}{x}\,dx$

h) $\int_{-\infty}^{-1} \frac{1}{x^2}\,dx$

2 Untersuchen Sie, ob das angegebene uneigentliche Integral existiert. Deuten Sie dieses als Maßzahl einer ins Unendliche reichenden Fläche und berechnen Sie diese.

a) $\int_{-\infty}^{0} e^{x}\,dx$

b) $\int_{2}^{\infty} e^{-x}\,dx$

c) $\int_{0}^{\infty} \frac{1}{(x+1)^2}\,dx$

d) $\int_{2}^{3} \frac{1}{\sqrt{x-2}}\,dx$

e) $\int\limits_{4}^{-\infty} \frac{1}{(x-2)^3}\,\mathrm{d}x$ f) $\int\limits_{0}^{\infty} \mathrm{e}^{-2x}\,\mathrm{d}x$

g) $\int\limits_{0}^{1} \left(x - \frac{1}{\sqrt{x}}\right)\mathrm{d}x$ h) $\int\limits_{0}^{\infty} \frac{1}{1+x^2}\,\mathrm{d}x$

3 Berechnen Sie, wenn möglich, die angegebenen (uneigentlichen) Integrale.

a) $\int\limits_{0}^{1} \ln x\,\mathrm{d}x$ b) $\int\limits_{-1}^{0} \ln(-x)\,\mathrm{d}x$

c) $\int\limits_{2}^{\infty} \frac{1}{(1+x)\sqrt{x}}\,\mathrm{d}x$ d) $\int\limits_{0}^{1} \ln(1+x^2)\,\mathrm{d}x$

e) $\int\limits_{\infty}^{0} x\,\mathrm{e}^{-x}\,\mathrm{d}x$ f) $\int\limits_{1}^{\infty} x^2\,\mathrm{e}^{-x}\,\mathrm{d}x$

g) $\int\limits_{0}^{1} x^2 \ln x\,\mathrm{d}x$ h) $\int\limits_{-0,5}^{4} \frac{1}{\sqrt{2x+1}}\,\mathrm{d}x$

3.7.4 Rotationsvolumina

Viele im täglichen Leben und in der Technik vorkommende Körper sind durch Drehungen z. B. auf einer Töpferscheibe, auf einer Drehbank oder durch Drehung per Computeranimation entstanden. Mathematisch kann man sich die Entstehung eines solchen Körpers in der Weise vorstellen, dass sich eine vom Graphen einer Randfunktion f[1] und der x-Achse erzeugte Fläche um die x-Achse dreht (rotiert). Derartige Körper heißen **Rotationskörper.**

Beispiel 1

Durch Rotation der Fläche um die x-Achse, die der Graph der Funktion f: $f(x) = c$ mit der x-Achse z. B. über dem Intervall $[0; b]$ erzeugt, entsteht ein **Zylinder.**

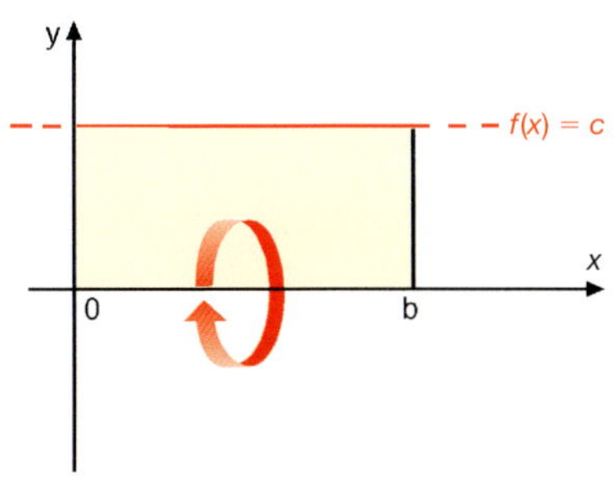

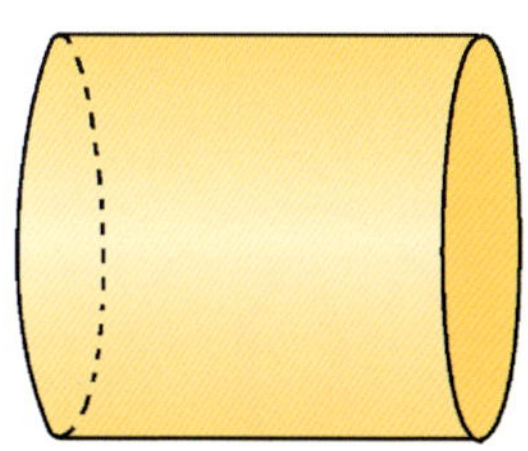

[1] Voraussetzung ist, dass f im betrachteten Intervall stetig ist.

Beispiel 2

Durch Rotation der Fläche um die x-Achse, die der Graph der Funktion f: $f(x) = mx$ über dem Intervall $[0; b]$ erzeugt, entsteht ein **Kegel.**

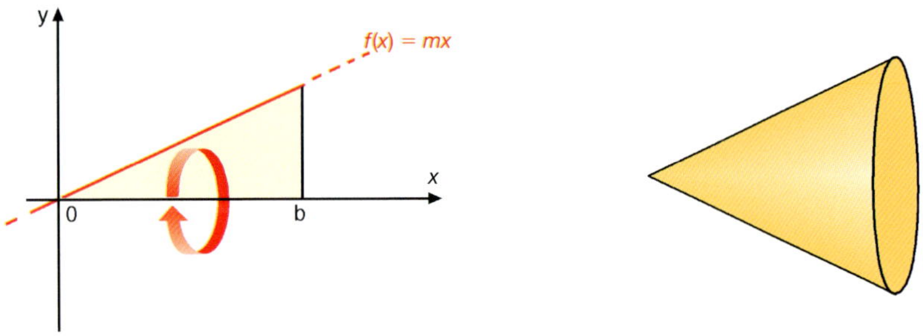

Beispiel 3

Durch Rotation der Fläche um die x-Achse, die der Graph der Funktion f: $f(x) = mx + b$ erzeugt, entsteht ein **Kegelstumpf.**

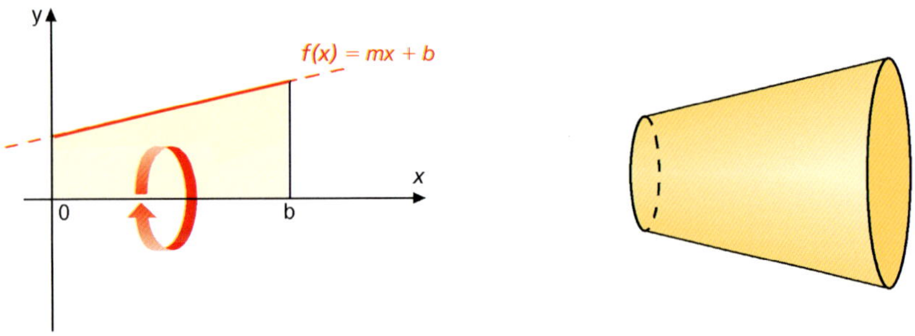

Beispiel 4

Durch Rotation der Fläche um die x-Achse, die der Graph der Funktion f: $f(x) = \sqrt{r^2 - x^2}$ erzeugt, entsteht eine **Kugel.**

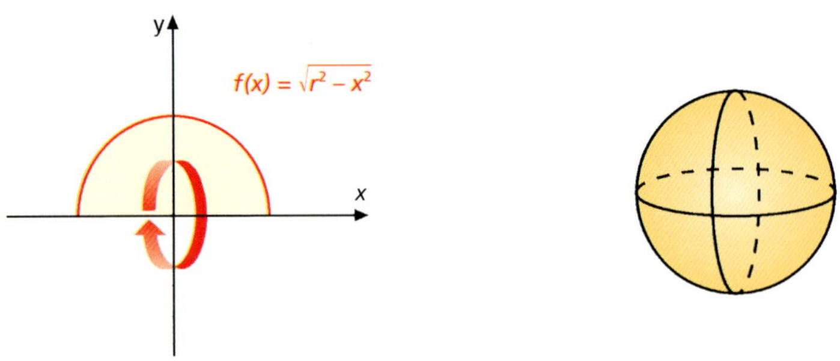

Beispiel 5

Durch Rotation der Fläche um die x-Achse, die der Graph der Funktion f: $f(x) = \sqrt{x}$ erzeugt, entsteht ein sogenannter **Paraboloid.**

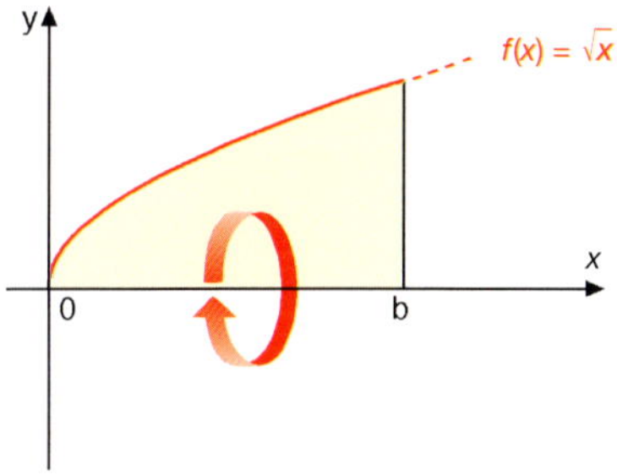

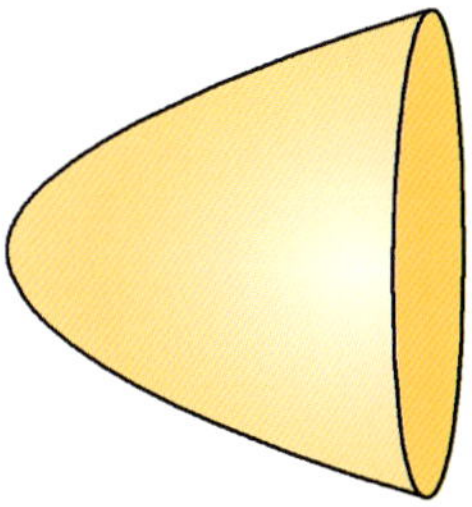

Beispiel 6

Durch Rotation der Fläche um die x-Achse, die vom Graphen einer beliebig zusammengesetzten Funktion f erzeugt wird, entsteht ein beliebiger **Rotationskörper.**

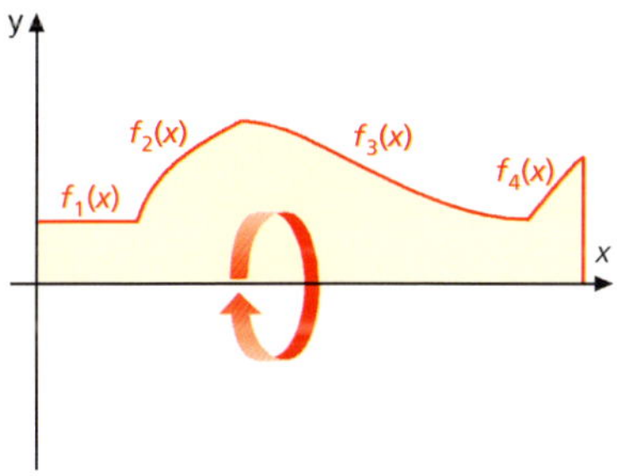

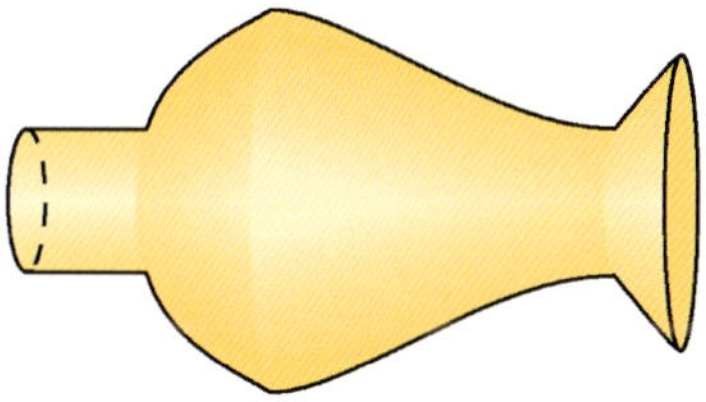

Unser Ziel in diesem Abschnitt ist es (bei bekannter Randfunktion), **eine Formel zur Berechnung des Volumens eines Rotationskörpers** zu gewinnen.

Die Berechnung von **Rauminhalten** scheint auf den ersten Blick viel schwieriger zu sein als die Berechnung von Flächeninhalten. Tatsächlich führen aber die gleichen Überlegungen, die uns schon bei der Berechnung beliebig krummlinig begrenzter **Flächen** geholfen haben, auch hier zum Ziel.

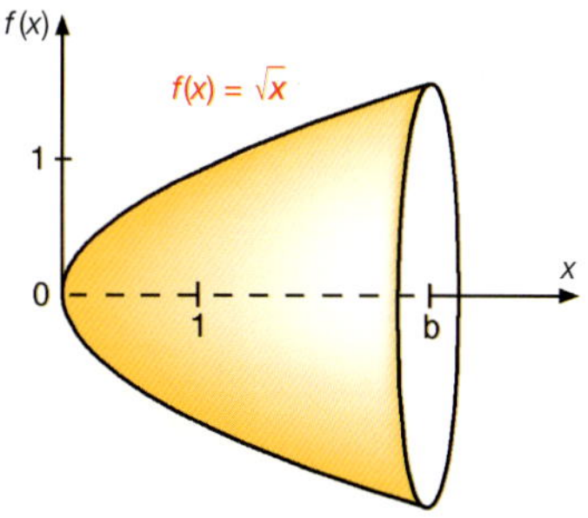

Bild 3.7.4.7

Genau wie wir zur Flächenberechnung die Fläche in Streifen gleicher Breite zerschnitten und dann die Treppenfläche (Obersumme bzw. Untersumme) berechnet haben (vgl. S. 376 ff.), zerschneiden wir nun den Körper in gleich hohe **Scheiben.** Das Volumen des Rotationskörpers berechnen wir zunächst näherungsweise durch das Volumen der einzelnen Scheiben, d.h. durch das Volumen der einbeschriebenen Zylinder.

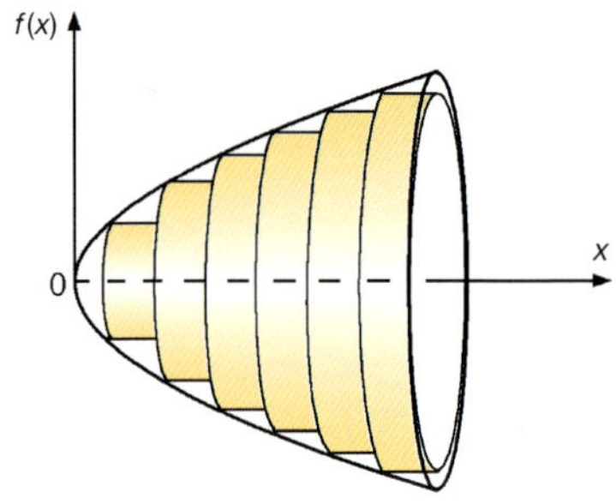

Bild 3.7.4.8

Zur Erinnerung:

Das **Volumen eines Zylinders beträgt**

$$V_{\text{Zylinder}} = \text{Grundfläche} \cdot \text{Höhe} = \pi r^2 \cdot h$$

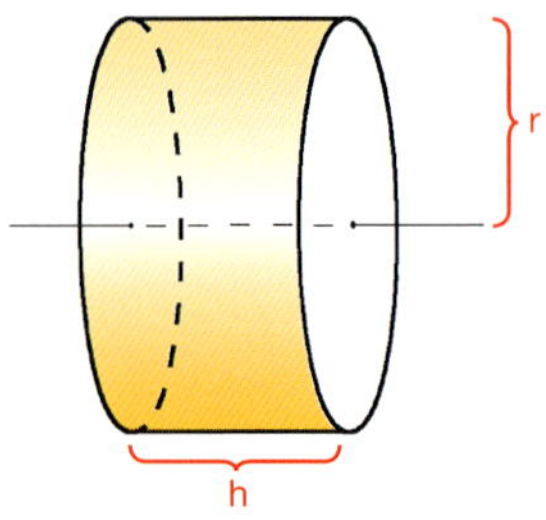

Bild 3.7.4.9

Dann beträgt also das **Volumen einer Zylinderscheibe n im Rotationskörper**

$$V_n = \pi\,[f(x)]^2\,\Delta x$$

Das Volumen des Rotationskörpers kann man nun berechnen, indem man jede einzelne Zylinderscheibe im Rotationskörper beliebig dünn werden lässt und gleichzeitig die Zahl der Zylinderscheiben gegen unendlich streben lässt:

Das Differenzial dV ist anschaulich eine **beliebig dünne Zylinderscheibe:**

$$\mathrm{d}V = \pi\,[f(x)]^2\,\mathrm{d}x$$

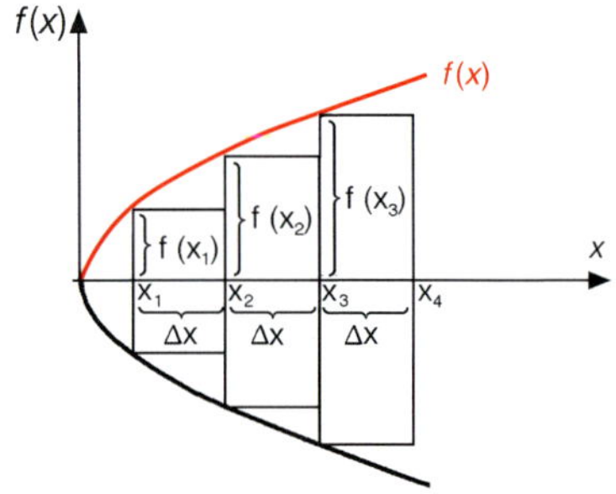

Bild 3.7.4.10

Die Summe aller Differenziale dV ist dann gleich dem gesuchten **Rotationsvolumen** (beide Seiten der Gleichung werden integriert):

$$\Sigma \mathrm{d}V = \Sigma\pi[f(x)]^2\,\mathrm{d}x =$$

$$\int \mathrm{d}V = \int \pi\, f(x)]^2\,\mathrm{d}x =$$

$$V = \int \pi\,[f(x)]^2\,\mathrm{d}x$$

Wird nur ein bestimmter Teil der Funktion betrachtet, muss in den entsprechenden Grenzen integriert werden:

$$V = \pi\int_a^b [f(x)]^2\,\mathrm{d}x$$

Damit haben wir eine Formel erarbeitet, mit der man bei gegebener Randfunktion f das Volumen des Rotationskörpers berechnen kann, welcher dadurch entsteht, dass sich die von dem Graphen der Randfunktion f erzeugte Fläche um die x-Achse dreht.

$$V_{\text{Rot}(x)} = \pi \int_a^b [f(x)]^2 \, dx$$

Volumen eines Rotationskörpers, der durch Drehung um die x-Achse entstanden ist

Aufgabe 1

Die Fläche zwischen dem Graphen der Funktion f: $f(x) = \sqrt{x}$; $D(f) = [0; 2]$ und der x-Achse, rotiere um die x-Achse. Durch diese Drehung entsteht ein sog. **Paraboloid.** Berechnen Sie das Volumen des Paraboloids.

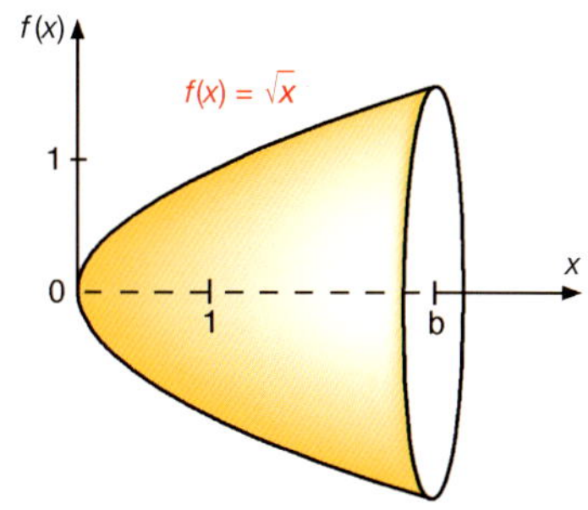

Bild 3.7.4.11

Lösung

$$V_{\text{Rot}(x)} = \pi \int_b^a [f(x)]^2 \, dx$$

$$= \pi \int_0^2 x \, dx = \pi \left[\tfrac{1}{2}x^2\right]_0^2 = \pi(2 - 0) = \underline{\underline{2\pi}}$$

Die folgende Aufgabe soll zeigen, dass die Berechnung von Rotationsvolumina auch dann möglich ist, wenn der Rotationskörper durch Drehung um die y-Achse entstanden ist.

Aufgabe 2

Bestimmen Sie das Volumen des Körpers zwischen $y = 1$ und $y = 4$, der durch Rotation der Parabel $y = x^2$ um die y-Achse entsteht.

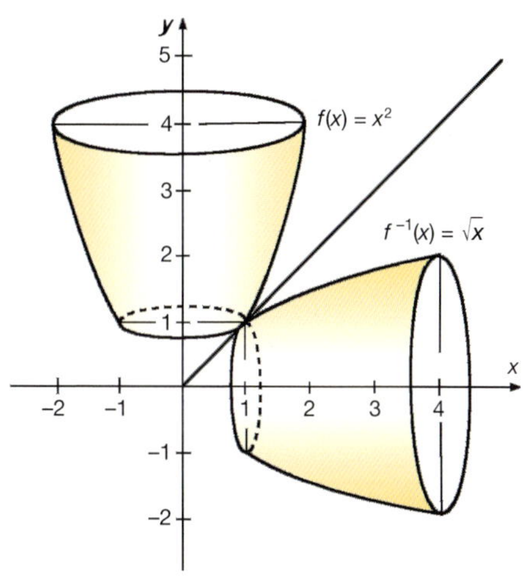

Bild 3.7.4.12

Lösung

Das gleiche Volumen entsteht, wenn sich der Graph der Umkehrfunktion $f^{-1}(x) = \sqrt{x}$ im Intervall $[1; 4]$ um die x-Achse dreht:

$$V = \pi \int_1^4 (\sqrt{x})^2 \, dx$$

$$= \pi \left[\frac{x^2}{2}\right]_1^4 = \pi\left(\frac{16}{2} - \frac{1}{2}\right) = \underline{\underline{\frac{15}{2}\pi}}$$

Allgemein gilt: Rotiert der Graph einer stetigen Funktion f um die y-Achse in den Grenzen $y = c$ und $y = d$, so hat der entstehende Rotationskörper das Volumen:

$$V_{\text{Rot}(y)} = \pi \int_c^d [f^{-1}(x)]^2 \, dx = \pi \int_c^d [f(y)]^2 \, dy$$

Volumen eines Rotationskörpers, der durch Drehung um die y-Achse entstanden ist

Übungsaufgaben

1 Die Fläche zwischen dem Graphen der Funktion f und der x-Achse über dem angegebenen Intervall rotiere um die x-Achse. Zeichnen Sie den entstandenen Rotationskörper und bestimmen Sie sein Volumen.

a) $f\colon f(x) = 2x$; [1; 3]
b) $f\colon f(x) = x^2 - 1$; [–1; 1]
c) $f\colon f(x) = 2x^2 + 1$; [0; 4]
d) $f\colon f(x) = \frac{1}{x}$; [1; 2]
e) $f\colon f(x) = 2\sqrt{x + 2}$; [–2; 7]
f) $f\colon f(x) = 1 - x^2$; [–1; 1]
g) $f\colon f(x) = 2x^2$; [0; 1]
h) $f\colon f(x) = x^3$; [–10; 10]
i) $f\colon f(x) = \sqrt{9 - x^2}$; [–3; 3]
j) $f\colon f(x) = \sqrt{x + 1}$; [–1; 3]

2 Durch Rotation des Graphen der Funktion $f\colon f(x) = \frac{x + 1}{x^2}$; $D(f) = \mathbb{R}^*$ um die x-Achse über dem Intervall [1,5; 4] entsteht ein Rotationskörper. Bestimmen Sie die Maßzahl des Volumens dieses Rotationskörpers und zeichnen Sie ihn (Führen Sie dazu eine kurze Funktionsuntersuchung von f durch).

3 Beweisen Sie mithilfe der Formel für Rotationsvolumina die bekannte Formel für das Volumen

a) eines Zylinders (wieso liegt hier ein sog. Zirkelschluss vor?) $V = \pi r^2 h$
b) eines Kegels $V = \frac{\pi}{3} r^2\, h$
c) eines Kegelstumpfes $V = \frac{\pi h}{3}(r_1^2 + r_1\, r_2 + r_2^2)$
d) einer Kugel $V = \frac{4}{3}\, \pi r^3$

(Hinweis: Lassen Sie einen geeigneten Funktionsgraphen um die x-Achse rotieren.)

4 Ermitteln Sie mithilfe der Integralrechnung die Formel zur Berechnung des Rauminhalts einer Kugelkappe der Höhe h (Kugelradius = r).

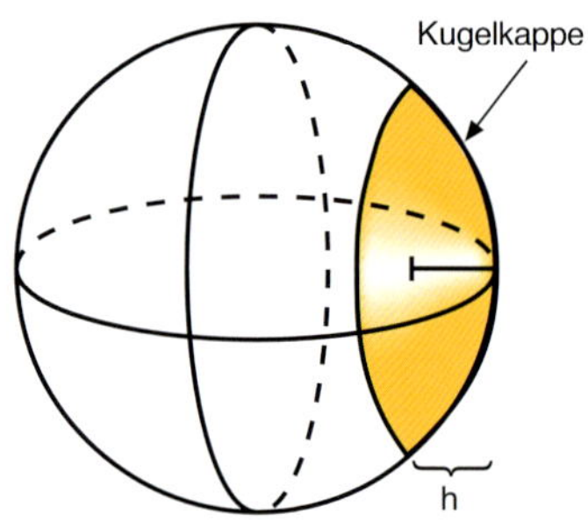

Bild 3.7.4.13

5 Der Kreis mit der Gleichung $x^2 + (y - 2)^2 - 4 = 0$ rotiert um die x-Achse. Bestimmen Sie den Rauminhalt des Rotationskörpers (die Kreisformel $A = \pi r^2$ darf als Hilfsmittel verwendet werden) und zeichnen Sie den Rotationskörper.

6 Der Kreis mit der Gleichung $(x - 4)^2 + (y - 3)^2 = 1$ rotiert um die x-Achse. Bestimmen Sie den Rauminhalt des Rotationskörpers (die Kreisformel $A = \pi r^2$ darf als Hilfsmittel verwendet werden) und zeichnen Sie den entstandenen Körper.

Rotationsvolumina bei Drehung um die *y*-Achse

7 Gegeben sei die Funktion f: $f(x) = \sqrt{4x}$; $D(f) = \mathbb{R}_+$. Berechnen Sie das Volumen des Rotationskörpers

a) bei Drehung um die x-Achse; $x \in [0; 4]$

b) bei Drehung um die y-Achse; $y \in [0; 4]$.

c) Zeichnen Sie die entstandenen Körper.

8 Gegeben sei die Funktion

a) f: $f(x) = x^3$; $D(f) = [-4; 4]$

b) f: $f(x) = \frac{4}{3}\sqrt{x^2 + 9}$; $D(f) = [4; 6]$

c) f: $f(x) = \frac{1}{x^2 - 1}$; $D(f) = [2; 3]$

d) f: $f(x) = \ln \frac{2}{x}$; $D(f) = [1; 2]$

Bestimmen Sie das Volumen des Rotationskörpers, welcher durch Drehung des Funktionsgraphen um die y-Achse entsteht (Achten Sie auf die richtige Festlegung der Integrationsgrenzen).

3.7.5 Bogenlängen

Unter der **Bogenlänge** wollen wir die **Länge l eines Funktionsgraphen über einem Intervall $[a; b]$** verstehen.

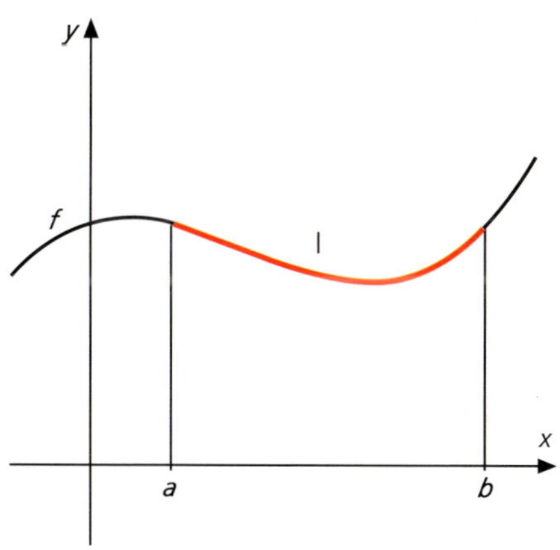

Bild 3.7.5.1

Bisher ist es uns leider nur möglich, mithilfe der Kreisumfangformel $U = 2\pi r$ die Länge eines **Kreisbogens** zu berechnen.

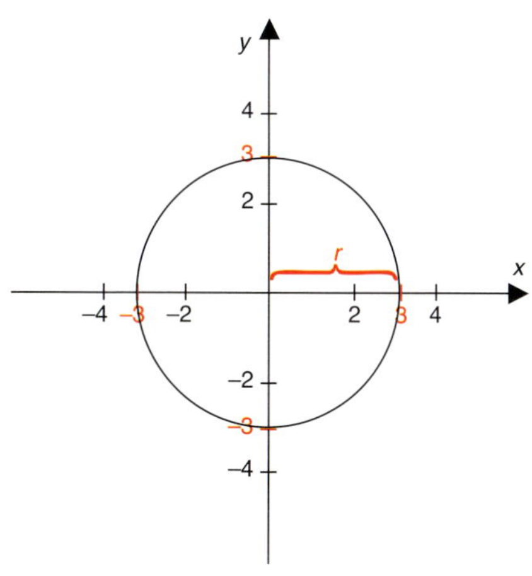

Bild 3.7.5.2

In diesem Abschnitt wollen wir versuchen, eine **allgemeine Formel zur Berechnung der Bogenlänge eines beliebigen[1] Funktionsgraphen** herzuleiten.

Das zu betrachtende Intervall zerlegen wir wieder in gleich große Abschnitte Δx. Die Bogenlänge l eines Funktionsgraphen kann man durch eine Summe von Sehnenlängen s annähern.
Nach dem Satz des Pythagoras kann man die Länge jeder einzelnen Sehne berechnen:

$s = \sqrt{(\Delta x)^2 + (\Delta y)^2}$**: Länge einer Sehne**
Ausklammern von $(\Delta x)^2$ und anschließendes „Herausziehen" aus der Wurzel führt zu

$$s = \sqrt{1 + \left(\frac{\Delta y}{\Delta x}\right)^2} \cdot \Delta x$$

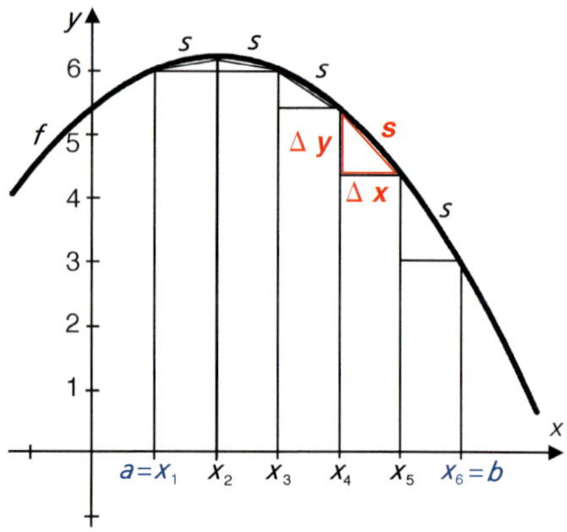

Bild 3.7.5.3

Die Annäherung wird umso besser, je kleiner Δx wird, d. h. $\Delta x \to 0$. Das Sehnenstück s wird dann zum Differenzial ds:

$$\mathrm{d}s = \sqrt{1 + \left(\frac{\mathrm{d}y}{\mathrm{d}x}\right)^2} \cdot \mathrm{d}x \qquad \textbf{: Länge einer beliebig kurzen Sehne}$$

$$= \sqrt{1 + [f'(x)]^2} \cdot \mathrm{d}x$$

Die Summe all dieser beliebig kurzen Sehnenstücke ist die gesamte Bogenlänge l:

$l = \sum \mathrm{d}s = \text{i}2\sqrt{1 + [f'(x)]^2}\,\mathrm{d}x$: **Bogenlänge**

Für die Bogenlänge l des Graphen von f mit $f(x)$ über dem Intervall $[a; b]$ gilt dann:

$l = \int_a^b \sqrt{1 + [f'(x)]^2}\,\mathrm{d}x$
Bogenlänge

[1] Einschränkung: f muss in $[a; b]$ differenzierbar und die Ableitung f' in $[a; b]$ noch stetig sein.

Aufgabe 1

Berechnen Sie die Bogenlänge des Graphen von f mit f: $f(x) = \sqrt{x^3}$ von $x = 0$ bis $x = 2$.

Lösung

$f(x) = \sqrt{x^3} = x^{\frac{3}{2}} \Rightarrow f'(x) = \frac{3}{2}\,x^{\frac{1}{2}} = \frac{3}{2}\sqrt{x}$

$l = \int\limits_0^2 \sqrt{1 + \frac{9}{4}\,x}\mathrm{d}x = \int\limits_0^2 \left(1 + \frac{9}{4}\,x\right)^{\frac{1}{2}} \mathrm{d}x$

Integration durch lineare Substitution führt zu

$l = \frac{2}{3} \cdot \frac{4}{9}\left[\sqrt{\left(1 + \frac{9}{4}x\right)^3}\,\right]_0^2 \approx \underline{\underline{3{,}5255}}$

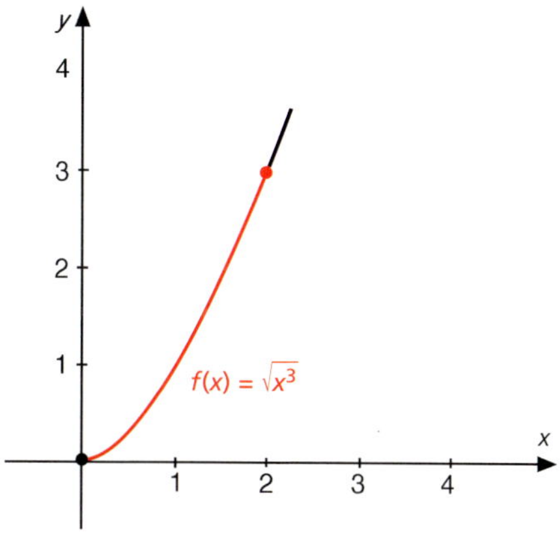

Bild 3.7.5.4

Übungsaufgaben

1 Bestimmen Sie die Länge des Funktionsgraphen über dem angegebenen Intervall.

a) $f(x) = 2x$; $[-2;\,4]$

b) $f(x) = x\sqrt{x}$; $[4;\,9]$

c) $f(x) = \ln x$; $[1;\,2]$

d) $f(x) = \frac{1}{2}(e^x + e^{-x})$; $[-2;\,2]$

e) $f(x) = \sqrt{1 - x^2}$; $[-1;\,1]$

f) $f(x) = \frac{\sqrt{(2x + 1)^3}}{3}$; $[-0{,}5;\,0{,}5]$

(Hilfe: Substitution $u^2 = x^2 + 1$)

2 Leiten Sie die Formel für den Kreisumfang mithilfe der Integralrechnung her. Verwenden Sie dazu die Funktionsgleichung eines Halbkreises: $f(x) = \sqrt{r^2 - x^2}$.

3 Zeichnen Sie den Graphen der Funktion f Führen Sie dazu eine sich auf das Wesentliche beschränkende Kurvendiskussion durch. Berechnen Sie die Bogenlänge über dem Intervall $[a;\,b\,]$.

a) f: $f(x) = -\ln\sqrt{x} + \frac{1}{4}\,x^2$; $[1;\,4]$

b) f: $f(x) = \frac{3 + x^4}{6x}$; $[-2;\,-1]$

c) f: $f(x) = \left(\frac{x}{3} - 1\right)\sqrt{x}$; $[0;\,3]$

d) f: $f(x) = \ln(x^2 - 1)$; $[2;\,4]$

$\left(\text{Verwenden Sie: } \frac{x^2 + 1}{x^2 - 1} = 1 + \frac{1}{x - 1} - \frac{1}{x + 1}\right)$

3.7.6 Mantelflächen

Durch die Rotation der Fläche zwischen dem Graphen einer Funktion f und der x-Achse um die x-Achse entsteht – wie in Abschnitt 3.7.4 bereits gezeigt – ein Rotationskörper.

Unter der **Mantelfläche** eines solchen Rotationskörpers wollen wir die Fläche verstehen, die durch die *Rotation des Funktionsgraphen* selbst entsteht. Wie die nebenstehende Abbildung zeigt, gehören die Schnittflächen des Paraboloidstumpfes (Ober- bzw. Unterseite) nicht zur Mantelfläche.

Unter der **Oberfläche** eines Rotationskörpers hingegen versteht man die Summe aus Mantelfläche und Grundfläche(n), also die *gesamte Umrandung* des Körpers.

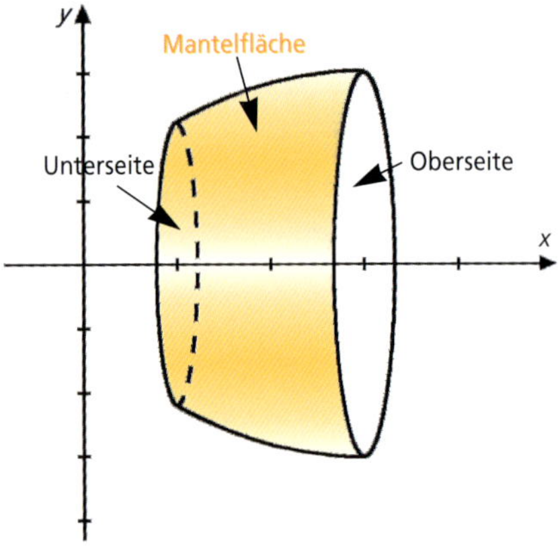

Bild 3.7.6.1

Im Folgenden wollen wir mithilfe der Integralrechnung eine Formel zur Berechnung der Größe der Mantelfläche eines beliebigen Rotationskörpers, der durch Drehung um die x-Achse entstanden ist, herleiten:

Voraussetzung für unsere Überlegungen ist die Kenntnis der Formel zur Berechnung der **Mantelfläche eines Kegelstumpfes:**

$M = \pi s\,(r_1 + r_2)$

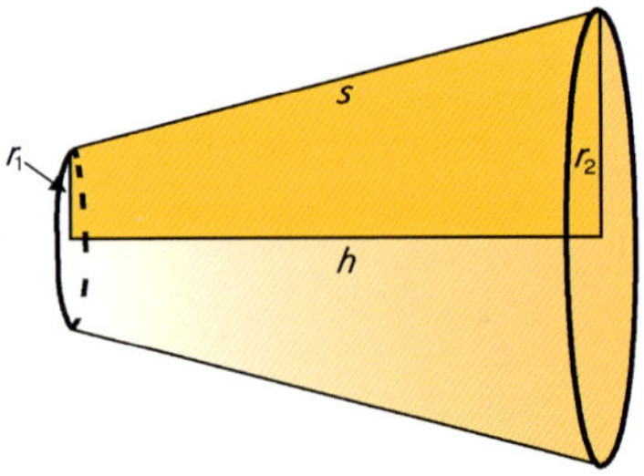

Bild 3.7.6.2

Zur Berechnung der Mantelfläche des Rotationskörpers schreiben wir in den Rotationskörper Kegelstümpfe gleicher Höhe (Δx) ein. Die Summe der Mantelflächen der eingeschriebenen Kegelstümpfe ist eine Näherung für die gesuchte Mantelfläche des Rotationskörpers. Die Näherung ist umso besser, je größer die Anzahl der Kegelstümpfe ist. Strebt die Zahl der Kegelstümpfe gegen unendlich, also $\Delta x \to 0$, erhalten wir die gesuchte Maßzahl für die Mantelfläche des Rotationskörpers.

Die **Mantelfläche eines Kegelstumpfes im Rotationskörper** beträgt:

$$M = \pi\,[f(x_1) + f(x_2)] \cdot s$$
$$= [\pi f(x_1) + \pi f(x_2)] \cdot s$$

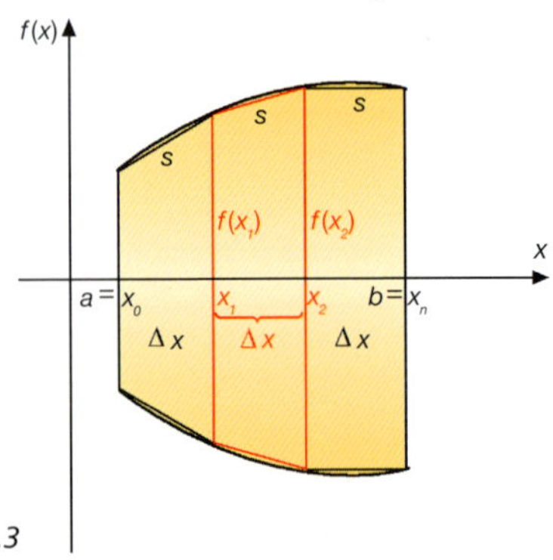

Bild 3.7.6.3

Das Differenzial $\mathrm{d}M$ ist die **Mantelfläche eines beliebig dünnen Kegelstumpfes im Rotationskörper:**

$\mathrm{d}M = 2\pi f(x) \cdot \mathrm{d}s$

Nach dem Lehrsatz des Pythagoras ist $s = \sqrt{(\Delta x)^2 + (\Delta y)^2}$ [1)]
und dann entsprechend

$$\begin{aligned}\mathrm{d}s &= \sqrt{(\mathrm{d}x)^2 + (\mathrm{d}y)^2}\\ &= \sqrt{1 + \left(\frac{\mathrm{d}y}{\mathrm{d}x}\right)^2} \cdot \mathrm{d}x\\ &= \sqrt{1 + [f'(x)]^2}\,\mathrm{d}x\end{aligned}$$

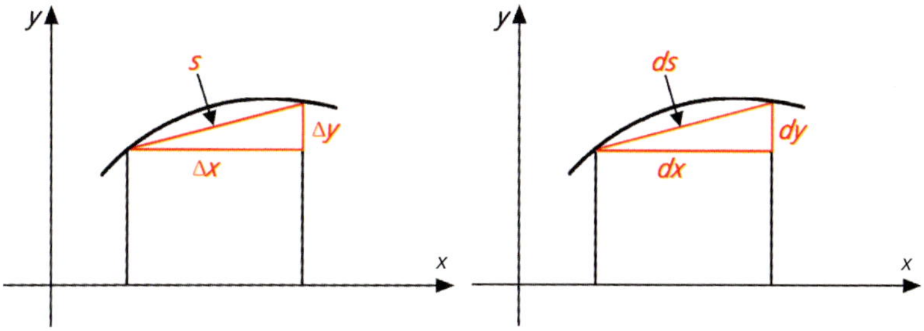

Bild 3.7.6.4

Einsetzen ergibt:

$$\mathrm{d}M = 2\pi f(x) \cdot \sqrt{1 + [f'(x)]^2}\,\mathrm{d}x$$

Die **Summe der Mantelflächen aller beliebig dünnen Kegelstümpfe ergibt die gesuchte Mantelfläche des Rotationskörpers:**

$$M = \sum \mathrm{d}M = \int 2\pi f(x) \cdot \sqrt{1 + [f'(x)]^2}\,\mathrm{d}x$$

Die Mantelfläche eines Rotationskörpers, der durch Drehung des Graphen der Funktion f um die x-Achse über dem Intervall $[a; b]$ entstanden ist, beträgt also:

$$M = 2\pi \int_a^b f(x) \cdot \sqrt{1 + [f'(x)]^2}\,\mathrm{d}x$$

Mantelfläche eines Rotationskörpers

Aufgabe 1

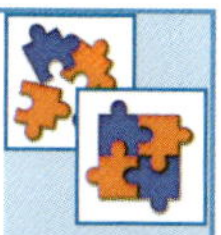

Der Graph der Funktion f: $f(x) = \sqrt{2x}$ rotiere um die x-Achse. Bestimmen Sie die Größe des Mantels des entstandenen Paraboloidstumpfes über dem Intervall $[1; 4]$ mithilfe der Formel zur Berechnung der Mantelfläche.

Lösung

$$f(x) = \sqrt{2x} \Rightarrow f'(x) = \frac{1}{\sqrt{2x}};\ [f'(x)]^2 = \frac{1}{2x}$$

$$\begin{aligned}M &= 2\pi \int_1^4 \sqrt{2x} \cdot \sqrt{1 + \frac{1}{2x}}\,\mathrm{d}x = 2\pi \int_1^4 \sqrt{2x} \cdot \sqrt{\frac{2x+1}{2x}}\,\mathrm{d}x = 2\pi \int_1^4 \sqrt{2x+1}\,\mathrm{d}x\\ &= 2\pi \left[\frac{2}{3} \cdot \frac{1}{2} \sqrt{(2x+1)^3}\right]_1^4 = \underline{\underline{2\pi(9 - \sqrt{3}) \approx 45{,}666}}\end{aligned}$$

[1)] Vgl. die Ausführungen zur Berechnung der Bogenlänge, Abschnitt 3.7.5, S. 429 ff.

Übungsaufgaben

1 Berechnen Sie die Oberfläche des Rotationskörpers, der entsteht, wenn der Graph von f in den angegebenen Grenzen um die x-Achse rotiert.

a) f: $f(x) = -\frac{7}{2}x + 5$; $[-1; 0]$

b) f: $f(x) = x^3$; $[0; 5]$

2 Berechnen Sie die Mantelflächen der entstehenden Rotationskörper, wenn der Graph von f in den angegebenen Grenzen um die x-Achse rotiert.

a) f: $f(x) = \sqrt{2px}$; $[0; a]$

b) f: $f(x) = 2x + 1$; $[1; 4]$

3 Der Kreis mit der Gleichung $x^2 + y^2 = 9$ rotiert um die x-Achse. Berechnen Sie mithilfe der Integralrechnung für die entstandene Kugel

a) die Oberfläche

b) die Mantelfläche der Kugelschicht zwischen 1 und 2

c) den Mantel einer Kugelkappe der Höhe 1.

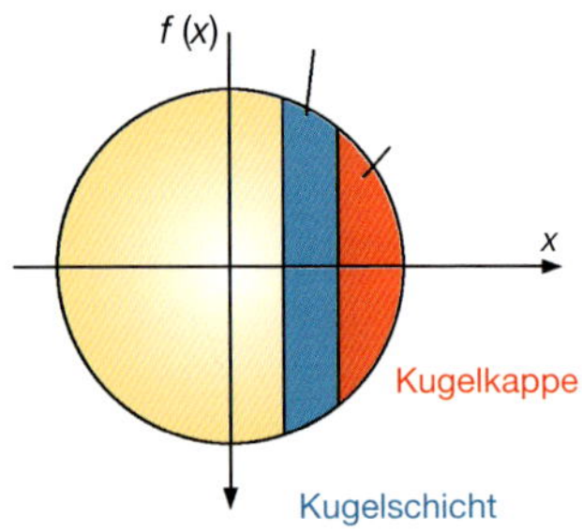

Bild 3.7.6.5

4 Übergreifende Aufgaben zur Differenzial- und Integralrechnung

In diesem Kapitel werden themenübergreifende Aufgaben aus der Differenzial- **und** Integralrechnung zur Vorbereitung auf die schriftliche Reifeprüfung zum Themengebiet Analysis behandelt. Die vorgestellten Beispielaufgaben beinhalten nicht immer den vollständigen Lösungsweg. Es werden in der Regel nur die wichtigsten Zwischenergebnisse und die Endergebnisse aufgeführt.

4.1 Ganzrationale Funktionen

Aufgabe 1

Gegeben sei die Funktionenschar f_k: $f_k(x) = -\frac{1}{2}(x-k)(x+1)^2$; $D(f_k) = \mathbb{R}$, $k \in \mathbb{R}$.

a) Berechnen Sie die Schnittpunkte des Graphen von f_k mit den Achsen, die Extrem- und Wendepunkte der Schar. Zeichnen Sie die Graphen von f_{-2}, f_{-1}, f_0, f_1 und f_2 in ein Koordinatensystem.

b) Welche Funktionsgleichung ist geometrischer Ort aller Hochpunkte der Graphen von f_k. Geben Sie auch den Definitionsbereich der Funktion des geometrischen Ortes aller Hochpunkte an. Zeichnen Sie die Ortskurve ins Koordinatensystem zu Teilaufgabe a).

c) Für welchen Parameterwert k liegt der Maximalpunkt des Graphen von f_k auf der x-Achse. Für welches k liegt der Wendepunkt auf der y-Achse?

d) Bestimmen Sie k so, dass der Graph von f_k mit den Koordinatenachsen im 1. Quadranten eine Fläche $A(k)$ begrenzt. Untersuchen Sie den Inhalt dieser von k abhängigen Fläche auf absolute und relative Extrema.

Lösung

a) 1. **Schnittpunkt mit der y-Achse:**

$$f_k(0) = -\frac{1}{2}(0-k)(0+1)^2$$
$$= \frac{k}{2} \Rightarrow \underline{\underline{S_y\left(0\middle|\frac{k}{2}\right)}}$$

2. **Schnittpunkt(e) mit der x-Achse:**

$$f_k(x) = 0$$
$$0 = -\frac{1}{2}(x-k)(x+1)^2$$
$$x_{01/02} = -1 \Rightarrow \underline{\underline{S_{x_{01/02}}(-1|0)}}$$
$$x_{03} = k \quad \Rightarrow \underline{\underline{S_{x_{03}}(k/0)}}$$

3. **Ableitungen:**

$$f_k'(x) = -\frac{3}{2}x^2 + kx - 2x + k - \frac{1}{2}$$
$$f_k''(x) = -3x + k - 2$$
$$f_k'''(x) = -3$$

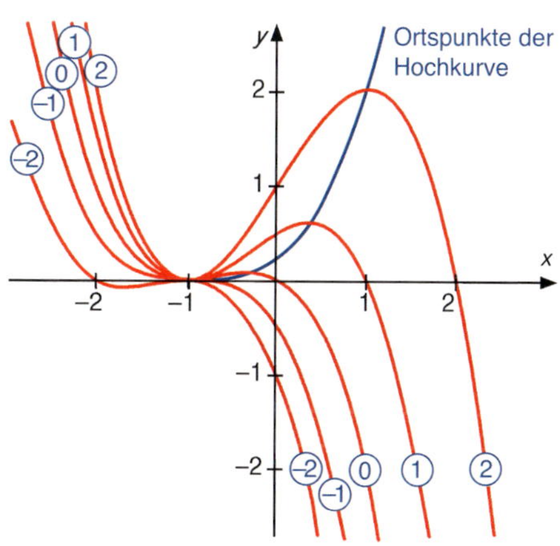

Bild 4.1.1 f_k: $f_k(x) = -\frac{1}{2}(x-k)(x+1)^2$

4. **Extrempunkte:**

Notwendige Bedingung: $f_k'(x) = 0$

$0 = -\frac{3}{2}x^2 + kx - 2x + k - \frac{1}{2}$

$\underline{\underline{x_{e_1} = -1}}$

$\underline{\underline{x_{e_2} = \frac{2k-1}{3}}}$

Hinreichende Bedingung: $f_k'(x) = 0 \wedge f_k''(x) \neq 0$

$f_k''(-1) = k + 1 \Rightarrow \underline{\underline{H(-1/0) \text{ für } k < -1}}$

$\underline{\underline{T(-1/0) \text{ für } k > -1}}$

$\underline{\underline{\text{Kein Extrempunkt für } k = -1}}$

$f_k''\left(\frac{2k-1}{3}\right) = -k - 1 \Rightarrow \underline{\underline{T\left(\frac{2k-1}{3} \middle| \frac{2(k+1)^3}{27}\right) \text{ für } k < -1}}$

$\underline{\underline{H\left(\frac{2k-1}{3} \middle| \frac{2(k+1)^3}{27}\right) \text{ für } k > -1}}$

$\underline{\underline{\text{Kein Extrempunkt für } k = -1}}$

5. **Wendepunkte:**

Notwendige Bedingung: $f_k''(x) = 0$

$0 = -3x + k - 2$

$\underline{x_w = \frac{k-2}{3}}$

Hinreichende Bedingung: $f_k''(x) = 0 \wedge f_k'''(x) \neq 0$

$f_k'''\left(\frac{k-2}{3}\right) = -3 \neq \Rightarrow W\left(\frac{k-2}{3} \middle| \frac{(k+1)^3}{27}\right)$

$\underline{\underline{\text{Sattelpunkt } W_S(-1/0) \text{ für } k = -1}}$

b) $x = \frac{2k-1}{3};\ y = \frac{2(k+1)^3}{27} \Rightarrow \underline{\underline{y = \frac{1}{4}(x+1)^3;\ D(o) = [-1; \infty)}}$

c) • Für alle $k < -1$ liegen die Maximalpunkte auf der x-Achse.

• Der Wendepunkt liegt auf der y-Achse, wenn $x_w = 0 \Rightarrow 0 = \frac{k-2}{3} \Leftrightarrow \underline{\underline{k = 2}}$

d) Die Nullstelle muss größer als 0 sein, damit der Graph von f_k im 1. Quadranten mit der x-Achse eine Fläche einschließt. Dies ist entsprechend den Ausführungen zu Teilaufgabe a) nur der Fall für alle $k > 0$.

$A(k) = \int_0^k f_k(x)\,dx = -\frac{1}{2}\int_0^k [x^3 + (2-k)x^2 + (1-2k)x - k]\,dx$

$A(k) = -\frac{1}{2}\left[\frac{x^4}{4} + \frac{2-k}{3}x^3 + \frac{1-2k}{2}x^2 - kx\right]_0^k = \underline{\underline{\frac{k^4}{24} + \frac{k^3}{6} + \frac{k^2}{4}}},\ k > 0$

$A'(k) = \frac{k^3}{6} + \frac{k^2}{2} + \frac{k}{2}$

$A'(k) = 0$

$0 = \frac{k^3}{6} + \frac{k^2}{2} + \frac{k}{2}$

Die Gleichung hat nur eine Lösung für $\underline{k = 0} \notin D(A)$

$\Rightarrow$ Keine relativen Extrema für $k > 0$.

$\lim\limits_{\substack{k \to 0 \\ k > 0}} A(k) = 0 \qquad \lim\limits_{k \to \infty} A(k) = „\infty“$

Für $k \to \infty$ wird also auch $A(k)$ unendlich groß.

Übungsaufgaben

1 Gegeben sind die Funktionen f_k: $f_k(x) = \frac{1}{2}(x^2 - k^2)(x^2 - 1)$; $D(f_k) = \mathbb{R}$, $k > 1$.

a) Berechnen Sie markante Punkte (Schnittpunkte mit den Achsen, Extrem- und Wendepunkte) der Graphen der Schar und zeichnen Sie die Graphen von f_2 und f_3 in ein Koordinatensystem.

b) Bestimmen Sie $\int\limits_0^k f_k(x)\,\mathrm{d}x$.

Für welchen Wert von k nimmt das Integral ein Extremum an? Bestimmen Sie auch die Art des Extremums. Interpretieren Sie das Ergebnis geometrisch.

c) Die Kurventangente t_k in $P(1/f(1))$ schneidet die y-Achse im Punkt V_k, die Kurvennormale n_k in $P(1/f(1))$ schneidet die y-Achse im Punkt W_k. Berechnen Sie die Koordinaten der Punkte V_k und W_k.

d) Die Punkte P, $V_k(0/k^2 - 1)$ und $W_k\left(0/\frac{1}{1 - k^2}\right)$ bilden ein Dreieck. Für welchen Wert von k wird der Flächeninhalt I_k dieses Dreiecks minimal?

2 Gegeben sei die Funktionenschar f_k : $f_k(x) = \frac{1}{k^3}x^3 - \frac{6}{k^2}x^2 + \frac{9}{k}x - k$; $D(f_k) = \mathbb{R}$, $k < 0$.

a) Untersuchen Sie die Graphen f_k auf Extrem- und Wendepunkte. Zeichnen Sie die Graphen von f_{-3}, f_{-2} und f_{-1} in ein Koordinatensystem.

b) Eine nach oben geöffnete Parabel 2. Ordnung p schneidet den Graphen von f_{-2} in den Punkten $A(-6/2)$ und $B(0/2)$. Die Maßzahl der Fläche zwischen dem Graphen von p und dem Graphen von f_{-2} beträgt 31,5. Wie lautet die Gleichung der Parabel p? Zeichnen Sie die Parabel ins Koordinatensystem zu Teilaufgabe a) und kennzeichnen Sie die beschriebene Fläche.

c) Die Wendepunkte aller Schaubilder der Schar bilden eine Kurve. Bestimmen Sie deren Funktionsgleichung und geben Sie den dazugehörigen Definitionsbereich an. Zeichnen Sie die Ortskurve der Wendepunkte ins Koordinatensystem.

d) Eine Parallele zur y-Achse durch den Wendepunkt $W_k(2k/2 - k)$ und die Wendenormale n_k begrenzen mit der x-Achse im 2. Quadranten ein Dreieck. Für welchen Parameterwert k wird die Fläche dieses Dreiecks extremal? Um welche Art von Extremum handelt es sich?

3 Gegeben sei die Funktionenschar f_k:

$f_k(x) = \frac{1}{3}(k - 1)x^3 - kx$; $D(f_k) = \mathbb{R}$, $k \in \mathbb{R}^*\backslash\{1\}$.

a) Untersuchen Sie das Verhalten der Scharkurven für $|x| \to \infty$. Berechnen Sie die Koordinaten der markanten Punkte der Kurvenschar und zeichnen Sie die Graphen von f_{-2} und f_2 in ein Koordinatensystem.

b) Berechnen Sie die Maßzahl der Fläche, die die Graphen von f_{-2} und f_2 miteinander einschließen.

c) Bestimmen Sie die Maßzahl der Fläche $A(k)$, die die Graphen von f_k im 2. Quadranten mit der x-Achse einschließen. Für welchen Parameterwert k wird $A(k)$ extremal? Um welche Art von Extremum handelt es sich?

d) Berechnen Sie die Koordinaten aller gemeinsamen Punkte der Graphen der Schar.

4 a) Die Gesamtkostenfunktion eines Werkzeugherstellers ist eine ganzrationale Funktion 3. Grades. Die Fixkosten betragen 24 GE. Bei $x = 2$ ME betragen die Gesamtkosten 40 GE, gleichzeitig sind bei dieser Ausbringungsmenge die Grenzkosten minimal. Die Kapazitätgrenze des Herstellers beträgt 7 ME, die Gesamtkosten betragen an der Kapazitätsgrenze 185 GE. Bestimmen Sie die Gleichung der Gesamtkostenfunktion K
[Lösung: $K(x) = x^3 - 6x^2 + 16x + 24$].

b) Die Erlösfunktion E des Herstellers hat die Gleichung $E(x) = 20\,x$. Bestimmen Sie die Nutzenschwelle und -grenze des Betriebs. Bei welcher Ausbringungsmenge ist der Gewinn maximal?

c) Ermitteln Sie das Betriebsoptimum und -minimum des Unternehmens.

d) Die Fläche, die vom Graphen der Gewinnfunktion und der x-Achse eingeschlossen wird, heißt Gewinnlinse. Berechnen Sie die Maßzahl dieses Flächenstücks.

e) Weil die Gesamtkosten eines Betriebes bei steigender Ausbringungsmenge realistischerweise nicht sinken dürfen, darf der Graph der Kostenfunktion K: $K(x) = ax^3 + bx^2 + cx + d$ über seinem Definitionsbereich nicht fallen, sondern er muss monoton steigen. Welche Werte müssen die Koeffizienten in der o. g. Kostengleichung annehmen, damit die Kostenkurve monoton steigt?

5 Bei steigender Ausbringungsmenge steigen die Gesamtkosten eines Produktionsbetriebes zunächst degressiv und dann, ab der Ausbringungsmenge 3 Mengeneinheiten (ME), progressiv. Die Fixkosten betragen 20 Geldeinheiten (GE). Die Kapazitätsgrenze des Herstellers beträgt 8 ME, die Gesamtkosten dann 196 GE. Beim Übergang vom degressiven zum progressiven Kostenverlauf betragen die Gesamtkosten 56 GE, die Grenzkosten betragen dort 3 GE.

a) Wie lautet die Gleichung der Gesamtkostenfunktion K_1, deren Graph s-förmig verläuft? Zeichnen Sie den Graphen der Gesamtkostenfunktion K_1 in ein geeignetes Koordinatensystem.

b) Eine Überprüfung der Kostensituation des Betriebes ergibt, dass ab der Ausbringungsmenge 4 der bis dahin durch eine ganzrationale Funktion 3. Grades beschriebene Kostenverlauf durch eine quadratische Funktion p ersetzt werden muss. Bestimmen Sie die Gleichung der neuen Kostenfunktion K_2 so, dass sie über ihrem Definitionsbereich stetig und differenzierbar ist.

c) Begründen Sie, ob die Stetigkeit und Differenzierbarkeit für den Verlauf der Gesamtkostenfunktion betriebswirtschaftlich notwendig ist.

d) Zeichnen Sie den geänderten Teil des Graphen der Gesamtkostenfunktion ins Koordinatensystem zu Teilaufgabe b).

6 Die in der Zeichnung dargestellte Linienführung einer Straße wird den Anforderungen des immer schneller werdenden Autoverkehrs nicht mehr gerecht. Insbesondere die Knicke zwischen den Teilstücken *a* und *b* bzw. *b* und *c* haben wiederholt zu Klagen und Unfällen geführt. Deswegen soll für das Teilstück *b* eine neue Linienführung gefunden werden, sodass eine insgesamt „glatte“ Straßenlinie entsteht.

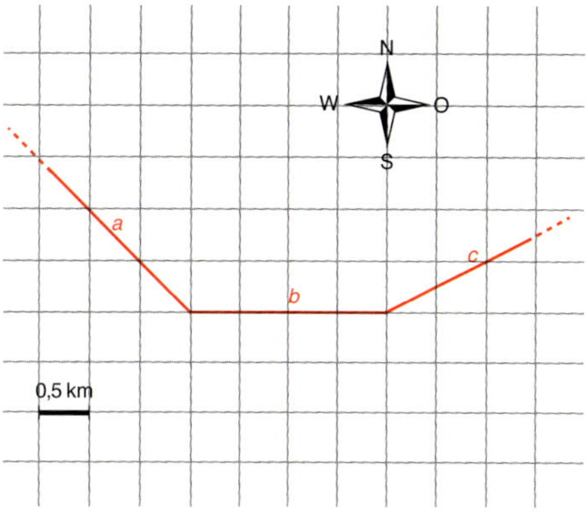

Bild 4.1.2

a) Erläutern Sie fachsprachlich korrekt, welche mathematischen Begriffe von der umgangssprachlichen Formulierung „glatt“ erfasst werden.

Für die folgenden Überlegungen positionieren Sie den Ursprung des Koordinatensystems im Schnittpunkt von *a* und *b*.

b) Versuchen Sie die Gleichung einer ganzrationalen Funktion 2. Grades zu finden, deren Graph das rechte und linke Teilstück der Straße „glatt“ miteinander verbindet. Erläutern Sie Ihre Lösung.

c) Versuchen Sie die Gleichung einer ganzrationalen Funktion 3. Grades zu bestimmen, deren Graph das rechte und linke Teilstück der Straße „glatt“ miteinander verbindet. Wie lautet dann die Gleichung der Funktion *g*, deren Graph den gesamten Straßenverlauf darstellt?

d) Für das neue Teilstück *b* hat ein zuvor beauftragtes Planungsbüro der betreffenden Gemeinde einen Straßenverlauf entsprechend dem Graphen der Funktion

f: $f(x) = \frac{3}{32}x^5 - \frac{9}{16}x^4 + x^3 - x$; $0 < x < 2$ empfohlen.

- Wie lautet die Gleichung der Funktion *h*, deren Graph den gesamten Straßenverlauf darstellt?
- Prüfen Sie, ob diese Straßenführung die geforderte Bedingung eines „glatten“ Verlaufs erfüllt.

e) Prüfen Sie, welche Grundstückszukäufe für die in Frage kommenden Straßenbaualternativen notwendig sind.

f) Um die Kosten für die jeweiligen Straßenverläufe zu ermitteln, muss die Länge der neuen Straßenstücke bestimmt werden. Berechnen Sie die Länge der neuen alternativen Straßenstücke.

g) Zeichnen Sie die alternativen Straßenführungen (mit *a* und *c*) in ein Koordinatensystem. Welche Straßenführung würden Sie der Gemeinde empfehlen? Begründen Sie Ihre Meinung ohne Rechnung.

7 Eine Eisenbahnbrücke ist über einem Flusstal so zu errichten, dass die Gleise horizontal verlaufen.

Den in der Skizze durch Hervorhebung vereinfacht dargestellten Umriss der Brücke in Seitenansicht kann man sich aus einem gleichschenkligen Trapez ABCD mit $\overline{AB} \parallel \overline{CD}$ entstanden denken, wobei die Trapezseite $\overline{AB}$ durch einen Parabelbogen mit dem Scheitel E ersetzt wurde.

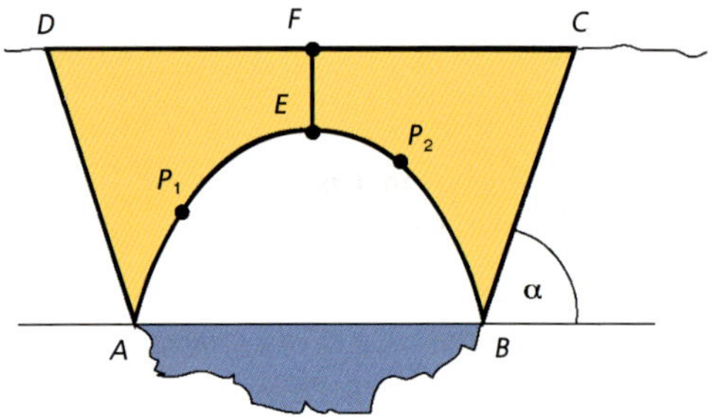

Bild 4.1.3

Die Skizze ist nicht maßstäblich. Es seien folgende Daten bekannt:

$P_1(-50/37{,}10)$, wenn der Ursprung des Koordinatensystems in der Mitte von $\overline{AB}$ liegt.
$P_2\,(30/54{,}70)$

$|\overline{EF}| = 3$

$\alpha = 40°$

(Längenangaben in Meter)

a) Ermitteln Sie eine Gleichung für den Parabelbogen AEB und berechnen Sie den Abstand der Auflagepunkte A und B.

b) Wie lang ist der Parabelbogen AEB?

c) Berechnen Sie die Länge der Eisenbahngleise zwischen den Punkten C und D.

d) Die Ermittlung der Belastung durch Wind erfordert die Kenntnis der Windangriffsfläche der Brücke, die aufgrund der Stahlkonstruktion nur 2% des Inhalts der in der Skizze unterlegten Fläche beträgt. Ermitteln Sie den Inhalt der Windangriffsfläche der Brücke.

4.2 Gebrochenrationale Funktionen

Aufgabe 1

Gegeben ist die Schar von Funktionen f_k: $f_k(x) = \dfrac{k + x}{x^2}$; $x \in D(f_k)$; $k \in \mathbb{R}^*$.

a) Bestimmen Sie den größtmöglichen Definitionsbereich $D(f_k)$ der Schar und untersuchen Sie *detailliert* das Verhalten der Scharkurven an den Rändern des Definitionsbereiches. Bestimmen Sie die Koordinaten der markanten Punkte der Scharkurven und zeichnen Sie die Graphen von f_{-1} und f_1 in ein Koordinatensystem.

b) Zeigen Sie, dass $f_k(-x) = -f_{-k}(x)$ in $D(f_k)$. Welche geometrische Bedeutung hat diese Aussage für die Graphen von f_k und f_{-k}?

c) Beweisen Sie, dass je zwei verschiedene Scharkurven keinen gemeinsamen Punkt haben, sich aber für $|x| \to \infty$ einander beliebig nähern.

d) Bestimmen Sie die Maßzahl der Fläche zwischen dem Graphen von f_1 und der x-Achse über dem Intervall [2; 4].

e) Der Graph von f_1 rotiere über dem Intervall [2; 4] um die x-Achse. Berechnen Sie das Volumen des entstehenden Rotationskörpers.

Lösung

a) **Maximaler Definitionsbereich:**

$D(f_k) = \mathbb{R}^*$

Verhalten an den Rändern des Definitionsbereiches:
Fallunterscheidung:

Für $k < 0$:

$\lim\limits_{x \to -\infty} \frac{k + x}{x^2} = 0^-$[1)]

$\lim\limits_{\substack{x \to 0 \\ x < 0}} \frac{k + x}{x^2} = „-\infty“$

$\lim\limits_{\substack{x \to 0 \\ x > 0}} \frac{k + x}{x^2} = „-\infty“$

$\lim\limits_{x \to \infty} \frac{k + x}{x^2} = 0^+$

Für $k > 0$:

$\lim\limits_{x \to -\infty} \frac{k + x}{x^2} = 0^-$

$\lim\limits_{\substack{x \to 0 \\ x < 0}} \frac{k + x}{x^2} = „\infty“$

$\lim\limits_{\substack{x \to 0 \\ x < 0}} \frac{k + x}{x^2} = „\infty“$

$\lim\limits_{x \to \infty} \frac{k + x}{x^2} = 0^+$

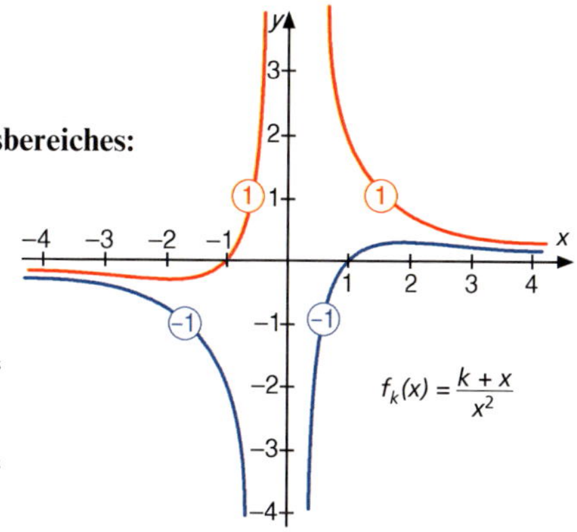

Bild 4.2.1

$\Rightarrow$ Für alle $k \in \mathbb{R}^*$ gilt: Pol ohne Vorzeichenwechsel an der Stelle $x = 0$ und Asymptote $f_k^*: f_k^*(x) = 0$ für $|x| \to \infty$

Schnittpunkte mit den Achsen:

$S_x(-k/0)$

S_y nicht vorhanden wg. $D(f_k) = \mathbb{R}^*$.

Ableitungen:

$f_k'(x) = \frac{-2k - x}{x^3}$

$f_k''(x) = \frac{2(3k + x)}{x^4}$

$f_k'''(x) = \frac{-6(4k + x)}{x^5}$

Extrempunkte:
Fallunterscheidung:

Für $k < 0$: Hochpunkt $H\left(-2k \,\middle/\, -\frac{1}{4k}\right)$

Für $k > 0$: Tiefpunkt $H\left(-2k \,\middle/\, -\frac{1}{4k}\right)$

Wendepunkt:

$W\left(-3k \,\middle/\, -\frac{2}{9k}\right)$

1) Durch das hochgestellte Minus-(Plus)zeichen soll angedeutet werden, dass die Annäherung aus negativer (positiver) Richtung erfolgt.

b) $f_k(-x) = -f_{-k}(x)$

$$\frac{k + (-x)}{(-x)^2} = -\frac{-k + x}{x^2} \Leftrightarrow$$

$$\frac{k - x}{x^2} = \frac{k - x}{x^2}$$

$\Rightarrow$ Die Graphen von f_k und f_{-k} sind punktsymmetrisch zum Ursprung zueinander.

c) $f_{k_1}(x) = f_{k_2}(x)$

$$\frac{k_1 + x}{x^2} = \frac{k_2 + x}{x^2}, \text{ wobei } k_1 \neq k_2$$

$$k_1 + x = k_2 + x$$

$$k_1 - k_2 = 0$$

Die Gleichung wäre erfüllt, wenn $k_1 = k_2$, was aber laut Voraussetzung nicht möglich ist.

Die Gleichung hat keine Lösung, folglich haben zwei verschiedene Scharkurven keinen gemeinsamen Punkt.

Aus der unter Punkt a) durchgeführten Grenzwertbetrachtung ergibt sich, dass für alle Scharkurven gilt:

$$\lim_{|x| \to \infty} f_k(x) = 0$$

Also kommen sich die Kurven für $|x| \to \infty$ beliebig nahe.

d) $I = \int_2^4 \frac{x+1}{x^2}\,dx = \int_2^4 \left(\frac{1}{x} + \frac{1}{x^2}\right) dx = \left[\ln|x| - \frac{1}{x}\right]_2^4 = \ln 2 + \frac{1}{4} \approx 0{,}94315$

e) $V = \pi \int_2^4 \left(\frac{x+1}{x^2}\right)^2 dx = \pi \int_2^4 \left(\frac{1}{x^2} + \frac{2}{x^3} + \frac{1}{x^4}\right) dx = \pi \frac{91}{192} \approx 1{,}489$

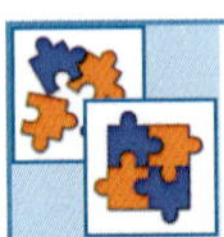

Aufgabe 2

Wenn durch eine Baustelle eine zweispurige Fahrbahn einspurig wird, weiß man aus Erfahrung, dass es bei einer solchen Verengung meistens zu einem Rückstau kommt, weil weniger Autos je Zeiteinheit durchfahren können. Man sagt dazu, die Verkehrsdichte oder der Verkehrsdurchfluss wird geringer. Messungen an einer Beobachtungsstelle, die die Anzahl der passierenden Autos pro Stunde (= Verkehrsdichte D) mit und ohne Baustelle zählen, bestätigen dies.

Gibt es evtl. eine „optimale“ Geschwindigkeit, die zu einem möglichst großen Verkehrsdurchfluss führt?

a) Erstellen Sie eine Verkehrsdichtefunktion D, die die Anzahl der passierenden Autos je Stunde in Abhängigkeit von der Geschwindigkeit v angibt.

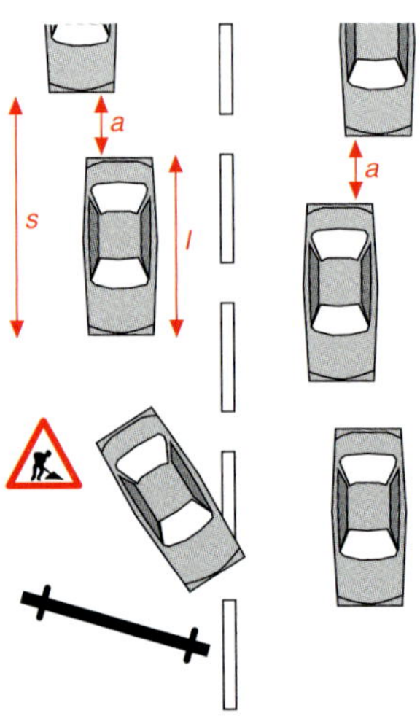

Bild 4.2.2

Gehen Sie dabei von folgenden plausiblen Annahmen/Vereinfachungen aus:

- Die **Verkehrsdichte *D*** ist **proportional zur Geschwindigkeit** v **und**
- **umgekehrt proportional zum Abstand *s* zweier Fahrzeuge,**
- der sich aus Fahrzeuglänge l (= 5 m) und Anhalteweg a zusammensetzt.
- Der Anhalteweg a kann auf zweierlei Weise bestimmt werden:

a_1) Wie lautet die Gleichung der Verkehrsdichtefunktion, wenn der Anhalteweg a abhängig ist von v nach der **Regel „Halber-Tacho-Abstand"**: $a(v) = \frac{1}{2} v$ (v in $\frac{km}{h}$, a in m). Diese Regel geht davon aus, dass das vorausfahrende Fahrzeug selbst bremst und dabei einen bestimmten Bremsweg zurücklegt.

a_2) Der Anhalteweg a ist abhängig von v nach der **„Fahrschulregel"**:
$a(v) = (0{,}1\ v)^2 + 0{,}3v$ (v in $\frac{km}{h}$, a in m). Dabei ist $0{,}01\ v^2$ der Bremsweg bei voller Bremskraft. 0,3 v ist der Weg, den das Fahrzeug innerhalb der sog. Schrecksekunde (hier: 0,3) noch zurücklegt. Diese Regel geht davon aus, dass plötzlich ein unbewegliches Hindernis auftaucht.

(Alle Entfernungsangaben in Metern, Geschwindigkeitsangaben in km/h.)

b) Führen Sie eine Kurvendiskussion der Graphen der Verkehrsdichtefunktionen für D_{max} durch und zeichnen Sie die Graphen über D_{max} in je ein Koordinatensystem.

c) Zeichnen Sie die Graphen der beiden Verkehrsdichtefunktionen für $v \in [0; \infty)$ in ein Koordinatensystem **und interpretieren** Sie die Grafik.

Lösung

a_1) Entsprechend den Vorgaben, dass die Verkehrsdichte D direkt proportional zur Geschwindigkeit v und umgekehrt proportional zum Abstand s zweier Fahrzeuge ist, gilt:

$D = \frac{v}{s}$.

Hierbei ergibt sich der Abstand s aus der Länge l eines Fahrzeugs und dem Anhalteweg a :

$$D = \frac{v}{l + a}.$$

Da die Geschwindigkeit v im Zähler in km/h angegeben ist, wir aber in Metern rechnen wollen, müssen wir die Kilometer durch Multiplikation mit 1 000 in Meter umrechnen.

$$D = \frac{1\,000v}{l + a}.$$

Nach der **Regel „Halber-Tacho-Abstand"** ist der Anhalteweg $a(v) = \frac{1}{2}v$ (in Meter). l ist mit 5 (Meter) vorgegeben.

Die Gleichung der Verkehrsdichtefunktion in Abhängigkeit von der Geschwindigkeit lautet dann:

$$D(v) = \frac{1\,000v}{5 + 0{,}5v}\ ;\ v \in \mathbb{R}_+$$

a_2) Die Gleichung der Verkehrsdichtefunktion in Abhängigkeit von der Geschwindigkeit lautet nach der **„Fahrschulregel"**

$$D(v) = \frac{1\,000v}{5 + 0{,}011v^2 + 0{,}3\ v}\ ;\ v \in \mathbb{R}_+.$$

b$_1$) **Kurvendiskussion** für $D(\nu) = \dfrac{1\,000\,\nu}{5 + 0{,}5\,\nu}$; $\nu \in D(D)$

Maximaler Definitionsbereich:
$D(D) = \mathbb{R}\backslash\{-10\}$

Verhalten an den Rändern des Definitionsbereiches:

$$\lim_{\nu \to -\infty} \frac{1\,000\,\nu}{5 + 0{,}5\nu} = 2\,000+$$

$$\lim_{\substack{\nu \to -10 \\ \nu < -10}} \frac{1\,000\,\nu}{5 + 0{,}5\nu} = „\infty“$$

$$\lim_{\substack{\nu \to -10 \\ \nu > -10}} \frac{1\,000\,\nu}{5 + 0{,}5\nu} = „-\infty“$$

$$\lim_{\nu \to \infty} \frac{1\,000\nu}{5 + 0{,}5\nu} = 2\,000-$$

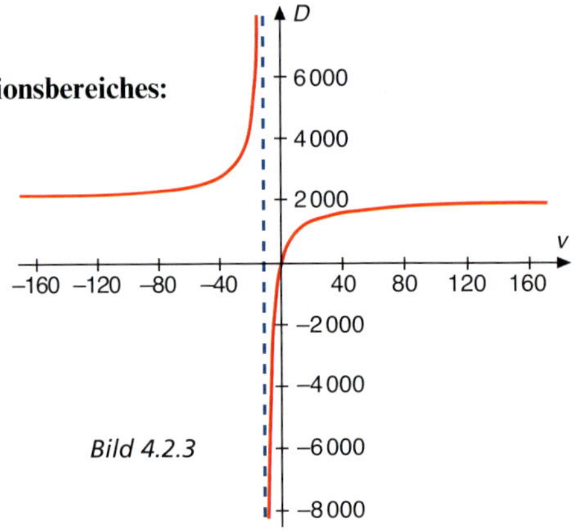

Bild 4.2.3

$\Rightarrow$ Pol mit Vorzeichenwechsel
an der Stelle $x = -10$,
Asymptote D^*: $D^*(\nu) = 2\,000$ für $|\nu| \to \infty$

Symmetrieverhalten:
Aufgrund der bisherigen Ergebnisse nicht erkennbar.

Schnittpunkte mit den Achsen:
$S_{x/y}$ (0/0)

Ableitungen:

$$D'(\nu) = \frac{5\,000}{(5 + 0{,}5\nu)^2}$$

$$D'(\nu) = -\frac{5\,000}{(5 + 0{,}5\nu)^2}$$

Extrempunkte und **Wendepunkte** sind nicht vorhanden.

Wertebereich:
$W(D) = \mathbb{R}\backslash\{2\,000\}$

b$_2$) **Kurvendiskussion** für $D(\nu) = \dfrac{1\,000\nu}{5 + 0{,}01\nu^2 + 0{,}3\nu}$; $\nu \in D(D)$

Maximaler Definitionsbereich:
$D(D) = \mathbb{R}$

Verhalten an den Rändern des Definitionsbereiches:

$$\lim_{\nu \to -\infty} \frac{1\,000\nu}{50{,}01\nu^2 + 0{,}3\nu} = 0-$$

$$\lim_{\nu \to \infty} \frac{1\,000\nu}{50{,}01\nu^2 + 0{,}3\nu} = 0+$$

$\Rightarrow$ keine Polstelle
Asymptote D^* : $D^*(\nu) = 0$
für $|\nu| \to \infty$

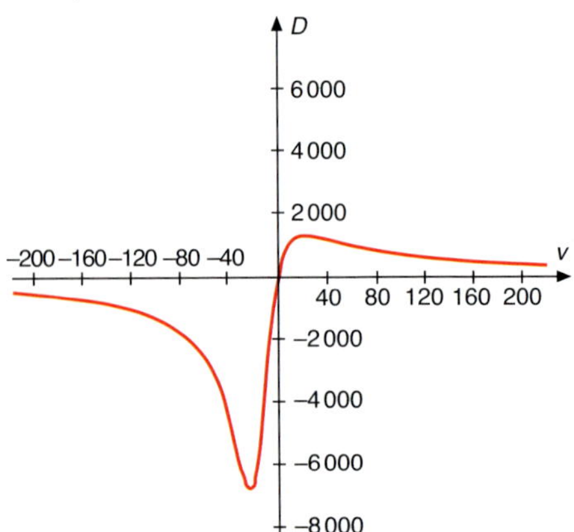

Bild 4.2.4

Symmetrieverhalten:
Aufgrund der bisherigen Ergebnisse nicht erkennbar.

Schnittpunkte mit den Achsen:
$S_{\nu/D}$ (0/0)

Ableitungen:

$$D'(v) = \frac{1000(0{,}01\,v^2 - 5)}{(0{,}01\,v^2 + 0{,}3\,v + 5)^2} \qquad D''(v) = -\frac{0{,}2v^3 - 300v - 3000}{(0{,}01\,v^2 + 0{,}3\,v + 5)^3}$$

Extrempunkte:

$$T\left(-10\sqrt{5}\,\middle|\,\frac{-20000\sqrt{5} - 30000}{11}\right) \approx (-22{,}361/-6792{,}85)$$

$$H\left(10\sqrt{5}\,\middle|\,\frac{20000\sqrt{5} - 30000}{11}\right) \approx (22{,}361/1338{,}306)$$

Wendepunkte:

$W_1 \sim (-32{,}146/-5649{,}661)$
$W_2 \sim (-10{,}852/3713{,}813)$
$W_3 \sim (42{,}998/1181{,}661)$

Wertebereich:

$$W(D) = \left[\frac{-20000\sqrt{5} - 30000}{11}; \frac{20000\sqrt{5} - 30000}{11}\right] \approx [-6972{,}85; 1338{,}306]$$

c) Nur wenn für den Sicherheitsabstand die „Fahrschulregel" angewandt wird, gibt es eine optimale Geschwindigkeit mit ~ 22,4 km/h, bei der sich eine Verkehrsdichte von ~ 1338 Fahrzeugen ergibt.

Bei Anwendung der „Halbe-Tacho-Regel" ist der Verkehrsdurchsatz tatsächlich umso größer, je höher die Geschwindigkeit ist.

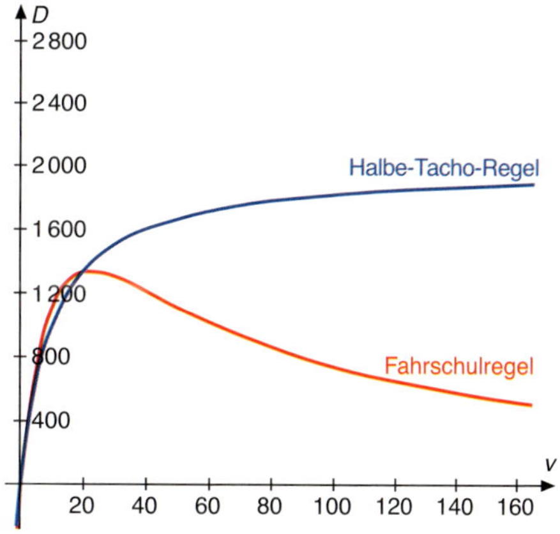

Bild 4.2.5

Übungsaufgaben

1 Gegeben ist die Funktionenschar $f_k : f_k(x) = \frac{kx - 1}{x^2}$; $x \in D(f_k)$; $k \in \mathbb{R}^*$.

a) Bestimmen Sie den größtmöglichen Definitionsbereich $D(f_k)$ der Schar und untersuchen Sie *detailliert* das Verhalten der Scharkurven an den Rändern des Definitionsbereiches. Bestimmen Sie die Koordinaten der markanten Punkte der Scharkurven und zeichnen Sie die Graphen von f_{-2} und f_2 in ein Koordinatensystem.

b) Bestimmen Sie die Gleichung des geometrischen Ortes aller Extrempunkte der Schar und zeichnen Sie den Graphen ins Koordinatensystem zu Teilaufgabe a).

c) Zeigen Sie, dass verschiedene Graphen der Schar keine gemeinsamen Punkte haben, sich aber für $|x| \to \infty$ beliebig nähern.

d) Bestimmen Sie die Maßzahl der Fläche zwischen den Graphen von f_2 und f_{-2} über dem Intervall [2; 8].

2 Gegeben sei die Schar von Funktionen f_k: $f_k(x) = \frac{1}{x^2 + k^2}$; $x \in D(f_k)$; $k \in \mathbb{R}^*$.

a) Untersuchen Sie das Verhalten der Scharkurven an den Rändern des Definitionsbereiches. Bestimmen Sie die Koordinaten der Achsenschnittpunkte, der Extrem- und Wendepunkte. Zeichnen Sie die Graphen von $f_{0,5}$ und f_1 in ein Koordinatensystem. Geben Sie den Wertebereich der Funktionenschar an.

b) Bestimmen Sie die Funktionsgleichung der Ortslinie aller Wendepunkte der Schar.

c) Berechnen Sie die Nullstellen der Wendetangenten der Scharkurven.

d) Zeigen Sie, dass das uneigentliche Integral $\int_{-\infty}^{\infty} f_k(x)\,\mathrm{d}x$ existiert.

3 Gegeben ist die Funktionenschar f_k: $f_k(x) = \frac{kx^2 + 2x + 1}{x^2 + 1}$; $x \in D(f_k)$, $k \in \mathbb{R}$.

a) Ermitteln Sie den maximalen Definitionsbereich der Schar und untersuchen Sie das Verhalten der Graphen von f_k an den Rändern des Definitionsbereiches. Existieren Asymptoten?
Zeichnen Sie den Graphen von f_{-2}. Berechnen Sie dazu die Koordinaten der Achsenschnittpunkte und der Extrempunkte des Graphen von f_{-2}. Bestimmen Sie auch den Wertebereich von f_{-2}.

b) Für welche Parameterwerte hat f_k keine Nulllstellen, genau eine Nullstelle, genau zwei Nullstellen?

c) Berechnen Sie die Koordinaten des Punktes, der allen Scharkurven gemeinsam ist.

d) Ermitteln Sie die Maßzahl der Fläche zwischen dem Graphen von f_{-2} und seiner Asymptote im 4. Quadranten über dem Intervall [0; 4]. Kennzeichnen Sie die Fläche im Koordinatensystem zu Teilaufgabe a).

4 Gegeben ist die Funktionenschar f_k: $f_k(x) = \frac{x^3}{k^2 - x^2}$; $x \in D(f_k)$, $k > 0$.

a) Geben Sie den maximalen Definitionsbereich $D_{max}(f_k)$ an und untersuchen Sie *detailliert* das Verhalten am Rande des Definitionsbereiches. Existiert für die Graphen von f_k eine schräge Asymptote? Berechnen Sie die Koordinaten der markanten Punkte der Graphen der Funktion f_k und zeichnen Sie den Graphen von f_1 .

b) Jeder Graph hat zwei Extrempunkte. Welche Kurve wird von der Menge aller Extrempunkte der Schar gebildet (Geben Sie auch den Definitionsbereich der Ortskurve an) ?
Zeichnen Sie die Ortskurve der Extrempunkte ins Koordinatensystem zu Teilaufgabe a).

c) Bestimmen Sie die Maßzahl der Fläche zwischen dem Graphen von f_1 und der schrägen Asymptote über dem Intervall [2; 4].

d) Verändern Sie den Funktionsterm von f_1 in der Weise, dass der Graph der neu entstandenen Funktion g bis auf eine (hebbare) Lücke an der Stelle $x = 0$ identisch mit dem Graphen von f_1 ist.

5 Die Funktion D: $D(v) = \frac{1000v}{5 + 0{,}01v^2 + 0{,}3v}$; $v \in \mathbb{R}_+$ ist eine Verkehrsdichtefunktion, die den Verkehrsdurchsatz auf einer Straße in Abhängigkeit von der Geschwindigkeit angibt. Die Verkehrsdichte D ist dabei proportional zur Geschwindigkeit v und umgekehrt proportional zum Abstand a zweier Fahrzeuge, der sich wiederum aus Fahrzeuglänge l und Anhalteweg a zusammensetzt.

Es wird dabei eine Fahrzeuglänge von 5 Metern und ein Anhalteweg a entsprechend der „Fahrschulregel" $a(v) = (0,1\ v)^2 + 0,3v$ vorausgesetzt (Alle Streckenangaben in m, Geschwindigkeitsangaben in km/h).

a) Interpretieren Sie den Parameter l in $D_l(v) = \frac{1\,000v}{l + 0,01v^2 + 0,3v}$; $v \in \mathbb{R}_+$; $l \in \mathbb{R}_+^*$.
Versuchen Sie anhand des Funktionsterms zu erkennen, wie sich eine Veränderung dieses Parameters l auf den Verkehrsdurchsatz auswirken wird.

b) Untersuchen Sie die Kurvenschar $D_l(v)$ für $v \in \mathbb{R}$ und zeichnen Sie die Graphen für $l = 3, 8, 13, 18$ über dem Intervall $[0; \infty)$. (Auf die Berechnung der Koordinaten der Wendepunkte soll wegen der Kompliziertheit der auftretenden Terme verzichtet werden.) Interpretieren Sie die Kurvenschar bezüglich des Verkehrsdurchsatzes.

c) Wie lautet die Gleichung der Ortskurve aller Hochpunkte von $D_l(v)$. Geben Sie den Definitionsbereich der Ortskurve an und zeichnen Sie die Kurve ins Koordinatensystem zu Teilaufgabe b). Welchen Zusammenhang zeigt diese Kurve?

d) Der geometrische Ort der Hochpunkte der Verkehrsdichte $D_l(v)$ hat die Gleichung $D_{g.\,O.}(v) = \frac{50\,000}{v + 15}$; $v \in \mathbb{R}_+$. Weisen Sie nach, dass der Graph über seinem Definitionsbereich linksgekrümmt ist. Wie ist diese Linkskrümmung auf die (anwendungsbezogene) Aufgabenstellung zu interpretieren?

6 Die Funktion D: $D(v) = \frac{1\,000v}{5 + 0,01v^2 + 0,3v}$; $v \in \mathbb{R}_+$ ist eine Verkehrsdichtefunktion, die den Verkehrsdurchsatz auf einer Straße in Abhängigkeit von der Geschwindigkeit v angibt. Die Verkehrsdichte D ist dabei proportional zur Geschwindigkeit v und umgekehrt proportional zum Abstand s zweier Fahrzeuge. Der Abstand s zweier Fahrzeuge setzt sich aus Fahrzeuglänge l und Anhalteweg a zusammen.
Es wird dabei eine Fahrzeuglänge von 5 Metern und ein Anhalteweg a entsprechend der „Fahrschulregel" $a(v) = (0,1\ v)^2 + 0,3v$ vorausgesetzt. Dabei ist $0,01\ v^2$ der Bremsweg bei voller Bremskraft. $0,3v$ ist der Weg, den das Fahrzeug innerhalb der sog. Schrecksekunde (hier: 0,3) noch zurücklegt (= Reaktionsweg). Diese Regel geht davon aus, dass plötzlich ein unbewegliches Hindernis auftaucht.

a) Interpretieren Sie den Parameter b in $D_b(v) = \frac{1\,000v}{5 + 0,01\ v^2 + bv}$; $v \in \mathbb{R}_+^*$ Versuchen Sie anhand des Funktionsterms zu erkennen, wie sich eine Veränderung dieses Parameters b auf den Verkehrsdurchsatz auswirken wird.
b) Untersuchen Sie die Kurvenschar $D_b(v)$ für $v \in \mathbb{R}$ und zeichnen Sie die Graphen für $b = 0,1; \frac{1}{\sqrt{5}}; 1$. (Auf die Berechnung der Koordinaten der Wendepunkte soll wegen der Kompliziertheit der auftretenden Terme verzichtet werden.)
c) Zeichnen Sie die Graphen für $b = 0,1; 0,5; 0,9; 1,3$ über dem Intervall $[0; \infty)$. Interpretieren Sie das Ergebnis bezüglich des Verkehrsdurchsatzes.

4.3 Wurzelfunktionen

Aufgabe 1

Gegeben ist die Funktionenschar f_k: $f_k(x) = \frac{x}{2}\sqrt{12 - kx}$; $k \in \mathbb{R}_+^*$.

a) Diskutieren Sie die Funktionenschar vollständig und zeichnen Sie die Graphen von f_1, f_2 und f_3 in ein Koordinatensystem.

b) Berechnen Sie die Maßzahl der Fläche, die der Graph von f_k mit der x-Achse im 1. Quadranten einschließt.

c) Die Tangenten an den Graphen von f_1 in seinen Nullstellen bilden mit der x-Achse ein Dreieck. Berechnen Sie den Flächeninhalt dieses Dreiecks. In welchem Verhältnis teilt der Graph von f_1 dieses Dreieck ?

Lösung

a) **Definitionsbereich:**

$$12 - kx \geq 0$$
$$x \leq \tfrac{12}{k}$$
$$\Rightarrow D(f_k) = (-\infty; \tfrac{12}{k}]$$

Verhalten an den Rändern des Definitionsbereiches:

$$\lim_{x \to -\infty} \frac{x}{2}\sqrt{12 - kx} = „-\infty“ \cdot „\infty“ = \underline{\underline{„-\infty“}}$$
$$\lim_{x \to -\infty} \frac{x}{2}\sqrt{12 - kx} = „\infty“ \cdot 0 = \underline{\underline{0}}$$

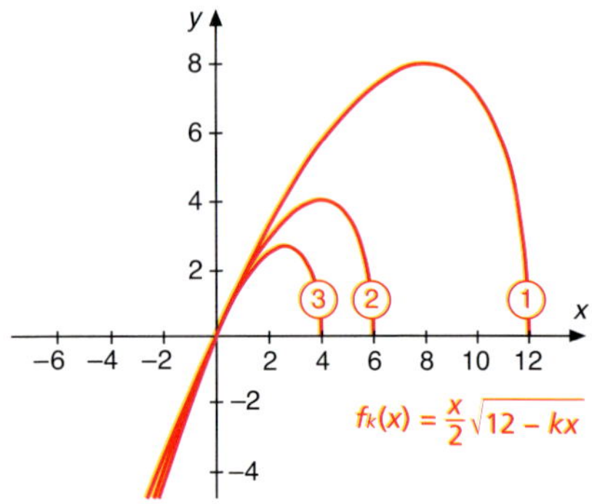

Bild 4.3.1

Symmetrieverhalten:

Achsensymmetrie zur y-Achse oder Punktsymmetrie zum Ursprung sind wegen des Definitionsbereiches $D(f_k) = (-\infty; \frac{12}{k}]$ nicht möglich.

Achsenschnittpunkte: $S_{x_1/y}(0/0)$; $S_{x_2}\left(\frac{12}{k}\middle|0\right)$

Ableitungen: $f_k'(x) = \dfrac{24 - 3kx}{4\sqrt{12 - 4x}}$; $f_k''(x) = \dfrac{3k^2x - 48k}{8\sqrt{(12 - kx)^2}}$

Extrempunkte: $H\left(\frac{8}{k}\middle|\frac{8}{k}\right)$

Wendepunkte: $x_w = \dfrac{16}{k} \notin D(f_k) \Rightarrow$ keine Wendepunkte

Wertebereich: $W(f_k) = (-\infty; \frac{8}{k}]$

b) $$I_1 = \int_0^{\frac{12}{k}} \frac{x}{2}\sqrt{12 - kx}\,dx = \left[-\frac{\sqrt{(12 - kx)^2}\,(kx + 8)}{5k^2}\right]_0^{\frac{12}{k}} = \underline{\underline{\frac{192\sqrt{3}}{5k^2}}}$$

c) $t_1(x) = \sqrt{3} \cdot x \qquad t_2 = \frac{12}{k}$

$$I_{\text{Dreieck}} = \frac{g \cdot h}{2} = \frac{\frac{12}{k} \cdot \sqrt{3} \cdot \frac{12}{k}}{2} = \frac{72\sqrt{3}}{k^2}$$

$$I_2 = I_{\text{Dreieck}} - I_1 = \frac{168\sqrt{3}}{5k^2}$$

$$\frac{I_2}{I_1} = \frac{\frac{168\sqrt{3}}{5k^2}}{\frac{192\sqrt{3}}{5k^2}} = \underline{\underline{\frac{7}{8}}}$$

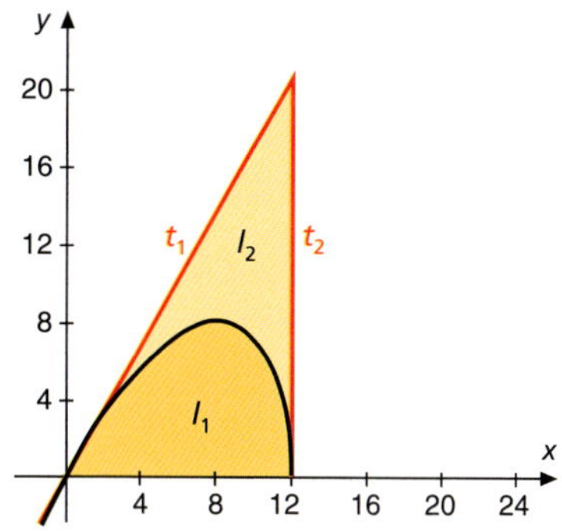

Bild 4.3.2

Übungsaufgaben

1 Gegeben sind die Funktionen f: $f(x) = \sqrt{x+4}$ und g : $g(x) = \frac{1}{3}x + 3 - \sqrt{x+4}$ über ihrem maximalen Definitionsbereich.

a) Führen Sie für beide Funktionen eine Kurvendiskussion durch (maximaler Definitionsbereich, Verhalten am Rande des Definitionsbereiches, Achsenschnittpunkte, Extrem- und Wendepunkte). Zeichnen Sie die Graphen von f und g in ein Koordinatensystem.

b) Berechnen Sie den Inhalt der Fläche, die von den Graphen von f und g eingeschlossen wird. Kennzeichnen Sie die berechnete Fläche im Koordinatensystem zu Teilaufgabe a).

c) S_1 und S_2 seien die Schnittpunkte der Graphen von f und g miteinander. Zeigen Sie, dass die Gerade durch S_1 und S_2 die in b) berechnete Fläche halbiert.

d) An welcher Stelle sind Tangenten an die Graphen von f und g parallel zueinander?

2 Gegeben ist die Schar von Funktionen f_k: $f_k(x) = -k\sqrt{x - k^2}$; $x \in D(f_k)$; $k \in \mathbb{R}^*$.

a) Bestimmen Sie den maximal möglichen Definitionsbereich $D(f_k)$ und untersuchen Sie das Verhalten der Scharkurven am Rande des Definitionsbereiches. Prüfen Sie, ob die Graphen der Schar Extrem-, Wende- oder Achsenschnittpunkte aufweisen und berechnen Sie ggf. deren Koordinaten. Zeichnen Sie die Graphen von f_{-2}, f_{-1}, f_1 und f_2 in ein Koordinatensystem. Bestimmen Sie den Wertebereich $W(f_k)$.

b) Jeder Graph der Schar hat für $k < 0$ eine Tangente mit der Gleichung $t(x) = \frac{x}{2}$.
Berechnen Sie die Koordinaten des Berührpunktes B_k. Ermitteln Sie die Gleichung der Ortskurve, auf der für $k < 0$ alle Berührpunkte B_k liegen. Welches ist der Definitionsbereich der Ortskurve der Berührpunkte.

c) Bestimmen Sie die Maßzahl der Fläche, die vom Graphen von f_k, der x-Achse und der Geraden $x = 8$ begrenzt wird.

d) Die Fläche zwischen der x-Achse und dem Graphen von f_{-1} rotiert über dem Intervall [1; 3] um die x-Achse. Bestimmen Sie das Volumen des entstehenden Rotationskörpers.

3 Gegeben ist die Wurzelfunktion f: $f(x) = 2\sqrt{x-1}$; $x \in D(f)$.

a) Diskutieren Sie die Funktion und zeichnen Sie ihren Graphen. Zeichnen Sie in das Schaubild zusätzlich die Geraden $x = a$ mit $1 < a < 5$, $x = 5$ und g: $g(x) = 4$.

b) Berechnen Sie die Maßzahl der Fläche

- A_1 zwischen dem Graphen von f und der x-Achse über dem Intervall $[1; a]$, wobei $a \in (1; 5)$
- A_2 zwischen dem Graphen von f und der Geraden g über dem Intervall $[a; 5]$, wobei $a \in (1; 5)$.

Kennzeichnen Sie die Flächen im Schaubild zu Teilaufgabe a).

c) Unter den Geraden mit $x = a$ gibt es genau eine, für die die Summe der Flächenmaßzahlen aus Teilaufgabe b) minimal wird. Berechnen Sie dieses a und geben Sie den minimalen Summenwert an (Auf den Nachweis des Minimums kann verzichtet werden).

d) Die Fläche zwischen dem Graphen von f mit $x \in [1\,;\,5]$ und der y-Achse rotiere um die y-Achse. Bestimmen Sie das Volumen des entstehenden Rotationskörpers.

4 Gegeben ist die Funktionenschar f_r: $f_r(x) = \sqrt{r^2 - x^2}$; $x \in D(f_r)$, $r > 0$.

a) Diskutieren Sie die Funktion vollständig und zeichnen Sie ihren Graphen für $r = 2$.

b) Berechnen Sie das Volumen des Körpers, welcher durch Drehung des Funktionsgraphen um die x-Achse entsteht.

c) Berechnen Sie die Bogenlänge des Funktionsgraphen.

d) Bestimmen Sie die Oberfläche des durch Rotation um die x-Achse entstandenen Rotationskörpers.

e) Welche Formeln der Geometrie sind durch die Lösungen der Teilaufgaben b) bis bewiesen?

5 Eine Rettungsboje (auf dem Bild in liegender Position) kann entstanden gedacht werden durch Rotation des Graphen der Funktion

$$f: f(x) = \begin{cases} g(x) & \text{für } x \in [0;\,8] \\ h(x) & \text{für } x \in (8;\,12] \end{cases}$$

mit $g(x) = \sqrt{cx}$ und $h(x) = a\sqrt{b-x}$.

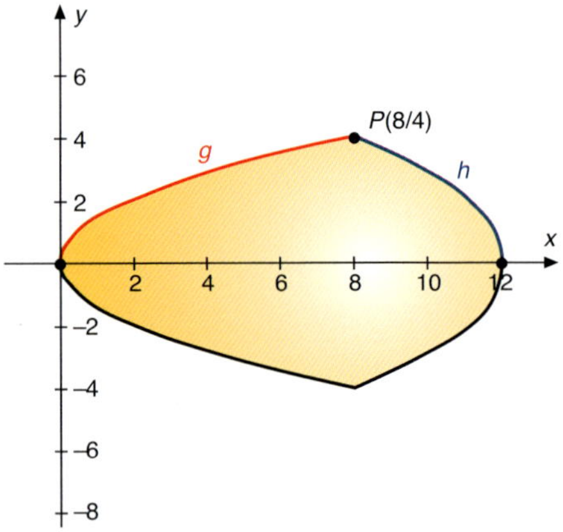

Bild 4.3.3

a) Bestimmen Sie die Variablen a, b und c so, dass der Graph von f im 1. Quadranten entsprechend dem nebenstehenden Schaubild verläuft.

b) Berechnen Sie die Maßzahl der Fläche des Profilschnittes der Boje in der x-y-Ebene.

c) Welches Volumen und welche Oberfläche hat die Boje?

d) Unter welchem Winkel schneiden sich die Graphen von g und h?

e) In der Boje sollen Funkeinrichtungen installiert werden. Dazu soll ein in der Boje aufrecht stehender Zylinder mit möglichst großem Volumen in die Boje eingebaut werden. Wie groß ist das maximale Volumen dieses Zylinders?

6 Zwischen den Ortschaften A und B (s. Lageplan) soll eine Stromversorgungsleitung verlegt werden. Die Kosten für die Verlegung betragen 0,6 Mio. EUR pro Kilometer bei Verlegung direkt neben der Straße und 1,0 Mio. EUR pro Kilometer bei Verlegung durch offenes Gelände.

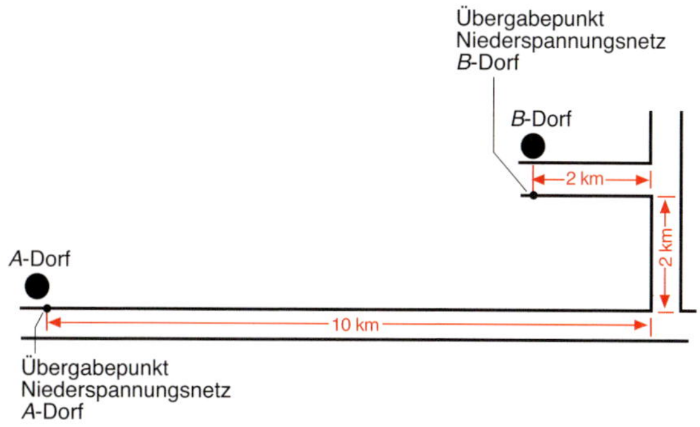

Bild 4.3.4

a) Wie hoch sind die Verlegungskosten,
- wenn die Leitung auf kürzestem Weg von A nach B verlegt wird?
- wenn die Leitung komplett entlang der Straße verlegt wird?
- wenn von A ausgehend zunächst 4 km der Leitung entlang der Straße und dann durchs offene Gelände verlegt wird?

b) Offensichtlich lassen sich die Verlegungskosten minimieren, wenn die Stromleitung von A ausgehend zunächst ein bestimmtes Wegstück x entlang der Straße und dann abzweigend von der Straße querfeldein verlegt wird (y). Fertigen Sie eine Skizze an. Stellen Sie die Gleichung der Verlegkostenfunktion K auf, die die Verlegkosten in Abhängigkeit von der Länge des Wegstückes x angibt. Geben Sie auch einen sinnvollen Definitionsbereich für K an.

c) Die Funktion K: $K(x) = 0{,}6x + \sqrt{x^2 - 16x + 68}$; $x \in D_{\max}(K)$ gebe die Verlegkosten für die Stromleitung an.
Diskutieren Sie die Funktion K: $K(x) = 0{,}6x + \sqrt{x^2 - 16x + 68}$; $x \in D_{\max}(K)$ und zeichnen Sie ihren Graphen für das Intervall [0; 8].

d) Wie sollte die Stromleitung verlegt werden, damit die Verlegkosten minimal sind? Weisen Sie nach, dass die Verlegkosten dann tatsächlich minimal sind.

4.4 Exponentialfunktionen

Aufgabe 1

Gegeben ist die Funktionenschar f_k: $f_k(x) = (x + k)\, e^{-x}$; $x \in D(f_k)$, $k \in \mathbb{R}$.

a) Bestimmen Sie den maximal möglichen Definitions- und Wertebereich der Schar und untersuchen Sie das Verhalten der Scharkurven an den Rändern des Definitionsbereiches. Berechnen Sie die Koordinaten der markanten Punkte der Graphen von f_k und zeichnen Sie die Graphen von f_{-2}, f_0 und f_2 in ein Koordinatensystem.

b) Bestimmen Sie die Maßzahl der Fläche, die der Graph von f_k mit der x-Achse einschließt.

c) Vom Punkt $P(x_0/0)$ aus sollen Tangenten an den Graphen von f_2 gelegt werden. Für welche Punkte auf der x-Achse ist das möglich?

d) Für welche Punkte auf der x-Achse kann genau eine Tangente an den Graphen von f_2 gelegt werden?

Lösung

a) **Definitionsbereich:**

$\underline{\underline{D(f_k) = \mathbb{R}}}$

Verhalten an den Rändern des Definitionsbereiches:

$\lim\limits_{x \to -\infty} (x + k)e^{-x} =$ „$-\infty$“

$\lim\limits_{x \to \infty} (x + k)e^{-x} = 0$

$\Rightarrow$ Asymptote mit $f_k^*(x) = 0$ für $x \to \infty$

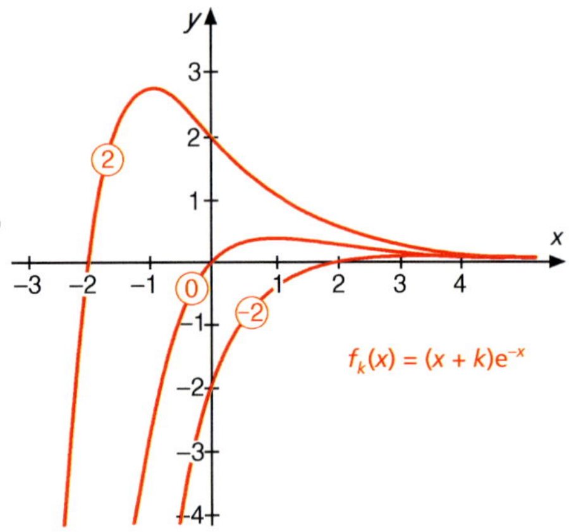

Bild 4.4.1

Achsenschnittpunkte:

$\underline{\underline{S_y(0/k)}}$

$\underline{\underline{S_x(-k/0)}}$

Ableitungen:

$f_k'(x) = (-x - k + 1)e^{-x}$

$f_k''(x) = (x + k - 2)e^{-x}$

$f_k'''(x) = (-x - k + 3)e^{-x}$

Extrempunkt:

$\underline{\underline{H(1 - k/e^{k-1})}}$

Wendepunkt:

$\underline{\underline{W(2 - k/2e^{k-2})}}$

Wertebereich:

$\underline{\underline{W(f_k) = (-\infty; e^{k-1}]}}$

b) $A = \int\limits_{-k}^{\infty} (x + k)e^{-x}\,dx = \lim\limits_{a \to \infty} \int\limits_{-k}^{a} (x + k)e^{-x}\,dx = \lim\limits_{a \to \infty} [(-x - k - 1)e^{-x}]_{-k}^{a} = \underline{\underline{e^k}}$

c) Für eine Gerade mit der Steigung m, die gleichzeitig Tangente an den Graphen von f ist, gilt: $m = f'(x)$.

Diese Gerade soll nun durch einen beliebigen Punkt $P(x/f(x))$ des Funktionsgraphen und durch einen Schnittpunkt $S(x_0/0)$ mit der x-Achse verlaufen.

Da $m = \frac{\Delta y}{\Delta x} = \frac{y_2 - y_1}{x_2 - x_1}$ ist, gilt:

$m = f'(x)$

$\frac{y_2 - y_1}{x_2 - x_1} = f'(x) \Rightarrow \frac{0 - f(x)}{x_0 - x} = f'(x)$

$\frac{0 - (x + 2)e^{-x}}{x_0 - x} = (-x - 1)e^{-x}$

Wir lösen diese Gleichung nach x auf:

$x_{1/2} = \frac{1}{2}(x_0 - 2) \pm \sqrt{\frac{1}{4}(x_0^2 - 4)}$

Diese Gleichung ist erfüllt, wenn die Diskriminante positiv ist, also wenn $x_0^2 - 4 \geq 0$. Dies ist der Fall für $\underline{x_0 \geqslant 2 \text{ oder } x_0 \leq -2}$. Von den Punkten auf der x-Achse, die diese Bedingung erfüllen, lassen sich also Tangenten an den Graphen von f_2 legen.

d) Genau eine Tangente existiert, wenn $x_0{}^2 - 4 = 0$, also für $\underline{\underline{x_0 = 2 \text{ oder } x_0 = -2}}$.

Übungsaufgaben

1 Für jedes $k \in \mathbb{R}^*_+$ ist die Funktion f_k gegeben durch $f_k(x) = (2kx + 4)e^{-\frac{kx}{2}}$; $D(f_k) = \mathbb{R}$.

a) Untersuchen Sie das Schaubild von f_k auf Achsenschnittpunkte, Hoch-, Tief- und Wendepunkte. Wie verhält sich die Funktion am Rande des Definitionsbereiches? Welches ist der Wertebereich von f_k? Zeichnen Sie die Graphen von f und f_2 in ein Koordinatensystem.

b) Vom Punkt $A(-3/0)$ aus wird die Tangente an den Graphen von f_1 im 2. Quadranten gelegt. Welche Gleichung hat diese Tangente? Welche Koordinaten hat der Berührpunkt B?

c) Die Gerade mit der Gleichung $x = a$ mit $a > -\frac{1}{2}$ schneidet den Graphen von f_1 in P und die x-Achse in Q. Die Punkte P, Q und $R(-\frac{1}{2}|0)$ bilden ein Dreieck. Für welchen Wert von a wird der Flächeninhalt des Dreiecks maximal?

d) Bestimmen Sie die Maßzahl der Fläche, die der Graph von f_k mit der x-Achse im 2. Quadranten einschließt.

2 Gegeben ist die Schar von Funktionen $f_k: f_k(x) = (x - k)\, e^{2-\frac{2}{k}}$; $D(f_k) = \mathbb{R}$; $k \in \mathbb{R}^*_+$.

a) Bestimmen Sie das Verhalten der Funktionswerte bei Annäherung an die Definitionsgrenzen. Berechnen Sie die Koordinaten der Achsenschnittpunkte, der Extrem- und Wendepunkte. Geben Sie den Wertebereich $W(f_k)$ an. Zeichnen Sie den Graphen von f_2.

b) Welches ist die Gleichung des geometrischen Ortes aller Extrempunkte der Schar (mit Definitionsbereich)?

c) Zeigen Sie, dass jede Wendetangente senkrecht auf der Tangente in der Nullstelle des Funktionsgraphen steht.

d) Der Graph von f_k begrenzt im 1. Quadranten mit der x-Achse eine ins Unendliche reichende Fläche. Berechnen Sie die Maßzahl dieser Fläche.

3 Gegeben sei die Funktionenschar $f_k: f_k(x) = (x^2 + k)\, e^x$; $D(f_k) = \mathbb{R}$; $k \in \mathbb{R}$.

a) Untersuchen Sie das Verhalten von f_k an den Rändern des Definitionsbereiches. Berechnen Sie die Koordinaten markanter Punkte der Schar und zeichnen Sie die Graphen von f_{-3}, f_0 und f_3 in ein Koordinatensystem.

b) Welche Kurve der Schar hat an der Stelle $x = 1$ ein relatives Minimum. Wie groß ist dieses Minimum?

c) Die Menge der Hochpunkte der Graphen von f_k bildet eine Kurve. Berechnen Sie die Gleichung dieser Kurve und geben Sie ihren Definitionsbereich an.

d) Führen Sie für die Funktion g: $g(x) = -2xe^x$ eine sich auf das Wesentliche beschränkende Kurvendiskussion durch. Berechnen Sie die Schnittpunkte der Graphen von f_{-3} und g miteinander. Zeichnen Sie den Graphen von g in das Schaubild zu Teilaufgabe a).

e) Bestimmen Sie die Maßzahl der Fläche, die die Graphen von f_{-3} und g miteinander einschließen.

4 Gegeben ist die Funktionenschar f_k: $f_k(x) = x^k e^{-x}$; $D(f_k) = \mathbb{R}$; $k \in \mathbb{N}^*$ mit maximalem Definitionsbereich.

a) Bestimmen Sie getrennt für f_1 und f_2
- den maximal möglichen Definitionsbereich
- Achsenschnittpunkte
- 1.–3. Ableitung
- Hoch- und Tiefpunkte
- Wendepunkte.

Zeichnen Sie die Graphen von f_1 und f_2 in ein Koordinatensystem.

b) Der Graph von f_1 schließt mit der x-Achse eine ins Unendliche reichende Fläche ein. Berechnen Sie ihre Maßzahl.

c) Berechnen Sie die Maßzahl der Fläche, die von den Graphen von f_1 und f_2 eingeschlossen wird.

d) Bestimmen Sie die gemeinsamen Punkte aller Scharkurven.

5 Beim Bau einer Hängebrücke muss ein Stahlseil freihängend über einen Fluss gehängt werden. Das Seil ist an den Spitzen zweier Stahlpfosten aufgehängt. Die Pfosten befinden sich auf gleicher Höhe und sind 17 Meter voneinander entfernt. In seinem tiefsten Punkt hängt das Seil 4 Meter über dem Fluss.

Die sog. „Kettenlinie" mit $k_a(x) = \frac{a}{2}\left(e^{\frac{x}{a}} + e^{-\frac{x}{a}}\right) x \in \mathbb{R}$; $a > 0$ gibt allgemein die Form eines vollkommen biegsamen, schweren, an 2 Punkten aufgehängten Fadens in Ruhelage an und ist auch eine gute Näherung für das oben beschriebene frei herabhängende Stahlseil.

a) Diskutieren Sie die Kurvenschar k_a und zeichnen Sie ihre Graphen für $a = 3$, 4 und 5 über dem Intervall $[-8{,}5; 8{,}5]$.

b) Beschreiben Sie, wie der Parameter a auf den Verlauf des Graphen wirkt. Wodurch ist in der Praxis eine Vergrößerung des Parameters a durch das Stahlseil bedingt? Welchen Wert muss der Parameter a für den oben beschriebenen Verlauf des Stahlseils annehmen? Wie lautet dann die Gleichung der Kettenlinie? In welcher Höhe ist das Stahlseil dann an den Stahlpfosten aufgehängt (3 Dezimalstellen)?

c) Vergleichen Sie qualitativ den Verlauf der Parabel mit $p(x) = \frac{x^2}{2a} + a$; $x \in \mathbb{R}$, $a > 0$ mit der Kettenlinie $k_a(x) = \frac{a}{2}\left(e^{\frac{x}{a}} + e^{\frac{-x}{a}}\right) x \in \mathbb{R}$; $a > 0$.

d) Wie groß ist die Maßzahl der Fläche unter dem oben beschriebenen Stahlseil zwischen den Pfosten?

e) Berechnen Sie die Länge des oben beschriebenen Stahlseils.

f) Zeigen Sie, dass die Entfernung von einem beliebigen Punkt $P(x_0/y_0)$ der Kettenlinie mit $k_4(x)$ orthogonal ausgehend vom Graphen von k_4 zum Wasserspiegel $\frac{1}{4}y_0^2$ beträgt.

6 Das Wachstum einer Population auf einem begrenzten Gebiet kann beschrieben werden durch die Funktionsgleichung

$p_{a,b,c}(t) = \frac{a}{1 + be^{-ct}}$; mit $a, b, c > 0$ und $t \in \mathbb{R}_+$.

a) Führen Sie eine vollständige Kurvendiskussion für die Parameterwerte $a = 500$, $b = 50$ und $c = \frac{1}{2}$ über dem theoretisch maximal möglichen Definitionsbereich durch und zeichnen Sie den Graphen der Funktion.

b) Skizzieren und beschreiben Sie qualitativ die Graphen der 1. und 2. Ableitungsfunktion ins Koordinatensystem zu Teilaufgabe a) und interpretieren Sie deren Aussagegehalt bezüglich des Anwendungsbeispiels.

c) Erläutern Sie, warum die durch die Funktionsgleichung $p_{a,b,c}(t) = \frac{a}{1 + be^{-ct}}$; mit $a, b, c > 0$ und $t \in \mathbb{R}_+$ beschriebene Population ständig wächst.

d) Berechnen Sie die maximale Wachstumsgeschwindigkeit der Population mit den Parameterwerten aus Teilaufgabe a).

e) Untersuchen Sie, wie sich die Parameter a, b und c in

$p_{a,b,c}(t) = \frac{a}{1 + be^{-ct}}$; mit $a, b, c > 0$ und $t \in \mathbb{R}_+$ jeweils auf den Verlauf des Graphen auswirken. Beachten Sie dabei auch die Veränderung des Wendepunktes. Erläutern Sie auch, wie sich die Veränderung der Parameter auf die Beschreibung der Entwicklung der Population auswirkt.

4.5 Logarithmusfunktionen

Aufgabe 1

Gegeben ist die Funktionenschar $f_k : f_k(x) = k(\ln x)^2$; $x \in D(f_k)$, $k \in \mathbb{R}_+^*$.

a) Bestimmen Sie den maximal möglichen Definitionsbereich der Schar und untersuchen Sie das Verhalten von f_k an den Rändern des Definitionsbereiches. Berechnen Sie die Koordinaten markanter Punkte der Scharkurven. Welches ist der Wertebereich von f_k.

b) Zeichnen Sie den Graphen von $f_{0,5}$ mit dem Graphen von g: $g(x) = \ln x$ in ein Koordinatensystem. Berechnen Sie die Koordinaten der Schnittpunkte der Graphen von $f_{0,5}$ und g miteinander.

c) Ermitteln Sie die Maßzahl der Fläche, die die Graphen von $f_{0,5}$ und g miteinander einschließen. Kennzeichnen Sie die Fläche im Schaubild.

d) Existiert das uneigentliche Integral $\int_0^1 f_{0,5}(x)\,dx$?

Lösung

a) **Definitionsbereich:**

$D(f_k) = \mathbb{R}_+^*$

Verhalten an den Rändern des Definitionsbereiches:

$\lim\limits_{\substack{x \to 0 \\ x > 0}} k(\ln x)^2 = „\infty“ \Rightarrow$ einseitiger Pol bei $x = 0$

$\lim\limits_{x \to \infty} k(\ln x)^2 = „\infty“$

Ableitungen:

$f_k'(x) = \dfrac{2k \ln x}{x}$

$f_k''(x) = \dfrac{2k - 2k \ln x}{x^2} = \dfrac{2k(1 - \ln x)}{x^2}$

$f_k'''(x) = \dfrac{-6k + 4k \ln x}{x^3} = \dfrac{k(-6 + 4 \ln x)}{x^3}$

Extrempunkt:
$\underline{\underline{T(1/0)}}$

Wendepunkte:
$\underline{\underline{W(e/k)}}$

Wertebereich:
$\underline{\underline{W(f_k) = \mathbb{R}_+}}$

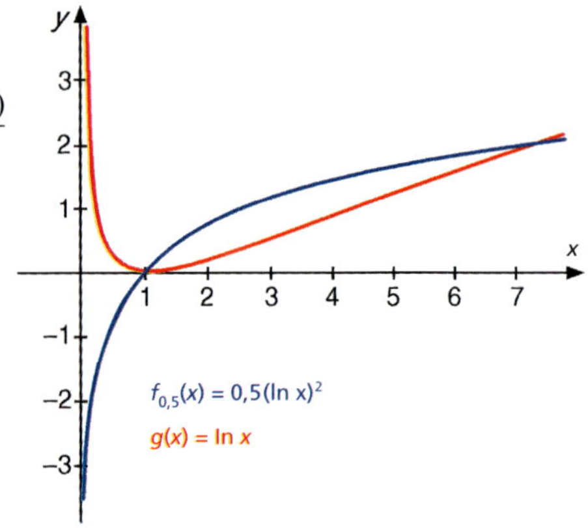

Bild 4.5.1

b) $f_{0,5}(x) = g(x)$

$0{,}5\,(\ln x)^2 = \ln x$

$0{,}5\,(\ln x)^2 - \ln x = 0$

$\ln x\,(0{,}5 \ln x - 1) = 0$

Die Gleichung ist erfüllt für

$\ln x = 0 \qquad \Leftrightarrow \underline{x = 1}$

oder

$0{,}5 \ln x - 1 = 0 \qquad \Leftrightarrow \underline{x = e^2}$

$\Rightarrow \underline{\underline{S_1(1/0)}}, \ \underline{\underline{S_2(e^2/2)}}$

c) $A = \int\limits_1^{e^2} [\ln x - 0{,}5(\ln x)^2]\, dx = [x \ln x - x + x \ln x - 0{,}5x\,(\ln x)^2 - x]_1^{e^2}$

(Die Stammfunktion wurde mithilfe der partiellen Integration ermittelt.)

$A = 4\,e^2 - 2\,e^2 - 2\,e^2 + 2 = 2$

d) $\int\limits_0^1 f_{0,5}(x)\, dx = \lim\limits_{a \to 0} \int\limits_a^1 0{,}5\,(\ln x)^2\, dx = \lim\limits_{a \to 0} [0{,}5\, x\,(\ln x)^2 - x \ln x + x]_a^1 = \underline{\underline{1}}$

Aufgabe 2

Gegeben ist die Funktionenschar f_k: $f_k(x) = \dfrac{\ln x - k}{kx}$; $x \in D(f_k)$, $k \in \mathbb{R}^*$.

a) Bestimmen Sie den maximalen Definitionsbereich der Schar und untersuchen Sie das Verhalten der Scharkurven am Rande des Definitionsbereiches.

b) Berechnen Sie die Schnittpunkte der Scharkurven mit den Achsen.

c) Ermitteln Sie die Ableitungen, die Extrem- und Wendepunkte der Scharkurven. Welches ist die Gleichung der Ortskurve aller Wendepunkte der Schar (mit Definitionsbereich)?

d) Zeichnen Sie die Graphen zu $k = 0{,}2$; 2; $-0{,}2$ und -2 in ein Koordinatensystem.

e) Bestimmen Sie die Maßzahl der Fläche, die jede Scharkurve mit der x-Achse und der Geraden g: $x = e^{2k}$ einschließt.

Lösung

a) **Definitionsbereich:**

$D(f_k) = \mathbb{R}_+^*$

Verhalten am Rande des Definitionsbereiches:
Es ist eine Fallunterscheidung für

(1) $k < 0$ und (2) $k > 0$ vorzunehmen:

(1) $k < 0$

$$\lim_{x \to \infty} \frac{\ln x - k}{kx} = \frac{\text{„}\infty\text{“}}{\text{„}\infty\text{“}}$$

nach der Regel von de l'Hospital[1] ist

$$\lim_{x \to \infty} \frac{\ln x - k}{kx} = \lim_{x \to \infty} \frac{\frac{1}{x}}{k} = \frac{0}{k} = 0$$

$$\lim_{\substack{x \to 0 \\ x > 0}} \frac{\ln x - k}{kx} = \frac{\text{„}-\infty\text{“}}{0^-} = \text{„}\infty\text{“}$$

(2) $k > 0$

$$\lim_{x \to \infty} \frac{\ln x - k}{kx} = \frac{\text{„}\infty\text{“}}{\text{„}\infty\text{“}}$$

nach der Regel von de l'Hospital ist

$$\lim_{x \to \infty} \frac{\ln x - k}{kx} = \lim_{x \to \infty} \frac{\frac{1}{x}}{k} = \frac{0}{k} = 0$$

$$\lim_{\substack{x \to 0 \\ x > 0}} \frac{\ln x - k}{kx} = \frac{\text{„}-\infty\text{“}}{0^+} = \text{„}-\infty\text{“}$$

Aus den durchgeführten Grenzwertbetrachtungen ergibt sich,

1. eine einseitige Polstelle bei $x = 0$ und
2. , dass sich die Kurven der Schar für $x \to \infty$ der Asymptote f_k^*: $f_k^*(x) = 0$ annähern.

Für $x \to 0$ schmiegen sich die Kurven an die Polgerade $x = 0$ an. Für $k > 0$ streben die Funktionswerte dabei gegen $-\infty$ und für $k < 0$ gegen $+\infty$.

b) **Schnittpunkte mit den Achsen:**
Ein Schnittpunkt mit der y-Achse ist nicht vorhanden, weil die Funktion an der Stelle $x = 0$ nicht definiert ist.

Schnittpunkte mit der x-Achse:

$f(x) = 0$

$0 = \ln x - k$

$\ln x = k$

$x = e^k \quad \Rightarrow S_x(e^k/0)$

---

[1] Ist der $\lim\limits_{x \to \infty} \frac{f(x)}{g(x)}$ nach den bekannten Grenzwertsätzen nicht zu bestimmen, weil sich ein unbestimmter Ausdruck wie $\frac{0}{0}$ oder $\frac{\infty}{\infty}$ ergibt, dann ist nach de l'Hospital $\lim\limits_{x \to \infty} \frac{f(x)}{g(x)} = \lim\limits_{x \to \infty} \frac{f'(x)}{g'(x)}$.

c) **Ableitungen:**

$$f_k'(x) = \frac{1 - \ln x + k}{kx^2}$$

$$f_k''(x) = \frac{2 \ln x - 2k - 3}{kx^3}$$

Extrempunkte:

Hinreichende Bedingung: $f_k'(x) = 0 \wedge$ *VZW von* $f_k'(x)$ *bei* x_E

$0 = 1 - \ln x + k$

$\underline{x = e^{1+k}}$

Die Funktionsgraphen der Schar haben waagerechte Tangenten an der Stelle $x = e^{1+k}$.

Der Funktionswert des möglichen Extrempunktes ist

$$f_k(e^{1+k}) = \frac{\ln(e^{1+k}) - k}{ke^{1+k}} = \frac{1 + k - k}{ke^{1+k}} = \frac{1}{ke^{1+k}}$$

Welche Art von Extremum vorliegt, soll dadurch geprüft werden, wie die 1. Ableitungsfunktion an der berechneten möglichen Extremstelle das Vorzeichen wechselt:

$$f_k'(x) = \frac{1 - \ln x + k}{kx^2}$$

Da das Vorzeichen des Nenners offensichtlich abhängig vom Vorzeichen des Scharparameters k ist, muss wieder eine Fallunterscheidung vorgenommen werden:

(1) $k < 0$

$f_k'(x < e^{1+k}) = \frac{\text{„+“}}{\text{„–“}} < 0$

$f_k'(x > e^{1+k}) = \frac{\text{„–“}}{\text{„–“}} > 0$

Wegen des Vorzeichenwechsels von „–“ nach „+“: Tiefpunkt $\left(e^{1+k} \middle| \frac{1}{ke^{1+k}}\right)$

(2) $k > 0$

$f_k'(x < e^{1+k}) = \frac{\text{„+“}}{\text{„+“}} > 0$

$f_k'(x > e^{1+k}) = \frac{\text{„–“}}{\text{„+“}} < 0$

Wegen des Vorzeichenwechsels von „+“ nach „–“: Hochpunkt $\left(e^{1+k} \middle| \frac{1}{ke^{1+k}}\right)$

Wendepunkte:

Hinreichende Bedingung: $f_k''(x) = 0 \wedge$ *VZW von* $f_k''(x)$ *bei* x_W

$0 = 2 \ln x - 2k - 3 \Leftrightarrow x = e^{k + \frac{3}{2}}$

Wegen Vorzeichenwechsels von $f_k''(x)$ bei $x = e^{k + \frac{3}{2}}$

$$\Rightarrow W\left(e^{k+\frac{3}{2}} \middle| \frac{3e^{-k-\frac{3}{2}}}{2k}\right)$$

Ortskurve der Wendepunkte: $o : y = \frac{3}{x(2 \ln x - 3)}$; $D(o) = \mathbb{R}_+^*$

d) **Kurvenschar:** s. Bild 4.5.2

e) **Flächenmaßzahl:**

$$A = \int_{e^k}^{e^{2k}} \frac{\ln x - k}{kx}\,dx$$

$$= \left| \int_{e^k}^{e^{2k}} \frac{\ln x}{kx}\,dx - \int_{e^k}^{e^{2k}} \frac{k}{kx}\,dx \right|$$

Das 1. Integral wird mithilfe der Substitution $u = \ln x$ gelöst. Anschließend wird rücksubstituiert:

$$A = \left| \left[\frac{\ln x^2}{2k} - \ln x \right]_{e^k}^{e^{2k}} \right| = \left| \frac{k}{2} \right|$$

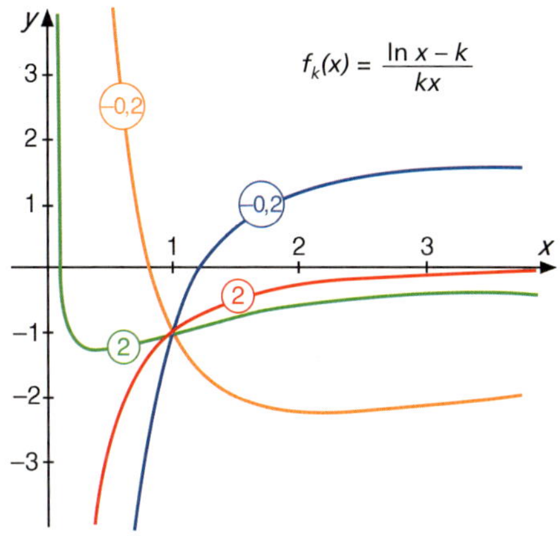

Bild 4.5.2

Übungsaufgaben

1 Gegeben ist die Schar von Funktionen f_k: $f_k(x) = kx(\ln x)^2$; $x \in D(f_k)$, $k \in \mathbb{R}_+^*$.

a) Untersuchen Sie die Funktionenschar auf maximal möglichen Definitionsbereich und Wertebereich, Verhalten am Rande des Definitionsbereiches und ausgezeichnete Punkte. Zeichnen Sie die Graphen von f_1, f_2 und f_3 in ein Schaubild.

b) Die Gerade g: $g(x) = x$ schneidet den Graphen von f_1 in den Punkten $A(x > 1/?)$ und B. Berechnen Sie die Koordinaten von A und B.

c) Die Geraden mit den Gleichungen $x = e$ und $f(x) = e$ schneiden sich in A und bilden mit den Achsen ein Quadrat im ersten Quadranten. In welchem Verhältnis teilt der Graph von f_1 dieses Quadrat?

d) An welchen Stellen ist die Steigung von f_1 identisch mit der Steigung der Geraden g: $g(x) = x$?

2 Gegeben ist die Funktionenschar f_k: $f_k(x) = kx - x \ln x$; $x \in D(f_k)$, $k \in \mathbb{R}_+$.

a) Bestimmen Sie den maximalen Defmitionsbereich $D(f_k)$ und untersuchen Sie das Verhalten von f_k an den Rändern des Definitionsbereiches. Welches ist der Wertebereich $W(f_k)$? Bestimmen Sie die Koordinaten der charakteristischen Punkte der Graphen von f_k. Zeichnen Sie die Graphen von f_0, f_1 und f_2 in ein Koordinatensystem.

b) Die Menge aller Hochpunkte H_k bildet einen Funktionsgraphen. Ermitteln Sie seine Gleichung, bestimmen Sie seinen Definitionsbereich und zeichnen Sie den Graphen ins Schaubild zu Teilaufgabe a).

c) Zeigen Sie, dass für alle $k \in \mathbb{R}_+^*$ gilt: $\lim\limits_{\substack{a \to 0 \\ a > 0}} \int_a^1 [f_k(x) - f_{k-1}(x)]\,dx = \text{konstant}$.

Erläutern Sie das Ergebnis in Zusammenhang mit der Aufgabenstellung.

d) Ist die Maßzahl der Fläche, die der Graph von f_k mit der x-Achse im 1. Quadranten zwischen $x = 0$ und seiner Nullstelle einschließt, endlich?

3 Gegeben ist die Funktion f: $f(x) = (\ln x)^2 - \ln x;\ x \in D(f)$.

a) Geben Sie den maximalen Definitionsbereich und Wertebereich von f an. Untersuchen Sie das Verhalten des Graphen von f an den Rändern des Definitionsbereiches. Bestimmen Sie die Achsenschnittpunkte, Extrem- und Wendepunkte. Zeichnen Sie den Graphen von f.

b) Welche Winkel schließen die Tangenten an den Funktionsgraphen in seinen Nullstellen mit der x-Achse ein?

c) Bestimmen Sie die Maßzahl der Fläche, die der Graph von f mit der x-Achse einschließt.

d) Zeigen Sie, dass es keine Tangente an den Graphen von f gibt, die zu der Geraden g: $g(x) = x$ parallel ist.

4 Gegeben ist die Funktionenschar f_k : $f_k(x) = (\ln x)^2 - k \ln x;\ x \in D(f_k),\ k \in \mathbb{R}$.

a) Untersuchen Sie die Funktion f_k allgemein und zeichnen Sie die Graphen von f_{-2}, f_0 und f_2.

b) Haben die Graphen von f_k gemeinsame Punkte?

c) Berechnen Sie die Maßzahl der Fläche, die der Graph von f_2 mit der x-Achse einschließt.

d) Die Nullstellen des Graphen von f_2 seien 2 Eckpunkte eines Dreiecks. Der 3. Eckpunkt ist Element der Graphen von f_2 über dem Intervall, welches die Nullstellen von f_2 bilden. Für welche Position des 3. Eckpunktes (x-Wert) ist der Flächeninhalt des Dreiecks extremal (auf die Feststellung der Art des Extremums kann verzichtet werden)?

5 Gegeben sei die Schar von Funktionen f_k: $f_k(x) = \ln(x^2 + k);\ x \in D(f_k),\ k \in \mathbb{R}$.

a) Untersuchen Sie allgemein die Funktion f_k (Definitions- und Wertebereich, Verhalten an den Rändern des Definitionsbereiches, Achsenschnittpunkte, Extrem- und Wendepunkte).

b) Für welche Parameterwerte k ergeben sich grundsätzlich unterschiedliche Typen von Funktionsgraphen? Zeichnen Sie je einen Vertreter dieser Typen.

c) Prüfen Sie, ob die Graphen zweier Funktionen gemeinsame Punkte haben.

d) Bestimmen Sie den geometrischen Ort aller Wendepunkte.

6 Der Kraftstoffverbrauch K eines Kraftfahrzeuges ist u. a. abhängig von der Geschwindigkeit v. Für einen bestimmten PKW kann die Abhängigkeit des Kraftstoffverbrauchs von der Geschwindigkeit unter sonst gleichen Bedingungen beschrieben werden durch die Funktion K: $K(v) = \frac{v}{20}[\ln(v-1)]^2 + 8;\ v > 1$. Dabei ist v die Geschwindigkeit in $10\,\frac{\text{km}}{\text{h}}$. Der Kraftstoffverbrauch ist angegeben in $\frac{l}{100\text{ km}}$. Die Höchstgeschwindigkeit des betrachteten Pkw beträgt $180\,\frac{\text{km}}{\text{h}}$.

a) Diskutieren Sie die Funktion K und zeichnen Sie ihren Graphen.

b) Interpretieren Sie den Verlauf des Graphen bezogen auf die Problemstellung Geschwindigkeit – Kraftstoffverbrauch.

c) Für Geschwindigkeiten von 50 bis 70 $\frac{\text{km}}{\text{h}}$ kann der Kraftstoffverbrauch auch einfacher beschrieben werden durch eine quadratische Funktion p. Wie lautet die Gleichung dieser Parabel? Skizzieren Sie den Graphen der Funktion, der die Abweichungen zwischen p und K verdeutlicht. Halten Sie die Funktion p als Näherung für K für Geschwindigkeiten über 10 $\frac{\text{km}}{\text{h}}$ bis 180 $\frac{\text{km}}{\text{h}}$ geeignet?

4.6 Trigonometrische Funktionen

Zur Lösung trigonometrischer Gleichungen müssen häufig die sog. **Additionstheoreme** angewendet werden:

$$\sin(a + b) = \sin a \cdot \cos b + \cos a \cdot \sin b$$
$$\cos(a + b) = \cos a \cdot \cos b + \sin a \cdot \sin b$$

Additionstheoreme

entsprechend:

$$\sin 2x = 2 \sin x \cos x$$
$$\cos 2x = 2\cos^2 x - 1 = 1 - 2\sin^2 x$$

Additionstheoreme

Zur Termumformung wichtige Beziehungen sind ferner:

$$\tan x = \frac{\sin x}{\cos x}$$

Beziehung

$$\cot x = \frac{\cos x}{\sin x}$$

Beziehung

$$\cos^2 x + \sin^2 x = 1$$

Beziehung

Aufgabe 1

Gegeben sei die Funktion f: $f(x) = \sin 2x + \sin x$; $D(f) = [0; a)$, $a \in \mathbb{R}$.

a) Bestimmen Sie den Definitionsbereich der gegebenen Funktion so, dass die folgende Untersuchung eine volle Periode umfasst. Untersuchen Sie dann den Graphen der Funktion in $D(f)$ auf Achsenschnittpunkte, Extrem- und Wendepunkte. Zeichnen Sie den Graphen der Funktion in ein Koordinatensystem.

b) Weisen Sie rechnerisch nach, dass der Graph der Funktion f punktsymmetrisch zum Ursprung verläuft.

c) Berechnen Sie die Maßzahl der Fläche, die der Graph der Funktion über dem Intervall $[0; \pi]$ mit der x-Achse einschließt.

Lösung

a) **Definitionsbereich:**

f ist additiv zusammengesetzt aus f_1: $f_1(x) = \sin 2x$ und f_2: $f_2(x) = \sin x$.
Die Funktion f_1: $f_1(x) = \sin 2x$ hat die Periode π, die Funktion f_2: $f_2(x) = \sin x$ hat die Periode 2π. Also hat f die Periode 2π.

Wir können die Untersuchung somit auf ein Intervall der Länge 2π beschränken.
Der Definitionsbereich von f ist also :

$D(f) = 0; 2\pi$

Achsenschnittpunkte:

– Schnittpunkte mit der y-Achse:
$f(0) = \sin 0 = 0 \Rightarrow S_y(0/0)$

– Schnittpunkte mit der x-Achse:
$f(x) = 0$
$0 = \sin 2x + \sin x$

Wg. $\sin 2x = 2 \sin x \cos x$ (s. Additionstheoreme oben) können wir umformen zu:

$0 = 2 \sin x \cos x + \sin x$
$0 = \sin x\,(2 \cos x + 1)$

Die Gleichung ist erfüllt für
$0 = \sin x \vee 0 = 2 \cos x + 1 \Leftrightarrow \cos x = -\frac{1}{2}$

$x_1 = 0 \qquad x_3 = \frac{2\pi}{3}$

$x_2 = \pi \qquad x_4 = \frac{4\pi}{3}$

$\Rightarrow S_{x_1}(0/0), \quad S_{x_2}(\pi/0), \quad S_{x_3}\left(\frac{2\pi}{3}\Big/0\right), \quad S_{x_4}\left(\frac{4\pi}{3}\Big/0\right)$

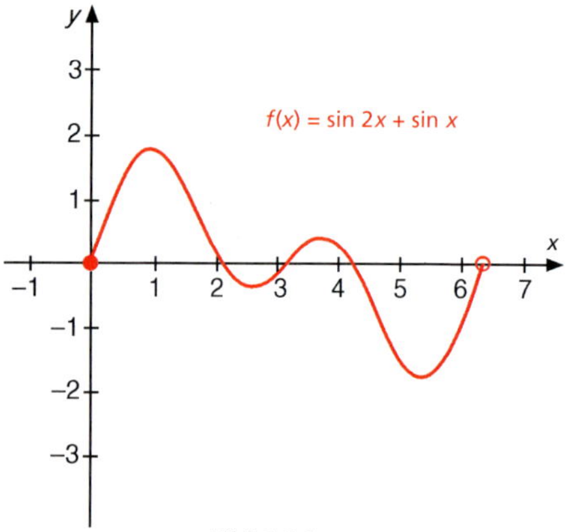

Bild 4.6.1

Ableitungen:

$f'(x) = 2 \cos 2x + \cos x$

$f''(x) = -4 \sin 2x - \sin x$

$f'''(x) = -8 \cos 2x - \cos x$

Extrempunkte:

Hinreichende Bedingung: $f'(x) = 0 \wedge f''(x_E) \neq 0$

$0 = 2\cos 2x + \cos x$

Wg. $\cos 2x = 2 \cos^2 x - 1$:

$0 = 2(2 \cos^2 x - 1) + \cos x$

$0 = 4 \cos^2 x - 2 + \cos x$

$0 = \cos^2 x + \frac{1}{4} \cos x - \frac{1}{2}$

Wir substituieren $u = \cos x$:

$0 = u^2 + \frac{1}{4}u - \frac{1}{2}$

$u_{1/2} = -\frac{1}{8}; \pm \sqrt{\frac{1}{64} + \frac{1}{2}}$

$= -\frac{1}{8} \pm \sqrt{\frac{33}{64}}$

$u_1 \approx -0{,}84307033 \Rightarrow x_1 \approx 0{,}9359295,\ x_2 \approx 5{,}3473$

$u_2 \approx 0{,}59307033 \Rightarrow x_3 \approx 2{,}573763,\ \ x_4 \approx 3{,}7094$

Nach einer Überprüfung der berechneten möglichen Extremstellen mithilfe der 2. Ableitungsfunktion ($f''(x) \neq 0$) ergeben sich folgende Extrempunkte:

$\underline{\underline{H_1 \approx (0{,}936/1{,}76)}}$, $\underline{\underline{T_1 \approx (2{,}574/-0{,}37)}}$, $\underline{\underline{H_2 \approx (3{,}709/0{,}37)}}$, $\underline{\underline{T_2 \approx (5{,}347/-1{,}76)}}$

Wendepunkte:

Hinreichende Bedingung: $f''(x) = 0 \wedge f'''(x_W) \neq 0$

$0 = -4 \sin 2x - \sin x$

Wg. $\sin 2x = 2 \sin x \cdot \cos x$:

$0 = -4(2 \sin x \cos x) - \sin x$

$0 = -8 \sin x \cos x - \sin x$

$0 = \sin x\,(-8 \cos x - 1)$

Die Gleichung ist erfüllt für

$0 = \sin x \quad \vee \quad -8 \cos x - 1 \Leftrightarrow \cos x = -\frac{1}{8}$

$x_1 = 0 \qquad x_3 \approx 1{,}696 \qquad x_2 = \pi \qquad\qquad x_4 \approx 4{,}587$

Die Überprüfung der berechneten möglichen Wendestellen mithilfe der 3. Ableitungsfunktion (hinreichende Bedingung: $f'''(x) \neq 0$) ergibt:

$\underline{\underline{W_1(0/0)}}$, $\underline{\underline{W_2 \approx (1{,}696/0{,}74)}}$, $\underline{\underline{W_3(\pi/0)}}$, $\underline{\underline{W_4 \approx (4{,}587/-0{,}74)}}$

b) Der Graph verläuft punktsymmetrisch zum Ursprung, wenn gilt:

$f(x) = -f(-x)$

$-f(-x) = -[\sin(-2x) + \sin(-x)] = -\sin(-2x) - \sin(-x)$

$-\sin(-2x)$ ist aber identisch mit $\sin 2x$ und $-\sin(-x)$ ist identisch mit $\sin x$. Also ist

$\underline{\underline{-f(-x) = \sin 2x + \sin x = f(x)\text{, also liegt Punktsymmetrie zum Ursprung vor.}}}$

c) $$A = \int_0^{\frac{2}{3}\pi} (\sin 2x + \sin x)\,\mathrm{d}x + \left|\int_{\frac{2}{3}\pi}^{\pi} (\sin 2x + \sin x)\,\mathrm{d}x\right|$$

$$= \left[-\frac{1}{2}\cos 2x - \cos x\right]_0^{\frac{2}{3}\pi} + \left|\left[-\frac{1}{2}\cos 2x - \cos x\right]_{\frac{2}{3}\pi}^{\pi}\right|$$

$$= \frac{9}{4} + \left|-\frac{1}{4}\right| = \frac{1}{4} = \underline{\underline{\frac{5}{2}}}$$

Übungsaufgaben

1 Gegeben ist die Funktion f: $f(x) = -\sin x - \cos 2x$; $D(f) = [0; a)$.

a) Bestimmen Sie a so, dass der Definitionsbereich eine volle Periode umfasst. Untersuchen Sie dann den Graphen der Funktion über dem Intervall $[0; a)$ auf seinen Schnittpunkt mit der y-Achse, Nullstellen, Extrem- und Wendepunkte. Zeichnen Sie den Graphen der Funktion.

b) Überprüfen Sie das Symmetrieverhalten des Graphen rechnerisch.

c) Bestimmen Sie die Maßzahl der Fläche, die der Graph der Funktion (innerhalb des Definitionsbereiches) im 1. Quadranten mit der x-Achse einschließt.

2 Gegeben ist die Funktion f: $f(x) = x \sin x^2$; $D(f) = [0; 4]$.

a) Bestimmen Sie die Achsenschnittpunkte von f Stellen Sie die Gleichungen zur Berechnung der Extrem- und Wendestellen auf und beurteilen Sie die Lösbarkeit dieser Gleichungen.

b) Alle Hochpunkte der Funktion liegen auf der Winkelhalbierenden des 1. Quadranten, alle Tiefpunkte auf der Winkelhalbierenden des 4. Quadranten. Berechnen Sie die Koordinaten dieser gemeinsamen Punkte von f mit den Winkelhalbierenden. Zeichnen Sie den Graphen von f mit den Winkelhalbierenden des 1. und 4. Quadranten.

c) Der Graph der Funktion f schließt mit der x-Achse im 1. und 4. Quadranten die Flächen A_1, A_2, A_3, ... ein. Bestimmen Sie die Maßzahl der ersten beiden Flächen A_1 und A_2. Welche Feststellung lässt sich zu den weiteren Flächen A_3, A_4, ... treffen?

3 Gegeben ist die Funktion f: $f(x) = \sin x + \cos x$; $D(f) = \mathbb{R}$.

a) Untersuchen Sie die Funktion auf Achsenschnittpunkte, Extrem- und Wendepunkte. Beschränken Sie die Untersuchung auf ein Intervall, welches eine volle Periode von f umfasst. Zeichnen Sie den Graphen der Funktion.

b) Bestimmen Sie die Maßzahl der Fläche, die der Graph von f zwischen zwei benachbarten Nullstellen mit der x-Achse einschließt.

c) Die Fläche zwischen dem Graphen der Funktion f und der x-Achse rotiere über dem Intervall, das durch zwei benachbarte Nullstellen gegeben ist, um die x-Achse. Berechnen Sie das Volumen des entstandenen Rotationskörpers.

4 Gegeben sei die Funktionenschar f_k: $f_k(x) = 1 + \sin kx$; $D(f) = \mathbb{R}$, $k \in \mathbb{R}_+^*$.

a) Bestimmen Sie die Periode der Scharkurven. Berechnen Sie die Koordinaten der Achsenschnittpunkte für den angegebenen Definitionsbereich. Ermitteln Sie auch die möglichen Extrem- und Wendestellen für den Definitionsbereich. Zeichnen Sie den Graphen von f_1 ins Koordinatensystem.

b) $P_1(0/1)$ und $P_2\left(\frac{\pi}{k}\middle/1\right)$ sind Punkte der Graphen von f_k.

Bestimmen Sie den Parameter k so, dass die Tangenten an den Graphen in P_1 und P_2 senkrecht zueinander stehen.

c) Berechnen Sie die Maßzahl der Fläche, die der Graph von f_2 mit den beiden Koordinatenachsen im 1. Quadranten einschließt.

5 An einem schönen Herbsttag wurden im Laufe des Tages folgende Temperaturen gemessen:

Uhrzeit	Temperatur
5 h	8 °C
8 h	8,5 °C
11 h	11,5 °C
14 h	13 °C
17 h	15 °C
20 h	13 °C
23 h	11,5 °C

a) Ermitteln Sie durch entsprechende Streckungen/Dehnungen und Verschiebungen aus $f(x) = \cos x$ die Gleichung einer Kosinusfunktion, die die erhobenen Messdaten für den betreffenden Zeitraum „möglichst gut" approximiert. Skizzieren Sie den Graphen dieser Funktion durch die oben beschriebenen Überlegungen.

b) Diskutieren Sie die Funktion g :

$g(x) = \frac{23}{2} - \frac{7}{2}\sin\left[\frac{\pi}{12}(x + 1)\right]$, $x \in [0; 24]$ und zeichnen Sie ihren Graphen mit den Messdaten aus der Tabelle in ein Koordinatensystem. Beurteilen Sie die Approximation der Temperaturen durch die Sinusfunktion mit

$g(x) = \frac{23}{2} - \frac{7}{2}\sin\left[\frac{\pi}{12}(x + 1)\right]$ über dem Intervall [0; 24].

c) Zeigen Sie, dass $f(x) = 3{,}5\cos\left[\frac{\pi}{12}(x - 17)\right] + 11{,}5$ identisch ist mit $g(x) = \frac{23}{2} - \frac{7}{2}\sin\left(\frac{\pi}{12}(x + 1)\right)$.

d) Wie lautet die Gleichung einer ganzrationalen Funktion möglichst niedrigen Grades, auf deren Graph alle Messdaten liegen? Beurteilen Sie die Zweckmäßigkeit dieser Kurve als Approximation für 24 Stunden des Messtages.

e) Berechnen Sie $\frac{1}{23 - 5}\int_5^{23} g(x)\,dx$ und interpretieren Sie das Ergebnis bezüglich der Messdaten.

Verallgemeinern Sie den Aussagegehalt des Ansatzes $\frac{1}{b - a}\int_a^b f(x)\,dx$.

4.7 Aufgaben mit verschiedenen Funktionsarten

Aufgabe 1

Gegeben ist die Funktionenschar f_k: $f_k(x) = \frac{k}{\sqrt{2k - x}}$; $x \in D(f_k)$; $k \in \mathbb{R}_+^*$.

a) Untersuchen Sie die Funktionen der Schar auf Definitions- und Wertebereich und auf das Verhalten am Rande des Definitionsbereiches. Bestimmen Sie ausgezeichnete Punkte der Funktionsgraphen der Schar. Zeichnen Sie die Graphen von f_1 und f_2 in ein Koordinatensystem.

b) Alle Graphen von f_k berühren den Graphen von g: $g(x) = \sqrt{x}$; $D(g) = \mathbb{R}_+$. Bestimmen Sie die Koordinaten des Berührpunktes. Zeichnen Sie den Graphen von g in das Koordinatensystem zu Teilaufgabe a).

c) Der Graph von f_k, der Graph von g und die Parallelen zur y-Achse mit $x = k$ und $x = a\,(k < a < 2k)$ bilden eine Fläche. Berechnen Sie Ihren Inhalt $A(a)$.

d) Existiert $\lim\limits_{a \to 2k} A(a)$? Interpretieren Sie das Ergebnis.

Lösung

a) **Definitionsbereich:**

$D(f_k) = \{x | x < 2k\}_{\mathbb{R}}$

Verhalten am Rande des Definitionsbereiches:

$\lim\limits_{x \to -\infty} = \dfrac{k}{\sqrt{2k - x}} = 0 \quad \Rightarrow$ Asymtptote mit $f_k{}^*(x) = 0$ für $x \to -\infty$

$\lim\limits_{x \to 2k} = \dfrac{k}{\sqrt{2k - x}} =$ „∞“ $\quad \Rightarrow$ einseitiger Pol bei $x = 2k$

Schnittpunkte mit den Achsen:

$S_x -$

$S_y\left(0 \middle| \dfrac{k}{\sqrt{2k}}\right)$

Ableitungen:

$f_k'(x) = \dfrac{k}{2\sqrt{(2k - x)^3}}$

$f_k''(x) = \dfrac{3k}{4\sqrt{(2k - x)^5}}$

Keine Extrempunkte und keine Wendepunkte vorhanden.

Wertebereich:

$W(f_k) = (0\,;\infty) = \mathbb{R}_+$

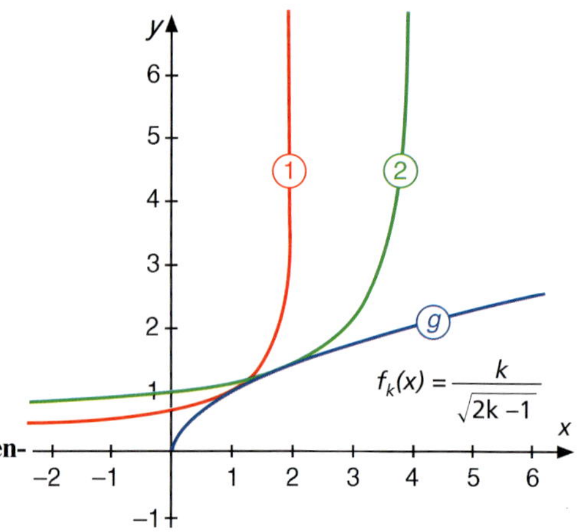

Bild 4.7.1

b) $f_k{}'(x) = g'(x)$

$\dfrac{k}{2\sqrt{(2k - x)^3}} = \dfrac{1}{2\sqrt{x}} \Rightarrow B(k | \sqrt{k})$

c) $A(a) = \displaystyle\int_k^a \left(\frac{k}{\sqrt{2k - x}} - \sqrt{x}\right) dx = k \int_k^a \left[(2k - x)^{-\frac{1}{2}} - x^{-\frac{1}{2}}\right] dx =$

$= k\left[-2(2k - x)^{-\frac{1}{2}} - \dfrac{2}{3}x^{\frac{3}{2}}\right]_k^a = -2k\sqrt{2k - a} - \dfrac{2}{3}\sqrt{a^3} + \dfrac{8}{3}\sqrt{k^3}$

d) $\lim\limits_{n \to 2k} \left(-2k\sqrt{2k - a} - \dfrac{2}{3}\sqrt{a^3} + \dfrac{8}{3}\sqrt{k^3}\right) = \sqrt{k^3}\left(-\dfrac{4}{3}\sqrt{2} + \dfrac{8}{3}\right)$

Die Fläche zwischen den Graphen von f_k und g ist über dem Intervall $[k; 2k]$ endlich.

Übungsaufgaben

1 Gegeben sei die Schar von Funktionen f_k mit $f_k(x) = \dfrac{\ln x - k}{x}$; $x \in D(f_k)$, $k \in \mathbb{R}$.

a) Bestimmen Sie den maximalen Definitionsbereich der Funktionenschar und untersuchen Sie das Verhalten an den Rändern des Definitionsbereiches. Berechnen Sie die Nullstellen. Welches sind die Koordinaten der Extrem- und Wendepunkte der Scharkurven? Geben Sie auch den Wertebereich der Schar an. Zeichnen Sie die Graphen von f_{-2}, f_0 und f_2 für $0 \leq x \leq 7$ in ein Koordinatensystem.

b) Ermitteln Sie die Gleichung einer Funktion g (mit Definitionsbereich), die von allen Hochpunkten der Schar gebildet wird.

c) Von den Hochpunkten der Schar werden Lote auf die Koordinatenachsen gefällt. Wie groß ist die Maßzahl der entstandenen Rechtecke?
d) In welchem Verhältnis teilt der Graph von f_k das zugehörige Rechteck, welches in Teilaufgabe c) beschrieben wurde?

2 Gegeben ist die Funktionenschar f_k: $f_k(x) = \ln \frac{x + k}{e^x}$; $x \in D(f_k)$, $k \in \mathbb{R}_+^*$.

a) Bestimmen Sie den maximalen Definitionsbereich der Funktionenschar und untersuchen Sie das Verhalten an den Rändern des Definitionsbereiches. Berechnen Sie, falls vorhanden, Extrem- und Wendepunkte der Graphen von f_k.
Zeichnen Sie die Graphen von f_1, f_2 und f_3 in ein Koordinatensystem. (Berechnen Sie die Nullstellen dazu grob, also nur soweit, wie es für die Zeichnung notwendig ist, im Näherungsverfahren.)
b) Untersuchen Sie, wie die Anzahl der Nullstellen vom Parameter k abhängt.
c) Berechnen Sie die Gleichung der Funktion g des geometrischen Ortes aller Extrempunkte der Schar (mit Definitionsbereich).
d) Bestimmen Sie die Maßzahl der Fläche zwischen dem Graphen von f_2 und der x-Achse über dem Intervall $[-1\,;\,1]$.

3 Gegeben ist die Funktionenschar f_k: $f_k(x) = \sqrt{kx} \cdot \ln x$; $x \in D(f_k)$, $k \in \mathbb{R}_+$.

a) Welches ist der maximal mögliche Definitionsbereich der Funktionenschar? Untersuchen Sie die Scharkurven auf ihr Verhalten am Rande des Definitionsbereiches. Berechnen Sie die Koordinaten der Achsenschnittpunkte, der Extrem- und Wendepunkte. Geben Sie den Wertebereich der Funktionenschar an, und zeichnen Sie die Graphen von f_1 , f_2 und f_3 in ein Koordinatensystem.
b) Weisen Sie nach, dass $\int \sqrt{kx} \cdot \ln x \, dx = \frac{2}{3}x \cdot \sqrt{kx} \cdot \ln x - \frac{4}{9}x\sqrt{kx} + C$ ist.
c) Berechnen Sie die Maßzahl der Fläche, die jede Scharkurve mit der x-Achse im 4. Quadranten einschließt.

4 Gegeben ist die Funktionenschar f_k: $f_k(x) = \frac{x}{\ln x} - k$; $x \in D(f_k)$, $k \in \mathbb{R}$.

a) Bestimmen Sie den maximalen Definitionsbereich der Funktionenschar und untersuchen Sie das Verhalten an den Rändern des Definitionsbereiches. Berechnen Sie Extrem- und Wendepunkte der Funktionsgraphen der Schar. Welches ist der Wertebereich der Schar?
b) Zeichnen Sie den Graphen von $f3$. Bestimmen Sie dazu die Nullstellen im Näherungsverfahren.
c) Ermitteln Sie die Gleichung der Wendetangente der Schar. In welchem Winkel schneidet die Wendetangente die x-Achse?

5 Gegeben sei die Funktion f: $f(x) = e^x \sin x$; $x \in D(f)$.

a) Bestimmen Sie den maximalen Definitionsbereich der Funktion und untersuchen Sie das Verfahren von f an den Rändern des Definitionsbereiches. Berechnen Sie die Nullstellen. Bestimmen Sie auch die Extrem- und Wendestellen der Funktion (notwendige **und** hinreichende Bedingung). Zeichnen Sie den Graphen von f über dem Intervall $[-4; 4]$ ins Koordinatensystem.
b) Zeigen Sie, dass gilt: $\int e^x \sin x \, dx = \frac{1}{2} e^x (\sin x - \cos x) + C$.
c) Berechnen Sie die Maßzahl der Fläche zwischen dem Graphen von f und der x-Achse über dem Intervall $[-\pi; \pi]$.

d) Prüfen Sie, ob die Maßzahl der Fläche, die der Graph von f im 3. Quadranten mit der x-Achse einschließt, endlich ist.

6 Das Volumen des Fasses in nebenstehender Abbildung soll näherungsweise bestimmt werden:

a) Schätzen Sie das Volumen des Fasses ab durch Berechnung
- zweier Zylindervolumen
- eines Körpers, der aus zwei Kegelstümpfen (Grundflächen sind zusammengeklebt) zusammengesetzt ist.

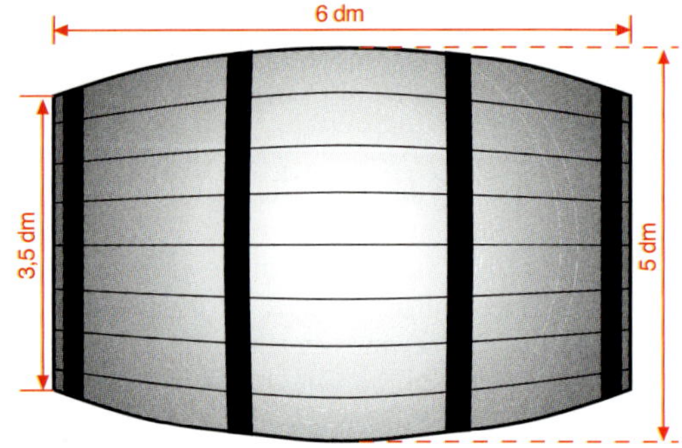

Bild 4.7.2

b) Bestimmen Sie die Gleichung einer
- quadratischen Funktion p
- und einer Kreisfunktion k

deren Graph, um die x-Achse gedreht, das Volumen des Fassmodells nähert. Zeichnen Sie die Funktionsgraphen über dem entsprechenden Intervall in ein Koordinatensystem.

c) Berechnen Sie mit den Lösungen aus b) das Rotationsvolumen und vergleichen Sie das Ergebnis mit den Lösungen aus a).

7 Die in der Skizze dargestellte „eckige" Linienführung einer Straße entspricht nur ungenügend den Anforderungen eines „fließenden" Autoverkehrs. Die Knicke zwischen den Teilstücken a und b bzw. b und c haben durch die notwendige Verringerung der Geschwindigkeit immer wieder zu Staus bzw. bei nicht erfolgter Verringerung der Geschwindigkeit zu Unfällen geführt. Diese „eckige" Straßenführung wurde seinerzeit u. a. deswegen gewählt, weil das Flurstück südlich von b nicht käuflich war und die Streckenführung von a und c festlag. Mittlerweile ist ein Landzukauf möglich und es soll für das Teilstück b ein neuer, krummliniger Verlauf gefunden werden.

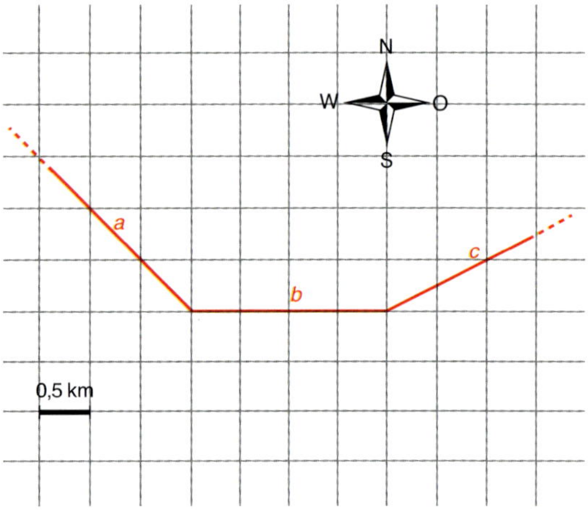

Bild 4.7.3

(Hinweis : Legen Sie bei der Modellbildung den Ursprung des Koordinatensystems in den Schnittpunkt von a und b.)

a) Versuchen Sie die Gleichung einer Parabel p aufzustellen, deren Graph die Teilstücke a und c stetig und differenzierbar miteinander verbindet. Erläutern Sie Ihr Ergebnis.

b) Wie lautet die Gleichung einer ganzrationalen Funktion f dritten Grades, deren Graph die Teilstücke a und c stetig und differenzierbar miteinander verbindet?

c) Bestimmen Sie die Gleichung einer Polynomfunktion g fünften Grades, deren Graph das rechte und linke Teilstück der Straße stetig, differenzierbar und frei von Krümmungssprüngen miteinander verbindet. Welche Vorteile hat eine solche „glatte“ Verbindung für den Verkehr ?

d) Untersuchen Sie, inwieweit die Graphen der Funtkionen

- h: $h(x) = \dfrac{2x^2 - 4x}{x^2 + 4}$ und
- i: $i(x) = -\dfrac{3}{2\pi}\sin\left(\dfrac{\pi}{2}x\right) - \dfrac{1}{4\pi}\sin(\pi x)$

die Teilstücke a und c jeweils „glatt“ miteinander verbinden, d. h., stetig, differenzierbar und ohne Krümmungssprünge.

e) Dem Straßenbauamt liegen vier Vorschläge zum Bau des neuen Teilstückes vor, die im Folgenden untersucht werden sollen :

I f: $f(x) = -\frac{1}{8}x^3 + \frac{3}{4}x^2 - x$

II g: $g(x) = \frac{3}{32}x^5 - \frac{9}{16}x^4 + x^3 - x$

III h: $h(x) = \dfrac{2x^2 - 4x}{x^2 + 4}$

IV $i(x) = -\dfrac{3}{2\pi}\sin\left(\dfrac{\pi}{2}x\right) - \dfrac{1}{4\pi}\sin(\pi x)$

Zeichnen Sie die Graphen zu den Funktionsgleichungen. Bestimmen Sie für jede dieser Funktionsgleichungen die Länge des neu zu bauenden Straßenstücks und interpretieren Sie das Ergebnis.

f) Wie groß ist die Fläche, die jeweils noch hinzugekauft werden muss?

g) Der Grad der Krümmung eines Funktionsgraphen wird angegeben durch die sog. Krümmungsfunktion K mit

$K(x) = \dfrac{f''(x)}{\sqrt{1 + (f'(x))^2}^3}$. Welcher Straßenverlauf weist die stärkste Krümmung über dem

betreffenden Intervall auf?

Interpretieren Sie das Ergebnis.

h) Beurteilen Sie die vier möglichen Linienführungen, indem Sie alle wichtigen Werte berücksichtigen. Geben Sie dem Straßenbauamt eine Empfehlung, nach welcher Funktion das neue Teilstück gebaut werden soll. Selbstverständlich ist ihre Empfehlung zu begründen. Falls Sie keine Empfehlung geben können, führen Sie Ihre Gründe dafür an, und geben Sie Hinweise, ob und wie nach weiteren Lösungsmöglichkeiten gesucht werden soll.

Bildquellenverzeichnis

akg-images gmbH, Berlin: Seite 120 unten

dpa Picture-Alliance GmbH, Frankfurt a. M.: Seite 376

Fotolia Deutschland, Berlin:
diavoletto, Seite 133
Bertold Werkmann, Seite 250
Rebel, Seite 260
Kheng Guan Toh, Seite 261
Stefan Richter, Seite 279
Falko Matte, Seite 293
bilderbox, Seite 324

MEV Verlag GmbH, Augsburg: Seite 105, 111, 260, 269, 275, 279, 280, 281, 284, 286, 288, 298, 302, 326, 332, 343

Ullstein GmbH, Berlin: Seite 120 oben

Sachwortverzeichnis

F

G

H

I

K

L

M

N

O

P

W

Z